TAMPA
en la obra de
JOSÉ MARTÍ

TAMPA
en la obra de
JOSÉ MARTÍ

GABRIEL CARTAYA

EDICIONES
SURCO**SUR**

Todos los derechos son reservados.
Está rigurosamente prohibida la reproducción total o parcial de este libro en ninguna forma, mecánica o electrónica; sin la autorización por escrito del autor.

Sobre la presente edición:

© Ediciones SurcoSur, 2020
© Gabriel Cartaya, 2020

Edición: Gabriel Cartaya
        Leonardo Orozco
        Silvia Padrón
Perfil editorial y diseño: Leonardo Orozco
Corrección: Fernando Valdivia

ISBN: 978-1-7339820-4-7

Ediciones SurcoSur
216 W Hamiller Ave.
Tampa, FL, 33612
surcosurediciones@gmail.com

*Se ha de publicar, hombre por hombre,
todo lo de estos días.*

José Martí

A Emiliano Salcines
—hijo privilegiado de West Tampa—,
que en la primera conversación me dijo:
Quiero enseñarte cada ladrillo
por donde pasó José Martí.
Y nos hicimos amigos.

ÍNDICE

PREÁMBULO..15
Una importante deuda saldada................................17
Un libro esperado...19
Introducción...23

1 JOSÉ MARTÍ EN TAMPA......................................31
1.1 Antecedentes..33
1.2 Cartas entre Carbonell y Trujillo sobre la visita de Martí.........41
1.3 Martí y Tampa. La doble sorpresa de la primera visita............57
1.4 Sobre las visitas de Martí a Tampa: las razones de Emiliano Salcines..67
1.5 Las veintiuna visitas a Tampa...............................70
1.6 Los primeros en aprobar las Bases y Estatutos del PRC.........154
1.7 El Liceo Cubano de Ybor City............................156
1.8 "La Liga en Tampa", en *Patria*............................163
1.9 La fotografía de Tampa...168
1.10 Tampa y la polémica entre Martí y Collazo.........172
1.11 Cuatro héroes en tren, entre Tampa y Ocala.........178
1.12 José Martí conoce a Vicente Martínez Ybor.........181

2 PATRIOTAS CUBANOS CERCANOS A JOSÉ MARTÍ EN TAMPA..185
2.1 Néstor Leonelo Carbonell......................................188

2.2 Eligio Carbonell 192
2.3 Ramón Rivero Rivero 196
2.4 Fernando Figueredo Socarrás 203
2.5 Carolina Rodríguez «La Patriota» 207
2.6 Paulina y Ruperto Pedroso 213
2.7 Miguel Barbarrosa 217
2.8 Juan Arnao 221
2.9 Los hermanos Félix y Andrés Sánchez Iznaga 225
2.10 Ramón Rubiera de Armas 230
2.11 Carlos Baliño 236

3 OTRAS FIGURAS Y HECHOS VINCULADOS A JOSÉ MARTÍ Y TAMPA 241
3.1 Herman Glogowski 243
3.2 Francisco María González 248
3.3 Gerardo Castellanos 251
3.4 Martín Herrera 255
3.5 Gualterio García 259
3.6 El Céspedes Hall: una página hermosa de West Tampa 263
3.7 Fermín Valdés Domínguez en West Tampa 266
3.8 Gonzalo de Quesada y Aróstegui 275
3.9 Tampa en el 24 de febrero de 1895 283
3.10 La visita de Juan Gualberto Gómez 286
3.11 Horatio Rubens 289
3.12 Las expediciones 292
3.13 La madre de Martí en West Tampa 296
3.14 La distante ribera del poeta Bonifacio Byrne 300
3.15 Martín Morúa Delgado 303
3.16 Tampa en la Guerra Hispanoamericana 307
3.17 Tampa en la revista *Cuba y América* 312
3.18 La prensa cubana en Tampa a fines del siglo xix 318

4 TAMPA EN LAS LETRAS DE JOSÉ MARTÍ 323
4.1 Discursos y documentos 325
4.2 Cartas enviadas a Tampa 349
4.3 Cartas escritas en Tampa 367

4.4 Dedicatorias y nombramientos...382
4.5 De los clubes revolucionarios..384

5 TAMPA EN EL PERIÓDICO *PATRIA*..401
5.1 En 1892...406
5.2 En 1893...435
5.3 En 1894...461
5.4 En 1895...477
5.5 En 1896...503
5.6 En 1897...542
5.7 En 1898...560

A MODO DE COROLARIO...623
Bibliografía..627
Memoria fotográfica..635

PREÁMBULO

UNA IMPORTANTE DEUDA SALDADA

Por Dra. Kenya C. Dworkin y Méndez

CARNEGIE MELLON UNIVERSITY PITTSBURGH, PENNSYLVANIA, EE.UU.

Al apreciar en la obra de José Martí la presencia de la ciudad de Tampa, urge evidenciar que Gabriel Cartaya es uno de los pocos historiadores profesionales que le ha dedicado tan meticuloso estudio, tiempo y pasión al rescate e impronta del vínculo entre Martí y este histórico lugar, tabacalero y revolucionario. Tampa fue una de las tres brillantes estrellas de la tríada libertadora que formaron esta ciudad, Cayo Hueso y Nueva York, y fue Martí, más que cualquier otro, el mayor cronista de su epopeya revolucionaria.

Juan J. E. Casasús, devoto incondicional del estudio martiano y el imprescindible rol de los emigrados en la independencia de Cuba, denunció hace casi 70 años lo poco que se había publicado de manera enfocada sobre la relación de Martí con Tampa y lo mucho que se escribió de y desde ella. Increíblemente, hasta estos momentos, esa laguna aun existía. Cuando la Asociación Nacional de los Emigrados Revolucionarios Cubanos en la isla le encargó escribir un texto para conmemorar el centenario del natalicio de José Martí, reclamó en sus primeras páginas que «[la] Revolución...partió, pues, de las emigraciones; de Martí nació. Los emigrados nutrieron los fondos del Partido. De allá salieron las expediciones y los jefes de ese servicio eran emigrados... Es un capítulo tan hermoso como el de los libertadores...» (*La emigración cubana y la independencia de la patria*, 1953, 4). Por su parte, Gerardo Castellanos, en una especie de prólogo al libro titulado *Palabras de un emigrada*, denuncia que: «[es] más que cierto que la historia de las emigraciones revolucionarias se desconoce, por no haberse escrito, ni propagado cual la épica de los libertadores» (3). Sobre esta ciudad, el propio Martí comentó que «en Tampa, todo estaba hecho», después de recorrer un gran número de fábricas para promover la muy necesaria labor revolucionaria (José Rivero Muñiz, *Los cubanos en Tampa*, 1958, 54). Es decir, el vínculo Tampa-Martí fue y sigue siendo digno de realzar, tarea difícil hasta la aparición del texto de Cartaya.

Es de rigor considerar en el contenido de esta obra magna –*Tampa en la obra de José Martí*–, la presencia del hombre, pensador, poeta y luchador en Tampa en los corazones e imaginación de miles de hacendosos tabaqueros, negociantes y apasionados veteranos, y en su legado, tanto histórico como cultural y literario en la ciudad. Nadie mejor que Wenceslao Galves para elucidar esta perenne presencia en su libro de 1897, escrito sólo dos años después de fenecido el Maestro: «Lo cierto es que él está en todas partes, en todos los hogares, en la tribuna, en los clubs, en los periódicos, vamos, en todas partes» (*Impresiones de un emigrado a Tampa*, 1897, 117). Hasta cierto punto, 125 años después se podría decir casi lo mismo. Los tampeños son muy amantes de su historia y Cartaya no sólo se enfoca en la escritura de Martí, sino en cómo por sus escritos y visitas podemos conocer de cerca su incansable labor para con los tabaqueros y otros exiliados tampeños para construir la muy necesaria alianza y recaudación de fondos para hacer realidad la independencia de Cuba en 1898, más de tres años después de fallecido su *pater patriae*.

Esta vasta obra de Martí en Tampa y, a su vez, Tampa en Martí, es grande, muy grande, porque la fuerza que de ambos nació fue imbatible, motivo por el cual él escribió tanto desde y sobre ella. Por ende, también, es grande el logro de Gabriel Cartaya con este volumen, porque salda una deuda enorme con Martí, con la historia y con nosotros. En sus páginas recoge una imprescindible memoria que, mayormente, se desconoce. Es un obsequio invalorable para los hijos de Cuba, tanto aquí como en la isla.

UN LIBRO ESPERADO

Por Ibrahim Hidalgo Paz[1]*

Este es el libro que esperábamos sobre José Martí y Tampa. Cada uno de los que concebimos la forma de exponer los vínculos entre la ciudad floridana y el Apóstol pudiéramos tener motivaciones personales en él, las que en mi caso se hallan en el estudio del periódico *Patria*, pues desde su origen hasta la muerte de Martí –su fundador y director– se incluyeron en sus páginas la relación ascendente del número de clubes revolucionarios establecidos en el territorio y, lo más importante, crónicas escritas para este u otros medios –reproducidas en el «órgano del patriotismo virtuoso y fundador»– por conocedores del oficio periodístico o por quienes sentían la necesidad de expresar sus impresiones y emociones ante la presencia del dirigente político en los talleres de tabaquería, en el Liceo Cubano o en multitudinarios mítines realizados al aire libre.

La reunión de esas manifestaciones de admiración y aprecio hubiera sido suficiente para elogiar el esfuerzo de Gabriel Cartaya; pero el autor va mucho más allá, pues no solo reúne valiosas fuentes para el estudio de las actividades llevadas a cabo por Martí en las múltiples visitas a Tampa, sino otros textos igualmente importantes: los principales discursos pronunciados por el Maestro y otros cubanos en esa

---

* Las notas y referencias de este libro aparecerán siempre al final de cada capítulo (*N. del E.*).

ciudad, múltiples cartas dirigidas a personas que la habitaban, o escritas desde allí; dedicatorias, artículos del periódico *Patria*, documentos de diversos clubes y Cuerpos de Consejo... en fin, trabajos diversos que nos ofrecen un panorama amplio y complejo de lo realizado por el Delegado y los patriotas tampeños en aras de alcanzar la independencia de la nación cubana.

En los primeros capítulos del libro, el autor analiza con argumentos y datos probatorios los antecedentes de la primera visita del Apóstol a la ciudad del sur, a la que arribó luego de un intercambio epistolar en el que sirvió de intermediario Enrique Trujillo, de quien se encontraba distanciado, lo que desestimó para viabilizar la presencia martiana en Tampa. Este gesto del periodista santiaguero, como se ve en el libro, es una de las múltiples muestras de la complejidad de las motivaciones de quienes intervienen en los hechos históricos, y un mentís para quienes conciben la historia como un rejuego simplista entre personas positivas y negativas, sin rasgos intermedios, carentes de la compleja red de intereses personales, de clases o sectores que generan los pensamientos que mueven a la acción.

El autor emplea un acertado método de análisis en el estudio de los hechos presentados, de la consideración de cada personalidad reseñada, de las características de las instituciones locales existentes antes de la fundación del PRC, o creadas con posterioridad. De este modo, Cartaya retoma la valoración sobre el origen tampeño de la organización martiana, no para innecesarias exaltaciones localistas, sino con la ponderación de cuanto realizara el Maestro durante su primera visita, las condiciones político sociales encontradas en la ciudad, el desarrollo alcanzado por las agrupaciones patrióticas y obreras con diferentes sustentos conceptuales, de modo que las Resoluciones aprobadas en aquella ocasión se nos presentan como una consecuencia de la profunda visión del cubano mayor sobre la situación del momento, oportuna para lograr la unidad en torno a un programa mínimo, que consideraba no solo la posibilidad de agrupar a los patriotas para una nueva acción bélica, sino para alcanzar una sociedad más justa luego de lograr la independencia.

El contenido de aquel documento fue decisivo para lograr la incorporación a las labores patrióticas –inmediatas y futuras– de personas, sectores y organizaciones alejadas del quehacer independentista por diversas razones; viabilizó la confluencia de españoles, italianos, cubanos y estadounidenses tras el ideal de república concebido por Martí. En las crónicas reproducidas en esta obra puede apreciarse la evolución de este fenómeno, uno de los logros trascendentes de la labor del Maestro.

Poco después de la primera visita a Tampa fue el viaje a Cayo Hueso, en compañía de una representación de líderes tampeños, la aprobación de las Bases y los Estatutos Secretos de la nueva agrupación, y el retorno a la ciudad iniciática, donde los clubes existentes acataron los documentos programáticos. Esta sería, por su situación geográfica, pero fundamentalmente por el patriotismo que caracterizaba a sus pobladores, lugar de estancia y tránsito. Como demuestra el autor, apoyado en la investigación previa de Emiliano Salcines, fueron veintiuna las ocasiones en que Martí se encontró en el emporio tabacalero del sur. En estas páginas se hallan descritas cada una de ellas, con la demostración convincente y documentada que hace más interesante la lectura de cuanto ocurrió en las estancias de varios días, o durante el simple paso del dirigente hacia otros destinos.

De una forma u otra, allí encontraba siempre la acogida amistosa de personalidades notables, tanto como de aquellos que la generalidad de los libros de Historia apenas menciona. Sobre éstas, el autor nos presenta reseñas esclarecedoras, concebidas desde la visión admirada de quien ha sentido, en la imaginación, su presencia en las calles y plazas de la ciudad. Son seres humanos movidos por el patriotismo, continuadores del entusiasmo generado por el Apóstol. De los menos conocidos, cuyas trayectorias son expuestas en la obra, solo mencionaré, como muestra de lo dicho, los casos de Carolina Rodríguez *La Patriota,* Eligio Carbonell y Miguel Barbarrosa y Márquez. Es de agradecer este esfuerzo por reunir los datos dispersos y presentarnos a cada uno de ellos en el entorno que les correspondió actuar.

La obra que nos ocupa tiene valiosos antecedentes que han ido conformando el conocimiento cada vez más profundo de la vida y la obra de José Martí. Recordemos el no superado *Martí en Santo Domingo*, de Emilio Rodríguez Demorizi; *Martí en México*, de Alfonso Herrera Franyutti; *El Camagüey en Martí*, de Luis Álvarez Álvarez y Gustavo Sed Nieves; *Venezuela y Bolívar en José Martí*, de Salvador E. Morales Pérez; y *Entre mayas y patriotas: José Martí en Yucatán*, de Carlos E. Bojórquez Urzaiz. En esta temática se inscribe, con éxito, el esfuerzo de Gabriel Cartaya, quien ha realizado lo que todo autor desea lograr: un libro útil.

Notas

[1] Ibrahim Hidalgo Paz, Cuba, 1944. Doctor en Ciencias Históricas. Premio Nacional de Historia, Cuba, 2009. Miembro de Número de la Academia de Historia de Cuba. Investigador del Centro de Estudios Martianos. Entre otros libros, ha publicado: *El Partido Revolucionario Cubano en la Isla* (1992), *José Martí. Cronología* (1992, 2003, 2012), *El Partido Revolucionario Cubano: independencia y democracia* (2011), *La tesorería del Partido Revolucionario Cubano –1892-1895–* (2017).

INTRODUCCIÓN

Impresionado por la primera visita a Tampa, José Martí le confesó al joven Eligio Carbonell, en carta del 19 de diciembre de 1891, que pretendía «escribir en oro los recuerdos de Tampa ¡Y en un cuaderno puro, y quién sabe con qué adornos! De lo mejor de mi mano va a ser, y bravos y buenos estarán allí donde todo el mundo me los vea...»[2]. Asimismo, el 20 de diciembre de 1893 escribió a José Dolores Poyo: «Se ha de publicar, hombre por hombre, todo lo de estos días»[3]. Ambas declaraciones expresan la percepción del Maestro del momento histórico que se iniciaba con su llegada a esta ciudad y la necesidad de inscribir para la posteridad el nombre de quienes en aquellos días fundacionales fueron sus heroicos actores.

El presente libro se propone cumplir el llamado martiano a recordar el nombre de muchos de los participantes en los hechos gloriosos de su tiempo y no sólo el de los más altos líderes, como es común al escribir los acontecimientos históricos. Cuando se habla de la pasión con que la comunidad cubana de Tampa se entregó a la causa de la liberación de Cuba –desde el momento en que se crea el Partido Revolucionario Cubano (PRC) al inicio de 1892, hasta la culminación de la etapa bélica con que se completó la independencia de la América hispana, en 1898–, es comprensible que el primer nombre que aflore sea el de José Martí, repetido cada vez que se alude a los lazos históricos entre esta ciudad y la Mayor de las Antillas. Pero ver a Martí en solitario es no solo desconocer a los hombres y circunstancias de su tiempo y acción, sino también atribuirle al líder una facultad desmedida, una determinación personal, interpretación sobre los héroes que tantas veces ha contribuido al ejercicio tiránico.

En este intento de agrupar todo lo concerniente a la participación de Tampa en el proyecto político de José Martí, aparecen decenas de nombres que han sido relegados al olvido, cuando en su tiempo resultaron figuras sobresalientes en el esfuerzo de organizar, apoyar y participar en la gesta cubana, así como en el crecimiento material, espiritual y moral de la comunidad en que radicaron, especialmente en Ybor City y West Tampa. Si bien, figuras como Fernando Figueredo, Néstor Leonelo Carbonell, Ramón Rivero Rivero y Paulina Pedroso resultan (re)conocidas, hoy apenas oímos mencionar a Juan Arnao, Cornelio Brito, Martín Herrera, Esteban Candau, ni a varios que se incluyen en las páginas de este libro. Asimismo, al concentrarse la investigación histórica en José Martí y escasas personalidades que le acompañaron, se ha ido desdibujando el rostro y el nombre de muchos héroes que estuvieron en Tampa. Es el caso de los generales Serafín Sánchez y Carlos Roloff, de los comandantes Gerardo Castellanos y Enrique Collazo o de figuras extensamente atendidas en la historiografía cubana como Fermín Valdés Domínguez o el poeta Bonifacio Byrne.

Cuando ha discurrido siglo y cuarto de aquellos acontecimientos en los que Tampa estuvo profundamente involucrada, no solo hemos relegado numerosos apellidos –algunos seguramente con descendientes vivos en la ciudad–, sino también sitios y hechos legendarios dignos de resaltar, pues incrementan su estatura histórica, estimulan el servicio educativo y contribuyen a afirmar la identidad. De hecho, se ilumina el espacio al caminar por la acera de la 7.ª Avenida y la Calle 13, en Ybor City, y ver el lugar donde estuvo El Liceo Cubano, sabiendo que en su interior se dio el primer paso que culminaría en la independencia de Cuba y pondría fin al dominio colonial de España en América; lugar también llamado entonces «Templo de la Libertad» y «Casa de la Patria», en el que José Martí pronunció uno de los más brillantes discursos de su vida, proponiendo una república de libertad, progreso y justicia.

El hecho de unir en un solo texto diversos artículos o reseñas que escribí para el periódico *La Gaceta* –donde se destacan figuras, hechos y sitios de la ciudad relacionados con José Martí y el independentismo cubano–, con escritos de gran fuerza testimonial procedentes de la época en que ocurrieron los acontecimientos referidos, contribuye a una mirada documentada a los mismos y facilita el análisis a quienes se interesen en estudiar sus diferentes ángulos. Por ello, incluyo los discursos y cartas de Martí correspondientes a Tampa, pero también artículos que fueron publicados en el periódico *Cuba*[4] –reproducidos en *Patria*– y cartas enviadas por dirigentes de esta ciudad al periódico fundado por el Delegado del PRC.

Es también un propósito esclarecer hechos que, procediendo de la tradición oral o escritos sin soporte probatorio, no ha sido posible confirmarlos. Por ejemplo, saber el lugar en que José Martí se hospedó la primera vez que estuvo en Tampa. Los testimonios que oyó José Rivero Muñiz para su libro lo llevaron a afirmar que se hospedó en El Pasaje, lugar no identificado entonces como El Cherokee, que se inauguró en 1894. A sólo unos pasos de allí estaba un edificio que Vicente Martínez Ybor tenía frente a su fábrica y al que llamaban El Pasajero[5], pues brindaba servicios de hospedaje temporal a transeúntes que llegaban con el objetivo de asentarse en la ciudad. Con la escasez de fondos de quienes lo invitaron y la sencillez probada del invitado, existe la probabilidad de que allí se hubiera hospedado las dos noches y media que entonces durmió en la ciudad.

Cuando a fines de 1891 José Martí llegó a Tampa por primera vez, existían aquí alrededor de tres mil cubanos[6], quienes habían emigrado atraídos por la demanda de las nuevas fábricas de tabaco. Llegaron fundamentalmente de Cayo Hueso, aunque también lo hicieron desde otros sitios como Nueva York, Centroamérica y de la propia Cuba. En esa población con diferencias raciales, profesionales, generacionales, culturales e ideológicas, era común un sentimiento profundamente independentista. Ello determinó que en sus diferentes asociaciones el tema de Cuba fuera el de máxima cohesión. A la llegada de Martí, ya la Liga Patriótica Cubana, el Club Ignacio Agramonte y otras agrupaciones habían cultivado un ambiente propicio para acoger el proyecto que les presentó el líder visitante.

Si aquellos cubanos –con dirigentes propios como Néstor Carbonell y Ramón Rivero– estaban preparados para asumir la propuesta del nuevo líder, también Martí se encontraba en condiciones de asumir el rol de máximo guía de su pueblo. Vivía en Nueva York hacía diez años, donde ocupó altos cargos en las organizaciones revolucionarias cubanas. Allí, había estado al lado de los principales generales de la Guerra Grande –Máximo Gómez y Antonio Maceo entre ellos–, a los que demostró en 1884 la inviabilidad de un plan de reinicio de la guerra sin antes convencer a todo un pueblo de sus propósitos últimos, previniéndoles sobre las bases organizativas e ideológicas que requería una organización revolucionaria para triunfar no solo en una guerra, sino en el establecimiento de una verdadera república.

José Martí no estuvo al lado de los grandes líderes en la Guerra Grande, pero tenía un historial de entrega a la Patria tan heroico como el de ellos. A los 16 años sufrió prisión política y a los 18 estaba desterrado. Estudió en universidades de España y entre 1875 y 1878 vivió en México y Guatemala, de donde regresa a Cuba –ya casado– cuando se interrumpe el conflicto armado. En 1879 conspiró a favor de la llamada Guerra Chiquita, lo hacen prisionero y vuelve al destierro español, del que logra salir y llegar, en 1880, a Estados Unidos. Aquí –exceptuando seis meses que en 1881 estuvo en Venezuela–, vivirá hasta fines de enero de 1895, cuando sale hacia Santo Domingo, de donde sigue hacia la guerra que ha convocado. Al llegar a Estados Unidos, ocupó altas responsabilidades dentro del movimiento revolucionario cubano y creció como periodista, escritor, traductor y pedagogo. Fundó revistas, escribió para otras y ejerció como

Cónsul de Argentina, Uruguay y Paraguay. También ocupó la presidencia de la Sociedad Literaria Hispanoamericana. Estuvo atento a la sociedad y la política de Estados Unidos y alertó a los pueblos de Hispanoamérica sobre los peligros que le acechaban. Con su entrega a la causa cubana ganó el respeto de su extensa comunidad, la que aplaudió sus encendidos discursos patrióticos. Por sus publicaciones en diversos periódicos del continente recibió la admiración de grandes escritores e intelectuales de su tiempo. Asimismo, su postura en defensa de intereses hispanoamericanos –a los que él llamó Nuestra América– despertó resquemores en políticos estadounidenses de la estatura de James Blaine, especialmente por sus extraordinarias crónicas sobre La Conferencia Panamericana de 1889 y su actuación personal en la Conferencia Monetaria Internacional, en Washington, como representante plenipotenciario de Uruguay[7]. Ese es el hombre que llegó a Tampa el 26 de noviembre de 1891, alrededor del cual se producen los acontecimientos relacionados con esta obra.

Aunque no se ha publicado un libro integrador que aborde los diferentes componentes del aporte de Tampa al independentismo cubano, incluyendo la mayor cantidad de acciones y figuras participantes, existe una amplia base bibliográfica y documental que apoya una obra de esta naturaleza, constituida por algunos libros y cientos de artículos, manuscritos, discursos, actas y cartas, bien en archivos o reproducidos en periódicos y revistas. Sin embargo, la principal fuente bibliográfica de este empeño está en las *Obras Completas* de José Martí, especialmente en los escritos donde se refiere a la ciudad. El carácter cronológico del *Epistolario* organizado y anotado por Luís García Pascual y Enrique H. Moreno Pla, facilita ubicar el texto en el tiempo y lugar.

Las fuentes documentales más importantes consultadas para este libro están clasificadas en el Archivo Nacional de Cuba, especialmente en los fondos «Delegación del PRC en Nueva York» –incluye la Agencia de Tampa– y en «Gobierno de la Revolución de 1895», donde diversas Cajas contienen cientos de documentos relacionados con esta ciudad.

Una guía imprescindible para seguir los pasos de Martí lo es siempre la acuciosa cronología que debemos a Ibrahim Hidalgo Paz, investigador del Centro de Estudios Martianos de Cuba. De estas fuentes primarias, se abre el abanico bibliográfico a decenas de obras que han tocado, con mayor o menor profundidad y extensión, la rica historia de la participación de Tampa en la Guerra de Independencia de Cuba y centralmente la implicación de José Martí. Aunque los autores y obras están reflejados en la bibliografía, quiero destacar el libro de José Rivero Muñiz, *Los cubanos en Tampa*, imprescindible para todos los que se acercan al tema. La seriedad con que Rivero Muñiz se acercó a los acontecimientos y personalidades que marcaron la relación de sus compatriotas con esta ciudad le permitió una descripción detallada de los hechos que la hace confiable, aunque no acrítica. Los escritos de participantes en aquellos acontecimientos o cercanos a ellos, como Néstor Carbonell, Ramón Rivero Rivero, Enrique Trujillo, Fernando Figueredo, Gerardo Castellanos, Enrique Collazo, Manuel Deulofeu Leonard, Wenceslao Gálvez, Carlos M. Trelles y otros, son de un valor ineludible. Asimismo, las publicaciones serias posteriores a la fecha en que vivieron los protagonistas de aquellos acontecimientos, con independencia del uso que hicieran de las fuentes primarias, han aportado datos e interpretaciones valiosas.

El objetivo central de este libro ha sido reunir la mayor cantidad de hechos, textos y figuras que en la ciudad de Tampa, bajo el influjo y guía de José Martí, contribuyeron a hacer realidad el sueño de la independencia de Cuba. La entrega apasionada en torno al ideal de república por el que aquella generación hizo tan grandes sacrificios, no ha sido olvidada. El nombre y la imagen del Apóstol permanecen vivos en bustos, estatuas, parques, libros y eventos que expresan orgullo y pertenencia.

Los lugares donde el líder habló –especialmente El Liceo Cubano– siguen trayéndonos su voz. Pero, a su imagen, debemos sumarle la de sus heroicos acompañantes, como propone el urbanizador Ariel Quintela, al incluir el nombre de muchos de ellos al frente de los nuevos edificios que están (re)naciendo en Ybor City.

Asimismo, en la Universidad de Tampa (UT) se ha creado una cátedra martiana, afiliada al Centro de Estudios Martianos de Cuba, que con la iniciativa y dirección de los profesores James López y Denis Rey ha desarrollado eventos nacionales importantes relacionados con José Martí y el independentismo cubano, a la vez que promueve la investigación en torno a su figura y obra.

Hoy, cuando Ybor City asiste a un esfuerzo de renovación y sus viejos edificios recobran su original esplendor, adentrarnos en la grandeza de su historia puede ser una legítima inspiración para cumplir con la mayor demanda del tiempo que nos corresponde: mejorar el entorno y sociedad que hemos recibido y, sumándole nuestro ejemplo al heredado, querer que sea cada vez mejor el mundo nuevo.

Muchos escritos que aquí aparecen fueron concebidos para el periódico *La Gaceta*, algunos de los cuales privilegiaron giros subjetivos para enriquecer la presentación de los personajes, aunque ceñidos a una probada historicidad. Es el caso de «Cuatro héroes conversan en un tren, entre Tampa y Ocala», que incorpora una voz ficticia que representa la recepción del discurso. Asimismo, hay reiteración de hechos, nombres, fechas, por su aparición independiente en la publicación señalada. Además, la inclusión de capítulos que sólo contienen una compilación de textos –como discursos y cartas de Martí y escritos aparecidos en *Patria*–, se justifica con el objetivo de aglutinar la mayor cantidad de evidencias sobre la historia que se presenta y facilitar al lector e investigador el uso de ellos.

Finalmente, una inmensa gratitud a todos los autores que han escrito sobre la apasionante historia de la presencia de Martí en Tampa, muchos de los cuales cuento entre los amigos –Ibrahim Hidalgo Paz, Emiliano Salcines, Kenya Dworkin, Maura Barrios, Paul Dosal, Miriam Rodríguez, Araceli Tinajero–; a Patrick Manteiga, porque desde su periódico *La Gaceta* he tenido la oportunidad de escribir sobre este tema; a mi esposa y mis hijos, sin cuyo aliento permanente no encontraría la paz que exige la escritura.

Notas

[2] José Martí. *Epistolario*. Compilación, ordenación cronológica y notas de Luis García Pascual y Enrique H. Moreno Pla. Editorial de Ciencias Sociales, La Habana, 1993. Tomo II, p. 233. Siempre que se cite el Epistolario remite a esta obra.
[3] Idem, t. III, p. 487.
[4] Periódico *Cuba*, fundado por Ramón Rivero Rivero. Fue el órgano del PRC en Tampa, entre 1894 y 1898.
[5] Juan Alberto Berni González. Vicente Martínez Ybor, el Príncipe de Gales. En: http://www.jaberni-coleccionismo-vitolas.com.
[6] Mirian Rodríguez en «Los cubanos en Tampa: cultura y costumbres», 2003, ofrece este dato y cita al Census de US, del 10.° al 17.° Vol. (http://biblioteca.clacso.edu.ar/Cuba/cemiuh/20120821042349/tampa.pdf). Carlos Trelles, que vivía en Tampa en 1897, afirma que para ese año había en Ybor City 6000 personas, 2800 en West Tampa y1000 en Por Tampa, localidades donde la población cubana era mayoritaria (Revista Cuba y América, 1° de julio, 1897, p.4).
[7] José Martí asiste a la Conferencia Monetaria Internacional de Washington, en 1891, designado por Uruguay, país del que era Cónsul en Nueva York, como lo era entonces de Argentina y Paraguay. Ver su escrito «La Conferencia Monetaria de las Repúblicas de América», en *Obras Completas*, tomo 6, pp. 157-172.

1 | JOSÉ MARTÍ EN TAMPA

1.1 ANTECEDENTES DE LAS VISITAS DE JOSÉ MARTÍ A TAMPA

Aunque José Martí participó en los más importantes intentos de reiniciar la Guerra de Independencia de Cuba[8], no fue hasta principios de 1892 y bajo su liderazgo que se logró unificar el movimiento revolucionario cubano a través de la creación de un partido político que representara y encausara los objetivos con que logró replantearse la insurrección armada que estalló en la Isla el 24 de febrero de 1895.

Todos los proyectos independentistas que se gestaron en la llamada Tregua Fecunda (1878-1895) fracasaron, excepto el dirigido por José Martí a través del PRC, fundado oficialmente el 10 de abril de 1892. Por ello, podemos considerar que el descalabro de los intentos independentistas de la Tregua Fecunda corresponde al período entre 1878 y 1892, toda vez que el proyecto organizado a partir de esta fecha pudo hacerse realidad.

Proyectos para el reinicio de la guerra en que participó José Martí:

–1879-1880. Guerra Chiquita, dirigida principalmente por el General Calixto García.

- −1882. Intentos de organizar desde Nueva York un plan de alzamiento que contó con las figuras de Flor Crombet, Antonio Maceo (en Honduras), Gregorio Benítez y otros y a cuyo propósito Martí invita, a través de una carta, al General Máximo Gómez.
- −1884-1885. Plan Gómez-Maceo, del que Martí se separa por no coincidir con sus formas organizativas, especialmente las imposiciones militares.
- −1887. Proyecto encabezado por el Coronel Juan Fernández Ruz, en 1887, y en cuya organización encontramos elementos que resultan antecedentes del ideario político del PRC[9].

Todos estos proyectos, correspondientes al período al que también se le llama Reposo Turbulento, fracasaron por causas similares, entre las que podemos señalar.

- −No se alcanzó la cohesión de las diversas (y dispersas) fuerzas patrióticas alineadas con el independentismo, la más revolucionaria, cuando el autonomismo y el anexionismo[10] aparecían en sectores más o menos minoritarios de la población cubana.
- −Se mantuvieron muchos de los comportamientos que condujeron al fracaso de la Guerra Grande: caudillismo, regionalismo, racismo y voluntarismo.
- −Falta de un programa político acorde con los intereses de las diferentes capas que componían la sociedad cubana, especialmente la intelectualidad y una nueva generación que había rebasado los postulados estrictamente independentistas y exigían definiciones en cuanto al tipo de república que debía construirse tras la emancipación colonial.
- −Reducir la probabilidad de un alzamiento armado a la iniciativa de los prestigiosos jefes militares, subordinando a ellos el pensamiento de nuevos líderes revolucionarios. Es significativo el caso de la inserción y separación de Martí en el proyecto encabezado por Gómez y Maceo en 1884.

–No se logró preparar «una obra previsora y detallada de pensamiento», como escribe Martí a Gómez en una carta de 1887.

La mayoría de los intentos por reiniciar la guerra independentista en Cuba encontraron su centro de preparación en Nueva York, donde desde la Guerra Grande se había concentrado una parte importante de los dirigentes revolucionarios cubanos, aún cuando los líderes concebidos para encabezar el levantamiento armado radicaran en otros países, especialmente centroamericanos y caribeños y, desde los años de la Guerra Grande, también en Cayo Hueso. Martí estuvo en el centro de esos planes, ocupando cargos importantes desde su llegada a Nueva York en 1880, cuando aún no había finalizado la Guerra Chiquita. De manera que, con solo 27 años y casi desconocido por los jefes militares del 68, se convierte en uno de los líderes del Comité Revolucionario de Nueva York y se encarga de poner fin a dicho movimiento a través de una carta dirigida al general Emilio Núñez donde le pide que deponga las armas[11].

En 1882 intenta organizar un plan de alzamiento en el que participan activamente Flor Crombet, Antonio y José Maceo, Gregorio Benítez y otros. En ese tiempo Martí establece sus primeras comunicaciones con Máximo Gómez, Maceo y otros generales, como presidente interino de la Junta Revolucionaria de Nueva York.

En 1884 llegan Gómez y Maceo a Nueva York, para ponerse al frente de otro plan de alzamiento. Martí los conoce personalmente y se incorpora al proyecto con entusiasmo, pero lo abandona al comprender que el método de imposición militar conduciría al fracaso[12].

En 1887 aparece otro proyecto importante en Nueva York, conocido como Plan Fernández-Ruz, nombre del coronel que encabezaba su dirección militar. Martí presidió la Comisión Ejecutiva del movimiento como principal líder político y sus propuestas constituyeron una especie de antecedente del PRC, lo cual se aprecia en una carta escrita por él y enviada a diferentes líderes –Máximo Gómez, Juan Arnao, entre otros–, donde propone:

1– Acreditar en el país, disipando temores y procediendo en virtud de un fin democrático conocido, la solución revolucionaria.

2– Proceder sin demora a organizar, con la unión de los jefes afuera, y trabajos de extensión, y no de una mera opinión, adentro, la parte militar de la revolución.

3– Unir con espíritu democrático y en relaciones de igualdad todas las emigraciones.

4– Impedir que las simpatías revolucionarias en Cuba se tuerzan y esclavicen por ningún interés de grupo, para la preponderancia de una clase social, o la autoridad desmedida de una agrupación militar o civil, ni de una comarca determinada, ni de una raza sobre otra.

5– Impedir que con la propaganda de las ideas anexionistas se debilite la fuerza que vaya adquiriendo la solución revolucionaria.

Firmado: José Martí, Félix Fuentes, Rafael de C. Palomino, Secretario Dr. J. M. Párraga, Cuerpo Asesor: Dr. J. J. Luis. Pedro Iraola. Francisco Sellén. Eduardo Ester. José E. Sánchez. R. B. Aduy. Porfirio Ramos. Antonio Saladrigas, Abelardo Peoli. Ramón Rubiera. Manuel Beraza. Enrique Trujillo. Coronel Emilio Núñez. Comandante José Rodríguez V. J. J. Camino.

Hasta el momento en que Martí llega a Tampa, se han frustrado todos los intentos de ordenar y desatar la «guerra necesaria»[13] y, a su vez, se ha producido una transformación en la sociedad cubana, donde la presencia de una nueva generación, la pujanza de los trabajadores asalariados y la vanguardia intelectual del país no limitan las aspiraciones a un alzamiento armado independendentista, pues incluyen un concepto moderno de libertad y un espíritu republicano que justifique el alzamiento armado.

Así lo ve Martí en carta a Serafín Bello, del 16 de diciembre de 1889, en que le dice: «Como se transforman por los intereses comunes los elementos de población de nuestro país (...) las aspiraciones de Cuba van de modo que satisfaga las de la libertad». En ese texto incluye los intereses de los intelectuales y los del obrero, cuando expresa: «En una mesa tinta, y en la otra tripa y capa»[14].

¿Sabía entonces que encontraría en los obreros de la industria del tabaco de Florida el sostén popular con que creó el PRC y desató la guerra?

En medio de cierta calma en la efervescencia patriótica cubana que se ha vivido en Nueva York durante décadas y con signos de cansancio que el propio Martí se afanaba en combatir, especialmente con sus discursos cada 10 de octubre, llegó a sus manos el telegrama firmado por Néstor Leonello Carbonell, invitándole a una velada literaria y patriótica que los emigrados cubanos de Tampa celebrarían el 26 de noviembre de 1891 en el Liceo Cubano.

Al iniciar la década de 1890 Tampa contaba con una ascendente migración cubana, a partir de la introducción y rápido desarrollo de la industria del tabaco. Desde la fundación de Ybor City en el primer semestre de 1886, comenzaron a trabajar en las nacientes fábricas de tabacos cientos de cubanos. Este barrio se incorporó a la ciudad en 1887 y el propio crecimiento de la industria tabacalera propició el nacimiento de West Tampa y Port Tampa. Hacia fines de 1891 ya había más de 3 mil cubanos en este lugar.

La mayoría de aquella población había sido forzada a emigrar, bien por su simpatía independentista o por presiones económicas y familiares. En su nuevo asentamiento, se fueron cohesionando en torno al ideal patriótico, sentimiento que se fortalecía a través de los lectores de tabaquería, conversaciones, reuniones públicas y asociaciones. El hecho de que junto a los obreros de las fábricas de tabaco vinieran periodistas, maestros, y otros profesionales –muchos convertidos en torcedores y, a lo sumo, lectores– fue un precedente para la fundación de escuelas, periódicos, clínicas y librerías, de donde salieron los líderes de las primeras organizaciones patrióticas. Algunos procedían de las filas independentistas y habían sido oficiales del Ejército Libertador, como es el caso de José Dolores Poyo –quien trae a Tampa el periódico *Yara* por un tiempo–, Néstor Leonello Carbonell, Ramón Rivero Rivero, Juan Arnao y otros. De manera que reunían dos cualidades significativas para el liderazgo político: pensamiento y prestigio.

Si bien, a principios surgieron organizaciones cuyo propósito no estaba vinculado directamente a la independencia de Cuba, como la Federación de los Caballeros del Trabajo o la Federación Cubana de Obreros, de su propio seno nacieron otras que sí indicaban el objetivo de conseguir la liberación de su país de la metrópoli española. Es el caso del Centro Independiente Cubano, guiado por Juan Arnao; la Liga Patriótica Cubana, por Ramón Rivero y el Club Ignacio Agramonte, con Carbonell, reunidos bajo el techo del Liceo Cubano desde 1890.

Otro elemento a favor de la recepción del discurso martiano en Tampa se explica en que muchos de los líderes cubanos de esta comunidad tenían una participación activa en la política estadounidense y, de hecho, manejaban los instrumentos democráticos de su legislación y poder ejecutivo. Ramón Rivero Rivero, fundador y primer presidente de la Liga Patriótica Cubana, era Concejal de la ciudad y hay testimonios de su papel activo en el ejercicio de su cargo. Fernando Figueredo, que se mudó a Tampa cuando aún Martí la visitaba, fue el primer Alcalde de West Tampa. Y no son dos ejemplos de poca fuerza: Rivero fue el Presidente del Cuerpo de Consejo del PRC en Tampa y su periódico *Cuba* se consideró su órgano oficial en esta localidad. Fernando Figueredo llegó a ser el principal representante del Gobierno Cubano en Armas en Tampa, una especie de Lugarteniente de Tomás Estada Palma. Otros, como Ramón Rubiera de Armas, también ocuparon cargos políticos en la ciudad (Concejal de 1893 a 1894 y de 1898 a1900).

La experiencia de ellos en la política de Estados Unidos no contradijo, en lo inmediato, la propuesta martiana –expresada ejemplarmente en «Con todos y para el bien de todos»– acerca de los moldes propios que requería la república que se proponían fundar, criterio al que ellos se sumaron al aprobar las Bases de aquella organización. Diez años después de creado el PRC, cuando faltó Martí en la fundación de la República de Cuba, muchas de sus advertencias fueron desconocidas.

Lo que quiero significar es que el comportamiento de la comunidad cubana de Tampa estaba más cerca del ideario de José Martí, en torno a los métodos y fines requeridos para la consecución de una independencia que derivara en la construcción de una república democrática, que en otras localidades. Fueron los lectores quienes se convirtieron en líderes naturales de la comunidad y la mayoría no estaban comprometidos con los caudillos de los Diez Años. En ese ambiente, fue cómodo para Martí transmitir su programa y conformar las bases teóricas y prácticas que hicieran realidad su proyecto revolucionario.

A fines de 1891, cuando el Club Ignacio Agramonte decidió invitar a José Martí a Tampa, ya existía esta temperatura patriótica en la comunidad cubana y la disposición a la unidad se había hecho visible, tal vez más que en Nueva York u otras comunidades de emigrados cubanos, donde prevalecían más contradicciones entre los diferentes elementos del pueblo cubano. El hecho de que la clase obrera cubana de la ciudad perteneciera casi exclusivamente a la industria tabacalera y, por ello mismo, con un nivel de cultura estimulado en sus constantes lecturas, jugó también un rol significativo en la rápida identificación que se produjo entre el pueblo cubano de Tampa con el primer líder que les hizo visible la república que deseaban.

NOTAS

[8] La Guerra de Independencia en Cuba comenzó el 10 de octubre de 1868, cuando Carlos Manuel de Céspedes liberó sus esclavos en La Damajagua y se alzó en armas contra el gobierno español.

[9] Una valoración sobre los planes independentistas cubanos entre 1878 y 1895 puede verse en el libro de Jorge Ibarra *José Martí, dirigente político e ideólogo revolucionario*. Ciencias Sociales, La Habana, 1981; Centro de Estudios Martianos, 2008.

[10] Entre las corrientes ideológicas y políticas que prevalecieron en la sociedad cubana del siglo XIX –aunque el independentismo era el más fuerte– estuvieron el abolicionismo, autonomismo (régimen autónomo, bajo la soberanía española), y anexionismo (anexar la isla a Estados Unidos).

[11] Carta al coronel Emilio Núñez, en *Epistolario*, t. I, pp. 202-204.

[12] Ver carta de Martí a Máximo Gómez, en Ob. Cit. pp. 280-283.

[13] «Guerra necesaria» llamó José Martí a la que organizó a través del PRC y estalló el 24 de febrero de 1895, cuando no existía otra vía para alcanzar la independencia.

[14] *Epistolario*, t.II, p. 158.

1.2
CARTAS ENTRE NÉSTOR CARBONELL Y ENRIQUE TRUJILLO
Relacionadas con la primera visita de Martí a Tampa

Las cartas que Néstor Carbonell y Enrique Trujillo se intercambiaron en octubre y noviembre de 1891, contienen detalles necesarios para entender los pasos iniciales de la primera visita de José Martí a Tampa[15].

Cuando Carbonell, presidente del Club Ignacio Agramonte en Ybor City, convenció a los otros dirigentes de aquella organización sobre el significado que tendría la presencia de José Martí en Tampa, no imaginaba la enorme trascendencia que alcanzaría aquel hecho. A él debemos la propuesta de invitar al orador que venía conmoviendo a la emigración patriótica cubana neoyorkina, especialmente con los discursos de los últimos diez de octubre.

La fecha conmemorativa del inicio de la Guerra de los Diez Años también era celebrada por los cubanos de Ybor City, pero en 1891 habían tenido que posponerla hasta reunir los fondos necesarios. Ello propició la idea de traer un orador de Nueva York. Carbonell no tenía relaciones directas con quien era entonces el presidente de la Sociedad Literaria Hispanoamericana en la gran urbe, pero sabía que su amigo Enrique Trujillo estaba muy cercano a él. Era lógico, pues éste tenía mucha participación e influencia en la emigración cubana de allí y desde su periódico *El Porvenir* resultaba ser una de sus principales voces.

Trujillo, nacido en Santiago de Cuba en 1850, se incorporó muy joven al independentismo de su país y en 1879 fue expulsado a España por defenderlo. Como Martí, también deportado aquel año, viajó de la península ibérica a Nueva York, donde se establece. En 1885 fundó el periódico *El Avisador Cubano* (después *Avisador Hispanoamericano*) que fue un importante medio de difusión del independentismo y en el que se hizo frecuente el nombre de Martí. En marzo de 1890 fundó *El Porvenir*, del que meses después fue Néstor Carbonell su corresponsal en Tampa. Durante la década de 1880, Martí y Trujillo estuvieron juntos en múltiples actos de los patriotas cubanos y en algunas ocasiones compartieron la tribuna como oradores.

Carbonell tenía sobradas razones para pensar que Trujillo y Martí eran amigos y que sería la vía eficaz para hacerle llegar a éste la propuesta de venir a Tampa. Lo que no sabía entonces el presidente del club Ignacio Agramonte es que en aquellos días estaba rota la amistad entre ellos, lo que pudo estorbar el destino de la carta de invitación.

La razón del alejamiento entre los dos cubanos era absolutamente personal. Habían sido amigos y participado juntos en algunas tentativas para rehacer la guerra en Cuba durante la década de 1880. Pero, cuando la esposa de Martí decidió abandonarlo[16], por, desavenencias y no por falta de amor le pidió a Trujillo que le ayudara a gestionar sus documentos de viaje a Cuba, lo que requería acudir al consulado español. El amigo de la casa la complació y el día 27 de agosto de 1891 Carmen Zayas Bazán salió de Nueva York, privando también a Martí de la compañía de su único hijo, cuando estaba al cumplir los 13 años. La reacción del esposo, en medio del desastre familiar, incluyó el epíteto de traidor para el amigo que se prestó a aquel servicio.

A los pocos días, 16 de noviembre de 1891, llegó a casa de Trujillo la carta que debía entregar a Martí. Él apunta en su libro: «Era doloroso al que esto escribe manifestar al señor Carbonell el disentimiento personal con aquél para quien se hacía la recomendación»[17]. Dice no haber titubeado en enviarle inmediatamente la carta, lo que hizo a través de Gonzalo de Quesada, adjuntándole esta nota:

Nueva York, octubre 19, 1891.
Señor José Martí.
Presente.
Distinguido compatriota:
Tengo el honor de incluirle la carta que para usted he recibido de Tampa.

Sírvase enterarse de la que de la misma procedencia se me remite, por si tiene algo que decirme a su respecto.

Le suplico devolución de ella, por contener particulares sobre cuentas que deseo anotar.

Sentiré mucho que mi intervención le sea enojosa; pero cumple con un deber patriótico quien de usted es con toda consideración s. s. s. y compatriota, E. Trujillo.

Cumplido el encargo, le contesta al día siguiente al amigo de Tampa:

Nueva York, octubre 20, 1891.
Señor Néstor L. Carbonell.
Tampa.
Mi amigo querido:
Con gran satisfacción le entregué al señor Martí su carta del 16. Por telégrafo ha debido éste contestarle la aceptación.

Me parece un gran golpe, de positiva utilidad, en momentos del prestigio político que rodea a nuestro compatriota por haber renunciado por la causa cubana su importante cargo de Cónsul de la Argentina.

Soy su amigo de siempre,
E. Trujillo

Martí le contestó a Carbonell con el telegrama: «acepto jubilosísimo». En el *Epistolario* aparece indicado octubre, sin el día exacto. Pero no se lo informó a Trujillo, como éste le había pedido. Después, hay otra carta de Carbonell a Trujillo, donde también le incluye una a Martí.

Tampa, Fla., octubre 26, 1891.
Señor Enrique Trujillo.
Nueva York.
Mi muy querido amigo:
Circunstancias atendibles me habían hecho demorar, a pesar mío, esta misiva; resultado de su apreciable de fecha reciente, que empiezo a contestar.

La satisfacción con que he visto la contesta del señor José Martí no es para describirla en estas líneas. La noticia ha corrido por todas partes; el júbilo rebosa en todos los corazones.

Nadie se explica la causa y manera con que se ha conseguido que el inmaculado patriota e importante hombre público venga a Tampa a recibir el tributo que merece el que tiene sobrados merecimientos para ser querido sin causa relativa.

El que viene a Tampa llamado en general por la emigración cubana y en particular por una asociación que tiene sed de recibirlo en su seno y de escuchar su poderosa y artística palabra.

Me he acordado ahora de un refrán que dice: «El corazón del hombre es un violín, cuyo sonido grato o ingrato depende de la mano que lo toca». ¿No cree usted, amigo, que esa mano ha sido la de Enrique Trujillo? Yo, sí, reclamo la gloria que me cabe por haber encontrado el camino que nos condujo al triunfo.

Basta de charla. Sírvase hacer entrega de las adjuntas líneas al señor Martí. Ayer se acordó por la Directiva del Club *Ignacio Agramonte:*

1. El próximo lunes girarle a usted la cantidad necesaria para que en su oportunidad haga entrega al señor José Martí de su boleta de pasaje. 2. Por mi conducto hacerle presente al señor Martí que deseamos que la fiesta en perspectiva tenga efecto el lunes 16 del próximo noviembre, a cuyo efecto él saldrá de esa el viernes 13 o antes si él lo creyese oportuno.

La fiesta que se prepara será a beneficio del Club de referencia: su carácter será artístico-literario. A esta fecha se hacen grandes preparativos. Hoy escribo a La Habana para que nos envíen a primer aviso un taquígrafo. Los americanos preparan el suyo, toda vez que nuestro compatriota hablará también en inglés.

Nuestra fiesta futura debe superar a las anteriores: hay fiebre patriótica.

Consulta: Aquí no faltan quienes conozcan de cerca al señor Martí; este es motivo para que nos digan que su carácter se opone a que lo recibamos con el esplendor que podamos.

Nosotros queremos hacer lo que creemos oportuno respecto de la colectividad; pero no podemos oponernos a que el pueblo lo reciba y salude a los sones de una orquesta. Dígame algo de esto. Enterado usted de esta misiva se servirá escribirme un poco más largo que de costumbre.

Cuando el señor Martí haya leído la suya, se servirá decirme por telégrafo: «Aceptado, o viceversa». Usted meta en esto la mano con uñas y todo.

El Presidente del Club *Ignacio Agramonte* está autorizado a invitar a la fiesta futura al amigo, al patriota y al Director de *El Porvenir*, señor Enrique Trujillo. ¡Qué gloria, qué abrazo!

En la próxima junta se redactará el programa y demás preparativos.

Esteban Borrero me ofrece visita; voy a ver si logro que sea en el vapor del domingo 15. Hilario Cisneros es muy fácil que se halle aquí también; él se pondrá lejitos de ciertos ruidos.

Un apretón de manos de su amigo de veras
Néstor Carbonell

Pero tampoco obtiene respuesta de Martí, quien prefiere dirigirse personalmente a Carbonell. Por esa razón Trujillo creyó necesario escribir a los amigos más cercanos del Maestro, lo que hace el 31 de octubre, quejándose de su actitud y pidiéndoles interceder a favor de mejorar las relaciones.

Nueva York, octubre 31, 1891.
Señores Benjamín J. Guerra, M. A. Tirado y Gonzalo de Quesada.

Mis queridos compatriotas y amigos:

He de merecer de ustedes, en obsequio de la causa política que defendemos, se sirvan celebrar, en mi humilde nombre, una entrevista con el señor José Martí, a quien desde hace tiempo reconocemos como el jefe civil más caracterizado en los asuntos cubanos en el extranjero.

Resulta que desde el 1.° del que termina mis relaciones personales con el citado señor han terminado, por causas íntimas y privadas. A pesar de eso, no he querido, ni quiero, que las inteligencias políticas que deben existir entre ambos, para bien procomunal, cesen, y como prueba pública me remito a las colecciones de *El Porvenir*, en el que he continuado tratándolo con deferencia y consideración. Así las cosas, llamo la atención de ustedes, de que el día 19 remití, – por conducto del señor Gonzalo de Quesada, una carta-oficio dirigida a mí por un Club de Tampa, sobre varias insinuaciones, al señor Martí para ser contestadas por mi conducto. Este caballero, pasando por sobre mi humilde personalidad, violentó el caso contestando directamente.

Sin aludir a este desagradable incidente, contesté a los amigos de Tampa en términos laudatorios para el citado. El jueves 29 me llega otra carta acompañando una para el señor Martí, y le envié ambas con atenta esquela suplicándole la devolución de la mía. A esta fecha el señor Martí no se ha dignado contestarme, poniendo en berlina mi posición.

Sírvanse ustedes, amigos míos, ocuparse del caso, ejerciendo su influencia amistosa, para que mis relaciones políticas con el señor Martí sigan el curso patriótico que deben tener, en obsequio de los altos intereses patrios.

En súplica de que me contesten, soy de ustedes con toda consideración affmo. amigo y compatriota,

E. Trujillo.

En esta ocasión Trujillo puso por encima de su relación personal con Martí el interés patriótico que contenía la invitación de Tampa, aun cuando le hiciera continuas objeciones a través del periódico *El Porvenir* a la obra posterior del Apóstol como fundador y guía del PRC.

Asimismo, en los días posteriores Trujillo siguió animando a Carbonell en su empeño de tener a Martí entre los oradores del Liceo cubano, con opiniones a favor del invitado.

En una de las cartas de Carbonell a Trujillo, previas a la visita de Martí, le manifiesta su deseo de que también él viniera a Tampa, algo que habría sido imposible en medio de la tensión existente entre él y Martí, lo que, evidentemente, Carbonell desconocía.

No sé hasta qué punto el hecho de que Trujillo fuera el intermediario entre Carbonell y Martí contribuyó al acercamiento entre los amigos distanciados, pero lo cierto es que en los días siguientes se logró una comunicación entre ellos, lo cual se aprecia en las misivas que entonces intercambiaron.

De alguna manera, Martí se disculpa con Trujillo por no haber contestado enseguida su segunda carta.

Sr. Trujillo (no aparece fecha):
Veo con pena que debí haber leído antes la carta dirigida a usted, que no leí hasta hoy. Creo que nada habría en ella diferente de la que le incluían a usted para mí. Confirmando lo que digo por correo, envié esta tarde un telegrama a Carbonell diciéndole que he tratado en vano de vencer las dificultades que tiene para mí salir el 13. Podré salir el 24 para estar aquí de vuelta el 30. Escribo hoy a Carbonell.
    Es su servidor
    José Martí.

Seguramente, ante la demora de una respuesta de Martí, Trujillo se tardó en responder a Carbonell, por lo que éste se le queja el 4 de noviembre:

Señor Enrique Trujillo.
Nueva York.
Mi bien querido amigo:
No me explico el silencio de usted en el asunto del señor Martí. Esa respuesta es una agonía para todas las Sociedades que sabían debería llegar hace tiempo; y para mí mucho más que vivo navegando en el mar de la duda y queriendo satisfa-

cer a tantas diarias preguntas, necesarias unas e importunas otras.

No tengo tiempo para más. Reciba un apretón de manos de su atento amigo y s. s. s.

Néstor Carbonell.

El 9 de noviembre, le contesta Trujillo:

Señor Néstor L. Carbonell.
Tampa, Fla.
Mi amigo querido:
Le debo a usted tres cartas por contestar, y voy a pagarle con exceso de cariño y consideración. Usted sabe que yo soy muy cumplido y no me descuido un solo momento; pero resulta que el señor Martí ha estado en estos días tan ocupado, que no había podido decidir la fecha, con seguridad, de su salida para esa. No me envió una contestación definitiva hasta la tarde del sábado que le telegrafió a usted. De manera que el 24 saldrá Martí para esa y regresará el 30. Arregle usted todas las cosas lo mejor posible: que creo que el resultado será magnífico y utilísimo a nuestra causa en estos momentos de concentración de todas las fuerzas. Ya verá usted lo que digo a propósito de esa patriótica visita en el número de *El Porvenir*, que saldrá mañana. Prepárese usted solo a llenar la edición que corresponda al viaje de Martí y el resultado en esa.

Vea en todo lo que puede servirle su amigo que mucho le quiere

E. Trujillo

Es indudable el entusiasmo de Trujillo con el inminente viaje de Martí a Tampa, el cual ya había anunciado en su periódico desde los días previos. Ese mismo día Carbonell vuelve a escribir a Trujillo, cuando ya había recibido un telegrama de Martí diciéndole «Invitación aceptada, fijen fecha» pero todavía dudaban sobre el día exacto en el que Martí saldría de Nueva York, si el 23, el 24 o el 26.

Tampa, Fla., noviembre 9, 1891.

Señor Enrique Trujillo.
Nueva York.
Mi queridísimo amigo:
No tengo a estas horas ninguna de usted a que referirme, y cosa extraña en verdad en momentos de verdadera necesidad de hablar mucho, estar sin chistar. Mi ansiedad mayor ha cesado al recibo de un expresivo telegrama de nuestro ilustre compatriota José Martí.

Esta noticia ha circulado con la velocidad del rayo y con la sonrisa del bien, porque cada habitante, cada cubano de esta emigración ha venido hace días envuelto en la maldita sombra de la duda, y hoy laten los pechos henchidos de consoladora esperanza.

Un punto importante quiero discutir con usted a escondidas del señor Martí, y es el siguiente: En el telegrama me dice el querido compatriota citado, que saldrá el 24, cosa que acredita que llegará a ésta el 27 por la noche. Pues bien: esa noche tenemos una velada fúnebre, como la habrá en otros lugares del continente. Esta fiesta nos es un estorbo terrible para el selecto y patriótico recibimiento que tenemos el deber de hacerle a Martí.

En su consecuencia, usted que sacó con apacible mano el sonido gratísimo de aquel corazón, *«acepto jubilosísimo»*, escribió, ¿no podría, indirectamente que fuera, conseguir que nuestro Martí saliese de esa caldera de fuego llamada Nueva York, ya el 24 como me ha dicho, el día 26, para llegar aquí el 28 y regresar el 30?

Hay más: acatamos lo dicho y lo aceptamos; pero trate de evitar la salida del 24.

El taquígrafo, que es mi anhelo en la fiesta, no puede llegar a ésta hasta el domingo 29; hasta esto concuerda con la enmienda. En usted confiamos; lo que usted consiga eso haremos, eso aceptamos.

Un abrazo de su amigo y salude en nuestro nombre al señor Martí.
Néstor Carbonell

El 13 de noviembre, en una nueva comunicación entre ambos, Carbonell le confiesa a Trujillo haber recibido carta de Martí donde éste le dice que no podría salir hacia Tampa antes del 23 de ese mes. En el *Epistolario* dicha epístola está fechada el 18 de noviembre, lo que me parece un error pues Carbonell dice haberla recibido el día 13. Asimismo, con fecha del 16, hay una comunicación de Martí a Trujillo donde le expresa que ha escrito a Tampa, indicando su disposición a ir el 23[18]. En mi opinión, o hubo una carta anterior que desconocemos con la misma información o es inexacta la fecha que aparece en el *Epistolario*, porque me parece mucho más creíble la fecha que anota Trujillo, quien debió tener los originales a la hora de escribir sus apuntes históricos.

Señor Enrique Trujillo.
Nueva York.
Mi bien querido amigo:
Su muy grata del día 9 del que cursa descansa en mi poder. Gozoso veo en ella estampadas, con frases de cariño, las causas de su demora en escribirme: nunca me figuré otra cosa.

Le adjunto la carta del señor Martí que he recibido últimamente, para que, con devolución, se entere que él me dice que su salida es el 23, motivo porque al efecto le puse un telegrama aceptando esa fecha. Seguro que llegará el 25, tendrá efecto la Velada literaria el 26 y se encontrará sin esfuerzo en la del 27. Por ese motivo le escribí á usted explícitamente, haciéndole patente el trastorno de su llegada el 27 saliendo el 24.

Trabaje este punto con la delicadeza que le caracteriza. Espero respuesta sobre este punto. El lunes le giraré el dinero necesario para que usted se sirva tener la bondad de hacerle entrega al señor Martí, en su hora, de su ticket; anunciando su salida en telegrama y otro que él se servirá poner en Jacksonville.

Gracias mil por sus frases de tierno cariño.

Ayer ha sido esta ciudad teatro de un horroroso incendio que ha causado una gran ruina. Han ardido sobre treinta edificios. Salvóse milagrosamente el resto de la población.

No se han quemado manufacturas. Todos los edificios y establecimientos estaban asegurados. A las diez de la mañana estaba localizado el incendio.
No tengo tiempo para más.
Reciba un abrazo de su affmo. amigo y s. s. s.
Néstor Carbonell

Al día siguiente vuelve a escribirle, con mayores detalles sobre el incendio ocurrido en Ybor City.

Tampa, Fla., 14 noviembre 1891.

Señor Enrique Trujillo.
Nueva York.
Mi bien querido amigo:
Hoy vuelvo a escribirle estas líneas, sin embargo, de haberle escrito ayer; pero interesado profundamente en que usted enmiende de la más delicada manera el error o no error de la salida del señor Martí, pues nos interesa que se verifique ésta el 23 para que llegue el 25. Ya a estas horas usted debe estar enterado por mi carta de 10 que pudiera acontecer respecto de su llegada el 26. Contésteme rotunda y explícitamente sobre este interesante particular. La animación es mucha. La fiesta ha de ser magnífica.

Haga porque la salida sea el 23. En caso que no pueda suceder haga por que sea el 26. ¡Juzgue cómo estaré con el 27 de noviembre en el medio! El horroroso incendio de que le hablé ha dejado profundas huellas en el orden económico, las pérdidas se calculan de 180,000 a 200,000 pesos. No se han quemado fábricas; casi ardieron totalmente dos manzanas y parte de otra. Magníficos edificios y buenos establecimientos perecieron. Casi todos estaban asegurados, a excepción del *Gran Hotel Habana,* del señor Francisco Isern.

El *Bar-room* de este señor tenía provisiones de licores por valor de unos $2,000; pero la noche anterior le llegó una factura (pagada al contado) por valor de $5,000, y toda pereció. El edificio, que era bueno, estaba asegurado en $800. Este honrado señor ha perdido sobre $8,000 adquiridos con la constante y enérgica labor del trabajo. El *Liceo Cubano* ha escapado a milagro. Ha habido 20 ó 25 heridos leves, 4 contusos, 2 heridos graves y 16 con espasmo.

Los dignos doctores en medicina señores Miguel Barbarrosa, Guillermo Machado, Martín Caraballo y N. Terga cumplieron, como era de esperarse con su sagrada misión; pues desde las cinco de la mañana del jueves 12, hora en que principió el incendio, ya ellos acudían para hacer lo que era de esperarse en trance tan horrendo.

A las nueve de la mañana se localizó el fuego. La cosa pudo ser total, a no ser por los sesgos favorables que el viento le hizo tomar al incendio, sin olvidar el heroísmo de las diferentes Compañías de Bomberos de Tampa y de Ibor City, así como del pueblo todo.

Un apretón de manos, y hasta mañana.

Néstor Carbonell

Ante las noticias del incendio, Martí llegó a creer que podría suspenderse la velada artístico literaria a que le invitaban. Se lo comunicó al intermediario con una frialdad poco común en sus cartas:

Señor Trujillo:
He escrito a Tampa en la creencia de que el incendio habrá dejado los ánimos fuera de condición para la fiesta que proyectaban.

Ya la carta que se sirve usted mandarme me indica lo contrario, y en ese sentido vuelvo a escribir. Estoy dispuesto a ir el 23. Lo que quise fue sacarlos de compromiso de llevar adelante la fiesta porque ya me la tenían anunciada.

Es su servidor
José Martí

Trujillo, cuya correspondencia con Carbonell era más abundante, le había comunicado el 16 de noviembre:
Mi respetado señor Martí:

Sírvase tener conocimiento de la adjunta, cuyo espíritu revela que hasta por el incendio último en Tampa ha aumentado el calor por su viaje a esa.

Soy de usted con toda consideración su servidor

E. Trujillo

Y el mismo día escribe para Tampa:

Nueva York, noviembre 16, 1891.

Señor Néstor L. Carbonell.

Tampa, Fla.

Muy querido amigo:

Me apresuro a contestar su atenta y como siempre cariñosa del 13. No hay dificultad en la salida del señor Martí el 23, y creo que todo saldrá a medida de sus deseos, y de los buenos de esa.

Le pondré el telegrama que me indica, y haré las entregas de dinero que remita.

Vaya preparando la péñola para *El Porvenir*. Le quisiera escribir largo, pero usted no sabe las ocupaciones que rodean a su afectísimo

E. Trujillo.

Con la misma fecha, otra nota:

Nueva York, noviembre 16, 1891.

Mi amigo Carbonell:

Agrego a la anterior, que aunque el señor Martí había escrito a usted, posponiendo el viaje por el incendio en esa. Al recibo de su carta a mí, del 13, ha comprendido que los ánimos no han decaído en esa por aquel acontecimiento, y se dispone infaliblemente salir el 28.

No hay, pues, nada que temer.

E. Trujillo.

Es muy continua la comunicación entre los dos amigos que favorecen la primera visita de José Martí a Florida. El 19 insiste Carbonell, con gran entusiasmo:

Tampa, Fla., noviembre 19, 1891.
Señor Enrique Trujillo.
Nueva York.
Mi bien querido amigo:
He recibido oportunamente su apreciable del 16, en la que he visto lo que tanto anhelaba, como era la seguridad de que el señor José Martí salía el 23 de Nueva York para estar aquí el 25 en la noche, hora de satisfacción para nosotros, de envidia noble para usted, que desearla compartir con nosotros tantas glorias.

Le adjunto letra por valor de $50.00, oro americano, para que usted se digne, a nombre del Club *Ignacio* Agramonte, poner en manos del patriota José Martí su boleta de pasaje.

¡Cuánto gozaríamos si fuera posible su amable compañía!
Mil gracias por sus cariñosas frases.
Cuente siempre con la verdadera amistad de su atento amigo y s. s. q. b. s. m.
Néstor Carbonell.

P. D. – Al salir el señor Martí espero un telegrama, y encárguele que al llegar a Jacksonville me ponga otro.

Recomiéndole que diga esperen en Ibor City, pues son muchos los chasqueados que van a dar a Tampa viniendo para aquí, y esto sería altamente sensible. – Carbonell.

Al día siguiente le responde el director de *El Porvenir*:

Nueva York, noviembre 20,1891.
Señor Néstor L. Carbonell.
Tampa, Fla.
Mi querido amigo:
Recibí su atenta de usted, y cobrada la orden que la acompañaba, he hecho entrega de los 50 al señor Martí, para que él saque la boleta de pasaje personalmente; y de esta manera queda cubierta la parte susceptible que pudiera tener la remisión del dinero, por usted a él directamente.

Pondré el telegrama de salida la mañana del 24, pues él verificará su viaje la noche del 23. Repito a usted, que *El Por-*

venir está preparado para llenar un número con esa reseña. Como no creo que alcance el 91, que corresponde al miércoles 22 de noviembre, si usted quiere envíe un telegrama, que aparecerá en próxima edición, reservándonos los detalles para el 92.

Siento en el alma no tomar parte activa en su entusiasmo; pero en Ud. flotará mi espíritu.
Sabe le quiere bien su afectísimo
E Trujillo

En esa misma fecha, Trujillo le envió a Martí la carta recibida de Carbonell, seguramente para que pudiera cumplir el encargo que hacía éste para que el viajero le enviara un telegrama al llegar a la estación de Jacksonville, avisando de su inminente llegada. Junto a la carta de Carbonell, le escribió esta nota:

Nueva York, noviembre 20, 1891.
Señor José Martí.
Presente.
Muy señor mío y distinguido compatriota:
Tengo el honor de adjuntarle la carta que me han dirigido desde Tampa para que se sirva leerla. Le acompaño 50.00 *bills,* que me han girado con objeto de entregar a usted pasaje a Tampa, pero creo innecesario llevar adelante este requisito, pues mi intervención, sin duda, es para no herir la modestia de usted, recibiendo el dinero directamente.

Me ocuparé de trascribir el telegrama que indican, si usted se sirve darme noticia de su salida.
De usted con toda consideración, servidor
E. Trujillo.

Según confiesa Enrique Trujillo en su libro, Martí no le avisó de su horario de salida de Nueva York a Tampa y si pudo cumplir con el encargo de Carbonell, fue porque Gonzalo de Quesada tuvo la gentileza de informárselo[19]. Y acota, con un dejo de resentimiento: «El señor Martí se ocupó de enviarlo por su propia cuenta».

Sin embargo, de aquella visita en la que tanto colaboró, hizo referencia de la siguiente manera: «Martí en Tampa se hizo dueño desde el primer momento de todos los corazones y de todas las voluntades». Y, como prometió a Carbonell, publicó en *El Porvenir* la emotiva crónica que éste le enviara sobre aquel magno acontecimiento.

Es verdad que después Enrique Trujillo, a través del periódico *El Porvenir*, hizo una fuerte campaña en contra de la estructura y funcionamiento del PRC, pero hay que agradecerle su entusiasta colaboración para que José Martí viniera a Tampa la primera vez.

NOTAS

[15] Las cartas fueron publicadas por Enrique Trujillo en su obra *Apuntes históricos. Propaganda y movimientos revolucionarios cubanos en los Estados Unidos desde enero de 1880 hasta febrero de 1895*. Nueva York, Tip. De El Porvenir, 1896.

[16] Carmen Zayas Bazán llegó a Nueva York el 30 de junio de 1891, intentando salvar el matrimonio. Tres meses después, regresa a Cuba y no vuelven a verse. Ver, de Mirtha Luisa Acevedo y Fonseca, *Bautismo en la soledad. Biografía de Carmen Zayas Bazán, esposa de José Martí.* Editorial Ácana, Camaguey, 2016.

[17] Enrique Trujillo. Ob. Cit. p. 61.

[18] Ver Epistolario, t.II, p. 325.

[19] Enrique Trujillo, Ob. Cit. p. 72.

1.3

MARTÍ Y TAMPA
La doble sorpresa de la primera visita[20]

La llegada de José Martí a Tampa, en los primeros minutos del 26 de noviembre de 1891, fue el antecedente inmediato de la creación del PRC, desde cuya dirección él se convirtió en el líder principal del movimiento revolucionario cubano de su tiempo.

Es en Tampa donde Martí encuentra, por primera vez, las condiciones ideales que determinaron la creación del órgano político dirigido a cohesionar los elementos dispersos del independentismo cubano, a favor de la estrategia político-organizativa que hizo posible, el 24 de febrero de 1895, el estallido bélico al que su principal organizador llamó «guerra necesaria».

Cuando recibió en Nueva York la invitación a participar en una velada artístico-literaria en esta ciudad de la Florida, consideró que era una ocasión adecuada para extender su discurso patriótico hacia el sur de Estados Unidos, y, a su vez, respirar con mayor cercanía los aires que soplaban desde la isla. Respondió al instante en un cablegrama: «acepto jubilosísimo».

Pero al subir al tren en la estación de Nueva York, al oscurecer de aquel 23 de noviembre de 1891, no podía sospechar que los tres días de Tampa iban a rendir tanto provecho, para él y para la causa cubana.

Hay que recordar los constantes esfuerzos en vertebrar un plan que propiciara el reinicio de la Guerra de Independencia, interrumpida en 1878, a los que Martí no había sido ajeno. Si la Guerra Chiquita, Plan Gómez-Maceo, Plan Fernández Ruz y otros intentos terminaron en dolorosos fracasos, no fue por escasez de entusiasmo patriótico, sino por estériles divisiones, desorganización e impulsos caudillistas, conductas que afloraban por la falta de un programa político que incluyera los alcances mediatos del sacrificio.

Martí tuvo la oportunidad de expresar este análisis a Máximo Gómez y Antonio Maceo en 1884, especialmente en la carta dirigida a Gómez el 20 de octubre de ese año, donde advierte: «Un pueblo no se funda, General, como se manda un campamento». Y también «tal como es admirable el que da su vida por servir a una gran idea, es abominable el que se vale de una gran idea para servir a sus esperanzas personales de gloria o de poder». Con todo respeto, le dijo a Gómez que, por su grandeza, merecía que «se le hiciera pensar»[21].

Martí es el primer gran líder del independentismo cubano que se alejó de los métodos de campamento en la preparación de una guerra anticolonial, consciente de que los sentimientos de un pueblo al que se convoca para una gesta armada, requieren el discernimiento de un programa que defina las razones finales de su propuesta. El llamado al combate por la independencia, en el marco de las diversas corrientes ideológicas prevalecientes en Cuba en la última década del siglo XIX, no podía presentarse ante los disímiles componentes del pueblo cubano como un mero propósito de emancipar a la isla del poder colonial español, si no incluía la proyección de una república democrática que insertara al país en el rumbo de las naciones modernas.

En Nueva York, donde llevaba diez años al salir para Tampa, Martí había estado en el centro de esas preocupaciones y de cuanto movimiento apuntara hacia Cuba, pero no había cuajado un plan concreto que unificara a todos en un proyecto común. Sus continuos discursos patrióticos habían alentado los sentimientos de la emigración cubana hacia el ideal de Patria, en una urbe donde radicaban grandes figuras del independentismo y donde iban a buscar apoyo sus principales líderes, pero no habían desembocado en la concreción de una organización política que cohesionara a la emigración.

Desde la Guerra de los Diez Años, otro enclave fuerte de la emigración cubana era Cayo Hueso. Martí estaba al tanto del entusiasmo independentista que se desataba allí cada vez que algún caudillo declaraba la cercanía de un levantamiento en la isla, en un lugar donde muchos militares de la anterior contienda se habían convertido en tabaqueros.

Pero en los últimos años otro nombre había empezado a llegar a los oídos cubanos de Nueva York. Solo un lustro atrás la palabra Tampa no aparecía en el vocabulario del independentismo cubano. Sin embargo, a partir de 1886, cuando Vicente Martínez Ybor y otros industriales levantaron las primeras fábricas de tabaco en el lugar que sería llamado Ybor City, cientos de cubanos, llegados de Cayo Hueso, Cuba y otros lugares en que radicaban, plantaron al lado del taller la bandera de la estrella solitaria, indicando la provisionalidad de su estatus migratorio. En cuanto levantaron las casas donde vivir, pugnaron por un lugar donde expresar el sentimiento patrio. Pronto tuvieron El Liceo Cubano, asociaciones como la Liga Patriótica Cubana y clubes con el entusiasmo patriótico de Ignacio Agramonte. Ante la invitación recibida desde aquella ciudad, José Martí se dispuso a visitarla.

Más de dos días duraba un viaje en tren desde Nueva York a Tampa. En el coche en que viajaba sin acompañantes, Martí tuvo tiempo de pensar en los asuntos que más le atenazaban. Ya no lo retenía la presidencia de la Sociedad Literaria Hispanoamericana en Nueva York, a la que acababa de renunciar, al igual que a los Consulados de Argentina, Uruguay y Paraguay. Las preocupaciones patrias y continentales más hondas, con todo su alcance universal, las sintetizó ese año en el ensayo «Nuestra América»[22]. Ligero de equipaje y desprendido de todo compromiso que no fuera el de la Patria, se desmontó del tren en Tampa.

Pero entonces Martí no imaginaba que la temperatura patriótica que lo esperaba era tan propicia para materializar el proyecto que se convirtió en PRC. En realidad, Tampa lo tomó de sorpresa. De lo contrario, habría traído escritas las

Resoluciones, documento que constituye el primer paso en la creación del novedoso órgano político que encontró en esta ciudad su primer peldaño.

Pero si él se sorprendió, más lo haría la comunidad de cubanos que le esperaba allí. Aunque, a diferencia de lo que sucedió en Cayo Hueso, apenas hubo resistencia cuando se propuso su nombre como orador invitado, a pesar de que casi nadie le conocía. Tal vez fue una intuición, una revelación que muy pronto aportó las primeras semillas a la mitificación del héroe. Y de pronto, cuando todos escucharon en el Liceo Cubano ese primer discurso que hoy conocemos con el título «Con todos y para el bien de todos», la sorpresa se convirtió en adhesión, en identificación emotiva y consciente con el ideal de Patria que se albergaba en el alma de una corriente humana que se sintetiza en pueblo, Patria, libertad, en el espacio simbólico de la palabra Cuba.

Habría que leer, una y otra vez, ese discurso. En él se pronuncia diecinueve veces la palabra «libertad», calificada con sus más diversos sentidos: libertad original, libertad verdadera, libertad entera, libertad real.

Sin sobredimensionar la asistencia del azar en que fuera José Martí el invitado a aquella velada, algo tuvo que ver en el salto histórico que significó la creación del PRC. A la velada pudo invitarse a Manuel Sanguily, Enrique José Varona u otro intelectual cubano, o pudo incluso Enrique Trujillo no cumplir el papel de intermediario para que el telegrama tuviera tan feliz destino. El peso del albur estuvo en alinear a todos los astros para que Martí y Tampa se encontraran el 26 de noviembre de 1891.

Pero el ambiente propicio para que la doble sorpresa fuera tan positiva no fue un soplo de la casualidad. Ybor City y West Tampa reunían a una comunidad compuesta por cientos de familias cubanas donde se expresaban los diferentes componentes de su incipiente nacionalidad, pero estaba menos permeada del militarismo que subsistía en el seno de las principales localidades en que se concentraba el liderazgo del independentismo cubano, tanto en la Isla como fuera de ella. Incluso en Cayo Hueso, donde radicaban figuras importantes de los Diez Años, se estaba más atento a la voz de mando de un militar que a la de un líder político que aunara al pueblo en torno a un proyecto definido de república.

Si comparamos estos dos enclaves de la emigración cubana de aquel tiempo –sin intención de medir el nivel de patriotismo expresado en uno y otro lugar–, se aprecian comportamientos que avalan la tesis que sustento: en Tampa se dieron los primeros pasos para la creación del PRC porque es el lugar donde Martí encontró el ambiente de cohesión y pensamiento adecuados, y cuyo descubrimiento fue su primer asombro positivo. Por un lado, en las asociaciones creadas prevalecían elementos de civilidad y democracia muy fuertes, aun cuando algunos de sus líderes provinieran de las filas del Ejército Libertador, como es el caso de Néstor Carbonell, Juan Arnao, Ramón Cabrera y otros. Pero los cargos se ejercían por elección y el voto determinaba las decisiones a tomar. El viejo Carbonell, cuya participación en la Guerra de los Diez Años se insertó en las fuerzas comandadas por Ignacio Agramonte (las de mayor peso civilista al comenzar aquella gesta y cuya influencia en él aflora en el nombre que puso al Club), fue quién fundó la primera librería en Ybor City y de cuyos estantes salían las principales obras que se leían en las fábricas de tabaco. Se sabe que en esas lecturas, donde Víctor Hugo, Émile Zola, Alejandro Dumas, Juan Jacobo Rousseau y otros escritores y pensadores estaban incluidos, pusieron un acento ilustrador en el pensamiento liberal de su tiempo, promoviendo los conceptos de democracia, libertad y progreso.

Otro elemento a favor de la recepción del discurso martiano en Tampa se explica en que muchos de los líderes cubanos de esta comunidad tenían una participación activa en la política estadounidense y, de hecho, manejaban los instrumentos democráticos de su legislación y poder ejecutivo. Ramón Rivero Rivero, a la vez de ser fundador y primer presidente de la Liga Patriótica Cubana, era Concejal de la ciudad y hay testimonios de su papel activo en el ejercicio de su cargo. Fernando Figueredo, que se mudó a esta ciudad cuando aún Martí la visitaba, fue el primer Alcalde de West

Tampa. Y no son dos ejemplos de poca fuerza: Rivero fue el Presidente del Cuerpo de Consejo del PRC en Tampa y el periódico *Cuba,* fundado por él, se consideró su órgano oficial en esta localidad y, de hecho, vocero del ideario martiano. Fernando Figueredo, con ciudadanía estadounidense, llegó a ser el principal representante del Gobierno Cubano en Armas en Tampa, una especie de Lugarteniente de Tomás Estrada Palma.

La experiencia de ellos en la política de Estados Unidos no contradecía la visión martiana –expresada en «Con todos y para el bien de todos»– acerca de los moldes propios que requería la república que se proponían fundar, criterio al que ellos se sumaron al aprobar las Bases de aquella organización.

Lo que quiero significar es que el comportamiento particular de la comunidad cubana de Tampa estaba más cerca del ideario de José Martí, en torno a los métodos y fines requeridos para la consecución de una independencia que derivara en la construcción de una república democrática, que en otras localidades más marcadas por el militarismo. Fueron los lectores quienes se convirtieron en líderes naturales de la comunidad y la mayoría no estaba comprometida con los métodos organizativos de los caudillos de los Diez Años. En ese ambiente, fue cómodo a Martí transmitir su programa y conformar las bases teóricas y prácticas para echar a andar su proyecto.

Sin todo lo que se adelantó en Tampa, esencialmente la aprobación pública de las Resoluciones, habría sido más difícil a Martí llegar a Cayo Hueso y después cohesionar la emigración cubana en diferentes ciudades, esencialmente de Estados Unidos, Centroamérica y El Caribe, Cuba incluida.

Aún cuando la publicación de sus dos discursos de Tampa llegó inmediatamente al Cayo (hay que recordar que el taquígrafo Francisco María de González vivía allí), resultó más complicado encaminar la idea de una invitación, formalidad que le era imprescindible a Martí, como dijo en carta a José Dolores Poyo: «Pues aunque se muera uno de deseos de entrar en la casa querida, ¿qué derecho tiene a presentarse, de huésped intruso, donde no le llaman?»[23].

Se conoce todo el esfuerzo de Ángel Peláez y otros líderes del Cayo, quienes crearon la Comisión Organizadora para la invitación y cubrir los gastos requeridos. Hubo muestras de oposición, porque en esa localidad, donde vivían muchos veteranos de la Guerra de los Diez Años, estaban más atentos a una voz de Maceo, Gómez, o de algún caudillo conocido que se pusiera al frente de un plan de alzamiento. Hay una anécdota que refleja esta realidad: En una fábrica donde Ángel Peláez estaba solicitando apoyo para costear una invitación a Martí, un tabaquero se levantó para decir: «Yo tengo dinero para comprar rifles, pero no para oír a un orador»[24].

Incluso cuando ya estaba decidida la visita y Martí sale a cumplirla, se consideró útil que llegara al Cayo acompañado por una delegación de Tampa. Por eso, el 25 de diciembre de 1891, cuando se baja del «Olivette» en Cayo Hueso, lo hizo acompañado de Ramón Rivero, Eligio Carbonell, Juan Arnao y otros líderes de esta ciudad, quienes al ir dando la mano a sus amigos, acentuaban la admiración por el guía recién descubierto.

De alguna manera, Martí quiso dar fe, desde su primer discurso en Tampa, sobre el significado de esta ciudad en la obra que comienza a levantar, al sentir aquí «las manos puestas a la faena de fundar», y donde le impresionó ver «la mesa de pensar al lado de la de ganar el pan». Cuando él dijo, en medio de los aplausos, «amo aún más a mi Patria desde ahora, y creo aún más desde ahora en su porvenir ordenado y sereno (...) creo aún más en la república de ojos abiertos, (...) desde que veo, por los avisos sagrados del corazón, juntos en esta noche de fuerza y pensamiento, juntos para ahora y para después, juntos para mientras impere el patriotismo, a los cubanos que ponen su opinión franca y libre por sobre todas las cosas, y a un cubano que se las respeta»[25].

El «desde ahora», repetido en la misma oración y reforzado con «juntos esta noche» implica, más allá de una remisión al tiempo histórico que viven, un reconocimiento al instante particular en que encontró la atmósfera subjetiva y objetiva para desatar una revolución verdadera. Se hace evidente en el siguiente razonamiento que corresponde al mismo discurso: «estos cariños han venido a tiempo a robustecer mis manos incansables en el servicio de la verdadera libertad».

Todavía, en la última reunión, cuando son aprobadas las Resoluciones en el Liceo para de allí salir al andén, dijo que nunca le había parecido Cuba tan segura de su destino.

La noche del 26 de noviembre de 1891 en Ybor City, después de pasar todo el día conversando con los líderes cubanos, con los obreros de las fábricas, con hombres y mujeres, jóvenes y viejos, de procedencia rica o pobre, de color blanco o negro, de distintos credos religiosos o filosóficos, pudo Martí bautizarla como «noche gloriosa de resurrección». Que aquel encuentro se produjera «a tiempo», nos hace pensar en la coyuntura general marcada por la urgencia de la independencia de Cuba para atajar ambiciones expansionistas ya confesadas por Estados Unidos, pero también a su condición personal, al entrever que su salud no le alcanzaría por mucho tiempo para encabezar el movimiento ideado. Entonces, la noche de resurrección, aquella del 26 de noviembre en Tampa, despejaba el renacimiento hacia la guerra en que encontró la muerte, y con ella su propia resurrección, como símbolo afirmado en el imaginario personal de Patria de cada cubano.

Tampa no defraudó la intuición y la sorpresa del primer encuentro se convirtió en confianza. De las tantas veces en que Martí acudió a ella para enfrentar un momento difícil, selecciono dos:

La primera, cuando fue atacado por el Comandante Enrique Collazo en una carta pública y los líderes de Tampa respondieron airados, defendiendo al autor del discurso que fue objeto de la agresión del militar. «Y la nobleza y sensatez de Tampa han sido mucho mayores que la astuta malignidad con que se ha querido envenenarnos (...)». No es solo gratitud lo que siento (...) sino el orgullo de ver a un pueblo tan bien preparado ya para la libertad», escribió a Eligio Carbonell[26]. Estar preparado para la libertad está identificado, en esta frase martiana, con el rechazo al despotismo que mostraron los cubanos de Tampa en aquella ocasión.

La segunda, en el momento más crítico de su ejecutoria política, cuando se produce el hecho que conocemos como el fracaso de la Fernandina, por el nombre del puerto floridano donde se produjeron los hechos. Agotados los recursos levantados en tres años de esfuerzos, interrumpidas las tres expediciones que debían desatar una guerra rápida en Cuba (tal vez la guerra más piadosa que se ha concebido en el mundo), con las fuerzas de la isla esperando la orden de alzamiento, la tarea urgente era pedir un último sacrificio para hacer llegar a la isla a los jefes libertadores. El 28 de enero de 1895 Martí firma la «Orden de Alzamiento», un documento que Gonzalo de Quesada llevó a Tampa, donde se ocultó en un tabaco para hacerlo llegar a Cuba. Martí salió para República Dominicana a reunirse con Máximo Gómez y desde allí seguir para Cuba. Antes de salir de Nueva York, sus cartas para Tampa son conmovedoras, especialmente la dirigida a Paulina y Ruperto Hernández. Debió ser muy grande su desesperación, para llegar al extremo de pedirles que hipotecaran la casa si era necesario, «porque estamos en horas de mucha grandeza y dificultad»[27].

El imaginario de nación que los cubanos llevamos dentro tiene en el primer discurso de José Martí en Tampa un fuerte asidero. La identificación con él en la búsqueda de una Patria inclusiva, dentro de los límites naturales del «con todos y para el bien de todos», ha estado presente, amalgamándose o polarizándose con diferente grado de tensión ideológica, en todas las luchas que, desde entonces, encuentran legitimación simbólica en el concepto martiano de república, libertad, democracia, trabajo, progreso y felicidad.

Creo firmemente que cuando todos los cubanos, vivamos donde vivamos —en tanto la cubanía no es patrimonio de localidad, clase, raza, credo, partido, y mucho menos de gobierno—, encontraremos desde el «pensar por sí propio» el modo de integrarnos a la nación que a todos corresponde, los discursos desde el poder interno y externo dejarán de ser excluyentes. Entonces, nadie se adjudicará el crédito personal de haber cumplido lo que prometió Martí, porque la evidencia de su consumación sería visible en la satisfacción del pueblo real, no en la retórica de la tribuna. Así Martí, con su palabra creíble por su entrañable correspondencia con sus actos, seguirá siendo el referente simbólico de la promesa más atenazada en el imaginario cubano: un posible «con todos y para el bien de todos» donde se equilibre, sin falsos igualitarismos, los componentes todos de la nación.

Notas

[20] Conferencia impartida en la Universidad de Tampa, en abril de 2016.
[21] *Epistolario*, t. I, pp. 280-283.
[22] José Martí, ensayo «Nuestra América», en *Obras Completas*, t. 6, p.15
[23] Idem., tomo II, p. 331.
[24] Primera jornada de Martí en Cayo Hueso, Imprenta «América», S. Figueroa Editor. En Colección de la Biblioteca del Congreso, EE.UU.
[25] Ver el discurso «Con todos y para el bien de todos» en este libro, pp. 321 a 333.
[26] Idem, t. III, p. 6.
[27] Idem. t. V, p. 45.

1.4

SOBRE LAS VISITAS DE MARTÍ A TAMPA
Las razones de Emiliano Salcines[28]

En 2001 fui invitado por la Universidad del Sur de la Florida a impartir una conferencia sobre José Martí, en la que hablé a un grupo de profesores y estudiantes sobre las once visitas conocidas del Apóstol cubano a Florida, desde su arribo a Tampa el 26 de noviembre de 1891, hasta su presencia en Fernandina en enero de 1895. En casi todas, estuvo en Tampa más de una vez. Entonces, un profesor comentó que un notable abogado de la ciudad, apasionado de la historia, sostenía que Martí había estado en Tampa por lo menos veinte veces. Creo que en aquel momento no mencionó su nombre, pero unos años más tarde, ya residiendo yo en este lugar, he tenido el privilegio de la amistad con el autor a quien se refirió el académico: el Honorable Juez retirado Emiliano J. Salcines Jr., conocido y respetado por tres generaciones de tampeños.

Es natural que el nombre de José Martí haya estado presente en las diversas pláticas que hemos sostenido. Cuando leí su extenso artículo en el periódico *La Gaceta*, titulado «Las veinte visitas documentadas de José Martí a Tampa», aprecié la agudeza con que un hijo dilecto de esta ciudad siguió los pasos del héroe cubano.

Salcines se fijó en la ruta acostumbrada entre Nueva York y Cayo Hueso a fines del siglo XIX, que requería dos boletos: uno de Nueva York a Tampa, en ferrocarril, y el segundo, en barco, para seguir al Cayo. Solo unos años más tarde,

Henry Flagger llevó las líneas férreas hasta los cayos del sur. Ello implica que cuando alguien hacía el viaje de ida y vuelta entre estos dos lugares, tenía que desmontarse en Tampa dos veces.

Así, Salcines fue contando todas las ocasiones en que Martí viajó a Cayo Hueso y derivando de ello dos visitas a Tampa. Es verdad que en casi todos los viajes del Apóstol a Florida continuó al Cayo, y que en algunas estuvo en Tampa no dos, sino tres veces, por haber salido y regresado desde aquí también a Ocala y Jacksonville. Con la fecha de la sexta visita hay imprecisiones, porque aunque se señala el 7 de noviembre como su salida de Nueva York[29], debió hacerlo dos o tres días antes, en los que no hay pruebas relacionadas con otra labor suya que lo hiciera imposible. Sabemos que se requería algo más de dos días para llegar a Tampa desde Nueva York en ferrocarril y más de quince horas en barco para arribar al Cayo, de manera que era imposible completar la travesía entre esos dos extremos entre el 7 y el 9 de ese mes.

Cuando, en mayo de 1893, Martí regresó de Cayo Hueso, tampoco se menciona en la *Cronología* citada que llegara a esta ciudad, lo que es inobjetable con el mismo razonamiento, aunque su última señal en Cayo Hueso pertenece al 16 y al 20 su estancia en Nueva York, lo que hace muy breve su estancia en Tampa, seguramente el 17. Lo mismo ocurre con la visita de octubre de 1892, que solo se considera su presencia en esta ciudad cuando está yendo para el Cayo el 3 de octubre, pero se obvia su llegada al regresar, que debió ser el 6 o el 7, porque el 8 se encuentra en Jacksonville, ya camino hacia el norte.

De tal manera se justifica el número veinte que ha sido apuntado por Emiliano Salcines. Y como el encanto de la eterna indagación nos reserva siempre una sorpresa, una mirada detenida otra vez en nuestro viajero nos regala la visita número veintiuno: porque si el 5 de septiembre de 1893 salió de Nueva York y el 8 lo estaban recibiendo en Cayo Hueso, hay que sumar otro instante suyo en este lugar de tan hondo significado para él.

Creo en la verdad del corazón y con ella, acompañada a la lucidez de su pensamiento, ha mirado Emiliano Salcines la presencia de José Martí en Tampa, una ciudad en la que quiere y es querido y donde también él ha protagonizado, como jurista, profesor e historiador, páginas que engrandecen la huella hispana –mejor, la presencia humana– desde esta porción del universo. De manera que el artículo referido, aparecido en *La Gaceta*, lo tomo como una contribución valiosa para seguir los pasos del gran americano por nuestra ciudad.

NOTAS

[28] Ver artículo de Emiliano Salcines «Las veinte visitas documentadas de José Martí a Tampa (1891-1894), en periódico *La Gaceta*, Tampa, 27 de junio de 1997, pp.16-24.
[29] Ibrahim Hidalgo. *Cronología de José Martí*, 1992, p. 83.

1.5
LAS VEINTIUNA VISITAS DE JOSÉ MARTÍ A TAMPA

LA PRIMERA VISITA: DEL 26 AL 28 DE NOVIEMBRE DE 1891

Tres días de belleza moral.
José Martí

Primer día

E l tren disminuye la velocidad al pasar el puente del río Hillsborough y sus fuertes bocinas anuncian la llegada a Tampa. Acaba de transcurrir la medianoche del 25 al 26 de noviembre, cuando empieza el Día de Acción de Gracias de 1891. La oscuridad cede un espacio a los rayos de luz que la luna desliza sobre el bosque de pinos que emerge con toda su majestad a los dos lados de la línea del ferrocarril, hechizando al absorto viajero que está llegando a su destino.

Mientras, un grupo de emigrados cubanos, desafiando la oscuridad y la lluvia, caminan por las calles de tierra mojada de Ybor City, apenas alumbradas por la tenue luz de algunos faroles, a darle la bienvenida al distinguido orador que han invitado a una velada artístico-literaria de hondo contenido patriótico, organizada por ellos en el Liceo Cubano.

El hombre que llega «con el alma henchida de gozo»[30], es el cubano José Martí, quien tiene entonces treinta y ocho años. Es un hombre que ha luchado y padecido, casi desde la niñez, por la libertad de su Patria. Fue a la prisión y al destierro, por elegir la estrella que ilumina y mata. Es poeta, escritor, maestro, periodista, traductor, diplomático, y ha dejado una estela de pensador brillante en México, Guatemala, Venezuela, donde ha vivido. Lleva once años radicando en Nueva York, donde escribe para diversos periódicos, traduce del inglés y el francés, es cónsul de Argentina, Uruguay y Paraguay y Presidente de la Sociedad Literaria Hispanoamericana. Pero su sueño grande es la independencia de Cuba. Es un hombre delgado, pequeño de cuerpo, vestido con humildad, en quien resalta una frente amplia y soñadora. Sus ojos glaucos traslucen inteligencia, tristeza y necesidad de amor, lo que amortigua con una palabra ardiente, conmovedora. Está llegando a Tampa, donde le esperan unos cuantos cubanos con visible ansiedad.

Cuando el viajero se desmonta en el andén, situado en la sexta avenida, el primero en saludarle fue Néstor Leonello Carbonell, quien ganó el grado de Coronel en la Guerra de los Diez Años. En Ybor City era presidente del Club Ignacio Agramonte y fue quien firmó el telegrama invitando al orador. A su lado estaba el hijo, Eligio, entonces de 23 años y ya líder reconocido en la emigración cubana asentada en esta ciudad. También le extendió la mano Ramón Rivero Rivero, lector en la tabaquería de Martínez Ybor, fundador y editor del periódico *El Crítico de Ybor City*[31]. Ellos, rodeados de algunos compatriotas más, le dieron la bienvenida alrededor de la una de la mañana del 26 de noviembre de 1891. Desde el andén, algunos le acompañaron hasta el humilde hospedaje que le reservaron cerca del Liceo Cubano.

Al levantarse, ya le están esperando los primeros amigos de Tampa. Con Néstor y Eligio Carbonell, Ramón Rivero y Sánchez Iznaga, entró a la fábrica de Vicente Martínez Ybor, la más concurrida de cubanos. Ascendió por la escalera de hierro, sin presagiar entonces que ese lugar, en el que posteriormente se tomó una fotografía rodeada de cubanos, quedaría grabado para la posteridad. Eduardo Manrara, quien administraba la propiedad, les esperaba en el recibidor y enseguida comenzaron el recorrido por la fábrica, subiendo hasta la galera, donde trabajaban cientos de cubanos. En el olor a la hoja de tabaco, el sonido de las chavetas y la mirada y voz de sus compatriotas, se sentía vibrar el alma cubana. Al despedirse, después de unas palabras a todos, oyó a Eligio Carbonell reiterando la invitación para la velada de esa noche. Vicente Martínez Ybor les recibió en su oficina y quedó grabado en la mente del ilustre visitante como «un anciano de rostro bondadoso».

Al salir de aquella fábrica, Martí y sus acompañantes fueron a visitar el nuevo barrio de tabaqueros, al oeste del río Hillsborough, lugar al que algunos comenzaron a llamar Pino City y se afirmó pronto como West Tampa, de gran significación también en el independentismo cubano. Después de una reunión con varios cubanos e invitar a asistir al Liceo Cubano ese anochecer, regresaron a Ybor City, entusiasmados con el fervor patriótico que sintieron alrededor.

Al terminar el crepúsculo de ese Día de Acción de Gracias, la séptima avenida de Ybor City, entre las calles 13 y 14, estaba llena de cubanos. Hombres, mujeres, jóvenes, ancianos, con su mejor ropa de vestir, sombreros, sombrillas, banderas cubanas y otros estandartes patrios, se saludaban sonrientes a la entrada del Liceo Cubano. A las ocho de la noche estaba lleno y muchos no alcanzaron asientos. El bullicio cedió cuando subió a la tribuna Eligio Carbonell, recibiendo un atronador aplauso al anunciar la presencia de José Martí entre los oradores de la noche. Primero presentó a su padre, Néstor Leocadio, quien presidía la velada. Comenzó su discurso saludando «al inmaculado cubano, al eximio pensador y excelente tribuno (...) que había venido, correspondiendo cortésmente al ruego de sus compatriotas de Tampa»[32].

Después habló Ramón Rivero, quien dijo frases de elogio y gratitud al invitado. A las palabras de éste, siguió la declamación de poesías y algunas canciones, aplaudidas alegremente. Un instante después se hizo el silencio en la amplia sala, cuando Eligio anunció al nuevo orador, José Martí, quien, visiblemente conmovido, corrió la mirada por el amplio salón, como queriendo adivinar el latido de cada corazón. Ya en la tribuna, cruzó involuntariamente los brazos sobre el pecho y del temblor de sus labios brotó la frase improvisada: «Para Cuba que sufre, la primera palabra». Enseguida manifestó su gratitud a quienes le invitaron a «este pueblo de amor», donde palpó «la fuerza libre de nuestra Patria trabajadora». Dijo encontrar en Tampa «un pueblo culto, con la mesa de pensar al lado de la de ganar el pan» y vio en su auditorio «¡un templo orlado de héroes y alzado sobre corazones»! Y como enlazándolos a todos exclamó, abriendo los brazos: «Yo abrazo a todos los que saben amar».

Ante aquellas palabras de sinceridad el auditorio quedó subyugado y nada interrumpía el discurso torrencial que definía y aclaraba el sueño de todos. Por primera vez, un líder cubano explicaba la razón de la independencia deseada, viendo en la guerra necesaria no un fin, sino el medio imprescindible para construir una república democrática, trabajadora, inclusiva, donde ni la raza, ni la fortuna, ni el poder político pusiera a unos hombres sobre otros; una república de justicia donde «todo hombre verdadero sienta en su mejilla el golpe que reciba cualquier mejilla de hombre». Hasta entonces, gloriosos líderes cubanos habían llegado a pedir dinero para la guerra, pero nadie les había dibujado la república que realmente deseaban, la que debía evitar, desde el arranque, que los valientes jefes de la guerra pudieran convertirse en futuros dictadores. La palabra libertad, repetida y esclarecida, se escuchó esa noche diecinueve veces, llamada libertad verdadera, entera, real, sensata y la más honda de todas: libertad del hombre, en singular, la que identifica la libertad individual, originaria, del ser humano.

El entendimiento, identificación y entrega al orador pasó de los resortes de la emoción a la construcción de un imaginario de nación prendida desde entonces en el corazón cubano, como meta profunda de su aspiración. Claro que ante un lenguaje cargado de símbolos, metáforas, alegorías, desgranadas por el poeta en el Liceo Cubano, muchos trabajadores salieron de la sala preguntando a su interlocutor por el significado de una palabra, de una frase. Alguno exclamó: no entendí muchas palabras, pero por lo que dijo estoy dispuesto a morir. Porque el lenguaje del sentimiento real es abrasador. De todos modos, al día siguiente pudieron leer y discutir, una y otra vez, el cuerpo entero del discurso, pues los líderes del Club Ignacio Agramonte tuvieron la buena luz de traer a Tampa a Francisco María González, un taquígrafo cubano que vivía en Cayo Hueso, quien esa noche estuvo garabateando signos y abreviaturas para que no se quedara una palabra del discurso fuera del papel.

Gracias a tan iluminada previsión, al terminarse la velada, cuando todavía se oía el ruido de los aplausos y las voces de aprobación bajando las escaleras hacia la calle, José Martí, junto a Rivero y Carbonell, pasaron a una sala donde se acababa de sentar González a pasar en limpio español cada palabra. Al terminarse su revisión, Ramón Rivero tomó las cuartillas para que inmediatamente fueran impresas en *El Crítico de Ybor City*.

Segundo día

Al día siguiente, cuando los lectores de las fábricas de tabaco abrieron el periódico dirigido por Rivero, leyeron con un entusiasmo revelador: «Yo quiero que la ley primera de nuestra república sea el culto de los cubanos a la dignidad plena del hombre», o »para libertar a los cubanos trabajamos, y no para acorralarlos», entre muchas frases que definían el propósito de la independencia.

En las fábricas, a la lectura del discurso estuvieron atentos todos los tabaqueros, sintiéndose orgullosos de pertenecer a cada componente señalado: nueva o vieja generación, hombre y mujer, negro o blanco, trabajador manual o intelectual, cubano o español, sin rebajamientos entre unos y otros, «y sin miedo canijo de unos a la expresión saludable de todas las ideas y el empleo honrado de todas las energías».

El viernes, 27 de noviembre, fue un día de intenso trabajo para José Martí. Desde temprano se reunió en El Liceo con Néstor, Eligio, Iznaga, Pérez de Guzmán y otros miembros del Club Ignacio Agramonte y de la Liga Patriótica Cubana, fundada por Ramón Rivero. La jornada fue sumamente importante, pues allí fueron redactadas las Resoluciones de Tampa[33], que constituyen el primer paso para la creación del PRC. También, en ese momento, hicieron a Martí miembro de la Liga Patriótica Cubana.

Por la tarde visitó a algunas familias cubanas y al anochecer regresó, rodeado de sus nuevos amigos, al Liceo Cubano, donde la Liga Patriótica tenía convocado un acto para rendir homenaje a los ocho estudiantes de Medicina asesinados en La Habana hacía exactamente 20 años[34]. A diferencia de la vez anterior, cuando por segunda vez Martí sube a la tribuna del Liceo, ya cuenta con la admiración de todos. Si la noche anterior el lugar estaba repleto, esta vez cientos de personas tuvieron que conformarse con las escaleras o esperar en el borde de la entrada por si la voz llegaba a sus oídos.

Al subir a la tribuna, Martí se vio más sereno, optimista, magnánimo. Desde empezar su discurso, se percibió que nunca la conmemoración luctuosa había otorgado tanta grandeza a los jóvenes caídos. Fue un discurso nuevo, apartado de odios y venganzas inútiles. Desde sus palabras, los mártires se levantaban de sus tumbas a servir a la Patria, entrevistos como levadura heroica y ante cuya memoria no valía el lamento, sino «cantar el himno de la vida»[35]. Cuando el tribuno dijo que «por lo invisible de la vida corren magníficas leyes», se produjo en el público como una iluminación y empezaron a verlas, sentirlas, creyendo por vez primera que era posible y cercano el día en que podrían ir a la tumba de los estudiantes y de todos los mártires, «a poner flores en la tierra libre».

Al ponerse de pie, aplaudiendo, los jóvenes sintieron a los viejos más cerca que nunca y los de la anterior generación se vieron fundidos a la nueva, como si los retoños de los pinos nuevos con que cerró el orador su discurso se fundieran a la causa por la que tanto lucharon los mayores. En los días siguientes, quién sabe cuántas veces le pidieron al lector de la fábrica que repitiera, como el mejor verso hasta entonces oído, el final del discurso: «Rompió de pronto el sol sobre el claro del bosque, y allí, al centelleo de la luz súbita, vi por sobre la yerba amarillenta erguirse, en torno al tronco negro de los pinos caídos, los racimos gozosos de los pinos nuevos».

Al terminarse la velada, pasadas las diez de la noche, Martí se reunió con los principales dirigentes de la emigración cubana en la ciudad. Allí leyó las Resoluciones escritas esa mañana, para someterlas a su consideración. Con el voto afirmativo de todos, comenzaron a ser llamadas «Las Resoluciones de Tampa» y se propuso que fueran leídas para su aprobación pública en el acto del día siguiente.

Tercer día
El sábado, 28 de noviembre, amaneció con un nuevo fulgor. Las calles de Ybor City estaban bien concurridas cuando Martí salió a caminar por ellas. Más de una vez oyó pronunciar su nombre, desde alguna voz que no había distinguido su cuerpo pequeño entre el público de la calle. Junto a Néstor y Eligio entró en algunos talleres, a saludar y querer. Tocaron en algunas puertas para saludar a una familia cubana, a tomar un café, como hicieron en la casa del matrimonio de Ruperto Pedroso y Paulina, que desde verlos entraron en su corazón.

Una de las visitas más significativas de ese día fue a la casa de Cornelio Brito, donde también estuvo Bruno Roig, ambos afrocubanos muy respetados en la comunidad. Martí les habló sobre La Liga de Instrucción de Nueva York, creada por miembros de su raza para estimular el aprendizaje y solidaridad entre todos los seres humanos y donde él mismo impartía clases. La idea prendió y se decidió fundar La Liga de Instrucción de Tampa, bajo la dirección de Brito, la que llegó a tener muchos afiliados en aulas abiertas en el propio Liceo.

Bien entrada la tarde de ese sábado salieron juntos hacia El Liceo, donde sería el acto final de esta primera visita de Martí a Tampa. Allí estaban todos los dirigentes de las asociaciones patrióticas que se habían creado en este lugar y cientos de emigrados cubanos invitados a la reunión. El acto fue sumamente importante, porque en él se aprobaron las Resoluciones que constituyen el primer paso en la creación del PRC.

Al terminarse el acto, era casi la hora en que el tren salía para Nueva York, en el que debía regresar José Martí. En las afueras del edificio se concentró una enorme multitud, que se sumó con entusiasmo a los cientos de cubanos que salieron del Liceo. En un enorme cartel se leía ¡Viva José Martí! Él estaba pálido, visiblemente cansado, pero eufórico, sin poder disimular la honda emoción que le embargaba al ver a tanta gente que le seguía rumbo a la Sexta Avenida. Eran más de mil personas y muchos llevaban la bandera cubana, otros alzaban cuadros con la figura de Céspedes, Maceo, Gómez y ahora habían incorporado la suya, que entre cantos y vivas levantaban, pletóricos de fe. Una banda de música presidía al pueblo cubano que le acompaña y las notas pasaban del Himno de Bayamo a otras notas patrióticas, afirmando el símbolo de la unificación de ambas generaciones, los pinos viejos y los pinos nuevos, juntos en la fórmula del amor triunfante, con todos y para el bien de todos.

El tren estaba detenido y las puertas de sus coches abiertas, aunque casi todos los viajeros habían subido. Cuando ya iban a moverse las ruedas de hierro, él saltó al estribo, como si alcanzara al fin su ansiado caballo de batalla. Al alejarse y desdibujarse la concentración de cubanos, vio achicarse el cartel con la palabra Cuba, que todavía se filtraba entre las ramas de los pinos movidas por el viento y el humo oscuro de la locomotora.

Segunda y tercera visita a Tampa

Cuando se habla de las visitas que realizó José Martí a Tampa, en algunas únicamente de tránsito, lo más significativo es entender las razones que lo compulsaron a realizar once viajes a Florida. Si en alguna de ellas estuvo dos o tres veces en esta ciudad (lo que suma las veintiuna visitas encontradas) se explica por la obligatoriedad de desmontarse en ella, del tren o del barco, según estuviera de ida o regreso entre Nueva York y Cayo Hueso.

Ya se ha mencionado el hondo significado de la primera visita, pues representa el momento histórico en que se gestó, con el PRC, el reinicio de la guerra independentista que determinó el fin del colonialismo español en el continente americano. Desde sus primeros tres días en Tampa, Martí comprendió que era imprescindible visitar a Cayo Hueso lo más pronto posible, para coronar allí el trabajo iniciado entre el 26 y el 28 de noviembre de 1891. Ya las semillas de la organización revolucionaria que unificaría a la emigración cubana estaban sembradas en las calles de Ybor City y West Tampa y urgía regarlas a otros lugares, especialmente a Cayo Hueso, lugar donde radicaban importantes figuras de la pasada guerra de los Diez Años y donde era tan fértil el patriotismo cubano.

Por esa razón, desde que regresó a Nueva York en su primer viaje a Florida, comenzó a buscar el pretexto que propiciara su llegada al límite sur del país. A solo una semana de despedirse de Tampa, le escribió a José Dolores Poyo, director del periódico *Yara*. «Cómo dejaré sin decir la viveza con que anhelo una ocasión respetuosa de poner lo que me queda de corazón junto al del Cayo». La evidente insinuación a que le invitaran, él mismo la explica en esa carta: «Pues aunque se muera uno de deseos de entrar en la casa querida, ¿qué derecho tiene a presentarse, de huésped intruso, donde no le llaman? (...) Pero mándeme, y ya verá cuán viejo era mi deseo de ver al Cayo»[36].

En cuanto Dolores Poyo terminó de leer la emotiva carta, salió en busca de sus amigos patriotas para juntos encontrar la manera de complacer a tan distinguido remitente. Entonces crearon un Comité que representara la invitación, en cuya dirección se ubicó a Ángel Peláez, quien firmó la carta que se despachó a Nueva York. La respuesta, con fecha 16 de diciembre, dice: «Acepto con contento vivísimo»[37]. Tanto fue el entusiasmo que el Día de Nochebuena se desmontó del tren en el andén de Ybor City, para que al día siguiente lo encontrara la Navidad de 1891 junto a los cubanos de Cayo Hueso, acompañado desde Tampa por Ramón Rivero Rivero, Eligio Carbonell y Juan Arnao.

Fue esperado en el puerto por una nutrida delegación, compuesta por dirigentes revolucionarios de la emigración cubana en esa localidad. Entre ellos estaba el veterano Francisco Lamadrid, a quien le dice, al estrecharlo: «Abrazo a la revolución pasada»; a lo que el viejo mambí responde, también emocionado: «Abrazo a la nueva revolución»[38], como si estuvieran sellando el compromiso de las dos generaciones.

Como en los primeros días en Tampa, los pasados en Cayo Hueso fueron de creación, fortaleciendo los cimientos requeridos para la fundación del PRC. La primera tribuna se levantó frente al Hotel Duval, donde le reservaron hospedaje. Se reunió tanta gente que tuvo que subirse a una silla para hablar y a pesar de una aguda broncolaringitis, logró hacerse oír. La enfermedad de la garganta se agudizó tanto que el médico Eligio Palma le recomendó descansar.

El último día de 1891 lo pasó visitando las fábricas de tabaco de Cayo Hueso, como la de Eduardo Hidalgo Gato, en la que habló desde el asiento del lector. Junto a los líderes de la Convención Cubana discutió las ideas que fueron sintetizadas en las Bases y Estatutos del PRC. En la noche del 3 de enero, en el Club San Carlos se realizó un mitin donde hablaron Francisco Lamadrid, Juan Arnao, Serafín Bello y Martín Herrera, dirigentes de la vieja generación. Cuando él subió a la tribuna, expresó, como en el Liceo Cubano de Tampa, el ideal de república por el que era necesario ir a la guerra.

Ya habían comenzado a decirle Apóstol cuando el 4 de enero de 1892, en la fábrica de Hidalgo Gato, le regalaron un crucifico confeccionado con caracoles. Allí, la comunidad cubana citadina se sumó a la cohesión patriótica que se estaba operando en la emigración cubana, sumándose a los representantes de Tampa y a los de Nueva York representados por el propio Martí. En una importante reunión, el día 5, se discutieron las Bases y Estatutos del PRC propuestas por el nuevo líder. A la vez, se pidió a los presidentes de los clubes discutir su contenido con sus miembros y someterlo a aprobación. Se creó, allí mismo, una Comisión Recomendadora de esos documentos, para cuya Presidencia eligieron a José Martí y a Francisco María González como Secretario.

Con el Cayo ganado, vuelve la delegación a Tampa, donde Martí estuvo el 8 y 9 de enero, en una incesante actividad. El 8 se presentan las Bases y Estatutos a la Liga Patriótica Cubana y son aprobadas por aclamación en el Liceo Cubano. Al día siguiente se reunieron los miembros del Club Ignacio Agramonte en el mismo lugar y todos aprobaron los nuevos documentos. Fueron esas dos asociaciones de emigrados cubanos en Tampa, las primeras en hacerlo. Ese mismo día, ya en la noche, el Apóstol subió al tren con destino a Nueva York.

Cuarta y quinta visitas a Tampa, en el tercer viaje a Florida

Cuando se produjo el tercer viaje de Martí a Florida, en el que llega a Tampa por cuarta y quinta vez, ya había comenzado a publicarse el periódico *Patria*, fundado por él en Nueva York el 14 de marzo de 1892. A partir de entonces, en sus páginas fueron publicados diversos escritos que contienen el ideario político, social e ideológico del Apóstol, así como los pasos organizativos de posible divulgación que se ejercían en el proyecto de organización de la guerra independentista cubana.

En *Patria*, donde se publicaron magníficas semblanzas de los principales líderes del independentismo cubano, aparecieron varias reseñas de los siguientes viajes que hizo el Delegado a Tampa. En muchos casos, fueron textos ya publicados en el periódico *Cuba* y otros se remitieron desde esta ciudad a la redacción neoyorkina. Algunos están firmados con el seudónimo *Nomar*, detrás del cual se encontraba el propio director de *Cuba* con las letras de su nombre invertidas; en otras aparece un patronímico solitario, en algunas sólo las iniciales e, incluso, las hay donde no se indica el autor.

Como resultan insustituibles para apreciar no únicamente la labor de Martí en Tampa, sino también el entusiasmo desatado en la ciudad con su figura y proyecto revolucionario, he introducido estas crónicas como testimonio insuperable del torbellino patriótico que se vivió en este lugar y en el que no solo participaron cubanos, sino también estadounidenses, italianos e inclusive, muchos españoles que se identificaron con la propuesta martiana de justicia y progreso.

Entre los diversos aportes que provienen de leer esas páginas de *Patria*, está el conocer a decenas de figuras olvidadas y sin cuyo servicio hubiera sido imposible aquella obra redentora.

En todos los casos en que se incluye literalmente una reseña del periódico guiado por Martí, se ha respetado la redacción original, aunque, en algunos casos, para la acentuación, puntuación y comas se han tenido en cuenta las normas actuales, a favor de facilitar la comprensión de esos textos.

El 5 de julio de 1892, alrededor de las diez de la noche, llegó otra vez a Tampa el ferviente revolucionario cubano. En ese momento estaba reunida la dirección de la Liga Patriótica Cubana en el Liceo, por lo que Martí siguió del andén a la reunión. Allí explicó los avances del proyecto partidista en Nueva York y los planes inmediatos. Decenas de patriotas cubanos le rodearon y conversaron con él hasta las primeras horas de la madrugada. No hay señales acerca del hospedaje que utilizó –lo que, como en otras ocasiones, es muy difícil identificar por la falta de fuentes probatorias–, pero debió dormir muy poco, pues en horas de la mañana ya estaba otra vez en el Liceo con dirigentes de los clubes patrióticos.

Los días 6 y 7 transcurrieron entre varias reuniones en El Liceo y conversaciones con dirigentes de los clubes. En cada una de las dos noches pronunció un discurso a la vasta concurrencia de cubanos que abarrotaron los salones del local. El 7 por la noche una multitud, entre cantos y música, lo acompañaría al andén de Ybor, donde tomó un tren hasta el puerto de la ciudad, para seguir a Cayo Hueso. Allí lo estaban esperando Serafín Sánchez y Carlos Roloff, gloriosos generales de la Guerra Grande. Permaneció una semana en aquel lugar, hasta el 16 por la noche, cuando embarca hacia Tampa acompañado por los dos generales citados y por José Dolores Poyo.

Con estos tres prestigiosos veteranos, el cubano mayor se desmonta del Mascotte en las primeras horas del 17 y con ellos se dirige a Ybor City. Como era domingo, las calles estaban concurridas y en el habla se distinguía el origen diverso de sus pobladores: cubanos, españoles, italianos, estadounidenses. Cuando estos hombres atravesaban la séptima avenida de Ybor City, muchos no pueden adivinar que por su lado están pasando cuatro héroes que han echado sobre sus hombros la gigantesca tarea de completar la independencia hispanoamericana. Al acercarse al Liceo Cubano, en las banderas desplegadas y los estandartes en las paredes, se anuncia el acto convocado para las ocho de la noche. Vuelve a llenarse El Liceo, como la primera vez... Y, como en aquella ocasión, pronuncia un discurso que, lamentablemente, esta vez no fue conservado.

Al día siguiente, el alcalde de la ciudad, –Herman Glogowski– invitó a los cuatro ilustres visitantes a dar un recorrido por la ciudad y mostrarle sus modernas construcciones, como el flamante Hotel de Henry Plant. Por la noche, se realizó una velada patriótica literaria en El Liceo, pero la alteración y dolor de garganta le impidió a Martí subir a la tribuna.

Los días 19 y 20 visitaron varias fábricas de tabacos[39] y en cada una de ellas desarrollaron pequeños mítines para intercambiar ideas con los trabajadores. En los talleres donde era visible la presencia de estadounidenses, Martí se dirigía a ellos en inglés, transmitiéndoles las ideas que había expuesto en español, para lograr así un clima de comprensión y solidaridad. Al anochecer del 20, frente al Liceo hubo una gran concentración de personas, pues coincidió allí una manifestación de obreros cubanos y españoles, quienes «habían partido del Círculo de Trabajadores dos horas antes y desfilaron por las calles dando vivas a la unión, al compañerismo, a la emancipación de la humanidad y por una Cuba libre e independiente»[40].

En carta a Gonzalo de Quesada, escrita en Ocala, Martí describe con pasión este acontecimiento:

No creo que le he dicho la emoción grandiosa del último día de Tampa, cuando ante el Liceo desbordado, que se echó a la calle para oírnos, pasó la procesión de españoles, cientos de españoles, que se declaraban por la independencia de Cuba. Se acercan los tiempos extraordinarios. Pasaban, en la sombra, con sus estandartes blancos. Fueron muchos los peligros de la ocasión, por el exceso de obrerismo, y alusión a cosas locales, y sus puntas anárquicas. Dije la verdad, atrevida e igual para todos, y fue aclamada. ¡Magnifica noche! Miles de almas; la ocasión solemnísima, de las pocas que sacuden hasta la raíz el alma humana[41].

El periódico *Patria* también hizo referencia a ello en dos crónicas que incluyo íntegras, pues nadie podría describirla con la emoción y veracidad que lo hicieron sus propios testigos. La primera, el 16 de julio de 1892, está firmada por Luis M. Ruiz. La siguiente, del 30 de julio, fue enviada por Rivero.

***Patria*, 16 de julio de 1892**[42]
Desde Tampa

Tampa, Julio 10, 1892

Sor Director de *Patria*
Mi estimado compatriota:

Que reconocer hay que la Providencia premia los trabajos de la Colonia Cubana de Tampa, pues apenas pasadas las fiestas que en honor de nuestro digno y aguerrido general Carlos Roloff tuvieron aquí lugar y de las que di a Ud. cuenta oportunamente, pasó éste a Cayo Hueso de donde con ahínco se le llamaba, dejando recomendados algunos trabajos que, de acuerdo con el Delegado del Partido, creía necesidad.

Fue su partida el 30 del pasado, acompañándole el bravo Rivero, Carolina *La Patriota* (como cariñosamente la llamamos), el infatigable Brito, ese cubano que no descansa ni descansará en su tarea hasta no ver coronada nuestra obra, ese cubano que siempre en todas formas y a toda hora sabe responder al llamamiento de la Patria, ese cubano que sin instrucción alguna escala la tribuna y pronuncia elocuentes discursos, porque en ellos no hace otra cosa que expresar los sentimientos de su alma, ese cubano, en fin, cuyo ejemplo es digno de ser imitado.

Para llenar cumplidamente el cometido continuose la labor patriótica terminando la organización definitiva del Club «Coronel Diego Dorado», cuyo Presidente y Secretario son Domingo León y José M. Izaguirre.

Los «Cubanos Independientes de Tampa», fundado el dos de mayo de 1891, Club histórico, que en situación difícil y comprometida supo salvar la dignidad del nombre cubano en esta ciudad de Tampa, se reorganiza el primero de julio y todos sus miembros orgullosos siguen en él, reforzado con valioso e importante número de nuevos integrantes que gustosos ingresan a compartir en la tarea de ayudar a la salvación de la Patria. Elijen entre su personal patriótico, puro, desinteresado y de gran valer a E. Candau de Presidente y a Rafael Noa de Secretario, que sabrán sostener vivo y latente el entusiasmo entre sus asociados.

El mismo día primero de julio se organizó el Club patriótico cubano «Máximo Gómez», con escogido y excelente personal. Ultima su organización y elije una directiva que vigilará y cuidará que este Club, cual el héroe de Las Guásimas, El Naranjo y Palo Seco, sea honra y gloria de la Patria cubana. Presidente, Fernando Serrano; Vicepresidente, Ramón Rubiera; Secretario, Juan Castañeda.

Organizose otro Club también, que se conoce como «Guerrilla de Roloff». Jóvenes, cubanos amantes de la independencia de Cuba, uniendo lo útil a lo provechoso, en su día la Patria tendrá en ellos activos defensores.

De Jacksonville vuelven dos comisionados del Club Patriótico Ignacio Agramonte, donde organizan un centro más del PRC, «Club Revolucionario de Jacksonville». Su directiva no sólo satisface a los que lo designaron, sino a todos los que los conocemos.

En esta situación nos sorprende nuestro Delegado Sor José Martí, el cinco de julio. Serían las diez de la noche cuando voló la grata nueva de que había llegado a ésta. No le había precedido aviso alguno; nos extraña, pero la certeza era un hecho. La «Liga Patriótica Cubana», reunida en esos momentos en junta reglamentaria, recibe la noticia y dispone que una comisión pasara a participarle que esperaban su presencia en la junta. Rodeado de un gran número de compatriotas marcha a La Liga. Inmenso pueblo queda en los alrededores del edificio. Propágase por el pueblo la noticia, de casa en casa corre ésta, y muchos abandonan el lecho a fin de estrechar la mano del prestigioso y muy querido Jefe de nuestro partido. Al terminarse la sesión todos le rodean, le agasajan con efusiones de verdadero cariño con que le demuestra su pueblo el afecto que le profesa.

A hora muy avanzada, o sea, a las tempranas de la madrugada del seis se retiró a su alojamiento. En pie, poco después se preparaba a las faenas del día. Lo visitan, en las primeras horas de la mañana, gran número de compatriotas de los más caracterizados en esta localidad; y a las diez del día, a petición suya, se reúne en El Liceo el Consejo de Presidentes. Ocho asistieron. Dura la plática hasta después de las dos de la tarde en que un grupo importante, de valer, reunido esperaba respondiendo a su llamado. Las cuatro eran y no había terminado esta segunda conferencia. Minutos después se abrían las puertas del Liceo para todos los miembros de los ocho clubs patrióticos con que ya cuenta esta localidad. Estuvieron oyendo al Delegado del PRC hasta después de las siete de la noche. El Sor. Martí ilustró, aclaró y comunicó de esa manera tan agradable, tan interesante y tan correcta como él lo sabe hacer todo lo que se consideró conveniente al bien de nuestro Partido.

A las ocho de la noche numeroso público había invadido el Liceo, bellas, respetables damas encantadoras ocupaban gran parte de los asientos; en el público se veían muchos españoles. Estrecho era el espacioso salón para contener la inmensa concurrencia, teniendo un gran número de los asistentes que permanecer en pie durante toda la velada. Llegó el Señor Martí apenas el reloj daba las ocho y acompañado del Consejo de Presidentes ocupó el palco escénico; allí estaban, a más del Delegado, el Sor. Federico Sánchez, Presidente del Consejo; Andrés S. Yznaga, Secretario; y los presidentes Domingo León, Max Santiesteban, Esteban Candau, Fernando Serrano, José G. Rivero y Alfredo Valdés; además los veteranos Heraclio Varona y Juan Arnao y los Sres. Luis M. Ruiz, Ramón Rubiera, Marcos Gutiérrez, Hernández Manuel, Néstor L. Carbonell y Joaquín Granados. Abre la velada el Sor. Federico Sánchez, Presidente del consejo, con frase sentida, rebosando respeto, consideración y esa autoridad que da no el puesto, sino el propio valer; arranca aplausos muy merecidos al dar a conocer a lo que obedecía el llamamiento; expresa su satisfacción al ver que el público inmenso hacía pequeño el salón, alude al delegado que se encontraba allí y dejaría oír su autorizada palabra. Los aplausos acallaron al digno Presidente del Consejo. Anunció entonces al bien querido Juan Arnao que con paso firme se adelantó al público y pronuncia un discurso bello, grandioso no solo por la forma sino también por su fondo que destilaba puro y vivificador patriotismo: se dirige a las damas e invoca su patriotismo para que desdeñen a los pretendientes que se nieguen a empuñar las armas por la independencia de la Patria. Tuvo el Sr. Arnao arranques sorprendentes, conmovedores, hasta tocar las fibras más íntimas el patriotismo.

Ocupa enseguida la tribuna vuestro humilde corresponsal y después de algunos párrafos concernientes al acto terminó con la composición «A Cuba» del inspirado bardo Juan Agustín Mariño.

Anuncian al incansable patriota, cubano antes que todo, militante el 69 con Goicuría, el 73 con Bernabé Varona y siempre de Cuba, que diez años luchó por derramar su sangre sin jamás poderlo conseguir, aun cuando sentenciado a muerte estuvo en la capilla y vio caer a cincuenta y tres de sus compañeros: al superviviente del Virginius, Ramón Rubiera. Lo recibe el público con merecido aplauso de cariño y pronuncia una oración académica ciñéndose en todo a las formas. Nos dijo en la exposición que la noche anterior nos había sorprendido la llegada de nuestro distinguido Delegado Sr. José Martí, que de paso para Cayo Hueso nos hacía una visita, no de cariño, no de parada, no de paseo, ni de recreo, sino visita de deber porque él, que está investido del poder ejecutivo del PRC sabe que hay que trabajar mucho para ordenarlo todo a la consecución del ideal que perseguimos, a fin de que nos e repitan fracasos ni intentonas descabelladas, esfuerzos estériles y derramamiento inútil de preciosa sangre cubana. Ocupose después de la organización del Partido y al hablar de la cordura y comedimiento dijo que parecería extraño en él estas palabras cuando siempre había estado al lado de todo el que había levantado la bandera dispuesto a acompañarlo sin ocuparse de tiempo, lugar u oportunidad. También nos dijo que era necesario saber esperar, que esperar es una virtud y que quien no sabe esperar, no sabe triunfar.

Marcos Gutiérrez, con esa manera fácil y con ese aplomo del que sabe bien decir nos narra una paradoja de dos campesinos, uno holgazán y otro hacendoso; dijo que el primero pidió unos boniatos al que se había afanado sembrándolos, que éste le dijo que se alimentará y tomará los que hubiera sembrado; trae el símil a nuestra causa con gran habilidad como moral y dijo que el cubano tiene que preparar el terreno, sembrarlo y regarlo pero, regarlo con su propia sangre para que nuestros hijos recojan el fruto que será la Patria libre. Contestando sin duda a alguna alusión, en un arranque de verdadero patriotismo, arranque que solo es dable a los que como él tienen latente en su corazón el fuego sacrosanto de la Patria, dijo: «Y nadie me invite a ir al campo, pues yo sabré llenar mi cometido, el que quiera anote su nombre en lista junto al mío, que dará derecho a escupir el rostro al que falte a su palabra y, a mi vez, autorizo a que me la escupan a mi si por mi parte falto a mi deber». Marcos Gutiérrez es un patriota, un cubano digno y de los hombres dignos no puede esperarse sino rasgos y actos elevados, como siempre los ejecuta.

El Sr. Néstor L. Carbonell nos regaló al oído, como él sabe hacerlo, un soneto de J. Ocio. No solo por lo oportuno y criollo de la composición, sino por la maestría con que lo recitó, el público le tributó merecidos aplausos.

Manuel Hernández nos dijo que una dolencia física no le permitía expresar cuanto quisiera y tributo su expresión de gratitud hacia el Delegado. Habló de la armonía que deber reinar entre cubanos y españoles.

Esteban Candau, conocido patriota, incansable, dijo que, invitado en aquel momento, sin preparación, no se atrevía a pronunciar un discurso, pero que recitará, como lo hizo, de esa manera tan galana, expresiva y conmovedora, una composición de Fornaris.

Si el Adalid cubano de la tribuna, nuestro Delegado Sor. Martí no hubiera estado presente y al Sor. Granado D. Joaquín le hubiera correspondido cerrar la velada, todos al retirarse hubieran quedado satisfechos, pues hasta el momento en que habló Martí había sido el discurso de Granado la nota más alta, más llena y completa de la noche. Su discurso es una joya; improvisación que envidiaran oradores que con títulos académicos tengan fama y prestigios como tribunos y que con gusto quisieran igualar.

Su discurso fue obra maestra. ¡Cuánta autoridad en el decir! ¡Cuánta originalidad en el efecto, maestría y predominio de sí mismo! ¡Qué argumentos tan claros y convincentes! ¡Cuánto párrafo continuo, frase tan bien traída, vocablo tan bien dicho! ¡Qué manera de redondear y acabar los párrafos! ¡Qué sencillez al presentar las ideas! ¡Qué sonoridad y manera de dominar al auditorio! Qué forma tan sencilla, pero no por sencilla y propia menos particular para sostener la atención de todos sus oyentes.

No nos atrevernos ni siquiera a intentar ocuparnos ni del argumento de esa preciosa joya porque creemos no somos capaces para hacerlo sin desfigurarla. «¿Por qué –dijo Martí– varios de los oradores que me han precedido se han ocupado de los españoles; no se han puesto, de seguro, de acuerdo, y sin embargo, lo han hecho? ¿Será porque se quiere con frase hueca atraerlos, será que nosotros queremos halagar sus pasiones porque les temamos, será porque dispensamos los halagos para engañarlos o podremos llegar a ser serviles aduladores?» (Varias voces: ¡Nunca! ¡Nunca!) No los halagamos para atraerlos, no les tememos ni los solicitamos de aliados, pues somos suficientes para defender y conquistar nuestro derecho. Sí, somos suficientes para, a costa de toda nuestra sangre, lograr nuestra independencia o perecer en la demanda».

«Mas nuestra causa –dijo–, es tan grande, tan magnánima que en ella caben todos los hombres de buena voluntad sin excepción alguna». Y también dijo que como la libertad no es más que una, lo mismo se lucha por ella allá en la Península Ibérica que acá en América. Que el español Mina luchó igualmente en Andalucía contra los tiranos como luchó en América, porque para Mina el tirano que combatió allá era el propio tirano que acá venía a combatir. Después se ocupó de la anexión, de esa manera que solo él sabe hacerlo. Cuando nos habló del PRC, terminó con estas o parecidas palabras: «Andamos por un sendero donde ya no es posible retroceder. Nada he hecho, mientras no pueda doblar la rodilla debajo de una palmera en la Patria libre». Nos habló después del mal efecto que le había hecho a su llegada, la noche anterior, un edificio que tenía las luces más rojas que azules, y más amarillas que blancas: y que como seis meses antes no había dejado ese edificio de las luces más rojas que azules y más amarillas que blancas, hubo de preguntarle a su guía, un americano, quien le contestó era «The Spanish Opera House».

Que él no sintió no fuera de los cubanos pues él sabía que los cubanos han hecho un edificio con puntales inmensos, que le constaba. Pues lo conocía, que era grandioso, porque en su magnánimo recinto caben todos los hombres de buena voluntad y que en el edificio de los cubanos las luces eran más azules que rojas y más blancas que amarillas, y que está fabricado con ladrillos y tablones más preciosos que el edificio de los dos altos torreones o cualquier otro edificio por preciosos que sean sus ladrillos y tablones, si éstos descansan o se levantan en tierra extranjera.

Terminó de esa manera el Sr. Martí, entre los más atronadores aplausos y el entusiasmo más alto que pueda darse. Al retirarse de la tribuna, le abandonó por completo la voz debido a la laboriosa tarea con que el incansable tesón y energía que solo el posee, llevó a cabo durante más de diez horas de continuo trabajo.

Al siguiente día, siete, se ocupó en otras tareas patrióticas, pero de menos agitación.

Por la noche, reunidos de nuevo en el Liceo, después de patrióticos discursos y de habernos él dirigido solo algunas cortas palabras por su quebrantada salud, el Sor. Ramón Rivero, que acaba de llegar, nos pronunció un sentido discurso, dándonos cuenta de los triunfos y ovaciones de que había sido objeto en ese pedazo de tierra tan querido por nosotros, en la vanguardia de las emigraciones, Cayo Hueso, nuestro digno y querido general Carlos Roloff.

Terminado el acto marchamos todos con la banda de música a la cabeza (por cuyo servicio no aceptó retribución alguna) acompañando a muestro digno y prestigioso delegado Sor. Martí hasta el tren. Hachones, faroles, banderas y estandartes eran llevados por los clubes en honor de tan ilustre huésped, quien ya en el tren nos despidió con elocuentísimas frases de cariño. Por fin suena el pito, muévese la campana y arranca la locomotora, atronando el espacio los Vivas a Cuba Libre e independiente.

He aquí, Señor Director, aunque muy pálido e incompleto, narrado de la manera que mis escasas facultades lo han permitido, los acontecimientos notables y patrióticos que han tenido lugar en este montón de arena, durante estos últimos días.

Soy suyo affo. amigo y compatriota.
Luis M. Ruiz.

Patria, 23 de julio de 1892
Manifestación política cubana en Tampa

Tampa, Fla. Julio 18, 1892.
El espíritu patriótico cubano que jamás se adormece en esta colonia cubana, hace acentuado de un modo entusiasta, ennoblecedor y sorprendente en estos últimos días en que la convicción y el cumplimiento del deber se han traducido en

públicas y espontáneas manifestaciones que testifican una vez más la solidaridad de nuestro pueblo cuando se trata de la causa de la Patria.

La oportuna llegada del ilustre hijo de Polonia, del mayor general cubano Carlos Roloff, que siempre fiel a nuestra revolución aún se dispone a levantar la bandera de la Patria, enardeció más aun el patriotismo de esta emigración, hasta el extremo de que nuestra organización revolucionaria se robusteciera con la fundación de nuevos clubs adscriptos ya al PRC.

La visita reciente del distinguido patriota, Sr. José Martí, delegado del referido partido que supo sellar la obra de los buenos, con su elocuente palabra en los distintos *mittins* que se celebraron, todo esto ha dado remate a nuestra patriótica labor, hecho que aquí en Tampa, el sentimiento del deber se demostrara hasta en las más insignificantes acciones de nuestra vida de emigrados políticos.

La visita de tan esclarecidos personajes, no podía menos que llenar de alborozo todos los corazones honrados, para que unidos por el deber como lo están por el patriotismo se dispusieran a llevar a cabo una manifestación solemne, entusiasta, grandiosa, capaz de dar a conocer y afianzar más el honroso nombre que ha sabido conquistar la emigración de Tampa, como centro revolucionario cubano.

Roloff y Martí, indistintamente, se dirigieron a Key West, donde fueron objeto de innumerables muestras de aprecio y simpatía de aquellos irrevocables cubanos, que supieron colmarnos de honores y distinciones mil y que han puesto la dignidad del patriotismo a una altura inconmensurable, organizando un número respetable de diferentes clubs, todos adscriptos al PRC.

En vista de tan feliz resultado, la colonia de Tampa, que jamás se queda atrás cuando se trata de los asuntos cubanos, acordó unánime suplicarle a los generales señores Serafín Sánchez, Rafael Rodríguez, Coronel Fernando Figueredo, y director del Yara, que al regresar el general Roloff y el señor Martí, viniesen con ellos a fin de tener el placer de estrechar tantas manos dignas y dedicar tres o cuatro días para obsequiar a tan dignísimos compatriotas.

Aceptada la invitación, se fijó el día de ayer domingo para la llegada y recibimiento.

Hecho los arreglos convenientes, nombrado un comité de recepción e invitando a todos los clubs y asociaciones cubanas, se organizó a las tres de la tarde una parada en la que, precedidos de una banda de música, marcharon a la estación del ferrocarril nuestros cuerpos políticos en correcta formación y en la forma que sigue:

1. Gran Marshall.
2. Banda de música cubana.
3. Club infantil Retoños Nuevos.
4. Club de Señoras y Señoritas Obreras de la Independencia, con magnífico estandarte, que portaba la bellísima señorita Dominga Quiñónez.
5. Liga Patriótica Cubana, con bandera y estandarte.
6. Club Cubanos Independientes de Tampa, con bandera.
7. Club Ignacio Agramonte no.1, con estandarte.
8. Club Águila de Tampa, con bandera.
9. Club Coronel Diego Dorado, con una rica bandera con inscripción.
10. Club Francisco B. Aguilera, con bandera.
11. Club Pinos Nuevos, con bandera.
12. Club Guerrilla de Roloff, con bandera y atributos militares, serrando la marcha el Cuerpo de Consejo local del PRC, compuesto de los presidentes de los clubs, presidido por el sr. Federico Sánchez, en cuyo centro portaba el sr. Juan Pablo, a nombre de los militares cubanos, una bandera ennegrecida y hecha girones, que sirvió de gloriosa enseña a los soldados cubanos en los campos de batalla.

Luego seguía inmenso pueblo en los que se veían mezclados con los cubanos, a los españoles, italianos, y americanos simpatizadores de nuestra libertad e independencia.

Como a la hora de estar la comitiva en la estación, el grito de la locomotora anunció la aproximación de nuestros eximios visitantes, en cuyo momento se ordenó la formación recibiéndose entonces a los huéspedes esperados en medio de efusiones patrióticas.

Pero fue contrariedad que los señores general Rodríguez y coronel Figueredo no hubieran podido venir según nos manifestó el sr. Martí.

Después de los cumplidos del caso y a los acordes del himno de Bayamo, se abrió en dos alas la extensa línea y por el centro, sombrero en mano, pasaron el Consejo de Presidentes y los visitantes hasta colocarse al centro del club de señoras, en esta forma: el Sr. Martí y a ambos lados, cogidos del brazo, los señores Rivero y Sánchez. El general Roloff en la propia forma con la señora Carolina Rodríguez.

El general Serafín Sánchez con los señores Brito e Iznaga. El sr. José Dolores Poyo con José Rivero.

Luego los señores Castro y Méndez portando la primitiva bandera de Yara y de Lares, respectivamente traída del Cayo y, serrando la marcha, una sección de la Guerrilla de Roloff y una comisión del comité de recepción presidida por el señor Candau.

En esta forma siguió la majestuosa manifestación por la calle principal hasta el Liceo Cubano, donde materialmente no se cabía, pues como dos mil personas se encontraba en el local. Éste, artísticamente decorado, con multitud de banderas y atributos patrióticos, presentaba un aspecto soberbio. Una mesa corrida, preparada convenientemente, y en la que se hallaban cincuenta y dos cubiertos, encima de los cuales se leían en finísima cartulina los nombres de lo que habían, más tarde, de asistir al banquete, daba mayor realce a nuestro instituto literario.

Después de una bonita partitura ejecutada por la banda de música, el Sr. Ramón Rubiera de Armas, a nombre de la emigración de Tampa, dio la bienvenida a tan esclarecidos visitantes.

Concluido esto, y en medio de vivas y aclamaciones se retiraron nuestros huéspedes a las habitaciones que se les tañían destinadas, regresando como a la hora al banquete con que esta colonia les obsequiaba.

No es posible describir el espectáculo que ofreció nuestro pueblo en tan significativa demostración política, porque cada detalle merece consignarse de un modo especial y digno, y no puede el que estas líneas escribe hacer otra cosa que dar una idea de aquel acto brillantísimo, en el cual tantas y tan dignas personas tomaron parte.

Como a las ocho y media de la noche y colocados en sus sitios los comensales, dejose oír un himno cubano y al terminarse, sonó el timbre y en medio de un silencio profundo el Sr. Esteban Candau pronunció un breve discurso, ofreciendo la recepción a nuestros queridos huéspedes y entonces, en medio de flores, cañas y otros frutos de Cuba y cobijado por la bandera de Yara, cosas todas que se hayan a la cabecera de la mesa, se rasga un velo blanco y aparece en rico cuadro el retrato del Padre de la Patria, de Carlos Manuel de Céspedes, al tiempo que la orquesta entona el himno de Bayamo.

Toda aquella numerosa concurrencia, emocionada con esta sorpresa, se pone de pie y en todos los rostros se notaban las señales del sentimiento. Calla la música y Martí, con lágrimas en los ojos, improvisó una sentida oración grandilocuente y no hay rostro que no ostente lágrimas, ni corazón que no se sienta comprimido.

Al terminar Martí los aplausos y los viva atruenan el espacio.

Dio principio la comida en la que se sirvieron exquisitos manjares, excelentes vinos y frutas de Cuba, dulces escogidos y riquísimos helados. Ocuparon puesto en el banquete cincuenta y dos personas, que no enumero por no hacer demasiado extensa esta reseña que escribo a vuela pluma.

Durante la comida reinó la mayor cordialidad y el mejor espíritu patriótico, siendo amenizado todo por los acordes de la música.

Llegó la hora de los brindis y el Sr. Candau, presidente del Comité de Recepción, pronunció un bello discurso lleno de bellas figuras y su brindis fue elocuente, patriótico y entusiasta.

El Sr. Federico Sánchez brindó a nombre del Consejo de Presidentes, como presidente del Club Ignacio Agramonte y del Liceo Cubano.

Por la Liga Patriótica, el Sr. Ramón Rivero y Rivero.

Por el Club Francisco Aguilera, el Sr. Maximiliano Santiesteban.

Por el Club Máximo Gómez, el Sr. Fernando Serrano.

Por el Club de señoras y señoritas Obreras de la independencia, la Sra. Dorotea Ruiz.

Por el Club Águila de Tampa, el Sr. José G. Rivero.

Por el Club Pinos Nuevos No. 2, el Sr. Ramón G. Ramírez.

Por la Guerrilla de Roloff, el Sr. Cornelio Brito.

Por el Club Cubanos Independientes de Tampa, el Sr. Luis M. Ruiz.

Por la prensa americana, el Sr. Mc Kay.

Por el pueblo y por la memoria de los cubanos muertos en defensa de Cuba libre, brindaron los señores Concepción Castillo y Silvestre Padrón.

Por todos los héroes cubanos, la Sra. Carolina Rodríguez.

Por la irrevocable emigración de Cayo Hueso, el Sr. Poyo, Director de *El Yara*.

El Sr. Joaquín Granados, por la Liga Cubana de Instrucción.

El Sr. Manuel Hernández, por la pronta independencia de Cuba.

El general Roloff, por los nuevos soldados del Ejército Libertador.

Por el Club Coronel Diego Dorado, brindó el Sr. Domingo León.

Todos los brindis, sin excepción, estuvieron a gran altura.

Anunciose que el Sr. Martí estaba en turno y una salva de nutridísimos aplausos recibió al elocuente orador.

Su brindis fue el resumen de lo dicho por todos sus antecesores y como siempre, estuvo expresivo, elocuente, patriótico y conmovedor.

Su palabra persuasiva e inspirada, en medio de vivas y aclamaciones, cerró con broche de oro la gran manifestación con que Tampa ha agregado un lauro más a los que ya tiene conquistados como centro cubano independiente.

Sean para bien estas fiestas de la libertad y que ellas consoliden la unificación de todos los cubanos.

En carta próxima daré a *Patria* otros pormenores de las fiestas que se preparan en estos días en esta colonia en honor de nuestros ilustres visitantes.

Por hoy basta, Nomar.

Patria, 30 de julio de 1892[43]
Manifestación patriótica en Tampa

El deber tiene que cumplirse natural y sencillamente.

Esto ha dicho un eminente escritor, con justicia estimado entre los hombres de valer y muy especialmente entre los naturales de Cuba. Y Tampa, fundada por cubanos, fieles cumplidores de su deber, ha hecho suyo el pensamiento y probado, una vez más, de cuanto son capaces los hombres honrados que hacen un culto sagrado del cumplimiento del deber, de ese que se cumple cuando hay buena voluntad natural y sencillamente.

Y si así no fuera, nada significarían las grandes y variadas manifestaciones de patriótico entusiasmo que han tenido lugar en estos días en esta localidad, donde, a porfía, cada cual ha sabido hacer gala de la firmeza de sus convicciones, de la fe que conforta su espíritu y de la invariable constancia con que se sabe cumplir con el deber que impone a todo cubano digno el noble sentimiento de la dignidad del patriotismo.

Y es que en Tampa, centro político de cubanos irreductibles, no hay esos odios inveterados, ni esas pasiones mezquinas que, rebajando el carácter de todos, merced a la discordia intestina, traen consigo el descreimiento, el indiferentismo y la falta absoluta de cohesión, para cumplir con acierto y oportunidad el deber que impone a todo hijo de Cuba, emigrado por la libertad de su Patria, su carácter de revolucionario.

Una prueba de ello son estas fiestas populares, estas manifestaciones patrióticas de que vengo dando cuenta a los lectores de *Patria*, con estas mal trazadas líneas, con el solo objeto de poner de relieve actos que dignifican, hechos que conmueven y dan alta idea de la grandeza del corazón del hombre de recta conciencia que se asocia a una gran idea para testificar a la faz del mundo que no en balde la palabra Libertad no pertenece ni a los partidos ni a los hombres, sino que es patrimonio de todo el género humano.

Dicho esto, por vía de exordio, entraré en materia dando cuenta, en la forma que me sea posible, del lucido festival que aquí ha tenido verificativo en los días 18, 19 y 20 del presente mes con motivo de la estancia en esta localidad de los distinguidos correligionarios, señores, Mayor General Carlos Roloff, Brigadier Serafín Sánchez, Delegado José Martí y José D. Poyo, director del valiente *Yara*, toda vez que, por mi carta anterior, si se ha publicado, ya estarán al corriente los lectores del gran recibimiento que les hizo este pueblo y el untuoso banquete con que fueron obsequiados en el Liceo Cubano.

El día 18 fueron obsequiados tan dignos compatriotas por diferentes sociedades políticas y por caballeros particulares, que constantemente se disputaban el honor de hacer en extremo grata a los participantes su estancia en esta localidad. Por la tarde el Alcalde corregidor, en lujosa victoria, recorrió con nuestros huéspedes las principales calles de la población, mostrándoles los progresos realizados en ella, enseñándoles el edificio del consistorio y todo cuanto hay de notable en esta ciudad.

Paseo agradable en el que demostró el pueblo americano la simpatía que les merecen los hombres que trabajan por la causa de la libertad e independencia de Cuba.

Por la noche estaba anunciada una velada político literaria en los salones del Liceo Cubano, con que la docente institución quiso demostrar su simpatía a los adalides de la Patria cubana. El Liceo Cubano estuvo a la altura de su nombre.

Profusamente iluminado, artísticamente decorados con distintas guirnaldas de flores entrelazadas, con banderas de todas las repúblicas americanas y de Lares[44] le daban un aspecto encantador, el cual estaba realzado por la belleza y elegancia sin igual de numerosísimo concurso de escoger las damas en cuyos ojos, alegres, se reflejaba la satisfacción que inspiraba aquella fiesta inolvidable.

En la parte exterior de local se hallaba inmenso pueblo, y la música tocando lo mejor de su repertorio, contribuía a hacer mayor aún la animación del entusiasmo.

Como a las ocho se quemaron vistosos fuegos, bombas, petardos, se elevaron globos con inscripciones alegóricas y los aplausos y los viva de la multitud atronaban el espacio.

Al poco tiempo entraron en el salón, en correcta formación, los simpáticos clubs de señoras y señoritas «Cuba y obreras de la independencia». Al entrar en el salón la música entonó un himno bélico y la numerosísima concurrencia dio vivas a Cuba y a las cubanas.

Luego llegaron los señores obsequiados, el Cuerpo de Consejo y diferentes comisiones, que fueron recibidos en la puerta del Liceo por su Junta Directiva de rigurosa etiqueta.

Al entrar la comitiva la orquesta tocó el himno de Bayamo y la asamblea, de pie, prorrumpió en vivas y aclamaciones a Cuba y al PRC.

Restablecido el silencio, y colocados cada cual en el sitio que de antemano se le tenía designado, el Sr. Federico Sánchez, Presidente del Liceo Cubano, pronunció un correcto discurso, lleno de bellas imágenes y en él demostró a los señores visitantes la satisfacción con que nuestro instituto literario veía sus relevantes méritos, motivo por lo cual, a nombre de la sociedad, le ofrecía esta velada.

Después hablaron con sinceridad, elocuencia y patriotismo, nuestros amigos, señores Marcos Gutiérrez, Manuel Hernández, Luis M. Ruiz, que recitó una poesía, Cornelio Brito, Joaquín Granados y Ramón Rivero y Rivero que, por hallarse afectado de la garganta el eximio orador Sr. Martí, se vio precisado a hacer el resumen del acto. Aplausos nutridos demostraron a los oradores la aprobación del auditorio.

Vino luego la parte lírica de la fiesta y en ella lucieron sus habilidades la simpática e inteligente señorita Amparo

Febles, que ejecutó al piano una preciosa fantasía sobre motivos de la ópera *Fausto*. La concurrencia premió con ruidosos aplausos la habilidad de tan estudiosa señorita.

Después la angelical Srta. María Luisa Sánchez[45] dejo oír su argentina voz, acompañada al piano por el joven Sr. Félix Iznaga, y nos regaló una romanza de la zarzuela «Jugar con fuego». María Luisa, como siempre que canta, fue aplaudida con entusiasmo.

Y terminó la velada con la representación de un cuadro alegórico, perfectamente combinado, que representaba el descubrimiento de América. Entre aclamaciones y vítores se retiró aquella numerosísima concurrencia de nuestro Liceo, llevando agradables recuerdos de aquella fiesta cubana en que el patriotismo, el orden y la compostura se veían por doquier.

***

El día 19, por la mañana, distintas comisiones de los talleres de le ciudad invitaron a los Sres. Roloff, Sánchez, Martí y Poyo, para que visitaran a los obreros en las distintas fábricas.

Aceptada la invitación, como a las doce del día se dirigieron nuestros queridos huéspedes al taller de los Señores Pons & Ca. y allí fueron recibidos de un modo cordial.

En la puerta de entrada les esperaban las señoras que trabajan en la fábrica, las cuales les dieron la bienvenida y penetrando todos en la galera, fueron presentados a los trabajadores por el Sr. Joaquín Granados. Allí, entre aplausos y otras demostraciones de cariño, hablaron el Sr. José D. Poyo y el Sr. José Martí, retirándose todos completamente satisfechos de tantas atenciones como les fueron prodigadas.

***

Enseguida se encaminaron nuestros huéspedes, acompañados de distintas comisiones, al taller de los Sres. Fernández & y Sabby, donde fueron recibidos con marcadas atenciones por parte del dueño y los operarios.

El Sr. Tacle, a nombre de la comisión de recibo, con frase galana, presentó a los señores visitantes, los que fueron saludados con un ruidoso aplauso. El Sr. Poyo ocupó la tribuna y habló como él sabe hacerlo; Rivero y Rivero dijo cosas muy oportunas y el Sr. Martí completó la satisfacción de aquellos obreros, pues su discurso profundo y conciliador arrancó prolongados aplausos. En seguida ocupó la tribuna el conocido orador anarquista, español de nacimiento, Sr. Silverio Gómez, y pronunció un soberbio discurso, manifestando que, aunque no tenía otra bandera que la roja, él como todos los españoles que profesan sus doctrinas, están por la emancipación del género humano y, por tanto, desean la inmediata independencia de Cuba. El orador bajó de la tribuna entre vivas y aclamaciones.

Luego una comisión, compuesta de españoles y cubanos, sirvió a todos dulces y cerveza y el dueño de la casa ofreció a los concurrentes, en elegantes cajones, magníficos tabacos de la vitola de regalía conocida como Sublimes.

En la galera de las señoras se pronunciaron nuevos discursos, y acto seguido se dirigió la numerosa comitiva al taller de los señores Monne & Bros.

Allí, a la entrada, les aguardaban la comisión del taller y las señoras y señoritas despalilladores del mismo, que condujeron a nuestros visitantes hasta el centro de la fábrica.

El Sr. Manuel Hernández, con fácil palabra y conceptos elevados le dio la bienvenida a nombre de los operarios. El Sr. Joaquín Granados, con esa elocuencia que le es peculiar pronunció un bonito discurso, el Sr. Silverio Gómez habló lleno de entusiasmo, el Sr. Rivero y Rivero dijo cuanto sentía en su corazón y el Sr. Martí con su ardiente palabra arrebató a la concurrencia, que le prodigó aplausos y vivas atronadores. Bajó nuestro amigo de la tribuna y fue abrazado por los españoles, cubanos y americanos. Acto seguido y profundamente emocionado nuestro simpático Delegado, habló en el idioma ingles largamente, siendo felicitado por hurras entusiastas.

Dulces y cerveza fueron servidos y entre efusiones de cariño partieron nuestros amigos acompañados por más de doscientas personas, al taller de los Sres. Sánchez y Haya, siendo vitoreados por el tránsito. Españoles y cubanos iban de brazo con los señores Martí, Sánchez y Poyo y del propio modo americanos y mejicanos.

Un detalle: en todas las casas se ostentaba la bandera cubana. Una casa de pobre aspecto no tenía señal alguna y, en el acto, una respetable anciana se quitó del cuello su pañuelo de bayajá cubano y en un asta lo enarboló para no dejar de demostrar su simpatía por nuestros ilustres visitantes. Eso conmovió a todos y nuevas vivas a las cubanas resonaron en el espacio.

***

En el taller de Sánchez y Haya fueron recibidos nuestros consecuentes correligionarios con el mismo cariño y cordialidad que en los anteriores.

El Sr. José Pérez Molins, español de ideas avanzadas, a nombre de la comisión del taller, pronunció un sentido discurso encaminado a demostrar a los adalides de la independencia de Cuba que los españoles republicanos no se oponen a la justa aspiración de los cubanos, los cuales tienen razón para desear ser libres, que los que como él son anarquistas convencidos, jamás empuñarían un arma homicida para combatir a los que pelean por la causa del progreso.

Gran sensación causaron las palabras del honrado Molins y muchos aplausos recibió por su brillante y oportuno discurso.

Hablaron con sinceridad y elocuencia los Señores José D. Poyo, el Brigadier Serafín Sánchez, Manuel Hernández, Ramón Rivero y Rivero, M. Martínez, conocido por el Gallego, Ramón Rubiera, Joaquín Granados, resumiendo el acto el Sr. Martí, que esta vez hizo derramar lágrimas a los mismos españoles cuando describió la heroica muerte en los campos de Cuba del andaluz al servicio de la libertad, coronel Diego Dorado.

Ya iba a retirarse la concurrencia, cuando Molins subió a la tribuna y desde ella dirigió de nuevo la palabra al taller robusteciendo las ideas de unión entre españoles y cubanos dignos para luchar unidos por la emancipación del género humano y por la libertad de los pueblos oprimidos, hasta que no quede un tirano sobre la tierra y pueda implantarse, para bien de todos, el reinado de la razón y de la justicia.

En seguida dulces y fresca *Lager beer* fue servida a todos cuantos había presentes.

Retirándose aquella apiñada muchedumbre y tomando la dirección del taller de los Sres. Martínez Ibor, donde se preparaban otras escenas que colmaron de satisfacción a nuestros huéspedes y robustecieron más aun el espíritu de unión que ha sido la divisa de estas fiestas de la libertad y del trabajo.

***

Llegada la popular manifestación al taller de Martínez Ibor, era materialmente imposible penetrar en su interior a causa de la multitud de personas que de antemano lo habían invadido. Señoras, señoritas, españoles, americanos, italianos, mejicanos, en fin, el pueblo entero, si se me permite la frase, estaba allí, unido, compacto, vitoreando a los próceres de la libertad.

Al fin, después de mucho trabajo, penetramos en el taller y una explosión de vítores y aclamaciones acentuó más aquella demostración de cariño, en medio de la cual, la excelente banda de música cubana tocó el patriótico himno de Bayamo. Se restableció el silencio y el Sr. Esteban Candau, desde la tribuna, pronunció un inspirado discurso, haciendo el elogio de nuestros visitantes y extendiéndose en oportunas y patrióticas consideraciones respecto de aquel acto.

Formalizado el *meeting*, fueron haciendo uso de la palabra en sentido político y conciliador los Sres. Joaquín Granados, Silverio Gómez, José Pérez Molins, José D. Poyo, Brigadier Serafín Sánchez, Manuel Hernández, Luis M. Ruiz, Ramón Rubiera, Ramón Rivero y Rivero, ocupando por último la tribuna, que se hallaba artísticamente engalanada, el Sr. José Martí, que pronuncio una grandilocuente oración en que, cada período, era una lección de unión y patriotismo que fue recibida con frenético entusiasmo. Al bajar el Sr. Martí de la tribuna entre aplausos y vítores, la orquesta entonó con gran acierto el zapateo cubano que hizo un efecto sorprendente.

A la entrada del taller, a la derecha, una gran mesa cubierta con exquisitos dulces, diferentes licores, y espumosa cerveza, se hallaba dispuesta en obsequio de los visitantes y del pueblo todo, y en el centro de aquella, artísticamente colocada, se veía de gran tamaño una fiel imitación de la torre de Eiffel de la exposición de Francia, trabajo de madera ejecutado por el estudioso joven Sr. Manuel Landrobe. En la cabeza de la mesa, en medio de atributos y banderas cubanas, se hallaba el retrato de José Martí con este lema: PATRIA. En derredor del salón más de cien bellísimas damas realzaban con sus gracias aquella fiesta del amor y la Patria.

Después de un rato de agradable solaz, Martí dirigió la palabra a nuestras bellas, y Brito brindó por las cubanas patriotas, y la Sra. Emma Vázquez por el Club «Obreras de la independencia», y Candau por el club «Cuba», de señoras, y Abad y Tacle y Rivero, y todos, convertidos en oradores y poetas dedicaron un pensamiento de honor por la causa de Cuba y por la unión de todos los hombres de buena voluntad, cerrando el acto el Sr. Domingo León, con una bella poesía dedicada a la mujer cubana, que fue muy aplaudida.

Aquella numerosísima concurrencia se retiró de la fábrica de Martínez dando vivas a Cuba, a la unión y al pueblo progresista de Tampa que, en estos días, ha dado una alta prueba de su adhesión a la causa del verdadero progreso, presentándose en todos los actos, unificando en la gran idea de la confraternización de los oprimidos, para juntos esperar al triunfo completo de la noble causa de la libertad.

Delante de la referida manufactura y estando agrupado el pueblo despidiéndose de nuestros simpáticos visitantes, el Sr. José María Izaguirre, conocido fotógrafo y patriota probado, con su aparato de trabajo, colocándose en sitio conveniente, sacó una vista instantánea del aspecto que presentaba tan significativo cuadro, la cual, en la hora en que escribo ya habrá sido impresa y repartida entre nuestros amigos correligionarios[46].

Tal fue, a grandes rasgos, descrita la fiesta cubana verificada en el taller de los Sres. Martínez Ibor y Comp.

A las siete de la noche del propio día el Sr. Andrés Iznaga ofreció a nuestros huéspedes una excelente comida en su morada, a la cual asistieron diferentes personas de la localidad, incluso el Mayor de la ciudad, haciendo los honores de la casa los esposos Iznaga. El menú selecto fue servido bajo la dirección entendida del Sr. Bonet. Fue una hora agradabilísima la que pasaron nuestros amigos en la referida morada, donde reinó la cordialidad más completa.

***

Luego, como a las diez, y después de haber celebrado sesión privada con el Cuerpo de Consejo, visitada la Liga de Instrucción fundada por el Sr. Martí y tenido fraternal conferencia con el cuerpo de profesores del instituto y la Junta Directiva del mismo, altamente satisfechos, se dirigieron los visitantes al club «Ignacio Agramonte», el cual, en honor de todos y en especial de su presidente titular, Sr. José Martí, celebró sesión general extraordinaria. En ella se pronunciaron patrióticos discursos, terminando aquel acto a una hora bastante avanzada de la noche, retirándose todos a descansar, llenos de inmenso júbilo por la concordia y adhesión completa de este pueblo a los sagrados ideales de Cuba que simboliza el PRC.

Al día siguiente, miércoles 20, desde las primeras horas de la mañana se notaba en todas partes cierta animación, espontáneo regocijo y mayor entusiasmo aun, para despedir dignamente a tan integérrimos conciudadanos.

La ciudad vestía sus mejores galas y nuestros clubs, así como nuestros compatriotas todos y los simpatizadores de nuestra causa, se daban cita para hacer la última demostración de aprecio a los representantes de la libertad de Cuba.

Los operarios cubanos y unos pocos españoles del taller de los Sres. Lozano Pendás y Comp., invitan a una recepción a los visitantes. Los del taller de Pons & Comp. quieren hacerle doble recepción y también les suplican otra visita, y el Sr. Alfredo Abad los llama a su morada para ofrecerles un refresco; C. Brito y Luis M. Ruiz y otros muchos quieren honrarse recibiendo en sus casas a los que merecen toda clase de distinciones y obsequios.

En esto los operarios del taller de los Sres. Sánchez y Haya, españoles, americanos y cubanos, inician una gran manifestación obrera, en honor de la causa del progreso y para afianzar la unión de los obreros libres de Tampa. Con este motivo nombran una comisión que recorra los talleres explicando el noble objeto que los guía, y en todas partes, –excepto en una fábrica que no permitió el encargado entrar a la comisión, en todas partes, digo, es recibida la idea con espontáneos aplausos. Se reúnen en el Círculo de Trabajadores los comisionados de todas las fábricas y allí acuerdan la celebración del acto más honroso, más oportuno y trascendental que jamás hubo de ofrecerse en este pueblo a la consideración de los hombres pensadores.

Con esto cerraré esta crónica, que, aunque demasiado extensa y desaliñada, da alta idea de los generosos sentimientos que adornan a la mayoría de estos habitantes que, en la ocasión presente, se han cubierto de gloria imperecedera.

***

A las doce del día, después de visitadas las distintas moradas de nuestros compatriotas Abad, Brito y Ruiz, donde nuestros huéspedes fueron espléndidamente obsequiados por la amabilidad de las familias de los citados amigos, fueron directamente al taller de los Sres. Lozano Pendás y Comp., donde los cubanos del taller y varios españoles los recibieron con amabilidad. La entrada al taller se hallaba adornada con pinos y en la galera de trabajo, hacia la derecha, se encontraba una mesa corrida, conteniendo dulces y cerveza.

El Sr. Luis Tagle hizo al taller la presentación de nuestros amigos, y luego ocuparon la tribuna, pronunciando discursos adecuados al acto, los Sres. José Dolores Poyo, Juan

Arnao, Joaquín Granados, Cornelio Brito, Ramón Rivero y Rivero y José Martí, que supo hablar a la altura de su nombre de político experto y orador de vuelos incomparables.

Se sirvieron dulces y cerveza, pero al apurarse las copas, el joven Andrés Martorell, a nombre de la comisión del taller, dijo a los presentes, profundamente conmovidos: «Sres. Martí, Sánchez, Poyo, y demás acompañantes, sírvanse dispensarnos si no les ofrecemos cosa mejor, pero lo que falta en esta mesa se halla aquí», y señaló a su corazón. Estas significativas palabras hicieron prorrumpir a los presentes en estrepitosos aplausos.

Terminada la visita se retiró la comitiva, encaminándose a los talleres de los Sres. Pons & Comp.

***

Esta manufactura presentaba un soberbio golpe de vista. A la entrada, en la parte exterior, se ostentaba una bandera cubana de grandes dimensiones, varias más pequeñas, americanas, y multitud de pinos y flores naturales.

En el interior, decorada con sumo gusto, lucía una gran mesa llena de dulces, licores y cerveza e infinidad de macetas con flores. Al frente del salón de trabajo y rodeados de banderas y guirnaldas, se ostentaban los retratos de Céspedes, Agramonte y Luz Caballero. Sesenta señoras y señoritas daban mayor realce a la fiesta de su apreciada presencia.

A un lado del salón y adornada con exquisito gusto, se alzaba la tribuna. Al llegar la comitiva, fue recibida por el bello sexo y el pueblo y los operarios del taller atronaron el espacio con vivas y aclamaciones que se confundían con los acordes de la orquesta que tocaba el himno de Bayamo.

El Sr. Luis M. Ruiz ofreció a los visitantes, a nombre del taller, esta recepción y felicitó una vez más a los que sabían honrarse, honrando a los patriotas cubanos.

Habló Martí, cuya palabra ardiente y persuasiva conmovió todos los corazones, alcanzando innumerables aplausos. Luego hablaron Joaquín Granados, José D. Poyo, Juan Arnao, Cornelio Brito, Ramón Rivero y Rivero, Ramón Rubiera y otros, que fueron muy aplaudidos.

Se distribuyó en abundancia cerveza, los licores y dulces y después de un rato cordialísimo en el que la música halagó los oídos, se disolvió la reunión, dándonos cita todos para el meeting de despedida que tendría efecto en el Liceo Cubano, a las ocho de la noche.

Serían las cinco de la tarde de este día de fiesta verdadera cuando, grupos de obreros, familias de éstos y multitud de jóvenes animosos se dirigían al Circulo de Trabajadores, punto de reunión de antemano concertado, de donde debían partir la gran demostración que los hijos del trabajo, sin distinción, debían a los dignos huéspedes que nos visitan, representantes de la causa de la emancipación de todo el género humano y en especial de la independencia y libertad de Cuba.

Así fue, en efecto: el pueblo obrero avanzado, el que no trabaja con la tiranía, el que no está dispuesto a servir a los déspotas aunque éstos sean hijos de su propia tierra, esos que no tienen más patrimonio que su trabajo honrado, esos, repito, organizados convenientemente, con estandartes y atributos y en correcta formación, recorrieron durante dos horas las principales calles de esta ciudad dando vivas a la unión, al compañerismo, a la emancipación de la humanidad y a Cuba libre e independiente. Más de mil quinientas personas marcharon en esta importante y significativa manifestación, en la que quedó probada la unión de los oprimidos, de los desheredados, de todos los hombres libres. Los vítores, las aclamaciones, los petardos con que fue saludada en el trayecto son innumerables.

Como a las ocho y media de la noche llegó al Liceo Cubano tan importante manifestación. Nuestro local, que estaba ya invadido por apiñada concurrencia de señoras, señoritas y caballeros, así como por los clubs y damas asociadas cubanas, era incapaz de contener en sus salones las mil quinientas personas más que llegaban en la referida manifestación.

Martí, Roloff, Sánchez, Poyo, el comité de recepción y los oradores que habían de hacer uso de la palabra estaban contemplando aquel espectáculo dignísimo que conmovía, de placer, todos los corazones desde la artística glorieta que se encuentra a la entrada de nuestro Liceo.

Imposible entrar en el local o salir hacia la calle, tan inmensa era la concurrencia.

¿Qué hacer? «Que se celebre el *meeting* en la calle, en la parte exterior del Liceo», dijo Martí, y así se hizo.

En media hora ya estaban en la calle las sillas, las señoras acomodadas y los demás de pie, ocupando una gran extensión, no sin que los estandartes, banderas y demás atributos dejasen de ostentarse entre la multitud, siendo tan bello panorama alumbrado por la hermosa claridad de nuestras luces eléctricas.

La música ejecutó una brillante sinfonía y, acto continuo, el Sr. Esteban Candau, presidente del Comité de Recepción, llamó al orden y cedió al Sr. Martí el honor de abrir el *meeting*.

Así lo hizo éste y con un breve discurso, elegante y bello como una guirnalda de frescas y odoríficas flores, anunció nuestro jefe que el *meeting* había empezado.

Con vivas y aclamaciones fue saludado el orador.

Luego hablaron, con elocuencia, con entusiasmo, con patriotismo y con arranques de corazones honrados, los Sres. Luis M. Ruiz, Marcos Gutiérrez, Joaquín Granados, Cornelio Brito, Juan Arnao, Manuel Hernández, Silverio Gómez, Ramón Rivero y Rivero, José Pérez Molins, Valdés de la Torre, José Dolores Poyo, General Serafín Sánchez y Mayor General Carlos Roloff.

Españoles y cubanos, militares gloriosos y emigrados consecuentes, periodistas distinguidos y hombres públicos eminentes, blancos y negros, pobres y ricos, todos hablaron esa noche memorable con acentos de verdad, con palabras de cariño, con entusiasmo nobilísimo, para alcanzar, con la unión de todos, la emancipación de un pueblo oprimido que sufre los horrores de un cruel despotismo y que es digno de elevarse a la altura del derecho y de la verdadera libertad.

Porque aquella reunión fue la fiesta de la emancipación, más, de la emancipación completa. Allí los cosmopolitas, los socialistas, los independientes, cuantos en Tampa sienten por la causa del progreso, allí estaban, allí fraternizaban, allí se unían para de ese modo servir mejor a la causa de la libertad, que es la causa de todo el género humano.

Por eso los aplausos, los vivas, las aclamaciones que se tributaron a nuestros oradores, por aquellas tres mil personas que les escuchaban.

Pero faltaba, para arrebatar de entusiasmo a tan apiñada multitud, que se dejara oír la voz autorizada, el eco sonoro, a la palabra majestuosa, arrogante y convincente del genio de la oratoria, del artista del buen decir, en una palabra, del ilustre Delegado, de José Martí.

Al ponerse de pie nuestro amigo, estruendosos aplausos, vivas y aclamaciones nacidos del corazón, le saludaron, a los que respondió vivamente emocionado: ¡Servidor de Cuba!

En el momento preciso en que se disponía a dirigir su autorizada palabra, fueron descargados tres morteros que, al atravesar el espacio dejaron una preciosa estela de luminosas estrellas de los colores nacionales de Cuba, tres luces de bengala en combinación –azul, blanca y punzó– ardían, dando realce con su luz a la simpática figura que se destacaba en la tribuna, cual positivo emblema del patriotismo y del amor a la Patria.

Y no paró en esto la interrupción hecha al querido orador: Un globo de grandes dimensiones, formado por ocho banderas cubanas, se alzó del centro de aquella compacta muchedumbre, y elevándose lentamente y tomando la dirección de nuestra querida Cuba, parecía ser el mensajero de la felicidad que se cernía sobre este pueblo de honrados y laboriosos artesanos que, tocados al corazón, en momento supremo, juraron trabajar activa y decididamente, como obreros libres, como hombres dignos, como verdaderos amantes de la libertad, por la pronta y absoluta independencia de Cuba.

Calmó la agitación, cesaron los viva y un silencio religioso siguió a aquellos momentos de entusiasmo patriótico, a un simple ademán del distinguido tribuno.

Y su voz, dulce, apacible, convincente, ardorosa y a momentos encendida por el fuego de una elocuencia inexplicable, brotó llena de bellísimas imágenes, de elevadísimos conceptos, arrancando a breves intervalos nutridísimos aplausos.

La oración pronunciada en esta fecha sin igual por el Delegado del PRC, ha sido de esas que jamás se borran de la memoria, de cuantos la hayan escuchado. No fue una oración literaria, de aquellas que van adornadas de galas de oportuna retórica: fue, sí, la oración acabadísima de un verdadero hombre de Estado, de un verdadero organizador, de un decidido apóstol de la felicidad de su pueblo.

Y el numerosísimo pueblo, congregado en este meeting de preparación para lo futuro, aceptando como buenas todas y cada una de sus ideas, todas y cada una de de sus soluciones político sociales, se adhería a ellas por medio de grandes y frenéticos aplausos, con la espontaneidad que es peculiar a los patriotas convencidos y a los hijos del trabajo que luchan con denuedo por la emancipación de toda la humanidad.

Fue la oración del Sr. Martí una verdadera filigrana de la más exquisita oratoria, un brillante resumen de aquel acto trascendental y honrado, fue, en una palabra, un triunfo más que ha conquistado en su larga carrera de tribuno y de político cubano. Al terminar el Sr. Martí, aquel pueblo inmenso, conmovido, arrebatado, palpitando de entusiasmo, estuvo por largo tiempo aclamando al orador, colmándole de aplausos y de vítores sin cuento.

Entonces, en medio de aquella explosión de simpatía, dos preciosas palomas torcaces cayeron a sus pies. Las tomó en sus manos y dio por ello las gracias. En bellas cintas de finísima seda se leía: Pinos Nuevos saludan a José Martí. En seguida, una comisión del club Cuba, compuesta de la Sra. Ernestina Tripiano y María Justa Soler, entregaron al Sr. Martí el diploma de miembro de honor del Club, colocándole en el pecho la insignia respectiva.

Luego un caballero cubano le regaló la condecoración de una sociedad política, en cuyo centro se ostentaban los atributos de la sociedad, en piezas de oro y plata.

Se llamó de nuevo al orden y el Sr. Esteban Candau, en elocuente y expresiva frase cerró admirablemente el meeting, después de extenderse en oportunas y patrióticas consideraciones, concluyendo con estas significativas palabras: «Los que no luchan por romper sus cadenas, no merecen gozar la dulzura de la libertad».

Luego, a petición del Sr. José Pérez Molins, se organizó de nuevo la manifestación y se dirigió al Círculo de Trabajadores, para guardar allí los estandartes y demás atributos, como recuerdo de día tan memorable para todos los hombres libres, en que se ha consolidado la unión de todos los que padecen por la tiranía y tienen hambre y deseo de libertad.

El Sr. Siñeriz, en el Círculo, en correcto discurso, felicitó a todos por la unión que acababa de pactarse.

Al día siguiente, jueves 20, a las cinco de la mañana, partieron para Ocala, Jacksonville y San Agustín, tan dignísimos compatriotas y correligionarios, a donde se les ha recibido por los cubanos y americanos de un modo espléndido y donde han podido apreciar la simpatía que disfrutan los que saben, con honradez, trabajar con constancia por la libertad de su pueblo.

Lo que Martí ha hecho, lo que ha conseguido en Tampa, dijo en nuestro meeting un español honrado, no lo ha conseguido ningún jefe insurrecto peleando en los campos de batalla.

Y dijo bien este obrero consecuente. Los hechos así lo justifican y todos así lo reconocemos.

Trabajemos todos con fe en el ideal y el porvenir nuestro, es decir, de todos los hombres de buena voluntad.

Concluyo esta crónica, sintiendo que mi trabajo, por demás pobre y desaliñado, no corresponda con la grandeza del asunto que la motiva.

Nomar.

El día 21, José Martí, Carlos Roloff, Serafín Sánchez y José Dolores Poyo, continuaron hacia Ocala, Jacksonville y San Agustín, desde donde El Apóstol regresó a Nueva York.

CUARTO VIAJE A FLORIDA: SEXTA, SÉPTIMA Y OCTAVA VISITA A TAMPA

Para su cuarto viaje a Florida, Martí debió salir de Nueva York el 6 de noviembre[47]. Mi hipótesis se basa en que el día

9 le dieron la bienvenida los miembros del Cuerpo de Consejo de Cayo Hueso y hubiera sido imposible esa travesía en solo dos días.

Esta vez, su paso por Tampa fue muy breve, el imprescindible para ir del ferrocarril al puerto, donde tomó el barco que lo llevaba al extremo sur del país. La estancia en el llamado Peñón fue de casi un mes, pues se mantuvo allí hasta la primera semana de diciembre. Al embarcar para Tampa, volvió a tener la compañía de José Dolores Poyo, con quien asistió el 10 de diciembre a un acto en el Liceo Cubano, en celebración del segundo aniversario de la Liga Patriótica Cubana. Apenas sin voz, debido a su intervención en los continuos mítines del Cayo, pronunció un discurso que duró alrededor de hora y media y que, como tantos, no fue conservado.

En aquel evento, Ramón Rivero Rivero tomó la palabra para reafirmar el compromiso de los trabajadores cubanos de Tampa con el llamado Día de la Patria. El acucioso investigador cubano Ibrahim Hidalgo, en su libro *La tesorería del Partido Revolucionario Cubano (1892-1895)*, afirma que el nacimiento de esa idea se produjo durante una visita del general Carlos Roloff a Tampa, a mediados de 1892 y se extendió inmediatamente a Cayo Hueso, donde tomó gran fuerza durante la visita que hizo Martí en noviembre de ese año.

El 13 de diciembre Martí habló en la fábrica de Pons y en la de Monné, en español y en inglés, dada la presencia de muchos obreros angloparlantes. En ambos talleres, como en otros visitados durante esos días, recibió múltiples expresiones de adhesión al Día de la Patria. En la visita a la fábrica de Martínez Ybor, sus operarios se comprometieron a una inmediata donación de 1300 dólares.

Al día siguiente, 14 de diciembre, en las primeras horas de la mañana Martí salió en tren hacia Ocala, acompañado de Roloff, Poyo y Carolina Rodríguez. Allí estuvieron dos días en permanente actividad, entre ellas una importante reunión con cubanos y estadounidenses en el Marion Opera House. El 16, los cuatro patriotas regresaron a Tampa, donde a Martí lo sorprende un incidente que pudo haber tenido graves consecuencias para su vida y para la revolución que estaba encabezando. Dos hombres, aparentemente leales a su causa, le brindaron una copa de vino Mariani que él aceptó, sin sospechar que, captados por simpatizantes del gobierno español en la Isla de Cuba, se proponían envenenarle. El paladar le advirtió del extraño sabor y apenas llegó a ingerirlo. Llamaron inmediatamente al doctor Miguel Barbarrosa, quien lo atendió en la casa de Ruperto y Paulina Pedroso. El médico lo induce a vomitivos y un lavado de estómago urgente y, aunque sufrió daños de los que varios días después aún se quejaba, se evitó un mal mayor.

Por la carta a Serafín Sánchez sabemos su opinión sobre este hecho del que no quiso divulgación:

A Vd. puedo decirle que mi enfermedad de Tampa no fue natural, que el aviso expreso que recibí de antemano sobre el lugar, y casi sobre la persona, fue cierto, y que padezco aún de las consecuencias de una maldad que se pudo detener a tiempo. Sofoqué el escándalo, y aquí lo he desviado. Pero he padecido mucho, Serafín. Aún no puedo sostener la pluma. Mi estómago no soporta aún alimento, después de un mes. Nada he desatendido, sin embargo, más que el gusto de escribirle. (...) De mi enfermedad, Serafín, nada digamos más que a Fernando y a Teodoro. Estímenme, y me curo[48].

De los dos hombres que intentaron eliminar al líder revolucionario, existen referencias sobre uno de ellos, aparecidas en el libro *Martí, el Apóstol*, de Jorge Mañach. Se trata de Valentín Castro Córdova, un afrocubano procedente de Matanzas, radicado en Tampa. Cuentan que dos días después del intento de asesinato, al acercarse Valentín a la casa de Pedroso, éste quiso agredirlo, pero Martí prefirió conversar con él. Después de un largo diálogo, al verlo retirarse cabizbajo, el Maestro dijo a Ruperto: «No se extrañe usted si pronto lo ve incorporarse a la manigua insurrecta»[49]. Y no se equivocó, aquel hombre estuvo entre los primeros en arribar a Cuba cuando inició la guerra. Desembarcó en Cuba con la expedición de Serafín Sánchez y Carlos Roloff, el 24 de julio de 1895. Peleó durante toda la guerra en el Departamento Occidental, llegando a alcanzar el grado de Comandante. Tuvo una larga vida, hasta el 27 de agosto de 1947, cuando murió en La Habana.

Aunque entre el 17 y el 22 de diciembre Martí estuvo con la salud resentida –reponiéndose en casa de Ruperto y Paulina–, participó en diversas actividades, especialmente en las realizadas en el Liceo Cubano. El 22 estuvo presente en la constitución del club «10 de Abril» y después pronunció unas palabras en un mitin organizado en el Liceo, desde donde salió con varios compañeros que le despidieron en el andén.

El día en que Martí volvió a Nueva York coincidió con la salida semanal del periódico *Patria*, donde apareció la siguiente crónica, sin firma, informando sobre su visita a Tampa. Aunque en ella se menciona la compañía de José Martínez y no la de Dolores Poyo, y se señala como indisposición la causa de su malestar físico entre el 17 y 21 de diciembre, hay que tener en cuenta el nivel de información y percepción del propio redactor de la noticia.

Patria, **24 de diciembre de 1892**
El Delegado en Tampa

El jueves, 15 del corriente, llegó a Tampa el Sr. Martí, donde era esperado con impaciencia por todos los correligionarios de la floreciente ciudad.

Lo acompañaba el Presidente del Cuerpo de Consejo de Cayo Hueso, el Sr. José Martínez[50]. Fue recibido por el Consejo local de Presidentes por varias comisiones de Sociedades y por numerosos amigos. Tanto el Sr. Martí como sus acompañantes, se hospedaron en la casa del bravo general Roloff.

Una ligera indisposición retuvo en cama al incansable propagandista, privado de visitar, el sábado último, la manufactura del Sr. Martínez Ibor. Éste, no obstante, se proponía asistir al gran *meeting* patriótico que debía verificarse el domingo.

En Ocala, según nos hace saber el estimado *Yara*, es esperado el Sr. Martí con gran entusiasmo, por americanos y cubanos, para la inauguración de la nueva población recientemente construida para emigrados cubanos y que lleva por nombre Martí City.

Cuando el Sr. Martí termine sus trabajos en Tampa y se disponga a visitar a Ocala, habrá una gran excursión y muchos cubanos de Tampa, Jacksonville y otras ciudades de Florida, irán a participar del regocijo de Ocala y Martí City.

No necesitan nuestros compatriotas que le digamos que, en esas aproximaciones y expansiones afectuosas, la causa suprema de Cuba se robustece y adquiere poderosos recursos para la lucha definitiva.

Si hay alguien que con aviesa intención insinúa lo contrario, hay que oírlo con el desdén que inspira la malevolencia.

Patria, 31 de diciembre de 1892
Tampa en su puesto

Trabajos importantísimos han sido realizados por la emigración cubana de Tampa, con motivo de la visita cordial y de alta trascendencia que el Delegado del PRC, Sr. José Martí, le ha dispensado en estos últimos días.

No parece sino que el sentimiento del deber, ahogando la rivalidad, disipando las dudas y acallando las pasiones –algo de esto pudiera haber en los corazones patriotas– se ha sobrepuesto, y consolidando la unión entre los miembros de la familia cubana, ha impreso en todas las almas nobles el movimiento vigoroso, enérgico y simultáneo que hoy contempla el mundo y que nos ha de llevar, con gloria, a la meta de nuestras nobilísima aspiraciones.

Y cuando hecho tan honroso se realiza en todos los centros de la emigración, y cuando en Cuba mismo se abren los pechos y se presentan los corazones animados por una esperanza próxima a realizarse, y cuando, en fin, hombres no nacidos en las Antillas se disponen a secundar a los oprimidos, en la constante labor por Patria y libertad, cuando esto acontece, no podía, no, este centro patriótico, quedarse rezagado en la hora solemne del cumplimiento del deber, y Tampa también, en la medida de sus fuerzas, ha respondido esta vez como otras muchas, pero ahora con viril resolución, digna de todo encomio, a la voz de la Patria, y ha contestado: presente.

La visita del ilustre Jefe de nuestro partido, ha sido la consagración del puro sentimiento de la dignidad del patriotismo, y sus elocuentes palabras la fe que conforta los espíritus robustecida cada vez más ha acrecentado el entusiasmo de estos emigrados, que con lo hecho en estos últimos días han agregado un nuevo lauro a los muchos que tiene conquistado como centro revolucionario.

El día que llegó a esta ciudad el Delegado en unión del cubano irreductible, Sr. José D. Poyo, Director del *Yara* de Key West, y el Cuerpo de Consejo local, comisiones de los Clubs e inmenso pueblo los recibieron dignamente. Desde la fecha indicada hasta que ambos distinguidos correligionarios abandonaron la localidad, los cubanos a porfía se han esforzado en prestar toda su cooperación a la empresa patriótica de los trabajos en Tampa y de la cual han sido altamente satisfechos. No es posible, en los estrechos límites de este escrito, relatar con todos sus detalles los obsequios de todo género que les fueron prodigados, ni las muestras de adhesión que recibieron de todas las clases de esta sociedad: eso debe suponerse del carácter y el entusiasmo de esta colectividad.

El objeto de estas líneas tiene que ser dar a conocer los resultados prácticos de tan esforzada labor.

No obstante, la enfermedad del señor Martí que le retuvo en cama el sábado casi desde la llegada, asistió con su acompañante a la fiesta de la «Liga Patriótica Cubana», que celebraba esa noche su segundo aniversario. Todos los clubs cubanos, atentamente invitados, estaban allí esa noche y el salón era poco para contener tanta y tan escogida concurrencia. El acto estuvo lucido y correspondió a su objeto. El Sr. José P. Elías, Presidente de la Liga, en breves palabras explicó el objeto de la convocatoria y después de declarar abierta la sesión, presentó al Sr. Rivero, encargado de hacer el discurso oficial.

Este compatriota pronunció un extenso discurso en el cual trazó a grandes rasgos la historia política de la emigración de Tampa, sus peripecias, las asechanzas de los esbirros del gobierno español y los trabajos llevados a cabo por la Liga en favor de la causa de Cuba y de la concordia y cohesión de los cubanos revolucionarios, para haber logrado hacer de Tampa otro baluarte –como Cayo Hueso– de la resolución liberal. Hizo un resumen de las tareas patrióticas hechas por la institución y extendiéndose en oportunas consideraciones, felicitó a los clubs presentes por la unidad de acción que venían demostrando, concluyendo por dar la bienvenida a los Sres. Martí y Poyo, que cortésmente habían aceptado la invitación para asistir a tan solemne festividad cubana.

Luego de los aplausos calurosos que siempre arranca la palabra vibrante y generosa de Rivero, hablaron con singular propiedad y nobleza los Sres. Carlos Baliño, por los Clubs «Ignacio Agramonte» y «Enrique Reeve»; Marcos Gutiérrez por los «Independientes de Tampa»; José G. Rivero por «El Águila de Tampa»; Roselio Palma por «Pinos Nuevos»; la Sra. Dorotea Ruiz por «Los obreros de la independencia»; Ramón Rubiera por «Máximo Gómez»; y con su frase enérgica y concisa habló después de ellos el Sr. Poyo, a nombre de los patriotas de Cayo Hueso, de los patriotas que no se cansan, de los patriotas que saben vencerse a sí propios, y desnudar y acorralar, por veladas que vengan, las intrigas del enemigo.

Al anunciarse que el Sr. Martí iba a hacer uso de la palabra, resonó en el salón una salva de aplausos y vivas atronadores, los cuales se confundieron con los bélicos sones de una banda de música que estaba oculta en la antecámara, sorpresa cariñosa preparada al delegado por el Sr. Felipe Vázquez, director de la banda, previo acuerdo con los miembros de la Liga.

Restablecido el silencio, el eximio Martí, lleno de emoción, con frase sincera empezó su oración, cuyas primeras palabras fueron dedicadas a la Liga Patriótica, haciendo de la agrupación decana un cumplido elogio, tan entusiasta y oportuno que, más que palabras, parecía que el Sr. Martí dedicaba a la Liga, en premio de sus trabajos, una preciosa guirnalda perfumada de frescas y odoríferas flores. Luego entró de lleno en el relato de la labor del PRC, de la obra realizada, de los compromisos contraídos, de la actitud de los cubanos dentro y fuera de Cuba, de la respuesta de los jefes de la pasada revolución, del crédito que ha alcanzado la emigración en la Patria y fuera de ella, y del deber ineludible de ratificar de un modo inmediato y decisivo, las promesas hechas y los compromisos contraídos. Refirió la conducta patriótica de Cayo Hueso y se extendió, en párrafos sonoros y elocuentes en consideraciones oportunísimas respecto del futuro movimiento, arrancando grandes, entusiastas, vehementes aprobaciones.

Hora y media estuvo hablando el Sr. Martí y sus palabras hicieron honda impresión en aquella concurrencia de patriotas convencidos, que se dispuso a demostrar con hechos su adhesión incondicional al ilustre Delegado. Y así, en viva conversación, en tanto que la música animaba con piezas notables los instantes del exquisito refresco con que la Liga obsequió a sus invitados, terminó, lleno de Patria pura el corazón, la trascendental velada.

***

El domingo siguiente, día 18, fue el designado para el gran *meeting* público. Este tuvo efecto en el Liceo Cubano, estéticamente decorado con el gusto y cariño que son verdadera belleza y sentido a cuanto adornan los dos veteranos del Arenal, nuestro «Pepillo», y «Ayalita». Banderas de todas las repúblicas, flores por doquier, inscripciones de oportunidad, nada faltó para hacer del coliseo cubano esa noche una mansión de placer viril, de unión y patriótico. El Águila de Tampa lucía al frente del salón, al lado del busto de la libertad.

A las siete era materialmente imposible penetrar en el salón. La Platea, los pasillos, los corredores, todo estaba invadido por una concurrencia apiñada, compuesta de señoras, señoritas y caballeros, ansiosa de oír la palabra del respetable huésped. A las siete y media llegó el Cuerpo de Consejo acompañando a los Sres. Martí y Poyo, siendo saludados al entrar con un nutridísimo aplauso. El Sr. General Carlos Roloff declaró, presentando al Sr. Martí, que iba a ocupar la tribuna. Nueva y larguísima ovación demostró al orador la simpatía de que disfruta.

Martí en su oración grandilocuente estuvo a la altura de su nombre. Palabra correctísima, dulce unas veces, serenísima otras, inspirada siempre. Habló de la Patria y definió admirablemente este concepto, de un modo tan racional, que cada período era acogido con estrepitosos aplausos. Trató con habilidad suma las cuestiones sociales e hizo de todas ellas tan acertadas deducciones, que la concurrencia que le escuchaba sentíase conmovida ante aquel raudal de elocuencia que, elevando el alma humana, sabía colocar las cosas en su lugar, hacer luz en ciertas oscuridades y tocar siempre el corazón de los hombres honrados para enseñarles el verdadero camino que conduce al cumplimiento del deber. Dijo las necesidades de la Patria, expuso el deseo ya patente de la isla de Cuba, el apoyo de muchos que sin ser cubanos están dispuestos a prestar ayuda a nuestra causa, y enumeró la serie de obstáculos que hay que vencer para llegar a la cumbre de la montaña donde todos habremos de saludar la bandera de la estrella solitaria.

Es imposible seguir al Sr. Martí en sus vuelos oratorios por los campos de la política y de la filosofía de la Historia, pero en el discurso de esta noche en el Liceo Cubano, tocó concienzuda y hábilmente todas las cuestiones palpitantes que eran de actualidad en Tampa, y en todas ellas supo, sin un instante de confusión y sin una palabra de lisonja, decir la verdad toda y deslindar los campos.

Cerca de dos horas duró su discurso, el mejor, el más discreto y el más oportuno que ha pronunciado en esta localidad, motivo por el cual el auditorio supo aclamarlo entusiastamente.

El Sr. Juan Arnao, así como los Sres. Gutiérrez, Brito, Baliño y Molina (español) estuvieron a gran altura en sus discursos respectivos y fueron muy celebrados, haciendo el resumen del *meeting* el Sr. Rivero, que en un arranque patriótico expresó al Delegado que si Cayo Hueso había dado a la Patria el producto de un día de trabajo, Tampa también estaba en pie, y daría cuantos días de trabajo exigiera las necesidades del patriotismo para llegar a la independencia de Cuba.

Así fue, descrito a vuela pluma, la celebración del *meeting* político del Liceo Cubano, en el que españoles, americanos y cubanos demostraron su simpatía a la causa de Cuba, representada por el Sr. José Martí.

El martes tuvo efecto en el propio local una reunión privada de los distintos clubs de la localidad, convocada por el Sr. Martí y a ella asistieron en cuerpo nuestras corporaciones políticas. Este acto fue solemnísimo y estuvo amenizado por la orquesta cubana, dirigida por el Sr. Flores, que, como la banda del Sr. Vázquez, espontánea y graciosamente, pidió demostrar al Delegado su afecto cariñoso.

El general Roloff presidía y el Sr. Martí, en un largo discurso, hizo importantísimas declaraciones y explicó detalladamente y con las reservas consiguientes el modo como se va desarrollando el plan revolucionario y la actitud que debe asumir los centros de emigrados para el mejor resultado de estos importantes trabajos.

Cada club fue poniéndose de pie y contestando a la pregunta que su Presidente respectivo le iba haciendo desde la tribuna; ni un solo miembro de los clubs presentes se negó a responder al pequeño sacrificio que se le pedía, sino que, con una voluntad digna de todo elogio, cada cual quiso rivalizar con el mayor esfuerzo en favor de la causa de la Patria. Pero el entusiasmo rayó en delirio cuando nuestros clubs de señoras y señoritas se pusieron de pie y respondieron con firmeza que estaban dispuestas a ceder a la Patria cuanto pudieran, incluso sus esposos e hijos. Vivas y aclamaciones resonaron en el salón, y más de una lágrima rodó por áridas mejillas.

Entonces el Sr. Rivero ocupó la tribuna e improvisó un discurso encaminado a demostrar que el sentimiento del patriotismo no ha estado nunca pospuesto en Tampa, y que, mujeres y hombres estaban siempre, como en el Cayo, en su lugar de honor; un discurso de fuerza admirable, como todos los que de este orador privilegiado, que está en pie siempre, y no dice jamás palabra de intriga o de odio, ni perora sin arrastrar consigo a cuantos le oyen. Martí reasumió, y con arranques de arrebatadora elocuencia, con tiernas alusiones a delicados detalles de la concurrencia, con una unción que se comunicaba visiblemente a su concurso, elogió a los patriotas de Tampa. A los acordes del himno de Bayamo se disolvió la reunión, entre vivas y aclamaciones a Cuna y al PRC.

El lunes 12[51], en respuesta a la ansiedad afectuosa de los obreros, visitaron el taller de Martínez Ibor los señores Martí, Poyo, y el general Roloff. El templo del trabajo estaba engalanado con ramas de pino y con banderas americanas y cubanas.

Al entrar la comitiva, los operarios de pie, sombrero en mano, los recibieron con largas aclamaciones.

El Sr. Bueno, a nombre del taller, dio la bienvenida a los ilustres visitantes, presentando en la tribuna del lector al Sr. Martí, que pocas veces había oído más nobles aplausos.

El Sr. Martí pronunció un magnífico discurso de gran actualidad, delineando el esfuerzo de los cubanos y, en especial, el de los trabajadores materiales, por romper las cadenas de la tiranía. Dijo que cada hoja envuelta en la mesa de las manufacturas por obrero patriota y destinado el producto de esa labor en día determinado para la causa de la Patria, representaba un día menos de esclavitud, un día menos de oprobio, así como también muchos más días de gloria, muchos más días de dignidad patriótica, de dignidad humana. Los torcedores, atentos a aquel discurso de fuego, palpitando todos los corazones, radiantes los rostros de entusiasmo y convicción, prorrumpieron en gritos de viva Cuba, viva Martí, y muchos, muchos, abandonaron sus mesas de labor para abrazar, llenos de júbilo, a nuestro querido Delegado.

Luego hablaron los señores Romero, Hourruitiner, Moreno, que recitó unas oportunas décimas y Cornelio Brito. Siempre fogoso, el Sr. Poyo que con energía magistral reiteró sus convicciones irrevocables. Ramón Rivero y Rivero, que lo sucedió en la tribuna, fue de lleno al fondo de la cuestión, significando que lo que hacía falta era solo acordar la manera de obedecer a lo que la Patria ordenaba, y fijar el modo decisivo en que Tampa cedía también un día de trabajo para la Patria, como se había hecho en Cayo Hueso.

A esto respondió el taller con un sí alto y unánime; pero como el Sr. Rivero manifestara que deberían ponerse de pie los que estuvieran de acuerdo con el propósito indicado, todos, como movidos por un resorte, se levantaron de sus asientos y testificaron su conformidad en ceder para Cuba el producto de un día de trabajo cada mes.

Luego el Sr. Rivero se dejó llevar de su entusiasmo y expuso a los señores visitantes ciertas consideraciones encaminadas a demostrar que el patriotismo de los operarios de Martínez Ibor nunca habían decaído y, si bien es cierto que al Delegado le habían dicho que aquí la bandera española estaba muy alta, que no dudara que el sentimiento de la dignidad cubana estaba más alto todavía, y que ella hacía que en momentos solemnes de sacrificio por la Patria, aquí no hubiera en todos los corazones honrados otra aspiración que la de ver a Cuba libre, independiente y feliz.

Como un corazón se levantó el noble taller, cual una tempestad de patriotismo, a estas palabras ardentísimas de Rivero. En seguida el Sr. Martí, que nunca podrá olvidar el cariño que en aquel instante le mostraron sus compatriotas, sus hermanos, habló como se habla pocas veces; y el general Roloff, conmovido allí como el día 10 de abril entre los héroes de Guáimaro, cerró el acto dando las gracias al taller por la prueba real de patriotismo que acababa de dar de modo elocuente.

El martes 13 fue invitado el Sr. Delegado para visitar las manufacturas de los señores Pons y Monné. En la primera, una buena banda de música le esperaba en la puerta de entrada, que entonó a su llegada una marcha cubana. Subió el Delegado al taller, que se hallaba decorado convenientemente. Después que diferentes señores hicieron uso de la palabra, habló el Sr. Martí. Luego que hubo hablado en castellano, con un cariño que penetraba las almas, lo hizo en inglés. Enseguida habló un americano amigo de Cuba, y su discurso fue recibido con hurras fraternales. Este taller de antemano ya había acordado dar el día para la Patria. Refresco y dulces fueron servidos a los concurrentes.

En la manufactura de Monné se celebró el propio día otra fiesta por el estilo, pues en ella estuvo el Delegado. Allí hablaron los señores Hernández, Izaguirre y Poyo, que habló respecto de la doctrina de Martí; y luego el Sr. Martí que tomó por tema de su robusto discurso las tendencias del PRC y las relaciones propias de los elementos diversos que pueblan a Cuba, ratificando, con palabras de verdad vigilante y de franca humanidad, las palabras del Sr. Poyo. Aplausos y aclamaciones recibió el orador y acto seguido fue obsequiado el taller con dulces y cerveza.

Al día siguiente, miércoles 14, el Delegado, el general Roloff y el Sr. Poyo partieron para Ocala, siendo acompañados hasta el paradero por diversas comisiones cubanas.

***

El viernes 16 llegaron de Ocala nuestros amigos, donde fueron objeto de innumerables atenciones por parte de aquellos compatriotas y por el pueblo americano, al que en un *meeting* preparado por éste en Opera House, habló largamente en inglés, de las cosas de Cuba, nuestro ilustre Delegado.

El Sr. Martí vino muy aquejado de su dolencia, la cual se acentuó en esta ciudad hasta el extremo de que se temió por su vida[52]. El inteligente Dr. Barbarrosa, médico de cabecera, ha hecho verdaderos prodigios para aliviar al Sr. Martí, el cual ha sido asistido con exquisitos cuidados, lográndose que se operara la reacción y mejorara el enfermo. Durante la gravedad de tan querido compatriota ha sido grande la ansiedad de estos habitantes por conocer su verdadero estado, pero fue necesario incomunicarle. Por fin, el viernes 22, repuesto un tanto, decidió el Sr. Martí regresar a New York, y no obstante su delicado estado, asistió al *meeting* de despedida en el Liceo Cubano, para el cual había sido invitado el pueblo por el Cuerpo de Consejo.

A las seis de la tarde no se cabía en nuestro coliseo: señoras, señoritas, los clubs políticos e inmenso público, todos acudieron a estrechar la mano del dignísimo cubano que, sean cuales quiera los embates contra su salud, se agita y trabaja por la causa común, con una fe, una imparcialidad y un patriotismo ejemplares.

Formalizado el *meeting*, hablaron los señores Marcos Gutiérrez y Ramón Rivero y Rivero, y por último, el Sr. Martí que, con esfuerzo que parecía increíble, hizo un brillante y muy significativo discurso de despedida, acogido con demostraciones tales que es pálido describirlas, como inútil sería al enemigo desconocer su profundidad y firmeza.

Y de cuatro en fondo, por súbito acuerdo de la multitud, se dirigió aquella manifestación al ferrocarril, donde despidió a su Delegado con muestras inequívocas de cariño verdadero. Los viva resonaban, aun cuando ya estaba lejos el tren que se llevaba al hombre bueno.

De un modo desaliñado, casi sin orden, omitiendo muchos detalles bellísimos, y escrita a la carrera, resulta, desde luego, imperfecta esta revista. Pero cuantos la lean, sobre todo, si son cubanos, podrán adivinar lo que en gracia de la brevedad no se consigna, y formaran un juicio discreto de la importancia vital de los trabajos realizados en esta población, que vienen a decir a todos una vez más, que Tampa está en su puesto y que no retrocede jamás.

Los tabaqueros cubanos, los que trabajan en las distintas profesiones, las señoras y señoritas, hasta muchos que no son cubanos, todos en favor de la libertad de Cuba, están dispuestos a ceder, cada mes, el producto íntegro de un día de trabajo, consolidando así con el sacrificio común, la unión y la concordia de este pueblo honrado y laborioso.

Y para complemento de todo esto, y resumen importantísimo de los trabajos especiales de este viaje, pocas horas antes de marcharse el Sr. Martí quedó constituido, por especial encargo suyo, un nuevo club revolucionario: Diez de Abril, en el cual se encontraban todas aquellas personas que, útiles y hasta necesarias por sus aptitudes para toda empresa de verdadero arranque, pudieran no estar de acuerdo en ciertas cuestiones, en determinadas doctrinas y que en la hora presente de sacrificio por la Patria, haciendo cada cual abstracción de sus ideas o de sus pasiones, podían acercarse para el mejor servicio de la revolución. Así ha sucedido y los hombres que parecían separados, ahora están honradamente unidos en la causa de la revolución, toda vez que no se exige a nadie el sacrificio de sus ideas particulares, sino solo que, en el club Diez de Abril, no se trata de otra cosa que de la absoluta independencia de Cuba. Así se comprendió y cuarenta hombres han dado su palabra honrada de llevar a cabo tan útil y trascendental acuerdo.

Que todos los cubanos y puertorriqueños de la emigración imiten a sus hermanos de Cayo Hueso y Tampa en el sacrificio patriótico y el porvenir es nuestro y de todos los hombres de buena voluntad.

¡Cuba, a la lucha sin temor, que la emigración unida como lo está hoy, sabrá cumplir sus compromisos!

NOVENA Y DÉCIMA VISITA TAMPA, EN EL QUINTO VIAJE A FLORIDA

El Apóstol se desmonta del tren que viene de Nueva York en Savannah, el 13 de febrero de 1893, pues tiene planificado reunirse allí con un comisionado que procede de Matanzas. Sin embargo, le avisan –mediante un cable despachado en Cayo Hueso– que se ha cambiado el lugar de la entrevista para Fernandina, por lo que vuelve a tomar el tren. Llega a Fernandina y se hospeda en el hotel Florida y de allí escribe a Gonzalo de Quesada, a Serafín Sánchez y a Dolores Poyo, mientras espera la llegada del General Julio Sanguily, con quien debe entrevistarse. El 17 llega Sanguily y tienen una importante reunión, centrada en valorar las condiciones que existían en la Isla para el inicio de la guerra. Ese mismo día, con varias cartas del Delegado para los líderes del Cayo, el veterano mambí toma el tren hacia Tampa, de donde seguirá viaje hacia Cayo Hueso y La Habana.

Resulta sorprendente que Martí no haya realizado el viaje de Fernandina a Tampa junto a Sanguily, cuando en otros recorridos dentro de Florida se había hecho acompañar por oficiales del mambisado de alta graduación, como es el caso de los generales general Carlos Roloff y Serafín Sánchez. Probablemente, el nivel de espionaje detrás de él se había acrecentado y no resultaba conveniente su cercanía con el alto oficial de la Guerra de los Diez Años que radicaba en La Habana.

El 18, todavía en Fernandina, le escribe a Gonzalo: «Del martes acá, y es sábado, me he acostado una sola noche»[53]. También le escribe a Félix Iznaga y a Carolina Rodríguez, anunciándoles su pronta llegada a Tampa.

El 21, al llegar a Tampa, se dirigió a la casa de Carlos Roloff[54] y allí se reunió con el Cuerpo de Consejo local. Al día siguiente hizo un recorrido por varias fábricas de tabacos, entre ellas la de Martínez Ybor y la de Pons. Ese martes por la noche se organizó un mitin en el Liceo Cubano, donde pronunció un discurso. De allí, salió acompañado por una multitud hasta el andén, para seguir esa misma noche hacia Cayo Hueso.

El 2 de marzo regresó a Tampa, solo por dos días, en los que visitó diversos talleres y participó en reuniones con diversos clubs. En la mañana del 4 llegó a Ocala y, al cabo de algunas horas, tomó el tren con destino a Nueva York.

Muchos detalles de esta visita fueron reflejados en *Patria*, en el número correspondiente al 24 de marzo de 1893, que presentamos a continuación.

Patria, **24 de marzo**
Tampa: Tres festividades cubanas
Las que, una tras otra, se han celebrado últimamente en esta ciudad, si modestas, han sido como debían ser, ratificándose en ellas la previsión, el patriotismo y la consecuencia política de nuestros compatriotas.

El día 21 de febrero, con motivo de visitar esta ciudad el Honorable E.O. Locke, Gran Maestro de la orden independiente de Odd-Fellows, acompañado de distinguidos miembros de la hermandad. La logia «Cuba» de esta ciudad, fundada en el año anterior, acordó reunirse en tenida extraordinaria, y solemnizarla con un banquete en un restaurante cubano.

El acto estuvo lucido, pues se pronunciaron elocuentes discursos en inglés y español, encaminados a poner de realce por cuanto disciplina y fomenta las virtudes del hombre esta benemérita institución.

Las nueve de la noche serían cuando la logia «Cuba», en correcta formación, y ostentando sus miembros las lujosas regalías de la orden, se dirigían al restaurante «La perla de Cuba» de Ruiz y hermano, lugar designado para el banquete. Súpose al llegar que el Sr. José Martí se encontraba en la ciudad y por acuerdo de los miembros de la Logia, se pasó una comisión a invitarle a la festividad, a la que le impidieron concurrir las atenciones que le rodearon desde el instante mismo del arribo. Allí estaba, en la morada del general Roloff, rodeado del Cuerpo de Consejo, que lo fue a recibir y de gran número de amigos, de los amigos todos de la Patria.

El restaurante de Ruiz y hermano, artísticamente decorado, lucía por doquier los atributos de la orden de «Odd Felows». En todos se revelaba el entusiasmo y el buen gusto de los hermanos Ruiz. Gozábase en que en aquella hermosa casa (palabra ilegible) y aquel banquete fuesen obra de cubanos, de cubanos que levantan en el destierro templos e industrias. Ya a los postres, el Dr. Martín Caraballo, funcionario prominente de la Logia, pronunció un expresivo brindis dedicado al Gran Maestre, como simpatía de los «Odd Fellows» de Tampa a los nobles principios de la orden. El Sr. Locke, con esa facilidad de palabra que tan alto puesto le ha conquistado en el foro americano, pronunció en respuesta un brillante discurso elogiando a los «Odd Fellows»[55] cubanos por la fidelidad con que han sabido interpretar los principios de la institución, y haciendo cumplido elogio de la logia «Cuba» n.° 13 de Key West y de la logia «Cuba n.° 33» de de Tampa. Fundada esta última por uno de los antiguos miembros de la primera que trabajó en el idioma español y a cuya Logia se debe la importación de la orden a Centro y Sud América y a las Antillas españolas. Grandes aplausos arrancó a la concurrencia el discurso del eminente orador.

El juez de la Corte, el Sr. Barón Phillips, notable jurisconsulto americano, habló largamente, entre justos aplausos del espíritu y ventaja de la asociación y de la capacidad paciente y probada de los cubanos para intentar y realizar con éxito todas las empresas nobles. El Sr. Patterson, Fiscal en la

Corte de Marina, deleitó al auditorio con su peroración elocuente, verdadera filigrana de la oratoria y más de una vez fue interrumpido por bravos fervorosos. Después hablaron sucesivamente los Sres. Moony, Ferris, Ruiz, Pérez Benítez, Padrón, Valdés Ramos, Licatta y otros, y en inglés primero, y luego en castellano, recogió las ideas ambientes Ramón Rivero y Rivero, con el fuego y arranque que dan merecido poder al vuelo siempre fácil de su alta elocuencia. Las doce eran cuando terminó la recepción entusiasta con que la Logia «Cuba n.° 33» festejó al eximio Locke, Gran Maestro de la orden independiente de «Odd Fellows». En estos días de prueba en que vivimos, ¿no fue como una profecía, como una respuesta a muchas dudas, como una razón de esperanzas legítimas, aquella fiesta de simpatía y fraternidad?

***

El día 22, nuestro querido Delegado Sr. Martí fue objeto de infinidad de demostraciones de afecto por parte de nuestros compatriotas. Diversas comisiones de los clubs y sociedades cubanas, así como de los talleres, pasaron a felicitarle a su morada. Le invitaron los talleres de Pons y Martínez Ybor para que les hiciera una visita.

Correspondiendo al convite cariñoso se dirigió al taller de Martínez, donde lo recibió el afecto más leal y entusiasta y donde habló el Sr. Martí más de una hora sobre los más íntimo de nuestras vidas, sobre la grandeza de nuestros servicios incansables al país, sobre la necesidad de practicar desde ahora la república, respetando en todo desde hoy la opinión y voluntad de cada hombre, sobre los días sublimes que empiezan ya a asomar por la cumbre de los montes. Genaro González, el joven orador, con su abundancia y brío característicos, habló en el lenguaje a la vez cuerdo y ferviente, que en estos tiempos de prueba, y de heroísmo ordenado, debe hablar la juventud. Los vítores ahogaron las palabras que en inglés dirigió Martí a los obreros americanos. Acto continuo se dirigió el Delegado, con el general Roloff y otros compatriotas, al taller de Pons, donde, como en la manufactura de

Martínez Ibor, quedaron en una sola llama todos aquellos corazones.

***

Por la noche tuvo efecto una reunión verdaderamente extraordinaria en el Liceo Cubano donde, a pesar de lo premiosa de la de la invitación, se apiñaba una gran concurrencia que invadió los salones, al extremo de que muchas personas no podían penetrar en el local, que la inmensa muchedumbre había invadido de antemano. El Cuerpo de Consejo ocupaba el estrado, bajo la presidencia del general Roloff, con el Sr. Candau de secretario. Abierta la sesión por el presidente, fue presentado el Sr. Rivero, voz fiel y valiente del patriotismo de Tampa, superior a las fuerzas todas, y las agonías mismas, de la vida descontenta e insegura del cubano desterrado. El Sr. Genaro Hernández habló otra vez sobre el sentimiento unánime de la Isla, sobre la urgencia de crear pueblo propio donde purgar nuestros problemas de los males innecesarios con que los agravan hoy las condiciones innaturales de la explotación española y el destierro. Acto seguido se anunció que el Sr. Martí iba a ocupar la tribuna, y una salva de aplausos del corazón saludó al delegado del PRC.

Nuestro Delegado, con palabra reposada y acento conmovedor, con fe comunicativa en los destinos de nuestra tierra, sin odio ni recriminación contra nadie, hizo una hermosísima oración, la mejor, la más convincente, la más acertada y oportuna de cuantas ha pronunciado en esta ciudad. Expuso la situación de Cuba y los trabajos hechos por el Partido en menos de un año, los compromisos que se han contraído y la noble labor llevada a cabo por los patriotas cubanos para la más pronta realización de las aspiraciones de nuestro pueblo.

Hizo el elogio de los patriotas de dentro y fuera de Cuba, por los trabajos emprendidos a favor de la próxima revolución, y a cada imagen de su bello discurso, a cada período de su inspirada oración. El auditorio conmovido, más atento y fervoroso que en cualquiera otra ocasión, prorrumpió en muestras de fe y entusiasmo. Grande fue la enseñanza de este discurso, motivo por el que, al bajar de la tribuna, fue abrazado el orador por muchos de los concurrentes que, haciendo abstracción de todo sentimiento pueril, vieron una vez más en el Sr. Martí al patriota sincero, al cubano irreductible y sobre todo al hombre honrado.

Acto seguido el General Roloff resumió el acto anunciando que el Sr. Martí tenía que partir inmediatamente para Key West; y al momento aquella compacta multitud, en la que se hallaban considerable número de damas, se organizó a las puertas mismas del Liceo Cubano, y con la bandera de Cuba a la cabeza, marchó en procesión hasta la estación de ferrocarril; allí despidieron todos al Sr. Martí: ¡hasta otra conquista, hasta todo, hasta mañana!

***

Y llegó el día 27 de febrero, aniversario de la muerte del padre de la Patria, Carlos Manuel de Céspedes, en que el club ejemplar «Diez de Abril» celebraba una velada conmemorativa en nuestro instituto literario. Ese día, de dolorosos recuerdos, siempre los han solemnizado los patriotas de Tampa, y esta vez al club referido le cupo la honra de llevar a cabo la conmemoración. El acto tuvo toda la importancia que era de desear.

El teatro, severamente decorado con negros crespones, presentaba un aspecto imponente. En el escenario, en medio de columnas con inscripciones apropiadas, se veía el retrato de Carlos Manuel, precioso trabajo al óleo; a la izquierda la tribuna enlutada, y a la derecha, la directiva del Club «Diez de Abril», más los señores presidentes de nuestros clubs y sociedades locales. Señoras, señoritas y caballeros realzaban con su presencia la solemnidad.

A las ocho, luego que cesó la noble marcha fúnebre de la orquesta, el Sr. Marcos Gutiérrez, el viril y franco espíritu que junta diferencias y allega cimientos en la presidencia del club «Diez de Abril», el orador que habla a su hora como quien junta en un ramo de violetas del alma, y a su hora como quien levanta la piel de las espaldas podridas, pronunció un discurso en elogio del mártir, en que la palabra sencilla ponía más de relieve el pensamiento poderoso, discurso de sentimiento y fuerza grande, que iba derecho al alma de sus compatriotas.

El orador que tenía del club el encargo de reseñar la ilustre vida, de narrar la amarga muerte, de desentrañar las graves lecciones, de narrar los grandes términos de la leyenda grandiosa de aquel hombre memorable, era un cubano en quien la naturaleza ha puesto, en rara conjunción, la magnanimidad del alma y el arrebato de la oratoria, un hijo superior de las escuelas del destierro; que emplea la vida creando escuelas o diarios, o templos u órdenes, y olvidando recelos e injurias: era Ramón Rivero y Rivero. Y su discurso, de singular valer, que no ha de perderse en el viento, fue el estudio razonado de la revolución, en sus orígenes, en la existencia del héroe que con su intrepidez la hizo forzosa, en la enseñanza de su muerte, allí narrada conforme a la verdad estrictamente histórica: ¡digna ofrenda fue el discurso a la sombra del padre!

El Dr. Manuel Hernández ocupó la tribuna, y nunca, en verdad, ha pronunciado este cubano elocuente discurso de más inspiración, ni más correcto y oportuno. Pareció todo dicho, pero el Dr. Hernández sacó acentos de infinita compasión, y juicios de historiador y de republicano, que oía con admiración justa un auditorio harto capaz de desdeñar la falsa elocuencia y premiar el verdadero mérito: ¡la república de mañana no hallará incultos, ni ciegos, ni indisciplinados a sus hijos!

Y con esas emociones, llenos de nobles pensamientos y de la satisfacción del deber cumplido, salieron del Liceo los cubanos que en la memoria de sus héroes tienen al fin como Patria donde reunir su vida incompleta y desolada.

***

El día 2 del corriente marzo, regresó de Key West el Sr. Martí y pocas horas después visitó el Club «Ignacio Agramonte», donde pudo apreciar el entusiasmo, la consecuencia política y la constancia de nuestra juventud. Allí estaba la Directiva y miembros de esta entusiasta agrupación política, una de las más pujantes del Partido. En esta sesión, que presidió el Sr. Martí, se iniciaron nuevos adeptos, se aclararon importantes puntos, se dijeron cosas inolvidables, se preció más la fe, se dio muestra buena de lo que hacen y pueden los cubanos de Tampa.

***

El día siguiente se celebraron diversas reuniones de carácter privado con asistencia del Delegado, en las cuales tomó parte el Cuerpo de Consejo y por último el Sr. Martí fue convidado de nuevo a una visita de despedida al taller de Martínez Ybor, en la cual habló el Sr. Martí de asuntos de vital importancia. Ramón Rivero habló después y quedaron resueltas todas las cuestiones que interesaban a los patriotas de esta ciudad: ¡todos, sean los tiempos como sean, aman a la madre triste, a la madre que hemos de rescatar! Todos cumplirán con su deber.

Los clubs siguen su marcha, más vigorosos y ordenados que hasta hoy; los no afiliados a ellos, pero tan cubanos como el que más, darán su contribución espontánea y «el día de la Patria» será santificado mensualmente, sin que para ello tenga que emplearse imposición de ningún género. Cada cual sabe su obligación y tiene absoluta confianza en el resultado de los sacrificios que voluntariamente se han impuesto.

El día 8, a las cinco de la mañana, salió el Sr. Martí para Ocala, acompañado por infinidad de amigos y compatriotas hasta la estación de ferrocarril. Deseamos los buenos cubanos salud y buen éxito en sus trabajos al noble cubano que goza de la simpatía y absoluta confianza de estos emigrados.

APB

Tampa, 6 de marzo de 1893.

Visitas once y doce a Tampa en el sexto viaje a Florida

El 2 de mayo de 1893 Martí se desmontó, una vez más, en el andén ferroviario de Tampa. Esta vez venía de Nueva Orleáns. Había pensado salir de aquel lugar hasta Costa Rica para entrevistarse con Maceo, pero la noticia de un alzamiento prematuro en Holguín, el de los hermanos Sartorius en Purnio y Velazco, determinó que él considerara imprescindible viajar a Tampa, y especialmente a Cayo Hueso, para analizar la situación que se había creado en la Isla y el peligro que entrañaba un levantamiento a destiempo y sin condiciones para triunfar. En Ybor City convocó a una reunión urgente del Cuerpo de Consejo y después a un mitin que tuvo una gran asistencia, no solo de cubanos, sino también de españoles, italianos y estadounidenses. Analizó junto a todos la situación de la isla, hizo un llamado a la unidad y en medio del entusiasmo compartido marchó al andén, como casi siempre acompañado por una multitud, esta vez precedido de una banda de música y estandartes patrios. De allí salió hacia el puerto, para seguir a Cayo Hueso, donde permaneció hasta el 16 de ese mes. Como hay indicios de que el 20 de mayo estaba en Nueva York, parece ser que en Tampa sólo estuvo un momento del día 17, el necesario para ir del puerto al andén de ferrocarril a tomar el tren. Hay una carta que él encabeza con el nombre Ocala –anota marzo, sin el día–, que puede pertenecer a una breve escala en aquel lugar entre el 17 y 18, o pudo escribirla en el tren y despacharla desde la terminal de aquel lugar. En la *Cronología* de Hidalgo, al situar la fecha 20 de mayo, el investigador escribe: «Recién llegado a Nueva York...» lo cual no significa que necesariamente llegara ese día.

En la actualidad se conserva una crónica publicada por el periódico *Patria* y aunque aparece sin firma, indica que fue tomada del periódico *Cuba*. Algunos párrafos de ella se refieren a momentos en que Martí no estuvo presente, pero su contenido refleja la actividad que estuvo realizando.

***Patria*, 19 de mayo de 1893**
Los cubanos en Tampa

Ya habrán visto nuestros lectores cómo respondieron los patriotas de Cayo Hueso al anuncio de que había estallado la guerra en el Departamento Oriental.

Ahora vean cómo se significó en Tampa el entusiasmo fervoroso, según nos hace saber nuestro querido colega correligionario *Cuba*, defensor del ideal independiente en la entusiasta y progresista ciudad de la Florida.

Aunque no sea nada más que por el vigoroso impulso que ha dado al Partido Revolucionario en el extranjero la escaramuza de Holguín, hemos de mostrarnos deferentes y agradecidos a los hermanos Sartorius, que lo promovieron.

¡Bien por Tampa, y nuestro saludo cariñoso a todos los buenos patriotas!

Habla *Cuba*:

El *Mass Meeting*

Desde las seis de la tarde afluían a nuestro coliseo infinidad de grupos de españoles, italianos, americanos y cubanos, señoras y señoritas, el pueblo entero, puede decirse, que deseoso de tomar parte en aquella demostración política y de escuchar los convincentes y arrebatadores conceptos de nuestro elocuente Delegado, se habían dado cita en nuestro local, correspondiendo a la invitación popular del Cuerpo de Consejo de Tampa.

A las siete era materialmente imposible penetrar en el salón, pues las galerías, los pasillos, la platea, las escaleras exteriores, todo estaba cuajado de espectadores. Espectáculo igual jamás se ha presenciado en esta localidad.

A la llegada del Sr. Martí y del Cuerpo de Consejo, que a duras penas pudieron abrirse paso, una salva de aplausos y vivas atronadores resonó por el espacio, formando un hermoso contraste aquella explosión de patriotismo, con los bellísimos acordes del himno de Natalio Argenta, ejecutado por la banda cubana, que por debutar esa noche y por la espontaneidad de su servicio, fue muy justamente celebrada.

Restablecido el silencio dio principio la sesión. El Sr. José V. Rojas, Presidente del Cuerpo de Consejo, en correctas frases, explicó el objeto de la reunión y significó la premura del tiempo por tener que partir para Key West el Sr. Martí y no ser posible hacer extensos discursos alusivos al acto.

Abierta la sesión fueron haciendo sucesivamente uso de la palabra las personas designadas al efecto.

El Sr. M. Gutiérrez, estuvo concreto, lógico.

El Sr. J. Arnao, entusiasta, elocuente, ejemplar.

El Dr. M. Hernández, inspirado, convincente, verídico.

El Sr. G. Hernández, fogoso, cáustico, elocuente.

El Sr. Rivero y Rivero, sencillo, analizador, en su puesto.

Cada cual supo tocar al corazón de los oyentes, con sus improvisados discursos, los que fueron recibidos con atronadores aplausos.

Reina el silencio, la música deja oír de nuevo sus melodiosos acordes y aparece el Sr. José Martí en la tribuna. En aquel momento la asamblea, de pie, prorrumpe en vivas y aclamaciones y no hay corazón que no palpite de entusiasmo, ni labio que no exprese su satisfacción, ni mano que no se agite para saludar al eximio jefe del PRC.

Se restablece el orden y aquella gran figura, gloria de la Patria, confianza absoluta de sus compatriotas, dominando el auditorio con frase conmovida, con la emoción retratada en el semblante, empieza su oración. Esta, que fue grandilocuente, acabada, demostró lo que puede y vale la unión, de lo que son capaces los pueblos cuando se deciden a ser libres, lo que es el amor a la Patria, la necesidad de salvar la tierra natal para poder implantar la República, y la obligación en que estamos los cubanos de sacrificarnos en los actuales momentos, para evitar sacrificios mayores en el futuro. Explicó claramente y con acentos de verdad la situación de Cuba y en bellísimas imágenes de arrebatadora elocuencia, recomendando el cumplimiento del deber, terminó su honrado discurso el laureado orador, gloria legítima de la Patria cubana.

Al bajar de la tribuna, los aplausos, vivas y aclamaciones se prolongaron largo tiempo.

Acto seguido el Presidente del Cuerpo de Consejo cerró la sesión y formándose toda aquella multitud en las afueras del Liceo Cubano, de cuatro en fondo, y precedidos de la banda de música y la bandera cubana, se dirigió a la estación del ferrocarril, y allí despidieron al Sr. Martí, que se dirigía a la tierra de los cubanos irreductibles, a Cayo Hueso.

Al arrancar el tren los gritos de ¡Viva Cuba! Y ¡Viva Martí! resonaron en el espacio.

Contribucion patriótica

Después, el Cuerpo de Consejo se reunió en sesión extraordinaria en la morada del Sr. Ruiz, y allí estuvo deliberando hasta las doce de la noche. Este Cuerpo político adoptó importantes resoluciones y entre ellas la de recorrer al siguiente día los talleres para levantar por suscripción un fondo extraordinario, para remitirlo a la mayor brevedad a la Tesorería general.

Así fue en efecto; el martes anterior el Cuerpo de Consejo, sin que faltara uno solo de sus miembros, se reunió a las diez de la mañana en la redacción de este periódico y de allí salió a llenar su cometido.

En el taller de Martínez

Al entrar la comitiva en esta histórica manufactura, una salva de aplausos de los operarios fue el saludo que recibió la representación de nuestro Partido.

Habló Rubiera, Rivero, Candau, siendo el resultado de la suscripción superior a todas las esperanzas. Las señoras y señoritas dieron ejemplo de desinterés y patriotismo.

En el taller de Hayas

La comisión fue recibida en este taller con muestras de distinción, y luego que hubo hablado el Sr. Gutiérrez y el Sr. Molins, se nombraron las comisiones al efecto y el resultado de la colecta fue soberbio.

En el taller de E. Pons y compañía

Aquí, como siempre, fue recibido el Cuerpo de Consejo con entusiasmo y patriotismo, pues después del elocuente discurso del Sr. Rubiera, de las frases de Rivero, de la alocución de Hernández, cada obrero de la casa se disputaba el honor de dar la mayor cantidad posible para aumentar el fondo de la guerra. Resultado brillante.

En el taller de Monne

En este taller, cubanos y españoles demostraron su deferencia a la comisión, y hablaron Gutiérrez, Izaguirre, Padrón y otros, y quedaron nombradas comisiones para llevar a cabo la suscripción patriótica. Esta, se nos dice, que arroja una gran cantidad.

En el taller de Lozano

Pocos son en este taller los cubanos que trabajan, por lo cual se creyó más oportuno llamar a la calle a varios de ellos y exponerles el objeto de la visita, para que entre sí llevaran a efecto la colecta. Acordado esto, se nombró la comisión y es de esperarse que el resultado sea relativamente satisfactorio.

Los particulares

Comisionados del Cuerpo de Consejo recorren las casas y establecimientos particulares, y nadie, que sepamos, se ha negado al sacrificio patriótico.

VISITAS TRECE Y CATORCE A TAMPA, EN EL SÉPTIMO VIAJE A FLORIDA

El 5 de septiembre de 1893, Martí sale de Nueva York hacia Florida, con la preocupación de llegar a Cayo Hueso para analizar las posibilidades de un alzamiento que parecía inminente en la isla. Había recibido la información de que Julio

Sanguily estaba solicitando a los líderes de Cayo Hueso una suma alta de dinero para alzarse en armas sin depender del proyecto del PRC. Por tal motivo, ese mismo día le escribe a Gualterio García, uno de los dirigentes en aquel lugar:

> (...) con la creencia del apoyo alocado del patriotismo del Cayo, o alzamiento personal o aislado, contrario al plan general que se ejecuta, y solo favorable, por su torpeza o apresuramiento, al gobierno español. Yo encargo a ustedes y a su alma libre de toda ofuscación, a sus almas bravas y puras, que estorben, caso de que asomaran, la realización de semejantes planes (...) Cuidado, pues, y ayúdenme a salvar la grandeza en que ya estamos[56].

Martí había imaginado que ese viaje a Florida podría ser el último para él. Antes de salir le expresa a Gonzalo de Quesada: «En el más estricto sigilo, porque así importa, salgo al Cayo»[57]. Pasó por Tampa el tiempo imprescindible para bajar del tren y montar al barco, seguramente el 7 por la noche, pues el 8 sorprende a los cubanos de Cayo Hueso con su presencia. Estuvo cinco días con ellos, atento al peligro de un alzamiento a destiempo, pero consciente de que, de avizorarse una mínima posibilidad de triunfo, había que apoyarlo e incorporarse.

Después de reunirse con los líderes del Cayo y avivar el proyecto que había adelantado a través del Partido que dirigía, volvió a embarcarse rumbo a Tampa. Desde allí se comunica con Félix Sánchez Iznaga y le anuncia: «Yo salgo el miércoles, paso por Tampa un día, y vuelvo a usted. –Sálveme a *Patria*«[58]. Efectivamente, el 13 de septiembre ya e estaba montado en el Mascotte, a bordo del cual todavía le escribe a Serafín, con más tranquilidad: «Ya comprendo que en los días de aturdimiento de las promesas de Julio, se enviase a Cuba, o se usara una vez allí, a algunos bravos muchachos; pero usted mismo los calmará, y lo oirán»[59].

El 14 permaneció en Tampa y al día siguiente siguió viaje a Nueva York, con una breve escala en Ocala.

VISITAS QUINCE Y DIECISÉIS A TAMPA, EN EL OCTAVO VIAJE A FLORIDA

A fines de 1893 vuelve a presentarse el peligro de brotes insurreccionales aislados en la isla. Ante las inquietudes de buena o mala fe, el Delegado afirma desde Nueva York que la orden verdadera para el inicio de la insurrección en Cuba estaba en manos del General Máximo Gómez, jefe del ramo militar del PRC. En medio de estas preocupaciones, el 10 de diciembre de 1893 vuelve a salir José Martí de una estación ferroviaria de Nueva York con rumbo a Florida. Ya había avanzado la noche del 12 cuando se desmonta en el andén de Ybor City. Esa misma noche, según la *Cronología* citada, participa en un mitin en el Liceo Cubano organizado por el club Ignacio Agramonte. Entonces estuvo tres días en este sitio antes de seguir para el Cayo. En un telegrama a Gonzalo le sintetiza su impresión: «Tres días de gran patriotismo. Tampa magnífica»[60].

Y en una carta del 14 le da más detalles:
Salgo al Cayo, ahora jueves. No vivo desde que llegué. He logrado sin escándalo lo que me proponía. ¡Qué aclamaciones las de estos hombres al hacer, espontáneamente, su nuevo sacrificio! Apreté la organización; la dejo ensanchada: extiendo el esfuerzo por toda la ciudad, pero digno y callado (...) Y desde que llegué, ni un momento de respiro: los clubs, las juntas privadas, los talleres, que me parecen templos, de aquí a un minuto el *mitting* a que me obligan.

Y al final de una carta donde desborda el entusiasmo por esta ciudad, se despide contento: «Adiós. Escríbame a Tampa y Ocala (...) ¡Aquí, cuánta hermosura!»[61].
No hacen falta más palabras, después de las suyas, para calibrar el significado de esta visita a Tampa.
Siguió a Cayo Hueso, donde encontró el mismo entusiasmo y colaboración y donde se mantuvo hasta el día 20. El

21 llega nuevamente en Tampa, ahora acompañado del jovencito de 14 años Bernardo Figueredo, pues sus padres Fernando y Juanita le habían confiado su cuidado hasta Nueva York. Allí lo esperaba Tomás Estrada Palma y familia, junto a los cuales pasó unos días en Central Valley, donde el expresidente de la República en Armas dirigía una escuela fundada por él. Al atardecer de ese día, ambos recorrieron las calles de Ybor City, mientras el Maestro le iba explicando la grandeza de la naciente ciudad. Por la noche asistieron al mitin organizado en el Liceo Cubano por el club Ignacio Agramonte. Al día siguiente, mientras se dirigían hacia Ocala en un coche del tren –para desde allí seguir a Nueva York–, Bernardo aprovechó un instante en que Martí descansaba para hacerle un retrato a lápiz que se conserva. Muchos años después, Bernardo describió ese momento en el libro *Yo dibujé a Martí. Diario de un viaje: Cayo Hueso-Nueva York*[62].

Hay una extensa crónica publicada por *Patria* el 19 de diciembre, con el título «Carta de Tampa», donde se ofrecen todos los detalles de un acto que se produjo en el Liceo Cubano el 12 de diciembre y al que inesperadamente llegó José Martí cuando estaba al concluir, acabado de desmontarse del tren. A ese documento, fechado ese mismo día y dirigido al director del periódico, corresponde el siguiente fragmento:

> Resumió la velada el señor Ramón Rivero, y en honor de la verdad hemos de decir que estuvo sumamente inspirado. Dijo entre otras cosas que «La Verdad», como el hijo de Nazaret, había nacido en un establo y como el hijo de Dios sería eterna, porque la verdad como emanación divina no puede morir. ¡Bien por Ramón!

Terminada la velada siguió el baile que anunciaba el programa. Parte de la concurrencia no bailadora se retiró del salón, llevando un grato recuerdo. Pero luego sucedió algo que no estaba en el programa, y que a todos nos llenó de alborozo, y fue que sin nadie esperarlo y como caído del cielo cayó sobre nosotros el ilustre Delegado del PRC, el señor José Martí. El señor Martí ocupó la tribuna, y aunque venía cansado a consecuencia del viaje, supo estar a su brillante altura. La llegada aquí de nuestro ilustre Delegado en los momentos de la inauguración de «La Verdad» es para todos nosotros de feliz augurio. Perdone usted, amigo Director, lo extensa de esta reseña, que, así y todo, no es más que un ligero bosquejo de la espléndida fiesta de anoche.

La visita diecisiete a Tampa, en el noveno viaje a Florida

El año 1894 comenzó con nuevas alarmas sobre trastornos en Cayo Hueso, provocados por trabajadores españoles en las fábricas de tabaco de aquel lugar, principalmente pertenecientes a la llamada La Rosa Española. Los dueños de esta factoría pretendían paralizar la huelga desatada por sus obreros mediante la contratación de empleados españoles traídos desde La Habana, lo que amenazaba con dejar sin trabajo a los que participaron de la protesta.

Para atender los intereses de los tabaqueros cubanos, a inicios de enero el PRC envió al abogado Horatio Rubens hasta aquel lugar. El 11 de ese mes salió Martí desde Filadelfia –donde se encontraba desde el 8– con destino a Tampa. Esta vez, el Delegado venía acompañado de Bernardo Figueredo, quien regresaba a Cayo Hueso.

En aquella visita, Martí estuvo en Tampa cuatro días y decidió no seguir hasta Cayo Hueso para evitar ser vinculado con el proceso de agitación obrera que en esos días se producía, lo cual podría perturbar la acción que el abogado Rubens realizaba a favor de los trabajadores cubanos que eran, a su vez, militantes de la organización revolucionaria encabezada por el Apóstol.

En la publicación de *Patria* correspondiente al 20 de enero de 1894 –mientras Martí viajaba en el tren de regreso a Nueva York– se incluyó esta información fechada el día antes, que muestra los resultados del trabajo del abogado Rubens a favor de los obreros del Cayo.

Washington, enero 19 de 1894. Las Autoridades del Tesoro se preparan para perseguir rigurosamente a las personas que han tomado parte en la importación de obreros contratados de Cuba a Cayo Hueso. El Superintendente Stump envió a los Inspectores Dehler, de New York, Robinson, de Savannah, y Bethel, de Cayo Hueso, para investigar con toda minuciosidad los cargos dirigidos por los residentes cubanos de que se ha violado la Ley de Contrata. Se han recibido los primeros informes de estos Inspectores, y se sabe que presentan muy graves rasos contra los acusados.

El Departamento del Tesoro espera que las pruebas ya recogidas se completen por las declaraciones que han de prestar los señores Rubens y Marino, quienes se han nombrado como Comisión por los residentes cubanos en Cayo Hueso para venir a Washington y protestar contra la entrada de obreros españoles en los Estados Unidos. Estos caballeros verán mañana al Superintendente Stump.

En esa misma edición y bajo el epígrafe «Maquinaciones», *Patria* enfatiza en la labor del Partido en aquellas circunstancias y a su vez pondera el triunfo de la causa obrera frente a la componenda española.

El Partido Revolucionario Cubano, cual roca inconmovible, resiste todas las oleadas de maquinaciones arteras, se intenta darle el golpe de gracia, patrocinando los poderes gubernamentales de Cuba la extracción de obreros para Cayo Hueso, con daño manifiesto de la emigración cubana que con su laboriosidad y su inteligencia ha levantado el antes árido peñón a la altura de engrandecimiento en que hoy se encuentra, y barrenando las leyes de este país, que ni permite la importación de obreros contratados, ni ha de prestarse a favorecer medros particulares o contubernios políticos, en que entra por mucho el sostenimiento de la caduca España en América, y con él el entorpecimiento o la atrofia de los grandes elementos de riqueza de un pueblo joven, viril y superior en cultura y producción a la metrópoli que lo subyuga.

Dieciocho y diecinueve visitas a Tampa en el décimo viaje a Florida

El 12 de mayo de 1894 Martí tomó nuevamente el tren en Nueva York con destino a Tampa. En esta ocasión, viajaba en compañía del joven Francisco Gómez Toro[63], hijo de Máximo Gómez. El General había regresado a Santo Domingo después de una breve visita a Nueva York en el mes anterior. Cuando el más alto jefe militar del PRC se despidió de él, el 21 de abril, pidió a su vástago, de 18 años, que acompañara al Delegado en su siguiente viaje a Florida.

Dos días después llegaron a Tampa, pero apenas tuvieron tiempo de mirar sus calles, pues siguieron al puerto a tomar el barco hacia Cayo Hueso, donde comenzaron, al día siguiente, cuatro jornadas de ardua actividad, donde los viejos mambises admiraron el carácter del hijo de su respetado General. Los infatigables viajeros volvieron al «Mascotte», para desmontarse en el puerto de Tampa al empezar el domingo, 20 de mayo. Esta vez y siempre acompañado por Panchito, Martí estuvo casi una semana en la ciudad, recorriendo las fábricas de tabaco y asistiendo a diversas reuniones de los clubes. El 26, casi a la despedida, asistieron a un acto muy concurrido en el Liceo Cubano, donde ambos hablaron a un pueblo visiblemente emocionado. Al día siguiente, partieron hacia Jacksonville.

En los números de *Patria* correspondientes al 2 y 9 de junio, cuando ya Martí estaba en Costa Rica visitando a Antonio Maceo, se reprodujo la detallada información que sobre su reciente viaje a Tampa publicó *Cuba*, el periódico tampeño de Ramón Rivero.

Patria, 2 de junio de 1894.
El viaje del Delegado en Tampa

El domingo 20 de mayo llegaron a Tampa el señor José Martí y el joven Francisco Gómez, primogénito de nuestro caudillo glorioso el general Máximo Gómez.

Recibiéronlos en Port Tampa, la banda de música cubana y comisiones de los clubs y sociedades cubanas; en Tampa fueron saludados por una multitud de compatriotas que a porfía deseaban dar pública muestra de admiración a los huéspedes. Aquella noche, a invitación de la entusiasta sociedad cubana «La Verdad», asistieron a la conferencia que se efectuaba en sus salones. El señor Martí habló largamente, lleno de fe en la sensatez y patriotismo de su pueblo.

El miércoles veintitrés, se esperaba que concurriese a la velada del club Ignacio Agramonte, pero una indisposición pertinaz e incómoda, aunque leve, no le permitió, como él tanto quería, tomar parte en esa hermosa fiesta, teniendo que guardar cama por algunos días. Hermosa fiesta fue realmente la reunión política, literaria y musical con que el benemérito club celebró el tercer aniversario de su fundación.

De nuestro colega *Cuba*, cada día más interesante y enérgico, entresacamos estos párrafos que dan fe de la noche memorable:

En pocas ocasiones se ha visto nuestro popular coliseo tan perfectamente decorado como en la noche en que se verificó este acto trascendental del patriotismo de nuestra agrupación. Flores, banderas, guirnaldas, estandartes, nada faltó en esta festividad del Club «Ignacio Agramonte» de esa benemérita agrupación de entusiastas patriotas, a la que, sin disputa, se debió la visita a esta población del eximio cubano José Martí, honra de Cuba y esperanza positiva de la realización de nuestros anhelos de independencia y libertad.

El club Ignacio Agramonte tiene la gloria legítima de haber sido el factor predestinado para que, merced a sus esfuerzos, se hubieran echado las bases para la formación del PRC, movimiento visible del honroso sentimiento de la dignidad del patriotismo de todos los cubanos errantes, cual modernos israelitas en medio del desierto de esta noche sin estrellas que se llama la emigración.

La celebración del tercer aniversario de este entusiasta club, ha dejado gratos recuerdos en cuantos a ella asistieron. Y como carecemos de espacio para extendernos en hacer una descripción detallada de este acto edificante, tenemos, pues que circunscribirnos a hacer una relación escueta, a vuelapluma, para dar a nuestros lectores una idea siquiera de magnificencia de un acto tan espléndido y cordial.

Serían las ocho y media de la noche cuando una brillante sinfonía, ejecutada por la Banda Cubana se dejó oír, y acto continuo el más profundo silencio reinó, ocupando la plataforma la Directiva del club «Ignacio Agramonte», el Cuerpo de Consejo de Tampa y los señores designados para hacer uso de la palabra.

El Presidente del Cuerpo de Consejo, en representación del Presidente del club «Agramonte», que por enfermedad no pudo asistir a la velada, ocupó su puesto, pronunciando un discurso de apertura en el que, con frases sencillas, expuso el objeto de la reunión, haciendo una pintura gráfica de los méritos que había contraído, ante la conciencia pública, el club antes referido.

Ocupó la tribuna el señor Marcos Gutiérrez, que con palabra sencilla, destituida de flores intempestivas, supo colocarse a la altura del verdadero patriota. Su oración digna y sus conceptos eminentemente cubanos merecieron los aplausos de la concurrencia.

La niña Vicentica Bueno recitó con dramática entonación una preciosa composición poética que mereció grandes aplausos.

El señor Francisco Segura, con esa facilidad de palabra que le es peculiar, hizo un discurso elocuente, patriótico y eminentemente filosófico, describiendo a grandes rasgos la verdadera situación de Cuba, concluyendo con una exhortación sentida para que, unificándose la familia cubana, cooperasen todos indistintamente a la pronta realización del ideal de independencia y libertad.

El señor Luis de la Cruz Muñoz, con esa maestría que le es característica, recitó la magnífica poesía de Otero conocida con el nombre de «Saludo a Cuba». El amigo Luis, como siempre que se presenta en la tribuna, alcanzó grandes y nutridísimos aplausos.

Los conocidos concertistas, señores Viallet y Sanguily, deleitaron al auditorio con 1.ª magistral ejecución del *Mise-*

rere del trovador, violín con acompañamiento de piano, recibiendo una completa y merecida ovación.

El profesor señor Andino, entusiasta puertorriqueño, ejecutó en el piano la marcha de la conocida Ópera *Un ballo en Maschera*, alcanzando, como sus colegas, una salva de atronadores aplausos.

Diose lectura a dos cartas, una del reivindicador de los estudiantes fusilados en La Habana, Dr. F. V. Domínguez, y otra del eximio Delegado de nuestro Partido, excusándose de asistir a la velada, el primero por no poder desatender sus obligaciones en el histórico Cayo, y el segundo por hallarse enfermo en cama.

La lectura de ambas cartas arrancó de la asamblea grandes y nutridos aplausos.

Acto continuo el presidente de la velada, con palabra conmovida, presentó al auditorio al joven espirituano señor Francisco Gómez, hijo del invicto prócer de nuestra revolución libertadora, Mayor General Máximo Gómez.

Al ser presentado tan simpático patriota la concurrencia prorrumpió en aplausos, vivas y aclamaciones de todo género, todo lo cual se acentuó más cuando el señor Gómez pronunció un breve discurso para dar las gracias a la emigración de Tampa por el honor que se le confería.

La Banda Cubana tocó de nuevo una magnífica pieza y el señor Rivero y Rivero improvisó el discurso final, resumiendo tan brillante fiesta.

Se extendió en consideraciones respecto del actual movimiento revolucionario, escogió las frases más culminantes emitidas por los oradores de la noche e hizo de ellas un preciosos *bouquet* que dedicó, en nombre de la emigración de Tampa, a los jefes, oficiales y soldados que han de combatir en breve en los campos de Cuba por la libertad e independencia de nuestro pueblo.

La concurrencia, identificada con las ideas que emitía el orador, le dispensó entusiastas aplausos.

Hubo un momento de receso y enseguida se alzó el telón, y apareció en el escenario el precioso cuadro plástico

«Apoteosis de Agramonte», perfectamente combinado e iluminado por profusión de luces de bengala.

El himno de Bayamo, cantado por varias niñas, completó el efecto maravilloso de este cuadro oportunísimo.

Tal fue la velada patriótica celebrada el 23 del corriente[64] por el club Ignacio Agramonte con motivo de su tercer aniversario.

¡Bien por los patriotas cubanos!
¡Honor a nuestra agrupación política!
¡Viva la revolución!

***

Restablecido ya de sus dolencias, el Delegado se reunió con los clubs de la localidad, obteniendo el más completo éxito en todos sus trabajos, emulando la emigración tampeña a su hermana de Cayo Hueso, y ocupando como siempre el puesto que se merece por su actividad y cohesión.

A la hora en que este número entra en prensa, debe haber dejado a Jacksonville, después del recibimiento cordialísimo, nuestro incansable propagandista, y probablemente se dirigirá a Ocala, donde permanecerá breves días, retornando pronto a esta ciudad después de visitar a Filadelfia[65].

Patria felicita al Delegado y a las emigraciones floridanas por sus labores y espera que a su regreso encuentre que Filadelfia y New York habrán cumplido con su deber.

Patria, **9 de junio de 1894.**
EL Viaje del Delegado

En nuestro número anterior dimos cuenta de la visita de nuestro querido compatriota José Martí a Tampa. Hoy completamos aquellas notas con estos artículos de nuestra colega *Cuba*.

La despedida de Martí y Gómez

Estos distinguidos compatriotas partieron para el norte a las ocho de la noche del sábado anterior.

Las múltiples deferencias que recibieron en esta ciudad huéspedes tan queridos, son prueba elocuentísima de afecto natural que merecen a los patriotas cubanos, los hombres que trabajan por la independencia de la Patria.

No obstante la enfermedad del primero, que le retuvo en cama cuatro días, y en los cuales fue asistido por el inteligente Dr. Barbarrosa, se celebraron reuniones políticas de importancia, se tomaron los acuerdos que eran del caso, y el viernes recorrieron nuestros amigos todos los barrios de la ciudad, talleres, etc., siendo en todas partes recibidos con el afecto cariñoso a que en justicia son acreedores.

En West Tampa la visita del Delegado fue cordialísima, así como la hecha al taller de Martínez Ibor, a petición de los operarios.

Aplausos, vivas entusiastas, discursos elocuentes, nada ha faltado en estos actos tiernísimos de patriótica expansión.

El señor Martí habló como él sabe hacerlo, con talento, con elocuencia y, sobre todo, con verdad. Gómez, joven ardoroso, supo expresar sus sentimientos de amor a la revolución, con naturalidad y entusiasmo.

Señoras tan apreciables como Carolina Rodríguez y Paulina Pedroso, también dedicaron, en la tribuna de Martínez Ibor, su perfumado *bouquet* a los héroes de la revolución.

Otros hablaron en estas recepciones, y donde quiera se ostentaban las señales del patriotismo más entusiasta y la consecuencia política más sincera.

Pero donde las almas se fundieron en el crisol de la fraternidad, donde los corazones se identificaron en un solo sentimiento, donde, en fin, quedó sellada la unificación de los buenos para la pronta realización de la gran obra comenzada, fue en el *mass meeting* celebrado en el Liceo Cubano, el sábado a las siete de la noche.

Previa invitación del Cuerpo de Consejo, se reunió en nuestro popular instituto una inmensa concurrencia de ambos sexos, en la noche del día referido, con objeto de oír la palabra honrada del señor Martí, y despedirlo como merece el hombre-idea que por la Patria se sacrifica, como cumple a los apóstoles de la gran empresa.

A las siete los bélicos sones del Himno de Bayamo, que casi era ahogado por los vivas y aclamaciones de la multitud, anunciaron la llegada del querido Delegado y su simpático acompañante.

Restablecido el silencio, el presidente del Cuerpo de Consejo abrió la sesión, resumiendo los trabajos hechos durante la estancia en esta ciudad de los ilustres huéspedes y anunció que el señor Martí iba a dirigir la palabra a nuestra agrupación.

Al presentarse en la tribuna el eximio jefe de nuestro Partido, una salva de nutridísimos aplausos saludó una vez más a la prestigiosa figura que representa con dignidad la aspiración del pueblo cubano.

Martí hizo una oración sentida, inspirada, conmovedora, en la que, en la forma en que debía y podía decirse, explicó suficientemente la verdadera realidad de Cuba. Se extendió en infinitas consideraciones, flageló a los hipócritas y malvados, y en bellas imágenes, en arranques de arrebatadora elocuencia, explicó el concepto de la Patria, de un modo tan racional y convincente que la concurrencia, entusiasmada, adivinando las palabras, se identificaba con el orador, prorrumpiendo en grandes y merecidos aplausos.

Imposible es dar una idea siquiera del discurso del señor Martí. Pero es fama que ha sido la mejor oración que este pueblo ha escuchado de labios tan autorizados.

Enseguida, organizada aquella multitud en correcta formación, precedida de la Banda cubana y con banderas y atributos patrióticos se dirigió a la estación del ferrocarril, en donde, en efusiones de patriotismo, vivas y aclamaciones, y a los acordes de la música, partieron los señores Martí y Gómez, profundamente conmovidos por tanta virtud y tanta consecuencia política.

La manifestación regresó al punto de partida, Liceo Cubano, disolviéndose, satisfechos los manifestantes de haber sabido cumplir con su deber.

Visitas veinte y veintiuna a Tampa en el penúltimo viaje de Martí a Florida[66]

A fines de septiembre de 1894, estaban muy adelantados los preparativos para el reinicio de la guerra por la independencia de Cuba. Todo lo había coordinado el PRC en el exterior para la preparación de las expediciones armadas hacia la Isla. A su vez, mediante el envío de comisionados a Cuba, se había vertebrado un plan de alzamiento simultáneo en sus diferentes regiones. En carta a Antonio Maceo del 22 de septiembre, Martí le pide que para mediados de octubre esté «completamente listo, porque parece imposible que deje de ser para entonces»[67]. En esa misma carta le avisa que, mientras se ultiman algunos detalles en la isla, él sale «a disimular con una gira por Florida».

Realmente, en esa fecha visita Florida por penúltima vez[68], llegando a Tampa el 2 de octubre, cuando se preveía que a fines de ese mes ya estaría estallando la guerra en Cuba. En la carta que envió a Máximo Gómez el 24 de septiembre, le expresa: «Lo que en una forma u otra haré, pues, es anunciar a todas partes que para fines de octubre pueden alzarse, que es la fecha en que todos nosotros podremos estar al caer». También le anuncia que dará «un salto la semana próxima al Cayo, para arreglar lo de Serafín y de Roloff»[69]. En el «todos nosotros podremos estar al caer», aludía al previsto viaje suyo a Santo Domingo a recogerle y salir para Cuba y, a su vez, la expedición que desde Cayo Hueso correspondería a los dos generales mencionados.

La vigésima visita de Martí a Tampa fue muy breve, el 2 de octubre de 1894. Seguramente durmió unas horas en esta ciudad y al día siguiente viajó en el Mascotte hasta Cayo Hueso, donde llegó al anochecer. Allí debió permanecer cuatro o cinco días. La *Cronología* de Hidalgo precisa que el 4 estuvo en la fábrica de tabacos de Hidalgo Gato, pero no contiene información de su actividad hasta el 8, cuando lo ubica en Jacksonville, de paso a Nueva York. No alude, sin embargo, a su obligada estancia en Tampa durante el regreso, ni existen cartas de estos días que permitan ubicar su presencia. Asimismo, no se conservan escritos suyos de esos días que indiquen su presencia en Tampa al regreso de Cayo Hueso. Tampoco el periódico *Patria*, en las ediciones que coinciden con esta visita de Martí a Florida, hace referencias a ello. Por otro lado, la edición del 24 de octubre de esta publicación, donde relató la celebración del 10 de octubre de ese año en Tampa, tampoco alude a la reciente presencia suya en la ciudad. Seguramente el silencio alrededor de esta última visita de Martí a Tampa se explica en la necesidad de ocultar sus pasos, cuando el espionaje contra su persona se había intensificado[70]. En una carta que el del 13 de ese mes dirige desde Nueva York a Serafín Sánchez, hay un elemento que muestra la persecución a que están siendo sometidos, cuando menciona a «Lico Cardet, echado hoy de Tampa por espía»[71]. Unos días después, en la carta a Maceo del 20 de octubre, le cuenta también que está padeciendo «un espionaje más bajo y fino que nunca»[72].

A pesar de la falta de información, él estuvo en esta ciudad entre el 6 y el 7 de octubre, momento en que se reunió por última vez con los líderes revolucionarios y sus amigos, incluyendo a Fernando Figueredo, quien ya vivía en West Tampa. De alguna manera, al creer entonces muy próxima su salida para Cuba, debió sentir una especie de despedida definitiva del lugar donde inició una obra que estaba culminando y donde tanto quiso y se sintió querido. Entre las pocas evidencias de su paso por Tampa, está la nota a Fermín Valdés Domínguez, el 13 de octubre de 1894, desde Nueva York: «Bien lo de Tampa. Trabajo hecho». Parece que entonces Fermín ya tenía previsto mudarse del Cayo a esta ciudad, porque le dice que confía «en tu éxito en Tampa, si vas a tiempo»[73].

Notas

[30] *Epistolario*. t. II, p. 327.
[31] *El Crítico de Ybor City* fue el primer periódico fundado por Ramón Rivero Rivero en Tampa. Después fundó la *Revista de la Florida* y entre 1894 y 1898 el semanario *Cuba*.

[32] José Rivero Muñiz. *Los cubanos en Tampa*, p. 56.
[33] Ver en este libro, pp. 346-347.
[34] El asesinato de 8 estudiantes de Medicina se produjo en La Habana, el 27 de septiembre de 1871.
[35] El discurso «Los Pinos Nuevos» puede verse en este libro, entre las págs. 337-342.
[36] *Epistolario*, t. II, pp.330-331.
[37] Ibídem., p. 332.
[38] Juan J. E Casasús. *La emigración cubana y la independencia de la Patria*, p.209.
[39] En la visita a la fábrica de Martínez Ybor, el día 19, se toman la famosa fotografía en la escalera de la entrada. Ver en este libro «José Martí: la fotografía de Tampa», p.168-169.
[40] Ibrahim Hidalgo Paz. *Cronología*, p. 79.
[41] *Epistolario*, t. III, p.155.
[42] Describe la cuarta visita de Martí a Tampa, entre el 5 y el 7 de julio de 1892. Los textos de *Patria* que se refieren a ellas se incluyen en este capítulo y no en el nro. 7, donde aparecen las otras publicaciones de este periódico relacionados con la ciudad.
[43] Se refiere a la quinta visita de Martí a Tampa, entre el 16 y el 21 de julio de 1892.
[44] Remite a la bandera con que, en Lares, un grupo de independentistas puertorriqueños se alzaron en armas el 23 de septiembre de 1868.
[45] Orestes Ferrara conoció a María Luisa Sánchez en Ybor City y al terminar la guerra en Cuba se casó con ella.
[46] La famosa fotografía de José Martí, rodeado de un grupo de cubanos, en la entrada a la fábrica de tabacos de Vicente Martínez Ybor, en la calle 14, Ybor City, Tampa.
[47] En la Cronología citada, Ibrahím Hidalgo ubica esa salida de Nueva York el día 7.
[48] Epistolario, t. III, p. 239.
[49] «Nuevas revelaciones acerca del único atentado conocido contra el Apóstol José Martí». Periódico *Juventud Rebelde*, La Habana, 19 de mayo del 2007.
[50] Creemos que se trata de José Dolores Poyo y por confusión escribió Martínez.
[51] La crónica regresa al lunes 12 de diciembre, a las actividades realizadas por Martí al llegar de Cayo Hueso.
[52] Evidentemente, se mantuvo en secreto el intento de envenenamiento padecido por Martí durante esa visita a Tampa.
[53] *Epistolario*, t. III, p. 266.
[54] Carlos Roloff se mudó para Tampa a medidos de 1892, como dio a conocer el periódico *Patria* el 16 de agosto de ese año.

⁵⁵ La Orden independiente de Odd Fellows (en inglés Independent Order of Odd Fellows), es una orden laica de carácter filantrópico y humanitario a nivel internacional. La Orden es neutral en el ámbito confesional y político. La expansión del oddfellismo en América se produjo en 1817, cuando Thomás Wildey se trasladó de Inglaterra a Estados Unidos.
⁵⁶ *Epistolario*, t. III, p. 401.
⁵⁷ Idem, p. 402.
⁵⁸ Ibídem, p. 403.
⁵⁹ Ibídem, p. 405.
⁶⁰ Ibídem, p. 478.
⁶¹ Ibídem, p. 479.
⁶² Bernardo Figueredo Antúnez. *Yo dibujé a Martí. Diario de un viaje Cayo Hueso-Nueva York*. Editorial Abril. La Habana, 2010.
⁶³ Francisco Gómez Toro «Panchito» murió en combate el 7 de diciembre de 1896, intentando rescatar el cadáver de Antonio Maceo.
⁶⁴ Se está refiriendo al 23 de mayo de 1894.
⁶⁵ En realidad, el 27 de mayo estuvo en Jacksonville. El 29 llegó a Nueva Orleáns y el 31 salió hacia Costa Rica, a reunirse con el general Antonio Maceo.
⁶⁶ El último viaje fue en enero de 1895, cuando pretendía salir del Puerto de Fernandina hacia Cuba a dar inicio al levantamiento armado. El fracaso de ese proyecto lo hizo regresar a Nueva York, desde Jacksonville, entre el 13 y 14 de ese mes.
⁶⁷ *Epistolario*, t. IV, p. 263.
⁶⁸ La última visita es en enero de 1895, cuando fracasa el plan de Fernandina. Regresa a Nueva York desde Jacksonville, el 13 de enero.
⁶⁹ Ibídem, p. 268.
⁷⁰ Nydia Sarabia en su libro *Noticias confidenciales sobre Cuba*, 1870-189, La Habana, 1985 ofrece detalles del espionaje contra José Martí.
⁷¹ *Epistolario*, t. IV, p. 279.
⁷² Ibídem, p. 282.
⁷³ Ibídem, p. 277.

1.6
LOS PRIMEROS EN APROBAR LAS BASES Y ESTATUTOS DEL PRC[74]

E l primer antecedente teóricamente elaborado del PRC, obra política culminante de José Martí, fue redactado en la ciudad de Tampa. A ese documento, aprobado por la emigración cubana de esta ciudad el 28 de noviembre de 1891 en el Liceo Cubano, se le llamó Resoluciones. Al mes siguiente, durante la primera visita de Martí a Cayo Hueso, éste dio a conocer las Bases y Estatutos que regirían el partido que estaba proponiendo fundar.

Al regresar Martí a Tampa junto a sus acompañantes de esta ciudad, se produce en el Liceo Cubano, el 8 de enero de 1892, la primera discusión y aprobación popular de las Bases y Estatutos que regirían la actuación de la nueva organización revolucionaria. Lo hace, ese día, la Liga Patriótica Cubana, cuyos miembros aplauden convencidos del nacimiento de un proyecto de Patria. Al día siguiente, con igual fervor, los miembros del club Ignacio Agramonte aprueban y aplauden los documentos, siendo ellas las dos primeras organizaciones en hacerlo. Esa misma noche Martí salió hacia Nueva York, donde informó a la emigración cubana de la gran urbe los resultados de su viaje a Florida. El 14 de febrero de 1892, en un acto en Hardam Hall donde se reunieron cientos de cubanos, el líder pronunció ese bello discurso que conocemos con el nombre de «La oración de Tampa y Cayo Hueso», en cuyo espíritu comenzaron a ser aprobados los nuevos documentos en los diferentes clubes de la gran ciudad.

Durante los meses de febrero y marzo, los clubes revolucionarios de cubanos existentes y los que fueron naciendo, se sumaron a la aprobación de aquellos documentos. Después se realizó el proceso de elecciones para los cargos establecidos en los Estatutos de la organización, tanto a nivel local donde los presidentes de los clubes constituyeron un Cuerpo de Consejo, como finalmente los cargos de Delegado y Tesorero del partido. Así, el 8 de abril se realizaron las elecciones para esos cargos supremos de la organización, tanto en Tampa, en el Cayo como en Nueva York, que fueron ocupados por José Martí y Benjamín Guerra. Dos días después, el 10 de abril de 1892, se proclamó el nacimiento del PRC[75].

Notas

[74] Ver Bases y Estatutos del Partido Revolucionario Cubano en Obras Completas de José Martí, tomo 1, pp .279-281.

[75] Este artículo, así como todos los que aparecen a continuación, hasta la terminación del capítulo 3, fueron publicados en el periódico *La Gaceta*, de Tampa, en mi columna «Líneas de la memoria».

1.7
EL LICEO CUBANO DE YBOR CITY

La casa de la Patria estaba henchida de leales.
JOSÉ MARTÍ

Probablemente ningún otro lugar de Tampa atesore tanta historia –al menos tanta historia fundida en el ideal de la independencia y la libertad– como la esquina situada en la 7.ª Avenida y la Calle 13 de Ybor City. Allí estuvo El Liceo Cubano, al que muchos llamaron Templo de la Patria o Templo de la Libertad.

Tal vez podría parecer excesiva la afirmación a quien no haya leído el discurso «Con todos y para el bien de todos», las Resoluciones que dieron inicio al PRC, las crónicas publicadas en el periódico *Patria* entre 1892 y 1898, o no lo relacione con la gestación de la última guerra por la independencia hispanoamericana, cuyo primer paso organizativo, político e ideológico se produjo en ese lugar.

La historia física del inmueble donde radicó El Liceo Cubano es breve pero apasionante. Es el primer edificio que decide levantar Vicente Martínez Ybor, en aquel lugar hasta entonces deshabitado. Fue construido de madera, con toda la urgencia que requería la fabricación de tabacos. Muy cerca de éste, los españoles Ignacio Haya y Serafín Sánchez comenzaron a construir su fábrica y en abril de 1886 se produjo en «La Flor de Sánchez y Haya» el primer puro tampeño. Martínez Ybor y Eduardo Manrara inauguraron los suyos al mes siguiente en una factoría provisional, mientras terminaban la fábrica definitiva, construida con ladrillos. Dos años les costó inaugurarla, en la calle 14, entre la 8.ª y 9.ª avenidas.

Al mismo tiempo, frente a la nueva edificación fabricaron otro edificio, cuyo amplio servicio incluyó almacenamiento de la materia prima de su fábrica, oficinas, hospedaje y diversas funciones derivadas de las necesidades de los activos industriales.

Es el momento, 1888, cuando Martínez Ybor donó a sus trabajadores el casón de madera, de dos pisos, donde había iniciado la etapa tampeña de su historial tabacalero. Sus trabajadores apreciaron el gesto y al instante comenzaron a remodelar sus interiores.

Uno de los participantes, Emilio del Río, publicó en la década de 1950 el libro *Yo fui uno de los fundadores de Ybor City*, donde recuerda: «Cuando quedó vacío el salón del despalillado en la Séptima Avenida y Calle 13, José Santos, ayudado por Pedro del Río, su cuñado, lo convirtieron en teatro y se le dio el nombre de Liceo Cubano»[76]. Según el autor, fue inaugurado con un drama titulado «Amor de madre». Para el teatro se utilizó la segunda planta, mientras en la primera funcionaba un bar y un salón de reuniones y distracción. En esa época inaugural de Ybor City cientos de cubanos, muchos con su familia, comenzaron a llegar a Tampa desde Cayo Hueso y otros lugares a los que habían emigrado –también directamente de la Isla– atraídos por la posibilidad de empleo y vivienda. En la comunidad recién nacida aparecieron las primeras escuelas, logias y agrupaciones, donde latía un marcado sentimiento patriótico. Una de las más activas fue la Liga Patriótica Cubana, creada en diciembre de 1888 y dirigida por Ramón Rivero, lector de tabaquería, fundador de varias publicaciones periódicas y uno de los principales líderes en aquellos primeros años. En la directiva, acompañaban a Rivero Esteban Candau, Maximiliano Santiesteban, Manuel Granados, Andrés Sánchez Iznaga y otros.

En 1890 se organizó el club Ignacio Agramonte, cuyo nombre ya indicaba el espíritu patriótico independentista que lo caracterizaba. Su primer presidente fue Néstor Leonello Carbonell, quien fue Capitán del Ejército Libertador durante la Guerra de los Diez Años. Tanto este club como la Liga Patriótica se reunían en El Liceo Cubano y participaban juntos en muchas de sus actividades, entre las que sobresalía la fiesta patriótica que se organizaba en torno al 10 de octubre, en homenaje al alzamiento de Carlos Manuel de Céspedes en La Demajagua, en 1868.

En 1891, hubo que posponer la celebración. El Club Ignacio Agramonte, encargado de organizarla, decidió hacerlo en noviembre. En una de las reuniones preparatorias, Carbonell explicó que sería de gran impacto en la comunidad poder invitar a algún orador cubano de gran reputación. Se mencionaron algunos nombres, pero definitivamente se aprobó el de José Martí. Carbonell se comprometió en hacer llegar a sus manos la invitación. Lo hizo a través de Enrique Trujillo, director del periódico *El Porvenir* y, como sabemos, en la noche del 26 de noviembre estaba Martí en la tribuna del Liceo Cubano. Esa noche encontró a cientos de cubanos vibrantes de patriotismo, identificados con un discurso en el que encontraron la síntesis del ideario independentista, la sed de libertad verdadera y, por primera vez, la integración de los componentes disímiles y muchas veces enfrentados en un proyecto de república por el que valía la pena el sacrificio de la guerra.

El discurso de esa noche en El Liceo, donde diecinueve veces se pronunció la palabra libertad y en el que se dijo que la ley primera de la república debía ser «el culto de cada cubano a la dignidad plena del hombre», es ya razón suficiente para ubicarlo en el sitial que se ha otorgado a La Demajagua, donde Carlos Manuel de Céspedes emancipó a sus esclavos y los llamó a unirse a quienes fueron sus amos para luchar juntos por la libertad de todos. Lo que hizo Céspedes al lado de las campanas de su ingenio, lo repitió José Martí en esa esquina de la 7.ª Ave. y Calle 13 de Ybor City, invitando a los cubanos a reunirse en una sola organización para completar, enriquecido, el sueño interrumpido en 1878.

A partir de esa noche, extendida a la siguiente con otro magistral discurso –Los Pinos Nuevos– el Liceo se convirtió en ese Templo de la Patria. El 28 de noviembre, antes de despedir a Martí que regresaba a Nueva York, el lugar se llenó de cubanos, sin distingos de razas, edad ni género, con el objetivo de aprobar las Resoluciones mediante las cuales se comprometían a la creación de la organización revolucionaria que reiniciaría la guerra y fundaría una república democrática en Cuba.

Durante los años preparatorios de la Guerra de Independencia de Cuba, el Liceo Cubano fue en Ybor City un lugar de permanentes reuniones, mítines, fiestas, donde la comunidad cubana –a la que se unieron muchos españoles, italianos, estadounidenses y de otros orígenes–, alimentó el ideal de hacer libre a la Mayor de las Antillas y a Puerto Rico, entonces las últimas colonias hispanoamericanas sujetas a la dominación de una metrópoli europea. Las salas del Liceo también recibieron, en esos años de la década de 1890, a importantes figuras del independentismo cubano, como los generales Carlos Roloff, Serafín Sánchez, José Dolores Poyo, Francisco Gómez Toro –hijo de Máximo Gómez– y decenas de héroes que sobresalen en las relaciones históricas entre Tampa y Cuba.

Néstor Carbonell escribió una reseña para el periódico *Patria*, publicada el 9 de marzo de 1894, donde expresó:

El Liceo, este monumento de amor y de concordia, hijo de la virtud cubana, ha sido y aún sigue siendo la casa paterna de todos los cubanos, el templo santo de nuestros ideales. En su tribuna ha resonado la elocuencia de la palabra, llevando la fe y la esperanza a los corazones. De este templo nació La Liga Cubana y el Club Ignacio Agramonte. De este templo de amor partió la idea que más tarde se encarnó en pensamiento y luego en obra grandiosa, dando por resultado definitivo la hermosa creación del PRC, que hace dos años bañó con sus rayos esplendentes la luz del 10 de abril[77].

El 31 de octubre de 1893, el mismo periódico dio a conocer una amplia crónica sobre la celebración del 10 de octubre de ese año en Tampa. Allí se afirma: «Nunca, jamás, se ha visto nuestro popular Coliseo –aun en las memorables noches que el eximio Martí dejó oír su arrebatadora palabra–, una concurrencia más numerosa, ni más entusiasta que la que se dignó realzar con su presencia nuestro espléndido aniversario».

El Liceo Cubano radicó en el edificio de madera donado por Martínez Ybor sólo hasta fines de 1894. En la crónica escrita por Fermín Valdés Domínguez para *Patria* –publicada el 12 de diciembre de 1895– leemos: «Llegué al pequeño salón de la Logia Hermanos de la Luz –donde se ha refugiado el Liceo Cubano, pues la casa guardadora de tantos recuerdos se ha venido abajo». A partir de esa fecha, los actos más importantes de los cubanos de Tampa se trasladaron a Céspedes Hall, mientras El Liceo de Ybor City seguía ocupando el salón descrito por Domínguez, muy cerca del Casino Español. Así lo describe Wenceslao Gálvez, quien llegó a la ciudad en 1896: «A veinte pasos no más del Centro español, se encuentra El Liceo Cubano (...) Ocupa la planta baja del edificio que tienen los Caballeros de la Luz»[78].

Allí estuvo funcionando hasta el término de la guerra, en 1898. Al proclamarse la paz, Tomás Estrada Palma –Delegado del PRC– llamó a la disolución de los órganos representativos del independentismo cubano. «Los Clubs, los Cuerpos de Consejo y las Agencias en el exterior, ya no tienen razón de ser», escribió en un comunicado que hizo llegar a toda la emigración cubana[79].

Pronto se echó de menos a aquellos clubes y comenzaron a crearse nuevamente. Pero entonces prevalecieron, penosamente, determinadas normas y leyes que afloraban en la sociedad del entorno, en un espacio impactado por la mentalidad racista del Sur de Estados Unidos, donde los afroamericanos vivían separados de los blancos y creaban sus propias asociaciones. La historiadora y profesora universitaria Maura Barrios, en su ensayo «José Martí se topa con Jim Crow: cubanos en el sur», ha valorado este fenómeno con mucha agudeza.

Entonces se empezaron a crear asociaciones a tono con los modelos raciales prevalecientes. Así, el 10 de octubre de 1899 se funda el Club Nacional Cubano, en la Calle 14, destinado a miembros de la raza blanca. Allí nombraron a Pepillo Rivero como su primer presidente. Tres años más tarde, con la presidencia de Eladio Paula, comienza a llamarse Círculo Cubano. Es el lugar donde sigue hoy, aunque el edificio actual fue construido en 1917, para sustituir al destruido por un incendio.

A su vez, comienzan a producirse reuniones entre cubanos de la raza negra, quienes deciden crear en 1900 la asociación «Librepensadores de Maceo». José Isabel Ramos fue el primer presidente y Ruperto Pedroso una de las figuras que más influyó en su fundación. Más tarde comenzaron a nombrarla «Librepensadores de Martí y Maceo», contradictoriamente símbolos del antirracismo. Más tarde el nombre fue derivando al que ocupa en nuestro tiempo –Sociedad Martí Maceo–, y, aunque hoy sin miramientos al color de la piel, una institución prácticamente inactiva.

Es verdad que el original edificio de madera del Liceo Cubano fue destruido y se sustituyó por otro que estuvo mucho tiempo abandonado. Ahora, afortunadamente, un grupo de inversionistas ha renovado el inmueble. Entre ellos está Ariel Quintela, sensible hacia la historia de ese y otros edificios en proceso de restauración o construcción. Por ello, este lugar se llamará «Casa Socarrás», apellido materno de Fernando Figueredo. Otros, a su alrededor, serán nombrados José Martí, Pedroso, Juan Gualberto Gómez, relacionados con los hechos que hicieron grande al Liceo Cubano. Ojalá el gobierno de la ciudad e instituciones públicas hagan posible que una sala del Liceo sea dedicada a conservar y explicar esa historia y los que pasen frente al edificio puedan entrar y sentir vivo el ejemplo de nuestros gloriosos antepasados.

Si la Casa del Congreso en Angostura se honra de ser el lugar donde Simón Bolívar pronunció uno de sus discursos más importantes; si el cementerio de Gettysburg, en Pensilvania, se enorgullece de ser el sitio donde Abraham Lincoln dijo su más famoso discurso; si el sitio del monumento a Lincoln en Washington se vanagloria porque allí Martin Luther King expresó su homilía «Yo tengo un sueño», cómo no venerar el sitio donde Martí pronunció «Con todos y para el bien de todos» y convertirlo en un pedestal sagrado de la historia americana. Cómo no hacerlo, sabiendo que las ciudades son más grandes cuando cuentan con mayor cantidad de monumentos a su historia.

NOTAS

[76] Emilio del Río. *Yo fui uno de los fundadores de Ybor City.* Pág. 11.
[77] Las citas procedentes del periódico *Patria* pueden encontrase en el capítulo final de este libro (Tampa en el periódico *Patria*). Se ha indicado en el texto la fecha correspondiente.
[78] Wenceslao Gálvez. *Tampa: impresiones de un emigrado*, p 120.
[79] Periódico *Patria*, 21 de diciembre de 1898.

1.8

«LA LIGA EN TAMPA»
Carta publicada por el periódico *Patria*

El lugar más significativo de la historia de Cuba en Tampa lo encontramos en la esquina de la 7ª Avenida y la Calle 13, en Ybor City. Allí estuvo el Liceo Cubano y es el sitio donde José Martí pronunció uno de sus más profundos discursos: «Con todos y para el bien de todos», esa magistral pieza oratoria donde sintetizó su pensamiento político.

En las páginas siguientes revelaré una extensa carta que detalla el funcionamiento de la Liga de Instrucción, pues las salas de esta escuela gratuita para los trabajadores funcionaban en el interior del Liceo, al que también los cubanos llamaban «nuestro instituto».

Fue Martí quien propuso, al visitar a Cornelio Brito durante su primer viaje a Tampa, abrir una escuela gratuita similar a la que existía en Nueva York –donde él mismo impartía clases–, destinada a la elevación cultural de los trabajadores.

La carta, además de ofrecer nuevos elementos sobre la significación del Liceo, contiene una diversidad de nombres que merecen ser recordados, pues fueron la vanguardia de aquella comunidad emigrada que entregó sus fuerzas a la conquista de la libertad de su Patria.

Ahora, cuando está renovado el edificio donde estuvo El Liceo Cubano y ha alcanzado un nuevo fulgor, este documento ofrece un ejemplo más de su enorme valor histórico.

***Patria*, 19 de marzo de 1892**
«La Liga» en Tampa

Patria ha de ir enseñando cuanto los cubanos valen y hacen, y cuanta prueba dan de virtud en su Patria y en el extranjero. Y publica hoy, en la carta de aquella alma serena de maestro que tiene por nombre Joaquín Granados, la descripción de la escuela gratuita nocturna de los cubanos en Tampa.

Dice así la carta, pura de corazón y de lenguaje fino:

Paisano muy querido: aquí le quiero cumplir mi promesa y decirle cómo crece y marcha la escuela tampeña que hace tres meses aún no había nacido.

Cuánto quisiera yo que todos los pechos flojos vinieran a verla tan hermosa como es.

Allí, en los modestos cuartos del docente plantel, puede observar, el que los visite, si penetra en el pequeño departamento consagrado a lectura y conversación alrededor de una mesa cubierta con sencillo tapete, color de la esperanza adornada por varios grupos de libros donados generosamente por diversas personas, varios de los socios asiduos concurren con los demás visitantes que llegan impelidos por el deseo de tomar parte en la obra, prestándose a ocupar el puesto que le corresponde y lamentándose de no haber sido los primeros.

Allí se ve al incansable C. Brito, sostén firmísimo de la institución, con su reconocida nobleza de miras, desempeñando su cargo y el de cualquiera que se retarde; este cubano que todos los buenos estiman es el Tesorero de la Junta Directiva. Allí vemos al esforzado Vicepresidente Arturo González: cubano en el Club, cubano en el taller, cubano en la escuela. Allí al celoso Inspector Sr. Roig, allanando obstáculos y haciendo cumplir los preceptos establecidos al que los pudiera haber olvidado. Allí, en las horas que su quebrantada salud se lo permite, el veterano de los diez años, al otro Inspector Heraclio Varona, figura venerable, encarnación imponente del deber cumplido y la lealtad constante, que con una mirada ordena, con un gesto manda y con su presencia solamente impone dignidad altiva, rectitud, disciplina.

Allí está cumpliendo su deber el inteligente Secretario García Ramírez, siempre previsor y siempre dispuesto a prestar su concurso a toda idea generosa. Al lado se mira al bravo Ramón Rivero, el hombre-idea, el hombre necesario, el que posee el don de la iniciativa y el que, mutilado y todo, se multiplica y está siempre presente en todo, prestando algo de lo que es, de lo que vale, de lo que tiene. En aquel primer salón vemos al joven Vicesecretario V. Tripiane, en trabajo de ordenación y distribución; allí está pocos minutos, pues desempeña una asignatura en la escuela y acude a su puesto desde muy temprano. Se ve allí al Vicetesorero Manuel A. Granados, atendiendo a la demostración y cumplimiento de actos relacionados con las virtudes cívicas de los cuerpos representativos y con las normas sociales de los individuos pertenecientes a sociedades cubanas, digo yo, queriendo expresar algo de su significación y grandeza.

En un ángulo del cuarto se ve a un grupo de hombres que con religioso respeto oyen la lectura de un trabajo literario o político impreso en la *Revista Cubana*, en *La Gaceta del Pueblo* o en *El Porvenir*, el que lee a la sazón es el cubano como debían ser todos los cubanos, Luis M. Ruiz, Vocal de este Centro, digno caballero y excelente hermano, de los que se honran teniendo a Cuba por madre y sufren con sus dolores, y lloran con sus desgracias, y luchan por enaltecer su nombre y justificar su legítimo prestigio; así es que en los Clubs patrióticos, en los Cuerpos de los bomberos, en el Liceo Cubano, y en todas las instituciones en que el cubano se reúne para la práctica del bien, en algunas o en todas sus múltiples manifestaciones, allí esta L. Ruiz, allí es deseado y respetado, allí está representando el carácter de Cuba con su generosidad, allí están el espíritu de conciliación en esencia y la práctica de los preceptos democráticos en potencia. Suele visitar el plantel, entre otras personas que son socios de él, pero que su salud le impide hacerlo diariamente, la incansable patriota Carolina Rodríguez, la efigie del heroísmo, la noble dama que ha consagrado su existencia a Cuba y al bien. Constantes concurren a La Liga, entre otros, el leal

Silvestre Padrón, el laborioso Ramón Machado, el conocido industrial Lorenzo García, etc.

Pasemos al cuarto de las clases de escritura: vemos en él al hábil y entusiasta maestro Luis Otero, disponiendo las planas de una hermosa letra inglesa y distribuyéndolas a sus muchos discípulos; estas clases son de lunes a viernes, durante una hora; en el transcurso de otra hora, en el propio local, da la clase de aritmética primaria uno de los dos maestros consagrados a ella, J. Elías González o Joaquín Granados. En este local se hallan las carpetas y bancos destinados a la escritura y una pizarra para la aritmética práctica. Entre los alumnos más constantes a ésta se notan los jóvenes Esteban Ferrer, obrero de rectos principios y noble porte; Félix Parra, laborioso y digno joven de elevados sentimientos; el honrado artesano Sotero Alonso y otros.

En el tercer local, de siete y media a ocho, alrededor de una mesa y con sus libros al frente, hay ya dieciséis individuos de varias edades, que aprenden el idioma inglés con el entusiasta e inteligente joven profesor José Gómez; de éste solo debe decirse que comienza su tarea a la hora citada, o antes si hay local donde hacerlo, y mientras haya alumnos o espacio al efecto, está de pie al timón, y hay noches que terminamos a las doce; así es que no hay frases que enaltezcan bastante sus virtudes, pues si el profesor es tal, el cumplido caballero es modelo de cultura y buenas formas.

En el mismo cuarto tercero da clases de inglés, tres días de la semana, el profesor José Elías González, y dos días, de ocho a nueve de la noche, desempeña la cátedra de Gramática Castellana J. Granados. A esta clase acuden tantos, que solo citaré a G. Alonso Parra, Ferrer, Oropesa, José Segundo, Paz, Castro, Pluma, A. Valdés y otros.

Ya en el último saloncito se puede ver, dos días a la semana, al joven Emilio Planas explicando la clase de historia y geografía universal. En el citado local, de siete a ocho, da la clase de lectura el maestro Sr. Federico Yepes. Este cubano que sintetiza en sí el amor a las grandes causas, es un modelo de abnegación y civismo, en él tiene el templo un fiel sacerdote y el altar un apóstol benemérito. Además, pronto comenzarán las clases de dibujo a cargo de L. M. Ruiz, aritmética mercantil por A.S. Iznaga, una de dibujo natural por Ayala y otra de taquigrafía por Otero; éste tendrá un suplente en el animoso cubano e inteligente joven José R. Betancourt. Y el Sr. N. L. Carbonell consagra un día de la semana y en éste una hora, a la clase de gramática explicada.

Joaquín Granados.

1.9 JOSÉ MARTÍ
La fotografía de Tampa

Miles de veces hemos visto publicada la fotografía donde aparece José Martí entre un grupo de emigrados cubanos en Ybor City, Tampa. Cada vez que un artículo, ensayo o libro ha requerido una imagen que ilustre el paso del héroe americano por esta ciudad, o incluso su tiempo en Estados Unidos, se ha acudido a ella. Si el tema se ha concentrado en su simpatía por los obreros, por las fuerzas trabajadoras, se ha incluido este retrato y generalmente al pie se ha indicado que el Apóstol está rodeado de tabaqueros.

Y siempre que se habla de los vínculos históricos entre Tampa y Cuba, la página más emotiva, la dedicada a exaltar las visitas y los discursos del líder sobresaliente, está recreada con ese grupo que se detuvo en la escalinata de la fábrica de tabacos de Martínez Ybor a tomar un daguerrotipo para la historia. Hoy la escalinata se ha multiplicado en miles de fotografías, pues más de cinco generaciones, al visitar el lugar, han querido rendir homenaje al instante que la hizo famosa, oprimiendo el obturador de su cámara para dejar constancia de su paso por el lugar. Pero el objetivo de este breve comentario es ofrecer algunas precisiones que puedan ampliar el conocimiento que tenemos sobre la histórica fotografía.

Lamentablemente, en el momento de la primera impresión, no se consignaron los nombres de todos los presentes y solo conocemos el que corresponde a figuras muy destacadas. Después de Martí, que posa de pie, en el centro, en el último escalón, la figura que más sobresale es la del General espirituano Serafín Sánchez, el tercero a la derecha del Apóstol y cuya elegante personalidad se destaca en el grupo. A la izquierda de Serafín está José Dolores Poyo y entre éste y Martí, un paso hacia atrás, el joven Eligio Carbonell, quienes constituían una especie de presidencia de la reunión, por los cargos que ocupaban en la dirección del recién creado PRC. Recientemente encontré una fotografía de Ramón Rivero Rivero en la revista *Cuba y América*, correspondiente a julio de 1897 y al obervarla detenidamente, podría asegurarse que es el segundo a la izquierda de Martí (con sombrero), en un escalón inferior.

También existen referencias sobre la presencia de Esteban Candau en la fotografía, pero no conozco otra imagen suya que ayude a la identificación. Candau fue Presidente de la Liga Patriótica Cubana y ocupó diversos cargos en la vertebración del Partido, entro otros el de Presidente del Club «Cubanos Independientes». Llama la atención que no aparezca en la fotografía el General Carlos Roloff, quien durante esos días estuvo acompañando a Martí.

La referencia más antigua que conozco sobre esta fotografía corresponde a la revista citada»[80]. Esa publicación nos ofrece algunos detalles importantes: menciona los tres primeros nombres indicados y nos informa que el fotógrafo fue el cubano José María Aguirre, nombre que no alude al General del mismo nombre, quien estaba en Cuba durante ese tiempo y murió en la guerra, en 1896. En realidad, se trataba de otro cubano que entonces vivía en Ybor City y practicaba la fotografía. Un dato ofrecido por la publicación de 1900 lo consideramos erróneo, pues ubica el retrato en 1893, información que se repitió después por algunos autores.

Sin embargo, opino que corresponde a 1892, basándome en el siguiente argumento. He mirado detenidamente todas las visitas que hizo Martí a Tampa en 1893, los días que se detuvo en ella, los recorridos en la ciudad y las salidas a Cayo Hueso, Ocala, Jacksonville. En ninguna de ellas le está acompañando Serafín Sánchez, quien vive desde el año anterior en Cayo Hueso, después de abandonar el largo exilio en Santo Domingo y haber pasado unos días en Nueva York.

Sin embargo, en julio de 1892 sí están en Ybor City José Martí, Serafín Sánchez, José Dolores Poyo y Carlos Roloff, quienes llegaron juntos el día 16 al puerto de Tampa, procedentes de Cayo Hueso[81]. Fueron cinco días de mucho fervor y utilidad. El 17, por el día, visitaron varios clubes y por la noche Martí pronunció un discurso en el Liceo Cubano. Al día siguiente, el Alcalde Herman Glogowski los invitó a recorrer lugares significativos de la ciudad. El 19 y 20 continuaron visitando fábricas, clubes revolucionarios y hogares de cubanos. El 21, a las cinco de la mañana, Martí sigue para Ocala, acompañado por Serafín, Roloff y Poyo. En la visita realizada a la fábrica de Martínez Ybor, el 19 de julio de 1892, José María Aguirre tomó el retrato que se hizo inmortal. Así lo afirmó el periódico *Patria*, en su salida del 30 de julio de 1892, en un artículo titulado «Manifestación patriótica en Tampa»[82], en el que relató las actividades realizadas en esta ciudad durante la reciente visita de José Martí a la ciudad. Al describir el recorrido realizado por los talleres en esa fecha, el cronista afirma:

Delante de la referida manufactura y estando agrupado el pueblo despidiéndose de nuestros simpáticos visitantes, el Sr. José María Izaguirre, conocido fotógrafo y patriota probado, con su aparato de trabajo, colocándose en sitio conveniente, sacó una vista instantánea del aspecto que presentaba tan significativo cuadro, la cual, en la hora en que escribo ya habrá sido impresa y repartida entre nuestros amigos correligionarios.

La fotografía que nos ocupa también ha sido utilizada para un acercamiento a la estatura física de Martí, mediante un estudio comparativo entre los escalones de hierro y su ubicación, concluyendo que medía aproximadamente 167.5 centímetros (5.49 pies, 65.94 pulgadas), con un rango de error estimado entre 5 y 10 milímetros.

Es común que los visitantes al lugar pregunten si esa escalinata de hierro es la original. Indagando sobre ello, encuentro la siguiente información: Según el documento oficial FL-270, del «Historic American Buildings Survey», de 1973, la superficie de los escalones fue trasladada a Cuba después de la Guerra de Independencia. Y en el libro *A Guide to Historic Tampa*, Steve Rajtar afirma que el pequeño techo y las columnas originales también fueron llevadas a la isla. Pero la escalera de hierro es la misma que iluminó la fotografía tampeña del Apóstol.

A veces nos preguntamos por qué es tan escasa la iconografía martiana, que solo alcanza a cuarenta y dos fotografías conocidas. Creo que es una prueba más de su humildad, su modo de evitar el protagonismo hasta en la hora de morir, momento que vaticinó «pegado al último tronco, morir callado»[84]. Una anécdota cuenta que cuando en Cayo Hueso, en 1894, Antonio J. Estévez le hizo el retrato donde aparece al lado de su amigo Fermín Valdés Domínguez, le sugirió al líder que no dejara de tomarse fotografías cuando llegara a Cuba. La respuesta de José Martí fue impresionante: «Allá no vamos a retratarnos, sino a morir»[85].

Notas

[80] Revista *Cuba y América*, Volumen IV, núm. 87, La Habana, 1900.
[81] Ibrahim Hidalgo Paz. *José Martí. Cronología 1853-1895*. Pág. 79.
[82] Ver el artículo de *Patria* en este libro, en las páginas correspondientes a la cuarta visita de José Martí a Tampa.
[83] Ver: José Antonio Soto. «Fotografía de José Martí revela su estatura real». En https://www.elnuevoherald.com/noticias/mundo/america-latina/cuba-es/article2037682.html
[84] En carta a Federico Henríquez y Carvajal, *Epistolario*, t. V., p. 118.
[85] Ver «Los fotógrafos de José Martí, en periódico *Juventud Rebelde*, 8 de julio, 2009.

1.10

TAMPA Y LA POLÉMICA ENTRE MARTÍ Y COLLAZO

A principios de 1892, cuando José Martí comenzó a organizar a los patriotas cubanos de la emigración y daba los primeros pasos en la creación del PRC, se produjo un incidente que pudo dañar duramente su imagen como líder político de aquel movimiento. Fue la carta publicada por el Comandante Enrique Collazo[86] en un periódico de La Habana y firmada por otros tres oficiales del Ejército Libertador (José María Aguirre, Francisco Aguirre y Manuel Rodríguez). En dicha misiva se condenaba con epítetos ofensivos al hombre que comenzaba a alzarse como guía principal de la revolución cubana.

La carta de Collazo se escribe como reacción a un fragmento del discurso que Martí pronunció en Ybor City el 26 de noviembre de 1891, en el que hizo alusión a Ramón Roa, un veterano de la Guerra Grande. Roa había publicado el libro *A pie y descalzo*[87], donde se exponían con crudeza las penurias que la vieja generación había padecido en los diez años de guerra. Martí consideró que aquella exposición podía crear un clima inapropiado en el momento de estar llamando al reinicio de la epopeya bélica.

El párrafo del discurso que provocó la polémica fue el siguiente:

¿O nos ha de echar atrás el miedo a las tribulaciones de la guerra, azuzado por gente impura que está a paga del gobierno español, el miedo a andar descalzo, que es un modo de andar ya muy común en Cuba, porque entre los ladrones y los que los ayudan, ya no tienen en Cuba zapatos sino los cómplices y los ladrones? –Pues como yo sé que el mismo que escribe un libro para atizar el miedo a la guerra, dijo en versos, muy buenos por cierto, que la jutía basta a todas las necesidades del campo en Cuba, y sé que Cuba está otra vez llena de jutías, me vuelvo a los que nos quieren asustar con el sacrificio mismo que apetecemos, y les digo: –¡Mienten![88]

Tal vez juzgar a Roa, quien fue coronel en el Ejército Libertador, como «gente impura» y condenarlo por el hecho de cobrar un salario del gobierno español en Cuba, no fue un acto de sensatez política en el momento en que son requeridas todas las fuerzas para la unificación de un movimiento revolucionario que llevaba décadas de dispersión. Más grave, si se tiene en cuenta la amistad del viejo mambí con altos oficiales del mambisado.

La reacción de algunos veteranos que radicaban en La Habana, cercanos a Roa y bajo su influencia, se expresa con toda violencia en la carta que dio a conocer Collazo el 6 de enero de 1892, donde confiesa haber leído «un discurso de usted pronunciado en Tampa el 26 de noviembre de 1891», en que, según Collazo, se ofende a los cubanos al decir que pueden temer a las penalidades de la guerra.

La carta defiende al autor del libro aludido en el discurso de Tampa. «Pues bien, señor Martí: ofensa tan grave a los cubanos, jamás pensó inferirla el autor de *A pie y descalzo*, ni ninguno de sus compañeros, que unánimemente aplaudimos la veracidad y oportunidad de un libro cuya moral debe llenar de orgullo a todo corazón cubano».

A continuación, Collazo ataca a Martí, haciéndose eco de calumnias e intrigas:

No nos extraña que usted haya comprendido mal la índole de *A pie y descalzo*: el libro ha debido parecer a usted terrorífico. El que (...) no cumplió con los deberes de cubano cuando Cuba clamaba por el esfuerzo de todos sus hijos; el que prefirió continuar primero sus estudios en Madrid, casarse luego en México, ejercer en La Habana su profesión de abogado, solicitar más tarde, como representante del Partido Liberal, un asiento en el Congreso de los Diputados, (...) el que prefirió servir a la Madre Patria, o alejar su persona del peligro, en vez de empuñar un rifle para vengar ofensas personales aquí recibidas, ése, usted, señor Martí, no es posible que comprenda el espíritu de *A pie y descalzo*. Aún le dura el miedo de antaño[89]. En realidad se trataba de una calumnia, pues durante la estancia de Martí en Cuba (1878-1879), el Partido Liberal (autonomista) intentó atraerlo inútilmente en más de una ocasión.

Collazo es también injusto al acusarlo de estar «adulando a un pueblo incrédulo para arrancarle sus ahorros», cuando sabía que la prédica martiana se dirigía a incorporar cada centavo recaudado por los trabajadores cubanos emigrados a la preparación de la guerra necesaria.

Finalmente, lo ofende en el plano que más puede doler al hombre que está llamando al levantamiento armado: el valor personal para el combate. «Si de nuevo llegase la hora del sacrificio, tal vez no podríamos estrechar la mano de usted en la manigua de Cuba; seguramente porque entonces continuará usted dando lecciones de patriotismo en la emigración, a la sombra de la bandera americana».

La carta en que Enrique Collazo ataca a José Martí se dio a conocer enseguida en Tampa, Cayo Hueso y Nueva York. El agraviado, inmediatamente, hizo pública su respuesta, al expresar «la obligación de contestar la infortunada carta que con fecha 6 de enero se sirvió Vd. dirigirme, y me causó más pena que enojo, porque en ella revela Vd. la capacidad de ofender sin razón, y muestra su desconocimiento lamentable de la obra de generosidad y de prudencia»[90] de la emigración.

Acto seguido defiende las ideas expuestas por él en el discurso del 26 de noviembre en Ybor City, contenidas en el párrafo impugnado por el militar desde La Habana. No se retracta de haberlas expresado, pues creía que en el libro aludido Roa recreaba una atmósfera sombría que podría ser contraproducente cuando se ha convocado al reinicio de una guerra necesaria.

Collazo tergiversa la crítica martiana a quienes sirvieron en la revolución y después usaron «su influencia para aflojar la virtud renaciente» y la identificaron injustamente con una supuesta condena de Martí a quienes estuvieron en el campo mambí. Por eso la respuesta es tajante: «El que peleó en la revolución es santo para mí, señor Collazo».

Con relación a los ataques a su persona, se defiende con este párrafo que cito íntegro:

¿Qué le diré de mi persona? Si mi vida me defiende, nada puedo alegar que me ampare más que ella. Y si mi vida me acusa, nada podré decir que la abone. Defiéndame mi vida. Sé que ha sido útil y meritoria, y lo puedo afirmar sin arrogancia, porque es deber de todo hombre trabajar porque su vida lo sea: responder a Ud. sería enumerar los que considero yo mis méritos. Jamás, Sr. Collazo, fui el hombre que Ud. pinta. Jamás preferí mi bienestar a mi obligación. Jamás dejé de cumplir en la primera guerra, niño y pobre y enfermo, todo el deber patriótico que a mi mano estuvo, y fue a veces deber muy activo. Queme Ud. la lengua, Sr. Collazo, a quien le haya dicho que serví yo a la madre Patria. Queme Ud. la lengua a quien le haya dicho que serví en algún modo, o pedí puesto alguno, al Partido Liberal.

En cuanto a «arrancar a los emigrados sus ahorros», la respuesta la remitió a la reacción que tuvo la propia emigración ante la carta infortunada: «Y en cuanto a lo de arrancar a los emigrados sus ahorros, ¿no han contestado a Ud. en juntas populares de indignación, los emigrados de Tampa y de Cayo Hueso? ¿No le han dicho que en Cayo Hueso me regalaron las trabajadoras cubanas una cruz? Creo, Sr. Collazo, que he dado a mi tierra, desde que conocí la dulzura de su amor, cuanto hombre puede dar. Creo que he puesto a sus pies muchas veces fortuna y honores. Creo que no me falta el valor necesario para morir en su defensa».

La cita anterior cierra con la seguridad de tener «el valor necesario» para morir por la independencia de su país, de lo que dio muestras con su vida. Pero, por si había alguna sombra de amenaza en la indicación de encontrarse cara a cara más adelante, José Martí le expresa toda su disposición: «... no habrá que esperar a la manigua, Sr. Collazo, para darnos las manos; sino que tendré vivo placer en recibir de Ud. una visita inmediata, en el plazo y país que le parezcan convenientes».

En carta de esos días a Fernando Figueredo, Martí le dice: «Ya El Cayo les respondió. Y Tampa»[91]. Y a Eligio Carbonell: «Y la nobleza y sensatez de Tampa han sido mucho mayores que la astuta malignidad con que se ha querido envenenarnos. No es solo gratitud lo que siento por haberles inspirado esa fe, ni la alegría de poder ver a un vasto número de hombres con cariño de familia, sino el gozo de ver a un pueblo tan bien preparado ya para la libertad; de ver tanta alma de oro, por el brillo y por la fortaleza»[92].

El apoyo de la emigración cubana a Martí ante el pronunciamiento con que Enrique Collazo y otros viejos oficiales del Ejército Libertador intentaron dañar su imagen, resultó decisivo en los días que se iniciaba la organización del PRC. Y en ese acto de conciencia tuvo la emigración cubana de Tampa una actitud muy avanzada.

Es bueno saber que el incidente quedó zanjado con esta carta. Al mes siguiente, Martí escribe a Figueredo, confesándole que se lamentaba de tener que «razonar contra un cubano que se expuso mil veces a morir por su país; y se dolía mi corazón profundamente de lo que me mandaba escribir el interés público y la dignidad (...) Lo que rechacé no fue la ofensa, sino el peligro (...) Y si cerré mi respuesta con un convite inevitable, no fue por alarde odioso (...) sino porque en campaña es indispensable el valor»[93].

Le confesó a Fernando haber olvidado una agresión «que no me causó más pena que la de que fuera autor de ella un hijo de mi misma madre».

En 1894 Martí felicitó a Collazo por su libro *Desde Yara hasta el Zanjón* y a fines de enero de 1895 se encontraron en

Nueva York, donde firman la Orden de Alzamiento destinada a reiniciar la guerra en Cuba. Juntos salieron de Nueva York hacia Santo Domingo a fines de enero de 1895, con la idea compartida de encaminarse a Cuba. Otras razones determinaron que Collazo no pudiera entonces salir para la Isla, pero lo hizo en marzo de 1896, llevando una expedición preparada en Tampa.

NOTAS

[86] Enrique Collazo Tejada (1848-1921). Comandante del Ejército Libertador Cubano. Participó en todas las guerras independentistas de la Isla (1868-1898). Vivió en Tampa hacia 1896, hasta incorporarse a la guerra en marzo de ese año al frente de una expedición. Hizo notables aportes a la Historia de Cuba con sus libros *Desde Yara hasta el Zanjón, Cuba independiente, Cuba heroica, La guerra en Cuba* y *Los americanos en Cuba*.

[87] El libro *A pie y descalzo. De Trinidad a Cuba. 1870-1871.* (Recuerdos de campaña) fue publicado por Ramón Roa en La Habana, en 1890.

[88] Ver el discurso en este libro, en el capítulo 4 (Letras de José Martí relacionadas con Tampa).

[89] En: *Destinatario José Martí (DJM)*, compilación, ordenación cronológica y notas de Luis García Pascual. La Habana, Ediciones Abril, 2005, pp. 270-272.

[90] *Epistolario*. Carta a Enrique Collazo, t. III, pp. 8-13.

[91] Ibídem, p. 18.

[92] Ibídem, pág. 6.

[93] Ibídem, p. 40.

1.11

CUATRO HÉROES EN TREN, ENTRE TAMPA Y OCALA[94]

Fue una de las conversaciones más animadas que se oyeron en uno de los coches del tren que viajaba de Tampa a Ocala, el 21 de julio de 1892. Seguramente, la mayoría de los pasajeros no sospechaba que aquellos cuatro hombres tenían una relevancia que se perpetuaría en la Historia, tanto por lo que ya habían hecho, como por el proyecto que animaban en aquel momento.

Sentados de frente, hacia el destino del tren, iban los otros dos hombres, atentos a la conversación gracias a que los primeros pudieron invertir el asiento. El más alto de ellos era Serafín, maestro y militar, dos profesiones que en pocos como en él podían concordar. En realidad, de vocación, estudios y ejercicio era maestro, desde su primera juventud espirituana, en el centro de la isla de Cuba, pero la Patria le impuso el rol castrense, en las filas del Ejercito Libertador, donde llegó a General. De manera que en el coche del tren que corría de Tampa a Ocala esa mañana de verano, iban dos generales vestidos de civil, sin que lo adivinaran los pasajeros.

Pero más que entre ellos, que podrían irse contando las batallas tremendas en que participaron durante la Guerra Grande, los dos generales y el periodista habanero se inclinaban a oír las palabras que brotaban del más joven de todos, entonces con 39 años. En él, de rostro pálido, ojos avellanados y cuerpo pequeño y delgado, sobresalía la frente ancha, el mostacho grande que le camuflaba la boca, y, esencialmente, el verbo apasionado.

Pero en el tren, los tres compañeros de José Julián Martí Pérez, como fue bautizado en la Iglesia del Santo Ángel Custodio de La Habana, iban menos atentos a la riqueza expresiva que a la profundidad con que describía los pasos a dar –que estaban dando–, no solo para unir los elementos dispersos de la nacionalidad visible en un movimiento libertador de su país, sino para fundar desde la raíz una república «con todos y para el bien de todos», como dijo aquel hombre meses atrás en el Liceo Cubano de Ybor City. A eso iban a Ocala, a seguir reuniendo los clubes revolucionarios, a continuar recabando el esfuerzo de todos, como harían a continuación en Jacksonville y en cuanto lugar viviera un grupo de sus compatriotas.

A primera vista, se confundían con los viajeros comunes, vestidos con humildad, a no no ser a quien se acercara al fuego de sus ojos, cuando no podían contener el brillo de la palabra que, en voz baja, iban intercambiando en el tren. Pero más allá del físico y la vestimenta, algo sobresalía en la personalidad de cada uno de ellos. El mayor de todos era un hombre que se acercaba a los sesenta años, de piel blanca, delgado, con el pelo lacio bien peinado y dividido por una raya casi imperceptible hacia el lado izquierdo. En la conversación, siempre en idioma español, se adivinaba a un hombre culto, de múltiples lecturas, lo que pudieron confirmar los pasajeros más cercanos cuando alguien dijo que era José Dolores Poyo, muy conocido en Cayo Hueso. Otro recordó haberlo visto en la silla alta de lector de tabaquería, cuando Martínez Ybor inauguró en Tampa su amplia fábrica de tabacos, de ladrillos rojos. Y claro, sabía que fue el fundador del primer periódico en español que tuvo la ciudad –*el Yara*–, que publicaba desde tiempo atrás en Cayo Hueso, donde lo siguió cultivando al regresar a aquel nido de cubanos.

Rumbo a Ocala, a pesar de intervenir con frases inteligentes, Poyo iba más atento a sus compañeros, especialmente al de menor edad, al más pequeño de estatura. Carlos compartía con él un asiento ubicado de espaldas al maquinista y, antes que hablar, prefería escuchar la palabra apasionada del viajero de enfrente y miraba hacia los otros dos, como calibrando su aprobación. Desde la primera vez que lo vio, Poyo supo que no era de origen cubano. Una tarde le oyó decir, en El Cayo, que había nacido en Polonia, donde lo inscribieron como Karol Rolow-Mialowski. Pero era tan cubano como el que más, con el nombre de Carlos Roloff, General del Ejército Libertador. Llevaba una barba negra, abundante, como equilibrando la escasez de cabellera.

Cerca de ellos, en el asiento de al lado, un joven cubano atento a los cuatro pasajeros se esforzaba por no perder una sola sílaba. Mientras el tren se acercaba a Ocala y el sol al mediodía, asentía al oír la agudeza de Poyo, la precisión de Roloff, la serenidad de Serafín, y las palabras como de luz, ¡qué palabras!, del más conversador de los cuatro.

Al verlos desmontarse en la primera estación de Ocala, decidió bajarse del tren y seguirlos, pues adivinó en una frase de la conversación que una concentración de cubanos los esperaba. Entró detrás de ellos a una sala concurrida y se apuntó sin pensarlo, para contribuir a la Patria que aquellos cuatro hombres venían dibujando en el tren.

NOTA

[94] Recreación de un viaje realizado por José Martí, Serafín Sánchez, Carlos Roloff y Dolores Poyo.

1.12
JOSÉ MARTÍ CONOCE A VICENTE MARTÍNEZ YBOR

Entre los cubanos que vivieron en Tampa cuando José Martí comenzó a visitar la ciudad, los hermanos Félix y Andrés Iznaga ocupan un lugar significativo. Sin embargo, ahora llamo la atención hacia ellos, especialmente en torno a Félix, porque a través de una carta escrita a él, conocemos que cuando el Apóstol llegó a Ybor City por primera vez, ya conocía al fundador de este pueblo.

En su primer día en esta ciudad, la primera visita que hizo, en horas de la mañana, fue a la fábrica de tabacos «El Príncipe de Gales», en cuyo pórtico estaba esperándolo Eduardo Manrara, copropietario de aquella enorme manufactura. Debió ser este el momento en que llegó a la oficina de Martínez Ybor, donde se produce una escena que Martí rememora unos meses después –7 de mayo de 1892–, cuando publica en *Patria*: «Estaba cierto viajero una mañana en el escritorio de la manufactura de Martínez Ybor, allá por Tampa, y hablaba con él, sentado en la mesa del dueño, uno de los operarios del taller. Entró un anciano de rostro bondadoso, se levantó el operario a darle la silla; y el anciano le puso las dos manos en los hombros, y dejó sentado al trabajador en el asiento del dueño. Era Don Vicente Martínez Ybor».

El viajero nos relata el hecho, con su costumbre de utilizar la tercera persona del singular para contarnos sus impresiones. En la descripción, aparentemente lo está viendo por primera vez y queda vivamente conmovido por la actitud del propietario que trata con aquella deferencia a sus obreros. De esa lectura, se ha fijado en la tradición oral y escrita la creencia de que estos dos grandes hombres de ascendencia valenciana se conocieron en esa fecha.

Sin embargo, una carta de Martí a Félix Iznaga, cuando éste acababa de mudarse de Nueva York a Tampa, nos muestra que ya el dueño del «Príncipe de Gales» y el líder cubano se conocían y habían conversado en la gran ciudad, donde el industrial tuvo negocios relacionados con la producción y comercialización del tabaco. La epístola corresponde al mes de octubre de 1889 y la presentamos a continuación:

Nueva York, 31 de octubre, 1889.
Mi muy querido Iznaga:
Ayer recibí su primera carta, que hasta literaria viene, por lo sentida y sincera. Hace bien en acordarse de mí, porque yo no lo olvido. Lo que no quiero es que le falten ánimos, ni tenga el cuerpo allá y el pensamiento aquí. El secreto del éxito es dedicarse entero a un fin. Ya le irá gustando Ibor City, y acaso no estará bien que le vean preferencia por Tampa. Hablé largo con los Ybor aquí, y creo que no le esperan allí sinsabores, sino cordialidad y gusto. Veo lo que me dice el Sr. Manrara: los hombres capaces y directos, nacidos de sí y de la verdad, son siempre un poco bruscos. Sea V. a la vez rápido y seguro en su trabajo: aunque tenga que hacerse violencia, sea rápido; porque esto es cosa esencial cuando se trabaja con hombres de carácter ejecutivo.

Solo tengo tiempo para estas líneas. ¿Qué me dice de mi Sr. García Ramírez, y de la *Revista de Florida*? ¿Está bien de salud el Sr. Rivero?

Andrés está bien, y aún pienso en invitarlo a que mude de ocupación, a pesar del apuro en que me ha puesto Da Costa, ya arrepentido, pero con quien no veo manera de avenimiento final que me de derecho para trabajar en la empresa con la misma fe.

De casa de Carmita todos le estiman sus cariños. Ojalá pudiera llevar a pasear a María por su río. Cuénteme todos sus lances y esperanzas, que no tienen mejor amigo que
José Martí.

La afirmación «hablé largo con los Ybor aquí», sugiere que al lado de Don Vicente debió estar su hijo Eduardo –a no ser que se tratara de su esposa Mercedes–. Asimismo, la alusión a Manrara muestra su presencia en una conversación que Martí consideró extensa.

Iznaga, a quien en una carta posterior Martí le llama «hijo», parece ser que se mudó a Ybor City unos días antes de esta carta. También aquí vivió su hermano Andrés y ambos jugaron un papel importante durante la primera visita del Apóstol cubano a la ciudad y en todo el proceso de creación del PRC. José Rivero Muñiz, en su libro *Los cubanos en Tampa*, nos relata que en la reunión del Club Ignacio Agramonte donde se estaban discutiendo los fondos necesarios para cubrir el primer viaje de Martí a Florida, fue Iznaga quien adelantó el dinero que faltaba, hasta tanto se recuperara la inversión con las ganancias que ofreciera la participación en la velada artístico literaria a la que venía el distinguido orador.

Algunas crónicas publicadas en el periódico *Patria* sobre el quehacer patriótico cubano en Tampa fueron escritas por Iznaga. En 1893, Martí le pidió que se trasladara nuevamente a Nueva York, a trabajar en el proceso de publicación de aquel órgano de prensa revolucionaria y le pidió que se encargara de la oficina de la Delegación del PRC. En una carta de febrero de 1893 le pide «sálveme a *Patria*», cuando él mismo apenas podía ocuparse de todo el trabajo que requería.

Pero no ha sido el propósito de estas líneas extenderse en la obra que realizó Félix Iznaga como cercano colaborador de Martí, sino compartir una idea significativa para la historia de la ciudad: el hecho de que José Martí y Vicente Martínez Ybor ya se conocían de Nueva York, cuando se saludaron aquel luminoso noviembre en Ybor City.

2 PATRIOTAS CUBANOS MÁS CERCANOS A JOSÉ MARTÍ EN TAMPA

De los cientos de personas que estuvieron junto a Martí durante sus visitas a Tampa —decenas de ellos líderes de los clubes que constituyeron la base del PRC–, ofrezco una reseña biográfica de los más sobresalientes. El motivo no obedece a una selección jerárquica, sino a las fuentes disponibles para escribir sobre figuras que resultaron relevantes en su tiempo y entorno, pero de quienes no se escribió a tiempo una mínima semblanza. Me habría gustado incluir algunas páginas sobre Cornelio Brito, de origen afrocubano, quien presidió en Tampa la Liga de Instrucción propuesta por Martí para que, siguiendo el ejemplo de la existente en Nueva York, se dieran clases gratuitas a los trabajadores. Asimismo, este capítulo del libro se hubiera enriquecido con unas líneas sobre la vida de Esteban Candau, Manuel Granados, Vicente Bueno, José Gómez Santoyo, Marcos Gutiérrez y otros tantos que, aún cuando no se les ha dedicado una página personal, aparecen en diferentes momentos de este libro, algunos como miembros de los clubes revolucionarios, otros por su mención en epistolarios o escritos de prensa de la época que se incluyen.

El nombre de Herman Glogowsky se incluye no solo porque siendo Alcalde de Tampa invitó a Martí a un paseo por la ciudad, sino también por sus diversas muestras de solidaridad con la causa que éste dirigía y como un símbolo de la participación de estadounidenses –aunque era de origen judío alemán– en la Guerra de Independencia de Cuba.

2.1
NÉSTOR LEONELO CARBONELL

Cuando en la media noche del 25 de noviembre –1891– José Martí llega a Tampa por primera vez, recibió el saludo simultáneo de dos generaciones en el abrazo emocionado de los primeros dos hombres que se adelantaron a recibirle. Eran padre e hijo: Ramón Leonelo Carbonell, de 55 años, y su hijo mayor, Eligio, de 24. Ellos sintetizaban el mejor símbolo que la naturaleza regaló a los ojos del Apóstol cubano cuando se acercaba a la ciudad: el rompimiento de los pinos nuevos, entre la majestad de los pinos mayores.

Se sabe de la llegada del ilustre tribuno, el recibimiento y toda la grandeza de sus primeros tres días tampeños. Pero se hizo posible la visita y sus resultados por quienes contribuyeron a la proeza de reunir a la dispersa emigración cubana, para completar la obra que en 1868 había comenzado el Padre de la Patria en La Demajagua. Y entre tantos, la figura del padre Carbonell tiene un privilegio especial: escribir la carta de invitación para que en la velada artístico-literaria del 26 de noviembre en Ybor City, estuviera presente el orador que conmovía a los patriotas cubanos en las salas de Nueva York.

¿Quién era este patriota que había ganado la confianza de sus compañeros de Tampa para que lo eligieran presidente de aquel importante club revolucionario recién fundado? ¿Quién era este hombre a quien Martí respondió inmediatamente «con el alma henchida de gozo»[95] ¿Quién era este cubano que, bajo la lluvia, fue hasta la estación ferroviaria de Ybor City y caminó al lado de Martí pasadas las doce de la noche hasta el lugar donde el visitante debía descansar unas horas? ¿Quién este veterano que también lo esperó a la hora del desayuno para llevarlo a conocer a los tabaqueros y lo invitó para que su primer almuerzo en Tampa fuera en su casa de familia? Con la delicadeza acostumbrada y la atención a todo rumor humano, el ilustre visitante conoció en la charla de sobremesa bastante de su anfitrión.

Supo que Néstor Leonelo Carbonell Figueroa, aunque solo le llevaba siete años de edad, fue combatiente en la Guerra de los Diez Años[96]. Había nacido en Sancti Spíritus el 22 de mayo de 1846 y crecido en un hogar de virtudes morales, cívicas, patrióticas, pero también de amplia cultura e inclinaciones literarias. Se encontraba entre los primeros alzados de su región cuando comenzó la Guerra de Independencia, pues ya en febrero de 1869 estaba participando en los primeros combates, incorporado a las fuerzas del General Honorato del Castillo. Para entonces su hijo mayor, ahora un hombre a su lado, solo tenía dos años. Mientras la esposa, Eloísa Rivero, se acercaba con una taza humeante de café cubano, Néstor contaba cómo fue de reñida la toma de las Tunas en agosto de 1869, en la que participó bajo el mando de Manuel de Quesada, entonces General en Jefe del Ejército Libertador. Allí lo ascendieron a Capitán. Después estuvo en los duros combates de Las Villas, quién sabe en cuántos: en los ingenios San José, San Agustín y San Antonio, Guasimal, Santa Teresa, Meloncitos y en muchos más. En 1875 lo hicieron prisionero y en juicio sumarísimo lo condenaron a muerte.

En una increíble apelación logró que el tribunal le cambiara la pena de muerte por deportación. Después se escapó de un tren militar en el que lo trasladaban preso a La Habana. Todo eso contado casi de un tirón, como algo normal, cotidiano. Porque convivir con el heroísmo fue un hecho cotidiano en aquellos largos años de la guerra. La guerra terminó con la Paz del Zanjón, sin independencia. Un breve tiempo ejerció como maestro y en 1878 volvió a casarse, en Calabazar, con la misma mujer que ahora está atenta a la palabra, a los postres, al café y con la que tuvo cinco hijos que, sumados a los tres del matrimonio anterior, formaban su larga prole. Néstor apenas habló de su labor de los últimos años, de sus esfuerzos a favor de la independencia.

El tiempo del exilio es otra página patriótica, inteligente y tenaz en la vida de Néstor Leonelo Carbonell. En 1888 se radicó en Cayo Hueso, que era un hervidero de pasión independentista, pero sin cauce visible. El patriota espirituano se opuso a los intentos prematuros que desgastaban inútilmente los esfuerzos cubanos, coincidiendo con una línea que también resultó muy difícil a Martí. Cuando comenzó el poblamiento de Ibor City, en el fragor de las fábricas de tabaco, Carbonell vino para Tampa con su familia. En el naciente poblado abrió una escuela, una librería y un periódico que llamó *La Contienda*, alusión evidente a la tarea mayor: organizar la lucha por la independencia de Cuba.

Era lógico que un hombre de aquel calibre se convirtiera en el Presidente del Club Revolucionario «Ignacio Agramonte» y tuviera la feliz idea de invitar a José Martí a una velada donde también le correspondió su presentación.

Esa noche, en el Liceo Cubano, nació el mejor camino que en más de siglo y medio ha tenido el imaginario cubano de libertad y de justicia. Al día siguiente, se reúnen en casa de Néstor, donde se escriben las primeras *Resoluciones* para la fundación del PRC. Cuando al mes siguiente Martí vuelve a pasar por Tampa, camino de Cayo Hueso, no solo volvió a abrazar a Carbonell, sino que salió de su casa acompañado de su hijo Eligio, para que le apoyara en todo el trabajo preparatorio que iban a realizar en el Cayo querido.

En todo el esfuerzo de aquellos tres años, estuvo presente la familia Carbonell. Néstor presidió un Cuerpo de Consejo de Tampa, como uno de los lugartenientes del Apóstol. Quiso ir a Cuba al empezar la contienda, pero Martí lo convenció de que era más necesario apoyar la revolución desde su lugar. Cumplió con ese mandato y al acabarse la guerra regresó a Cuba, en diciembre de 1898.

Vivió en su país el resto de su vida. Escribió, impartió clases y prestó grandes servicios a la historiografía de la nación. Junto a figuras prominentes como Manuel Sanguily, Enrique José Varona y otros notables patricios, hizo importantes contribuciones a la organización de bibliotecas y a los archivos, convirtiéndose en segundo jefe del Archivo Nacional de Cuba. Mantuvo una postura digna hasta su muerte, en 1923. Tal vez en el día de la despedida final, alguien recordó la frase con que Martí le contestó al adivinar el calibre del hombre que le invitaba a Tampa: «De lejos he leído su corazón, y desde acá he visto también el mucho oro de su alma viril, donde corren parejas la ternura con la luz»[97].

Notas

[95] *Epistolario*, tomo II, p. 327.
[96] Ver: Oscar Ferrer Carbonell. *Néstor Leonello Carbonell como el grito del águila*. Ed. C. Sociales, La Habana, 2005.
[97] Ibídem, p. 327.

2.2
ELIGIO CARBONELL MALTA

Eligio Carbonell Malta ganó las simpatías y confianza de José Martí desde su llegada a la ciudad, el 26 de noviembre de 1891. Es el primer destinatario de una carta del Apóstol en cuanto regresa a Nueva York, donde agradece a la ciudad por «aquellos días de bondad y creación»[98].

Sin embargo, es muy escasa la bibliografía en torno a él. En *EcuRed* (especie de Wikipedia cubana) solo se le destina un párrafo en «Martí y los espirituanos» donde se destaca como miembro activo del Club Ignacio Agramonte (en realidad fue su principal organizador y miembro de su directiva) y acompañante de Martí en su primera visita a Cayo Hueso. Allí participó, a nombre del Club Ignacio Agramonte, en la reunión donde aprobaron las Bases y Estatutos secretos del PRC. Allí aparece el fragmento de una carta de Martí a este joven que vivía en Ybor City y resultó ser un enérgico defensor suyo cuando fue atacado epistolarmente por el coronel Enrique Collazo.

En el artículo de José Rivero Muñiz «Tampa a fines del siglo XIX»[99], el autor dedica varios párrafos a esta figura histórica y reconoce que en su libro citado apenas se extendió sobre él. Llama la atención en el artículo de Rivero Muñiz el hecho de que hubiera podido consultar un libro que estaba escribiendo Eligio sobre la historia de Ybor City. Dice el autor, refiriéndose a las fuentes consultadas: «El manuscrito dejado por Eligio Carbonell Malta titulado *Cuba en Tampa*[100], escrito en 1897, contiene información que había contemplado para su inclusión en su libro proyectado (...)».

Parece ser que Eligio no pudo culminar el libro al que alude Muñiz, pues murió sin cumplir los 32 años, el 5 de agosto de 1899. Había nacido el 9 de septiembre de 1867, en Palo Alto, Sancti Spíritus, Cuba, un año antes de estallar la Guerra de los Diez Años. Como su padre se incorporó desde el inicio a aquella larga contienda independentista, su niñez transcurrió oyendo hablar de los acontecimientos gloriosos de los mambises y de sus sueños de una Cuba libre. En aquellas circunstancias quedó huérfano de madre y al terminar la guerra salió a la emigración con el padre, quien se establece en Cayo Hueso. A fines de la década de 1880, cuando es un jovencito de alrededor de 20 años, vive en Ybor City con su familia, en una casa donde el respetado coronel Néstor Leonelo ha fundado una librería y un periódico y provee de buenas lecturas a los habitantes del lugar.

Del padre tomó Eligio no sólo la formación cultural y el interés por la historia, sino también la pasión por la liberación de su tierra natal. Cuando José Martí llegó a Ybor City, estuvo junto a él en cada paso que dio en Tampa. A pesar de su corta edad, era un líder que sobresalía en la comunidad y en todas las reuniones del Liceo Cubano.

Las cartas de Martí a Eligio dan prueba de sus grandes méritos. Es a él a quien escribe desde Nueva York a los pocos días de su primera visita a Tampa: «Mi Eligio muy querido: ¿Y así tengo que mandarle toda mi ternura y agradecimiento (...) para echar afuera este corazón que me ha crecido desde que ustedes me echaron en él su magnífica nobleza?»[101]

Con esta carta, Eligio es convertido en el intermediario de Martí con el pueblo cubano de Tampa. Todo es plural. «¿No me oyen allá?», pregunta a todos a través de este joven, prometiendo «escribir en oro los recuerdos de Tampa». Al final le pide al destinatario que lea la carta «a su padre (...) a mi ahijado Rivero, y a Candau, y a quién no?».

Cuando Martí llega por segunda vez a Tampa, el 25 de diciembre de 1891, ya estaba decidido que Eligio Carbonell sería uno de los tres líderes de esta comunidad que acompañarían al magnífico orador a Cayo Hueso. Allí tuvo el orgullo de estar entre quienes escucharon por primera vez las Bases y Estatutos del PRC y entre quienes prometieron trabajar para hacer realidad su programa. Lo cumplió fielmente y durante los años en que estuvo preparándose la guerra, y durante ella hasta su terminación, son incontables las muestras de sacrificio, entrega y capacidad con que Eligio Carbonell se consagró, junto al sueño mayor de luchar porque Cuba fuera una república libre, democrática y justa, a hacer de su entorno tampeño una comunidad más culta y próspera.

Mucho debió calibrar Martí las virtudes de Eligio, para que en carta de enero de 1892 le confesara: «Pocas criaturas conozco de un corazón tan límpido como el de Vd., y no quisiera yo mejor fortuna que la de tener siempre su juicio y su afecto a mi lado»[102]. No pudo ser por mucho tiempo, excepto los pocos días en que el Delegado estuvo de trabajo en Tampa.

Tampoco Eligio pudo estar entre quienes acompañaron al Héroe de Dos Ríos cuando entró y murió en la guerra. Todas las veces que pidió incorporarse a una expedición hacia la tierra insurrecta, le recordaron que su puesto más útil a la Patria era continuar recolectando fondos, organizando y liderando esa emigración cubana sin la cual no hubiera sido posible desatar, mantener y hacer triunfar la guerra para llegar a la república.

Mucho hizo para ello Eligio Carbonell, como su padre. La guerra terminó con la intervención en ella de tropas estadounidenses, cuando ya estaba prácticamente ganada. Legalmente terminó con el Tratado de París, rubricado en diciembre de 1898 entre España y Estados Unidos, sin una firma cubana.

Eligio regresó a Cuba, junto a su padre y otros miembros de la familia. Volvió a Sancti Spíritus pobre. Tal vez alguna tarde recordara una frase que Martí le escribió: «El que necesita poco, es fácilmente honrado»[103].

Notas

[98] Ibídem, p. 333.
[99] En *Revista Bimestre Cubana*, 1958.
[100] Carbonell Malta, Eligio. *Cuba en Tampa*. Manuscrito. Tampa, 1897. En la biblioteca «Francisco de Paula Coronado», Santa Clara, Cuba.
[101] *Epistolario*, t. II, p.
[102] Ibídem, t. III, p.
[103] Ibídem, p. 6.

2.3

RAMÓN RIVERO RIVERO

Ramón Rivero Rivero, quién nació en La Habana el 2 de julio de 1856, fue uno de los patriotas cubanos más activos en Tampa, desde la fundación de Ybor City en 1886, hasta su regreso a Cuba al terminar la Guerra de Independencia en 1898. Sin embargo, su nombre apenas es mencionado por algunos investigadores que se asoman al quehacer patriótico de José Martí en la emigración cubana de la Florida, a los orígenes de Ybor City o a la presencia de la prensa hispana en los Estados Unidos durante el siglo xix. Es justo que emerja su nombre en estos tres campos investigativos, porque en los tres dejó su impronta, pero la relevancia de su figura se pierde en el tiempo, diluyéndose en el magma cuajado por los héroes anónimos.

Ante el peligro de remitir solo al ejemplo abstracto la conducta concreta del individuo en la sociedad, se requiere la búsqueda perenne de los rostros que determinaron las acciones históricas que nos precedieron, las conductas de quienes forjaron el presente, no solo para agradecer a los fundadores, sino para que su ejemplo nos acompañe en la edificación del futuro.

Rivero fue uno de esos hombres que cumplió un rol de vanguardia en los primeros años de Ybor City. Perteneció a esa pléyade de emigrados cubanos que se trasladaron a Tampa cuando Vicente Martínez Ybor y otros industriales levantaron las primeras fábricas de tabaco. En el ajetreo de las primeras labores para la producción de tabacos, su cultura lo elevó al asiento que la fábrica «El Príncipe de Gales» reservaba al lector. En esta labor sustituyó a José Dolores Poyo cuando éste, a fines de 1886, decidió regresar a Cayo Hueso. Y como con Poyo también se retiraba su periódico –*El Yara*, primera publicación en lengua española de la ciudad, Rivero decidió fundar la *Revista de la Florida*, para que no se apagara la chispa editorial que había inaugurado el prestigioso lector al que relevó.

En las calles de Ybor, cuando empezaba a crecer su población en medio del ruido de las fábricas, la emigración cubana en el lugar comienza a organizarse en pequeñas agrupaciones de carácter social, con un matiz patriótico que se hacía evidente en todas sus reuniones. Es en ese proceso donde Ramón Rivero, que ya había traído su familia para Tampa, comenzó a mostrar sus dotes de guía y organizador. Primero organizó la «Federación Cubana de Obreros», en el momento en que su coterráneo y amigo Carlos Baliño inauguró la Logia «Porvenir No. 7», de la Orden Caballeros de la Luz.

Aunque estas agrupaciones se definían por su contenido mutualista y benéfico, en realidad persistía en ellas un latido independentista. Esta orientación es visible desde la creación del primer club de la Federación, aparentemente de recreo, pero su nombre «Flor Crombet», y la figura del veterano mambí Juan Arnao como presidente, evidenciaba el propósito que les animaba: vincularse con el proyecto que el Coronel Juan Ruz-Rivera encabezó en 1887 para reiniciar la guerra. El club fue de muy corta duración, como lo fue el Plan de Fernández Ruz.

A fines de 1888, Ramón Rivero participó en la creación de la Liga Patriótica Cubana, de la que fue su primer presidente. La organización tuvo un carácter secreto y en ella se juntaron los principales representantes de la inmigración cubana en el lugar, entre ellos Esteban Candau, Maximiliano Santiesteban, Manuel Granados y otros. Tanto en las reuniones de la Liga, como en las actividades que promovían, la labor de Rivero fue encaminada a avivar la idea de la independencia de Cuba. Esa actitud, como la selección de lecturas a desarrollar en las fábricas, debía desarrollarse con el cuidado que demandaba la persecución española a todo intento que fomentara el separatismo cubano.

Según nos relata José Rivero Muñiz en su libro *Los cubanos en Tampa*, Ramón Rivero Rivero fue un participante activo en la política de Tampa, ocupando cargos electivos en el gobierno local. Nos aclara que «concurrió como Delegado por el condado de Hillsborough a la Convención Nacional celebrada por el Partido Republicano en Jacksonville, celebrada entre los días 17 y 20 de junio de 1890»[104], donde pronunció un ferviente discurso en defensa de los tabaqueros emigrados.

La labor de Rivero fue muy destacada en el surgimiento y orientación del Liceo Cubano, en 1890. Para la conmemoración del 10 de octubre de 1891, este lugar contaba con la participación de dos fuerzas muy destacadas: la Liga Patriótica y el Club Ignacio Agramonte, en cuyo liderazgo sobresale Carbonell. Seguramente, este es el momento embrionario para que en los meses siguientes se produjera la primera visita de José Martí a Tampa. Hay un trabajo de colaboración entre los cubanos de Tampa y Nueva York para la impresión de un folleto titulado «Álbum de la sociedad política cubana Ignacio Agramonte», cuyas ganancias fueron destinadas a la celebración del 23 aniversario del estallido de la Guerra de los Diez Años y cuya impresión se mandó a hacer en la imprenta *El Porvenir*, de Enrique Trujillo. Es significativo que los autores incluidos en aquella publicación vivieran en una de estas dos ciudades: Néstor Carbonell, Eligio Carbonell y Ramón Rivero, en Tampa, y Tomás Estrada Palma, Gonzalo de Quesada, Benjamín Guerra, Enrique Trujillo y otros, en Nueva York.

Tal vez ese lazo influyó para que en la velada que proyectaban en Tampa para fines de noviembre de ese año, Néstor Carbonell pensara en Trujillo para hacerle llegar a José Martí la invitación. Lo cierto es que la labor de aquellos hombres, donde Ramón Rivero sobresalía, creó las condiciones de unificación hacia la causa cubana que Martí encontró tan adelantadas al llegar a Tampa.

En la medianoche del 26 de noviembre de 1891, Ramón Rivero Rivero estuvo presente en el recibimiento a José Martí. Fue uno de los primeros en darle la mano al poeta de *Ismaelillo* y estuvo a su lado mientras duró la visita.

Al comenzar la velada del 26 de noviembre por la noche, Néstor Carbonell hizo una introducción y le siguió Rivero en la tarima. Pronunció un breve discurso e inmediatamente presentó al orador llegado de Nueva York, quien, entre sus primeras palabras significó el papel del «cordial Carbonell» y del «bravo Rivero» en esta comunidad.

Si no hubiese tenido otros méritos, a Ramón Rivero le hubiera bastado haber sido el primer editor de «Con todos y para el bien de todos» para ser reconocido históricamente. Dicho discurso, una de las piezas oratorias cumbres en la historia de Cuba, puede considerarse el primer paso en la vertebración del movimiento que puso fin a tres siglos de dominación colonial de España en América, pudo andar al día siguiente, de mano en mano, gracias a las páginas del periódico «El crítico de Ybor City», fundado y dirigido por este nuevo amigo del Apóstol.

En el acto realizado el 28 de noviembre en El Liceo Cubano, fue Rivero quien presentó las Resoluciones de Tampa para su aprobación pública. Casi al anochecer de ese día, bajo los acordes de una banda de música, todo el pueblo cubano radicado en Ybor City, con Rivero, Carbonell y otros líderes delante, acompañaron hasta el andén a José Martí, porque todos quisieron ir hasta las puertas del tren a desear buen viaje y pronto regreso a quien comenzaban a sentir como guía elegido del pueblo cubano.

Y, efectivamente, fue pronto el regreso. Antes de cumplirse el mes, Martí vuelve a desmontarse en Tampa, camino de Cayo Hueso. Para el interés de estas líneas centradas en Rivero, lo más importante es destacar su contribución a que el segundo viaje de Martí a la Florida, éste ganara la adhesión de los cubanos del Cayo al proyecto que comenzó a delinearse en Tampa. En ello, jugó un papel importante la decisión de que Rivero, Eligio Carbonell y otros cubanos de esta ciudad, acompañaran al Apóstol hasta allí.

A partir de entonces, el nombre de Ramón Rivero aparece en toda la labor que realizó el PRC, tanto bajo la guía de José Martí hasta 1895, como de Tomás Estrada Palma, hasta la terminación de la guerra, en 1898. En esa ejecutoria, sobresale su papel como editor, que se realza cuando dirige la revista *Cuba*, considerada el Órgano Oficial del PRC en Tampa y que va a cubrir todo el período de la guerra. Con esta publicación sustituyó, en 1893, a la *Revista de la Florida*, para tener un espacio más focalizado con la causa cubana. En más de una ocasión, Martí hizo referencia agradecida al valor de este periódico.

En toda la labor de recaudación de fondos, ordenamiento de los clubes revolucionarios de Tampa y durante todo el proceso de organización del estallido bélico cubano de 1895, Rivero fue una de las figuras relevantes. Asimismo, durante el desarrollo de la etapa bélica de la revolución, su labor fue intensa y fecunda, tanto desde las líneas de su periódico como en la presidencia del Cuerpo de Consejo de Tampa.

Hay una carta de José Martí dirigida a él, el 14 de noviembre de 1894, que merece atención. En ella, el Delegado se lamenta de que Rivero hubiera interpretado mal una frase de un telegrama suyo. La epístola es una prueba más de la delicadeza con que Martí se relacionaba con todos. «¿De modo que un hombre bueno que me ha visto una vez de cerca, y más de una vez, me cree capaz de desconocer en un instante los méritos que le he proclamado, para injuriarlo a distancia, sin el menor sentido común, en una frase incomprensible? No respondo: me asombro. Salté al telégrafo, en cuanto recibí su carta, a quitarle esta pena»[105].

Todo parece haber sido por la deformación de una palabra en un telegrama de Martí, del que le promete buscar el original para que vea el error. Donde Rivero leyó «deje intriga» –que parece ser la frase que le molestó–, Martí, quién no tiene delante el original y promete buscarlo, le explica haber escrito una de estas tres variantes: «pude y debí escribir *vigile intriga*, o *cuide intriga* o *evite intriga*.

Todos eran grandes hombres y la anécdota refleja el significado de la subjetividad y el peligro de no despejar a tiempo una posible duda, lo que estorba tanto a las obras grandes de los pueblos como a los pequeños detalles de la convivencia humana.

En esa carta Martí usa un calificativo inusual para referirse a sí mismo, cuando le dice a Ramón ser «un salvaje» en el respeto a los demás y en la «ternura con que quiero a quien lo vale». Y finalmente, un liviano regaño: «Esto, Ramón, no ha estado bien. Yo con usted hablo como un hermano (...) ¿Olvida el calor de mi mano, y la limpieza de mis ojos? ¿Cómo pudo caer en esa injusticia? Me quejaré a Adelaida».

Con esa ternura, extendida a la esposa de un hombre a quien ha llamado hermano, se despide Martí. Pero más que restar un ápice de la grandeza de Ramón Rivero Rivero, la carta le realza. Mucho mérito debió encontrar Martí en él, a quien le agradecía su adhesión a la causa cubana, para hablarle directo al corazón, con tanto corazón.

Wenceslao Gálvez y del Monte describe la impresión que le causó Rivero, a quien visitaba en la redacción del periódico Cuba: «El mismo sostenía el periódico por puro patriotismo, pues lejos de producirle ganancias, dejábale pérdidas; pero hay que sacrificarse por la Patria y Rivero se ha venido sacrificando diez años». Se aprecia en los párrafos que le dedica, la admiración a un hombre que siendo un niño conoció el rigor del emigrado, se hizo hombre trabajando, adquirió una vasta cultura por sí mismo, construyó una familia y se convirtió en líder de su pueblo, «sin ambiciones de ninguna clase, sino por amor a esa tierra adorada que abandonó cuando apenas contaba con 14 años y donde ansía vivir cuando esté gobernada por los suyos»[106].

Ramón Rivero, un paladín de la prensa cubana en la emigración en el siglo XIX, un educador desde la silla del lector de tabaquería, un maestro verdadero y dirigente del independentismo cubano, regresó a Cuba al terminarse la guerra en 1898. En su país, encontró un puesto de trabajo como administrador de la Oficina de Aduanas de Gibara, en Oriente. El 13 de enero de 1908, con 52 años de edad, mientras su Patria estaba bajo una segunda ocupación estadounidense, cerró los ojos el hombre que tanto hizo por verla libre.

Notas

[104] José Rivero Muñiz. *Los cubanos en Tampa*, p. 37.
[105] *Epistolario*, t. IV, p.341.
[106] Wenceslao Gálvez, Ob. Cit., p. 140.

2.4

FERNANDO FIGUEREDO SOCARRÁS

Para los hispanos que vivieron en West Tampa a finales del siglo XIX, debió ser común oír hablar, ver en una esquina, o conversar con un hombre hispano de unos cincuenta años, cuando en las calles se detenía a cada momento, para escuchar el latido que guardaba cada habitante de la naciente plaza urbana. No era solo por la gallardía de su estampa criolla, la sapiencia del verbo o el calor de su mano, sino también por el destello legendario que traía consigo. Era Fernando Figueredo Socarrás, cuyo nombre, a más de un siglo de distancia, viene cómodo a la memoria, cuando se piensa en los días fundacionales de unas calles adoquinadas que guardan tanta historia.

West Tampa, conocida primero como Pino City, fue una extensión inmediata hacia el oeste de Ybor City, al otro lado del puente, como efecto del vigor tabacalero alcanzado en los últimos años de la década de 1880. Ahí están todavía los edificios de ladrillos de fuego, orientados de este a oeste, que son vivos testigos del ardor y esperanzas con que nuestros abuelos construyeron la ciudad donde vivimos.

En cuatro o cinco años se levantaron las casas, las fábricas, comercios, escuelas, iglesias, y West Tampa fue tomando el rostro propio que aún la distingue, con calles amplias, portales, aceras. Precozmente crecida, mereció gobierno propio y en junio de 1895 tuvo elecciones para su primer Alcalde. En votación libre, sus habitantes decidieron que el cargo correspondiera al bayamés Fernando Figueredo Socarrás. Quiso negarse con la explicación de que no armonizaba su labor por la independencia de Cuba con un cargo político en un país que tenía relaciones diplomáticas con España. El Gobernador de la Florida, el demócrata Henry L. Mitchel, le respondió que su labor por la Patria natal daba honra al Alcalde de West Tampa.

¿Quién era este cubano que recién llegado a West Tampa se convierte en su primer Alcalde? Es larga su historia y el más exigente esfuerzo de síntesis no podría condensarla en un par de cuartillas. Nació en Camagüey en 1846, pero creció en Bayamo. Completó sus estudios preuniversitarios en La Habana y matriculó en la Escuela de Ingeniería de Troy, en una Universidad de Nueva York. Entre sus amigos de allí aparece curiosamente Teddy Roosevelt, quien lo llamaba «Figue», en la confianza grata de la amistad[107]. Estaba al graduarse en 1868, con veintidós años, cuando el padre le escribe desde Bayamo diciéndole que Carlos Manuel de Céspedes se ha levantado en armas contra España. Había comenzado la Guerra de Independencia de su país y consideró que allí estaba su lugar. Llegó a Bayamo y se incorporó a la lucha armada.

Debió ser grande el impacto que causó en los líderes de aquella epopeya, porque muy pronto se convirtió en el Ayudante y Secretario de Céspedes, primer Presidente de la República en Armas. Desde entonces, estuvo en las principales acciones de la Guerra de los Diez Años, la que termina como Secretario del General Antonio Maceo. Su nombre aparece al lado del del Titán de Bronce en la honrosa Protesta de Baraguá, donde los cubanos se negaron a una paz sin independencia. Con la Paz del Zanjón, el Teniente Coronel Fernando Figueredo tuvo que salir a vivir en el exilio, primero en Santo Domingo, después en Cayo Hueso y finalmente en Tampa.

Cuando Figueredo llegó a Tampa, ya era ciudadano americano. En Cayo Hueso participó en la vida política de este país y al ser elegido en 1885 a la Cámara de Representantes por la Florida, fue el primer cubano en alcanzar ese cargo electoral. También fue superintendente de escuelas por el condado de Monroe, al que correspondían los cayos del sur de la península.

Fernando Figueredo comenzó a radicar en Tampa desde mediados de 1894. Un telegrama que le envía José Martí, fechada el 7 de julio de ese año, está dirigido a la fábrica de tabacos de O´Hallorans, que radicaba en West Tampa desde que dos años antes, cuando la compró a del Pino. A esta manufactura vino a trabajar Figueredo como tenedor de libros.

Emiliano Salcines, capaz de oír en el tiempo el soplo trascendente del paso del hombre por la vida, me ha acompañado a mirar en West Tampa la conservación de aquellos edificios. Me ha mostrado con el índice y un caudal de palabras la presencia de tanta historia viva, especialmente el lugar donde estuvo la casa de Fernando Figueredo, en su tiempo marcada como 404 Main Street y hoy, penosamente, un solar yermo con la yerba crecida; en ese lugar se hospedó Gonzalo de Quesada, la madre de José Martí y muchas figuras importantes del independentismo cubano.

La casa de Fernando, en Cayo Hueso, había sido de visita obligatoria para José Martí desde su primera llegada a aquel lugar. La felicidad de aquel hogar debió causar una honda impresión en el Apóstol, quien le dice en una de sus primeras cartas: «El amor lo premió a usted y le da ese aire de rey con que publica sin querer la hermosura de su hogar»[108]. Ya en Tampa Figueredo, Martí viene dos veces más a la ciudad y seguramente pudo visitarle, cuando ataba los últimos cabos para desatar la guerra.

El patricio bayamés solo vivió alrededor de cuatro años y medio en este pueblo, del que fue su primer alcalde entre 1895 y 1896. Cuando comenzó la guerra, el 24 de febrero de 1895, Fernando pidió incorporarse a ella, pero la máxima dirección de la revolución consideró que era más necesario en el exterior.

En septiembre de 1895 fue creado el Gobierno de la República en Armas y se nombró a Tomás Estrada Palma como su Delegado en el Exterior. Éste designó a Figueredo como su representante en Tampa. Es impresionante la labor que realizó entre 1895 y 1898. Se ha considerado que asciende a 750 mil dólares la suma recaudada por sus manos en apoyo a la guerra.

Terminada la guerra en Cuba, en 1898, Figueredo regresó a su Patria, como miles de cubanos. Ocupó altos cargos en Cuba desde llegar: en 1902 se inauguró la República y lo nombraron Director General de Comunicaciones. En 1912, asumió la presidencia de la Academia de Historia de Cuba.

Su libro, *La Revolución de Yara*, es hasta hoy una de las fuentes principales para el estudio de la guerra de 1868. Martí llegó a leer páginas inéditas de esa obra y quiso publicarla, según consta en su carta del 25 de febrero de 1894: «Me prometo publicarlo en dos tomos y hacer una edición dedicada a la revolución que programamos»[109]. Finalmente, el libro fue publicado en 1902 y hasta hoy ha tenido varias ediciones.

Murió a los ochenta y tres años, en La Habana, en 1929, rodeado de su familia, hermanos masones y muchos compañeros.

Notas

[107] Ver artículo de Frank de Varona en: http://www.ellugareno.com/2018/02/fernando-figueredo-socarras-por-frank.html.
[108] *Epistolario*, t. III, p.16.
[109] *Epistolario*, t.IV, p. 63.

2.5

CAROLINA RODRÍGUEZ
«La Patriota»

> «Las campañas de los pueblos solo son débiles,
> cuando en ellas no se alista el corazón de la mujer».
> José Martí

A finales del siglo XIX vivió en Tampa una mujer heroica y nadie –o casi nadie– sabe de ella; una mujer cuyo nombre, Carolina Rodríguez Suárez, debía estar a flor de labios cuando se habla de las grandes libertarias que contribuyeron a que nuestros pueblos alcanzaran su independencia.

En el marco del Bicentenario de la Independencia de América Latina, se convocó a varios foros para resaltar el papel de la mujer en la sociedad. Los nombres de Micaela Bastidas, Juana Azurduy, Manuela Cañizares, Francisca Javiera Carrera, Manuela Sáenz, y otras mujeres, fueron reiterados con justicia.

En Cuba, desde que los niños comienzan la escuela, escuchan hablar de Rosa María Castellanos (Rosa la Bayamesa), Mariana Grajales, María Cabrales, Ana Betancourt, Celia Sánchez. En el Diccionario Enciclopédico de la Historia Militar de Cuba se ha incluido un nombre de mujer con el grado de General del Ejército Libertador (Mercedes Sirvén Pérez-Puelles), nueve mujeres con el grado de Capitán y algunas sin grado de oficial. Pero no aparece en el registro la mujer que, desde el mismo estallido de la Guerra de los Diez Años se incorporó a la causa de la independencia, en apoyo a las tropas que comandaba Carlos Roloff en la región de Las Villas. Fue prisionera y deportada a Isla de Pinos, no aceptó la Paz del Zanjón y durante la Guerra Chiquita ocultó armas y municiones en su casa para el proyectado levantamiento. Una mujer que con más de cincuenta años salió al destierro –primero Cayo Hueso y después Tampa–, donde cientos de sus compatriotas encontraron refugio.

Carolina Rodríguez se estableció en Ybor City y comenzó a trabajar como despalilladora en una fábrica de tabacos, cuando ya pasaba de los sesenta años. Un día oyó decir que había llegado José Martí y fue a conocerlo. Al escuchar su primer discurso sintió más vivo que nunca que la libertad era posible. Desde ese día, lo miró como a un hijo y pronto tuvo la recompensa de sentir que él legitimaba ese sentimiento. Con lágrimas en los ojos debió leer la primera carta de aquel hombre escuálido que no llegaba a los cuarenta años: «Mi amiga queridísima, llámeme hijo, y le podré decir el tierno agradecimiento con que leo esas nobles cosas que me dice, y me le salen del alma maternal. Nada me alivia más, si sufro, ni me fortalece más –si desfallezco– que saber que un corazón de esa limpieza tiene para mí esos cariños y arranques»[110].

Es una lástima que no se hayan conservado muchas cartas que Martí recibía, en el esfuerzo de recuperar las escritas por él. Cuánto más sabríamos de sus silencios alrededor de sí mismo, de sus dolores y tormentos cuando el cuerpo no le alcanzaba para la tarea gigantesca que se proponía. Pero la breve correspondencia con Carolina nos permite adivinar que ella le está pidiendo incesantemente que debe cuidarse. Su expresión «llámeme hijo» es un clamor de orfandad por la madre ausente, a quien no veía desde hacía casi cinco años. Debió Carolina, dos años mayor que Leonor Pérez, expresar mucha preocupación por su salud en su carta, cuando él responde desde Cayo Hueso, el 29 de enero de 1892: «(...) no se me apene. Hemos de vivir. De poner el pie en la tierra. De llorar de gusto divino, como no se llora dos veces en la tierra. Ahora, déjeme callar, porque el brazo se me acaba. Es una maluquera del pulmón, que va pasando, y no me deja escribir. Usted tiene un hijo en José Martí».

Cuando en febrero de 1893 el Apóstol salió para Florida, se detuvo en Fernandina con el propósito de reunirse con Julio Sanguily[111]. Como este salió para Tampa antes que él, llevó a Carolina una nota donde Martí le avisa que va al día siguiente. Y se disculpa por no enviarle un retrato, con el pretexto de que lo van a «tachar de vanidad, cada vez que de uno».

Durante ese viaje, cuando estuvo enfermo en Cayo Hueso, recibió allí las letras sobresaltadas de Carolina, insistiéndole en que debía cuidarse. Él la tranquiliza con una tierna respuesta: «Yo estoy en casa muy amiga, aunque al pie de las visitas y de mi enfermedad, que no se remediará hasta que la salude»[112].

Martí le corresponde con recíproca atención y sobre ella escribió unas hermosas palabras en el periódico *Patria:* «Con ojos de centinela y entrañas de madre vigila la cubana de setenta años por la libertad; adivina a sus enemigos, sabe dónde están todos los cubanos que sufren, sale a trabajar para ellos en la mañanita fría, arrebujada en su manta de lana. ¡Esa es el alma de Cuba!»[113]

En el viaje que hace Martí a fines de 1893 a Florida, es admirable encontrar a la patriota montada en un tren, al lado del Delegado del PRC y del General Carlos Roloff, rumbo a Ocala. ¿Cómo se explica que una mujer de casi setenta años, sin cargos en el PRC, sea quien acompañe a aquellos altos dirigentes en tan importante misión? Seguramente, fue invitada por el propio Martí, para mostrar a todos lo que aquella valerosa mujer representaba para Cuba y para él.

Cada una de las líneas que escribió Martí a Carolina Rodríguez o sobre ella, en las cartas que le dirigió y en apuntes donde la menciona, expresan el hondo cariño que sintió hacia esta mujer, la confianza absoluta en su capacidad de organización y la admiración por el desprendimiento y desinterés con que trabajaba a favor del ideal al que él también había consagrado su vida. Pero hay unas líneas imprescindibles en el periódico *Patria*, donde nos ofrece el mejor retrato de ella:

> ¿Quién sabe cuál es el alma cubana? Hay allá en un rincón de la Florida (...) una anciana de buena casa (...) Por la mañana fría, con los primeros artesanos sale a la calle, arrebujada en su mantón, la anciana Carolina, camino de su taller, y sube la escalinata de la entrada, y se sienta, hasta que oscurece, a la mesa de trabajo. Y cuando cobra la semana infeliz, porque poca labor pueden ya hacer manos de setenta años, pone en un sobre unos pesos, para un cubano que está enfermo en Ceuta, y otros en otro sobre, para el cubano a quien tienen en la cárcel de Cuba sin razón, y en el sobre que le queda dos pesos más, y se los manda al Club Cubanacán (...) Con ojos de centinela y entrañas de madre vigila la cubana de setenta años por la libertad, adivina a sus enemigos, sabe dónde están todos los cubanos que sufren, sale a trabajar para ellos en la mañana fría, arrebujada en su mantón de lana. ¡Esa es el alma de Cuba![114]

Debió ser grande el dolor de Carolina, cuando Fernando Figueredo confirmó en Tampa la noticia que todos se negaban a creer: José Martí había caído de su caballo de combate, el 19 de mayo de 1895, en Dos Ríos. Las lágrimas maternales de la anciana, seguramente fueron tan incontenibles como las de Leonor Pérez, en La Habana. Pero «La Patriota», como todos decían al encontrarse con ella en las calles, siguió trabajando, buscando cada día un centavo más para armar las expediciones que salían a incorporarse a la guerra.

Cuando terminó la Guerra regresó a Cuba, a Santa Clara, a la casa donde había nacido setenta y dos años atrás. Nadie la estaba esperando ese día de enero de 1899, ni estaba puesta su bandera. No pidió nada, ni nada recibió. El 2 de junio de 1899, a los setenta y tres años, aquella noble mujer que nació en buena cuna y trabajó toda su vida para los demás, se apagó rodeada de una absoluta pobreza.

Con el silenció que rodeó a su muerte comenzó una injusticia histórica todavía saldable. Carolina Rodríguez ha sido casi olvidada. José Rivero Muñiz no la menciona en su libro *Los cubanos en Tampa*, y Emilio del Río, que hace un detallado recuento de la ciudad en su obra *Yo fui uno de los fundadores de Ybor City* y rememora decenas de nombres –el primer portero de la fábrica de Martínez Ybor, por ejemplo– no se acordó de la mujer a quien el Apóstol había identificado como «el alma de Cuba». Si digo *casi* y no *olvidada*, es porque en el bosque cerrado de la ingratitud, siempre aparece alguna rama de luz agradecida: Wenceslao Gálvez del Monte la tuvo en cuenta al escribir *Tampa: impresiones de emigrado* y le dedica unos hermosos párrafos donde cuenta: «No hay quien no la conozca, no hay quien no la vea con la cabeza cana y sus ojos azules, rifando objetos, colectando dinero, hablando de Cuba con amor entrañable». Dice Gálvez que cuando le comentó a Carolina que hablaría de ella –en el libro citado, que ya estaba escribiendo– se quedó sorprendida y enseguida le preguntó entusiasmada: «¿Es para la Patria?»[115]

En Cuba, en 1939, el Ayuntamiento de Santa Clara exhumó sus restos, fueron puestos en capilla ardiente y enterrados en el Panteón de los Veteranos de la ciudad. Pero solo el año pasado se colocó una tarja recordatoria en la casa donde nació, en una calle que, para bien, lleva su nombre. De todos modos, el olvido hacia Carolina será imposible, porque su mención es imprescindible en las *Obras Completas* de José Martí.

Su nombre aparece en *Latinas in the United States*, una enciclopedia histórica publicada por Indiana University Pres, en 2006, y también Stoner, K. Linn la ha incluido en su bibliografía anotada *Cuban and Cuban American women*. Por su parte, Blas Mabel Pérez le reconoce sus «ricas credenciales revolucionarias», en su libro *Martí y las mujeres de Ocala*.

Y Tampa, ¿qué podría hacer Tampa para recordarla?, ¿cuándo tendremos su nombre en un pedestal que muestre el orgullo de la ciudad por haber tenido en sus calles a una mujer que constituye un ejemplo para todas las ansias de libertad y bienestar del ser humano.

NOTAS

[110] Ibídem, t III, p.34. Ver todas las cartas a Carolina en este libro.
[111] Julio Sanguily alcanzó el grado de coronel en la Guerra de los Diez Años. En la preparación de la Guerra de 1895, estaba previsto que se pusiera al frente del levantamiento de la provincia de La Habana.
[112] Ver en este libro todas las cartas conocidas de Martí a Carolina Rodríguez, pps. 238-240.
[113] Ver en el último capítulo de este libro, en los textos de *Patria* de 1892.
[114] Ver en este libro, pp. 277.
[115] Wenceslao Gálves, Ob. Cit. p.150.

2.6

PAULINA Y RUPERTO PEDROSO

Es difícil detenerse en el «Parque Amigos de José Martí», en Ybor City, sin pensar en un matrimonio de emigrados cubanos, de raza negra, que levantaron su casa en este lugar y dieron en ella amoroso hospedaje al Apóstol. Ellos, Ruperto Pedroso y Paulina Hernández (más conocida con el apellido del esposo), legaron sus nombres a la posteridad. La razón es que ambos fueron muy activos en la comunidad cubana asentada en Ibor City a finales del siglo XIX y estuvieron muy vinculados al paso y obra de José Martí en esta ciudad.

Paulina absorbió casi toda la atención de los cronistas interesados en este momento de la vida de Martí y se han detenido menos en la figura del esposo, quien sólo se menciona como complemento al hablarse de ella. La mujer ha merecido diversos artículos y un libro cuyo título –*La madre negra de José Martí*[116]–, podría justificar una mirada a Ruperto como *el padre negro,* que a nadie se le ocurriría, aún cuando ambos contribuyeron por igual a las atenciones que en su hogar recibió el líder cubano.

El origen de la atención privilegiada a Paulina procede del mismo Martí, pues es a ella a quien escribe y menciona, en primer lugar. Sin embargo, pienso que ambos merecen igual reconocimiento y deben ser recordados cada vez que alguien se acerca al «Parque Amigos de Martí». La primera razón nos la da el propio Apóstol cuando escribió acerca de la confianza y afecto que le tomó al matrimonio: «Ni a Paulina ni a Ruperto los recuerdo nunca sin que sienta una sonrisa en el corazón»[117].

Existen otras referencias de Martí a Paulina y Ruperto, como una nota que le escribe cuando Fermín Valdés Domínguez viaja a Tampa, donde le pide: «Prepárale la cama y quiérelo mucho. Él te lleva la música. Y dime que quiere a alguien más que a ti, tu amigo, J. Martí»[118].

Pero la carta más conmovedora se las envía después del fracaso de Fernandina, cuando se han perdido los recursos requeridos para iniciar una guerra que no debe postergarse. La lleva personalmente Gonzalo de Quesada y en ella se adivina la gravedad del momento, cuando llega al extremo de pedirles que hipotequen la casa en que viven: «Yo, Uds. lo saben, estoy levantando la Patria a manos puras (...) Si es preciso, háganlo todo, den la casa. No me pregunten. Un hombre como yo, no habla sin razón este lenguaje»[119]. Lo más conmovedor es que ellos estuvieron a la altura de ese gran sacrificio.

Gracias a la historiadora cubana Josefina Toledo conocemos muchos datos de la procedencia y obra de Paulina Pedroso, pues dedicó años a la investigación para su libro citado. Por ella sabemos que nació de padres esclavos en Consolación del Sur, provincia de Pinar del Río. Hernández es el apellido recibido de los dueños esclavistas. A finales de la década de 1870 emigró a Cayo Hueso, donde contrajo matrimonio con Ruperto Peroso, afrocubano como ella.

Al iniciarse el auge de las fábricas de tabaco en Ybor City, el matrimonio se trasladó para Tampa y con los ahorros obtenidos construyeron la casa de madera en la Octava Avenida, entre las calles 13 y 14, donde montaron una pequeña fonda y un cuarto para huéspedes. Aquí vivían cuando en noviembre de 1891 llegó José Martí a la ciudad y asistieron al Liceo Cubano, al fondo de su casa, a escuchar su discurso. Desde entonces, se entregaron con todo entusiasmo a la obra del redentor.

Un momento significativo de la relación de Martí con el matrimonio Pedroso ocurrió en diciembre de 1892, cuando atendieron en su casa al Maestro, convaleciente del intento de envenenamiento que sufrió.

En los años preparatorios de la guerra por la independencia de Cuba y durante su desarrollo, la pareja afrocubana estaría dentro de los mejores contribuyentes a esa causa y sufrieron, como tantos cubanos, con la tragedia de Dos Ríos. Se conservan unas palabras escritas por Paulina en el primer aniversario de la muerte de su mejor huésped: «Martí, / Te quise como madre, te reverencio como cubana, / Tú fuiste bueno: a ti deberá Cuba su Independencia»[120].

Al terminar la guerra a la que tanto ayudaron, no corrieron a Cuba a pedir algo a cambio de su sacrificio. Continuaron su vida en Ybor City con toda humildad y recuperaron su hogar. El nombre de Ruperto aparece en la fundación de la Sociedad Martí-Maceo, cuando afloran posiciones raciales de agrupación que se alejaban de los postulados martianos por los que habían luchado.

De ese tiempo hay pocos datos sobre ellos. No se conoce con exactitud la fecha en que regresaron a la Patria. He encontrado en las Actas de la Cámara de Representantes de Cuba, correspondientes a febrero de 1905, una referencia a Paulina Pedroso. Es una «Proposición de Ley para auxiliar a la amiga del gran José Martí, a la Señora Paulina Pedroso». En la discusión que se produce alrededor de la propuesta, un delegado pide «socorrer a esa infeliz señora» que está viviendo en la pobreza. Se decide pedir un informe al Cónsul de Cuba en Tampa para verificar su estado. En una sesión siguiente se da lectura al «Dictamen de la Comisión de Presupuesto al Proyecto de Ley, concediendo un crédito de tres mil pesos para la señora Paulina Pedroso»[121]. Es curioso que en esa sesión se negó una solicitud hecha a favor de la viuda del general Flor Crombet y otra hacia familiares de Martí.

Después de esa fecha, las referencias que aparecen de Paulina son las de su muerte. Tal vez regresó a Cuba con su esposo antes de terminarse la primera década del siglo XX. Seguramente los enfrentamientos raciales de 1912, donde el propio Ruperto pudo ser una víctima, debieron dañarle profundamente.

La mujer que hipotecó su casa en Ybor City a favor de una Patria «con todos y para el bien de todos», vivió sus últimos días en la pobreza, casi ciega y enferma, en un pequeño apartamento de la calle Corrales, en La Habana. Cerró los ojos a los setenta y cuatro años, el 21 de mayo de 1913, a dos días del aniversario de la muerte de Martí. El diario *La Discusión,* al dar la noticia, informó que había sido depositada en la tumba con una banderita cubana y un retrato de Martí que ella siempre confesó se lo había regalado él.

A más de un siglo de distancia, cuando nos acercamos al sitial histórico donde estuvo su casa, la sentimos flotar envuelta en la bandera cubana y como dijera el Maestro: «negra de color y muy señora en su alma».

NOTAS

[116] Josefina Toledo, *La madre negra de José Martí,* Editorial Verde Olivo, La Habana, 2009.
[117] *Epistolario,* t.V, p.45.
[118] Idem, t. IV, p .93.
[119] Idem, t.V. p.45.
[120] Fragmento de un poema de Paulina, publicado por el periódico *Cuba,* Tampa, 18 de mayo, 1897.
[121] Diario de Sesiones del Congreso de la República de Cuba. La Habana, 5 de febrero, 1905. Volúmen VI, p.67.

2.7 MIGUEL BARBARROSA

No se sabe mucho sobre el Dr. Miguel Barbarrosa y Márquez, médico cubano que vivió en Ybor City a finales del siglo XIX, durante los años gloriosos en que, en medio del propio crecimiento de este barrio y el de West Tampa, se estuvieron realizando los más grandes esfuerzos por la independencia de Cuba. Decenas de nombres afloran al pensar en aquella época heroica. Cuando retrocedemos en el tiempo hacia este espacio poblado de cubanos, españoles, italianos, estadounidenses, entregados al completamiento de la independencia americana, el respeto se vuelve admiración.

Y si en alguna conversación ocasional emerge el nombre de José Martí y se recuerdan sus pasos fecundos por las calles de Tampa, inevitablemente se menciona a Carbonell, a Rivero, a Figueredo, a Ruperto y Paulina Pedroso. Muchas veces, el diálogo se enriquece con anécdotas que pasaron de generación en generación y hoy están cuidadas en la escritura. Una de las más repetidas relata el momento en que alguien atentó contra la vida de Martí. Entonces, se recuerda el apoyo que le dieron Paulina y Ruperto Pedroso, pero casi nunca se menciona al médico que le asistió.

Su nombre era Miguel Barbarrosa y nació en La Habana, en 1849. En su ciudad natal se graduó de Bachiller en el Instituto de Segunda Enseñanza, donde debió coincidir con algunos de los estudiantes de medicina asesinados en 1871.

Al terminar este nivel de estudios se trasladó a Estados Unidos, donde se graduó de doctor en Medicina y Cirugía. Después se mudó a Francia y residió un tiempo en París, lugar en que ejerció su profesión.

De París regresó a La Habana, pero al tomar nuevamente el camino de la emigración, se decide por Tampa. Hacia 1890 se instala en Ybor City, donde otros médicos cubanos ya estaban instalados y seguramente conoció a Martí desde la primera visita de éste a la ciudad. La primera carta de Martí a Barbarrosa que conocemos, está fechada el 12 de noviembre de 1892 y le expresa:

> Acaso mi amigo Barbarrosa, y el alma exquisita y ferviente de su compañera, hayan sido injustos, por falta de cartas de agradecimiento, con el viajero cuyas ansias y soledades ha alegrado más de una vez, y muchas veces, el recuerdo del entusiasmo, de la ternura, de la lealtad, y del amor que he visto en su casa. Se habrán engañado, y allá voy a decírselo, con el cuerpo a medio deshacer, pero con más Patria, con un beso en la frente pa. el niño y en la frente pa. la compañera, y con el corazón agradecido y hermano de, su J. Martí.

Se han conservado cuatro cartas del Apóstol a este médico[122], dadas a conocer en el *Epistolario* que venimos citando, pues no habían sido incluidas en las *Obras Completas* anteriores a esta publicación. Por esas letras martianas conocemos el hogar de Barbarrosa, a su esposa y pequeño hijo –René–, así como el cariño con que recibían al sensible amigo cuando llegaba de Nueva York o regresaba de Cayo Hueso.

La segunda carta de Martí a Barbarrosa la envió desde Nueva York. En ella le contó que el Dr. Miranda, quien lo atendía en Nueva York, estuvo satisfecho con el tratamiento que le indicó el médico de Tampa cuando padeció el intento de envenenamiento. Le escribió que aquel «aprobó absolutamente y con gran elogio, toda la medicación de Ud., que continúa él aquí; por cierto, que no quiso irse sin su dirección».

Con suma delicadeza le dio a conocer que, aunque seguía convaleciente, ha mejorado. «Yo, ya al trabajo, entre el sofá y la silla: la mente se me ha vuelto a enflorar, de toda la virtud que he visto por ese mar azul, y en lo que toca a Ud. parte mayor: estoy, por lo que hace a mente, echando chispas, pero le prometo no salir al frío hasta que tenga cuerpo».

Delicadeza de amigo y de paciente, porque en la virtud encontrada por «ese mar azul», Barbarrosa tiene «parte mayor», y debió aconsejarle con mucha fuerza el cuidado de sus pulmones maltrechos, para despertarle la promesa de no salir al frío.

La tercera carta corresponde al 18 de febrero de 1893 y fue escrita en Fernandina, de donde seguirá hacia Tampa. «Yo me callaba la sorpresa, pero quiero darme el gusto de saber que los he hecho pensar en mí desde hoy, antes de que me vean, camino del Cayo...». Se queja porque no lleva consigo un juguete a René, una flor a la madre y un libro al amigo, y con fino humor se disculpa: «Recíbame mal, si lo merezco, y crea que no tiene amigo más tierno, ni cliente más inútil, que su, José Martí».

La última carta conocida de Martí a Barbarrosa la escribió en Nueva York, el 9 de mayo de 1894, en medio de su incesante ajetreo. En ella le expresó que lo considera parte de su «íntima familia, de aquella en que solo entran las almas de absoluta limpieza y desinterés».

Es una lástima que el epistolario martiano no se haya completado con las cartas que él recibía. Cuánto nos servirían esas epístolas que le fueron escritas para entender la estimación que le rodeó. Las de Barbarrosa deberían estar entre ellas, porque mucho debieron significar a Martí para que le dijera: «De sus cartas sí le he de decir que me fueron un premio muy dulce, en días en que, con todo el poder de mi humildad y mi moderación echaba acaso las bases de esa cara república de Cuba».

Si sólo supiéramos del Dr. Miguel Barbarrosa por haber sido destinatario de unas cartas sinceras y hermosas del Apóstol, sería suficiente para recordarle. Pero cuando apreciamos que contribuyó a su cuidado físico y espiritual y mereció ser visto por Martí como de su familia, comprendemos que esas cualidades debieron corresponderse con una atención exquisita, como médico y ciudadano, a la comunidad de Ybor City a fines del siglo XIX. Entonces, en la lista de médicos distinguidos que pasaron por esta ciudad, debe inscribirse también el del Dr. Miguel Barbarrosa.

NOTAS

[122] Las cartas de Martí a Barbarrosa aparecen en este libro, tomadas del *Epistolario* citado.

2.8

JUAN ARNAO

El cubano Juan Arnao Alfonso tenía más de ochenta años cuando estalló la Guerra de Independencia de 1895. Entonces vivía en Tampa, donde se incorporó con toda su energía a la obra del PRC y a cuantas actividades se realizaron en esta ciudad para desatar y hacer triunfar el último estallido libertador en Hispanoamérica. Según cuenta Wenceslao Gálvez y del Monte, escritor que fue amigo suyo en esta ciudad, Arnao propuso más de una vez que lo incluyeran entre quienes salían para el campo armado. «Y cuando algún íntimo le hace alusión a que estaría en el Gobierno al lado del Marqués de Santa Lucía, se irrita y contesta con inusitada vivacidad: ¿Acaso se me ha olvidado disparar un fusil?»[123]

Esa capacidad para la acción, combinada con el intelectual inteligente que escribió páginas significativas sobre la historia de Cuba, se manifestó desde la primera juventud en el hombre que llegó a Tampa con una amplia barba de Patriarca, en la década de 1890. Nació en el tiempo de las primeras guerras por la independencia americana, el 17 de septiembre de 1812, en Limonar, provincia de Matanzas, Cuba, en un hogar español. Su padre catalán era ingeniero y le adivinó su inclinación por las letras, la ilustración, los libros, tal vez sin sospechar que encontraría en ellos el derecho a la rebeldía contra la opresión.

El matancero, quien pudo estudiar leyes en España, se hizo hombre en un ambiente donde la oposición al coloniaje se expresaba a través de conspiraciones contra el gobierno español en la Isla. Una de ellas fue la llamada «Conspiración de la Escalera», en 1844, que le costó la vida al poeta Plácido a pesar de su inocencia. A fines de esa década, Arnao se incorporó a la conspiración que llamaron «Mina de la Rosa Cubana», dentro del proyecto dirigido por el venezolano Narciso López, quien se proponía la anexión de Cuba a Estados Unidos. Fracasó la expedición del militar venezolano, quien llegó a la Isla e izó por primera vez la bandera cubana. En un enfrentamiento con fuerzas españolas, Juan Arnao fue herido y hecho prisionero, pero en febrero de 1851 el capitán general José de la Concha le otorgó el indulto.

Cuando en 1868 estalló la Guerra de los Diez Años, intentó incorporarse inmediatamente, pero fue detenido al viajar a la región oriental. Entonces las autoridades españolas lo expulsaron del país y se radicó en Estados Unidos. De Nueva York salió hacia Cuba en la segunda expedición naval de Domingo Goicuría, en octubre de 1869. Junto a él viajaron Juan Clemente Zenea y Ramón Roa, figuras célebres en la historia de Cuba. No es objeto de estas líneas recordar las múltiples peripecias por las que fracasó aquella expedición compuesta por alrededor de quinientos hombres y un enorme cargamento de armas y municiones. Después de varios contratiempos fue descubierta por autoridades inglesas de Nassau y los expedicionarios quedaron a la deriva en Cedar Key, al sur de Bahamas.

En los años siguientes y en el período conocido como «Tregua Fecunda», Juan Arnao continuó apoyando el proceso independentista cubano, a la vez que ejercía como abogado de profesión y escribía sobre la historia de su país. En la década de 1880 residió en Nueva York, donde compartió la labor patriótica con Cirilo Villaverde, Salvador Cisneros Betancourt, Manuel de la Cruz y el joven José Martí. En agosto de 1883 fue elegido Presidente del Comité Revolucionario Cubano en esa ciudad, cargo que ocuparía hasta 1885.

En esta década Arnao escribió una obra valiosa que, lamentablemente, apenas se menciona. Me refiero al libro *Páginas para la historia política de la isla de Cuba*[124], de casi trescientas páginas, de sumo valor informativo y testimonial. Hay una breve carta de Martí a Arnao, escrita en Nueva York en enero de 1895, donde le dice que va a referirle a un amigo que desea adquirir esta obra: «Mi Sr. Don Juan, un buen cubano, el Sr. Magín Coroneau, viene a preguntarme dónde puede comprar un ejemplar de sus *Páginas para la historia*. Lo ha leído prestado, y quiere conservarlo. Yo pongo a Usted estas líneas para complacer a este buen amigo, cuyas señas son: 159 W. 61 St. Cuídeseme, y mande a su J. Martí»[125].

Hay otros libros de Arnao, probablemente escritos en Tampa, como *Cuba, su presente y porvenir*[126]. Fue abogado, poeta, escritor, pero por encima de todo se sintió un patriota. Regresó a su tierra al terminarse la guerra, en 1898. Falleció en la ciudad de Guanabacoa, el 6 de marzo de 1901, con ochenta y nueve años. Murió pobre, sin pedir nada a cambio de más de cincuenta años de sacrificios para que su Patria fuera libre.

En la ciudad de Tampa, Bonifacio Byrne le dedicó unos versos que incluyó en su libro *Efigies* (1897) y aquí reproducimos:

Juan Arnao

Cuando lo vi con su cabello cano
Y con su venerable continente,
Sentí deseos de besar su mano,
Sentí deseos de besar su frente
Me hubiera arrodillado ante el anciano
Que, en el ocaso de su vida, siente
Un odio inextinguible hacia el tirano
Y amor profundo hacia la Patria ausente.
Viendo su noble faz, me parecía
Que sobre su cabeza inmaculada
La bendición del cielo descendía;
Mientras que errante y triste, su mirada
En el éter lejano se perdía
Como una golondrina fatigada.

B. Byrne
Tampa, 1897

Notas

[123] Wenceslao Gálvez, Ob. Cit. P.155.
[124] El libro *Paginas de la historia de la isla de Cuba*, de Juan Arnao, fue reimpreso en La Habana, 1900.
[125] *Epistolario*, t.V, p. 28
[126] Juan Arnao. *Cuba, su presente y porvenir*. Nueva York, Imprenta de E.R y Agüero, 1887.

2.9 LOS HERMANOS
Félix y Andrés Sánchez Iznaga

Los hermanos Andrés y Félix Sánchez Iznaga vivieron en Tampa durante los años en que José Martí visitó la ciudad. Sin embargo, no se ha profundizado aún en el papel que ambos jugaron en los acontecimientos relacionados con la actividad del Apóstol en aquellos días de gestación de la independencia antillana. Siempre se menciona a Néstor Carbonell como la principal figura que determinó la llegada a Tampa del mejor líder político cubano de todos los tiempos, por haber sido quien se ocupó de enviar a Nueva York la carta de invitación.

Sin embargo, en las reuniones previas a este hecho histórico convocadas por el club Ignacio Agramonte en el Liceo Cubano, el papel que desempeñó Andrés Iznaga fue relevante. Fue el primero en apoyar a Eligio Carbonell cuando éste propuso que fuera José Martí el orador a quien debían invitar al acto patriótico previsto para noviembre, cuando otros –el veterano Ramón Cabrera, por ejemplo–, propusieron a Manuel Sanguily. En la reunión siguiente se debatió sobre los fondos necesarios para cubrir los gastos de viaje y estancia en la ciudad del visitante aprobado. En aquel momento, al percatarse Iznaga de las dificultades pecuniarias para cubrir la invitación, se brindó a prestar el dinero para que nada impidiera la llegada de su amigo a la ciudad[127].

Los hermanos Andrés y Félix Sánchez Iznaga –más conocidos por el segundo apellido– estaban entre los escasos amigos que tenía Martí en Tampa antes de su primera visita a la ciudad. A Juan Arnao lo conocía de Nueva York; a otros –incluido Eligio Carbonell, quien asistió a un discurso suyo en Filadelfia– los habría visto alguna vez, pero la mayoría de los cubanos que vivían en este lugar lo conocieron personalmente en noviembre de 1891. Sin embargo, los hermanos Iznaga eran amigos suyos muy cercanos. Eran de Trinidad, donde su esposa Carmen Zayas-Bazán tenía familia. De manera que el poemario *Ismaelillo*, del que trajo a Tampa algún ejemplar, estaba dedicado su único hijo, José Francisco, cuya abuela materna era de la misma ciudad en que crecieron los dos hermanos que estaban esperándolo en el andén de Ybor City.

En Nueva York habían estado muy vinculados a él. En 1888, cuando Martí intentó crear una pequeña editorial, nombró a Félix como administrador. A través de ella publicaron la novela *Ramona*, de Helen Hunt Jackson, para cuya traducción y edición contó con la ayuda del joven trinitario. Según Enrique López Mesa, investigador del Centro de Estudios Martianos de Cuba, Félix declaró que Martí «se la dictaba en español con asombrosa rapidez, y de ahí sin corregirlas apenas, iban las cuartillas a la imprenta»[128].

Después de detenerse aquel proyecto editorial, Félix decidió mudarse a Tampa, donde comenzó a trabajar en la fábrica de tabacos de Vicente Martínez Ybor. En carta del 31 de octubre de 1889 Martí le dice que recibió la suya: «Mi muy querido Iznaga: Ayer recibí su primera carta, que hasta literaria viene, por lo sentida y sincera. Hace bien en acordarse de mí, porque yo no lo olvido. Lo que no quiero es que le falten ánimos, ni tenga el cuerpo allá y el pensamiento aquí. El secreto del éxito es dedicarse entero a un fin. Ya le irá gustando Ibor City». Ya me he referido a esta carta, para mostrar que Martí conoció a Vicente Martínez Ybor y Eduardo Manrara en Nueva York, antes de su primer viaje a Tampa[129]. En esas líneas, también sabemos de la cercanía de Andrés con él, pues piensa «invitarlo a que mude de ocupación, a pesar del apuro en que me ha puesto Da Costa, ya arrepentido, pero con quien no veo manera de avenimiento final que me de derecho para trabajar en la empresa con la misma fe». Es, otra vez, una empresa editorial, donde publica *La Edad de Oro*, revista que interrumpió en el cuarto número por desavenencias con el dueño, el portugués Aaron Da Costa.

Después Andrés siguió al hermano a Tampa, donde se integró muy rápido a las asociaciones patrióticas del lugar. En mayo de 1891, cuando se organiza el club Ignacio Agramonte, en su primera directiva aparece como Vicepresidente. A partir de entonces, la actividad que ambos hermanos realizaron en Tampa a favor de la independencia de Cuba fue sobresaliente.

En las descripciones que encontramos en el periódico *Patria* sobre la labor del patriotismo cubano en Tampa es común el nombre de los hermanos trinitarios. Por ejemplo, el 16 de abril, 1892, es la firma de Iznaga la que aperece en este telegrama: «Proclamado Partido diez, entusiasmo. Presidente Carbonell, Secretario Iznaga. Hablaron Carbonell, Iznaga, Hernández, Gutiérrez, Ruiz, Rivero.» En el acto del 19 de julio de 1892 en el Liceo Cubano, publicado con todos los detalles por el periódico fundado por Martí, Félix Iznaga acompañó al piano a «la angelical Srta. María Luisa Sánchez». En esa misma reseña, se informa que ese mismo día «el Sr. Andrés Iznaga ofreció a nuestros huéspedes una excelente comida en su morada, a la cual asistieron diferentes personas de la localidad, incluso el Mayor de la ciudad, haciendo los honores de la casa los esposos Iznaga»[130]. Los huéspedes aludidos eran Martí, Serafín Sánchez, José Dolores Poyo y Carlos Roloff, quien ya vivía en la ciudad.

En el capítulo dedicado a las letras de Martí se conservan algunas cartas enviadas a Tampa a los hermanos Iznaga. En todas se aprecia la enorme confianza y cariño que les tiene el Apóstol. En una lo trata «como hijo mío», en otra le pide «séame allí agente principal».

Parece ser que en un momento Martí necesitó que Félix le ayudara en Nueva York con la administración del periódico *Patria*. Es lo que se deduce de esta carta, firmada el 20 de febrero de 1893:

Iznaga querido: ¿Cómo le va en esa soledad? No se me ponga a apurarme por nuestra conversación última. Espéreme en calma. Yo salgo el miércoles, paso en Tampa un día y vuelvo a Vd. –Sálveme a Patria. Corra de un lado a otro y de Gonzalo a Figueroa, como amigo que es Vd. de su José Martí.

Guárdeme reservadas las cartas que vayan a Ernesto Mantilla. Las demás a Gonzalo»[131].

Es evidente que ha regresado a Nueva York, temporalmente y sin la familia, para atender alguna necesidad del periódico que había que «salvar» y recibía, incluso, la correspondencia que iba dirigida a Martí. Todavía el 12 de noviembre de ese año seguía allí, cuando Martí le escribió desde Filadelfia: «Félix inolvidable: Le hablé por telégrafo. Es preciso. A mí, que me echo todos los días a la mar, me parece natural todo sacrificio. Y a V. también, cuando yo lo pido: ¿qué no será cuando lo pido yo, que vivo de dar, y muero de pedir? Pero para nuestra tierra, todo. Ahora, un abrazo; adivine, ayude, quiérame a Gonzalo. Su J. Martí». El «quiérame a Gonzalo» indica la presencia de éste a su lado, seguramente en la oficina, en el periódico.

Sin embargo, en diciembre de 1893 ya Andrés había regresado a Tampa, lo que vemos en la carta que ese mes Martí dirige a los dos hermanos, probablemente desde Cayo Hueso, donde estuvo entre el 15 y el 21: «Félix y Andrés: No he dormido desde que les dije adiós, he cumplido con todo mi deber, y vuelvo a Tampa. En diez días o cosa así volveré, roto el cuerpo, íntegro el cariño. Y no poner a allá unas líneas sin ponérselas a sus dos almas generosas. Yo aquí, en lo más difícil, contento y muerto. Quieran, y las flores de la casa, a su J. Martí».

En todo el proceso de preparación y estallido de la Guerra de Independencia en Cuba, Félix y Andrés seguían acompañando a Martí. Al estallar el conflicto armado, supieron del desembarco de su amigo en las tierras orientales y, como todos los cubanos que vivían en Tampa, sufrieron con la noticia de su muerte en combate. En marzo de 1896, Félix Iznaga llegó a Matanzas, Cuba, como parte de la expedición que condujo Enrique Collazo. Combatió bajo las órdenes del general José Lacret, pero cuando se encontraba en la región de la Ciénaga de Zapata contrajo una enfermedad que le provocó la muerte, ocurrida el primero de agosto de1896.

Su hermano Andrés se mantuvo en Tampa, al lado de Figueredo, Rivero y de los líderes revolucionarios cubanos que desde esta ciudad tanto contribuyeron a la independencia de la Isla.

NOTAS

[127] José Rivero Muñiz, Ob. Cit. p.52
[128] Enrique Ojito. Trinidad en Martí. Artículo en https://martianos.ning.com/profiles/blogs/trinidad-en-mart-infograf-a-por-enrique-ojito.
[129] Ver «José Martí y Vicente Martínez Ybor», pag. 181 de este libro.
[130] Ver la reseña de *Patria* en el último capítulo de este libro.
[131] Las cartas de Martí a Iznaga aparecen a partir de la página 356 de este libro.

2.10
RAMÓN RUBIERA DE ARMAS

Apenas aparecen datos para completar unas notas biográficas sobre Ramón Rubiera de Armas, un cubano que a fines del siglo XIX tuvo una visible impronta en los acontecimientos relacionados con las guerras de independencia en Cuba y que, en la ciudad de Tampa, fue dos veces Concejal.

Aún cuando algunos afirman que fue en su casa donde se hospedó José Martí durante su primera visita a Tampa, del 26 al 28 de noviembre de 1871, no existe un testimonio de su época que permita asegurarlo. Ni siquiera Martí, tan pródigo en confesar su gratitud a quienes le brindaron una mínima atención, dejó constancia de este hecho, cuando en diversos escritos se refiere a los Carbonell (padre e hijo), Rivero, Iznaga y a casi todos los que le rodearon durante aquellos días.

Rubiera de Armas y Martí se conocían desde Nueva York y allí participaron juntos en proyectos independentistas en la década de 1880. Aunque no siempre coincidieron en sus formas organizativas y tuvieron disensiones por ello, al final les acercó el intento de promover un plan que desembocara en la liberación de Cuba del dominio español. Desde esta perspectiva, apunto hacia dos elementos significativos: la actitud de Rubiera al atacar a Martí en su revista *La República* –por su alejamiento del plan Gómez-Maceo en 1884[132]– y su comportamiento de1887, cuando ambos firmaron un programa para el proyecto independentista encabezado por el coronel Juan Fernández Ruz.

Cuando Martí conoció a Rubiera en Nueva York, éste tenía una hoja de servicios significativa en el quehacer independentista cubano. Había participado en la expedición malograda del Virginius, en 1873. Cuando el barco estadounidense fue capturado por un buque español mucho antes de llegar a su destino, cargado de armas y hombres hacia las filas insurrectas cubanas, uno de los prisioneros fue el joven Rubiera. Los ciento cincuenta y cinco hombres que iban en el vapor (tripulantes y pasajeros) fueron llevados a Santiago de Cuba y, tras un juicio sumarísimo, cincuenta y tres fueron fusilados, entre ellos el capitán del barco –el tampeño Joseph Fry– y Pedro de Céspedes del Castillo, hermano de Carlos Manuel, el Padre de la Patria.

Muchos prisioneros del Virginius salvaron la vida porque la presión internacional detuvo los fusilamientos. En noviembre de 1873, un acuerdo entre Estados Unidos y España logró que un grupo de prisioneros, entre ellos Rubiera, fuera enviado a Nueva York, donde el patriota se vincula al movimiento revolucionario cubano de la ciudad.

A partir de esa fecha, la presencia de este cubano en Nueva York se hizo visible, especialmente a través de la prensa cubana en el lugar. En 1876, vemos su nombre como editor en *El tribuno cubano*, donde el escritor Cirilo Villaverde era redactor[133]. En 1884 fundó el semanario político la *República*, que se publicó hasta el año siguiente y en cuyas páginas incluyó los ataques severos a Martí a que me he referido.

A principios de 1887 Rubiera vive en Tampa, aunque no he encontrado la fecha exacta en que llegó a la ciudad. Aquí debió hacerse muy visible su comportamiento a favor de las huelgas obreras y el separatismo cubano de España, cuando la Cámara de Comercio se pronunció por su expulsión de este lugar y lo acusó de provocar disturbios. En la edición del 26 de marzo de ese año el periódico *Tobacco Journal* da fe de ello. Por un lado, publicó una declaración de la Federación Cubana de los Fabricantes de Tabacos donde se condena la expulsión de Rubiera por provocar «disturbios» en la ciudad y, en la misma columna, una nota firmada por Vicente Martínez Ybor y Co., en la que se agradece la «acción oportuna, mediante la cual nos liberaron de la presencia de una desesperada pandilla de hombres», lo cual indica que no fue sólo Rubiera el expulsado. Pero también el *New York Times* se hizo eco de la noticia y el 16 de mayo de 1887 publicó una nota donde no solo dice que «Ramón Rubiera fue expulsado recientemente de Tampa» sino también que, según éste, el cónsul español estuvo ofreciendo cincuenta mil dólares a quien lo entregara en un barco bajo su bandera. A su vez, declara que iba a presentar una reclamación al Distrito de la Florida para que iniciara una investigación del caso y que el gobierno español le pagara los daños causados.

Al regresar a Nueva York, Rubiera se involucró de nuevo con los planes independentistas. Entonces se había activado el proyecto encabezado por el coronel Juan Fernández Ruz, para el que Martí escribió el programa político que también firmó Rubiera.

No conozco la fecha exacta en que el sobreviviente del Virginius regresó a Tampa, pero debió ser a mediados de 1892. De haber estado en noviembre de 1891 en la ciudad, se le habría relacionado con los acontecimientros que entonces tuvieron lugar. Sin embargo, no aparece entre las asociaciones que se reunían en el Liceo Cubano desde 1890, ni entre quienes apoyaron la primera visita de Martí a la ciudad. No se menciona en el marco de las reuniones que se produjeron entre el 26 y el 28 de noviembre de 1891 en la casa de Néstor Carbonell, Cornelio Brito, Andrés Iznaga o el Liceo Cubano. Tampoco se le menciona en los escritos de Martí sobre esos días, ni está en los testimonios dejados por Ramón Rivero, Carbonell u otros asistentes a aquellos eventos. Además, en las obras publicadas por autores reconocidos – Manuel Deulofeu Leonard, Gerardo Castellanos, Wenceslao Gálvez, Enrique Trujillo, Enrique Collazo, entre otros– no se identifica un lugar como hospedaje para Martí durante su primera visita a Tampa.

Es Juan J. E. Casasus, en su libro *La emigración cubana y la independencia de la Patria,* quien afirma: «El Maestro se hospeda en la fonda de Rubiera, adonde van a verle ansiosos sus compatriotas». Pero no cita referencias para esa afirmación, publicada en 1953. Parece ser que de esa lectura procede la afirmación acrítica que hemos escuchado después.

Sin embargo, a partir de la cuarta visita de José Martí a Tampa, sí encontramos la presencia de Rubiera de Armas. Entonces, como dio a conocer *Patria* el 16 de julio de 1892, se creó en Tampa el club revolucionario «Máximo Gómez», para el que eligieron a Rubiera como vicepresidente. En ese mismo número, este periódico publicó un escrito enviado por Luis M. Ruiz, donde leemos:

> Llegó el Señor Martí [al Liceo Cubano de Ybor City] apenas el reloj daba las ocho y acompañado del Consejo de Presidentes ocupó el palco escénico; allí estaban, a más del Delegado, el Sr. Federico Sánchez, Presidente del Consejo; Andrés S. Yznaga, Secretario; y los presidentes Domingo León, Max Santiesteban, Esteban Candau, Fernando Serrano, José G. Rivero y Alfredo Valdés; además los veteranos Heraclio Varona y Juan Arnao y los Sres. Luis M. Ruiz, Ramón Rubiera, Marcos Gutiérrez, Hernández Manuel, Néstor L. Carbonell y Joaquín Granados.

En un acto realizado en el Liceo Cubano durante esos días, Rubiera es uno de los oradores. Así lo describe Ruiz en la crónica aludida: «Anuncian al incansable patriota (...) al superviviente del Virginius, Ramón Rubiera. Lo recibe el público con merecido aplauso de cariño y pronuncia una oración académica ciñéndose en todo a las formas. Nos dijo en la exposición que la noche anterior nos había sorprendido la llegada de nuestro distinguido Delegado Sr. José Martí».

Durante esta visita inesperada, pudo Martí haberse hospedado en casa de Rubiera de Armas, aunque no hay fuentes probatorias para afirmarlo. Se pudiera conjeturar que una afirmación suya sobre este hecho llegó a través de la transmisión oral a Casasús –quien lo publicó tantos años después–, como otra fuente informó a Rivero Muñiz que entonces el Maestro se hospedó en el Cherokee, cuando el hotel con este nombre se fundó tres años después.

La crónica publicada en *Patria* señala que el 5 de julio de 1892, cuando miembros de la Liga Patriótica reunidos en el Liceo Cubano supieron que José Martí había llegado a la ciudad, le enviaron un aviso a la casa donde acababa de alojarse. El escrito nos informa que Martí asistió a la reunión esa noche y se «retiró de madrugada a su alojamiento», que pudo ser la fonda de Rubiera, a quien «sorprendió» su llegada y él utilizara el plural para contarlo.

A partir de 1893, Martí se hospedó varias veces en la casa del general Carlos Roloff, que se había mudado a Tampa a mediados del año anterior, lo que fue reflejado en el periódico *Patria* más de una vez. A partir de entonces, es constante el nombre de Ramón Rubiera de Armas en toda la actividad del PRC en la ciudad durante la preparación y desarrollo de la Guerra de Independencia en Cuba. En los escritos que reflejan las siguientes visitas de Martí a Tampa, elaborados por testigos de los acontecimientos que se describen, hay múltiples referencias a él. En la edición del 31 de diciembre de 1892, se enumeran los oradores que acompañaron en la tribuna del Liceo Cubano a José Martí unos días antes y entre Carlos Baliño, Ramón Rivero y otros, aparece Ramón Rubiera, hablando en nombre del club «Máximo Gómez». En mayo de 1893, lo encontramos en el acto de la fábrica de Martínez Ybor, cuando ya es Concejal de la ciudad.

Rubiera también se convirtió en un activo participante en la política de Tampa y fue electo para su Consejo de Gobierno en dos períodos: de marzo de 1893 a marzo de 1894, y entre junio de 1898 y junio de 1900.

A diferencia de la mayoría de los líderes independentistas que regresaron a su país al término de la guerra, Rubiera se quedó en Tampa. Aquí participó en la reorganización de asociaciones cubanas posteriores a la Guerra de Independencia, en cuya mentalidad no asoma un posible regreso a la Patria. Cuando el 10 de octubre de 1899 se creó la primera comisión organizadora del Club Nacional Cubano «Diez de Octubre» –nombrada luego Círculo Cubano–, a él lo nombran tesorero.

En esta misma ciudad, Rubiera se casó con Mercedes Ferrer. En el acta de matrimonio, correspondiente a 1901, aparece la firma de Manuel Deulofeu Leonard. Considero que el reverendo, amigo suyo, no habría dejado de anotar en su libro de 1900[134] un dato tan significativo como el primer hospedaje de Martí en Tampa, si hubiera tenido esa confesión de Rubiera.

Desde 1892 hasta el 12 de marzo de 1911 en que su corazón dejó de latir, Ramón Rubiera de Armas hizo de Tampa la ciudad preferida donde radicar y en ella dejó la huella de su paso fecundo por la vida.

NOTAS

[132] *La República. Semanario político.* Director: R. Rubiera. 1884-1885. New York.

[133] En el certificado de naturalización de Cirilo Villaverde en Estados Unidos, con fecha 27 de octubre de 1876, vemos que en su misma dirección aparece Ramón Rubiera de Armas, en 136 St. Bet Alexander y Hillis Ave NY City.

[134] En la bibliografía de esta obra aparecen los libros de Manuel Deulofeu Leonard.

2.11 CARLOS BALIÑO

De todas las personalidades que rodearon a José Martí en Tampa y Cayo Hueso –incluso en toda la emigración cubana–, a ninguna se le ha dado tanta relevancia en la historiografía cubana del último medio siglo como a Carlos Baliño López. Su participación en la fundación del PRC (1892) y en el Partido Comunista de Cuba (1925) se ha interpretado como un símbolo de la continuidad del proceso revolucionario de la nación.

Pero mi objetivo va enfocado a la presencia de esa figura histórica en Tampa, pues considero que fue en esta ciudad donde Baliño y Martí se relacionaron más, aun cuando fuera Cayo Hueso el lugar donde se conocieron.

Baliño nació el 13 de febrero de 1848 en Guanajay –entonces perteneciente a la provincia de Pinar del Río– y aunque realizó algunos estudios de arquitectura y dibujo, desde muy joven estuvo vinculado a la prensa de su ciudad natal y a la producción tabacalera. Emigró a Cayo Hueso poco después de iniciada la Guerra de 1868 y allí trabajó en las fábricas de tabacos, ambiente en que se perfilan sus preocupaciones sociales y se incorpora a las luchas obreras que sostuvo hasta el final de su vida.

Cuando nace Ybor City en 1886, Carlos Baliño es uno de los tantos cubanos que se trasladaron a Tampa[135]. Desde el Cayo venía propagando ideas socialistas y, a su vez, era un miembro destacado de la Orden Caballeros de la Luz.

Llegó a esta ciudad con el propósito de extender una institución de esa denominación a la nueva comunidad cubana, lo que logra en 1887 con la creación de la «Logia El Porvenir No. 7». Ese mismo año, acompañó a Ramón Rivero en la creación del gremio «Caballeros del Trabajo». Durante su primera estancia en Ybor City –finales de la década de 1880– y antes de volver a Cayo Hueso dejó fundadas dos logias en esta ciudad, la segunda con el nombre «Unión y Fraternidad».

No conozco datos biográficos exactos de las fechas en que Baliño cambia de residencia, en sus constantes mudanzas a distintos lugares de Florida. Muchos apuntes sobre él aseguran que conoció a Martí en Cayo Hueso y que participó en la aprobación de las Bases y Estatutos del PRC. Aunque otros afirman que se conocieron en Tampa, en la primera visita de Martí a esta ciudad no se le menciona. Sin embargo, en su primer viaje al Cayo hay una clara evidencia del encuentro entre ellos, en la carta que el Apóstol escribe a Ángel Peláez: «Quiérame a Baliño, que es redondo de mente y corazón»[136].

Una de sus primeras acciones como miembro del PRC fue la creación del club «Francisco Vicente Aguilera», a nombre del cual asistió en Tampa a los festejos por el 10 de octubre, en 1892. En la descripción que de esa fiesta hizo Ramón Rivero, publicada en *Patria* el 22 de ese mes, leemos: «El Sr. Carlos B. Baliño, presidente del club 'Francisco V. Aguilera', de Key West, leyó un acabado discurso, saturado de patrióticas ideas, de bellas imágenes y de reflexiones tan atinadas respecto de los hombres que trabajan por la libertad, que más de una vez sus palabras fueron ahogadas por los atronadores aplausos de la emocionada concurrencia».

En 1893, Baliño reside otra vez en Tampa, fecha en que fue vicepresidente del club »10 de abril» y participa en la creación de «Enrique Roig». Así lo informó *Patria* en su salida del 14 de enero de ese año, en la reseña «Cuatro clubs nuevos», al referirse a éste: «Marcos Gutiérrez, que es todo un pensador, preside el 'Diez de Abril'. Carlos Baliño, pluma y lengua de oro, es vicepresidente».

En su permanente peregrinar, Baliño se trasladó de Tampa a Ocala acompañado de Dolores del Corral, quien fue su esposa y madre de sus hijos.

En Martí City fue miembro de los clubes «Leopoldo Turla» y del «Fermín Salvoechea». Después vivió en Jacksonville, Georgia y en otras localidades, siempre actuando en comunidades de emigrados cubanos a favor de sus dos causas: la independencia de su país del dominio español y la liberación de la clase obrera, a todo con su ideario socialista. En un escrito de Martí en *Patria*, el 7 de noviembre de 1892, dice de Baliño: «Es un cubano que padece con alma hermosa por las penas de la humanidad y solo podía pecar por la impaciencia de redimirlas». Curiosamente, es lo que objeta a Carlos Marx en su artículo de 1883, al creer que «anduvo de prisa» el alemán, aunque estuviera «comido del ansia de hacer bien»[137].

En 1897 tenemos otras evidencias de la presencia de Baliño en Tampa, esta vez como fundador y redactor de la revista *La Nueva República*, dirigida por Pablo Rousseau.

Al terminar la Guerra de Independencia Baliño regresó a Cuba, donde jugó un papel destacado en las filas del movimiento obrero. En su esfuerzo de organizar a la clase obrera creó diferentes organizaciones desde principios del siglo XX; la de mayor alcance fue el Partido Socialista de Cuba, en 1906 y en 1925 el Partido Comunista de Cuba. Al año siguiente, el 18 de junio, murió en La Habana, a los 78 años, tan pobre como siempre vivió.

Néstor Carbonell, amigo suyo en Ybor City, dejó escritas unas hermosas palabras sobre él: «Laboró, durante la propaganda y la guerra última (1895), por sacar al país amado del vilipendio en que la podredumbre colonial lo tenía. Jamás se le vio flaquear ni exhalar una queja, ni mostrarse cansado en la tarea callada de ir tejiendo el alma de la Patria, centavo a centavo y pecho a pecho. Porque él fue uno de los tejedores. Escritor y orador, su palabra pulcra, sus prédicas juiciosas, eran escuchadas con entusiasmo y con respeto»[138].

Notas

[135] Ver Aleida Plasencia. Documentos de Carlos Baliño. En *Revista de la Biblioteca Nacional José Martí*, Año VI, No. 1, enero-marzo, 1964. pp. 57-81.

[136] *Epistolario*, t. III, p.22.

[137] Ante la muerte de Carlos Marx el 14 de marzo de 1883, José Martí escribió un artículo que fue publicado por el periódico *La nación*, De Argentina, el 29 de ese mes. Aparece en *Obras Completas*, tomo IX, pp. 388-389.

[138] En Pedro Antonio García. «El indomable insurrecto», Revista *Bohemia*, Cuba, 12 de febrero, 2019.

3

OTRAS FIGURAS Y HECHOS RELACIONADOS CON LA OBRA DE JOSÉ MARTÍ EN TAMPA

3.1

HERMAN GLOGOWSKI
EL ALCALDE QUE INVITÓ A JOSÉ MARTÍ A PASEAR POR TAMPA

En su libro *José Martí. Cronología. 1853-1895*, el investigador Ibrahím Hidalgo Paz apunta que el 18 de julio de 1892, «invitados por el alcalde de la ciudad, recorren importantes lugares de Tampa». Se refiere al momento en que José Martí, Carlos Roloff, Serafín Sánchez y José Dolores Poyo fueron convidados por la máxima autoridad política de la ciudad a conocer sus sitios más significativos.

Entonces Herman Glogowski era el alcalde, cuyos méritos en la historia de la ciudad de Tampa fueron considerables, a tal punto que, una vez conocidos, se explica más fácilmente el gesto que tuvo hacia el grupo de líderes que encabezaba el proyecto liberador con que debía culminar la independencia de Hispanoamérica.

Glogowski fue miembro del Partido Republicano y ocupó el puesto de Alcalde de Tampa cuatro veces (1886-1887, 1888-1889, 1890-1891 y 1892-1893)[139]. Cuando apreciamos los datos más relevantes de su biografía –especialmente la semblanza publicada por el profesor Mark I. Greenberg[140]–, llama la atención la positiva integración de un inmigrante de origen judío en esta ciudad estadounidense.

Glogowski nació el 29 de abril de 1854 en la ciudad alemana de Wilhelmsbruck, en el seno de una familia judía, cultura en que fue educado. A los 15 años, en el marco de una creciente emigración de su etnia a Estados Unidos –se considera que entre 1830 y 1880 unos 200 mil judíos alemanes llegaron a esta nación– Glogowski se instala en Nueva York con parte de su familia.

Desde allí, miles de judíos se desplazaban a ciudades estadounidenses donde pudieran encontrar empleo. A fines de la década de 1870, cuando en Florida se experimenta una gran expansión económica, gracias a la entrada de los ferrocarriles, Glogowski se instala en Gainesville y encuentra trabajo en las tiendas de mercancías de G.W. Sparkman y llega a dirigir una de ellas. Después creó su propio negocio, inscrito como Herman & Company. En la prensa de Gainesville de esa época, quedaron registradas opiniones sobre la seriedad y talento empresarial de aquel inmigrante, como un ejemplo del ascenso económico que desde esa época comenzaron a tener los judíos en Estados Unidos, muchos de los cuales se iniciaban como vendedores ambulantes y llegaban a convertirse en grandes comerciantes minoristas y mayoristas.

Glogowski, quien se había integrado a la masonería estadounidense sin dejar de profesar el judaísmo, también comenzó a postularse para cargos públicos en Gainesville. Así, a principios de la década de 1880, apreciamos que este hombre está triunfando en sus propios negocios, se inserta en la vida política de su comunidad. A su vez, construye su propia familia, desde que se casa, en 1882, con Bertha Brown, también judía.

Es el momento en que Henry Plant, cuyo poder financiero en la Compañía de Ferrocarriles del Sur de Florida es notable. Plant tiene los ojos puestos en el desarrollo de la ciudad de Tampa, que ya en 1844 inaugura sus primeras líneas férreas. Esta promesa de crecimiento de una ciudad nueva atrajo a Glogowski, quien decide trasladarse con su familia y sumarse al primer impulso económico que se experimenta en la ancha bahía floridana, donde también Plant abre un nuevo puerto.

Con la expansión poblacional que se opera en Tampa en la década de 1880 y que se dispararía a partir de 1886 con el nacimiento de la industria del tabaco, es lógico que las tiendas minoristas y mayoristas encontraron fácil ubicación.

Es la oportunidad que aprovecha el inmigrante judío, tal vez el primer gran comerciante de ropas de esta localidad.

Pero me voy a detener en su labor como Alcalde de Tampa, responsabilidad que estrena en 1886, año muy significativo para la ciudad. Es común oír hablar de lo que representó la industria del tabaco para el crecimiento y esplendor de este lugar a fines del siglo XIX y el papel jugado en ello por sus grandes representantes –Martínez Ybor, Haya, y tantos–, pero se menciona menos a los dirigentes políticos de la ciudad que favorecieron aquel triunfo.

Justamente, Glogowski era uno de los miembros de la Cámara de Comercio de Tampa cuando ésta ofreció sustanciosos incentivos a los primeros industriales del tabaco para que construyeran aquí sus fábricas. Pero la ciudad requería de dirigentes capaces de representar no solo el crecimiento económico, sino también los intereses de una población que crecía por día. Los electores de agosto de 1886, encontraron esas cualidades en Glogowski y votaron por él, en correspondencia con una alerta que publicó *El Guardián* de la ciudad: «Lo que Tampa necesita es un conjunto de funcionarios emprendedores, intrépidos y progresistas; deben ser hombres de buen juicio, sin influencia y sin control por cualquier interés, excepto el del bienestar público».

Desde esa perspectiva, las ordenanzas del nuevo Alcalde favorecieron las mejoras públicas de la ciudad, como los servicios de agua, sistema de alcantarillado, luz eléctrica, el Cuerpo de Bomberos, mejoramiento del sistema de salud pública, entre otros avances que debían corresponderse con el crecimiento económico y demográfico que se estaba operando.

También fue significativa la actitud del gobierno de la ciudad, presidido por Glogowski, para la construcción de muchas obras que hoy son parte importante de su patrimonio, como la edificación del hotel de Henry Plant, uno de los más lujosos de su tiempo y hoy perteneciente a la Universidad de Tampa. Las concesiones de impuestos y la construcción de un puente que la ciudad ayudó a costear para facilitar el acceso al flamante edificio, contribuyeron a hacer realidad una obra que atrajo a miles de visitantes. Fue el Alcalde quien, el 26 de julio de 1888, colocó la primera piedra de lo que sería el Hotel Tampa Bay.

Glogowski fue reelecto cuatro veces, si bien no sucesivas (él pidió no postularse al terminar un período en el cargo), para calibrar el peso de su labor económica, política y social en esta ciudad. Sus cuatro períodos al frente del gobierno, coinciden con los dos primeros quinquenios del fomento de la producción tabacalera, la modernización de la ciudad, su explosión demográfica y la conformación de una comunidad multiétnica que entraña un modelo de convivencia positiva entre las culturas que le dieron cimiento y la componen.

Cuando ya Herman Glogowski se retira de las altas responsabilidades políticas que contrajo con la ciudad a que dedicó sus mejores fuerzas, se entregó a trabajar en diferentes esferas de la vida económica y cultural de su entorno. Fue contador de algunas companías de tabacos, como la de Ellinger Company en West Tampa. También quedó registrada su actividad como coleccionista de aduanas en el Puerto, pero una de las gestiones sociales sobresalientes en las que se ocupó estuvo relacionada con la comunidad judía en este lugar.

Como miembro activo de un Templo Masónico, se ocupó de reunir a los judíos que habitaban en la ciudad y fundar una congregación donde se expresara su religión y se defendiera su cultura. Así, fundaron la Congregación Schaarai Zedek (Puerta de los Justos), para la que eligieron a Glogowski como presidente. Durante su cargo, se construyó la primera sinagoga (1899), el cementerio judío y una escuela religiosa. Desde nuestro tiempo, puede verse a la figura de Herman Glogowski como un modelo de convivencia pacífica y productiva entre los miembros de diferentes comunidades étnicas. A partir de su origen semita, se insertó en la sociedad estadounidense, trabajó para su progreso y se convirtió en líder político de una comunidad multiétnica.

Aquel respetado ciudadano de Tampa murió a los cincuenta y cinco años, en una circunstancia trágica, inesperada y penosa. El 3 de diciembre de 1909 perdió la vida en un accidente automovilístico, mientras viajaba por Ybor City en uno de aquellos primeros carros de combustión interna. La bandera del Ayuntamiento se puso a media asta y todo el pueblo de Tampa, conmovido, le rindió los honores que merecía. En la actualidad, un busto suyo le recuerda permanentemente en Tampa River Walk.

Ese fue el Alcalde que un día, impresionado al ver la obra libertaria que un grupo de cubanos animaban en la ciudad bajo su gobierno, los invitó a pasear, para mostrarles un ejemplo de edificación moderna en las calles de Tampa, pensando que podría serle útil en la vecina república que aspiraban a construir.

Notas

[139] *The Mayors of Tampa (1856-2015)*. Publicado por City of Tampa, Florida, 4ª. Edición, March 2015.

[140] Mark I. Greenberg. Tampa Mayor Herman Glogowski: Jewish Leadership in Gilded Age Florida, en https://works.bepress.com/markigreenberg/5.

3.2
FRANCISCO MARÍA GONZÁLEZ

Cuando en el club Ignacio Agramonte se supo que Martí había aceptado la primera invitación que le hicieron en Tampa, Eligio Carbonell tuvo la corazonada del valor histórico que podría tener el discurso del tribuno y en una reunión previa a su llegada propuso traer un taquígrafo de La Habana. En medio de la discusión, equilibrando fondos y gastos, pidió la palabra Vicente Bueno, para decir que en Cayo Hueso vivía un taquígrafo llamado Francisco María González. El acuerdo unánime fue que el Presidente del Club debía comunicarse inmediatamente con aquel hombre.

Gracias a esa previsión, cuando José Martí subió a la tribuna del Liceo Cubano el 26 de noviembre de 1891 y en la amplia sala colmada de cubanos, en medio de cuantos le escucharon estaba el taquígrafo reproduciendo cada palabra del discurso del Apóstol. Al día siguiente se realizó otra velada en el mismo lugar, en honor a los estudiantes de Medicina asesinados veinte años atrás en La Habana por el gobierno español. Allí Martí pronunció el discurso «Los Pinos Nuevos» y González, con la emoción de sentirse parte de la historia, repetiría la acción taquigráfica que pasaba de sus manos a la posteridad.

A la misma hora en que González anotó la última palabra de cada uno de esos dos discursos, pasó a una pequeña sala del Liceo, acompañado de Ramón Rivero, a poner en claro español el manuscrito. Entonces, sin pérdida de tiempo, el texto fue llevado a la imprenta donde Rivero imprimía su periódico «El Crítico de Ybor City», para empezar a distribuir la primera tirada del discurso cubano más grande de todos los tiempos. Asimismo, se hizo una tirada de cinco mil folletos que inmediatamente fueron distribuidos en la emigración cubana de varias localidades.

Pero el mayor mérito de González no se redujo a su papel en la preservación de los dos discursos de Tampa. Entonces tenía solamente veintitrés años y se había radicado en Cayo Hueso desde tres años atrás, obligado a salir de su país por asumir una actitud francamente independentista. Lo había probado con la fundación de un periódico en Sagua la Grande, donde vivía, denominado *La voz del pueblo*[141]. Nació en el poblado de Vueltas (Camajuaní, Las Villas), el mismo año en que se desató La Guerra Grande, pero sus padres se instalaron después en Sagua, donde encontraron mayores oportunidades de estudio para sus hijos.

Al regresar, después de conocer a Martí en Tampa, el joven González estaba preparado para integrarse a los acontecimientos patrióticos que se precipitaron con aquella visita. Cuando al mes siguiente, exactamente el 25 de diciembre, el Apóstol se desmonta de un barco en Cayo Hueso, entre sus más fervientes seguidores identificó a González, a quien abrazó con la amistad nacida en Ybor City.

En la reunión del 5 de enero de 1892, con los líderes de los clubes revolucionarios del Cayo, Martí fue electo Presidente de la Comisión Recomendadora de las Bases y Estatutos del PRC, que debía someterse a análisis y aprobación de la emigración a través de sus asociaciones. Es muy significativo que en esa reunión eligieran al joven Francisco María González como Secretario de la Comisión, en medio de tantos emigrados de larga ejecutoria patriótica.

Las cartas que en los días y meses sucesivos le envía Martí desde Tampa y Nueva York a González, son prueba de sus grandes méritos. Esencialmente son dirigidas a informar al Secretario sobre la aprobación de los documentos en diferentes asociaciones, pero en ellas se calibra la dimensión de la obra que realiza el joven patriota. En una que le dirige desde Nueva York, el 23 de marzo de 1892, le dice: «Sobre Ud. como Secretario, y sobre mí como Presidente, recayó el honor y la obligación de mediar entre los clubes organizados y que se organicen en la emigración, y la Comisión Recomendadora de las Bases y estatutos del PRC» .

Tanto en la labor fundacional del órgano político creado por José Martí, en el trabajo realizado entre 1892 y 1895 para encausar el estallido de la guerra y en el apoyo desde el exterior para el triunfo de la revolución armada, González fue, desde Cayo Hueso, uno de los batalladores de vanguardia.

Entusiasmado con el camino republicano que debía inaugurarse en Cuba al término de la larga dominación colonial, Francisco María González Quijano regresó a su país, con juventud y talento suficientes para integrarse a la fundación de la Patria nueva que él entrevió en en el primer dicurso que contribuyó a salvar: «Yo quiero que la ley primera de la república sea el culto de cada cubano a la dignidad plena del hombre».

Murió el 14 de abril de 1926, antes de cumplir cincuenta y ocho años, a los cuatro días de recordar que hacía treinta y cuatro años exactos ellos habían fundado el PRC en aras de una Patria mejor.

No sabemos cuánto se le pagó por el viaje a Tampa en noviembre de 1891, pero siempre le deberemos al patriota culto y honrado su obra de más brillo: haber conservado las palabras con que el Maestro nos sigue iluminando.

Notas

[141] En: https://www.ecured.cu/Francisco_Mar%C3%ADa_Gonz%C3%A1lez_Quijano.

3.3

GERARDO CASTELLANOS

Cuando se recuerda a los héroes que han vivido en Tampa a lo largo de su historia, hay que incluir el nombre de Gerardo Castellanos Leonard. Emigró a Tampa en la década de 1890, cuando los cubanos de la isla y los del exterior se reunían para conseguir la independencia de su país.

Nació en 1843, en el poblado de Esperanza, antigua provincia de Las Villas. De manera que cuando Carlos Manuel de Céspedes dio inicio a la llamada Guerra Grande, tenía veinticinco años. Se incorporó inmediatamente a la contienda, con las fuerzas alzadas de su región. Debió distinguirse mucho desde los primeros días, porque su nombre aparece entre los asistentes a la Asamblea de Guáimaro, el 10 de abril de 1869, cuando los guías del independentismo cubano se reunieron a crear la primera República en Armas.

Castellanos participó en varios combates y ascendió hasta el grado de Comandante, pero en 1873 fue hecho prisionero y lo condujeron a la ciudad de Camagüey. Se salvó de milagro y las gestiones de la familia consiguieron trasladarlo a su pueblo natal. Allí pudo burlar la vigilancia, hasta salir por Cienfuegos en la goleta «Cristina», en la que llegó a Nueva York.

En el destierro neoyorquino trabajó con la emigración revolucionaria cubana a favor de la guerra de independencia y pretendía participar en una expedición hacia la isla cuando supo que la guerra había terminado con la paz del Zanjón. Unos años más tarde se estableció en Cayo Hueso donde fueron a vivir muchos oficiales del Ejército Libertador. Allí estaba cuando llegó José Martí el 25 de diciembre de 1891.

Fue uno de los líderes más activos en secundar la obra martiana de creación del PRC, organizar la emigración y conducir todo el proceso que condujo al reinicio de la guerra en 1895. Justamente, fue Castellanos quien dirigió la Asamblea donde se aprobaron las Bases y Estatutos de la nueva organización revolucionaria, en el Club San Carlos, en abril de 1892.

Pero la labor más sobresaliente de Gerardo Castellanos y tal vez la que más lo distingue ante la historia, es que fue el hombre elegido por José Martí para la labor más delicada y peligrosa que se trazó cuando ya el PRC estaba establecido en las ciudades más activas de la emigración cubana. El plan era que un dirigente del Partido entrara clandestinamente en la isla, se reuniera con independentistas de todas las regiones posibles del país, les explicara el nivel de preparación, los objetivos, el plan de la nueva organización y que confiaran en su proyecto de alzamiento. Había que lograr no solo que se incorporaran al nuevo plan independentista, sino algo más difícil, evitar alzamientos prematuros que desgastaran inútilmente las fuerzas revolucionarias. *Misión a Cuba*, tituló después su hijo el libro en que describió ese capítulo de la historia cubana[142].

En una carta que Martí le escribe el 9 de agosto de 1892, cuatro días antes de salir Castellanos para Cuba, le dice: «Pocos hombres, amigo Gerardo, podían llevar a cabo con éxito la misión que le he echado encima porque, pocos han aprendido la necesidad de dirigir el valor y unir el entusiasmo». Al final de esa carta extensa, donde le da todos los detalles de su misión, el Apóstol le pide, con la ternura de un niño: «...tráigame noticias que me pongan contento»[143].

El enviado especial de José Martí desembarcó en el Puerto de La Habana el 9 de agosto de 1892, con una documentación que lo identificaba como comprador de materias primas para la fábrica de tabacos de la que era copropietario.

A partir de ese día es impresionante la labor que realiza, desde la capital del país hasta la región oriental. Visitó decenas de ciudades y poblados, donde se reunió con los principales exponentes del independentismo de la vieja y nueva generación. El comisionado, cuya honradez y valor eran probados, debió memorizar todos los mensajes recibidos de ida y vuelta, en absoluta clandestinidad. Tres veces viajó Castellanos a la isla, la última en 1894, y en todas satisfizo el propósito de José Martí.

No tengo indicios de la fecha en que Gerardo Castellanos abandonó su hogar de Cayo Hueso, donde trabajó en distintas fábricas de tabacos. Considero que fue en 1894, cuando muchos emigrados cubanos se retiraron de ese lugar, tras un arduo clima de huelgas. Muchos se establecieron en un pequeño pueblo que se había fundado por esa fecha al oeste de Ocala, al que nombraron Martí City. En el Acta de Constitución de esta ciudad de cubanos aparecen los nombres de un grupo de vecinos, entre los que se incluye él como uno de los más eficaces en la labor del PRC en ese lugar.

Tampoco ha sido posible precisar el momento en que Castellanos se mudó a Tampa. Hay una carta suya a Tomás Estrada Palma, de febrero de 1898, donde se prueba que está viviendo en esta ciudad, pero seguramente su mudanza había ocurrido muchos meses atrás, pues las heladas de fines de 1895 resultaron tan dañinas en Ocala que las fábricas de tabaco empezaron a trasladarse a otras localidades

En los años finales de la Guerra de Independencia en Cuba y cuando Tampa era el centro de apoyo más importante desde el exterior, Gerardo Castellanos era un hombre con algo más de cincuenta años que tenía un pequeño negocio de venta de tabacos en la calle Franklin, entonces con el número 1011, a donde llegaba cada líder de la causa cubana que pasaba por la ciudad. Ese lugar, al que llamaban *La Cueva del Gato Prieto,* fue un hervidero de ideas y acción independentista y, por qué no, un grato espacio donde brindar por los sueños de una república libre, trabajadora y próspera, en el camino a la modernidad.

Hay una sentida frase de Fernando Figueredo, cuando al terminar la guerra en 1898 decide regresar a Cuba: «Gerardo, me voy y te dejo en tu Cueva del Gato Prieto»[144]. Es que Castellanos no estuvo entre los primeros en correr a tomar un vapor en Port Tampa, pues tenía la responsabilidad de ordenar el destino de miles de cubanos que ansiaban volver a la Patria. En septiembre de 1899, organizó el regreso a Cuba de cien personas, a quienes el declinante PRC les pudo costear el pasaje. Pero él no pudo volver a su país hasta 1902, cuando ya se había constituido la República.

El 16 de abril de 1923, en vísperas de cumplir ochenta años, murió en Guanabacoa Gerardo Castellanos Leonard, el patriota cubano que alcanzó el grado de Comandante en la Guerra de los Diez Años, el hombre valiente de la misión a Cuba a petición de José Martí, el héroe americano que vivió en Tampa y en su Cueva del Gato Prieto, soñó y luchó por un mundo mejor.

NOTAS

[142] Gerardo Castellanos García. *Misión a Cuba. Cayo Hueso y Martí.* La Habana, Imprenta Alfa, 1944. Fue reeditado en 2008 por el Centro de estudios Martianos, Cuba.
[143] *Epistolario*, t. III, p.78.
[144] En ob, cit., p. 270.

3.4
MARTÍN HERRERA

Uno de los nombres más pronunciados en West Tampa a mediados de la década de 1890, hoy apenas se recuerda. Sin embargo, en cada casa cubana de esa localidad, mientras combatían en Cuba por la independencia, era frecuente hablar de Martín Herrera. También era habitual oírlo disertar en los constantes mítines que frecuentemente eran convocados para apoyar la contienda bélica organizada por José Martí.

Martín Herrera Montero vivió en West Tampa alrededor de cuatro años. Regresó a su Patria cuando terminó la Guerra de Independencia con la que tanto colaboró. No reclamó un puesto en la república que los dirigentes cubanos comenzaban a diseñar. Volvió al poblado de San Diego de Núñez (Pinar del Río) donde nació el 7 de septiembre de 1846. Allí trabajó como maestro y empleado en una Oficina de Correos. Después fue Concejal en el Ayuntamiento de la provincia más occidental de Cuba. Sus últimos años transcurrieron en San Juan y Martínez, donde murió en 1922, al lado de su esposa América León, sin fortuna material ni los reconocimientos que merecía. Ese fue el destino, en general, de los cubanos que desde el exterior lo dieron todo por la independencia cubana, mientras los lauros fueron alcanzados por militares y políticos que asistieron al primer banquete de la república.

Aunque haya pasado más de un siglo, es justo recordar a Martín Herrera, a quien podríamos imaginar caminando por las calles de West Tampa, avivando a los cubanos emigrados de su tiempo en el derecho a una Patria donde la libertad del país pudiera medirse por la libertad de cada uno de sus hijos.

Martín Herrera fue uno de los tantos jóvenes que se vieron forzados a salir de Cuba en el marco de la guerra independentista iniciada en 1868. Cayo Hueso fue su primer destino y en aquel peñón patriótico se convirtió en uno de los más destacados miembros de la comunidad. Su nombre aparece en toda la actividad revolucionaria de los cubanos en aquel lugar durante la década de 1880 y principios de la siguiente.

En Cayo Hueso, Herrera se convirtió en uno de los miembros más activos del famoso Liceo San Carlos y cuando el local donde este radicaba inicialmente ardió en llamas, se convirtió en el principal creador del edificio inaugurado en 1890, conservado hasta hoy en la céntrica calle Duval. Allí estaba Herrera cuando llegó José Martí por primera vez, en la Navidad de 1891, y desde el primer día se ganó su amistad.

Desde entonces, junto a los principales líderes cubanos del Cayo, Herrera es uno de los fundadores del PRC. En una carta que Martí le dirige el 9 de marzo de 1893 leemos: «Mi muy querido Martín: Aquí tiene un agradecido que no olvidará nunca lo que un bravo corazón hace en su leal entender, y en la capacidad de todo lo grande, por el servicio de su Patria»[145]. El Delegado debió impresionarse con un discurso que le oyó a Herrera en el San Carlos, cuando le expresó en esta misma carta: «Todavía oigo sus palabras en el club. Todavía le veo brillar los ojos con la fe en la hora angustiosa, y tal vez grande y decisiva, en que vivimos».

Hay otras cartas de Martí a Herrera, donde muestra la confianza y cariño que siente por él, pero vuelvo a citar la misma por el significado de esas palabras donde le hace copartícipe de su pensamiento: «Trabajemos para la dignidad y bienestar de todos los hombres. Así lo entendemos y ésa es nuestra resolución, esa es la obligación que le echo encima: predicar sin cansancio el espíritu humano y democrático de nuestra revolución».

Martín Herrera se mudó a West Tampa a mediados de 1894, en los días que lo hizo Fernando Figueredo. Así lo apreciamos en una publicación del periódico *Patria*, correspondiente al 24 de octubre de 1894: «La tribuna se levantaba delante del establecimiento de Martín Herrera, y en ella apareció, debutando en West Tampa, nuestro amigo el Coronel Figueredo».

A partir de entonces, su nombre aparece en cuanta actividad se desarrolló en este lugar hasta el término de la Guerra de Independencia en Cuba, especialmente en los actos llevados a cabo en el Céspedes Hall. En su entrega patriótica estuvo acompañado por su esposa e hijas, a quienes el Apóstol incluye en la despedida de la carta aludida: «Todo por los que padecen, y Vd. y su América, y sus hijas, quieran a su José Martí».

América Herrera fue la presidenta del Club de Señoras nombrado «Veinte y cuatro de febrero» y sus hijas Pensylvania y Pocahontas aparecen citadas con frecuencia por los versos que recitaban en los actos patrióticos. El 11 de marzo de 1895, en una crónica que *Patria* tituló »Tampa en su puesto», leemos: »La niña Pensylvania Herrera, que arrebató al auditorio con la recitación de una poesía a Cuba».

Así fueron Martín Herrera y su familia durante los días en que West Tampa se convirtió en un bastión de la independencia de Cuba. Wenceslao Gálvez, quien tuvo la oportunidad de conocer a este patriota, afirmó sobre él: «Conoce a todo West Tampa, o, para decirlo con más propiedad, no hay quien no lo conozca ni quien no lo quiera. Estoy por decir que es el más cubano de los cubanos, porque hay en él un fondo inagotable de bondad para sus paisanos, tan grande, tan constante, que es lo que para mi constituye el carácter de Martín Herrera»[146].

A veces se habla de los grandes patriotas, de los grandes líderes, sin medir cómo cumplen con la virtud primera que debería distinguirles: el amor y el servicio desinteresado a los demás. Martín Herrera cumplió ese requisito, trabajando a favor del más pobre emigrado con el mismo fervor que lo hizo hacia el más brillante revolucionario cubanos de todos los tiempos.

Dije, al principio, que Martín Herrera es de esos hombres casi olvidados. Anoto «casi», porque una logia masónica de Pinar del Río lleva su nombre, y también un parque en San Juan y Martínez, fundado en 1925, como homenaje de ese pueblo a quien fue «amigo de José Martí». Tal vez, en sus últimos años, él era uno de los más fieles a aquella convocatoria del Maestro que un día le pidió: «Trabajemos para la dignidad y bienestar de todos los hombres». Al final de una vida que llegó a los setenta y cinco años, Martín Herrera se recostaba en un viejo sillón que, según cuentan, llevó a Cuba desde Cayo Hueso, porque en él se había sentado su amigo José Martí.

Notas

[145] *Epistolario*, t. III, p. 286.
[146] Wenceslao Gálvez, Ob. Cit. p. 217.

3.5
GUALTERIO GARCÍA

A mediados de 1894, un grupo significativo de revolucionarios cubanos se mudaron de Cayo Hueso a Tampa. No se ha estudiado bien este fenómeno, aunque esté indicado en los apuntes biográficos de algunos, sobre todo en Figueredo. En otros, como Gualterio García, Serafín Bello, José G. Pompez, y Teodoro Pérez, apenas se ha reparado. Habría que asomarse con detenimiento no solo a los conflictos en aquel lugar entre obreros y dueños de fábricas de tabaco, a los intentos de sustitución de huelguistas con obreros importados, sino también a las complejas relaciones dentro del mismo movimiento revolucionario, donde la mentalidad de algunos veteranos de la Guerra Grande entró muchas veces en contradicción con los nuevos postulados martianos.

De los ocho cubanos que aparecen junto a Martí en la fotografía de Cayo Hueso de 1891 (Genaro Hernández, Serafín Bello, Aurelio C. Rodríguez, José G. Pompez, Frank G. Bolio, Francisco María González, Gualterio García y Ángel Peláez), tres se mudaron a Tampa hacia mediados de 1894, en fecha cercana a cuando lo hicieron Martín Herrera, Fernando Figueredo, Teodoro Pérez y otros.

En una carta del 3 de abril de ese año, Martí le expresó a Gualterio que es «tristísimo ver el desbandamiento inevitable del Cayo»[147], aunque muestra confianza en que «lo que del Cayo se vaya, tan cubano seguirá siendo en la casa nueva como allí». Dice en esa comunicación que cree en «el núcleo purificado que en West Tampa se levante», lo que hace evidente el lugar a donde estos líderes se mueven. Anima a García, como al grupo de dirigentes que entonces se reubicaba, a no apenarse por la labor que estaban realizando en el Partido, porque «a la semana de poner el pie en el rincón nuevo (...) ya están ustedes, y Ud., a la cabeza, celebrando juntas bajo las estrellas». La partida no parece ser inmediata, pues se le pide en esa carta trabajar junto a Dolores Poyo en las elecciones del 10 de abril de ese año, así como atender a Fermín Valdés Domínguez que está por llegar a Cayo Hueso.

Al poco tiempo de llegar a la nueva ciudad, como había advertido el Maestro, vemos a Gualterio a la cabeza de la dirección revolucionaria cubana de West Tampa. Así lo demuestra la carta publicada por *Patria* el 16 de junio de 1894:

Tampa, Fla., junio 7 de 1894.
Sr. Director de Patria, Nueva York.
Distinguido compatriota: Con la satisfacción que causa saber que se cumple con un deber, quedó constituido la noche del 31 del pasado, en esta localidad, el club cubano «Occidente», habiendo resultado electa la Directiva siguiente:
Presidente, Gualterio García. – Tesorero, José de Silva. –Secretario, Francisco José Díaz. Contador, José J. García., y Vocales, Armando Azpeitía, Ignacio O' Halloran, Luis de la Cruz Muñoz y Aurelio Pulgarón.
Es el primer club que se organiza por los que, forzados por la ingratitud, se han visto obligados a abandonar el Cayo querido.
Entre otros acuerdos, se tomó el de hacer público, por medio del ilustrado periódico de su digna dirección, la constitución del mencionado club.
Anticipándole las gracias por este servicio, nos ofrecemos de usted con la mayor consideración attos. S.S. Gualterio García, Presidente. Francisco J. Díaz, Secretario.

A partir de esa fecha, creció tanto el número de clubes en West Tampa que fue necesario crear un Cuerpo de Consejo propio para esa localidad, lo que se oficializa en la fecha del

10 de octubre de ese año. Así lo publicó el órgano oficial del PRC el 24 de octubre.

OTRO GUERPO DE GONSEJO, EN CUBA-CITY. –De lo mejor de la sangre patriótica, en viejos y jóvenes, se ha hecho la ciudad nueva de cubanos de West-Tampa, que va a llamarse Cuba-City. Solo a tener sus casas en hilera esperó para formar sus clubs y el 10 de Octubre fue el día escogido para añadir un Cuerpo de Consejo más, un pueblo más de veteranos de la guerra y de la emigración, al PRC: Los nombres solo del Presidente y Secretario electos podemos, por el estrecho espacio, anunciar hoy: los nombres del Presidente Cecilio Henríquez, y el Secretario Gualterio García, tipos ambos, como anciano y como joven, de cuantas virtudes honran la especie humana».

A principios de 1895, cuando se ultiman los preparativos para las expediciones que debían salir del Puerto de Fernandina, Martí pensó en Walterio García para una delicada misión clandestina. Debería trasladarse a Jaksonville, donde se reuniría con unos emisarios que le serían indicados y de allí continuaría a Nueva York[148]. Al final de esa misiva le pregunta con profunda delicadeza: «¿Me perdonarán en su casa?».

Probablemente Walterio no recibió la confirmación requerida para el cumplimiento de aquella misión. Ocurrió el desastre de Fernandina y hubo que modificar el plan en el que García estaría comprometido con un encargo que debía ser muy discreto cuando el Delegado le declaró «solo en usted puedo fiarme».

A partir de esa fecha se desencadenaron los acontecimientos que hicieron estallar la Guerra de Independencia en Cuba en condiciones muy difíciles. Durante su desarrollo y hasta su triunfo, García siguió siendo uno de los más activos líderes cubanos en West Tampa, cumpliendo el compromiso patrio contraído con José Martí desde que lo conoció en Cayo Hueso. Al final de la guerra, entre las voces que se resistieron a la disolución del PRC, estuvo la de Gualterio García, quien expresó: «¿Hemos terminado la obra que nos propusimos al constituir el PRC? A mi entender no. Pesa sobre los hombros de los cubanos la responsabilidad de trabajar por hacernos libres, pues una cosa es la independencia y otra muy distinta la libertad».

No he encontrado información acerca de la vida de García en el período posterior a la terminación de la Guerra de Independencia, ni la de otros cercanos colaboradores de Martí en Tampa, lo que hace esta obra inconclusa.

Notas

[147] *Epistolario*, t. IV, p. 95.
[148] Esa carta aparece en este libro, en la página 363.

3.6

EL CÉSPEDES HALL
Una página hermosa de West Tampa

Así como los cubanos de Ybor City hicieron del «Liceo Cubano» su principal espacio de reunión a fines del siglo XIX, los radicados en West Tampa tuvieron el «Céspedes Hall», un hermoso edificio de madera construido en la Avenida Francis (hoy Albany), llegando a Main. Entonces era un sitio muy activo, pues en sus cercanías se levantaron varias fábricas de tabaco y allí vivían figuras importantes de la comunidad, como Fernando Figueredo, primer alcalde del lugar, y Blas Fernández O'Halloran, dueño de la fábrica ubicada en Howard, actualmente una biblioteca.

El edificio fue concebido para servir de teatro, sala de reuniones y escuela privada, a la que accedieron los niños de West Tampa sin discriminación de raza o clase social, lo que la hacía muy adelantada para su época. Su construcción se inició a fines de 1894, como se desprende de un escrito publicado en el periódico *Patria,* el 15 de diciembre de ese año. El autor fue Fermín Valdés Domínguez, quien por aquel entonces se había instalado en ese lugar. Según su testimonio, asistió al acto para colocar la primera piedra de su construcción, realizado el 27 de noviembre de ese año en honor a los estudiantes de Medicina fusilados en La Habana en 1871 y de cuyo grupo él mismo era sobreviviente.

«A las cuatro de la tarde –casi sin previa citación–, se reunieron en uno de los lugares más céntricos de la población cubana más de cien personas, entre las cuales había muchos norteamericanos: se trataba de colocar la primera piedra del

Liceo de Céspedes, sociedad patriótica de instrucción y recreo, que será un edificio notable»– escribió Fermín, ofreciendo interesantes detalles acerca de las palabras pronunciadas por Fernando Figueredo, quien «explicó en correcto discurso cómo cubanos y norteamericanos se habían reunido para que los hijos de todos pudieran tener escuela en donde aprendieran a amar la dignidad, leyó una memoria en la que constaban los nombres de los iniciadores de la patriótica empresa y se expresaba en ella que se había elegido ese día para aquel acto a fin de tributar un recuerdo de dolor a mis hermanos». Después –sigue Valdés Domínguez– «el señor Figueredo me fue entregando los objetos que debían depositarse en la urna que guarda la primera piedra: la bandera cubana y la norteamericana, como símbolo del abrazo de la gran República a los que luchan por levantarla en Cuba; los últimos números de los periódicos *Patria, Daily Times, El Yara* y *Cuba*; el primero de *El combate*, semanario de West Tampa, el acta y un ejemplar de mi libro *El 27 de noviembre de 1871*».

Para esta fecha, ya Martí había realizado su último viaje a Tampa (octubre,1894), pero los líderes más importantes del PRC que le sucedieron tuvieron ocasión de expresarse allí, rodeados de los simpatizantes y actores del independentismo cubano. Así lo hizo Gonzalo de Quesada, Tomás Estrada Palma, Emilio Núñez, y muchos de los guías –domiciliados en Tampa o visitantes–, que entre 1895 y 1898 dirigieron las acciones que culminaron con la dominación colonial de España en América.

El levantamiento del inmueble comenzó en enero de 1895 y, aún inconclusa, se estrenó como el principal lugar de reuniones de la comunidad, convertida en sala de teatro, fiestas, veladas culturales y actos patrióticos relacionados con el curso de la Guerra de Independencia de Cuba. Justamente, este lugar fue sede de la concentración de cientos de voluntarios que marcharon como soldados a las filas mambisas.

El Céspedes Hall fue en su día el edificio más llamativo de West Tampa y señalado como referente de ubicación. Así lo describe Wenceslao Gálvez en su libro *Tampa, impresiones de un emigrado*: «Desde cualquiera de sus extremos se ve el Céspedes Hall, el cinco copas, como le dicen todos, por las torrecillas que lo coronan, El Céspedes hace el efecto de un faro. Todas las direcciones se dan pensando en aquel edificio: Yo vivo a dos pasos; y a tantas manzanas del Céspedes». Según Gálvez, –agudo escritor que estuvo allí muchas veces–, «todas las fiestas políticas de West Tampa se efectúan en el Céspedes, de mucha mayor amplitud que el Liceo de Ybor»[149].

Un hecho significativo del Liceo Céspedes fue su servicio como escuela, sin diferencias raciales para su ingreso. La historiadora Maura Barrios, en su ensayo «José Martí se topa con Jim Crow: cubanos en el Sur»[150], se refiere a ello cuando valora que la inclusividad racial establecida por este plantel contradecía las normas entonces extendidas en el estado. Cuando, ante el apremio de aumentar aulas con que responder al rápido crecimiento poblacional de West Tampa, esta escuela privada fue incorporada al sistema escolar público, tuvo que lidiar con el hecho de que en ella se negaba la segregación racial, lo que sostuvo durante cuatro años. La Dra. Barrios apunta que «finalmente, en 1899, la Junta Escolar compró la Escuela Céspedes, y obligó a los estudiantes cubanos de color a matricularse, en diciembre de 1901, en la Escuela Para Personas de Color No. 2».

Pero entonces ya no era el Céspedes Hall, pues incluso el edificio fue demolido ese mismo año y su espacio dio lugar a uno nuevo, nominado «West Tampa City Hall». De todos modos, cuando pasamos por la calle Albany y nos acercamos a Main–, sentimos brotar la gloria de viejos tiempos, como si la tierra conservara fragmentos de aquellos documentos que un grupo de héroes depositaron en el fondo de su primera piedra, como símbolo de la libertad a que tiene derecho todo ser humano.

Notas

[149] Wenceslao Gálvez, ob.cit. p. 222.

[150] http://areitodigital.net/MAURA.JoseMartiyJimCrow.OTO-inv.05.htm.

3.7 FERMÍN VALDÉS DOMÍNGUEZ EN WEST TAMPA

Cuando a un cubano se le pregunta por Fermín Valdés Domínguez, invariablemente responde que fue el amigo de José Martí. Lo sabemos porque desde los primeros grados oímos la anécdota que remite al juicio contra ambos, apenas adolescentes, cuando fueron juzgados por escribirle a un compañero de clases –Carlos de Castro y Castro–, incriminándolo por su alistamiento militar a favor del gobierno español. Se nos mostró siempre como una prueba de amistad el hecho de que, en el juicio, ambos reclamaran la autoría de aquellas líneas y que solo el ardor de Martí en asumir la responsabilidad determinó la diferencia de las condenas: él a seis años y Fermín a seis meses.

Muchos, también, recuerdan a Valdés Domínguez como el reivindicador de la memoria de los ocho estudiantes de Medicina asesinados en La Habana el 27 de noviembre de 1871[151], quienes fueron compañeros suyos de aula y en cuyo juicio fue condenado a seis años de prisión. En 1887, Fermín encabezó un fuerte movimiento para probar la inocencia de aquellos jóvenes, que terminó en la exhumación de sus restos de una fosa común para ser depositados en un panteón en el cementerio Colón, donde se les rinde eterno recuerdo. Las ganancias de su publicación sobre aquellos hechos –*El 27 de noviembre de 1871*[152]– fueron sumadas íntegramente a las colectas populares con que se financió el memorable sepulcro.

Pero no es frecuente el conocimiento de la obra realizada por este patriota cubano que vivió entre 1851 y 1910, ni sus relaciones de madurez con el gran amigo de la adolescencia, cuando éste se convirtió en el mayor líder político del independentismo cubano. A ese tiempo corresponde un breve paréntesis en el que Valdés Domínguez vive en West Tampa.

La amistad de Fermín y José Julián nació desde la niñez. Ambos eran alumnos del Colegio San Anacleto y después, ya adolescentes, continuaron juntos en el colegio de Rafael María de Mendive. Cuando Martí, mucho más pobre, accedió a aquella escuela de segunda enseñanza gracias al apoyo del maestro Mendive, Fermín y su hermano Eusebio estaban matriculados con recursos propios, pues eran hijos adoptados de José Mariano Domínguez Salvajáuregui, quien servía como capellán militar en el Castillo del Príncipe y había asegurado una buena posición económica con la compra y venta de inmuebles.

La simpatía entre ellos devino en profunda amistad, acrecentada por la identificación con el alzamiento independentista de Carlos Manuel de Céspedes. Entonces las visitas de Martí a los Domínguez, –quienes vivían en la calle Industrias 122–, se hicieron frecuentes. En una de ellas, unos miembros del Cuerpo de Voluntarios[153] que pasaban frente a la vivienda, atraídos por unas risas que consideraron ofensivas, registraron la casa y encontraron la aludida carta destinada al condiscípulo, «delito» suficiente para ser arrestados y juzgados. A Martí lo condenaron a seis años de prisión y a su amigo a seis meses. Después vino el indulto, la deportación y el destierro.

Los amigos volvieron a encontrarse en España en 1872, cuando llegó Fermín, también deportado. Él era uno de los estudiantes de Medicina que, en 1871, fueron juzgados injustamente, acusados de profanar la tumba de Gonzalo de Castañón. Ocho de aquellos jóvenes fueron fusilados y Fermín, que pudo haber sido uno de ellos, fue condenado a seis años. Al año siguiente fue indultado y desterrado a España, donde ya estaban su hermano Eusebio y su amigo José Julián.

Allí volvieron a ser compañeros de estudio, pues asistieron a las mismas universidades –en Madrid y Zaragoza– uno matriculado en Medicina y el otro en Derecho, Letras y Filosofía. En 1872, impresionado por los relatos que le hace Fermín, Martí escribió en Madrid un conmovedor poema y una proclama condenando el crimen y glorificando a los estudiantes inocentes.

En España ambos sirvieron a la causa cubana: Fermín escribió la primera versión de su libro sobre los sucesos de noviembre de 1871 y Martí, además de publicar *El presidio político en Cuba*, escribió *La República española ante la revolución cubana*, que también expresaba la rebeldía ante la dominación ibérica en la Isla. En mayo de 1873, los dos amigos se trasladaron a la Universidad de Zaragoza. Estando en esta ciudad, se produjo la caída de la Primera República Española, en enero de 1874.

Mientras Martí muestra desde España al escritor que lleva dentro, en Fermín se hace evidente la pasión por la Medicina y la investigación científica en torno a ella, especialmente al relacionarse con la Escuela de Higienistas de Cataluña, de gran reconocimiento entonces. En Zaragoza compartieron dos cursos, pues a fines de 1874 Martí culmina sus estudios y se embarca hacia México, donde entonces están viviendo sus padres y hermanas. Valdés Domínguez se gradúa de Medicina en 1876 y regresa a Cuba.

Los dos amigos volverían a verse en enero de 1877, cuando Martí llegó a La Habana clandestinamente por unos días (con el nombre de Julián Pérez), ocupado en solucionar un asunto familiar –el regreso de sus padres a La Habana– antes de radicarse en Guatemala. Entonces, ya Fermín, establecido como médico, tenía en su casa una tertulia literaria donde su amigo pudo leer la primera versión de su drama *Adúltera*. A su vez, el padre adoptivo de Fermín –José Mariano Domínguez, oriundo de Guatemala– le escribe al amigo de su hijo cartas de recomendación para el país que lo esperaba.

Al producirse la Paz del Zanjón en 1878, José Martí regresa a Cuba, casado con la camagüeyana Carmen Zayas Bazán. Enseguida se encuentra con su amigo Fermín, quien había contraído matrimonio con la joven Consuelo Quintanó Ramos. Ambas esposas están embarazadas. La de Valdés Domínguez da a luz el día 9 de noviembre de 1878 a la niña Consuelo Amparo de las Mercedes –solo viviría diez meses– y Martí recibió a su hijo José Francisco, el 22 de ese mes.

Los dos amigos comparten esa felicidad y se visitan con mucha frecuencia. Pero los independentistas cubanos, inconformes con el Pacto del Zanjón, comenzaron a conspirar a favor de un nuevo alzamiento. Enseguida el joven abogado, a riesgo de la paz familiar y del puesto de trabajo que había encontrado en uno de los mejores bufetes de La Habana –el de Miguel Viondi– se mezcla en el proyecto conspirativo. Es detenido y nuevamente deportado a España, el 25 de septiembre de 1879, al día siguiente de la muerte de la hija de Fermín. En la metrópoli estuvo poco tiempo y en enero de 1880 se traslada a Nueva York, reincorporado a los planes de liberación de la Isla. Mientras, su amigo Valdés Domínguez seguía en La Habana, comprometido con su profesión de médico y desarrollando investigaciones a favor de lo que hoy llamaríamos medicina preventiva. Un trabajo suyo titulado «Enfermedades de origen bacteriano» ha sido considerado como uno de los estudios pioneros sobre la bacteriología en Cuba.

En política, su posición se alejó de la de su amigo, creyendo en la autonomía como solución a los males de la Isla. A pesar de ello, se mantuvo muy crítico con los abusos coloniales y su actuación en la reivindicación de la memoria de los estudiantes de medicina fusilados en 1871 fue valiente y tenaz. En 1886 dio a conocer su gran libro *El 27 de noviembre de 1871* y realizó una incansable labor al frente de la campaña que culminó en la exhumación de los restos de sus antiguos compañeros de aula y el levantamiento en el cementerio Colón de un panteón destinado a ellos.

Sin embargo, la década de 1890 traería el rencuentro entre los amigos, no solo sentimental sino también político. Fermín se fue de La Habana a Baracoa a finales de la década de 1880, absorto en la investigación científica y, a su vez, en la política autonomista. Allá, supo que su amigo había creado el PRC, mediante el cual organizaba a sus compatriotas fuera y dentro de la Isla para cumplir el sueño de la independencia y crear una república democrática en su país. Muy pronto se convirtió en un activo miembro de la organización y la apoyó en el extremo oriental de la Isla. Cuando en 1892 Gerardo Castellanos, enviado por Martí, llegó hasta Baracoa, le comunicó que el Delegado del PRC lo nombraba su representante en la ciudad primada de Cuba. Ya alineado a los propósitos de la organización revolucionaria, a fines de 1893 se trasladó a Venezuela, país al que llegó con restos aborígenes que compartió con arqueólogos y científicos del país, lo que contribuyó a probar el origen aruaco de los taínos cubanos.

En enero de 1894 llegó a Nueva York. Hay un testimonio de Benjamín Guerra del momento en que se encontraron los dos amigos. «Cumplida su misión en Venezuela Fermín parte del puerto de La Guaira en el vapor 'Caracas' rumbo a Nueva York, ciudad a la que llega en la noche del 27 de enero, sin avisar». Al mediodía del 28 de enero salió en busca de la oficina de Martí, muy cercana al puerto. En el trayecto se encontró con Benjamín, quien iba hacia el mismo lugar. Al llegar, este le pide ocultarse para dar la sorpresa. Al entrar a la sala, Guerra dice al Apóstol: –Martí, le traigo a un hermano que ha venido a la fiesta. –Ese es Fermín –contestó Martí[154].

Valdés Domínguez nos relató en sus Memorias[155] emotivos testimonios de aquel reencuentro en 1894. Nos describe su oficina, los libros, el carácter, la voluntad y el trabajo del amigo a quien siempre encontró «activo y amoroso». De la oficina, Martí lo llevó hasta la casa de Carmen Miyares, donde tenía su cuarto. No quiso que se hospedara en otro lugar y compartieron el techo un breve tiempo. A los pocos días de llegar, se hizo una velada de homenaje a Fermín, donde su amigo expresó:

> Juntos gustamos por primera vez la lealtad de los amigos que es la almohada (...) Juntos descubrimos en nuestra naturaleza el fuego escondido de la cólera Patria, que enseña y ordena, desde el sigilo del corazón y nos jura-

mos a la única esposa a quien se le perdona las ingratitudes y el deshonor (...) Y juntos probablemente, moriremos en el combate necesario para la conquista de la libertad, o en la pelea que con los justos y desdichados del mundo se ha de mantener contra los soberbios para asegurarla»[156].

En ese discurso, Martí también exalta los trabajos médicos y de investigación, así como las publicaciones hechas por el amigo. Fermín es desde entonces un colaborador del periódico *Patria* y un activo promotor del ideario defendido por su amigo.

Estando en Nueva York Fermín escribe dos artículos para el periódico *Patria*, publicados en las ediciones del 3 y el 16 de febrero: «Mi Cuba» y «Lo que infama y lo que enaltece». A pesar de su activa presencia junto al Apóstol, Fermín no se siente a gusto en el frío de esa ciudad y prefirió mudarse a Cayo Hueso. Cuando se despiden, el 3 de abril de 1894, Martí envía con él una carta a Gualterio García, donde le dice: «Allá le va el corazón, y allí quiere estar él. Lo que tenga que esperar será allí o donde el cayo vaya (...) a Fermín le es precisa la vida criolla (...) va pues, por lo mismo que le quiero tanto, y ya tuvo a mi lado sus vacaciones –no lo quiero retener»[157].

Establecido en el Cayo, Fermín abrió una consulta como médico en la calle Duval y se incorporó a las labores del PRC en esa localidad. El mismo mes de abril en que llegó, Fernando Figueredo se mudó a Tampa. Es posible que el traslado de Fernando, a quien Fermín fue tan recomendado por Martí, pudo influir en que éste lo siguiera a los pocos meses, pues en octubre de ese año está viviendo en West Tampa, donde Figueredo alcanzó tanto prestigio que al año siguiente fue elegido como su primer Alcalde.

Es el propio Martí quien nos da un indicio de la fecha en que su amigo viene a vivir a esta ciudad, pues data el 13 de octubre una breve esquela donde le dice «Confío en tu éxito en Tampa»[158]. No sabemos la dirección exacta donde vivió Valdés Domínguez en West Tampa, pero no debió estar muy distante de la casa de Fernando, ubicada en la calle Main, con el número 404 en su época. Probablemente el propio Figueredo –para satisfacción de Martí– le buscó a Fermín un espacio cómodo donde vivir y ejercer la Medicina. Desde esta ciudad el habanero escribe para *Patria* y *Cuba*, y realiza una continua labor de recaudación de fondos y propaganda a favor del proyecto independentista que dirige su amigo.

Fue muy significativa la participación de Fermín en los actos del 27 de noviembre de 1894 en Tampa, en el 23 aniversario del fusilamiento de sus compañeros de aula. Ese día pronunció un discurso en el evento inaugural de la construcción del Céspedes Hall. El propio Fermín escribió para *Patria* el entusiasmo de aquel acto, donde también estaba Alfredo Laborde, hermano de Ángel, uno de los estudiantes asesinados. En su crónica expresó: «Es tarea difícil para mí la de reseñar la grandiosa y digna glorificación de la memoria de mis compañeros asesinados por los españoles el 27 de noviembre de 1871; pero faltaría al encargo cariñoso de mi dignísimo amigo el señor Fernando Figueredo, si no dijera a *Patria* cómo saben sostener en West Tampa la bandera de la honra los que aquí han venido a levantar nueva tienda y honrado hogar». En aquel acto se colocó la primera piedra para el levantamiento del edificio que sería el Céspedes Hall. Debajo de esa piedra, según escribió Domínguez, fue depositado, entre otros documentos, un ejemplar de su libro mencionado.

Aquí se encontraba Fermín cuando se produjo el fracaso de las expediciones que debían salir de Fernandina y junto a Fernando Figueredo, el matrimonio Pedroso y otros cubanos, arreció el trabajo a favor de reponer los fondos necesarios para que la revolución no se detuviera. Cuando llegó Gonzalo de Quesada y trajo la Orden de Alzamiento, Fermín estuvo a su lado. El 11 de febrero de ese año *Patria* publicó un artículo enviado desde Tampa, donde Francisco J. Díaz dio a conocer la actuación de esta ciudad durante esos días magníficos. Por un fragmento sabemos que en uno de los actos, entre los discursos de Figueredo y Gonzalo se oyó el de Fermín, del que expresó el articulista: «¿Necesitará decir el que relata que son lágrimas del corazón y no palabras, las que le salen a Valdés Domínguez cuando ocupa la tribuna? Aquella noche fue como todas: sincero y elocuentísimo».

Desde West Tampa estuvo Fermín al tanto del traslado de Martí a Santo Domingo, atento al inicio de la guerra el 24 de febrero de 1895 en los campos de Cuba. Desde esta isla le escribe la última carta que conocemos, el 18 de marzo, donde le dice: «Padezco y tasco, pero serviré. Ya irás oyendo»[159]. Claro que estuvo atento a todas las noticias que llegaban de él, hasta la más desgarradora, cuando Fernando Figueredo tuvo que confirmar lo que todos en la ciudad se negaban a creer: que el Apóstol había muerto en combate.

En Tampa renació la vida amorosa de Fermín. Aquí conoció a la joven Asunción Castillo y le prometió casarse con ella cuando concluyera la guerra, a la que él se iba a incorporar en la primera oportunidad. Lo hizo en la expedición que llevaron desde Cayo Hueso Carlos Roloff y Serafín Sánchez, en la que llegaron al sur de Las Villas el 24 de julio de 1895. En todo el curso de la guerra Fermín ocupó importantes responsabilidades y una de las primeras fue asistir, como Delegado electo por Camagüey, a la Constituyente de Jimaguayú, donde defendió los criterios martianos sobre el papel de un gobierno civil en el desarrollo de la contienda armada. Allí fue elegido como Sub-Secretario del Exterior.

A la llegada de la invasión a la región central de la Isla, Fermín participó en combates importantes, como la Batalla de Mal Tiempo, en diciembre de 1895. A inicios de 1896 fue destinado a Oriente, como Jefe de Sanidad del Primer Cuerpo de Ejército, dirigido por José Maceo, aunque pronto lo llamaron al Gobierno, a ocupar la Secretaría del Exterior. Sus conflictos con el Gobierno, especialmente cuando éste intentó destituir al general José Maceo, fueron fuertes y continuos, pero mantuvo sus principios por encima de conveniencias, alejado de personalismos y rivalidades. En julio de 1896 renunció a su cargo en el Gobierno y se unió a las filas de Máximo Gómez en el Ejército Libertador, donde se convirtió en su Jefe de Despacho hasta el término de la guerra en 1898.

Finalizada la guerra, Fermín vino enseguida a Tampa, a encontrarse con su novia Asuntica, como él llamaba a aquella hija de emigrados cubanos, con quien firmó sus segundas nupcias el 26 de diciembre de 1898 y la llevó a La Habana convertida en su esposa. Con las letras a la novia tampeña sobre sus primeras impresiones desde que salió para Cuba, nació su *Diario de soldado*, hoy una fuente historiográfica ineludible para estudiar la Guerra de Independencia de Cuba y con múltiples referencias a la amistad del autor con José Martí.

A Fermín Valdés Domínguez, quien murió en La Habana el 13 de junio de 1910, se le debe recordar no solo como al amigo a quien tanto quiso José Martí, sino también como al Coronel del Ejército Libertador, médico, cirujano, científico, periodista, historiador y luchador tenaz por el establecimiento de una república democrática en Cuba.

Notas

[151] El filme cubano «Inocencia» (2018), del director Alejandro Gil, está basado en este hecho histórico.

[152] La primera edición del libro, en Cuba, corresponde a la imprenta «La correspondencia de Cuba», La Habana, 1887. Se han realizado varias ediciones. Aparece en Amazón publicado por Editor: Kessinger Publishing, LLC (2010).

[153] A mediados del siglo XIX, el gobierno español en Cuba organizó una fuerza militar a la que llamó Cuerpo de Voluntarios, tristemente célebre por la persecución a quienes se pronunciaban contra la dominación colonial.

[154] Ramón Guerra Díaz, en https://www.monografias.com/trabajos82/fermin-valdes-dominguez-amigo-marti/fermin-valdes-dominguez-amigo-marti3.shtml.

[155] Valdés Domínguez, Fermín: *Diario de Soldado*. La Habana, 1972.

[156] Martí, José. *Obras Completas*. t.4, p. 325.

[157] *Epistolario*, t. IV, p. 97.

[158] Ibídem, p. 278.

[159] *Epistolario*, t. V, p. 112.

3.8

GONZALO DE QUESADA Y ARÓSTEGUI

Enviado por José Martí a Tampa

Cuando Gonzalo de Quesada y Aróstegui se desmontó en el andén de Ybor City, el 1.º de febrero de 1895, era un joven abogado con apenas veintisiete años. Sin embargo, traía consigo la más alta responsabilidad con el destino de la independencia de Cuba, pues se le había confiado la misión de hacer llegar a Cuba la Orden de Alzamiento.

¿Qué méritos tenía aquel joven para merecer tanta confianza y hasta dónde fue fiel al Maestro que le consideró su discípulo predilecto? Veamos algunos momentos de la vida fecunda de un hombre que solo vivió cuarenta y siete años y a quien debemos, entre otros aportes, el de publicar los primeros quince tomos de las *Obras Completas* de José Martí.

Nació en La Habana, el 15 de diciembre de 1868, a dos meses de iniciarse la Guerra Grande y cuando sus habitantes se alistaban entre los simpatizantes del independentismo – como el aula donde entonces Martí, con quince años, recibía las enseñanzas de Rafael María de Mendive– y quienes aplaudían el poder peninsular. En aquel ambiente, los padres de Gonzalo, oriundos de Camagüey, decidieron trasladar la familia a Nueva York, donde crece y se educa quien sería, más que un discípulo, un hijo espiritual del Apóstol.

Las primeras noticias del acercamiento entre estas dos figuras remiten al 10 de octubre 1889, cuando en el Hardman Hall de Nueva York el estudiante de Derecho es llamado a pronunciar unas palabras dedicadas a Cuba, en la misma tribuna donde ese día Martí pronunció discurso. A partir de ese instante, el vínculo entre el Maestro y el discípulo sería ininterrumpido.

La fortaleza de esta relación nació inmersa en el acontecimiento continental que más preocupó a Martí en aquella fecha: La Primera Conferencia Panamericana de Washington, en la que el político cubano vio la intención de Estados Unidos de extender su dominio sobre la región y el peligro de que en ella se abordara una posible anexión de Cuba. En aquellas circunstancias, cuando Martí accede al evento a través de la prensa y escribe sus opiniones en diarios como *La Nación*, debió ser muy importante para él que su nuevo amigo estuviera participaba del mismo como secretario de Roque Sáenz Peña, el representante plenipotenciario de Argentina en el cónclave.

De esa época fueron las primeras cartas de Martí a Gonzalo. En una de ellas le pregunta: «¿Pues no se ha venido hablando en el paseo, entre los mismos delegados, de la posibilidad y conveniencia de anexar a Cuba a los Estados Unidos? Para todo hay ciegos, y cada empleo tiene en el mundo su hombre. Pero el Sr. Sáenz Peña sabe pensar por sí, y es de tierra independiente y decorosa (...) Trabájele bien, que este noviciado le va a ser a Ud, muy provechoso»[160].

En la carta siguiente ya hay más confianza, pues en la anterior aún temía 'violentar su opinión'. «Me es muy valioso lo que me dice y he de agradecer mucho que me tenga al tanto de cuantas opiniones sobre Cuba lleguen a su noticia, salvo las que por su carácter privado, y de la delegación de Ud., no le pertenezcan». Finalmente, le confiesa: «He leído su carta con júbilo de padre», lo que nos indica el avance afectivo entre ellos.

En la medida que creció el vínculo entre ambos ya se permitía darle consejos hasta en lo personal: «Piense como piensa, observe mucho, calle más, elija buena compañera, y será a la vez bueno y feliz»[161].

Las páginas que escribió Martí sobre el evento continental en que participaba Gonzalo, son las que con más lucidez advirtieron a los países de América Latina sobre el contenido más profundo de las propuestas que se le hacían desde Washington[162]. La identificación del joven abogado con el análisis del Maestro debió influir poderosamente en el aprecio que desde entonces le prodigó. Poco tiempo después, cuando Martí renunció a diferentes tareas para consagrarse a la creación del PRC, Gonzalo le va a seguir de forma incondicional. Es significativo que, aunque a los cargos más altos de aquella organización política se accedía mediante elecciones anuales de la membresía, la responsabilidad de Secretario fue designada por Martí y fue puesta en manos de Quesada.

En la fructífera labor desarrollada por el PRC entre 1892 y 1895, Gonzalo de Quesada jugó un papel que aún no ha sido evaluado con profundidad. Ello se aprecia en la intensa comunicación entre el Delegado y el Secretario, quien recibió en ese tiempo ochenta y ocho cartas firmadas por Martí –hasta donde conocemos–, si incluimos ocho donde le acompaña como destinatario Benjamín Guerra, entonces tesorero de ese órgano político que preparó y dirigió el inicio de la guerra.

Rastrear la labor de Gonzalo en ese epistolario necesario para justipreciar su mérito, cuya atención se ha enfocado mayormente a su esfuerzo en reunir la papelería de su Maestro. A ese camino van estos apuntes previos, si bien nacen del asomo a la visita que hace Gonzalo a Tampa, no solo con el documento secreto destinado a La Habana, sino también con misivas importantes para los cubanos que vivían en esta ciudad.

La primera de esas cartas –he excluido otras diecisiete correspondientes al período anterior al nacimiento del PRC– pertenece al 16 de enero de 1892 y nos ofrece una muestra de la familiaridad entre ellos. Entonces la novia de Quesada –Angelina Miranda– salió hacia La Habana de visita acompañada de la madre y él se apresura a enviarles un presente (una cajita, dice él) con las siguientes palabras: «a la linda viajera, a la viajerita querida y a su buena y tierna madre, un saludo que les aquiete la mar»[163].

Aunque en cartas anteriores se aprecia la cercanía de Gonzalo a la obra fundacional, es en la carta del 9 de mayo de 1892 donde Martí le implica en las más altas responsabilidades de su obra fundadora, al proponerle como Secretario del PRC, único cargo que no fue sometido a elecciones. En la misiva de esa fecha le dice: «La Secretaría de esta Delegación solo pudiera recaer en quien como Ud., se consagra con entusiasmo y pureza al trabajo de fundar en la Patria dolorosa un pueblo durable». Con esa apreciación, quien ya ha sido electo Delegado le escribe: «Vengo a rogar a Ud. que me acompañe y ayude, como encargado de la Secretaría, en la tarea de mantener unidas, y de robustecer, las fuerzas necesarias para completar la obra iniciada por nuestros padres de Yara el 10 de octubre»[164].

Gonzalo no lo defraudó y su colaboración fue constante en aquellos años. Trabajó mucho en el cuidado y eficiencia del periódico *Patria*, donde uno de sus primeros artículos fue «El Delegado y el Tesorero del Partido» (9 de julio de 1892), en el que incluye una fotografía de Martí al lado de Benjamín Guerra.

Aunque son muchas las cartas de Martí a Gonzalo en ese tiempo, voy a detenerme en las que fueron escritas desde Tampa. La primera de ellas es del 18 de julio de 1892. «Gonzalo: En Tampa, rematando. Enfermo. Nos lleva el Mayor de la ciudad a pasear. Iré a Ocala (...) Aquí grandezas...»[165] Se refiere a la invitación que le fue hecha –junto a Carlos Roloff, Serafín Sánchez y José Dolores Poyo– por Herman Glogowski, para que visitaran juntos los lugares más significativos de la ciudad.

Hay otra carta a Gonzalo, fechada en Tampa el 14 de diciembre de 1893, donde expresa su satisfacción por la comunidad cubana de este lugar: «¡Qué aclamaciones la de estos hombres, al hacer espontáneamente su nuevo sacrificio! Apreté la organización, la dejo ensanchada: extiendo el esfuerzo por toda la ciudad (...) Y desde que llegué, ni un momento de respiro: los clubs, las juntas privadas, los talleres, que me parecen templos...». Toda esta información nutría a Gonzalo para los escritos que debían salir en el periódico *Patria*. Al final de esa carta, le dice: «Aquí, cuánta hermosura».

En varias cartas de 1894, tanto desde Tampa, Cayo Hueso u otras direcciones desde donde ese año la labor infatigable de Martí amarraba todos los hilos preparatorios para la independencia de Cuba, se evidencia la confianza de Martí en la labor de su Secretario, especialmente en el desempeño del periódico *Patria*.

Cuando en enero de 1895 fracasa el llamado Plan de Fernandina, al ser apresados los barcos en que debían trasladarse a Cuba los líderes de la revolución para dar inicio a la guerra, Martí tuvo que ocultarse del fuerte espionaje español. En esos días de la segunda quincena de enero, fue Gonzalo de Quesada la figura más próxima a él. Cuando salió de Jacksonville –estuvo allí hospedado en el Hotel Travellers con un seudónimo–, al llegar a Nueva York lo recibió Gonzalo para llevarlo a casa de sus suegros, el Dr. Ramón Miranda y la Sra. Luciana Govín[166] donde permaneció encubierto hasta su salida definitiva de Estados Unidos.

El 29 de ese mes firmó la Orden de Alzamiento y ante la imposibilidad de viajar a Florida para hacerla llegar a Cuba, le pidió a Gonzalo de Quesada el cumplimiento de esa delicada responsabilidad. Entonces, él salió en el vapor Athos para Santo Domingo –acompañado de Enrique Collazo, Mayía Rodríguez y Manuel Mantilla Miyares– donde se reunirían con Máximo Gómez. Mientras, su discípulo llegó a Tampa el viernes, 1.° de febrero de 1895.

El Secretario del PRC llegó a esta ciudad con varias cartas de recomendación del Delegado, para que lo recibieran y lo quisieran como si fuera él. A Fernando Figueredo: «Gonzalo va en mi lugar (...) Rodéemelo y vea qué bella alma». A Ramón Rivero: «Gonzalo y ustedes serán enseguida mi solo corazón». A Paulina y Ruperto Pedroso: «Allá les va otro hermano (...) Solo horas estará en Tampa, la primera vez, mímenlo (...) Él va a un servicio glorioso». El servicio glorioso, además de recabar fondos para el levantamiento inminente en Cuba, era buscar el modo de hacer llegar a Juan Gualberto Gómez, en Cuba, la Orden de Alzamiento. A las pocas horas de llegar a Ybor City, Fernando Figueredo acompañó a

Quesada a la fábrica de tabacos de O'Halloran. Allí, entre las tripas de un tabaco, fue envuelto el mensaje.

Cuando, al día siguiente, Gonzalo entregó en Cayo Hueso varios tabacos a Duque de Estrada para llevarlos a Juan Gualberto Gómez, le indicó a cuál de ellos no se le podría dar candela en ningún caso. José Dolores Poyo, uno de los líderes más respetados del Cayo, lee la carta de Martí que le entregó el visitante: «Gonzalo de Quesada es mi carta (...) ¿A qué va Gonzalo? A que retumbe en Cuba, la nueva declaración de nuestra fe». ¡El mensaje era claro! Y también la confianza en el hombre que le representaba: «Gonzalo (...) me ha dado siempre, y hoy más que nunca, en estos días de deber y de honor, pruebas de las más raras virtudes, modestia, lealtad, entusiasmo, desinterés, abnegación. Quiéralo sin miedo»[167].

En uno de los discursos que Gonzalo pronunció en Cayo Hueso, respondió a un descreído: «¿Que dónde están las armas? Las armas están en la conciencia de cada uno de nosotros»[168]. Los aplausos, entonces, emularon a los que en aquella tribuna había recibido su Maestro.

Aunque Martí y Quesada se vieron por última vez –el 30 de enero de 1895, cuando ambos salieron de Nueva York, uno para Santo Domingo y otro para Florida– mantuvieron una continua comunicación. La última carta que el Apóstol le escribe corresponde al 2 de mayo de 1895, desde lo profundo del campo cubano, en plena guerra. Pero hay una en la cual quiero detenerme, pues se trata del testamento literario del gran escritor, confiado a quien consideró discípulo e hijo espiritual. La carta, fechada en Montecristi, el 1.º de abril de 1895, es «una guía para un poco de mis papeles»[169]. En la propuesta, sugiere ordenar alrededor de seis tomos con sus escritos y que «solo publique lo durable y esencial».

Hoy, cuando se está publicando la *Edición Crítica de las Obras Completas de José Martí*[170], que programa más de cuarenta voluminosos tomos, agradecemos el esfuerzo de Gonzalo de Quesada y Aróstegui, primero en percibir que todo lo escrito por Martí es «perdurable y esencial». Por ello cuidó cada página con tanta devoción.

Después de la muerte del Apóstol, el discípulo quiso incorporarse a la guerra, pero no se le permitió, pues su papel en la Secretaría del Partido y en el periódico *Patria* requería su presencia en Nueva York, donde era más útil a la independencia cubana.

Desde la salida de Martí de Nueva York hasta la elección de Tomás Estrada Palma –julio de 1895–, Gonzalo asumió altos cargos en el PRC. En enero de 1897, el Consejo de Gobierno de la República en Armas lo nombró su Encargado de Negocios en Estados Unidos, desde cuya posición contribuyó a que el legislador Wilkinson Call presentara la primera moción al Congreso estadounidense para el reconocimiento de la lucha independentista cubana.

En 1898, fue nombrado Delegado a la Asamblea de Santa Cruz por el Sexto Cuerpo del Ejército Libertador, labor que apenas pudo cumplir por mantener sus responsabilidades con la República en Armas en el extranjero. Al concluir la guerra, al regresar a la Isla y se incorporó a las tareas de creación de la República. En 1900 asistió a la Exposición Universal de París, en representación de Cuba, aun cuando la Isla no contaba aun con un gobierno propio.

Quesada fue electo a la Constituyente de 1901, donde se redactó la primera Constitución para la nación cubana. Al nacer la República, el 20 de mayo de 1902, con el gobierno presidido por Estrada Palma, lo nombraron embajador en Washington. Desde ese cargo, desempeñó un importante papel en decisiones sobre la soberanía del territorio nacional, especialmente con relación a la pertenencia de Isla de Pinos a Cuba, lo que se logró tras arduas discusiones frente a la pretensión estadounidense de obtener ese territorio. Finalmente se logró el acuerdo, a favor de Cuba, conocido como Tratado Hay-Quesada.

Gonzalo, que había participado en la Primera Conferencia Panamericana de Washington como miembro de la delegación argentina (1889), asistió a la tercera en representación de la República de Cuba-Río de Janeiro, 1906, y a la cuarta, en Buenos Aires, 1910. Asimismo, asistió a la Conferencia Internacional de la Paz, realizada en La Haya, en 1907.

En medio de las complejas circunstancias en que se inició la república creada en 1902, donde caudillismo, oportunismo, injerencismo, fraude y corrupción alejaron el cumplimiento del programa martiano, Gonzalo se dedicó a reunir con recursos propios toda la escritura del Maestro. Al publicarla, entregó a las generaciones posteriores venideras las mejores armas para que replantearan el proyecto del Apóstol.

En 1910, cuando el gobierno de José Miguel Gómez sustituyó al segundo período de ocupación de Estados Unidos en Cuba (1906-1909), Quesada fue designado embajador de su país en Alemania. Estando allá, además de cumplir con su misión diplomática, continuó recopilando, cuanto documento martiano le era enviado desde diversos lugares. Se encontraba trabajando en el tomo XV cuando los pulmones dejaron de acompañarle. Lejos de la Patria que ayudó a liberar, seguramente le consoló saber que su hijo –Gonzalo de Quesada Miranda– continuaría publicando las tantas páginas martianas que él no alcanzó a juntar. El 9 de enero de 1915, en Berlín, dejó de latir su corazón, con solo cuarenta y siete años de edad.

NOTAS

[160] *Epistolario*, t. II, p. 155.
[161] Ibídem, p. 157.
[162] Ver «La Conferencia de Washington», en Obras Completas de José Martí, tomo 6, página 33.
[163] *Epistolario*, t. III, p. 19.
[164] Idem. T. III, p. 88.
[165] Todas las cartas escritas a Gonzalo de Quesada desde Tampa aparecen en este libro.
[166] La casa del Dr. Ramón Miranda estaba ubicada en 349 W. 46th St, Nueva York.
[167] Idem, t.V, p. 48.
[168] Gonzalo en Cayo Hueso.
[169] *Epistolario*, t. V, p. 138.
[170] La edición crítica de las *Obras Completas* ha impreso 28 tomos hasta el momento. Ver http://www.josemarti.cu/edicion-critica-obras-completas.

3.9
TAMPA EN EL 24 DE FEBRERO CUBANO

Al amanecer el 24 de febrero de 1895, estalló en Cuba por tercera vez la Guerra de Independencia, como un esfuerzo supremo de liberar a la Isla de la dominación de España, después de casi cuatro siglos de coloniaje. Fue el tercer gran intento de obtener por medio de las armas la liberación del país, el primero de los cuales –el 10 de octubre de 1868– desató una cruenta guerra que duró diez largos años. El segundo levantamiento, conocido como La Guerra Chiquita, intento reiniciar la lucha interrumpida con la Paz del Zanjón, pero no pudo imponerse por estar latentes en ella las mismas causas que determinaron la firma de un pacto sin independencia.

Solo cuando José Martí asumió la dirección del movimiento revolucionario se encontró el camino en el que confluían dispersos sectores del independentismo cubano. Ello condujo al estallido armado del 24 de febrero de 1895 y, con ello, a la guerra que puso término a la larga dominación de España sobre la Isla.

En los últimos años de la década de 1880 nació Ybor City, extendida a West Tampa, lugares al que llegaron cientos de familias cubanas. La producción fabril del tabaco fue la atracción laboral, pero junto a las fábricas surgieron escuelas, teatros y una vida cultural donde confluyeron algunos miles de cubanos de distintas posiciones sociales, raciales, religiosas o culturales, a quienes unía el sentimiento común hacia la Patria.

Fue titánica la obra iniciada en Tampa y extendida a Cayo Hueso, Nueva York, a varias ciudades de Estados Unidos, países del continente y a la propia Cuba, donde se construyeron todos los amarres para que tres expediciones simultáneas, cargadas de hombres, armas, municiones y otros recursos y con los grandes líderes del mambisado al frente, desembarcaran en distintos puntos de la Isla y desataran la guerra necesaria.

Pero todo se perdió en un instante, cuando fueron detenidas las embarcaciones que debieron salir hacia el 12 de enero de 1895 del puerto de Fernandina, Florida. Martí, que debía ir en uno de esos barcos, pudo burlar el asedio. Se escondió en Nueva York dos semanas, en casa del Dr. Ramón Miranda. Allí se reunió, el 29 de enero, con los oficiales mambises Enrique Collazo y Mayía Rodríguez y decidieron que el alzamiento en Cuba debía producirse como estaba planificado, aunque ya no coincidiría con la llegada de las tres expediciones y de los grandes jefes.

El documento fue enviado de inmediato a Tampa con Gonzalo de Quesada y en la fábrica de tabacos de O' Halloran lo ocultaron en el puro que lo llevó a La Habana. Con la disposición en la mano, Juan Gualberto corrió la noticia a los líderes de las distintas regiones de Cuba. El 24 de febrero fue cumplida la orden y comenzó la guerra, pero la mayoría de los levantamientos fueron sofocados enseguida. El de Bayate, cerca de Manzanillo, guiado por el General Bartolomé Masó resultó victorioso y encendió la guerra en Oriente, dando tiempo a que llegaran Maceo, Máximo Gómez y el propio Martí.

En el momento de más ansiedad, cuando se perdió el proyecto de las expediciones en Fernandina, por el que las emigraciones habían invertido tanto dinero durante más de tres años, José Martí volvió a pensar en Tampa. Antes de salir para Santo Domingo a reunirse con Gómez y junto a él desembarcar en Cuba, le entregó a Gonzalo varias cartas para sus amigos de esta ciudad: a Ramón Rivero, Paulina y Ruperto Pedroso, Fernando Figueredo, escritas cuando se va a echar a la mar. A Rivero le dice: «Yo no puedo esperar, Cuba no puede». A Figueredo: «Tallo en la roca y en la mar mi caballo nuevo». Y a Paulina y Ruperto, las palabras desesperadas que tal vez más le conmovieron: «Si es preciso, háganlo todo, den la casa», porque él está «levantando la Patria a manos puras». Cuánta grandeza en Tampa, en todos los que hicieron posible el 24 de febrero cubano y donde Paulina y Ruperto respondieron que estaban dispuestos a empeñar la casa donde vivían para que Cuba fuera libre.

3.10

LA VISITA A TAMPA DE JUAN GUALBERTO GÓMEZ

En Juan Gualberto Gómez José Martí depositó toda su confianza y lo designó máximo representante del PRC dentro de la Isla. A la hora del levantamiento armado, a él envió la Orden de Alzamiento, con la indicación de ser dada a conocer a los jefes de las diferentes regiones de de la Isla para que fuera simultáneo el estallido bélico en toda ella.

Pero aquí queremos destacar que Juan Gualberto también estuvo en Tampa, durante una visita que realizó en 1898. Ese año llegó a Nueva York, recién salido de la cárcel de Ceuta, en España, donde fue enviado al ser hecho prisionero el día del levantamiento armado.

Cuando llegó a Estados Unidos, se mantuvo alrededor de Tomás Estrada Palma, quien fungía como Delegado del PRC desde la muerte de Martí y, a la vez, máximo representante de la República en Armas en el exterior. En el mes de julio de 1898, cuando se produjo la derrota de España en la batalla naval de Santiago de Cuba y se hace inminente el fin de la guerra, Estrada Palma envió a Juan Gualberto a Tampa, con el interés de conocer detalles sobre la comunidad cubana de allí cuando era inminente el regreso de muchos de sus integrantes a la Isla. El periódico *Patria*, en su edición del 9 de julio de ese año, dio a conocer que Juan Gualberto se encontraba en Tampa «desde hace ya varios días».

En el número siguiente –29 de julio– *Patria* informa: «Juan Gualberto Gómez está a punto de terminar satisfactoriamente los trabajos que le encomendara la Delegación cerca de los cubanos residentes en Tampa».

Cuando Juan Gualberto visita la ciudad, ya acumulaba un largo historial de lucha por la independencia de Cuba. Nació libre en Sabanilla del Encomendador, en la provincia de Matanzas, porque su madre logró ahorrar dinero para comprar la libertad de su hijo desde tenerlo en el vientre. Además de libre, Juan Gualberto nació con una inteligencia prodigiosa, lo que le abrió el camino para estudiar en La Habana. El talento le hizo ganar el apoyo de maestros y personas con recursos económicos, y en 1868 pudo ir a Francia, donde ingresó en una escuela preparatoria de ingenieros. En París se produjo su primer vínculo con los líderes independistas cubanos y sirvió allí de traductor a Francisco Vicente Aguilera en su labor de recaudación de fondos para la guerra.

En 1875, Juan Gualberto abandona Francia y se radica en México. En 1878, regresa a La Habana, casi en el mismo tiempo en que lo hace José Martí desde Guatemala. Se conocen ese mismo año y comienzan una amistad que interrumpió la muerte. Juntos conspiraron para la llamada Guerra Chiquita y cuando detuvieron a Martí en su casa el 17 de septiembre de 1879, le estaba visitando este amigo que, recientemente, había comenzado a publicar el periódico *La Fraternidad*. Unos meses después, también Gómez fue detenido y deportado.

Contaba con una larga trayectoria a favor de la libertad el afrocubano ejemplar cuando Martí funda el PRC. De Europa regresó por segunda vez a Cuba en 1890, preparado para la alta responsabilidad que le asignó su amigo. Ambos coincidían en la necesidad de una contienda bélica eficaz que abriera el camino hacia una república moderna y justa. La muerte impidió a Martí estar en su ordenamiento desde la propia guerra, pero Juan Gualberto fue fiel a su ideario. Su labor en la Asamblea Constituyente de 1900, en la Cámara de Representantes (1914-1917) y en el Senado (1917-1925), son prueba de ello. Así lo vemos también en sus muchos escritos de esa época y en la conducta que observó hasta morir, a los 78 años, el 5 de marzo de 1933[171].

Juan Gualberto, quién abogaría con justicia por la igualdad racial y el libre pensamiento, conoció las calles de Ybor City y West Tampa. Debió ser honda su emoción al mirar la fábrica de tabacos de O'Halloran, donde el buen Fernando Figueredo le contaría los detalles secretos del tabaco en que le enviaron la Orden de Alzamiento.

Notas

[171] Ver: Angelina Edreira de Caballero. *Vida y obra de Juan Gualberto Gómez: seis lecciones en su centenario.* La Habana, 1955.

3.11

HORATIO RUBENS

Entre quienes apoyaron a José Martí en su obra por la independencia de Cuba, hay que recordar a un estadounidense que estuvo a su lado en los momentos más difíciles de su empeño: Horatio Seymour Rubens.

En cartas a sus más cercanos colaboradores, el Apóstol menciona con cierta frecuencia a Rubens, especialmente durante los días difíciles del fracaso de las expediciones en Fernandina, la segunda semana de enero de 1895.

En el instante en que todo parece perdido, cuando son apresados los barcos que debían llevar a Cuba tres expediciones con hombres y armas suficientes para dar inicio a la guerra, José Martí envía desde Jacksonville un cablegrama a Nueva York para que salgan hacia ese lugar Gonzalo de Quesada y Horatio Rubens, ambos abogados, para que demandaran ante la justicia estadounidense la devolución de las propiedades incautadas, esfuerzo que no fue inútil.

¿Cómo Rubens había ganado tan absoluta confianza en quien presidía el PRC? En realidad, desde 1893, cuando Quesada se lo presentó, venía siendo el asesor legal de la organización independentista y había acompañado a su líder a Tampa y Cayo Hueso en los días en que fue necesario defender la causa de tabaqueros cubanos. Fue muy meritoria su labor en enero de 1894, al producirse en Cayo Hueso una crisis de consecuencias incalculables, a partir de una componenda entre dueños de fábricas de tabacos (estadounidenses y españoles) con el gobierno español en Cuba, para sustituir a los obreros que habían participado en una cadena de huelgas pidiendo mejoras salariales.

En el fondo, el gobierno español pretendía quitarse de encima la efervescencia independentista que prevalecía en los tabaqueros cubanos, mientras muchos dueños de fábricas podrían poner fin a las huelgas sin atender las demandas de los trabajadores. En el marco de aquella tensión, Martí vino hasta Tampa con Rubens, a quien envió al Cayo a defender a varios cubanos que habían sido apresados o expulsados de su trabajo. El abogado no solo se enfocó en proteger a los detenidos, sino también en probar la ilegalidad de una contratación de obreros que dejaba sin empleo a los ya establecidos allí. Su actuación se destaca en un escrito del periódico *Patria*, el 20 de enero de 1894: «El Departamento del Tesoro espera que las pruebas ya recogidas se completen por las declaraciones que han de prestar los señores Rubens y Marino, quienes se han nombrado como Comisión por los residentes cubanos en Cayo Hueso para venir a Washington y protestar contra la entrada de obreros españoles en los Estados Unidos».

Entonces, el abogado Rubens, quien fue compañero de estudios de Gonzalo de Quesada en la Universidad de Columbia, era un joven de veinticinco años, pues nació en Nueva York el 6 de junio de 1869.

Sobre la amistad y el apoyo que encontró Martí en Rubens hay múltiples referencias. Sin embargo, se ha hecho menos énfasis en su obra durante el curso de la guerra que culminó en 1898, cuando era Abogado Consultor General de la Junta Revolucionaria Cubana. Estuvo muy cercano a la labor del PRC y de la representación en el exterior del Gobierno de la República en Armas, ambos bajo la dirección de Tomas Estrada Palma. El abogado jugó un rol meritorio en la defensa de patriotas detenidos por organizar expediciones hacia Cuba, entre ellos Carlos Roloff y los hermanos Carrillo.

El mismo Rubens, en un libro que dio a conocer en 1932 con el título *Liberty: The History of Cuba*, recordó: «Mucho se ha hablado de la benevolencia de las autoridades americanas respecto a las expediciones filibusteras, como se las llamaba.

Nada más lejos de la verdad (...) La cantidad de arrestos y juicios, y el número fenomenal de reclamaciones contra barcos y armamentos prueban la gran diligencia de las autoridades americanas»[172].

Por sus servicios a la independencia, la Junta Revolucionaria Cubana le otorgó de manera honorífica el cargo de Coronel del Ejército Libertador.

Durante la intervención militar norteamericana, Rubens se desempeñó como comisionado de revisión de Código y Leyes, de Finanzas y de Elecciones. Trabajó a favor de la candidatura de Estrada Palma para la presidencia de la República y, a partir de su creación, en 1902, se quedó a vivir en la Isla, aunque no se vinculó a la política directamente, sino a intereses económicos propios y de compañías estadounidenses como la empresa Cuba Railroad Company, de la que llegó a ser Presidente.

En esta época se construyó una mansión en el Mariel, cerca de La Habana, que se conserva como parte del patrimonio local. Aquella obra ecléctica, con arcos y columnas donde los motivos moriscos y de palacios medievales llaman la atención, fue la residencia durante algunos años de quien era atendido en todos los lugares de Cuba como Veterano de la Guerra de Independencia. Durante el gobierno de Mario García Menocal (1913-1921) la propiedad pasó a manos del gobierno de la Isla, quien la convirtió en una sede de la Academia Naval. En su último viaje a Cuba, en 1938 (tres años antes de morir en Nueva York), se hospedó en el lujoso Hotel Nacional, lugar aun predilecto de los estadounidenses que visitan La Habana.

NOTAS

[172] Horatio Rubens. *Liberty: The History of Cuba*, Nueva York, 1932.

3.12 TAMPA EN LAS EXPEDICIONES A CUBA

En todas las guerras independentistas de Cuba, las expediciones desde el exterior jugaron un papel fundamental en la incorporación de soldados para los frentes de batalla, así como en el abastecimiento de armas, municiones, medicinas y todo tipo de recursos.

Ya iniciada la Guerra de 1895, desde Nueva York, el PRC, en coordinación con el Gobierno de la República en Armas, creó un departamento para atender todo el trabajo concerniente a la organización de este frente, al que llamó «Departamento de Expediciones». En febrero de 1896, fue destinado el Coronel Emilio Núñez a su dirección. En diciembre de ese año fue ascendido al grado de General, por la eficacia en el cumplimiento de su misión.

En abril de 1897, Núñez solicitó que se aprobara su decisión de establecer el «Cuartel General del Departamento de Expediciones» en Tampa, lugar que venía demostrando ser el más eficaz para el desarrollo de esta importante labor. En la carta de solicitud, Núñez pidió que «los que tuvieran sus familiares en Cayo Hueso, los trasladaran para el nuevo centro de operaciones»[173].

A Tampa siempre se le señala, con toda justicia, como el lugar donde se originó el PRC, a partir de la primera visita de José Martí. Pero también tiene el mérito histórico de ser el sitio donde se organizaron y enviaron a Cuba la mayor cantidad de expediciones, abastecidas gracias al fervor con que la emigración cubana hizo suya el ansia de una Patria libre.

Una breve mirada a esa labor histórica realizada en Tampa, refleja el peso que tuvo esta ciudad en la forja de la independencia de la isla. En mayo de 1896 llegó a las cercanías de Santiago de Cuba un poderoso desembarco compuesto por 68 hombres, 800 fusiles Remington, 75 carabinas Remington, 50 fusiles Mauser, 24 revólveres Colt, 7 revólveres Smith Wesson, un cañón Hotchkiss de dos libras, 240 proyectiles para ese cañón, 240 granadas, 400 mil balas calibre 43, 100 mil calibre 44, 25 mil de 7 mm, 2 mil libras de dinamita y 3 mil pies de mecha para explosivos. Al frente de ella llegaron el cubano Rafael Portuondo Tamayo y el francés Alberto Conspeire[174].

Portuondo era, a la sazón, Secretario de la Guerra del Gobierno de la República en Armas y había salido a Nueva York en misión diplomática y administrativa. Desde su llegada a Nueva York, se pensó en que tuviera un regreso triunfal y el propio Emilio Núñez se ocupó de organizarle una expedición, al contar con el apoyo de Fernando Figueredo en Tampa y José A. Huau en Jacksonville. Los expedicionarios se concentraron en Tampa, donde fueron abastecidos. Desde esta ciudad se trasladaron en ferrocarril hasta Jacksonville, de donde salieron para alcanzar el barco «Three Friends» que los llevaría a las costas cubanas.

En Tampa fue preparada la expedición que llevó a Cuba Ricardo Trujillo[175]. De aquí salieron los 18 hombres hasta Charleston, donde tomaron el vapor «Comodoro» con 400 fusiles, 500 mil balas, 300 machetes, 2 500 libras de dinamita y otros recursos para la guerra.

A fines de 1896 salió de Fernandina una expedición guiada por Pérez Morales[176], pero no logró cumplir su destino. Los expedicionarios fueron enviados a Tampa, donde se reorganizaron para volver a partir, lo que hicieron en el vapor «Dauntless» y llegaron a Cuba el 3 de enero de 1897.

Unos meses después se concentró un grupo de hombres en Tampa, que luego se trasladó hasta New River, para distribuirse en dos salidas continuas que fueron cubiertas por el «Dauntless»; la primera salió el 19 de mayo con 22 hombres bajo las órdenes del comandante Serapio Arteaga y llegó dos días después. El barco regresó y el 23 incorporaron al otro grupo, guiado por el comandante Ricardo Delgado.

Una gran expedición preparada en Tampa fue conducida por Rafael Gutiérrez, quien había sido enviado al exterior por el Generalísimo Máximo Gómez en un momento de extrema necesidad de recursos bélicos. Se concentró a un grupo de 65 hombres en Ybor City y el 28 de septiembre, ya listos, salieron a su destino. Llegaron a Cuba en el vapor «Donna Briggs», el 3 de septiembre de 1897.

En nuestra ciudad fue alistada también la expedición que dirigió Luis Rogelio Miranda[177], quien llegó a las costas cubanas con 18 hombres, en el «Dauntles», el 28 de noviembre de 1897. El General Emilio Núñez viajó como jefe de mar en esta travesía.

Ya en 1898, se organizó la expedición conducida por Manuel Lechuga[178]. La fuerza concentrada en la ciudad y los recursos obtenidos, se distribuyeron para dos salidas. En ambas Emilio Núñez fungió como jefe de mar. La primera salió con Lechuga y la segunda, fue comandada al llegar a tierra por el General Federico Pérez Carbó. En dicha ocasión, como en tantas, fue el vapor «Dauntless», bajo el mando de su valeroso Capitán O'Brien, quien se ocupó de hacer llegar a los patriotas a su destino.

Después que Estados Unidos decretó la Guerra a España, continuaron preparándose expediciones en Tampa, esta vez con el apoyo total de los estadounidenses. Una salió el 17 de mayo de 1898, bajo el mando de los generales José Lacret y Julio Sanguily, pero en dicha ocasión el vapor «Florida», que trasladaba a los expedicionarios, salió del Puerto de Tampa escoltado por el cañonero «Osceola». El 20 de junio de 1898, en medio de la Guerra Hispano-Cubano-Americana, salió el General Emilio Núñez de Tampa[179], al frente de 500 hombres que fueron distribuidos en dos vapores: «Florida» y «Fanita». Desembarcaron al sur de Camagüey, cuando se estaba librando en Santiago de Cuba la última batalla de la guerra que puso fin a la dominación española en la isla.

Fernando Figueredo y los dirigentes de los Cuerpos de Consejo y clubes revolucionarios de Tampa jugaron un papel importante en la organización de todas estas expediciones. Pero sin la capacidad para el sacrificio, el ansia de libertad y la fe en una Patria próspera, no se habría conseguido tanta entrega popular para conquistar la independencia.

Notas

[173] César García del Pino, *Expediciones de la Guerra de independencia (1895-1898)*, p. 25.
[174] Ibídem, p. 51.
[175] Ibídem, p. 55.
[176] Ibídem, p. 66.
[177] Ibídem. p. 77.
[178] Ibídem, p. 78-79.
[179] Ibídem, p. 88.

3.13

LA MADRE DE JOSÉ MARTÍ EN WEST TAMPA

En 1898, Leonor Pérez, la madre de Martí, vivía en la pobreza. Entonces escribe una carta a Carmen Miyares contándole el drama que estaba atravesando, pues le era imperativo una operación en la vista. Estaba casi ciega y sin recursos para atención médica «pues mis hijas viven hoy muy reducidas y yo no puedo disponer de una habitación ni puedo pagarla» –le dice a la amiga de Nueva York que fue tan buena con su hijo. Y con ella misma, cuando lo visitó en 1887. Tanta era la pena que no pudo contener el lamento: «(...)no sé para qué Dios no me llevó a mí primero que a él»[180]. También se dolía porque los compañeros de su hijo no se habían ocupado de darle ni «un triste pésame». Fue una carta dictada con el corazón muy oprimido, como ella misma dice.

La reacción de Carmita fue escribirle a Tomás Estrada Palma –Delegado del PRC desde la muerte de Martí– y en el sobre le anexó la carta recibida desde La Habana. Este, que a su vez fungía como Agente General de la República de Cuba en Armas en el Exterior, atendió al llamado de Carmen y dispuso que fueran enviados cincuenta pesos oro a Doña Leonor, para que pudiera pagar el pasaje en la ruta La Habana-Cayo Hueso-Tampa. Por esas coincidencias indescifrables del destino, el dinero para el pasaje llegó a manos de Leonor el 25 de marzo de 1898, exactamente a los tres años de aquella conmovida despedida del hijo, cuando iba para la guerra, donde le (se) preguntaba: «¿Y por qué nací yo de usted con un alma que ama el sacrificio?»[181] La respuesta la llevaba por dentro, cuando dos semanas después, el 9 de abril, sale del puerto de La Habana hacia el destino incierto del emigrante. Para jugar más con esas sincronías invisibles que teje la vida, ella desembarca en el puerto de Tampa un 11 de abril, exactamente en el tercer aniversario de la entrada de su hijo a la guerra.

El viaje lo hizo en el *Olivette*, acompañada de su hija Leonor y del nieto Alfredo García Martí. Se le debe al historiador cubano Enrique Moreno Pla haber encontrado en la sección «Movimiento marítimo», del *Diario de la Marina*, los nombres de Leonor y sus dos acompañantes, en la lista de pasajeros de aquel día. Describe Moreno Pla, en un artículo dado a conocer por el *Anuario Martiano* No. 1, de 1969, que casi a la misma hora de salir el barco donde iba en silencio la familia de Martí, zarpó el *Fern*, donde viajaba Mr. Springer, vicecónsul de Estados Unidos en la capital cubana.

Como esta embarcación solo llegaba hasta Cayo Hueso, el diplomático siguió a Tampa en el *Olivette*. Esta circunstancia fortuita determinó que en el muelle de Tampa estuvieran Fernando Figueredo y otros cubanos, como parte de la delegación tampeña que saludaría al político norteamericano.

Alguien se acercó a Fernando con la noticia de que la madre de Martí había desembarcado. Al saludarla y saber que ella deseaba contactar con algunos conocidos en Ybor City, le brindó su casa de West Tampa y la llevó consigo. Bernardo, el hijo de Figueredo, contó después que a él y su hermano los mandaron a dormir en el desván, junto al sobrino de Martí, porque su habitación fue concedida a Leonor con su hija[182].

A los pocos días, Figueredo decidió alquilar una pequeña casa cerca de la suya y le asignó una pensión de diez pesos semanales, para que pudiera cubrir sus gastos mínimos. Aquella casita estaba situada en la calle Chesnut, no. 380 en su tiempo[183]. Allí vivió durante tres meses y de allí vio salir a dos nietos suyos para la guerra. En ese lugar sintió la enorme gratitud por la obra de su hijo, cuando a verla y saludarla pasaron decenas de oficiales del Ejército Libertador Cubano, dirigentes cubanos de la emigración y hombre y mujeres del pueblo que vibraron de pasión patriótica con los discursos conmovedores del hombre que ella trajo al mundo. Llegaban a darle la mano, un abrazo, o solo verla de cerca. Algunos, como el comandante Alfredo Lima, o el capitán Frank Agramonte[184], le regalaron retratos suyos.

El 25 de mayo de 1898 el periódico *Patria* hace una referencia a la presencia de Leonor en la ciudad: «La señora madre de Martí fue invitada para que asistiera a la velada; pero se ha excusado, no solo por el mal estado de su salud, sino por encontrarse bajo la dolorosa impresión de haber despedido ayer para el campo de la guerra a su nieto Alfredo, y estar asistiendo a su otro nieto, Mario, que se encuentra enfermo, y marchará también para Cuba en la próxima expedición[185].

El tiempo que vivió la madre de Martí en West Tampa corresponde a los meses finales de la Guerra de Independencia en Cuba, a la intervención de las tropas norteamericanas en el proceso que concluyó con el Protocolo de Paz firmado en agosto de 1898 y a la terminación de la dominación española en Cuba. Ese mismo mes, el 28, se embarca hacia Cayo Hueso, donde estará hasta el 29 de octubre, día en que regresó, en el *Mascotte*, al puerto de La Habana.

Según los libros de contabilidad de la Agencia de Tampa conservados en el Archivo Nacional de Cuba, los gastos relacionados con la presencia de la madre de Martí en Tampa, ascienden únicamente a 273 pesos, distribuidos entre alquiler, algunos muebles y los diez semanales para mantenerse. El pasaje de regreso a Cuba, parece ser que lo pagó ella de sus pequeños ahorros, pues no hay constancia de que alguien haya cubierto ese gasto.

Cuánto sufrimiento y nobleza en aquella madre. Cuando el único varón de sus 7 hijos era pequeño, quiso apartarlo del ideal libertario que le costó la vida. La noche en que las calles de La Habana se llenaron de fuego, salió en la oscuridad a buscarlo debajo de las balas, a sus 16 años[186]. Unos meses después lo hicieron prisionero y fue a reclamarle al

Capitán General de la Isla, por la injusticia que estaban cometiendo con quien era apenas un niño. Después se resignó, lo vio irse al exilio, una y otra vez. Perdió al esposo y casi todas las hijas murieron antes que ella. Fue a verlo a Nueva York en el año 1887 y lo acompañó unos meses. No lo vio más. Al llegar a sus manos la última carta suya, ya él estaba dentro de la guerra, pero le alivió su ternura: «conmigo va siempre, en mi creciente y necesaria agonía, el recuerdo de mi madre». Al mes siguiente murió en combate. Ella calló su dolor y murió pobre, el 19 de junio de 1907, en La Habana.

NOTAS

[180] Nidia Sarabia. *La patriota del silencio*, p.76.
[181] *Epistolario*, t. V, p. 116.
[182] Ver Raúl García Martí. *Biografía familiar*. La Habana, 1938.
[183] Gabriel Cartaya. *Luz al universo*, pp. 88-89.
[184] La fotografía que regaló Frank Agramonte a Leonor Pérez fue fechada el 29 de mayo de 1898.
[185] Alfredo García Martí fue para Cuba en la expedición que salió de Tampa el 17 de mayo de 1898.
[186] El 22 de enero de 1869 el Cuerpo de Voluntarios de La Habana asaltó el teatro Villanueva, donde se produjeron exclamaciones de simpatía hacia los independentistas. En medio del tiroteo, la madre de Martí fue a buscarlo a casa del maestro Rafael María de Mendive. El poeta recordó el hecho en los Versos Sencillos.

3.14
LA DISTANTE RIBERA DEL POETA BONIFACIO BYRNE

Casi todos los cubanos sabemos el nombre de Bonifacio Byrne, porque su poema dedicado a la bandera, escrito hace más de un siglo, aparece en los libros de los primeros grados escolares. Muchos pueden decir de memoria, al menos, aquella estrofa que cuenta el regreso del poeta desterrado a la Patria: «Al volver de distante ribera/ con el alma enlutada y sombría/ afanoso busqué mi bandera/ y otra he visto además de la mía».

En las emotivas cuartetas, el bardo canta un dolor compartido. La independencia de la isla, después de 30 años de guerra y cruentos sacrificios, no había culminado con el ansia de independencia total del país, pues la intervención norteamericana, cuando las armas cubanas estaban a punto de vencer, condujeron a un período de ocupación y gobernación de los Estados Unidos en Cuba. Es verdad que fue un tiempo breve –algo más de tres años– porque la mentalidad generalizada en la población cubana no habría aceptado otro status que no fuera el de la independencia.

Cuando terminó la guerra, como miles de cubanos, Byrne desembarcó en el Puerto de La Habana. Vio en El Morro ambos penachos y eternizó en dos versos el instante, con un clamor: «que no deben flotar dos banderas/ donde basta con una, la mía». A partir de 1959, con el enfrentamiento entre el gobierno de Estados Unidos y el cubano, el poema pasó a la tribuna, desde que el comandante Camilo Cienfuegos lo utilizó en medio de un discurso enardecido: «Si deshecha en menudos pedazos/ llega a ser mi bandera algún día/ nuestros muertos alzando los brazos/ la sabrán defender todavía».

Pero en estas líneas, lo que quiero significar es que la «distante ribera» donde Bonifacio Byrne estaba emigrado era la ciudad de Tampa. Había llegado aquí en 1896, procedente de Matanzas, porque unos versos de simpatía hacia un independentista condenado por las autoridades españolas hacían peligrar su libertad en la isla.

En Tampa, Byrne fue lector de tabaquería y siguió cultivando una lírica que evolucionó cada vez más hacia temas patrióticos, por lo que fue considerado también el «Poeta de la Guerra». Asimismo, colaboró con distintos periódicos como *Patria* y *El Porvenir*. En su labor revolucionaria dentro de esta ciudad, se destaca la creación del Club Revolucionario «Brigadier Pedro Betancourt», con cuyo nombre rinde homenaje al General matancero que dirigió el levantamiento independentista en su región natal.

Wenceslao Gálvez, en su libro *Impresiones de emigrado*, con el fino humor que le caracterizaba, cuenta que ambos llegaron a Tampa en el mismo viaje; el poeta, «triste, porque había dejado a su familia en Matanzas», y él, «alegre de no ver la entrada de Weyler en La Habana». Aunque dice que vivían cerca, no anotó la dirección, privándonos de una información importante. «Fui y lo vi en la cama. El poeta tenía una fiebre que no era la de la inspiración. Su piel ardía. Hablamos poco y después lo visitaba con frecuencia». Gálvez confiesa que las visitas a Byrne le causaban gran satisfacción porque lo animaba con fuerza a continuar la escritura de su obra. «Si este libro se publica, caiga sobre él la culpa toda, que es quien me anima a seguirlo», expresó con gracia el autor.

En esas tertulias tampeñas donde compartían impresiones acerca de la patria y literatura, ambos leían, sugerían, mejoraban su escritura. La impresión que dejaban los versos de Byrne en Gálvez, él mismo nos la ha revelado: «Me lee sus versos, poesías bélicas cuyas estrofas llegan a lo hondo, y así, fraternalmente, con el cariño engendrado por la vocación literaria que funde más que la desgracia, nos parece que yo vivo en sus estrofas y él flota en las páginas de mi libro».

Finalmente, Gálvez, en un gesto hermoso de gratitud, confiesa que «el libro es casi suyo, más que mío, pues a él se lo debo». Claro, el ego juguetea con el autor, aunque es consciente del valor que le agrega al libro la opinión del ilustre poeta». ¿Por qué muestra él esa preferencia por estas notas triviales?». Su propia respuesta es la mejor validación de su mérito: Porque el poeta exquisito sabe que «en estos apuntes no he dejado girones de mi ingenio, sino girones de mi alma»[187], en un remate que obvia la ironía ante el dramatismo tremendo del destierro de ambos.

Terminada la guerra en Cuba, Bonifacio Byrne regresó a su hogar matancero. El 3 de enero de 1899, desde una ventanilla del «Mascotte», dijo adiós a la bahía que le dio abrigo. La ansiedad de Patria que llevaba dentro, la derramó en el canto a la bandera: «Del destierro en el alma la traje/ entre tantos recuerdos dispersos/ y he sabido rendirle homenaje/ al hacerla flotar en mis versos».

Sus poemas del exilio fueron compilados en el libro *Lira y espada*, publicado en 1901. En 1914 apareció su último volumen, al que llamó *En medio del camino*. Fundó periódicos, trabajó para la enseñanza, escribió artículos y dejó gran cantidad de páginas sin publicar, entre ellas la novela inconclusa *Hijos y yernos* y el poemario *Voces del mar*. Murió el 5 de julio de 1936, ya considerado «Hijo Eminente» de su querida Matanzas.

Notas

[187] Wenceslao Gálvez, ob. cit., pp. 102-103.

3.15
MARTÍN MORÚA DELGADO

Buscando información sobre la participación de Tampa en el independentismo cubano, encuentro en la revista *Cuba y América*, de 1897, que uno de sus dos agentes en esta ciudad, durante ese año, era Martín Morúa Delgado, con dirección postal P.O. Box 65, Port Tampa City (el otro era Carlos Trelles, en 1015 Liberty St. P.O. Box 52, Fort Brook, Tampa, Florida).

Se trata, evidentemente, de aquel reconocido periodista, escritor, traductor y político cubano que tuvo tanta repercusión en la vida política cubana de la primera década del siglo XX. Fue miembro de la Asamblea Constituyente de la República y después Presidente del Senado. Su nombre es imprescindible en los libros de historia de Cuba, especialmente por la llamada Ley Morúa (Artículo 17 de la Ley Electoral de 1910), con la que propuso al Congreso una modificación en la creación de partidos políticos, para evitar que éstos tuvieran una composición exclusivamente racial o de clase.

Morúa Delgado vivió en Tampa a fines de 1896, cuando ya tenía una hoja de servicios a favor de la independencia de Cuba, especialmente escrita en la emigración cubana de Cayo Hueso y Nueva York. Nació el 11 de noviembre de 1857 en la ciudad de Matanzas, hijo de una esclava africana y padre español. Muy jovencito se inclinó a las letras, publicó versos y fundó el periódico *El pueblo*, donde escribió en defensa de su raza. En los días de la Guerra Chiquita se sumó a los independentistas y, sintiéndose perseguido, emigró a Cayo Hueso, donde se dio a conocer como periodista sagaz y polémico. Allí fundó, entre otras publicaciones, la *Revista Popular*. En la década de 1880 también vivió en Nueva York, donde mejoró el inglés, estudió francés y portugués, hasta llegar a ser un agudo traductor. Hacia 1885 fue director de *El Cubano Libre* y se desempeñó como redactor en *El Separatista* y *La República*.

Tanto en Cayo Hueso como en Nueva York, Morúa participó en los proyectos independentistas. Hacia 1883, se convierte en vocal en el Comité Revolucionario de Nueva York, a cuyo nombre viaja por Estados Unidos y Centroamérica. Cuando conoce a Máximo Gómez y Antonio Maceo se hace merecedor de su amistad, incorporándose al plan de estos dos generales (1884-1886). En una carta suya a Gómez valoró las causas de su fracaso con profunda objetividad.

Ante los continuos fracasos de los intentos independentistas organizados en Nueva York, Morúa se mudó a Cayo Hueso, donde se casó con la cubana Elvira Granados y se gana la vida como lector de tabaquería. Allí escribió su primera novela –*Sofía*– y en 1890 regresó a Cuba. Entonces se produjo un cambio en su postura política a favor del autonomismo, como lo hicieron otros intelectuales que buscaban una solución inmediata a los principales problemas del país.

Mientras en la emigración José Martí estaba organizando la guerra, Morúa se pronunciaba en la tribuna autonomista de La Habana y sostiene una interminable polémica con Juan Gualberto, con discrepancias no solo sobre la vía de solucionar los asuntos sociales, políticos y económicos de Cuba, sino también acerca de la participación que en ello correspondía a los afrodescendientes.

Aunque ambos soñaban con el bienestar de un país sin diferencias raciales, en ese momento se encontraban en desacuerdo con el procedimiento a seguir. Aunque después ambos militan en el proceso independentista (Juan Gualberto hecho prisionero desde el día del alzamiento y Morúa como expedicionario) la pugna entre los dos siguió en la Republica, al extremo de crearse un bando «moruísta» y otro «gualbertista», según sus seguidores.

Lo más trascendente de la obra de Morúa en la década de 1890 está en la literatura, la crítica literaria y los estudios sobre la sociedad cubana. Además de la novela *Sofía,* publica *La familia Unzúazu,* funda la revista *La Nueva Era* y escribe en los periódicos y revistas más importantes del país, como *El Fígaro* y *La Habana Elegante.*

Ya extendida en Cuba la guerra de 1895, Morúa Delgado retorna a Tampa y permanece aquí alrededor de año y medio. Sin embargo, no he encontrado su nombre entre los miembros de los tantos clubes revolucionarios que entonces había en la ciudad, ni en los continuos mítines patrióticos que se desarrollaban. Su amigo Raimundo Cabrera lo designó agente de su revista en este lugar y en ella aparece un interesante artículo que tituló «Cuba para los cubanos»[188], donde explica su enfoque ante la organización y estallido de la guerra: «Al renovarse en 1895 la lucha interrumpida en 1878, muchos fuimos los que no aprobamos el movimiento. ¿Era ésto falta de patriotismo? Los que eso pensaren, con ligereza piensan. La desaprobación tuvo por base precisamente el amor a la Patria: el deseo de no dar otro golpe en vano». En un amplio razonamiento, expone ideas de valor trascendente: «(...) el patriotismo no es una virtud patrimonial de ningún grupo, y no consiste la bondad patriótica en seguir sin convicciones a los convencidos y que nadie tiene derecho para imponer a otro el mérito de sus procedimientos. Todos pensamos, todos, en el porvenir de nuestra Patria; todos anhelamos verla feliz, y lo que es más, todos ciframos nuestra mayor ventura en contribuir a su prosperidad».

Fiel a ese modo de pensar, fue independentista de acción. Regresó a Cuba a bordo del vapor «Florida», en la expedición armada que salió de Tampa en mayo de 1898, comandada por los generales José Lacret, Castillo Duany y Julio Sanguily, la cual llegó a Oriente 28 de ese mes. En ella, Morúa Delgado aparece como teniente Jefe de Despacho y en los pocos meses que quedaban de guerra ocupó diversos cargos en el gobierno de la República en Armas.

Murió en 1910, en La Habana, a los 53 años, cuando era Ministro de Agricultura en el gobierno presidido por José Miguel Gómez. Es una figura polémica en la historiografía cubana, pero no olvidada. Hay varias biografías y ensayos sobre él, con firmas autorales tan prestigiosas como las de Nicolás Guillén y Gastón Baquero. Una estatua suya se yergue cerca del Capitolio de La Habana. En el centenario de su nacimiento, el Ministerio de Comunicaciones de Cuba emitió un sello conmemorativo, donde resaltó »el espíritu de confraternidad de la sociedad cubana, que fue el gran anhelo de Martín Morúa Delgado».

Notas

[188] Revista *Cuba y América*, Nueva York, 1.° de julio, 1897.

3.16

TAMPA EN LA GUERRA HISPANOAMERICANA

Si en una década (1886-1896) Tampa se convirtió en la capital mundial de la elaboración de tabacos –con cientos de fábricas y miles de obreros que dieron impulso al crecimiento de esta ciudad–, en 1898 pasó a ser un escenario de carácter marcadamente militar. Otra vez, en este momento de su historia, Cuba vino a ser la razón que determinó alcanzar aquella condición temporal, con el arribo a sus calles de miles de uniformados.

Todo giró en torno a la terminación de la Guerra de Independencia cubana. A partir del 25 de abril de 1898, cuando Estados Unidos declaró la guerra a España con la explicación nunca probada de que en el puerto de La Habana le explotaron al «Maine», Tampa fue destinada a servir de concentración y salida de las tropas estadounidenses que irían a pelear contra el ejército español en la isla.

En los meses siguientes, por las calles tampeñas caminaban más militares que civiles y la ciudad fue centro de noticias en todos los diarios de la época, tanto locales como nacionales. Basta con leer algunas de las notas publicadas en importantes periódicos de entonces, para calibrar la dimensión que cobró Tampa en el marco de los acontecimientos que pusieron fin a casi cuatro siglos de dominación española en América.

El *New York Times* publicó, el 17 de abril de 1898, cuando faltaba una semana para la declaración de guerra, el titular 'Tampa se prepara para las Tropas', en que describe:

Tampa se prepara para la llegada del Séptimo Regimiento de las tropas, reportadas para llegar aquí. Lo que es bien sabido es que positivamente se van a encontrar en Tampa por algún tiempo indefinido. Lo importante es encontrar áreas convenientes para los campamentos, lo que se ha convertido en una tarea principal para las autoridades. Hay tres áreas disponibles, cercanas a las líneas ferroviarias, las estaciones, al agua potable y a las comunicaciones. Una es un punto alto en la bahía de Hillsborough, conocida como Ballast Point. El segundo lo es el Fuerte Brooke, el que hasta los pasados meses fue propiedad del gobierno, y bajo la presente situación será usada como cuarteles para las tropas. Esta facilidad también cuenta con acceso a las vías ferroviarias de la Central y Peninsular Railroad, las cuales son las líneas principales desde Tampa hacia el norte.

El tercer sitio disponible lo es el área del Parque De Soto, al norte del pueblo a una milla aproximadamente y el cual posee también agua y rieles. La llegada de la comandancia es esperada en cualquier momento, y cuando la selección sea aprobada se pasará a ocupar inmediatamente por los soldados. Fotógrafos representando los diferentes periódicos se encuentran ocupados tomando fotos del área.

El 23 de abril, el mismo diario informa, bajo el título 'Tampa se convierte en campamento':

Tampa ha cambiado de un callado y productivo pueblo civil en un asentamiento militar. Por donde quiera se pueden ver los uniformes y las medallas. Las calles y todos los rincones del pueblo como los hoteles, clubes y cafés están abarrotados de soldados y oficiales. La comunidad de habla hispana se ha inundado de clientes de habla inglesa. Durante toda la noche han ido llegando los trenes con tropas procedentes del Oeste, Norte y Este; hasta ahora han llegado unos 3 mil hombres bajo el mando del General Wade, quien junto a sus oficiales se han localizado en el Tampa Bay Hotel, como centro de operaciones. Hasta ahora se cree que ni el General Wade sabe por cuánto tiempo permanecerán las tropas en Tampa.

El 28 de abril, señala el *New York Times*, en 'Con las tropas en Tampa': «Los oficiales militares, quienes están cerca de las fuentes de información oficial, aún no saben por cuanto tiempo las tropas calculadas en unos 20 a 30 mil hombres entre regulares y voluntarios permanecerán en Tampa. Sí se sabe que muchas más tropas llegarán en las próximas semanas».

El 3 de mayo, describe el diario neoyorquino:

Hoy en la noche todas las mulas, carretas y equipaje pesado de los campamentos, han sido ordenados a mudarse hasta el Puerto de Tampa; para que esté listo y conveniente para el envío a Cuba. Esto no es conocido fuera de los campamentos. A las autoridades ferroviarias, quienes están a cargo del transporte, se les ha dado instrucciones estrictas de no divulgar ninguna información.

Miles de tropas, artillería e infantería han llegado a Tampa en las pasadas veinticuatro horas y el pueblo se ha convertido en una fortaleza militar con miembros de todas partes de la unión, y todos con la expectativa de una temprana invasión a la isla de Cuba. Bien se sabe que unos 200 cubanos que se enlistaron calladamente en Nueva York por el General Julio Sanguily, llegaron a Tampa esta noche. Ellos formaron parte del regimiento de caballería bajo el mando de este famoso general cubano y quienes desembarcarán en Cuba junto a las tropas americanas.

En 1898, toda la sociedad tampeña se vio envuelta en un ambiente militar, el que alcanzó también a las manufacturas tabacaleras, donde una gran parte de los operarios eran cubanos. Según la publicación «Tobacco Leaf», del 12 de mayo de 1898: «El enlistamiento de soldados cubanos esta semana ha causado revuelo en las factorías de tabacos. Cerca de unos 300 hombres solteros, se han enlistado y unos 600 a 700 más deben llegar de Nueva York, Cayo Hueso, Jacksonville y otras ciudades. Ellos van a acampar en West Tampa y esperarán órdenes. La mayor parte de ellos son tabaqueros y sus puestos en las fábricas se llenaron rápidamente, según se supo su salida».

Un impacto especial debió derivarse de la llegada a Tampa de la flamante caballería conducida por Theodore Roosevelt, quien pocos años después fue presidente de Estados Unidos. El 3 de junio, reportó el *New Yor Times*: «Theodore Roosevelt y sus 'Rough Riders' han llegado a Tampa hoy (...) El regimiento se encuentra en perfecto espíritu de lucha. El coronel Wood y el teniente coronel Roosevelt junto a otros oficiales se encuentran ansiosos por su próxima expedición militar a Cuba. La llegada de los 'Rough Riders' causó sensación entre los residentes permanentes de Tampa».

Fue un tiempo breve, entre abril y junio de 1898, en que Tampa se convirtió en centro de las noticias en todo el mundo.

La presencia en Tampa de tropas estadounidenses tuvo también influencia en la vida económica de la ciudad. Según José Rivero Muñiz, en su obra *Los cubanos en Tampa*, en mayo de 1898 los soldados acampados en esta localidad recibieron su primer salario, el que ascendió a más de 175 mil dólares, dinero que estimuló el comercio de la ciudad. Dice Muñiz: «Corría el dinero a manos llenas y las ganancias de los mercaderes sumaron miles y miles de dólares». De hecho, aunque de forma temporal, la avalancha de una población móvil durante algunos meses, marcó la dinámica mercantil, nocturna y aún recreativa de la ciudad.

Al término de un conflicto bélico que determinó profundas transformaciones en el ordenamiento planetario, Tampa también sufrió significativos cambios. Así lo interpretó *Tobacco Leaf*, cuando el 14 de junio de ese año advirtió, bajo el título 'Las hostilidades han cesado y un futuro nuevo en Tampa':

> La era de exilio voluntario ha llegado a su fin y la oportunidad de regresar a Cuba abre dolorosas alternativas. Muchos han convertido a Tampa en su hogar, lugar de

nacimiento de sus hijos y un sitio donde poder tener su casa propia y un lugar de trabajo. De igual forma, este nuevo cambio afectó a los manufactureros tabacaleros y a su vez la economía local por casi seis meses. El viejo estilo de manufactura, usualmente en manos de españoles o cubanos, se va a eclipsar por las corporaciones del norte y los conglomerados tabacaleros, los que están ansiosos por abrirse paso en Tampa. Hoy día la industria tabaquera en Tampa emplea unas 20 mil personas y cuenta con unas 149 fábricas entre los centros laborales de Ybor City y West Tampa.

Sería preciso estudiar hasta dónde la advertencia del articulista del *Tobacco Leaf* se hizo realidad en la ciudad, que en las primeras décadas del siglo XX vería eclipsarse el esplendor que alcanzó con su pujante manufactura tabacalera.

Al término de la guerra, desde el protocolo de paz firmado el 12 de agosto, cientos de cubanos –especialmente los profesionales (médicos, abogados, periodistas...) regresaron con sus familias a Cuba. Algunas de las personalidades más sobresalientes de la comunidad de emigrados cubanos en Ybor City y West Tampa, se apresuraron a viajar hacia La Habana, con la esperanza de contribuir al proceso de reorganización de la Isla en aras de crear la república, una vez que hubiese terminado la ocupación de Estados Unidos. Así lo hicieron Néstor y Eligio Carbonell, Ramón Rivero, Juan Arnao, Fernando Figueredo y muchos más. Sin embargo, muchos se decepcionaron con la República inaugurada el 20 de mayo de 1902, que no dio la atención merecida a muchos líderes que lucharon en la emigración para hacerla posible.

3.17

TAMPA EN LA REVISTA *CUBA Y AMÉRICA*

*C**uba y América* fue una de las revistas hispanas más sobresalientes a fines del siglo XIX y principios del XX en el continente americano. La fundó en Nueva York el destacado intelectual cubano Raimundo Cabrera, en 1897, con una periodicidad quincenal, para debatir desde ella los temas más relevantes de la cultura hispanoamericana y, especialmente, los acontecimientos relacionados con la guerra de independencia que entonces se desarrollaba en Cuba.

Si bien Cabrera (1852-1923) tuvo una proyección independentista durante la Guerra Grande (1868-1878), a fines de la década de 1880, cuando no había progresado ningún plan para reiniciar la vía armada, ve en el autonomismo una solución a la grave crisis social y política que atraviesa la Isla. Sin embargo, en 1897, al fundar esta revista en Nueva York, vuelve a asumir el independentismo.

En *Cuba y América* publicaron los más grandes intelectuales cubanos de su tiempo, entre ellos Manuel Sanguily, Enrique José Varona, Eliseo Giberga, Martín Morúa Delgado, Pedro Santacilia, Francisco Sellén, junto a poetas significativos como Bonifacio Byrne, los hermanos Carlos y Federico Uhrbach, Francisco Sellén, Diego Vicente Tejera y otros. Junto a ellos, se destacan autores latinoamericanos con profundas valoraciones sobre la realidad continental, como el escritor e historiador mexicano Justo Sierra o la dominicana Salomé Ureña. Y el mismo Cabrera, bajo el seudónimo de

Ricardo Buenamar, relataba continuamente historias de la manigua bajo el título «Episodios de la guerra».

Cuba y América contó en Tampa con dos corresponsales de una elevada estatura intelectual. A Martín Morúa Delgado dediqué ya una reseña. El otro fue Carlos Manuel Trelles Govín, uno de los más grandes bibliógrafos cubanos de todos los tiempos y a quien la historia de Tampa le debe hermosas páginas. El prestigioso intelectual independentista se afilió al PRC en su Matanzas natal y al ser perseguido emigró a Tampa, donde fundó el Club Revolucionario Pedro Betancourt. Entonces Cabrera lo nombra agente de su revista, como lo vemos reiteradamente en sus páginas: «Carlos Trelles, 1015 Liberty St. P.O. Box 52, Fort Brook, Tampa, Fla. Agente de Publicaciones. Tiene a su cargo la Agencia y representación de la Revista Ilustrada *Cuba y América*».

El número *Cuba y América* correspondientes al 1.° de julio de 1897 y los artículos incluidos constituyen testimonios de un enorme valor histórico. En el primero de ellos, de la pluma de Trelles, titulado «A Tampa», se confiesa la razón para la dedicatoria: «El presente número de *Cuba y América* está dedicado a Tampa, la ciudad de Florida a cuya fundación y crecimiento han contribuido el espíritu y las energías de la emigración cubana; asilo hospitalario de las familias que ha lanzado a las amarguras del destierro la tiranía española, y a la vez, por la eficacia del patriotismo cubano y la cohesión de sus elementos, sólido baluarte que un pueblo oprimido e inteligente ha sabido erigir en tierra libre para combatir desde él con éxito a su déspota desentrañado».

Después Trelles se extiende sobre la historia de la Bahía del Espíritu Santo desde el tiempo en que Hernando de Soto llegó a ella, y tras un breve bosquejo señala que hacia 1880 era solo un pequeño condado con unas 1300 millas cuadradas de superficie y alrededor de 800 habitantes. Lo que quiso significar el intelectual cubano es el rápido crecimiento que se operó a partir de la década de 1880, cuando Henry B. Plant inauguraría los ferrocarriles y el puerto junto a los grandes industriales del tabaco –Vicente Martínez Ybor, Ignacio Haya y muchos más– hicieron de Tampa la capital del mundo de la industria tabacalera, con espacios hispanos de tanta significación como Ybor City y West Tampa.

El autor de «A Tampa» hace una reseña amplia sobre la participación de la ciudad en el independentismo y ofrece detalles sobre las edificaciones en sus dos barrios hispanos principales, la cantidad de profesionales que la habitaron y aspectos de la misma. En un momento anota: «Han fijado su domicilio en esta ciudad treinta médicos, diez farmacéuticos, ocho dentistas, seis abogados y varios escritores, oradores y poetas, todos hijos de Cuba. En pocas ciudades cubanas de igual número de habitantes se encontrarían con tanta profusión los títulos académicos».

La admiración de Trelles por la ciudad lo entusiasma a definirla como «portería de la manigua», por los inestimables servicios que prestaba al campo insurrecto cubano.

En la revista ilustrada, llama la atención la calidad de las fotografías que incluye con notas interesantes sobre las figuras que aparecen. Así, en la dedicada a Juan Arnao, apunta: «Nuestra primera plana, en este número dedicado a Tampa, debía engalanarse necesariamente con el retrato del venerable patriota que, por su historia y sus hechos, funge como pontífice ante la colonia cubana refugiada en aquella ciudad».

Asimismo, incluye fotografías de los más destacados independentistas cubanos en la ciudad, como Juan Arnao, Fernando Figueredo, Ramón Rivero, Néstor y Eligio Carbonell, Martín Herrera... En otras, apreciamos a miembros de clubes revolucionarios, donde sobresale el «Federico de la Torre», compuesto especialmente por médicos y otros intelectuales. Hay una foto dedicada al club femenino «La Estrella Solitaria», donde aparecen Dolores M. Echevarría, Serafina G. Sarachaga, Amelia M. Gálvez, Juana A. Figueredo (vicepresidenta y esposa de Fernando Figueredo), Rita O. Varela, Mercedes R. Duenas (presidenta), Anicia R. Bombmalier, Susan E. Juste, María B..Tomtosa y Mercedes Mederos. En otra se distingue el Club de Señoritas nombrado «Gonzalo de Quesada» y compuesto por la siguiente directiva: Alejandrina San Marín (secretaria), Carmen Echemendía (tesorera), María Rodríguez (vicepresidenta), Mercedes Echevarría (vocal) y las hermanas Luisa y Fredesvinda Sánchez, famosas por su participación en las veladas patriótico-culturales. Una de ellas, Luisa, se casó con el italiano Orestes Ferrara, de larga ejecutoria en la política cubana de la República.

Uno de los artículos significativos aparecidos en este número corresponde a la autoría de Ramón Rivero Rivero y, por su brevedad, él lo tituló «Dos palabras». Pero en ellas destaca que nuestra ciudad, a pesar de ser en 1885 «un pueblo pobre», en menos de diez años se convirtió en una de las principales del estado de Florida, con un «comercio en grande escala, magníficas plantaciones de labranza, líneas de vapores, ferrocarriles y tranvías, diferentes industrias productivas, entre las que descuella el tabaco cubano que es la fuente de la riqueza».

Llama la atención, en el escrito de Rivero, una afirmación sorprendente, pues se ha percatado que el escritor francés Julio Verne, en su novela de ficción *De la tierra a la luna*, ubicó en la bahía de Tampa la construcción del imaginario cañón que antecedió a las naves espaciales de la realidad y en la que salió su hombre para la luna.

En «Dos palabras», Rivero nos informa que en Tampa, en ese año 1897, «hay cerca de doscientas manufacturas de tabacos que dan ocupación a miles de obreros dedicados al ramo. Hay más de cuatro mil establecimientos de distintas clases que fomentan el comercio lícito, sociedades de crédito para la fabricación de edificios, bancos acreditados, sociedades de benevolencia, escuelas y colegios, logias, iglesias, institutos literarios, teatros, periódicos y todo lo que constituye el progreso de los pueblos. Esto lo ha realizado en poco más de once años merced a la inteligencia y laboriosidad de nuestros artesanos».

Con legítimo orgullo, Rivero llama la atención sobre el papel de la ciudad en la lucha por la libertad de Cuba y Puerto Rico: «... sería el mayor timbre de su gloria haber llamado aquí a José Martí y haber sembrado en él la semilla de la libertad que ha fructificado en Cuba, merced a la fundación del Partido Revolucionario Cubano, y que hará aparecer en este hermoso continente dos repúblicas nuevas, libres y soberanas, no como patrimonio exclusivo de sus naturales, sino como el asilo seguro, la verdadera Patria feliz, independiente y libre, de todos los hombres de buena voluntad».

Escrito por Martín Morúa Delgado, aparece un artículo titulado «Cuba para los cubanos», con una aguda valoración sobre la necesidad de la independencia, en cuya solución incluye a muchos que en un momento confiaron en la posibilidad autonómica como un primer paso para lograrla; ese sería su propio caso, el de Trelles y el del propio director de *Cuba y América,* quienes al salir esta publicación estaban ya entregados a la causa libertaria. Asimismo, destaca los efectos que sobre la mentalidad del cubano ha tenido la larga dominación colonial, el concepto de la libertad, el antirracismo y diversos elementos históricos internacionales que confluían en los acontecimientos dirimidos en Cuba.

En el espacio de *Cuba y América* reseñado aquí aparece un breve escrito de Wenceslao Gálvez (después el autor lo incluyó en su libro *Tampa: impresiones de un emigrado*) en el cual, con el fino humor tan singular en él, nos cuenta una anécdota que atrajo su curiosidad y. la tituló «Los bueyes». Se trataba de estos mismos animales que observó tirando de una carreta y que, por su pequeñez y flacura, le parecieron chivos. La descripción exagerada emerge de la nostalgia: «¡Qué contraste con el buey amarillo y lustroso bien plantado, de ancho pecho y redondas ancas que muge en los verdes campos de mi Patria!».

También aparecen noticias breves, como una que firma Francisco García Cisneros bajo el seudónimo de Lohengrin. En ella afirma: «Del campo de Cuba ha llegado a esta ciudad para reponerse de algunas dolencias físicas, el Lic. Fernando Salcedo, Coronel del Ejército Libertador. Bienvenido».

Hay otros escritos interesantes en este número de *Cuba y América* relacionados con la ciudad de Tampa y con la guerra independentista que en la Isla ya había entrado al tercer año. También publica poesías pletóricas de admiración hacia los hombres y hechos más distinguidos en el afán de completar la independencia antillana. Entre ellos, llama la atención un poema de Enrique José Varona, que dedica a Cuba con el título «La Níobe americana», en clara alusión al infortunio destinado a los hijos de ese personaje en la mitología griega.

En el mismo número, aparece el poema que Bonifacio Byrne dedicó a Juan Arnao que incluímos en la reseña sobre él.

Aunque este fue el único número que *Cuba y América* dedicó a Tampa, la publicación hizo otras alusiones a ella en sucesivas apariciones. Por ejemplo, en enero de 1898, vemos una composición fotográfica titulada «Colonia cubana de Tampa», donde se distinguen el comandante Gerardo Castellanos, el pastor protestante Pedro Duarte, el Dr. Joaquín Dueñas, Eligio Carbonell –entonces director del semanario *La Contienda*– y el comandante Augusto Arnao, quien ese mismo mes salió para Cuba en una expedición.

En el número correspondiente al 12 de marzo de 1898, apareció un artículo sobre Ybor City bajo el título «Datos interesantes», escrito por alguien que firma «Un emigrado de Tampa», con información significativa sobre la historia cubana en la localidad y el nombre de muchos emigrados cubanos.

3.18

LA PRENSA CUBANA EN TAMPA A FINES DEL SIGLO XIX

Cuando se habla de la prensa relacionada con las guerras de independencia en la segunda mitad del siglo XIX, se menciona a Tampa entre las ciudades con un mayor número de publicaciones. En la relación ofrecida por Pedro Pascual en su investigación «La prensa de España, Cuba, Puerto Rico y Filipinas y las guerras de independencia (1868-1898)» ubica a esta ciudad en tercer lugar, con diez publicaciones, detrás de Nueva York (35) y La Habana (18). Ello se debió a la gran cantidad de periódicos y revistas que fundaron los emigrados cubanos radicados en Tampa durante el período en que se gestó y desarrolló la guerra que, entre 1895 y 1898, puso fin a la dominación española en América.

Aunque el propio Pascual advierte que «es imposible dar por buenas esas cifras oficiales» –en un trabajo abarcador para el que dispuso de fuentes de información ofrecidas esencialmente por dependencias del gobierno español–, es significativo el registro de las diez publicaciones cubano-tampeñas que señalamos a continuación:

–*La Contienda*. Radical cubano. Editor Eligio Carbonell. Redactor: Néstor Leonelo Carbonell. 1897-1898. Tampa. Semanal.

–*Cuba*. Periódico independiente. Órgano oficial del PRC en Tampa desde 21-IX-1895. Variaciones en el subtítulo: Periódico político desde 21-IX-1895. Sucedió a *Revista*

de la Florida, El Crítico de Ibor City, El Liceo Cubano.
Director: Ramón Rivero Rivero. 1893-1898. Tampa.
Semanal (1893-1896), trisemanal (1897-1898).

–*Eco de Cuba.* Periódico político. Director: Serafín Bello. 1895. 2ª época: 1896. West Tampa. Periodicidad irregular.

–*El Expedicionario.* Órgano oficial del Club «Discípulas de Martí» (10-IV/9-V-1897). Redactores: Pastor Molinelo, Fernando de Zayas, Bonifacio Byrne, José María Carbonell. 1896-1897. Tampa. Semanal.

–*La Nueva República.* Política, ciencias, artes y conocimientos útiles. Subtítulo: Periódico cubano (desde 23-IV-1898). Órgano oficial de los clubs Roberto Bermúdez, Ríus Rivera y José L. Tobau. Director: Pablo L. Roussdeau. 1897-1898. Tampa (Florida). Semanal.

–*La Opinión.* Periódico político independiente. Director: Pedro N. Pequeño. 1897. Ybor City, Tampa. Semanal.

–*El Oriente.* Periódico separatista independiente. Órgano oficial del Club Domingo. Director: Aurelio Sánchez Almeida. 1897...Tampa. Semanal.

–*El Sport.* Semanario político y literario. Director: Polifemo (pseudónimo de Teófilo Domínguez). 1897. Tampa (Florida). Semanal.

–*El Eco de Martí.* Periódico bilingüe (texto en español e inglés). Órgano oficial del Cuerpo del Consejo del PRC. Director: Francisco F. Mendoza. 1897.Port Tampa City

–*Revista de Cuba Libre.* Periódico fundado para arbitrar recursos a la causa de Cuba. Directora: María Teresa Torriente. 1897-1898. Tampa.

Al mencionarse *Cuba*, indica que es una continuación a *Revista de la Florida, El Crítico de Ybor City* y *El Liceo Cubano,* con lo que está agregando tres publicaciones al número diez que ha indicado. Aunque incluye *El Liceo Cubano* entre las publicaciones de Rivero, algunos autores identifican a Néstor Carbonell como redactor de estas páginas que representaban a la institución del mismo nombre.

Otros investigadores han ofrecido una cifra mayor. En el libro de Juan J. E. Casasús –*La emigración cubana y la independencia de la Patria*, La Habana, 1953, el autor identifica con sus nombres 16 publicaciones, entre las que se encuentran las señaladas por Pascual y las siguientes:

–*El Patriota*, dirigido por E. Planas, 1890.

–*El Mosquito*, de Eligio Carbonell, 1896.

–*Ibor Critic*, dirigida por Rivero y Ramírez[189].

–*La Opinión*. Periódico político independiente. Ybor City, 1896.

– *La Libertad*, dirigido por Fidel Aragón, 1897.

–*El emigrado cubano*, 1899.

– *El Guáimaro* (no consigna la fecha).

En la enumeración realizada por los autores anteriores, no hay referencias al primer periódico hispano que existió en Tampa: *El Yara*, publicado por José Dolores Poyo en Cayo Hueso desde 1869 y traído con él a esta ciudad en 1886, donde lo mantuvo el breve tiempo que vivió en Ybor City. Tampoco se incluye *La Traducción*, una publicación a la que José Rivero Muñiz consideró *sui géneris* por tratarse de unas hojas sueltas en que Ramón Valdespino reproducía noticias tomadas esencialmente de la prensa estadounidense de la localidad (*Tampa Tribune* y *Tampa Journal*). Tampoco encontramos alusión a *El Heraldo de Tampa*, dirigido por Constantino Díaz, que solo publicó tres números, entre septiembre y octubre de 1887. Con ellos se alcanza la cifra de veinte publicaciones cubanas en Tampa en alrededor de diez años, lo que ofrece una prueba más de la entrega citadina a la causa del independentismo.

Junto a los nombres fundadores de las publicaciones señaladas, es oportuno mencionar la fuerza intelectual que acompañó a este movimiento publicitario, donde periodistas, escritores y poetas del calibre de Ramón Rivero, Néstor Carbonell, Juan Arnao, Bonifacio Byrne, Martín Morúa Delgado, Carlos Trelles, Carlos Baliño, Serafín Bello, Wenceslao Gálvez, Ramón Rubiera de Armas y tantos más, hicieron de la pluma un arma de primera línea en defensa de la libertad. Muchos de ellos, además de escribir para la prensa local, lo hacían también en revistas ubicadas en Nueva York, como *Cuba y América*. En *Patria* se publicaron continuamente escritos enviados desde esta ciudad y en *Cacarajícara* –editada en 1897 en Nueva York por Enrique Hernández Miyares y Francisco de Paula Coronado–, aparecen como redactores principales Bonifacio Byrne y Wenceslao Gálvez, que entonces radicaban en Tampa.

Aunque todas estas publicaciones se dedicaron a divulgar el ideario independentista cubano y mantener informada a la comunidad acerca del acontecer en Cuba y en la propia ciudad, hay que destacar a la revista *Cuba* y con ella a su fundador y director Ramón Rivero Rivero. El 21 de enero de 1893, el periódico *Patria*, desde Nueva York, saludó la aparición de la publicación tampeña en un breve artículo que tituló «*Cuba*, el periódico nuevo», en el que destacó: «Con este nombre, símbolo sobrio de todos nuestros esfuerzos y esperanzas, con este nombre, saludado por tanto bravo al caer, va a publicar en Tampa Ramón Rivero y Rivero un periódico semanal». Y sobre el autor y su obra puntualizó: «Ramón Rivero y Rivero es digno de llevar la pluma en periódico de tal nombre (...) Y de él espera *Patria*, en *Cuba*, sagacidad, energía y energía y nobleza».

Rivero cumplió sobradamente con esta opinión emitida por *Patria* y convirtió su revista en órgano reconocido por el PRC en Tampa. Hoy se conservan en el Archivo Nacional de Cuba algunos ejemplares de esta publicación, de la que también el periódico fundado por Martí reprodujo crónicas que salvaron para la historia muchos detalles de las visitas del Apóstol a nuestra ciudad y el nombre de decenas de patriotas entregados al ideal heroico.

Sobre la aparición de *El Mosquito* también se hizo eco *Patria*, que desde Nueva York publicó el 19 de enero de 1895:

«La ciudad de Ybor tiene un periódico cubano más, un periódico insurrecto cubano. Por lo pequeño del tamaño le llaman sus redactores jóvenes *El Mosquito*; pero el alma justa, que es la verdadera grandeza, y el derecho de poner la pluma sobre el papel en estos tiempos creadores, lo muestra el periódico nuevo».

La enumeración de los periódicos y revistas publicados por los cubanos en Tampa a fines del siglo XIX, son también un reflejo del ideario independentista que prevaleció en aquella comunidad. En el acápite donde Pedro Pascual se refiere a la prensa autonomista o de integración a España publicada por esta época, vemos algunos ejemplos en La Habana, Nueva York y otras localidades, pero no aparece ninguna registrada en Tampa, lo que es un indicio más de la cohesion de esta comunidad en torno al pensamiento y obra de José Martí.

NOTAS

[189] Parece ser que Ramón Rivero publicó una versión en inglés de *El Crítico de Ybor City*.

4
TAMPA EN LAS LETRAS DE JOSÉ MARTÍ

4.1
DISCURSOS Y DOCUMENTOS MARTIANOS PRODUCIDOS EN TAMPA

Con todos y para el bien de todos

Cubanos:
Para Cuba que sufre, la primera palabra. De altar se ha de tomar a Cuba, para ofrendarle nuestra vida, y no de pedestal, para levantarnos sobre ella. Y ahora, después de evocado su amadísimo nombre, derramaré la ternura de mi alma sobre estas manos generosas que, ¡no a deshora por cierto!, acuden a dármele fuerzas para la agonía de la edificación; ahora, puestos los ojos más arriba de nuestras cabezas y el corazón entero sacado de mí mismo, no daré gracias egoístas a los que creen ver en mí las virtudes que de mí y de cada cubano desean; ni al cordial Carbonell, ni al bravo Rivero daré gracias por la hospitalidad magnífica de sus palabras y el fuego de su cariño generoso; sino que todas las gracias de mi alma les daré, y en ellos a cuantos tienen aquí las manos puestas a la faena de fundar, por este pueblo de amor que han levantado cara a cara del dueño codicioso que nos acecha y nos divide; por este pueblo de virtud, en donde se aprueba la fuerza libre de nuestra Patria trabajadora; por este pueblo culto, con la mesa de pensar al lado de la de ganar el pan, y truenos de Mirabeau junto a artes de Roland, que es respuesta de sobra a los desdeñosos de este mundo; por este templo orlado de héroes y alzado sobre corazones.

Yo abrazo a todos los que saben amar. Yo traigo la estrella, y traigo la paloma en mi corazón.

No nos reúne aquí, de puro esfuerzo y como a regañadientes, el respeto periódico a una idea de que no se puede adjurar sin deshonor; ni la respuesta siempre pronta, y a veces demasiado pronta, de los corazones patrios a un solicitante de fama, o a un alocado de poder, o a un héroe que no corona el ansia inoportuna de morir con el heroísmo superior de reprimirla, o a un menesteroso que bajo la capa de la Patria anda sacando la mano limosnera. Ni el que viene se afeará jamás con la lisonja, ni es este noble pueblo que lo recibe pueblo de gente servil y llevadiza. Se me hincha el pecho de orgullo, y amo aún más a mi Patria desde ahora, y creo aún más desde ahora en su porvenir ordenado y sereno, en el porvenir, redimido del peligro grave de seguir a ciegas, en nombre de la libertad, a los que se valen del anhelo de ella para desviarla en beneficio propio; creo aún más en la república de ojos abiertos, ni insensata ni tímida, ni togada ni descuellada, ni sobreculta ni inculta, desde que veo, por los avisos sagrados del corazón, juntos en esta noche de fuerza y pensamiento, juntos para ahora y para después, juntos para mientras impere el patriotismo, a los cubanos que ponen su opinión franca y libre por sobre todas las cosas, –y a un cubano que se las respeta.

Porque si en las cosas de mi Patria me fuera dado preferir un bien a todos los demás, un bien fundamental que de todos los del país fuera base y principio, y sin el que los demás bienes serían falaces e inseguros, ese sería el bien que yo prefiriera: yo quiero que la ley primera de nuestra república sea el culto de los cubanos a la dignidad plena del hombre. En la mejilla ha de sentir todo hombre verdadero el golpe que reciba cualquier mejilla de hombre: envilece a los pueblos desde la cuna el hábito de recurrir a camarillas personales, fomentadas por un interés notorio o encubierto, para la defensa de las libertades: sáquese a lucir, y a incendiar las almas, y a vibrar como el rayo, a la verdad, y síganla, libres, los hombres honrados. Levántese por sobre todas las cosas esta tierna consideración, este viril tributo de cada cubano a otro.

Ni misterios, ni calumnias, ni tesón en desacreditar, ni largas y astutas preparaciones para el día funesto de la ambición. O la república tiene por base el carácter entero de cada uno de sus hijos, el hábito de trabajar con sus manos y pensar por sí propio, el ejercicio íntegro de sí y el respeto, como de honor de familia, al ejercicio íntegro de los demás; la pasión, en fin, por el decoro del hombre, o la república no vale una lágrima de nuestras mujeres ni una sola gota de sangre de nuestros bravos. Para verdades trabajamos, y no para sueños. Para libertar a los cubanos trabajamos, y no para acorralarlos. ¡Para ajustar en la paz y en la equidad los intereses y derechos de los habitantes leales de Cuba trabajamos, y no para erigir, a la boca del continente, de la república, la mayordomía espantada de Veintimilla, o la hacienda sangrienta de Rosas, o el Paraguay lúgubre de Francia! ¡Mejor caer bajo los excesos del carácter imperfecto de nuestros compatriotas, que valerse del crédito adquirido con las armas de la guerra o las de la palabra que rebajarles el carácter! Este es mi único título a estos cariños, que han venido a tiempo a robustecer mis manos incansables en el servicio de la verdadera libertad. ¡Muérdanmelas los mismos a quienes anhelase yo levantar más, y ¡no miento! amaré la mordida, porque me viene de la furia de mi propia tierra, y porque por ella veré bravo y rebelde a un corazón cubano! ¡Unámonos, ante todo, en esta fe; juntemos las manos, en prenda de esa decisión, donde todos las vean, y donde no se olvida sin castigo; cerrémosle el paso a la república que no venga preparada por medios dignos del decoro del hombre, para el bien y la prosperidad de todos los cubanos!

¡De todos los cubanos! Yo no sé qué misterio de ternura tiene esta dulcísima palabra, ni qué sabor tan puro sobre el de la palabra misma de hombre, que es ya tan bella, que si se le pronuncia como se debe, parece que es el aire como nimbo de oro, y es trono o cumbre de monte la naturaleza! Se dice cubano, y una dulzura como de suave hermandad se esparce por nuestras entrañas, y se abre sola la caja de nuestros ahorros, y nos apretamos para hacer un puesto más en la mesa, y echa las alas el corazón enamorado para amparar al que nació en la misma tierra que nosotros, aunque el pecado lo trastorne, o la ignorancia lo extravíe, o la ira lo enfurezca, o lo ensangriente el crimen! ¡Cómo que unos brazos divinos que no vemos nos aprietan a todos sobre un pecho en que todavía corre la sangre y se oye todavía, sollozar el corazón! Créese allá en nuestra Patria, para darnos luego trabajo de piedad, créese, donde el dueño corrompido pudre cuanto mira, un alma cubana nueva, erizada y hostil, un alma hosca, distinta de aquella alma casera y magnánima de nuestros padres e hija natural de la miseria, que ve triunfar al vicio impune, y de la cultura inútil, que solo halla empleo en la contemplación sorda de sí misma! ¡Acá, donde vigilamos por los ausentes, donde reponemos la casa que allá se nos cae encima, donde creamos lo que ha de reemplazar a lo que allí se nos destruye, acá no hay palabra que se asemeje más a la luz del amanecer, ni consuelo que se entre con más dicha por nuestro corazón, que esta palabra inefable y ardiente de cubano!

¡Porque eso es esta ciudad, eso es la emigración cubana entera, eso es lo que venimos haciendo en estos años de trabajo sin ahorro, de familia sin gusto, de vida sin sabor, de muerte disimulada! ¡A la Patria que allí se cae a pedazos y se ha quedado ciega de la podre, hay que llevar la Patria piadosa y previsora que aquí se levanta! ¡A lo que queda de Patria allí, mordido de todas partes por la gangrena que empieza a roer el corazón, hay que juntar la Patria amiga donde hemos ido, acá en la soledad, acomodando el alma, con las manos firmes que pide el buen cariño, a las realidades todas, de afuera y de adentro, tan bien veladas allí en unos por la desesperación y en otros por el goce babilónico, que con ser grandes certezas y grandes esperanzas y grandes peligros, son, aun para los expertos, poco menos que desconocidas! ¿Pues qué saben allá de esta noche gloriosa de resurrección, de la fe determinada y metódica de nuestros espíritus, del acercamiento continuo y creciente de los cubanos de afuera, que los errores de los diez años y las veleidades naturales de Cuba, y otras causas maléficas no han logrado por fin dividir, sino allegar tan íntima y cariñosamente que no se ve sino un águila que sube, y un sol que va naciendo, y un ejército que avanza? ¿Qué saben allá de estos tratos sutiles, que nadie prepara ni puede detener, entre el país desesperado y los emigrados que esperan? ¿Qué saben de este carácter nuestro fortalecido, de tierra en tierra, por la prueba cruenta y el ejercicio diario? ¿Qué saben del pueblo liberal, y fiero, y trabajador, que vamos a llevarles? ¿Qué sabe el que agoniza en la noche, del que le espera con los brazos abiertos en la aurora? Cargar barcos puede cualquier cargador; y poner mecha al cañón cualquier artillero puede; pero no ha sido esa tarea menor, y de mero resultado y oportunidad, la tarea única de nuestro deber, sino la de evitar las consecuencias dañinas, y acelerar las felices, de la guerra próxima, e inevitable, e irla limpiando, como cabe en lo humano, del desamor y del descuido y de los celos que la pudiesen poner donde sin necesidad ni excusa nos pusieron la anterior, y disciplinar nuestras almas libres en el conocimiento y orden de los elementos reales de nuestro país, y en el trabajo que es el aire y el sol de la libertad, para que quepan en ella sin peligro, junto a las fuerzas creadoras de una situación nueva, aquellos residuos inevitables de las crisis revueltas que son necesarias para constituirlas. Y las manos nos dolerán más de una vez en la faena sublime, pero los muertos están mandando, y aconsejando, y vigilando, y los vivos los oyen, y los obedecen, y se oye en el viento ruido de ayudantes que pasan llevando órdenes, y de pabellones que se despliegan! ¡Unámonos, cubanos, en esta otra fe: con todos, y para todos: la guerra inevitable, de modo que la respete y la desee y la ayude la Patria, y no nos la mate, en flor, por local o por personal o por incompleta, el enemigo: la revolución de justicia y de realidad, para el reconocimiento y la práctica franca de las libertades verdaderas.

Ni los bravos de la guerra que me oyen tienen paces con estos análisis menudos de las cosas públicas, porque al entusiasta le parece crimen la tardanza misma de la sensatez en poner por obra el entusiasmo; ni nuestra mujer, que aquí oye atenta, sueña más que en volver a pisar la tierra propia, donde no ha de vivir su compañero, agrio como aquí vive y taciturno: ni el niño, hermano o hijo de mártires y de héroes, nutrido en sus leyendas, piensa en más que en lo hermoso de morir a caballo, peleando por el país, al pie de una palma!

¡Es el sueño mío, es el sueño de todos; las palmas son novias que esperan: y hemos de poner la justicia tan alta como las palmas! Eso es lo que queríamos decir. A la guerra del arranque, que cayó en el desorden, ha de suceder, por insistencia de los males públicos, la guerra de la necesidad, que vendría floja y sin probabilidad de vencer, si no le diese su pujanza aquel amor inteligente y fuerte del derecho por donde las almas más ansiosas de él recogen de la sepultura el pabellón que dejaron caer, cansados del primer esfuerzo, los menos necesitados de justicia. Su derecho de hombres es lo que buscan los cubanos en su independencia; y la independencia se ha de buscar con alma entera de hombre. ¡Que Cuba, desolada, vuelve a nosotros los ojos! ¡Que los niños ensayan en los troncos de los caminos la fuerza de sus brazos nuevos! ¡Que las guerras estallan, cuando hay causas para ella, de la impaciencia de un valiente o de un grano de maíz! ¡Que el alma cubana se está poniendo en fila, y se ven ya, como al alba, las masas confusas! ¡Que el enemigo, menos sorprendido hoy, menos interesado, no tiene en la tierra los caudales que hubo de defender la vez pasada, ni hemos de entretenernos tanto como entonces en dimes y diretes de localidad, ni en competencias de mando, ni en envidias de pueblo, ni en esperanzas locas! ¡Que afuera tenemos el amor en el corazón, los ojos en la costa, la mano en la América, y el alma al cinto! ¿Pues quién no lee en el aire todo eso con letras de luz? Y con letras de luz se ha de leer que no buscamos, en este nuevo sacrificio, meras formas, ni la perpetuación del alma colonial en nuestra vida, con novedades de uniforme yankee, sino la esencia y realidad de un país republicano nuestro, sin miedo canijo de unos a la expresión saludable de todas las ideas y el empleo honrado de todas las energías, —ni de parte de otros aquel robo al hombre que consiste en pretender imperar en nombre de la libertad por violencias en que se prescinde del derecho de los demás a las garantías y los métodos de ella. Por supuesto, que se nos echarán atrás los petimetres de la política, que olvidan como es necesario contar con lo que no se puede suprimir, –y que se pondrá a refunfuñar el patriotismo de polvos de arroz, so pretexto de que los pueblos, en el sudor de la creación, no dan siempre olor de clavellina. ¿Y qué le hemos de hacer? ¡Sin los gusanos que fabrican la tierra no podrían hacerse palacios suntuosos! En la verdad hay que entrar con la camisa al codo, como entra en la res el carnicero. Todo lo verdadero es santo, aunque no huela a clavellina. Todo tiene la entraña fea y sangrienta: es fango en las artesas el oro en que el artista talla luego sus joyas maravillosas; de lo fétido de la vida saca almíbar la fruta y colores la flor; nace el hombre del dolor y la tiniebla del seno maternal, y del alarido y el desgarramiento sublime: y las fuerzas magníficas y corrientes de fuego que en el horno del sol se precipitan y confunden, no parecen de lejos a los ojos humanos sino manchas! ¡Paso a los que no tienen miedo a la luz: caridad para los que tiemblan de sus rayos!

Ni vería yo esa bandera con cariño, hecho como estoy a saber que lo más santo se toma como instrumento del interés por los triunfadores audaces de este mundo, si no creyera que en sus pliegues ha de venir la libertad entera, cuando el reconocimiento cordial del decoro de cada cubano, y de los modos equitativos de ajustar los conflictos de sus intereses, quite razón a aquellos consejeros de métodos confusos que solo tienen de terribles lo que tiene de terca la pasión que se niega a reconocer cuánto hay en sus demandas de equitativo y justiciero. ¡Clávese la lengua del adulador popular, y cuelgue al viento como banderola de ignominia, donde sea castigo de los que adelantan sus ambiciones azuzando en vano la pena de los que padecen, u ocultándoles verdades esenciales de su problema, o levantándoles la ira: y al lado de la lengua de los aduladores, clávese la de los que se niegan a la justicia!

¡La lengua del adulador se clave donde todos la vean, y la de los que toman por pretexto las exageraciones a que tiene derecho la ignorancia, y que no puede acusar quien no ponga todos los medios de hacer cesar la ignorancia, para negarse a acatar lo que hay de dolor de hombre y de agonía sagrada en las exageraciones que es más cómodo excomulgar, de toga y birrete, que estudiar, lloroso el corazón, con el dolor humano hasta los codos! En el presidio de la vida es necesario poner, para que aprendan justicia, a los jueces de la vida. El que juzgue de todo, que lo conozca todo. No juzgue de prisa el de arriba, ni por un lado: no juzgue el de abajo por un lado ni de prisa. No censure el celoso el bienestar que envidia en secreto. No desconozca el pudiente el poema conmovedor, y el sacrificio cruento, del que se tiene que cavar el pan que come; de su sufrida compañera, coronada de corona que el injusto no ve; de los hijos que no tienen lo que tienen los hijos de los otros por el mundo! ¡Valiera más que no se desplegara esa bandera de su mástil, si no hubiera de amparar por igual a todas las cabezas!

Muy mal conoce nuestra Patria, la conoce muy mal, quien no sepa que hay en ella, como alma de lo presente y garantía de lo futuro, una enérgica suma de aquella libertad original que cría el hombre en sí, del jugo de la tierra y de las penas que ve, y de su idea propia y de su naturaleza altiva. Con esta libertad real y pujante, que solo puede pecar por la falta de la cultura que es fácil poner en ella, han de contar más los políticos de carne y hueso que con esa libertad de aficionados que aprenden en los catecismos de Francia o de Inglaterra, los políticos de papel. Hombres somos, y no vamos a querer gobiernos de tijeras y de figurines, sino trabajo de nuestras cabezas, sacado del molde de nuestro país. Muy mal conoce a nuestro pueblo quien no observe en él como a la par de este ímpetu nativo que lo levanta para la guerra y no lo dejará dormir en la paz, se ha criado con la experiencia y el estudio, y cierta ciencia clara que da nuestra tierra hermosa, un cúmulo de fuerzas de orden, humanas y cultas, una falange de inteligencias plenas, fecundadas por el amor al hombre, sin el cual la inteligencia no es más que azote y crimen, una concordia tan íntima, venida del dolor común, entre los cubanos de derecho natural, sin historia y sin libros, y los cubanos que han puesto en el estudio la pasión que no podían poner en la elaboración de la Patria nueva, una hermandad tan ferviente entre los esclavos ínfimos de la vida y los esclavos de una tiranía aniquiladora, que por este amor unánime y abrasante de justicia de los de un oficio y los de otro; por este ardor de humanidad igualmente sincero en los que llevan el cuello alto, porque tienen alta la nuca natural, y los que los llevan bajo, porque la moda manda lucir el cuello hermoso; por esta Patria vehemente en que se reúnen con iguales sueños, y con igual honradez, aquellos a quienes pudiese divorciar el diverso estado de cultura sujetará nuestra Cuba, libre en la armonía de la equidad, la mano de la colonia que no dejará a su hora de venírsenos encima, disfrazada con el guante de la república. ¡Y cuidado, cubanos, que hay guantes tan bien imitados que no se diferencian de la mano natural! A todo el que venga a pedir poder, cubanos, hay que decirle a la luz, donde se vea la mano bien: ¿mano o guante? Pero no hay que temer en verdad, ni hay que regañar. Eso mismo que hemos de combatir, eso mismo nos es necesario. Tan necesario es a los pueblos lo que sujeta como lo que empuja: tan necesario es en la casa de familia el padre, siempre activo, como la madre, siempre temerosa. Hay política hombre y política mujer. ¿Locomotora con caldera que la haga andar, y sin freno que la detenga a tiempo? Es preciso, en cosas de pueblos, llevar el freno en una mano, y la caldera en la otra. Y por ahí padecen los pueblos: por el exceso de freno, y por el exceso de caldera.

¿A qué es, pues, a lo que habremos de temer? ¿Al decaimiento de nuestro entusiasmo, a lo ilusorio de nuestra fe, al poco número de los infatigables, al desorden de nuestras esperanzas? Pues miro yo a esta sala, y siento firme y estable la tierra bajo mis pies, y digo: «Mienten.» Y miro a mi corazón, que no es más que un corazón cubano, y digo: «Mienten».

¿Tendremos miedo a los hábitos de autoridad contraídos en la guerra, y en cierto modo ungidos por el desdén diario de la muerte? Pues no conozco yo lo que tiene de brava el alma cubana, y de sagaz y experimentado el juicio de Cuba, y lo que habrían de contar las autoridades viejas con las autoridades vírgenes, y aquel admirable concierto de pensamiento republicano y la acción heroica que honra, sin excepciones apenas, a los cubanos que cargaron armas; o, como que conozco todo eso, al que diga que de nuestros veteranos hay que esperar ese amor criminal de sí, ese postergamiento de la Patria a su interés, esa traición inicua a su país, le digo: «¡Mienten!».

¿O nos ha de echar atrás el miedo a las tribulaciones de la guerra, azuzado por gente impura que está a paga del gobierno español, el miedo a andar descalzo, que es un modo de andar ya muy común en Cuba, porque entre los ladrones y los que los ayudan, ya no tienen en Cuba zapatos sino los cómplices y los ladrones? ¡Pues como yo sé que el mismo que escribe un libro para atizar el miedo a la guerra, dijo en versos, muy buenos por cierto, que la jutía basta a todas las necesidades del campo en Cuba, y sé que Cuba está otra vez llena de jutías, me vuelvo a los que nos quieren asustar con el sacrificio mismo que apetecemos, y les digo: «Mienten».

¿Al que más ha sufrido en Cuba por la privación de la libertad le tendremos miedo, en el país donde la sangre que derramó por ella se la ha hecho amar demasiado para amenazarla? ¿Le tendremos miedo al negro, al negro generoso, al hermano negro, que en los cubanos que murieron por el ha perdonado para siempre a los cubanos que todavía lo maltratan? Pues yo se de manos de negro que están más dentro de la virtud que las de blanco alguno que conozco: yo sé del amor negro a la libertad sensata, que solo en la intensidad mayor y natural y útil se diferencia del amor a la libertad del cubano blanco: yo sé que el negro ha erguido el cuerpo noble, y está poniéndose de columna firme de las libertades Patrias. Otros le teman: yo lo amo: a quien diga mal de él, me lo desconozca, le digo a boca llena: «Mienten».

¿Al español en Cuba habremos de temer? ¿Al español armado, que no nos pudo vencer por su valor, sino por nuestras envidias, nada más que por nuestras envidias? ¿Al español que tiene en el Sardinero o en la Rambla su caudal y se irá con su caudal, que es su única Patria; o al que lo tiene en Cuba, por apego a la tierra o por la raíz de los hijos, y por miedo al castigo opondrá poca resistencia, y por sus hijos? ¿Al español llano, que ama la libertad como la amamos nosotros, y busca con nosotros una Patria en la justicia, superior al apego a una Patria incapaz e injusta, al español que padece, junto a su mujer cubana, del desamparo irremediable y el mísero porvenir de los hijos que le nacieron con el estigma de hambre y persecución, con el decreto de destierro en su propio país, con la sentencia de muerte en vida con que vienen al mundo los cubanos? ¿Temer al español liberal y bueno, a mi padre valenciano, a mi fiador montañés, al gaditano que me velaba el sueño febril, al catalán que juraba y votaba porque no quería el criollo huir con sus vestidos, al malagueño que saca en sus espaldas del hospital al cubano impotente, al gallego que muere en la nieve extranjera, al volver de dejar el pan del mes en la casa del general en jefe de la guerra cubana? ¡Por la libertad del hombre se pelea en Cuba, y hay muchos españoles que aman la libertad! ¡A estos españoles los atacarán otros: yo los ampararé toda mi vida! A los que no saben que esos españoles son otros tantos cubanos, les decimos: «¡Mienten!».

¿Y temeremos a la nieve extranjera? Los que no saben bregar con sus manos en la vida, o miden el corazón de los demás por su corazón espantadizo, o creen que los pueblos son meros tableros de ajedrez, o están tan criados en la esclavitud que necesitan quien les sujete el estribo para salir de ella, esos buscarán en un pueblo de componentes extraños y hostiles la república que solo asegura el bienestar cuando se le administra en acuerdo con el carácter propio, y de modo que se acendre y realce. A quien crea que falta a los cubanos coraje y capacidad para vivir por sí en la tierra creada por su valor, le decimos: «Mienten».

Y a los lindoros que desdeñan hoy esta revolución santa cuyos guías y mártires primeros fueron hombres nacidos en el mármol y seda de la fortuna, esta santa revolución que en el espacio más breve hermanó, por la virtud redentora de las guerras justas, al primogénito heroico y al campesino sin heredad, al dueño de hombres y a su esclavos; a los olimpos de pisapapel, que bajan de la trípode calumniosa para preguntar aterrados, y ya con ánimos de sumisión, si ha puesto el pie en tierra este peleador o el otro, a fin de poner en paz el alma con quien puede mañana distribuir el poder; a los alzacolas que fomentan a sabiendas, el engaño de los que creen este magnífico movimiento de almas, esta idea encendida de la redención decorosa, este deseo triste y firme de la guerra inevitable, no es más que el tesón de un rezagado indómito, o la correría de un general sin empleo, o la algazara de los que no gozan de una riqueza que solo se puede mantener por la complicidad con el deshonor, o la amenaza de una turba obrera, con odio por corazón y papeluchos por sesos, que irá, como del cabestro, por donde la quiera llevar el primer ambicioso que la adule, o el primer déspota encubierto que le pase por los ojos la bandera, a lindoros, o a olimpos, y a alzacolas, les diremos: «Mienten». ¡Esta es la turba obrera, el arca de nuestra alianza, el tahalí, bordado de mano de mujer, donde se ha guardado la espada de Cuba, el arenal redentor donde se edifica, y se perdona, y se prevé, y se ama!

¡Basta, basta de meras palabras! Para lisonjearnos no estamos aquí, sino para palparnos los corazones, y ver que viven sanos, y que pueden; para irnos enseñando a los desesperanzados, a los desbandados, a los melancólicos, en nuestra fuerza de idea y de acción, en la virtud probada que asegura la dicha por venir, en nuestro tamaño real, que no es de presuntuoso, ni de teorizante, ni de salmodista, ni de melómano, ni de caza nubes, ni de pordiosero. Ya somos unos, y podemos ir al fin: conocemos el mal, y veremos de no recaer; a puro amor y paciencia hemos congregado lo que quedó disperso, y convertido en orden entusiasta lo que era, después de la catástrofe, desconcierto receloso; hemos procurado la buena fe, y creemos haber logrado, suprimir o reprimir los vicios que causaron nuestra derrota, y allegar con modos sinceros y para fin durable, los elementos conocidos o esbozados, con cuya unión se puede llevar la guerra inminente al triunfo. ¡Ahora, a formar filas! ¡Con esperar, allá en lo hondo del alma, no se fundan pueblos! Delante de mí vuelvo a ver los pabellones, dando órdenes; y me parece que el mar que de allá viene, cargado de esperanza y de dolor, rompe la valla de la tierra ajena en que vivimos, y revienta contra esas puertas sus olas alborotadas... ¡Allá está, sofocada en los brazos que nos la estrujan y corrompen! ¡Allá está, herida en la frente, herida en el corazón, presidiendo, atada a la silla de tortura, el banquete donde las bocamangas de galón de oro ponen el vino del veneno en los labios de los hijos que se han olvidado de sus padres! ¡Y el padre murió cara a cara al alférez, y el hijo va, de brazos con el alférez, a podrirse a la orgía! ¡Basta de meras palabras! De las entrañas desgarradas levantemos un amor inextinguible por la Patria sin la que ningún hombre vive feliz, ni el bueno, ni el malo. Allí está, de allí nos llama, se la oye gemir, nos la violan y nos la befan y nos la gangrenan a nuestros ojos, nos corrompen y nos despedazan a la madre de nuestro corazón! ¡Pues alcémonos de una vez, de una arremetida última de los corazones, alcémonos de manera que no corra peligro la libertad en el triunfo, por el desorden o por la torpeza o por la impaciencia en prepararla; alcémonos, para la república verdadera, los que por nuestra pasión por el derecho y por nuestro hábito del trabajo sabremos mantenerla; alcémonos para darle tumba a los héroes cuyo espíritu vaga por el mundo avergonzado y solitario; alcémonos para que algún día tengan tumba nuestros hijos! Y pongamos alrededor de la estrella, en la bandera nueva, esta fórmula del amor triunfante: "Con todos, y para el bien de todos».

Los Pinos Nuevos

Cubanos:

Todo convida esta noche al silencio respetuoso más que a las palabras: las tumbas tienen por lenguaje las flores de resurrección que nacen sobre las sepulturas: ni lágrimas pasajeras ni himnos de oficio son tributo propio a los que con la luz de su muerte señalaron a la piedad humana soñolienta el imperio de la abominación y la codicia. Esas orlas son de respeto, no de muerte; esas banderas están a media asta, no los corazones. Pido luto a mi pensamiento para las frases breves que se esperan esta noche del viajero que viene a estas palabras de improviso, después de un día atareado de creación: y el pensamiento se me niega al luto. No siento hoy como ayer romper coléricas al pie de esta tribuna, coléricas y dolorosas, las olas de la mar que trae de nuestra tierra la agonía y la ira, ni es llanto lo que oigo, ni manos suplicantes las que veo, ni cabezas caídas las que escuchan, ¡sino cabezas altas! y afuera de esas puertas repletas, viene la ola de un pueblo que marcha. ¡Así el sol, después de la sombra de la noche, levanta por el horizonte puro su copa de oro!

Otros lamenten la muerte necesaria: yo creo en ella como la almohada, y la levadura, y el triunfo de la vida. La mañana después de la tormenta, por la cuenca del árbol desarraigado echa la tierra fuente de frescura, y es más alegre el verde de los árboles, y el aire está como lleno de banderas, y el cielo es un dosel de gloria azul, y se inundan los pechos de los hombres de una titánica alegría. Allá, por sobre los depósitos de la muerte, aletea, como redimiéndose, y se pierde por lo alto de los aires, la luz que surge invicta de la podredumbre. La amapola más roja y más leve crece sobre las tumbas desatendidas. El árbol que da mejor fruta es el que tiene debajo un muerto.

Otros lamenten la muerte hermosa y útil, por donde la Patria saneada rescató su complicidad involuntaria con el crimen, por donde se cría aquel fuego purísimo e invisible en que se acendran para la virtud y se templan para el porvenir las almas fieles. Del semillero de las tumbas levántase impalpable, como los vahos del amanecer, la virtud inmortal, orea la tierra tímida, azota los rostros viles, empapa el aire, entra triunfante en los corazones de los vivos: la muerte da jefes, la muerte da lecciones y ejemplos, la muerte nos lleva el dedo por sobre el libro de la vida: ¡así, de esos enlaces continuos invisibles, se va tejiendo el alma de la Patria!

La palabra viril no se complace en descripciones espantosas; ni se ha de abrumar al arrepentido por fustigar al malvado; ni ha de convertirse la tumba del mártir en parche de pelea; ni se ha de decir, aún en la ciega hermosura de las batallas, lo que mueve las almas de los hombres a la fiereza y al rencor. ¡Ni es de cubanos, ni lo será jamás, meterse en la sangre hasta la cintura, y avivar con un haz de niños muertos los crímenes del mundo: ni es de cubanos vivir, como el chacal en la jaula, dándole vueltas al odio! Lo que anhelamos es decir aquí con qué amor entrañable, un amor como purificado y angélico, queremos a aquellas criaturas que el decoro levantó de un rayo hasta la sublimidad, y cayeron, por la ley del sacrificio, para publicar al mundo indiferente aun a nuestro clamor, la justicia absoluta con que se irguió la tierra contra sus dueños: lo que queremos es saludar con inefable gratitud, como misterioso símbolo de la pujanza Patria, del oculto y seguro poder del alma criolla, a los que, a la primer voz de la muerte, subieron sonriendo, del apego y cobardía de la vida común, al heroísmo ejemplar.

¿Quién, quién era el primero en la procesión del sacrificio, cuando el tambor de muerte redoblaba, y se oía el olear de los sollozos, y bajaban la cabeza los asesinos; quien era el primero, con una sonrisa de paz en los labios, y el paso firme, y casi alegre, y todo él como ceñido ya de luz? Chispeaba por los corredores de las aulas un criollo dadivoso y fino, el bozo en flor y el pájaro en el alma, ensortijada la mano, como una joya el pie, gusto todo y regalo y carruaje, sin una arruga en el ligero pensamiento: ¡y el que marchaba a paso firme a la cabeza de la procesión, era el niño travieso y casquivano de las aulas felices, el de la mano de sortijas y el pie como una joya! ¿Y el otro, el taciturno, el que tenían sus compañeros por mozo de poco empuje y de avisos escasos? ¡Con superior beldad se le animó el rostro caído, con soberbio poder se le levantó el ánimo patrio, con abrazos firmes apretó, al salir a la muerte, a sus amigos, y con la mano serena les enjugó las lágrimas! ¡Así, en los alzamientos por venir, del pecho más oscuro saldrá, a triunfar, la gloria! ¡Así, del valor oculto, crecerán los ejércitos de mañana! ¡Así, con la ocasión sublime, los indiferentes y culpables de hoy, los vanos y descuidados de hoy, competirán en fuego con los más valerosos! El niño de diez y seis años iba delante, sonriendo, ceñido como de luz, volviendo atrás la cabeza, por si alguien se le acobardaba...

Y ¿recordaré el presidio inicuo, con la galera espantable de vicios contribuyentes, tanto por cada villanía, a los pargos y valdepeñas de la mesa venenosa del general; con los viejos acuchillados por pura diversión, los viejos que dieron al país trece hombres fuertes, para que no fuese en balde el paseo de las cintas de hule y de sus fáciles amigas; con los presidiarios moribundos, volteados sobre la tierra, a ver si revivían, a punta de sable; con el castigo de la yaya feroz, al compás de la banda de bronce, para que no se oyesen por sobre los muros de piedra los alaridos del preso despedazado? ¡Pues éstos son de otros horrores más crueles, y más tristes y más inútiles, y más de temer que los de andar descalzo! ¿O recordaré la madrugada fría, cuando de pie, como fantasmas justificadores, en el silencio de Madrid dormido, a la puerta de los palacios y bajo la cruz de las iglesias, clavaron los estudiantes sobrevivientes el padrón de vergüenza nacional, el recuerdo del crimen que la ciudad leyó espantada? ¿O un día recordaré, un día de verano madrileño, cuando al calce de un hombre seco y lívido, de barba y alma ralas, muy cruzado y muy saludado y muy pomposo, iba un niño febril, sujeto apenas por brazos más potentes, gritando al horrible codicioso: «¡Infame, infame!» ¡Recordaré al magnánimo español, huésped querido de todos nuestros hogares, laureado aquí en efigie junto con el heroico vindicador, que en los dientes de la misma muerte, prefiriendo al premio del cómplice la pobreza del justo, negó su espada al asesinato! Dicen que sufre, comido de pesar en el rincón donde apenas puede consolarlo de la cólera del vencedor pudiente, el cariño de los vencidos miserables. ¡Sean para el buen español, cubanas agradecidas, nuestras flores piadosas!

Y después ¡ya no hay más, en cuanto a tierra, que aquellas cuatro osamentas que dormían, de Sur a Norte, sobre las otras cuatro que dormían de Norte a Sur: no hay más que un gemelo de camisa, junto a una mano seca: no hay más que un montón de huesos abrazados en el fondo de un cajón de plomo! ¡Nunca olvidará Cuba, ni los que sepan de heroicidad olvidarán, al que con mano augusta detuvo, frente a todos los riesgos, el sarcófago intacto, que fue para la Patria manantial de sangre; al que bajó a la tierra con sus manos de amor, y en acerba hora de aquellas que juntan de súbito al hombre con la eternidad, palpó la muerte helada, bañó de llanto terrible los cráneos de sus compañeros! El sol lucía en el cielo cuando sacó en sus brazos, de la fosa, los huesos venerados: ¡jamás cesará de caer el sol sobre el sublime vengador sin ira!

¡Cesen ya, puesto que por ellos es la Patria más pura y hermosa, las lamentaciones que solo han de acompañar a los muertos inútiles! Los pueblos viven de la levadura heroica. El mucho heroísmo ha de sanear el mucho crimen. Donde se fue muy vil, se ha de ser muy grande. Por lo invisible de la vida corren magníficas leyes. Para sacudir al mundo, con el horror extremo de la inhumanidad y la codicia que agobian a su Patria, murieron, con la poesía de la niñez y el candor de la inocencia, a manos de la inhumanidad y la codicia. Para levantar con la razón de su prueba irrecusable el ánima medrosa de los que dudan del arranque y virtud de un pueblo en apariencia indiferente y frívolo, salieron riendo del aula descuidada, o pensando en la novia y el pie breve, y entraron a paso firme, sin quebrantos de rodilla ni temblores de brazos, en la muerte bárbara. Para unir en concordia, por el respeto que impone en unos el remordimiento y la piedad que moverán en otros los arrepentidos, las dos poblaciones que han de llegar por fatalidad inevitable a un acuerdo en la justicia o a un exterminio violento, se alzó el vengador con alma de perdón, y aseguró, por la moderación de su triunfo, su obra de justicia. ¡Mañana, como hoy en el destierro, irán a poner flores en la tierra libre, ante el monumento del perdón, los hermanos de los asesinados, y los que, poniendo el honor sobre el accidente del país, no quieren llamarse hermanos de los asesinos!

Cantemos hoy, ante la tumba inolvidable, el himno de la vida. Ayer lo oí a la misma tierra, cuando venía, por la tarde hosca, a este pueblo fiel. Era el paisaje húmedo y negruzco; corría turbulento el arroyo cenagoso; las cañas, pocas y mustias, no mecían su verdor quejosamente, como aquellas queridas por donde piden redención los que las fecundaron con su muerte, sino se entraban, ásperas e hirsutas, como puñales extranjeros, por el corazón: y en lo alto de las nubes desgarradas, un pino, desafiando la tempestad, erguía entero, su copa. Rompió de pronto el sol sobre un claro del bosque, y allí, al centelleo de la luz súbita, vi por sobre la yerba amarillenta erguirse, en torno al tronco negro de los pinos caídos, los racimos gozosos de los pinos nuevos: ¡Eso somos nosotros: pinos nuevos!

Fragmentos del discurso de José Martí en en Hardam Hall, Nueva York, el 17 de febrero de 1892, donde describe la impresión que le causó el viaje a Tampa y Cayo Hueso[190]

El júbilo, mezclado de zozobra, del explorador que adivina bajo la tierra áspera y revuelta el oro puro, del explorador que anunció el hallazgo a los compañeros que se iban a medio camino, no puede compararse con el júbilo del que vuelve ante los que le ayudaron a confiar, con las manos llenas de oro. De oro sin mancha, porque fuera de aquí no he hallado una sola mancha, traigo llenas las manos. Y aún tiemblo de la dicha de haber visto la mayor suma de virtud que me haya oído dado ver entre los hombres, –en los hombres de mi Patria. Lo que tengo que decir, antes de que se me apague la voz y mi corazón cese de latir en este mundo, es que mi Patria posee todas las virtudes necesarias para la conquista y el mantenimiento de la libertad.

Y si hay alcalde mayor o escribiente que lo dude, le enseñaré aquellas ciudades levantadas en libre discusión por las fuerzas más varias y desiguales que sobre la peña y las arenas han ido echando la guerra y la miseria y la dignidad; le enseñaré la casa del pueblo, que todo el pueblo paga y administra, y donde el pueblo entero se educa y se reúne; le enseñaré aquellos talleres donde los hombres, poniendo la vida real de margen a los libros, practican la política, que es el estudio de los intereses públicos, en el trabajo que la sanea y la modera, y en la verdad que le pone pie firme; le enseñaré aquellas casitas sencillas y felices, con tanta luz y tanta sonrisa y tanta rosa, donde la recién casada recibe a su trabajador con el niño en los brazos, y de testigo los libros del estante y los retratos de los héroes, –aquellas casas que tienen dos pisos, uno para la familia que trabaja, y otro para los cubanos desamparados.

¿Y aquel convite de Tampa primero, que fue de veras como el grito del águila, y aquel sencillo comité del Cayo que ya a la hora de llegar había prendido en el pueblo todo generoso, y a los pocos instantes, sin el empleo de una sola de las artes usuales del hombre, era abrazo y ternura de madera que los que no se hablaban ayer seguían de brazo por la calle en que se hallaban, y una extraña oratoria poseía, rebosante y soberbia, la lengua de los hombres, y se decían los hombres, uno a otro, hermanos e hijos.

Y aquellos rumores de talleres que se engalanaban, de palmeras que se quedaban sin penacho, de trabajadores que deliberaban sobre un tierno presente, de voces nuevas que aprendían del abuelo lleno de cicatrices el saludo de la fe o la música de la guerra, ¿eran tributo, indigno de quienes lo ofrecieran y de quien lo recibiese, a un hombre que solo la poca vida que le resta puede dar, –y no es de aquéllos que se ponen de pie sobre la Patria, o a espaldas de la Patria, a buscar prosélitos con quienes repartir el poder, como quien paga intereses de suma recibida, o cumple con su parte de contrato, –sino de aquellos que con su justicia han podido ganar respeto suficiente para ayudar a su Patria al triunfo, y quedarse lejos de él, si le alcanza la vida, cuando para mantenerse llegue la hora, que en las sociedades de hombres llega siempre, de las complicidades y de las componendas?

Fue que el alma cubana, preparada por su propia naturaleza y por la guerra y por el destierro para su libre ejercicio en la república, creía reconocerse, y asía la ocasión de publicarse, en quien no quiere para su tierra remedos de tierra ajena, ni república de antifaz, sino el orden seguro y la paz equitativa, por el pleno respeto al ejercicio legítimo de toda el alma cubana.

La madrugada iba ya a ser –¡bien lo recuerdo!– cuando el tren que llevaba a un hombre invencible, porque no lo ha abandonado jamás la fe en la virtud de su país, arribó, bajo lluvia tenaz, a la estación donde le dio la mano, como si le diera el alma, un amigo –nuevo y ya inolvidable– que descansó junto al arroyo al lado de Gutiérrez, que oyó a Joaquín Palma en las veladas de la selva, que montó a caballo al lado de Castillo. No se hablaban los hombres, de tanto como se decían. La casa de la Patria estaba henchida de leales. Ceñían las columnas embanderadas orlas de pinos nuevos. Lució el sol, y con él el amor inusitado, los conocimientos súbitos, el deleite de verse juntos en el amanecer de la época nueva, el orgullo de mostrar y de ver la familia dichosa –el liceo con sus lujos– el consejero que va y viene, poniendo bálsamo donde quiera que ve herida, y libros y periódicos y lecciones en la mesa atenta del trabajador; el orador que arranca a su grandeza natural la elocuencia más fiera y entrañable que puede oír la tribuna; el médico que olvida, en la casa que, con su labor, le compró a su compañera la pompa de París; el petimetre redimido que enseña con orgullo, en el respeto de todos y en su hogar holgado, su obra fuerte de hombre; el artesano elegante y caballeresco, fuente de amor y ejemplo de la juventud, que estuviera bien en la más pulcra sala; el guerrillero de poco hablar, fuerte por la bondad y por el brazo, que con la mano que guió al potro por los bosques lleva a sus hijos, camino del trabajo, a la mejor escuela; el criollo enamorado, verboso y melifluo, que se da entero a los que acatan la justicia, y se revuelve temible contra los que la niegan; el niño que va, vestido como de fiesta, a la mesa del oficio, donde asoma entre el cuchillo y los recortes, la poesía que acaba de hacer, o su libro de cuentos, o su libro de física; y la anciana del taller, que del trabajo de sus manos sustenta en los castillos a los presos de la Patria, y en el hospital a sus enfermos, y con la pluma elocuentísima flagela o aconseja, como modo de descansar, a los que le parece que no le aman la Patria según se debe, desde aquel cuarto blanco suyo con la mesita de pino, y las cortinas como de novia cuidadosa, y el vaso lleno siempre de madreselvas.

¿Hubo en Tampa disensiones algún día, o modos diversos de pensar sobre la urgencia de levantarse al fin, con un espíritu y un brazo, todos los que quieren ordenar con tiempo la salvación del país? Lo que sé es que en tres días de belleza moral inmaculada no se vio mano encogida, ni reserva enconosa, ni celos de capitaneo, ni aquellos comercios abominables que suele ofrecer al patriotismo puro el anhelo de la autoridad, sino fiesta increíble, en que se fundían los hombres! ¡Y cuando el viajero, con aquella grandeza ennoblecido, volvió los ojos al decir adiós, los ojos inseguros, ni campos diversos ni rivales ni perezosos ni descarriados vio, sino un pueblo, sembrado de antorchas, detrás de la bandera única de la Patria!

Y lo que Tampa arrancó, y allí se consagró, tropezará en una hoja de yerba o en un grano de maíz, pero en Cuba irá a terminar. Y el pobre y el rico, y el cubano de padres africanos y el cubano de padres europeos, y el militar y diputado de guerra y el periodista incansable de la emigración, y el que no cree bien las sociedades como están y cree que de otro modo estarían mejor, como a honra pedían poner la firma al programa de unión de los cubanos, de afuera y de adentro, de los cubanos de ayer y de mañana. ¡Bandera fue el pueblo entero, y por entre una calle y otra vio la comitiva a los niños blancos y negros apiñados a la puerta de la escuela, cuando, rendida el alma de dicha patriótica, iba camino del último taller, tras la bandera, en las manos del niño misterioso, tras el caballo, que parecía preferir el rumbo de la mar! No en sí pensaba, en Tampa ni en Cayo Hueso, el viajero feliz, aunque lo rindiese la dicha del agradecimiento, ni tomaba aquellas festividades como mérito propio y cúspide de su fortuna; sino como anuncio de lo que puede ser el alma cubana cuando el amor la inspira y guía.

Se derramaban las almas, y en los corazones de los cubanos presidía, como preside su efigie la escuela y el hogar, aquel que supo echar semilla antes que ponerse a cortar hojas, aquel que habló para encender y predicó la panacea de la piedad, aquel maestro de ojos hondos que redujo a las formas de su tiempo, con sacrificio insigne y no bien entendido aún, la soberbia alma criolla que le ponía la mano a temblar a cada injuria Patria, y le inundaba de fuego mal sujeto la pupila húmeda de ternura. ¡Yo no vi casa ni tribuna, en el Cayo ni en Tampa, sin el retrato de José de la Luz y Caballero...! Otros amen la ira y la tiranía. El cubano es capaz del amor, que hace perdurable la libertad.

¡Estas citas que nos estamos dando a un tiempo, este abrazo de los hombres que ayer no se conocían, esta miel de ternura y arrebato místico en que se están como derritiendo los corazones, y este arranque brioso de las virtudes más difíciles, que hacen apetecible y envidiable el nombre de cubano, dicen que he juntado a tiempo nuestras fuerzas, que en Tampa aletea el águila, y en Cayo Hueso brilla el sol, y en New York da luz la nieve, –y que la historia no nos ha de declarar culpables!

Resoluciones de la emigración cubana de Tampa, 28 de noviembre de 1891

Congregados ya, después de los diez años de unificación que debían seguir a los primeros diez años de escarmiento, todos los elementos de resolución y prudencia, cuya obra discreta y generosa se requiere para fundar, con los restos de una colonia de esclavos sobre esclavos, un pueblo útil y pacifico de hombres verdaderamente libres;

Conocidas ya todas las causas que contribuyeron a la suspensión de la guerra indispensable para conquistar a un país la libertad que destruiría los privilegios arraigados de los que se hubieran de conceder;

Unánimes ya, por su propio impulso, y aparte de todo dictamen personal, o móvil de vergüenza estéril, o mera tentación de fanatismo, los factores de acción que hubieran podido dejarse deslumbrar por la impaciencia heroica, o el deseo prematuro, o la guía interesada;

Vencido ya, después de la espera vigilante y generosa, el término de prueba, que la diseminación de los factores revolucionarios hacía inevitable, y aconsejaba la sagacidad y la justicia, de la política inútil y disolvente de reformas locales bajo el poder que ve su desaparición gradual en ellas;

Extremadas ya bajo un gobierno incorregible la obra de empobrecimiento y corrupción del carácter nacional, y el ansia justa de las emigraciones, capaces y ordenadas, de acudir en tiempo con su ayuda a la reconstrucción y salvación de un país que no tiene establecido recurso alguno viable o probable para salvarse;

Los emigrados de Tampa, unidos en el calor de su corazón y en la independencia de su pensamiento, proclaman las siguientes:

Resoluciones:

1.ª Es urgente la necesidad de reunir en acción común republicana y libre, todos los elementos revolucionarios honrados.

2.ª La acción revolucionaria común no ha de tener propósitos embozados, ni ha de emprenderse sin el acomodo a las realidades y derechos y alma democrática del país que la justicia y la experiencia aconsejan, ni ha de propagarse o realizarse de manera que justifique, por omisión o por confusión, el temor del país a una guerra que no se haga como mero instrumento del gobierno popular y preparación franca y desinteresada de la República.

3.ª La organización revolucionaria no ha de desconocer las necesidades prácticas derivadas de la constitución e historia del país, ni ha de trabajar directamente por el predominio actual o venidero de clase alguna; sino por la agrupación, conforme a métodos democráticos de todas las fuerzas vivas de la Patria; por la hermandad y acción común de los cubanos residentes en el extranjero; por el respeto y auxilio de las repúblicas del mundo, y por la creación de una República justa y abierta, una en el territorio, en el derecho, en el trabajo y en la cordialidad, levantada con todos y para bien de todos.

4.ª La organización revolucionaria respetará y fomentará la constitución original y libre de las emigraciones locales.

Notas

[190] Publicado en el periódico *Patria*, el 14 de marzo de 1892. Aparece en José Martí. *Obras Completas*, tomo 4, pp. 293-306.

4.2

CARTAS ENVIADAS A TAMPA

A Néstor Carbonell

Telegrama. Nueva York, octubre de 1891
Néstor L. Carbonell
Tampa, Fla.
Acepto jubilosísimo. Escribo.

Telegrama. Nueva York, noviembre de 1891.
Carbonell, Tampa
Invitación aceptada, fijen fecha.

New York, 18 de Noviembre de 1891.
Sr. Néstor Carbonell
Mi amigo Carbonell:
Por telegrama que habrá llegado a su poder acusé recibo de su hermosa carta de fecha 16; carta de convite a este amigo que responde afirmativamente con el alma henchida de gozo. De lejos he leído su corazón, y desde acá he visto también el mucho oro de su alma viril, donde corren parejas la ternura con la luz. Y digo que acepto jubiloso el convite de esa Tampa cubana, porque sufro del afán de ver reunidos a mis compatriotas. ¿Y me querrán ellos a mí como yo los voy queriendo? ¿Es la Patria quien nos llama? Obedezcamos, pues, que de seguro ella nos alienta para algo grande.

El incendio reciente preocupa de nuevo, y nos vigila y nos acecha. La oportunidad magnífica de vernos, de hablarnos, de poner juntos los corazones, no debemos desaprovecharla: hay que crear.

Yo no podré salir de aquí para esa antes del 23, para estar otra vez en New York el 26 o 27.

Su, José Martí.

A Eligio Carbonell

Nueva York, 19 de diciembre de 1891

Mi Eligio muy querido: ¿Y así tengo que mandarle toda mi ternura y agradecimiento y escribirle las primeras líneas desde aquellos días de bondad y de creación, de prestarle un instante antes de cerrar el correo, después de quince días de buscar vanamente, en el día y en la noche, hora para echar afuera este corazón que me ha crecido desde que Vds. me echaron en él su magnífica nobleza. Nada, nada todavía: ¡qué hablar de Vds.! ¡Qué repujar como un buen bronceador la medalla de Tampa para que le vea la gente el mérito esencial, y la virtud de cada uno y el poder de la de todos! ¡Y qué respeto y qué cariño! ¿No me oyen de allá? ¿No se dicen a cada momento «nos está defendiendo, nos está acreditando, nos está queriendo más aún de lo que lo hemos querido; no es un olvidador: no es un ingrato?» Y yo qué angustias y qué pelea para la vida, para ir extendiendo el fruto de lo de allá, que es la mejor carta que le puedo escribir para ir haciendo tiempo, a fin de escribir en oro los recuerdos de Tampa? ¡Y en un cuaderno puro, y quién sabe con qué adornos! De lo mejor de mi mano va a ser, y bravos y buenos estarán allí donde todo el mundo me los vea. ¿Y a qué viene toda esta charla? No he cesado de amarlos y de pregonarlos, Uds. Lo saben.

Dicen que me quieren Vds. Todavía –y que voy a pasar el jueves 26 por allí–, y que lo veré a Vd. y a todos con una rama de pino en el ojal. Déjenme sembrar, escribir luego.

A su padre, que es oro andando, léamele ésta, y a mi ahijado Rivero, y a Candau, ¿y a quién no? Esto no es más que línea, para que Vd. no se vea ingratamente olvidado. Y a Brito y a Granados, que ya me leen la carta en el corazón, y que de él me la sacaré pronto, en la letra tibia de tinta y papel, para que no me crean ingrato. Y hasta mañana que pasaré el día en el campo para hablar de Tampa y de todos con el expresidente, con Estrada Palma. Y al volver, en la alta noche, me entraré a escribir tendido, domingo al fin, a su padre, a Andrés, a Rivero; a Candita, su hermana, le llevaré una flor. A Vd. la más tierna estimación de su, José Martí.

New York, 10 de enero de 1892
Mi muy querido Eligio:
Si no fuera este Nueva York tan inhumano y triste, aquí lo quisiera tener a la cabecera de mi enfermedad, que continúa, para poner en un largo apretón de manos el cariño agradecido con que leí su carta. Quiérame, que esta tierra rinde, y no es perdida en ella la semilla. Pocas criaturas conozco de un corazón tan límpido como el de Vd., y no quisiera yo mejor fortuna que la de tener siempre su juicio y su afecto a mi lado. Hay pocos mármoles sin vetas negras. ¡Lo de Collazo!

Su padre de Vd. vio clarísimamente los móviles y composición de esta carta infeliz. Y la nobleza y sensatez de Tampa han sido mucho mayores que la astuta malignidad con que se ha querido envenenarnos. No es solo gratitud lo que siento por haberles inspirado esa fe, ni la alegría de poder ver a un vasto número de hombres con cariño de familia, sino el gozo de orgullo de ver a un pueblo tan bien preparado ya para la libertad; de ver tanta alma de oro, por el brillo y por la fortaleza.

Y yo no soy indigno, Eligio, de un cariño que tengo en tanto como el de Vd. Yo no soy como la carta dice, Eligio, sino como Vd. me cree y me desea. ¡Si me hubiera Vd. oído pocos días después de brindar por la revolución en un banquete de la autonomía –que fue en La Habana todo mi autonomismo, hablar en el vapor que me llevaba desterrado a Ceuta, con ese buen Ramón Roa que iba –libre de todo, menos de la conciencia, que no le dejaba dormir, a exigir a Martínez Campos el cumplimiento, que obtuvo, de los arreglos secretos del Zanjón! Este mundo tiene increíbles vilezas, ocasionadas casi todas por el interés.

No hay más modo de salvarse, Eligio, que moderar las necesidades. La sobriedad es la virtud. El que necesita poco es fácilmente honrado. Pero de todo consuela saber que hay por este mundo mármoles enteramente blancos.

Su, José Martí.

A Ramón Rivero

Telegrama. Nueva York, 8 de noviembre de 1893.
Están levantados Zayas, Esquerra, Rosa Cienfuegos, Mora, Santa Clara. No fallaré. No fallen ustedes. Su Martí

14 de noviembre 1894

Mi muy querido Ramón: ¿De manera que la susceptibilidad de los hombres, ciega e injusta, les hace desconocer en un minuto, contra razón y naturaleza, el alma de indulgencia y de esmero más probados? ¿De modo que un hombre bueno que me ha visto una vez de cerca, y más de una vez, me cree capaz de desconocer en un instante los méritos que le he proclamado, para injuriarlo a distancia, sin el menor sentido común, en una frase incomprensible? No respondo: me asombro. Salté al telégrafo, en cuanto recibí su carta, a quitarle esta pena: ¿y lo que Vd. me da, quién me lo quita a mí? ¿Quiénes quedamos, en [...] ni qué ciego es el [...] que así se pueden extraviar los hombres buenos? Del telegrama, que no recibió Ud., ni se yo donde lo puse, viviendo como vivo a telegrama continuo, y hoy dentro y mañana fuera de N. York, –le he de buscar y enviarle, el original, en que su gramática de Vd., ya que no el corazón, –que una vez le ha fallado– le dirá que yo no pude escribir ese insensato *deje intriga:* pude y debí escribir *vigile intriga*, o *cuide intriga* o *evite intriga*; porque es lo que debía estar en mi pensamiento, al aparecer un artículo cuyo final podrá tomarse como toma de posición para intrigas y ataques futuros, caso de que la cooperación de voluntades, tan difícil entre los hombres, no acabe con el éxito oportuno y sus esfuerzos. Y como acá llamara la atención la correspondencia del 10 de octubre, que trastornó el orden de los incidentes por el afecto real con que conminó; este Segundo trabajo que pudo parecerme como si se le deslizase en el Diario una influencia maligna no notada por su ancho corazón: –¿Qué no hemos hablado de lo que lo rodea? ¿Qué V. lo olvida? Y si no le escribí por dos cosas ha sido: –la 1.ª porque, en la agonía de la acción, ni tiempo, ni voluntad me queda para la miseria de la palabra escrita, –y la 2.ª, en este caso, porque no le pareciera que quería coartar su opinión. –¿Y no sabe aún que yo soy un salvaje en esas cosas?: ¿en el respeto a los demás?, ¿en la ternura con que quiero a quien lo vale, y que jamás se aloca hasta sospechar un corazón bajo y deslenguado en un amigo fiel, en un hombre con quien se ha cambiado sublimes horas? Esto Ramón no ha estado bien. Yo con Ud. hablo como un hermano. ¿O no me lo acepta?

Ahora, sobre la marcha, y discreción. Cubra eso, como si fuera una cosa local, y cosa de entusiasmo –y que el tono sobre– y es lo verdadero y bueno al país. Diga causa [...] de ver (aludiendo [...] de Callejas expedición [...] en que vamos, e idas y venidas, aquí en nuestra nariz, que no son más que entusiasmo irreprimible, que luego se asienta, o ciego juguete en las manos de intrigantes que levantan la caza, a ver cuántas hay, y a veces con los más respetables nombres. No es eso, no es así, no es con un puño de hombre que van y que vienen, como se va a mover esta vez el pueblo de Cuba: de aquí, si nos quisieran llevar a todos, todos iríamos, o casi todos: pero de seguro que nos dejan enteramente solos, en estos rincones denunciantes. ¡Y esa idea, si le parece bien, sin cargar mucho la mano! –Y dígame, Ramón, día por día si es menester, lo que deba saber yo. ¿Olvida el calor de mi mano, y la limpieza de mis ojos? ¿Cómo pudo caer en esa injusticia?

Me quejaré a Adelaida: ¿O no se puede ser grande por completo? Tenemos reconocido que en V. hay natural grandeza. Aun no [...] para su J Martí.

Telegrama. 30 de enero, 1895.
Ramón Rivero
Ibor Factory
Ibor City, Fla.
Gonzalo llega ahí viernes sale sábado acuerde con Arturo recepción viernes arriba almas Martí.

30 de enero de 1895

Sr. Ramón Rivero
Mi muy querido Ramón:
La presencia ahí de Gonzalo de Quesada, la brusca interrupción de mi viaje a la Florida y mi viaje a otra parte, son la carta más expresiva que le pueda yo enviar, y la respuesta a sus últimas de Vd. muy elocuentes y leales. ¿A qué ha de ir ahí, en días tan ocupados, el generoso Gonzalo? A que se adivine, como ya será ahí adivinada, la justicia y necesidad –la solemne urgencia hoy– de reparar lo perdido, sin demora, frente a un país que nos ama y espera con más fe hoy que nunca. A que Vds. hallen modo, en hechos y en palabras, de que en Cuba, enseguida, se vea cómo sienten hoy, y con qué fuego después de los sucesos últimos, las emigraciones. Poco diré, no diré más. Yo no ando por aquí, sino lejos. Yo no puedo errar. Debo arrollar y convencer por donde quiera que pase. Yo no puedo esperar. Cuba no puede. Gonzalo y Vds. serán enseguida mi solo corazón, y se habrá hecho una grandeza más. Y por el periódico un abrazo de hombre. De Adelaida me acuerdo con cariño, en esta prisa enorme, y de los buenos. No pondré nombres, para poder decirles adiós. Hoy más que nunca es la hora de poner todo nuestro espíritu, cordial e impetuoso, en la obra que empezamos juntos, y hoy me lleva ya detrás de sí. Por donde quiera que vaya, y como quiera que acabe, siempre se acordará con ternura del magnífico Ramón,
    Su, José Martí.

A Carolina Rodríguez

Telegrama. New York, Dic. 20/1891.
Carolina Rodríguez. –Ibor City–. Guardo a mi cabecera tinajitas santas. Hoy supe eran suyas. Su soldado José Martí.

Nueva York, 29 de enero de 1892
Mi amiga queridísima:
Llámeme hijo; y le podré decir el tierno agradecimiento con que leo esas muy nobles cosas que me dice, y me le nacen del alma maternal. Nada me alivia más, si sufro, –ni me fortalece más, si desfallezco, que saber que un corazón de esa limpieza tiene para mí esos cariños y arranques.

Vino bien la maldad, para que se viera quienes y cuantos somos, y cómo es cierto que por acá ponemos en grandeza todo el brío que por allá ponen en el recelo y en el odio.

Esto ha servido para que nos midan y vean, en los instantes en que el país deshecho no tiene a quien volverse, y se vuelve a nosotros. Lo dramático le es aún útil al mundo. Suele uno enredarse en el drama, y caer en el acto primero, lo que poco ha de importar, si está Vd. a mano con un ramo de madreselvas.

No se me apene. Hemos de vivir. De poner el pie en la tierra. De llorar de un gusto divino, como no se llora dos veces en la vida. –Ahora, déjeme callar, porque el brazo se me acaba. Es una maluquera del pulmón, que va pasando, y no me deja escribir. María está dormida, con su cara de luz y de agradecimiento, como pagándole su beso. –Y Poubles, ¿sabe cómo lo quiero?– Vd. tiene un hijo en
José Martí

Nueva York, octubre de 1892
Carolina silenciosa: allá vuelvo con plumas nuevas pa. el águila. Yo siempre loándola y Ud. olvidadiza.

¿Que es necesario ver pa. amar, y leer para escribir? ¿Y la piedad para un viajero que en dos meses no ha dormido una noche entera, ni se ha sentado a derechas a la mesa de comer?

Yo, en castigo, describo por dondequiera las hazañas de su corazón, y su vaso de madreselvas.

Su J. Martí.

Y a Arturo, mi más alta estimación, y a Candau, el amigo.

Fernandina, lunes 19 febrero [1893]

Carolina muy querida:

Este ingrato, que tiene llena de retratos la casa, y cree que lo van a tachar de vanidad cada vez que de uno; esta alma que solo se enamora del desinterés, la caridad y la constancia, que en otras partes tienen otros nombres y en Cuba se llaman Carolina Rodríguez; este mal servidor de su país que habla de Ud. todos los días, y la quiere como a intimidad de su corazón, estará en Tampa mañana.

La abraza, su José Martí.

Cayo Hueso, Febrero, 1893

Carolina querida:

Ese es saludo, el de sus letras. He venido hablando de Ud. y le traigo esa carta, y con ella muchos cariños, y entusiasmos de veras de Tampa. Los reacios, van hoy a la cabeza. De mí no se ocupe; yo vivo hasta que haya dejado la carga en Cuba. Ni tema; vivo del aire, y de la bondad de nuestro pueblo, y de que tengan almas como la de Ud. Yo estoy en casa muy amiga, aunque al pie de las visitas útiles, y de mi enfermedad, que no se remediará hasta que la salude, que será en cuanto salga. La abraza, y a toda esa casa noble en que vive, su José Martí.

A Paulina y Ruperto Pedroso

Nueva York, 2 de abril de 1894 (Fragmento). (...) hay un hombre a quien quiero yo, porque es bueno, porque es valiente, porque es generoso, como si fuera de mis entrañas. Es el vengador de los Estudiantes –Fermín Valdés

Domínguez–. Él va a Tampa mañana, dormirá allí el viernes, y sale el sábado para el Cayo. Él vale más que yo. Prepárele mi cama, y quiéralo mucho. –Él te lleva la música.

Y dime que quiere a alguien más que a ti, tu amigo,
José Martí

Nueva York, 30 de enero de 1895.
Paulina y Ruperto Pedroso
Paulina y Ruperto:
Allá les va otro hermano, y Uds. Saben que yo solo llamo así a quien tiene ancho y puro el corazón. Solo horas estará en Tampa, la primera vez; mímenlo. Estamos en hora de mucha grandeza y dificultad, y él va a un servicio glorioso.

¿No leen ahí los cubanos en mi silencio? ¿No se les salta la mano a ayudar lo que ya ven?

A Gonzalo quiéranmelo mucho; el tiene alma de pobre. Y si para cumplir con la obligación que lleva, llega, lo que no creo probable, a tener que pedir a Uds. Al fin, el sacrificio grande que tantas veces me han ofrecido –¡háganlo, cueste lo que cueste! Sin eso podría toda nuestra obra venirse abajo, por falta del calor de sus manos. –Yo, ustedes lo saben, estoy levantando la Patria a manos puras. Ni a Paulina ni a Ruperto los recuerdo nunca sin que sienta como una sonrisa en el corazón.

Si es preciso, háganlo todo, den la casa. No me pregunten. Un hombre como yo, no habla sin razón este lenguaje. Quiéranme a Gonzalo. Díganme si no ven todo el fuego de Cuba en sus ojos.

Su, José Martí

A Juan Arnao

Enero 26, 1894
Mi señor Don Juan:
Un buen cubano, el señor Magín Coroneau, viene a preguntarme dónde puede comprar un ejemplar de sus *Páginas*

para la Historia. Lo ha leído y prestado, y quiere conservarlo. Yo pongo a Vd. estas líneas para complacer a ese buen amigo, cuyas señas son: 159 W. 61 St.

Cuídeseme, y mande a su, J Martí.

A Miguel Barbarrosa

El Cayo, 12 de noviembre, 1892

Acaso mi amigo Barbarrosa, y el alma exquisita y ferviente de su compañera, hayan sido injustos, por falta de cartas de agradecimiento, con el viajero cuyas ansias y soledades ha alegrado más de una vez, y muchas veces, el recuerdo del entusiasmo, de la ternura, de la lealtad, y del amor que he visto en su casa. Se habrán engañado, y allá voy a decírselo, con el cuerpo a medio deshacer, pero con más Patria, con un beso en la frente pa. el niño y en la frente pa. la compañera, y con el corazón agradecido y hermano.

Su, J. Martí.

New York, Dic. 27 de 1892

Amigo queridísimo:

Se me acabaron las fuerzas de hoy, pero quiero escribirle, aun cuando sea por mano ajena y complaciente. Lo primero será que sepa cómo me he traído consigo su casa, cual si fuera mía, y se la quiero y pienso con la amistad muy privilegiada: mucho los recuerdo, y hablo de Uds. mucho: cuando hablo de Uds., no parece que estoy malo. Después de esto le diré que llegué el sábado en tan buen pie que pude asistir, de plato vacío, a una cena de niños que me tenían preparada purísima bienvenida: faltaba allí René[192]. Y bien, luego; lo que tengo ahora es cansancio del mucho conversar. Vino enseguida a verme el Dr. Miranda, aprobó absolutamente y con gran elogio, toda la medicación de Ud., que continúa él aquí; por cierto que no quiso irse sin su dirección. –Yo, ya al trabajo, entre el sofá y la silla: la mente se me ha vuelto a enflorar, de toda la virtud que he visto por ese mar azul, y en lo que toda a Ud. parte mayor: estoy, por lo que hace a mente, echando chispas, pero le prometo no salir al frío hasta que tenga cuerpo: –y escribirle por mi mano.

A su casita ejemplar y a su amoroso médico, manda el limpio corazón, su
José Martí.

Fernandina, lunes 18 de febrero, 1893
Amigo, o hermano:
Yo me callaba la sorpresa, pero quiero darme el gusto de saber que los he hecho pensar en mí desde hoy, antes de que vean, camino del Cayo, en los dos días que pienso pasar ahí, a este peregrino a quien precisamente ahora le duele más de lo justo el corazón. Pude volver a Nueva York: he querido pasar por Tampa, apretarle en la mano, llevarle en los ojos el agradecimiento que un mes mortal, de mucha enfermedad mía, de mucha mortificante menudencia, y de mucha agonía pública, no me ha permitido poner en un libro para mi querido médico; en una máquina nueva para René, en una siempreviva para su madre inolvidable y generosa. Ahora vuelve a sus puertas el desagradecido, y lleva de paso nuevos servicios a su país, y un alma más perspicaz y amante mientras más se adelgaza y consume el poco peso que la tiene todavía por la tierra. Recíbame mal, si lo merezco, y crea que no tiene amigo más tierno, ni cliente más inútil, que su
José Martí.

Nueva York, mayo 9, 1894
Mi médico querido:
Vengo de Filadelfia, salgo para Central Valey, y aún no sé si emprenderé mañana un largo viaje, solo para alegría y orgullo –de los demás, por supuesto– tengo razón en nuestras cosas, y del mucho deber me siento a la vez como acorralado y consagrado. Pero, como sucede siempre después de mucha actividad, me cae de pronto un poco de tristeza: –y pienso en Ud., y en la compañera y en el hijo, y les escribo, no para darle gracias por sus ternuras, grandes y justas, con Fermín–, ni para responderle sus dos cartas, que me han llegado en

lo recio de la labor, sino para que vea cómo es de mi íntima familia, de aquella en que solo entran las almas de absoluta limpieza y desinterés. Ríase del mundo flaco. Los únicos que gozamos de buena salud somos nosotros.

De sus cartas sí le he de decir que me fueron un premio muy dulce, en días en que, con todo el poder de mi humildad y mi moderación echaba acaso las bases de esa cara república de Cuba, de la que me veo como triste raíz, escondida en el fondo de la tierra. Lo que no es para pesar: las raíces deben gozar mucho. Cada vez soy yo más como los indios moribundos, que andan buscando el silencio de las cuevas. –Se me acabó el respiro; escribí esta carta egoísta, y salto al tren. ¿A qué pronto les voy a dar un abrazo? Aún se los podría dar, porque no lleva pecado encima su,

José Martí.

A Félix Sánchez Iznaga

Nueva York, 31 de octubre, 1889.

Mi muy querido Iznaga:

Ayer recibí su primera carta, que hasta literaria viene, por lo sentida y sincera. Hace bien en acordarse de mí, porque yo no lo olvido. Lo que no quiero es que le falten ánimos, ni tenga el cuerpo allá y el pensamiento aquí. El secreto del éxito es dedicarse entero a un fin. Ya le irá gustando Ibor City, y acaso no estará bien que le vean preferencia por Tampa. Hablé largo con los Ibor aquí, y creo que no le esperan allí sinsabores, sino cordialidad y gusto. Veo lo que me dice el Sr. Manrara: los hombres capaces y directos, nacidos de sí y de la verdad, son siempre un poco bruscos. Sea V. a la vez rápido y seguro en su trabajo: aunque tenga que hacerse violencia, sea rápido; porque esto es cosa esencial cuando se trabaja con hombres de carácter ejecutivo.

Solo tengo tiempo para estas líneas. ¿Qué me dice de mi Sr. García Ramírez, y de la *Revista de Florida*? ¿Está bien de salud el Sr. Rivero?

Andrés está bien, y aún pienso en invitarlo a que mude de ocupación, a pesar del apuro en que me ha puesto Da Costa, ya arrepentido, pero con quien no veo manera de avenimiento final que me de derecho para trabajar en la empresa con la misma fe.

De casa de Carmita todos le estiman sus cariños. Ojalá pudiera llevar a pasear a María por su río.

Cuénteme todos sus lances y esperanzas, que no tienen mejor amigo que

José Martí.

10 de febrero, 1893.

Iznaga querido:
Ya ve que fío en Vd., y en todo lo real, con Vd. como hijo mío, cuento de preferencia, y sin duda alguna. Por increíble demora, por mala inteligencia al recibir la instrucción, le fue tarde el generoso préstamo y el telegrama trasmitido por la Western Union Telegraph CO. de los $70: se entendió que había de ir de los primeros fondos de Tampa: le fue en cuanto lo supe. Yo estuve muy enfermo desde mi llegada. Ya no. Las cosas arrecian. Se precipitan. El deber es mucho. Sigo en pie, y ningún pícaro me mata. Perdónenme los amigos a quienes debo carta. Es mucho lo urgentísimo. No me cabe el deber, deber que no puedo delegar, en el día y la noche.

Dos telegramas le mandé, el del amigo Castellanos que supongo atendido; y el de Govín, secreto, que ahora explica. Gustavo Govín debe presentarse, o se habrá presentado ya a recoger de Vd. el sobre que adjunto. Sírvase dárselo, impedir que lo vean con gente política, y comunicarme enseguida a N. York la entrega. Salí de allá, y ya voy de vuelta.

Le escribo en ferrocarril, sin luz, lleno de pensamientos que no son para la pluma. Por eso no le pregunto de Vd.; de Andrés, de la casa. Sépame suyo; sépame curado, o poco menos; sépame lleno de mucha angustia patriótica, y de toda la energía precisa para gobernarnos entre tantos peligros. Séame allí agente principal y caluroso de entusiasmo, y responda a su,

J Martí

20 de febrero de 1893.
Iznaga querido: ¿Cómo le va en esa soledad? No se me ponga a apurarme por nuestra conversación última. Espéreme en calma. Yo salgo el miércoles, paso en Tampa un día y vuelvo a Vd. –Sálveme a *Patria*. Corra de un lado a otro y de Gonzalo a Figueroa, como amigo que es Vd. de su José Martí.

Guárdeme reservadas las cartas que vayan a Ernesto Mantilla. Las demás a Gonzalo.

9 de septiembre de 1893.
Félix: No me importa. Esquivo y silencioso como está, sin duda por mi culpa, sepa que mañana que no es sábado, estaré en Tampa, abrazándolo, y cada vez más digno y necesitado de que lo quiera, Su José Martí

12 de noviembre de 1893
Félix inolvidable: Le hablé por telégrafo. Es preciso. A mí, que me echo todos los días a la mar, me parece natural todo sacrificio. Y a V. también, cuando yo lo pido: ¿qué no será cuando lo pido yo, que vivo de dar, y muero de pedir? Pero para nuestra tierra, todo. Ahora, un abrazo; adivine, ayude, quiérame a Gonzalo. Su J. Martí

Diciembre, 1893
Félix y Andrés: No he dormido desde que les dije adiós, he cumplido con todo mi deber, y vuelvo a Tampa. En diez días o cosa así volveré, roto el cuerpo, íntegro el cariño. Y no poner a allá unas líneas sin ponérselas a sus dos almas generosas. Yo aquí, en lo más difícil, contento y muerto. Quieran, y las flores de la casa, a su J. Martí.

Al periódico Cuba, de Tampa

Telegrama. Nueva York, 8 de noviembre de 1893
Están levantados Zayas, Esquerra, Rosa Cienfuegos, Mora, Santa Clara. No fallaré. No fallen ustedes, Su Martí.

A Gualterio García

New York, enero 8 de 1895.

Hotel Pomeroy
Broadway. Columbus Plaza
Sr. Gualterio García
Gualterio muy querido:
Al vuelo del ferrocarril tengo que escribirle esta carta que al fin va a darle el empleo que deseaba, en parte al menos. Solo en Vd. puedo fiarme, solo en Vd. para el trabajo de estos próximos quince dias; ya Vd. sabe cómo trabajo yo, de noche y de día: solo Vd. me acompaña bien: por la pena de arrancarlo de su casa no le tengo a mi lado desde hace mucho tiempo; ahora me es imposible prescindir de Vd.: primero quiero que me haga un encargo discreto en el camino, y enseguida continúa viaje para acá. Lo que hay que hacer es esto: el día mismo en que reciba Vd. un telegrama mío que diga: venga, póngase, sin falta alguna en camino, y deténgase en Jacksonville, donde le tendré, en manos de A. Morales, en Duval House, el dinero para seguir hasta acá, y el servicio que quiero confiarle en el camino a aquí. Este telegrama mío puede irle el jueves o el viernes, y ha de salir el mismo día. Si no está Morales en Duvald House, espérelo, y tome un cuarto en la casa. Acá hay frío, y no se lo oculto, pero estaremos en un rincón de campo, con Tomás Estrada, donde estuvo Bernardo Figueredo. Y escribiré por todo lo que he callado este año. Al volver, solo Vd. podría llevar lo que tengo que confiarle.

Deseo mandar a lugar importante una comisión de empeño, y a nadie de aquí quiero usar. ¿Está ahí Noy? ¿Está Francisco José Díaz? Noy no debiera ir. Si, como creo, Francisco está ahí, mándemelo por la misma vía. Pero él no seguirá hasta Nueva York. Morales, no el que Vds. conocen, le dará la comisión y el dinero. Pero no salgan de la misma estación, si salen juntos. Ahí de todo se hace un mundo y no conviene excitar la imaginación antes de tiempo.

Adiós, pues. Y hasta de aquí a una semana, porque espero mandarlo a buscar enseguida. No le mando dinero para ir a Jacksonville, por no llamar la atención. ¿Me perdonarán en su casa? Merezco que me perdonen, lo merezco, por lo que quiero, por lo que lo quiero a Vd.

Su, Martí

A Fernando Figueredo

Nueva York, 7-7-94
Fábrica de O'Hallorans, Tampa, Fla.
Llegué lunes salí otra vez y regresé el viaje un éxito total informe Teodoro amigos. Siempre pensando su casa. Martí.

Al coronel Fernando Figueredo (Telegrama).

Nueva York, 30 de enero de 1895.
Fernando Figueredo.
Tampa.
Va Gonzalo visita oficial Ibor Cuba un día paso Cayo recíbanlo todos Martí.

Nueva York, 30 de enero de 1895
Fernando queridísimo:
Vd. no necesita de palabras: por segundos estoy contando mis instantes: mudo de rumbo, porque no se me da tiempo para más: Gonzalo va en mi lugar, y lleva dos objetos: que con su visita se aprieta ahí nuestro corazón, y hable y obre de modo que en Cuba enseguida se sepa y resuene, –y que lo que voy a hacer no falle, –lo supremo que voy a hacer, por la pequeñez porque suelen a veces quedar deshechas las obras más grandes. –A la ida, sobre todo, Gonzalo estará un solo día. Rodéemelo, y véale qué bella alma –Ya a la ida debe salir de ahí con gran parte vencida. A la vuelta conversará más con Vd., –y verá cómo por acá hemos vivido siempre en el culto y ternura de su casa, y hacemos por ser dignos de ella.

¿He caído de ella, porque no escribo, porque sangro, porque no me dejo aturdir ni abatir, porque tallé, en la roca y en la mar mi caballo nuevo, cuando me desensillan de una puñalada el caballo? Vamos muy bien; pero no me le quiten, en lo que voy a hacer, fuerza a la mano. –Adiós, y a la casa querida, su

José Martí

A Fernando Figueredo y Teodoro Pérez[193]

Montecristi, marzo, 1895
Sres. Fernando Figueredo y Teodoro Pérez
Fernando y Teodoro:
A los dos junto en un abrazo, desde este silencio forzoso, y no inactivo. Es solo fe de vida, y de que al borde de la tierra no olvido a mis dos hermanos de labor. ¿Olvidarlos? Ahora es mayor la obligación, porque ya es sangre, y en la hora de ella siento necesidad más viva de su ternura, y de demostrarles la mía. De acá, solo les puedo decir que todo lo humano queda hecho, –y que para mí no hay derrota. Prudencia y sacrificio y martirio sí, derrota, no. El abrazo, por ese Collazo bueno, cuyo adiós siento de veras, aunque va a su camino, –el abrazo a las casas, y la memoria agradecida de su

Martí

Y a mi buen Gualterio.

A Fermín Valdés Domínguez

Montecristi, Marzo, 18, 1895.
Fermín hermanote:
Mi más largo abrazo, y de todas nuestras raíces. Padezco y tasco, pero serviré. Ya irás oyendo. Llega el vapor inesperada-

mente, y se va Manuel, que ha desenvuelto corazón y juicio. Sírvate esta carta para saber que en las mayores obligaciones y penas es tuyo, y te recuerda sobre todos, tu J. Martí

Notas

[191] Se refiere al viernes 1.° de febrero de 1895.
[192] El niño René Barbarrosa y Mendive, hijo del Dr. Barbarrosa
[193] Esta carta a Fernando Figueredo y la siguiente, a Fermín, son las últimas letras conocidas que Martí dirige a Tampa. Son enviadas desde Santo Domingo con Enrique Collazo, unos días antes de salir para Cuba.

4.3 CARTAS ESCRITAS POR JOSÉ MARTÍ EN TAMPA

En los días en que José Martí permaneció en Tampa, aprovechó para escribirle desde esta ciudad a muchos de sus amigos y colaboradores en las tareas del PRC. Quién sabe cuántos de ellos no conservaron las epístolas o breves notas recibidas, en el torbellino de sus propias ocupaciones y mudanzas. Por suerte, algunas fueron apareciendo con los años y desde la primera edición de sus obras, a partir del gran esfuerzo de Gonzalo de Quesada y quienes le continuaron en esa tarea, hasta Luis García Pascual y Enrique Moreno Pla con su extenso Epistolario, han permitido su conservación.

Las cartas que publicamos a continuación son conocidas, pero se justifica su inclusión por pertenecer al escenario tampeño del Apóstol, pues aquí fueron escritas en medio del incesante trabajo de su autor, a veces acosado por severas dolencias físicas, pero en un entorno donde sintió ampliamente el cuidado y amor de la comunidad cubana. Asimismo, de ellas emergen muchos detalles históricos y valoraciones martianas que permiten ahondar en el estudio del significado de Tampa en el proceso independentista cubano.

A Ángel Peláez

Tampa, el 24 de diciembre de 1891 (telegrama)
Enfermo, pero cerca del noble Cayo, Martí.

A Francisco María González

A Francisco María González, (cablegrama)
Tampa, Fla., enero 8 de 1892.
Sr. Francisco M. González. Taller de Gato. Liga Patriótica aprobó unánime plan. Martí

Tampa, Fla, enero 9 de 1892.
Sr. Francisco M. González.
Gato Factory. Club Agramonte aceptó unánime plan. Martí[194]

A Serafín Sánchez

Tampa, 22 de diciembre de 1892.
Serafín muy querido:
Unas líneas, con el despacio de la cama, donde Poyo me dejó, y en la que me vi en verdadero peligro. Lo dejo todo hecho, y salgo de la cama al tren, a hacer lo que falta. Lleno el cuarto de gente, aquí le envío las dos cartas para Raimundo, y otra para Jané, más la orden de fondos por $50. Justísimo lo de la señora de Gerardo. ¡Qué extraño el rumor de La Habana! Ya espero ansioso que acabe su viaje. En Nueva York encontré a un comisionado a Cuba. Escribo al viejo; y entramos, Serafín, en el tiempo grande. Acá dejo atadas las almas.

Apenas, con la cabeza encendida, le puedo escribir. Y me levantaré, a fundar un club de paz. –Interrumpido desde por la mañana, escribo al vuelo. De Nueva York, largo. Incluyo las notas, *a* para Marcos, *b* para Spottorno, y si el *b*, como temo –no lo puedo releer– está confuso, que Raimundo me lo copie con su letra mejor, la de despacio, que no tiene rasgos, y ponga mi firma, a lo que le autorizo; o lleve la copia buena –esto es mejor, sin firma–, junto con la copia de lectura. La de Jané, la escribiré del ferrocarril, a que salga sábado, que Vd. Enseguida la recoja del correo domingo, y siga.

Adiós, frente ya al pueblo movido. Ya me siento fuerte. Fue brava la caída. Y lo quiere mucho, y a su Pepa, y a esa lealísima casa de Rogelio, y al ejemplar Raimundo.

Su J. Martí.

Tampa, Fla., enero 18 de 1894.

Sr. Serafín Sánchez
Mi muy querido Serafín:
Huelga cuanto pudiera decirle. Serían palabras ociosas. Vd. mejor que nadie entiende mi indignación, y mi sacrificio al dejar de ir. Pero en mí no se debe ofender la revolución cubana, ni yo puedo exponerla al desprestigio que le resultaría del desdén o atrevimiento de esos malvados. Ni he de ser yo quien ocasione el conflicto que ellos desearían, y que nosotros, y yo más que nadie, debemos evitar. Me vuelvo al Norte, al gran quehacer. De todo esto hablaremos en Cuba libre.

Vd. no habrá extrañado que yo le rogara que no viniese. La salida de Vd. del Cayo, con su especialísima significación, a verme aquí, indicaba lo que no se debe indicar ahora –que yo lo iba a ver para arreglos de guerra: –si no, ¿por qué venir Vd. y no otro?; e indicaba, por la indiscreción del paso, desesperada urgencia. El no venir, con ventaja patente para nosotros, significa todo lo contrario –que no andamos en lo que andamos. Sobre todo, hoy más que nunca, con la hostilidad conocida de esa gente, con cuya anuencia y ayuda nunca, con razón, quise contar en el proyecto, – es indispensable que no me le sepan a Vd. la intención, ni crean que se trata de nada inmediato, a fin de proceder a hacerlo con más seguridad. Por eso pedí con tal premura que no viniese: –para despistar al Gobierno a quien el viaje de Vd. hubiera puesto en la pista; y desviar a esos concos. Créase en la Habana, en buena hora, que andamos lejos aún: –aunque el Gobierno, por desdicha, siente que andamos cerca. Lo que importa es que bajo esa cubierta e incertidumbre podamos deslizarnos, como espero.

De tanto escribir tengo el pulso inseguro. Vamos a detalles. Esa comisión primera de Vd., que incluirá la muy urgente para Carrillo, por quien esperan o desesperan los de

Matanzas, según lo vean adentro o lo crean afuera, debe ir enseguida, en el vapor siguiente, –en este mismo, si en una hora se pudiera preparar. Por Burgos, para evitar murmuración, le envío en sobre cerrado cien pesos en un billete americano; lo de Raimundo, después. Yo envié ya la comisión; neta y directa, para la gente que quedó hábil en Cienfuegos, y para Villaclara. Fue Ángel: Charlie no me pareció a propósito, y puede aquí ser inmediatamente necesario. Ángel verá a López y a Reguera en Cienfuegos, –a nadie más– y a Alemán, Secretario del Centro, en Villaclara. Lo del Príncipe quedará muy bien atendido. A Gerardo –que con más piedad para mí, para esta bestia de carga, estaría menos enojado conmigo, –es imposible mandarlo; sería como un anuncio público. Aquella comisión que desempeñó tan hábilmente ha llegado a ser después tan conocida, que ni él, ni nadie que con él hablase, estaría en Cuba seguro. Yo le escribo y se lo explico así. Vd. también se lo dice. No ha de echarse hombre semejante en la boca del lobo. Quedamos, pues, en que ya yo envié esa comisión a Las Villas, para ayudar a la de Vd., que no debe dar esos nombres, sino a gente muy segura, –y en que Vd. envía la suya sin tardanza.

Ahora, ahí. Ya veo cómo lo trastorna lo de Rosendo; pero ¿a que resulta beneficioso? A él era a quién le tenía los ojos puestos el Gobierno, y el triste amigo de La Habana, como el conspirador y cabeza de embarque de los de ahí, y al irse él, la sospecha es menor, el campo queda más claro para Vd., y él enviará, –lo cual basta– los nombres y señas que Vd. a estas horas ignorase. Creo que, en ese sentido, lo del pobre Rosendo hace más bien que mal. Nunca me olvide que el éxito de lo de Vd. ahí depende de la ausencia absoluta de todo aparato previo.

Por secciones, que eso no llama la atención, pueden irse reuniendo, cuando pase esta alarma, en lugares diferentes, a ver los que acuden y los que no, y estar cierto del resultado; y que nunca, hasta la noche de la salida, se haga una reunión total. ¿No le parece así? A Rosendo me lo hallaré en New York. Tal vez le pueda hallar quehacer, por lo que nos queda, y para que lo vean trabajando, y por la holganza no sospechen, en Filadelfia.

Esto es lo más urgente. Yo no saldré de New York ahora. Salgo mañana para allá. Vea a Burgos enseguida. Manténgaseme muy a la capa. Le envío órdenes por 20 pesos, que dará a Batista; pero no, ya dije a Teodoro que se los diera, para atenciones generales. A mí, imagíneme; con esta catástrofe, con estas pobrezas, con esta premura, ¿cómo me haré para tenerlo todo a tiempo? Allá, a pesar de todo lo local, que se sienta esta necesidad. No me deje caer la casa de Gato. Téngame encendido a Gato. Yo sigo adelante con todo. Oportunidad y grandeza de alma suplirán la escasez de recursos. Que sangro de lo del Cayo, ¿se lo tengo que decir? Pero está ahí el otro quehacer, y no hay más que coserse la herida. Beso la mano a Pepa, cariño a Raimundo, y Vd. escriba cada correo a su,

J. Martí

Hágame el favor de entregarle enseguida esa clave a Teodoro. Burgos no parece. Sigo con el abogado. Giro los $100 por cable a Teodoro; digo que son para Vd.

Tampa, 24 de mayo, 1894

Serafín querido:

En cama, pero ya salgo, y sigo viaje a tiempo. No me enfermó lo de allá, sino lo de acá: mareo y ultra palique. Acá hay que hacer como la luna, que hincha al mar, y luego sentarse, a ver subir la marea; –que sube, pero tenemos poco tiempo para esto. Sigo al sur. Le escribo, con la cabeza aún muy confusa, para que sepa que el viajero –contra mis instrucciones no vino por el Cayo, sino que se me ha aparecido por Nueva York. Esta noche aguardo su informe por correo. De todos modos me hubiera detenido aquí, o en el camino, porque el vapor que nos lleva no sale hasta el día último. –Muy aturdido me siento aún, y no puedo escribirle más, sino saludar a Pepa y a Raimundo, mejores cada día, y al leal Higinio.

Su, J. Martí

A José Dolores Poyo

Tampa, 22 de Diciembre, 1892

Sr. José Dolores Poyo
Amigo muy querido:
Aquí me tiene en cama, donde me vi por fin mucho más mal de cómo Vd. me dejó. Fue cosa fuerte, y salgo de ella para el tren, porque ya aquí lo esencial queda hecho, y la gente mejorada al calor del cariño.

Yo puedo seguir viaje gracias a la habilidad y fraternal cuidado de Barbarrosa; pero siento el mal vivo. En los días antes serios, sentí que me hacía falta Vd. Pero más falta hacía allí entre los que me le conocen y siguen la virtud. Yo recaeré en New York, y en pie enseguida, a explicarnos al país, a ligarlo, a abrir fondos. Dejo a Tampa en salud; Port Tampa quiso mi visita, que no pudo ser por la enfermedad, pero ya tiene su club, sano y entusiasta; la reunión yanqui he de dejarla, porque por la ausencia del Mayor, durante mi maluquera, había de esperarse a la próxima semana, que es demasiado tarde; esta noche, antes de irme, fundo un club de paz, del que espero orden continuo y resultados especiales.

Muy interesante y viva anoche, a pesar de la debilidad que me dura al escribirle, la sesión neta del Cuerpo de Consejo. Salgo, en fin, tranquilo.

No lo vi, noble amigo, ir con gusto. No deseaba verlo ir. Tenemos mucho que hacer juntos. Crece la hora grande. Pero allá lo sé en faena, y en brazos de los que lo quieren aún más que yo, y tuvo su poesía eso de llegar a tiempo para calentar al recién nacido sobre su corazón. Esas son Pascuas. Y en las de Vd.; en su mesa pura de familia ejemplar, guárdenle al ausente un cubierto de casa; mándeme Clarita un pensamiento que me acabe de curar la enfermedad. Y en tanto no puedo mover la pluma, mi querida pluma de oro, un beso a la mano a esas hijas gallardas.

Escribo a Serafín, a Gualterio, a Paulina, al Consejo, sobre el *Yara*. Van las dos cartas de Serafín; y las que no fue-

ron antes, no debían ir. Arriba y un abrazo a Vd. y a Manolo. Queda maluco y contento su,
José Martí.

Tampa, Enero 18 de 1894

Sr. José Dolores Poyo
Mi amigo muy querido:
El valor más grande, que es el de sacrificar los propios impulsos a la conveniencia de los demás, me manda arrancarme de Tampa y seguir al Norte, donde está ahora mi deber. Por mí no ha de provocarse a que salga del orden que lo honra el pueblo cubano. La Revolución cubana no puede sufrir, ni en mí ni en nadie, hoy menos que nunca, la menor injuria. Mi obligación no es precipitar a mis compatriotas a un conflicto, sino salvarlos de él, aunque me los lleve a todos en el corazón ensangrentado.

¡Nada, nada me ha costado tanto nunca como privarme de ir al rincón de tierra donde mis paisanos sufren! Pero llevo el consuelo de que hoy entendemos más que nunca los cubanos la necesidad de conquistar una Patria. ¡A conquistarla!

Es de Vd. y del Cayo todo, su José Martí.

Tampa, Florida, 18 de enero, 1894

Sr. José Dolores Poyo
Poyo querido:
Bien entiende que no le he de querer escribir mucho, porque las palabras me parecen cosa vacía e impotente y de demasiada facilidad e indignas ahora de los sentimientos harto vivos y dolorosos que me dominan. Yo siempre lo vi: lo vi desde que llegué; dormíamos sobre el odio de la ciudad que habíamos enriquecido, de la gentualla hostil a la supremacía patente y justa de la raza criolla y mestiza que desdeñan, y en cuanto lo pudiesen, o se les hurgase el interés, o se les fomentase la ira por el español que vigila y compra, habrían de hacernos despertar.

¿Le hablaré de mi pena por Vd. y por su casa alzada ahí sobre la espuma –por la casa de todos– por la violencia de no ir a padecer con Vds., a sofocar prudentemente, la indignación, –a hablarles en su lengua, a mover lo que les quedase de libertad y corazón, a esos enemigos; –a ayudarles a dejar sentada nuestra fama doble de gente ordenada y viril? Pero entiendo la situación y tal vez la ponga en unas líneas que Vd. pueda publicar, sin riesgo ni desafío, en *El Yara*, muy oportuno en esta causa perdida, a la que nada hubiesen añadido nuestra sangre y descrédito. Yo soy la última persona que por un alarde vano e injustificable pudiese insistir en provocar un conflicto de que no podemos salir airosos, ni una injuria, por leve que fuese, a la revolución cubana. De mis sentimientos no hablo. Amar a su Patria es deponerse a toda hora ante ella. Ayer mismo habría salido de aquí, para quitar la menor causa de excitación, a no desear Vd. que aguardase aquí a Rubens. Me voy, por supuesto, como quien los deja enterrados vivos en una sepultura.

Llevo en mí la pena de cada uno. Con esa fuerza o más haré lo que falta hacer. Pero, ¿imagina Vd. mi zozobra, mi embarazo terrible? ¿A la hora de todos los esfuerzos, de los esfuerzos improrrogables, este pesar, que a otro aturdiría, y estos obstáculos? Pero ellos, después de unos días, habrán dejado a nuestro pueblo más lastimado, más junto, más convencido de la necesidad de conquistarse la casa propia, más dispuesto al sacrificio posible y mínimo que ahora hace? –y que Vd. le ha de convidar, sin demora ni violencia inhumana a hacer. Junto a los Presidentes. Que cada uno tome sobre sí lo de los suyos. Que den semanalmente cuenta de lo hecho, o de lo que no han podido hacer. Que se penetren de la necesidad suprema. Estas cosas, o se hacen a su hora o se pierden por no haberse hecho a su hora. Que por el fin de año y los trastornos se entienda, donde no se ha empezado y puede empezarse, que se tienen aún las cuatro semanas. Que sientan la urgencia. ¿Le podré yo disimular a Vd. esta urgencia, –por la premura y la súplica continua?

Porque yo con energía redoblada, con todas las manos puestas a la vez sobre Cuba y afuera en los arreglos finales, continúo haciendo cuanto tengo que hacer. Con el alma se lo ruego. Sáquese y emplee sus mejores fuerzas. Dé y vuelva a dar, con la pluma que quema y restalla, sobre la necesidad de conquistarse casa propia. ¿A qué le escribo? ¿Qué habrá que Vd. no sepa ya por sí, y no le parezca de mi parte puerilidad y redundancia? Ni de eso le sigo hablando, ni de mis ansias por estar entre Vds., ni de la indignación y pesar que van conmigo. Ni de mis sustos y cuidados por Vd. Ni de la certeza de que se opondría con todas sus fuerzas a una huelga total y loca, de que no falta allá y acá defensor, que no tendría contra quién enderezarse, ni modo de reconciliarse; ni más ventaja que la espantable pobreza que el Gobierno desea, y que acaso ha procurado. ¡La prisa con que, sin provocación que la justificase, anduvo esa gente, y la precisión de sus movimientos, indican que era cosa muy bien arreglada! Lo racional es que, ya que con la ley no podrá evitarse la entrada de importados, la batalla sea en las fábricas que los empleen, batalla que no se podrá mantener si no trabajan los que no los emplean. Todo esto huelga para Vd. Pero, que no huelgue el cariño de su amigo, que lo invita a escribirle largo, a escribirle con reposo y abandono. ¿Qué consuelo como el de la amistad? Vd. Lo sabe, que ha encontrado en mí el mismo amor. Y siempre piense en lo que hace y sufre su

 J. Martí

A Leonor Pérez

[A bordo del vapor Mascotte] Mayo 15 de 1894
Madre querida:
Ud. no está aún buena de sus ojos, y yo no me curo de este silencio mío, que es el pudor de mis afectos grandes y mi modo de queja contra la fortuna que me los roba y como venganza de esta fatal necesidad de hablar y escribir tanto en las cosas públicas, contra esta pasión mía del recogimiento, cada vez más terca y ansiosa.

Pero mientras haya obra que hacer, un hombre entero no tiene derecho a reposar. Preste cada hombre, sin que nadie lo regañe, el servicio que lleve en sí. ¿Y de quién aprendí yo mi entereza y mi rebeldía, o de quién pude heredarlas, sino de mi padre y de mi madre?

Ahora voy al Cayo, por unos cuantos días y de allí sigo mi labor, más pura, madre mía, que un niño recién nacido, limpia como una estrella, sin una mancha de ambición, de intriga o de odio. Y vea –¿cuántas veces no se lo he dicho?– por qué no puedo escribirle.

A otros puedo hablar de otras cosas. Con Ud. se me escapa el alma, aunque Ud. no apruebe con el cariño que yo quisiera, sus oficios; y a esa tierra infeliz donde Ud. vive no le puedo escribir sin imprudencia, o sin mentira. Mi pluma corre de mi verdad: o digo lo que está en mí, o no lo digo. Luego, este hablar de sí mismo tan feo y tan enojoso.

Déjeme emplear sereno, en bien de los demás, toda lo piedad y orden que hay en mí. Y crea, porque es lo cierto, que en nada pudiera su hijo estar mejor empleado. Ni nada, aun en lo egoísta, hubiera podido adormecer mejor mi bárbara, mi inacabable pena. Muerde, muerde, no me la puedo arrancar del costado.

De ustedes, sé sin cesar, más de lo que quiero yo que sepan de mí porque no les llegarían más que angustias. Esa Carmen no escarmienta: o es que es muy buena y por eso padece tanto. ¿LLegaré a tiempo para alegrarles un poco la casa? Mi porvenir es como la luz del carbón blanco, que se quema él, para iluminar alrededor. Siento que jamás acabarán mis luchas. El hombre íntimo está muerto y fuera de toda resurrección, que sería el hogar franco y para mi imposible, adonde está la única dicha humana, o la raíz de todas las dichas. Pero el hombre vigilante y compasivo está aún vivo en mí, como un esqueleto que se hubiese salido de su sepultura; y sé que no le esperan más que combates y dolores en la contienda de los hombres, a que es preciso entrar para consolarlos y mejorarlos. Solo los infelices que llegan pocas veces al poder y suelen llegar con demasiada ira, tendrán paces conmigo. La muerte o el aislamiento serán mi premio único: –y si vivo, la autoridad de mi conciencia, en los rincones de la gente buena y el trabajo, de que podré sacar siempre un migajón para mi hermana Carmen.

Allá dejo a Carmita en Central Valley, que es un cesto de colinas, donde, en verano al menos, se puede vivir en pobreza alegre. Pasé allá unos días, con el hijo de Gómez, que me va sirviendo de hijo; y no volveré por allá en algún tiempo. Solas llegaron la madre y las hijas, en una fiera nevada; pero ya les ha salido flor a los manzanos y a los cerezos; y tienen su cría de pollos y su acre de hortalizas. No he conocido humildad y honradez como la de Carmita. Ahora le veré a Manuel; que volvió de sus paseos por el aire y aprende a tabaquero; para que se ejercite en la hermandad del hombre y en el decoro del trabajo. ¿Y ese gentil Oscar, que quisiera yo tener junto a mí, y ese Mario fundador, que ha de ayudarme a hacer un lindo pueblo de campo, y ese Alfredo paciente, leal y administrativo? Si empiezo a recordar, se me acongoja el alma, y llega turbia y ensangrentada al trabajo que tiene que hacer esta misma noche. Callo.

Sí, quisiera que me escribiesen todos, por el vapor de vuelta a Tampa, donde estaré, bajo sobre, a Ramón Rivero y Rivero, Ibor Factory, Tampa. Y que me escribiesen sin pena, como si me estuviesen viendo todos los días. Yo las estoy viendo siempre, a mi Chata romántica, a mi Carmen digna, a mi dolorosa Amelia, a mi sagaz Antonia: yo no ceso de verlas un instante. Un rayo dejó una vez mudo a un hombre; ¿y no quieren que haya enmudecido yo?

A usted, madre mía, ni una palabra. La quiero y la sufro demasiado para eso. Toda la verdad y la tristeza de su hijo, José.

A Gonzalo de Quesada

Tampa, julio 18, 1892

Gonzalo:
En Tampa, rematando. Enfermo. Nos lleva el Mayor de la ciudad a pasear. Iré a Ocala. Pienso llegar el domingo. Ya le aviso. Todo a la vuelta. Aquí grandezas.

Rivero me dice que envía carta, y ruega corrección cuidadosa.

Muy generoso, Alvarado. Voy lleno de recados para Vds. Un abrazo a Benjamín. Vuelve a encargar Rivero que publiquen carta en este número. Lunes. Martí.

Julio 21, 1892

Ibor City, Fla. 21
Gonzalo de Quesada
120 Front St. N.Y.
Mitin espléndido aire libre anoche gran procesión obreros españoles en nuestro honor con estandartes discursos fervientes declarando ayuda independencia. Salgo para Ocala. Fiesta Jacksonville.
J. M.

Tampa, Diciembre 14, 1893

Gonzalo querido:
Le pongo un telegrama. Realizo mi objeto. Salgo al Cayo, ahora jueves. No vivo desde que llegué. He logrado sin escándalo lo que me proponía. ¡Qué aclamaciones las de estos hombres, al hacer espontáneamente su nuevo sacrificio! Apreté la organización; la dejo ensanchada: extiendo el esfuerzo por toda la ciudad, pero digno y callado: todo lo he dicho y no he dicho nada. Y desde que llegué, ni un momento de respiro: los clubs, las juntas privadas, los talleres, que me parecen templos, de aquí a un minuto el mitin a que me obligan.

No publique, de *Patria*, nada sobre el nuevo fondo de guerra, a menos que no salga en *Cuba*, y aun así, copie. Y solo se le refiera en la lección del entusiasmo.

Ahora al Cayo, Ocala y Jacksonville. ¿Que le parece este entusiasmo de razón; después de los sucesos de Cuba? Y era preciso, y se ha hecho. Cuba dirá: Vd., sin alarde, sin alusión aproveche: –un encargo, midiendo cada palabra. Las *Hojas Literarias*, según me dicen aquí, publican a fines de noviembre el telegrama equivocado a Tampa, dos semanas después de publicada su rectificación en Cuba. No he leído.

Limítese a señalar estrictamente fechas y a decir al fin: «Las *Hojas Literarias* tendrán de seguro placer en publicar, como es de justicia, el telegrama rectificado donde se publicó el erróneo». Ni una palabra más, solo que resalten las fechas, para dejar a salvo la verdad de la Delegación.

Adiós. Escríbame a Tampa y Ocala. Mándeme de allá, con el deseo del cariño fuerzas para lo que falta. ¡Aquí, cuánta hermosura!

Su, M.

Tampa, Jueves [Mayo, 1894]

Gonzalo querido:
Sin descanso desde que llegué con todo arreglado en este noble pueblo, salgo para Key West. Su telegrama oportuno fortaleció mi resolución. Allá sé que entre V. y Benjamín todo estará bien cuidado. Acá los quisiera tener, para que vieran dificultades, y la capacidad de nuestro pueblo para vencerlas. En el Cayo hay que hacer mucho, que por los caminos abiertos todos se entran, cada cual con su pasión. Pero acá estamos, con la cabeza llena de ojos. Corríjanme bien a *Patria*. Del Cayo enviaré el artículo de fondo para el próximo número. El tren llega. La ciudad en la estación, A Benjamín, que ésta es suya: Bese la mano de Angelina.

Su J. Martí

West Tampa, Fla. Mayo 21 , 1894

Gonzalo de Quesada 349 Oeste calle 46, Nueva York.
Reserve próximo *Patria* excepto dos o tres columnas para material salgo Cayo Hueso y Tampa próximo jueves. Excelente éxito práctico. JM

Tampa, Mayo, 1894

Gonzalo querido:
Va eso de Fermín, juicioso e indispensable. Es lo que le anuncié por telégrafo que esperasen. A la obra, y que salga el sábado. Todo glorioso; pero sin vida.

Su J. Martí

A Fermín Valdés Domínguez

Ferminón: (ver en Epistolario)
Unas líneas. Llego y te pregunto. Bien lo de Tampa. Traigo lo que fui a hacer. –Y ¿lo demás? Esa es mi única pena. Confío en tu éxito en Tampa, si vas a tiempo, y a vivir como anacoreta. Un hombre solo vive como un frijol.
    Allá te va un cartón, y a Serafín de tu hermano

[Mayo, 1894]

Sr. Fermín Valdés Domínguez.
Fermín queridísimo:
Te escribo por mi mano, dos días antes de emprender camino. La enfermedad fue natural: mareo grande, la variedad de conversación de la llegada, comida violenta, discurso largo enseguida en La Verdad, con la voz rota. Pero la paz que dejo en las almas compensa esta encamada de tres días. Me siento aún sin cabeza, porque ahí fue a parar todo. Escribo como en el vacío. El buen Barbarrosa no se separó de mi lado, y he hecho desde la cama lo posible para obtener sin escándalo de aquí la cuota necesaria. Mañana salgo; pero acá he de mirar mucho lo que digo, porque la españolería ambiente lo tiene todo aquí muengo y vidrioso. Ahora azuzan una huelga general, con el perpetuo fin de entrar en la casa de Martínez. Creo que no tendrán éxito. Ya recibí –¡buena tarea!– tu telegrama sobre un tal R. y 9 págs. que han venido muy a punto. Arriba sin cesar en lo que falte y en los cobros, porque si no, no se cómo me veré. Te escribo con la mano insegura, por mi malestar, que me tiene aún muy caído, y porque no puedo olvidar nuestra despedida. Cuidado, sin embargo, con la menor aflicción: allá te veo, –como que no haces más que bien y te rodea tanta estima–, con todo el desembarazo y acomodo, de alma y cuerpo, que pudiera, en estos instantes, desear para ti. Da recio en eso, hasta cosas mayores. Gocé profundamente cuando te vi en tu rincón amplio y limpio, con el trabajo a la puerta y con el suelo firme debajo de tus pies. Atúrdete haciendo bien, que es ya para

nosotros el único modo de vivir: sirve, vigila y perdona. Yo te escribiré antes del viaje: después, estaré un mes sin saber de ti; pero tu obra habrá sido continua, por el encargo especial que te haré, y no tendrás manera de dejarme de dar cuenta de toda ella. Acabo porque no puedo halar mucho la pluma. Vi toda tu alma en el telegrama de ayer y te la pagué con toda la mía. A Manuelito ya le escribo: que sea dandy de noche, obrero de día, y hombre a todas horas, que ya estoy convencido de que él lo puede ser. –¿Y Aurora te cocina? Allá me sentirá, de seguro, sentado a tu lado, en todos los momentos de pena. Allí está
 Tu hermano
 Martí

NOTAS

[194] En ambos telegramas, José Martí se refiere a que las dos organizaciones más importantes de la emigración cubana en Tampa aprobaron, en esa fecha, las Bases y Estatutos del PRC.

4.4
DEDICATORIAS Y NOMBRAMIENTOS

1. A Eligio Carbonell (en un ejemplar del poemario *Ismaelillo*)

   Este libro de hijo, a Eligio Carbonell, el mejor de los hijos. Su José Martí.

2. A Eligio Carbonell (en un retrato de Martí)

   A Eligio Carbonell, que pasa por el mundo con alma de hermano, y tiene uno en éste que solo ama la virtud. Su José Martí.

3. A Néstor Carbonell (en un ejemplar de *Versos Sencillos*)

   A Néstor L. Carbonell: cubano fundador. Su José Martí.

MIEMBRO DE LA LIGA PATRIÓTICA

Liga Patriótica Cubana
A todos los patriotas cubanos que trabajan por la independencia de la Patria:

Sabed: –Que nuestro hermano José Martí ha sido admitido en esta agrupación política por su reconocido patriotismo y por su acendrado amor a Cuba, por cuya independencia trabaja.

Y para que le sirva de comprobante de su carácter político y para que pueda hacer constar en todas las ocasiones su título de revolucionario cubano, le expedimos el presente certificado y lo recomendamos fraternalmente a nuestros compatriotas y correligionarios, significando, además, que ha llenado cumplidamente todos sus deberes.

Dado en el Salón de Sesiones de la Liga Patriótica Cubana, en la ciudad de Tampa, Florida, el día veinte y siete de noviembre de 1891.

El Presidente   El Secretario
Esteban Candau   José García Ramírez

Miembro del Liceo Cubano

Sor José Martí.
En Junta Directiva celebrada el 5 de Febrero se acordó nombrar a U. Socio de Mérito.

Al comunicarle tan honroso acuerdo esperamos que U. continuará prestando su buena inteligencia y sus esfuerzos a nuestra institución.

Ybor City, 16 de Febrero de 1892.
El Secretario, Andrés S. Iznaga.
Vto. Bno. El Presidente
Federico Sánchez

4.5 LOS CLUBES REVOLUCIONARIOS DE TAMPA

Tampa es el lugar donde se organizó una mayor cantidad de clubes patrióticos adscriptos al PRC. Cuando Martí llega por primera vez a la ciudad, en noviembre de 1891, le impresionó el alto grado de cohesión que encontró en el Club Ignacio Agramonte y en la Liga Patriótica Cubana.

Al concebir la existencia de estas formas organizativas locales como la base de la estructura partidista que se propone, es lógico que su multiplicación fuera la garantía de su funcionamiento. En los lugares donde se constituyeron varios clubes, se creó un Cuerpo de Consejo que estaba integrado por los presidentes de cada uno de ellos. El Cuerpo de Consejo era el intermediario entre esos clubes y la Delegación del partido.

Al existir tantos clubes en Tampa, se crearon tres cuerpos de consejo, en representación de cada uno de los barrios donde las fábricas de tabaco habían atraído a emigrados cubanos. A continuación, se aprecia la existencia de ellos en el momento a que corresponde la información que tenemos, procedente de cartas enviadas a la Delegación. En el caso del Cuerpo de Consejo de Tampa (que es el de Ybor City), en una carta enviada por su secretario, Julio César Orta, a Joaquín Castillo Duany, que en aquel momentos es considerado Subdelegado del PRC y su asesor en el Departamento de Expediciones.

Aunque la creación de clubes patrióticos cubanos en Tampa se inicia desde la fundación de Ybor City a partir de 1886, es a partir de 1892 que se incrementa esta modalidad organizativa, pues con la primera visita de José Martí en noviembre de 1891 se inicia el proceso de fundación del Partido en el que ellos van a ser su base fundamental.

La estructura que concibió el Delegado del PRC fue muy funcional. La dirección suprema radicaba en el Delegado, como Presidente de la organización, acompañado de un Tesorero, cuyos cargos se sometían anualmente a elecciones. El Secretario de la organización fue designado por el Delegado. La dirección intermedia estaba compuesta por los Cuerpos de Consejo, al que pertenecían los presidentes de los clubes de una localidad determinada, quienes elegían entre ellos a su Presidente.

El origen de la información que utilizo procede del Archivo Nacional de Cuba, donde fue entregada desde su creación a principios del siglo XX toda la documentación de la Delegación Cubana en Estados Unidos (1895-1890). Otra fuente es el libro de José Rivero Muñiz *Los cubanos en Tampa*, donde el autor informa sobre los nombres y directiva de muchos clubes, lo cual resulta una obra imprescindible para abordar este tema.

Como puede apreciarse, los nombres de los clubes y su presidencia fueron informados a la dirección del PRC a través de cartas enviadas por cada uno de los Cuerpos de Consejo.

Los listados que presentamos a continuación no reflejan la totalidad de los clubes existentes en Tampa en el marco de la preparación y desarrollo de la Guerra de Independencia en Cuba, sino, como hemos indicado, los que existían en la fecha en que estos documentos fueron redactados. Igualmente, la directiva sufría modificaciones en las elecciones anuales, de manera que otros nombres ocuparon la presidencia de los mismos durante su existencia que, en casi todos los casos, se extendió hasta la terminación de la Guerra de Independencia.

Cuerpo de Consejo de Tampa (Ybor City)

Tampa, Fla 28 de marzo, 1896

Dr. Joaquín Castillo

Estimado compatriota, tengo el gusto de acusarle recibo de su atenta comunicación y a su vez remito la lista de los clubes y Presidentes de Tampa.

Clubs	**Presidentes**
1. Liga Patriótica Cubana	Sr. Ramón Rivero Rivero
2. Coronel Martínez	Julio César Orta
3. Cubanos Independientes	Esteban Candau
4. Ignacio Agramonte	Gonzalo Pérez Guzmán
5. Guerrillas de Vuelta Abajo	Ramón G. Socorro
6. Águilas de Tampa	José G. Rivero
7. Máximo Gómez	N. Serrano
8. 10 de Abril	Marcos Gutiérrez
9. Plácido	Federico Yepes
10. Irrevocables	José Gómez
11. Fernandina	Juan Yepes
12. Palo Seco	Ramón Sánchez
13. Cuba	Arturo González
14. Pinos Nuevos	Agustín Sánchez
15. Unión	Juan Frank Sánchez
16. Vanguardias de Cayo Hueso	Sr. José V. Pérez
17. Bartolomé Masó No. 1	Felipe Suárez
18. La Gonda	Alfredo Alfonso
19. 24 de febrero No. 1	Agapito Rodríguez
20. Comercio de Tampa	Dr. F. Mendoza
21. Igualdad	Porfirio Martí
22. Velenzuela	Luis Martínez
23. 24 de febrero # 2	Pedro Hernández
24. Héroe de Dos Ríos	Ramón Crioto
25. Catalán Miró	Antonio O Ramos

26. Bartolomé Masó # 2   Pablo Sosa
27. Estrella Solitaria   Eligio Carbonell
28. Amador Guerra   Manuel Gallo
29. Marqués Santa Lucía   Federico Ayala
30. 19 de mayo   J. M. Silva

Dr. Castillo, disponga en lo que guste a su alto y S.S.
L.B.S.M. Julio César Orta Sct[195]

Cuerpo de Consejo de West Tampa

West Tampa, marzo 22, 1896
C. Delegado del PRC, Nueva York.
C. Delegado:
Adjunto tengo el gusto de enviar a Ud. Relación de los Clubes domiciliados en West Tampa y que dependen de este Cuerpo de consejo, con expresión de sus Presidentes y Secretarios, según interesa esa Delegación en comunicación fecha 3 del actual.

Soy de Usted con la mayor consideración y respeto, en P y L, Atto. S.S
Gualterio García
Sec.

1. Club Luz de Yara No. 2. Presidente Cecilio Hernández, Secretario Fernando Figueredo.
2. Patria y Libertad. Presidente Pedro R. Someillan, Secretario Luis Carrillo.
3. El tabaco. Presidente José Cotanda, Secretario Alfredo Díaz.
4. Cabaniguán. Presidente Eduardo Reyna, Secretario Franco Merquiza.
5. Perico Costeros. Presidente Enrique Carrero, Secretario Adolfo Reyna.

6. Manuel Barranco. Presidente José Betancourt, Secretario Eliseo Reynero.
7. Protectores de la Patria. Presidente José Díaz, Secretario Salvador Quintero.
8. Invariables de Cayo Hueso. Presidente Pedro Duarte, Secretario Francisco Milián.
9. Oscar Primelles. Presidente Manuel Mateu, Secretario Carlos V. Quesada.
10. Veinte y cuatro de febrero (de Sras.) Presidenta América Herrera, Secretaria María Luisa Someillan. Representante: Andrés Rodríguez.
11. Occidente. Presidente Gualterio García, Secretario Manuel García.

Existen otros clubes en constitución, de los cuales le daré cuenta tan pronto ellos lo hagan a este Cuerpo de Consejo.
Gualterio García
Sec.

Se aprecia que algunos nombres aparecidos en las directivas de los clubes, tenían otras responsabilidades mayores, como es el caso del propio Gualterio García, que era presidente de un club y a su vez Secretario del Cuerpo de Consejo. Fernando Figueredo era Alcalde de West Tampa pero aparece como secretario del Club »Luz de Yara nro. 2» y después tendría la mayor responsabilidad como Agente en Tampa del Gobierno de la República en Armas en el Exterior, nombrado para ello por Tomás Estrada Palma.

El Cuerpo de Consejo de West Tampa fue creado en octubre de 1894, unos meses antes de esta localidad tener gobierno independiente. Su presidente hasta 1897 fue Cecilio Enríquez.

Cuerpo de Consejo de Port Tampa

El Cuerpo de Consejo de Port Tampa se constituyó cuando ya había avanzado considerablemente la Guerra de 1895 en Cuba. En una carta que el 29 de agosto de 1895 envía Ramón Rivero a Tomás Estrada Palma, le explica:»Urge que teniendo esta localidad dos Cuerpos de Consejo, uno en West Tampa y otro en esta ciudad, se comuniquen ambos indistintamente todo aquello que sea conveniente a la Revolución»[196]. Cuando dice «en esta ciudad» se está refiriendo a Ybor City, donde se concentra la mayor cantidad de cubanos de la emigración en Tampa.

La tercera población significativa con presencia cubana, también determinada por la construcción de fábricas de tabaco en el lugar, fue denominada Port Tampa y con este nombre aparece en toda la documentación del PRC y de la Agencia de Cuba en el Exterior.

La aparición de fábricas de tabaco en Port Tampa fue concentrando a un número creciente de familias en este lugar. Un hecho que dio impulso a este proceso fue la desaparición de un poblado alrededor de Ocala que habían denominado «Martí City», en un intento fallido de expansión de la industria tabacalera.

Una gran cantidad de tabaqueros que se habían radicado en Martí City se mudaron a Por Tampa en 1896, dando impulso al crecimiento de esta localidad.

Como en las dos ocasiones anteriores, tomamos una carta inédita del Secretario del Cuerpo de Consejo a la dirección del PRC, en la que informa de la composición de este órgano:

25 marzo, 97
Sr. Ministro Plenipotenciario de la República de Cuba y Delegado del P. Rev. Cubano

Honor compatriota: Para los efectos de las próximas elecciones, tengo el alto honor de informar a UDs. Sobre los Clubes que actualmente constituyen este «Cuerpo de

Consejo», con indicación del movimiento de sus Directivas y miembros:
1. General Jordán, Pte. Martín Rodríguez, con 21 socios.
2. Hijas de la Patria, Pta. Srta. Adela Viñas, con 30 socias. Representante: C. Sebastián Ramírez Estenoz, por renuncia del Dtor. F.T. Mendoza.
3. Leopoldo Avila, Pte. C. Silvestre Padrón, con 21 miembros.
4. La Protesta, Pte. José R. Betancourt, con 28 miembros.
5. Tres Amigos, Pte. C. Joaquín Granados, con 27 miembros.
6. Obreros de Martí, Pte. C. Antonio Cabrera, con 40 socios.
7. Hijos Consejo de Martí No. 2, Pte. C. Dr. Frank F. Mendoza, con 50 miembros.
8. Esperanza de la Patria, Pta. Srta. Juana Santana, con 38 miembros. Representado por C. Fran Perea, por renuncia de C. Lázaro O. Vilar.
9. Nestor Aranguren, Pte. C. N. Santana, con 20 socios.
10. Vigilante, Pte. C. Manuel Viñas, con 20 miembros.
11. Discípulos de Maceo, Pte. Ramón Deerizans, con 20 socios. Representado por el C. Yong Torres H.
12. Manuel Lazo, constituido el 10 del actual con 20 socios y la sgte. directiva:
Pte. Manuel C. Cabello.
V. Pte. C. S.R. de Estenoz.
Strio. C. Arsenio Torres.
Tes. C. N. Santana.
Vocales: C. Alfredo Domínguez, Narciso González, Frank Torres, J.M. Blanco.
13. Balas, formado el 15 del corriente con 37 miembros y la sgte. directiva:
Pte. C. Antonio Torres.
Tesorero C. Domingo Llanes.
Srio. C. Juan Jiménez.
V. Srio. C. Fran Paysá.

Vocales: C. Lorenzo Valdés, Idelfonso Quesada, Federico López, Prudencio Casares, y Fco. Pardean.

Todos trece tienen un voto cada uno por pasar o constar de 20 socios.

Y reiterando a Ud. la mayor consideración, respetuosamente quedo a sus órdenes, como atto. y aff. S.S. P y L Port Tampa City, Marzo 26 de 1898,

Dr. Fran F Mendoza. Srio. Del C. de C.[197]

Es una carta importante de la que se desprenden muchos ángulos interpretativos. Constituye una prueba irrefutable de la adhesión de los emigrados cubanos en Tampa al proyecto con que José Martí concibió conquistar la independencia de su país, pero además nos informa de la participación de las mujeres e incluso niños en la obra redentora. Hay dos clubes de mujeres, aun cuando asoma la distinción de género típica de la época, al considerarse necesario que la dirección femenina de un club necesitara una representación de varón, al igual que se hacía en los clubes de menores de edad, como es el caso del Club «Discípulos de Maceo».

Como la carta se escribe en marzo (parece ser que se inicia el 27 y se culmina el 28), que es el mes en que se realizaban las elecciones anuales para los cargos de dirección del PRC, el Secretario quiso precisar que todos los clubes de su cuerpo de Consejo, al tener o pasar de veinte miembros, tenían derecho a un voto para la elección de los cargos supremos de la moderna organización partidista.

Finalmente, si solo en el barrio de Port Tampa, el menor de los tres asentamientos de cubanos en la ciudad, habían casi cuatrocientas personas afiliadas a los clubes revolucionarios cubanos, y cada uno de ellos contribuía con su sueldo al óbolo de la Patria, es de entender la fuerza con que esta ciudad contribuyó a la independencia de Cuba.

El Día de la Patria en Tampa

Entre las páginas conmovedoras del sacrificio de los cubanos por el logro de la independencia de su país, hay que incluir un capítulo bajo el título El Día de la Patria. Así llamaron los tabaqueros de la emigración revolucionaria cubana de fines del siglo XIX, al menos en diferentes localidades de Estados Unidos, a la donación de un día de su sueldo a beneficio del tesoro requerido para la preparación de la guerra necesaria a la liberación de la Isla, entonces bajo la dominación del gobierno de España.

Aquellos trabajadores que se desprendieron de un día de salario, a veces en jornadas dominicales, eran pobres. Entonces, apenas le alcanzaba el dinero ganado con 12 y 14 horas de trabajo en las fábricas de tabaco para sostener a su familia desterrada, pero se privaron de un nuevo vestido, un par de zapatos, de una hora de distracción, para que la Patria fuera libre. Y más entregados aún a ese ideal, cuando sintieron en las palabras de Martí que era posible no solamente la independencia política, sino también la construcción de una república próspera, donde la libertad de cada uno de sus hijos fuera el culto a la dignidad plena de todos.

Corría el año 1892 y en las calles de Ybor City y West Tampa miles de cubanos identificaban la llegada de Martí como la de un Apóstol. Los clubes patrióticos crecían, se abrían otros nuevos, las reuniones en el Liceo Cubano eran fiestas a la bandera cubana, los héroes ocupaban las calles. Entre ellos llegó el general Carlos Roloff, a vivir a Ybor City, lo que anunció el periódico Patria el 18 de junio de 1892. »El momento fue oportuno para constituir cuatro nuevos clubes y tomar una iniciativa que resultaría trascendental para la labor de agitación política y de aumento de los fondos del Partido: los operarios de varias tabaquerías acordaron dedicar el resultado del trabajo de un domingo de cada mes al incremento del Tesoro de la Patria»[198]. Con esa idea, llegó Roloff a Cayo Hueso de visita y en poco tiempo se fue generalizando aquella práctica en las diferentes fábricas. Para diciembre, ya el Cuerpo de Conseo del Cayo había consignado el Día de la Patria, mediante el cual los trabajadores se comprometían a donar un peso de su salario al mes y cinco centavos las despalilladoras.

A principios de enero de 1893, Tampa siguió el ejemplo de Cayo Hueso. En la visita que en esos días hizo Martí a la ciudad, cuando ya se había extendido a varias fábricas aquella práctica, el Delegado expresó en medio de un discurso que un día donado a la Patria equivalía a un día menos de esclavitud.

No fue el Día de la Patria el único modo de engrosar los fondos del PRC, pero fue, tal vez, el de más alto capital simbólico.

Por mínima que fuera la donación de una persona o club, como la de 6.10 que hizo el club La Demajagua el 8 de mayo de 1893, o los dos pesos que diera Raymundo Valdés el 9 de junio de 1894, de aquel sacrificio ejemplar surgió el presupuesto que hizo posible la Guerra de Independencia de Cuba.

Algunas cifras sobre la contribución de Tampa a los fondos de la Guerra de Independencia de Cuba

Se ofrecen a continuación algunas cifras sobre la contribución monetaria de los emigrados cubanos de Tampa para engrosar los fondos del PRC. Esos datos son parciales y solo corresponden a los años 1893, 1894 y 1895, que fueron los revisados en el Libro de Caja del PRC (1893-1895) y que fueron publicados en la obra *El Archivo Nacional en la Conmemoración del Centenario del natalicio de José Martí*. La Habana, 1953. pp. 349-375.

Ingresos de Tampa
Año 1893

Club, taller o persona	Fecha	Cantidad
Cuba	8 de mayo	8.50
Diego Dorado		16.50
Ignacio Agramonte		158.75

La Demajagua	6.10
Plácido	26.20
Liga Patriótica Cubana	18.20
Pinos Nuevos	32.85
Águila de Tampa	19.60
Enrique Roig	33.30
De los comisionados del taller de V.M. Ybor y Manrara. Día de la Patria	2172.56
De los comisionados del taller de Moné Hnos. Día de la Patria	100.55
Club Máximo Gómez	13.25
Taller de E. Pons y Cia.	235.00
Colecta extraordinaria de Santarrosa	30 de junio	7.25
Guerra y Valdés. Colecta del Comercio		75.00
Del Club Independientes de Tampa		21.85
De Federico Sánchez. Beneficio Liceo Cubano		15.00
Obreras de la independencia		25.00
Comisión Taller E. Pons		110.00
Comisión Taller Martínez y Manrara		607.50

Año 1894

Del Cuerpo de Consejo, enviado con Martí	3 de enero	85.00
Club Cubanos independientes	17 de febrero	5.00
Cuerpo de Consejo de Tampa		67.00

Cuerpo de Consejo de Tampa		42.00
Cuerpo de Consejo de Tampa	19 de febrero	12.00
Del Comercio, de Tampa	3 de marzo	18.00
Del Cuerpo de Consejo de Tampa		40.00
De los operarios de la manufactura de Luis Felipe Rguez.	9 de junio	20.00
Colectado en el taller de Trujillo y Benemelis		30.50
. Francisco Sedano		5.00
. Amador Espinosa		5.00
. José Pita		5.00
. Armanda Apezteguía		5.00
. Raimundo Valdés		5.00
. Varios operarios		5.50
Colectado en el taller de Martínez y Manrara	11 de junio	270.00
Colectado en el taller de Martínez y Manrara	15 de junio	150.00
Colectado en el taller de Trujillo y Benemelis	22 de junio	25.00
. Fco. Alonso (hijo)		5.00
. Pablo Fernández		5.00
. Adriano Guerra		5.00
. Manuel Cañizares		5.00
. Varios operarios		5.00
Colectado en la manufactura de Ybor y Manrara		285.00

Colectado en la manufactura de Ybor y Manrara	9 de julio	86.00
Producto de la función en El Liceo Cubano		32.65
Del Cuerpo de Consejo de Tampa 16 de julio		39.00
De varios operarios del taller de Julius Ellinger y Cia.	23 de julio	69.00
Colectado en el taller de Ybor y Manrara	30 de julio	23.00
Del Cuerpo de Consejo de Tampa	10 de sept.	44.60
De José Bonilla		1.00
Enviado por H. O'Halloran y Cia.	13 de octubre	500.00
De los operarios del taller de Trujillo y Benemelis (Día del Trabajo, 10 de octubre 1894)	16 de octubre	131.00
Del Cuerpo de Consejo de Ybor City 19 de octubre		141.15
Del Club Vanguardia de Cayo Hueso. Ybor Citi.		67.80
Remitido por Florestán de la Torre, Tampa		840.65
. De Blas Trujillo		500.
. Comisión No. 4 compuesta por de Diego Rguez., G. Gómez y R. Pedroso		8.25
. Individuos reunidos en junta particular según lista no. 3		253.00
. Comisión No. 2 compuesta por Antonio López Villanueva, Sotero Alfonso y Vicente M. Triana		48.50

Comisión no. 1 compuesta por R. Pedroso, A. Valdés, I. Orta y H. Zayas		30.90
Operarios del Taller de F. Pérez y Co.	22 de octubre	88.65
Señor Enrique Rojas		10.00
De los operarios del taller de S.F. Fleitas		55.20
Del Cuerpo de Consejo de Ybor City	8 de nov.	17.00
Del Club «Los 20 del 94»		29.00
Enviados por Fernando Figueredo		150.32
. I.D. Silva (100.), Comercio de Cuba City		32.50
. Carolina Rodríguez		17.82
Del Club «Los 20 del 94»	15 de nov.	24.00

Año 1895

De O' Halloran	11 de enero	243.00
De Félix Sánchez Iznaga	2 de febrero	25.00
Entrega de A. González a M.B. y Co.	12 de febrero	132.00
Idem		47.50
De Ed. Manrara, letra que entregó al Secretario Martí		200.00
De Chávez, letra que entregó al Secretario Guerra	13 de enero	50.00
Colecta efectuada en Tampa por el Secretario de la Delegación, entregada por E.F. O' Halloran a M. Barranco y Cia. Según nómina	15 de enero	1438.25
Colecta en el taller de Trujillo y Benemelis enviado por M. Barranco y Cia.	9 de enero	41.55

. Parte de la colecta efectuada 50.00
por E.F. O' Halloran y Quesada
en Tampa se usó para pagar el
pasaje a La Habana del
Comisionado M.A. Duque
de Estrada

Colectado por E.F. O'Halloran enviado por M. Barranco y Cia.	23 de enero	108.80
Colecta en el taller de Fleitas	1.° de marzo	27.80
Enviado por Barranco y Cia de O' Halloran	4 de marzo	118.00
Enviado por Teodoro Pérez y Cia.		111.15
Depositados por el Secretario en M.B. y Cia., Tampa		400.00
Obreros del taller de S. Fleitas. Un grupo de Cubanos Por R.G. Socorro	13 de marzo	34.10
Del Club Coronel Martínez, MB y Cia.	16 de marzo	9.60

Los 400.00 anotados como
depósito del Secretario en Tampa
y cobrados aquí de M. Barranco
y Cia. según entrada del 5 de marzo
se descompone como sigue:

. Entrega del taler de Trujillo po J. Pita		202.60
. Entrega de Fernando Figueredo		200.00
. Entrega de Fernando Figueredo a M.B.y Cia.	23 de marzo	1207.00
Entregados por Fernando Figueredo y G. Quesada y cobrados por M. Barranco y Cia. de N. York	8 de abril	1356.29

Del Club «La Protesta»	15 de abril	23.75
Club «La Protesta», Port Tampa	27 de abril	30.00
Recibido de Agencia de Tampa	11 de mayo	1500.00
De la Agencia de Tampa	16 de mayo	1000.00
Del Club «La Protesta»	17 de mayo	25.00

Notas

[195] En Archivo Nacional de Cuba Delegación Cubana en los Estados Unidos (1895-1900) Cuerpo de Consejo de Tampa. Caja 16470

[196] Carta inédita de Ramón Rivero a Tomás Estrada Palma, en Archivo Nacional de Cuba, incluida en Agencia de Tampa.

[197] La carta fue transcrita por el autor de este libro en el Archivo Nacional de Cuba. Archivo Delegación Cubana en los Estados Unidos 1895-1900. Cuerpo de Consejo de Port Tampa, Caja 127.

[198] Ibrahim. *La tesoraría del PRC (1892-1895)*, p. 27.

5

TAMPA EN EL PERIÓDICO *PATRIA*

En medio del proceso de creación del PRC, José Martí concibió la creación del periódico *Patria*, cuyo primer número salió a la luz el 14 de marzo de 1892. Aunque Martí no lo quiso considerar órgano oficial de aquella organización política, vino a cumplir este rol, encaminado a fortalecer la unión de los patriotas cubanos en torno al proyecto de lograr la independencia de Cuba y fundar una república democrática, moderna y próspera.

Es natural que el nombre de Tampa fuera tan reiterado en las páginas de *Patria*, por ser una de las localidades de mayor entrega al proyecto martiano. Una revisión detenida sobre las páginas que se conservan de esa publicación muestra la constante presencia de la ciudad en ella.

Es comprensible que la mayor cantidad de estas apariciones de Tampa en *Patria* ocurriera entre los años 1892 y 1895, etapa de preparación de la Guerra de Independencia de Cuba y cuando esta ciudad estuvo en la vanguardia de su organización, desarrollo y culminación. Es el tiempo en que se producen no solamente las visitas de José Martí, sino también las de grandes dirigentes de ese proceso, como lo fueron los generales Carlos Roloff y Serafín Sánchez, así como diversos altos oficiales que ganaron sus grados en la Guerra de los Diez Años y se mantenían en el destierro atentos a su reinicio. Algunos de ellos ya vivían en Tampa cuando Martí llegó por primera vez, como es el caso de Néstor Leonello Carbonell, Juan Arnao y Ramón Cabrera; otros visitaron la ciudad en el torbellino de esa etapa preparatoria o se mudaron a ella, como el general Carlos Roloff, el coronel Fernando Figueredo, el comandante Gerardo Castellanos y otros.

A partir del comienzo de la guerra, el 24 de febrero de 1895, es natural que el objetivo de *Patria* se concentrara en los acontecimientos que se desarrollaban en la isla. Sin embargo, el nombre de Tampa en el periódico siguió reflejando el activo papel que tuvo esta ciudad durante los tres años que duró la guerra, cuando se convirtió en el sitio desde el que más expediciones armadas salieron para la isla.

Los escritos publicados por *Patria* en el marco de las visitas de José Martí a Florida, bien extraídos de la revista *Cuba* o enviados a la redacción de este periódico desde Tampa, han sido incluidos en el capítulo destinado a las veintiuna visitas del Delegado del PRC a la ciudad, con la intención de apreciar los detalles de las mismas descritos por sus testigos. Asimismo, la crónica correspondiente al 19 de marzo de 1892, preferí incluirla en el acápite dedicado a «La Liga en Tampa».

La inclusión de un capítulo extenso, que pudiera ser un libro independiente, responde al interés de agrupar en un solo volumen la mayor cantidad documentación y valoraciones sobre el tema en que se centra esta obra, con el fin de facilitar a los investigadores la mayor cantidad de información que he podido reunir en torno al mismo. De hecho, pudieran abrirse diversas líneas de investigación tomando como base los niveles de información que ofrece este periódico sobre Tampa. Entre ellas, puede estudiarse la influencia de José Martí en el pensamiento de la emigración cubana de su tiempo y su esfuerzo en que sus propuestas fueran atendidas en el ordenamiento de una república. Ya terminada la guerra, en el acta de disolución del PRC en Tampa –atendiendo la instrucción dada por su Tomás Estrada Palma, su Delegado– Ramón Rivero enfatizó en que debían llevar las doctrinas del Apóstol a la tierra redimida.

Asimismo, estas páginas de *Patria* son de un enorme valor para identificar la presencia de altos altos dirigentes de la independencia cubana en Tampa, como los generales del Ejército Libertador Emilio Núñez, Julio Sanguly, José Lacret Morlot, Joaquín Castillo Duany y otros, así como líderes políticos de la estatura de Tomás Estrada Palma y Juan Gualberto Gómez.

Otros temas, como la presencia de la mujer en las luchas libertadoras del continente, la visión de los líderes cubanos sobre el papel de Estados Unidos en la terminación del dominio español en América, el ejemplo de los dirigentes revolucionarios en predicar con el ejemplo a la hora de pedir sacrificios –incluído el envío de sus propios hijos a la guerra– son sólo algunas indicaciones para las hipótesis que pueden plantearse frente a las páginas que el periódico *Patria* dedicó a la ciudad de Tampa.

5.1 En 1892

14 DE MARZO

TAMPA Y CAYO HUESO. En noviembre del año pasado, los cubanos de Tampa, por la voz del club independiente «Ignacio Agramonte» convidaron a una visita a su compatriota José Martí.

En diciembre los cubanos de Cayo Hueso, por la voz de una comisión de jóvenes convidaron a José Martí a visitar en El Cayo a sus paisanos.

De vuelta a New York, el cubano invitado empleó sus primeros instantes de salud en contar a los cubanos y puertorriqueños reunidos en el salón de Hardman en noche entusiasta los méritos singulares de carácter, y la capacidad probada para las instituciones libres, que observó y admiró en Tampa y Cayo Hueso. Difícil le era visiblemente al narrador contener la abundancia de su gratitud.

El primer número de *PATRIA* publica en suplemento el discurso de José Martí sobre Tampa y Cayo Hueso.

10 DE ABRIL
EL ÁGUILA DE TAMPA

En una ocasión reciente, cuando todo Tampa pareció un alma sola, un águila entre banderas, entre las banderas libres de América, presidía el patriótico júbilo. De águila era cuanto allí se decía y la pujanza y vuelo de aquellos corazones; y Tampa lo recordará siempre, de seguro, porque no se ha de volar más bajo de donde se voló una vez. Un club más tiene Tampa, que preside el caballeroso Manuel Granados, un club que viene a trabajar, con el PRC, por la revolución verdadera. Y se llama «El Águila de Tampa».

En casa

De Tampa manda por *Patria* a La Liga unos magníficos versos un hombre cuyo civismo y servidumbre son honor de su Patria. Grande era el Mayor, grande era Agramonte en la guerra cuando enseñaba a su criado, esclavo suyo ayer, las letras de la Constitución en que él había escrito su carta de libertad, una Constitución donde no hay blancos ni negros: y Joaquín Granados, el maestro de Tampa, no es pequeño cuando al pie de su mesa de trabajador, o a la cabecera de su cama de enfermo, llama a los niños, blancos o de su color, y les enseña poesía, decoro y libertad. Su prosa es de la nueva, que se nos levanta en Cuba, prosa de tronco y sillar, para cuando devolvamos a Madrid su prosa de callos y de caracoles. Y sus versos, «Dios, Patria y Libertad», recuerdan por su redondez y empuje los de Luaces, que le iba hallando camino a nuestra poesía. Joaquín Granados es de alma señera y Patria se hace fiesta de ir a leer sus versos a La Liga.

16 de abril
En Tampa

«Proclamado Partido diez entusiasmo. Presidente Carbonell, Secretario Iznaga. Hablaron Carbonell, Iznaga, Hernández, Gutiérrez, Ruiz, Rivero».

Iznaga.

En casa

De Tampa, que los estima en lo que valen, están para venir a New York dos cubanos entusiastas, y de lo mejor que fuera de la Patria tenemos como músicos: Angelino Horruitiner y Adolfo Duarte. Están recientes aún los días en que los dos compañeros, cuando estaba hecha una llama por Tampa y Cayo Hueso el alma patriótica, hallaron esas notas que no se hallan muchas veces, y suelen despertar el ánimo más desdeñoso, o los recuerdos más dormidos. De la lealtad al país les viene a Horruitiner y a Duarte el poder con que entienden la música cubana: New York, que los manda a buscar, los recibirá como a dos leales.

23 de abril de 1892

Vive en Tampa, como un padre del pueblo, el fidelísimo cubano Néstor Carbonell. El es de aquellos cubanos incansables que solo sienten dicha en lo que eleve y mejore el alma Patria, con que entre los cubanos y los hombres todos cunda el patriotismo y el cariño, en llevar a los rincones más dormidos la buena voz cubana. Y cuando se sienta a descansar, la conversación, en aquellas sobremesas de amigos, es toda del país, con la buena compañera de auditorio, y los hijos que escuchan febriles los cuentos del padre. El que funda un Club Cubano, y le pone por nombre el del primero entre los héroes constituyentes, el del que fue alma de la Constitución de Guáimaro; el que en la casa de su trabajo, donde vive feliz, sueña en congregar a los cubanos del mundo, y los convoca el primero a congregarse en una sola casa; el que preside hoy, a la vez que su escuela y su ejemplar familia, el Cuerpo de Consejo del PRC, peleó ayer con los patriotas de las Villas; les oyó la poesía y la oratoria, ya veteada de oro nuevo, como monte que va echando la costra, y repite, con voz conmovida, los discursos de Morales, las silvas del Hijo del Damují, los artículos de Luis Victoriano Betancourt, las cartas grandes de Chicho Valdés, las endechas de José Joaquín Palma.

Y es Carbonell quien escribe a *Patria*, sobre la alocución de Céspedes el 11 de abril, los párrafos siguientes: «Cuando yo contaba veinte abriles, esa adorable edad en que la vida se desliza entre arrullos, flores y sonrisas, y corre la sangre encendida por las venas, y el corazón palpita alborozado, escuchaba gozoso allá en Oriente de la tierra cubana, la patriótica alocución de Carlos Manuel de Céspedes en los instantes de ser electo Presidente de la República. La mente soñadora y el alma enamorada la retuvieron y guardaron, sin darse cuenta de ella. Hoy, a través de la escarcha de los años, aún conserva la memoria fragmentos de aquella reliquia escapada al naufragio del pasado.

En *Patria*, cuyas columnas iluminadas por los resplandores de Yara, parecen un himno suave de amor y patriotismo, he leído un tanto variado el último y brevísimo párrafo de tan importante documento. Si lo que voy a trasladar no fue efectivamente lo que dijo Céspedes culparé a la infidelidad de la memoria, y si así fuese, ojalá puedan servir a Patria estas mal trazadas líneas que, sin ninguna clase de pretensión, le envía un corazón cubano. Así recuerdo el final de la alocución: «Cuba ha contraído el deber solemne de consumar su independencia o perecer en la demanda; antes que todo, se compromete a ser republicana; este noble compromiso es contraído ante la América independiente, ante el mundo liberal, y lo que es más, ante nuestra propia conciencia. Todo esto significa que seáis heroicos y virtuosos; en vuestro heroísmo confío; contad vosotros con mi abnegación».

30 DE ABRIL
GENEROSO DESEO

Llega a última hora la noticia de *Patria* que los beneméritos cubanos del club «Ignacio Agramonte» de Tampa han decidido nombrar órgano del club a este periódico, y convidan a las demás asociaciones a que hagan el mismo nombramiento.

Es lo primero, de parte de esta redacción, felicitarse, más que por el honor que se le hace, por la disposición del alma cubana, que en él se revela, a premiar aquellas obras públicas que en un período de injusticia tiendan a la justicia, que en un período de confusión tiendan al orden. Grato como es al bien intencionado el premio de su buena intención, le es más grata la prueba de que un pueblo tachado de desunión congénita e irremediable, peca solo, como en este generoso caso, por la premura en recompensar los esfuerzos hechos para demostrar su capacidad constante y presente de obras cuyo éxito actual y futuro depende de la unión.

Ni puede en realidad censurarse como pecado de virtud el del glorioso club tampeño, porque en el convite a las asociaciones hermanas se ha de ver solamente, como ve *Patria*, el deseo de robustecer con el aplauso visible la política que, a poco de enseñarse, ha dado ya tres resultados positivos: –la organización, en un solo espíritu y objeto, de todas las emigraciones antillanas; –la aprobación afectuosa del país, a los métodos oportunos y amplios por donde pueden unirse el sentimiento y pensamiento revolucionarios, solo impotentes hasta hoy por lo dispersos; –y la atracción franca, sin intrigas oprobiosas, ni complicidades ocultas, ni adulación baja, ni reparto de poderes ajustado sobre la cabeza del país, de los elementos confusos u hostiles cuya cooperación sincera ha de ser el fin principal de todo pensador cubano. ¡Porque esta es nuestra obra de amor y fundación, que debe echar raíces en todas las buenas entrañas!

La unidad de pensamiento, que de ningún modo quiere decir la servidumbre de la opinión, es sin duda condición indispensable del éxito de todo programa político, y de toda especie de empresas, principalmente de aquellas que por la fuerza, la novedad y la oportunidad del pensamiento se acercan más al éxito que cuando iban sin otro rumbo que el de la pasión o el deseo desordenado, que más perturban que serenan los ánimos, y alejan que acercan, en un país harto probado y harto razonador para lanzarse a tentativas oscuras que no satisfagan su juicio. El deseo de independencia sobró siempre en nosotros, y el corazón para conquistarla: falta solo la confianza en los medios nuevos que se habían de emplear, puesto que del empleo de los antiguos nacieron miedos y peligros graves, siempre menores que la grandeza que habrá de sofocarlos: falta solo la confianza en el pensamiento de la guerra, en el plan esencial y final de la revolución.

Abrir al desorden el pensamiento del Partido Revolucionario Cubano sería tan funesto como reducir su pensamiento a una unanimidad imposible en un pueblo compuesto de distintos factores, y en la misma naturaleza humana. Si por su pensamiento, y por su acción basada en él, ha de ser eficaz y gloriosísima la campaña del Partido Revolucionario Cubano, es indispensable que, sean cualesquiera las diferencias de fervor o aspiración social, no se vea contradicción alguna, ni reserva enconosa, ni parcialidades mezquinas, ni arrepentimiento de generosidad, en el pensamiento del Partido Revolucionario. El pensamiento se ha de ver en las obras. El hombre ha de escribir con las obras. El hombre solo cree en las obras. Si inspiramos hoy fe, es porque hacemos todo lo que decimos. Su nuestro poder nuevo y fuerte está en nuestra inesperada unión, nos quitaríamos voluntariamente el poder si le quitásemos a nuestro pensamiento su unidad.

Y como el asegurar esta unidad ha sido, en la notoria y alta pureza de sus miras, el único móvil del club «Ignacio Agramonte», él no ha de tener a mal que *Patria* lo convide, público ya como es el mérito esencial de su invitación, a abandonar un proyecto de unidad que, por el desconocimiento natural entre los hombres que viven a largas distancias, o por la personalidad saludable en las épocas revolucionarias, que es tan dañino exagerar como mermar, pudiera acarrear precisamente, con el desorden natural en un número extenso de voluntades, una apariencia poco deseable de falta de unidad.

Patria ha nacido de lo más puro del alma patriótica, con un ansia vehemente de unir en la confianza y el afecto a los hombres que han de vivir en paz en una tierra afortunada y hermosa: trae al mundo este pobre periódico el corazón de un gigante y la limpieza de un niño; el corazón es aquí lo único gigante! *Patria* vigilará por la conservación de todas las fuerzas vivas de la libertad en las dos islas, del decoro del hombre en ellas, y en todas partes. *Patria* nació y se mantendrá para procurar, con métodos siempre irreprochables, con el argumento del ejemplo y con la ternura de la plegaria silenciosa, el fortalecimiento de la virtud en el alma patriótica de las Antillas, y la conversación al bien y al honor de los mismos que la denuncian y traicionan. *Patria* no turbará jamás su virtud con el interés que mancha y ofusca, ni con el más legítimo de los rencores. *Patria* es un pecho abierto, y convida a todos los hombres a que pongan en él las manos. Ella anhela sólo el mayor bien del país, y la mayor fuerza de los medios porque se ha de conquistarlo.

El noble Club de Tampa, que en fecha memorable dio su ocasión primera a esta campaña de ímpetu y ordenamiento, solo se ha anticipado, con su convite generoso, a acelerar el logro de esta unidad de idea que con razón cree el club indispensable. Pero es seguro que el Partido Revolucionario Cubano, cuyos estatutos no han de desdecir de sus Bases públicas –porque no está en lo racional y humano que desdigan–, habrá puesto en manos precisas este deber de propaganda y publicación que en cuanto a ideas esenciales no puede dejase en confusión y abandono. Es seguro que el juicio que parece hasta ahora presidir en la ejecución de los propósitos del Partido Revolucionario hallará modo natural de dar dignidad constante y especial firmeza a toda la obra hablada del Partido, sin ceñir sus varias asociaciones a una obligación que, por roces de detalle, o por la independencia local, o por simpatías de persona, pudiera a alguna de ellas parecer excesiva o pesada. Son muy susceptibles los pueblos nuevos, y suele inquietarlos la misma virtud en que, por la larga vida sin ella, tienen cierto derecho a no creer. Los que han padecido bajo el dueño, aman con vehemencia, y aún recelosamente, el detalle menor de la libertad. Y se debe estimularlos a que lo amen. El hombre es ordenado y bueno, y acaba siempre por salvarse de sí mismo.

Con alma de hermano da gracias *Patria* al club de Tampa «Ignacio Agramonte», inspirado en cuanto hace e intenta por la purísima virtud que mantuvo fuerte en vida al héroe cuyo nombre tiene derecho a llevar. Y de cuantos premios recoja, acepta como el más honroso el de que corazones de aquella limpieza lo elijan como su órgano natural. Es premio grande el de ser órgano del patriotismo virtuoso y fundador. Acepta *Patria* con regocijo la representación que en ella pone el club de Tampa.

Pero opina, en cuanto al noble convite que la unidad de pensamiento del Partido ha de dejarse a la responsabilidad y cuidado de quien por deber especial haya de velar por ella, y sabrá de seguro, poniéndose en todos los detalles de la realidad, combinar la firmeza del pensamiento del Partido con las condiciones peculiares y delicadas de un pueblo naciente.

El alma cubana (fragmento)

¿Quiere saberse cuál es el alma cubana? Hay allá, en un rincón de la Florida que en manos del Norte no pasó de villorrio y en la de los cubanos se ha hecho una ciudad, una anciana de buena casa y de lo más puro de las Villas, que perdió con la guerra su gente y su hogar. Un ápice le queda de su holgura de otros días. Su cuarto pulcro revela aún, con sus paredes blancas y un vaso de flores, la vida cómoda del tiempo pasado.

Por la mañanita fría, con los primeros artesanos sale a las calles, arrebujada en su mantón, la anciana Carolina, camino de su taller y sube la escalinata de la entrada, y se sienta, hasta que oscurece, a la mesa de su trabajo. Y cuando cobra la semana infeliz, porque poca labor pueden ya hacer manos de setenta años, pone en un sobre unos pesos para un cubano que está enfermo en Ceuta, y otros en otro sobre para el cubano a quien tienen en la cárcel de Cuba sin razón, y en el sobre que le queda pone dos pesos más, y se los manda al Club Cubanacán, porque le parece cubano muy bueno el presidente de ese Club y porque ese, Cubanacán, es el nombre que llevó ella cuando la guerra. Con ojos de centinela y entrañas de madre vigila la cubana de setenta años por la libertad; adivina a sus enemigos, sabe dónde están todos los cubanos que sufren, sale a trabajar para ellos en la mañanita fría, arrebujada en su manta de lana. ¡Esa es el alma de Cuba!

7 de mayo

Estaba cierto viajero una mañana en el escritorio de la manufactura de Martínez Ibor, allá por Tampa, y hablaba con él, sentado en la mesa del dueño, uno de los operarios del taller. Entró un anciano de rostro bondadoso, se levantó el operario a darle la silla; y el anciano le puso las dos manos en los hombros, y dejó sentado al trabajador en el asiento del dueño. Era Don Vicente Martínez Ibor.

Ahora, en la casa desolada de la viuda de su hijo mayor, del llano y buen Eduardo, están de visita Don Vicente y su hija Mirta. De Mirta dicen que tiene inteligencia viva, discreta elegancia, y compasión sincera para las penas de este mundo.

21 DE MAYO
EL BUEN AYALA

Tampa, Tampa cubana, estuvo muy bella allá por Noviembre del año pasado. La ciudad era un solo corazón. Dar era el ansia de todo el mundo: darse. Los rivales se vitoreaban, y los enemigos se miraban sin ira. Se asombraban los hombres de ver con afecto, de ver con ternura a los mismos a quienes ayer veían con desdén o desagrado. Se alzaban almas; y escuelas. Se unían las opiniones, con ocasión de una visita útil, en el amor purificante de la Patria. Tiembla la carne todavía de recordar aquella virtud cubana.

En aquellos días, los hombres de edad eran los más juveniles. ¿Y Pedro Gómez, el soldado de los diez años, que ha puesto en su casa el pino más alto, para clavar en las nubes la bandera, a que se la vea y acate en toda la ciudad; que escribe en su jerga campestre cartas que son verdaderos planes de batalla, y pudieran enderezar a todo un estado mayor; que se aparecía por todas partes, callado, detrás del viajero; con sus ojos entre paternales y burlones, su barba blanca en halo, las manos de la pelea cerradas a su gabán, como demandándole la cuenta de lo que se había de hacer con todo aquel entusiasmo, con aquella espuma bullente, con la Patria sentada en la tortura, vestida de torero, con las sortijas de la carnicera en los dedos, y en los labios el cigarrillo envenenado?

¿Y Triana, senador del trabajo, con su corazón sonriente, y una honradez que le da aire de niño, y la autoridad de su alma afable entre sus compañeros que lo respetan, y su levita cruzada, su sombrero alto, su bastón de mandar, sus espejuelos de oro? ¿Y Espinosa, el artesano Patriarcal, que vio destierros, que paseó preso por España, que de sus tijeras y sus reglas se levanta a leer, con la poca luz que le queda del día, la oratoria y el romance, y a recordarle a un coro de hijos aquel artículo grande, aquella sí que era inteligencia? Y Ayala, el escenógrafo Ayala, escondiéndose de pura modestia, perdido allá en el Liceo entre sus bastidores y sus telones, con el alma cándida luciéndole en los ojos, el fuego sereno, y la dicha visible de poner en el lienzo, con los colores de su mano, su Cuba que adora, bella y sencilla como la ve en su corazón, y sus mártires y sus héroes? El dibujo, ¡véalo el necio!: aquel amor de padre es lo que hay que ver, y aquella fidelidad a la Patria adolorida, y aquella pasión sincera. Allí estaba Ayala, arrodillado, envolviendo en la bandera la Patria de su corazón, encendiendo la mirada de sus hijos ilustres, ciñendo coronas a sus muertos. Y se levantaba a saludar, mudo de gozo, como un niño cuando recibe un premio. Bueno, pues: Ayala prefiere su labor humilde, y sus canas libres, libres al fin por unos cuantos años antes de morir, a aquella vida de hábitos vejatorios, de complicidades inevitables, de trabajo asustado e inseguro, de compañía vil y odiosa que se vive ahora en Cuba. La mucha edad no puede mover las manos tan deprisa como la juventud.

Tampa se dispuso a dar en honor de Ayala una función de beneficio. Y Ayala, con meses de tiempo, pintó una obra de empeño, un telón magno: allí todos sus sueños y esperanzas, allí el color de la naturaleza en que vivía, y la vislumbre de esa otra, más bella o fea según nuestra virtud en este mundo en que después todos hemos de vivir: allí palomas, y flores, y coronas, el corazón entero de su limpia vejez para su noche heroica, para el beneficio del «viejo», para su beneficio! Y llegaron de cuba dos desconocidos, dos hombres que asombran y se van, dos músicos que honran al país, Albertini y Cervantes: y Ayala, que no tenía más que dar, se fue a su Liceo, callado y medroso, miró a aquel telón suyo, que había de estrenarse en su noche de gloria, el telón en que, por meses, en su sencilla soledad, había ido vaciando el alma buena: y dio a sus dos paisanos su telón de beneficio.

28 DE MAYO
LA REVISTA DE FLORIDA

Con Tampa nació, y con altos vuelos, un periódico que los cubanos veíamos con placer, porque a través de él se medía el espíritu de empresa y el corazón valiente y aspirante, de sus redactores, de nuestros compatriotas.

Aflige, el demérito de un cubano. Fortalece, y devuelve la salud, el gusto de ver un mérito cubano. En Cayo Hueso creó su elocuencia singular y su espíritu público el cubano Ramón Rivero, y de la Habana vino a ayudarlo, con hermosa y ejemplar amistad, José García Ramírez. Ellos, en *La Revista de Florida*, cordial y espaciosa, conquistaron para Tampa naciente el respeto y simpatía sin los cuales ni las ciudades se levantan, ni los capitales prosperan. Un palacio está ahí, donde nadie lo ve; un periódico, es el palacio en viaje, a donde todo el mundo lo vea. Un periódico sin generosidad, es un azote. Un periódico generoso, es una columna. Y así era *La Revista de Florida*. En ancho corazón cubano, el ancho corazón humano, es lo que de ella llamaba la atención.

Por Tampa peleaba, por su crecimiento y su crédito, como por un hogar. Por Cuba, aún más que por Tampa. No era solo su tarea levantar la ciudad, y hacer que en ella triunfara la justicia, errando del lado de ésta cuando había que errar, en la pelea inevitable de los intereses y pasiones: la tarea era levantar la ciudad cubana, justa y limpia y laboriosa y culta y bella, en el país mismo, más agresivo a veces que caritativo, donde se nos niega la capacidad de esas virtudes. Dos méritos especiales tenía *La Revista de Florida*: uno era su nobleza notable, que le hacía acoger y alabar toda obra útil aun cuando viniese de adversarios suyos, o persona que no fuese de sus simpatías; y otro, el don de propaganda, de esparcir, de comunicarse, de meterse por el mundo.

La Revista cesó. Y hoy reaparece. En el silencio, ha crecido; que es lícito callar, cuando del silencio se sale más útil y mejor. Lo que importa es ascender, véannoslo o no; y ayudar a ascender. *La Revista* viene con ocho páginas, «a representar los intereses generales de la localidad», «a prestar a nuestra comunidad servicios verdaderos», «a ser un nuevo heraldo de la causa del pueblo y de los buenos principios que informan la marcha del progreso indefinido, sin el cual no hay felicidad posible». –Y la tipografía, como de manos del cubano J. M. Izaguirre, será hermosa. Se ha de cuidar de la hermosura, como de la libertad, porque las verdades mismas andan más de prisa por los caminos bien atendidos; y el oro enfangado, o labrado burdamente, no es como aquel donde recorta águilas y palomas el orífice. Todo ha de ser elegante, la cuna del niño y la mesa de trabajar, el traje que se viste y el periódico que se lee: acomete mejor, un ejército bien vestido; un rifle bello da deseos de ensayar la bala en los árboles venenosos; contra el veneno nada más han de ir las balas.

Y como sabemos que nada bajo ni pequeño encontrará jamás asilo en el periódico resucitado; como sabemos que anima a sus redactores un puro y vehemente amor a su pueblo, y a la equidad que lo ha de hacer feliz, sin que este amor sea deslucido por la ira, o el fanatismo, o el miedo de arrostrar a su hora la impopularidad, por cuyas culpas suelen perder las causas justas el apoyo y respeto que ganan con el derecho sereno y la autoridad de la moderación; como en hora sublime, de purificación y juramento, hemos oído de los padres de *La Revista* aquellos acentos de las entrañas por donde se exhalan y engrandecen los hombres; como es *La Revista* prueba viva de la capacidad de empresa y mejora, de los tamaños nacionales y humanos, de la superior e indómita aspiración del alma criolla, saludamos, seguros de que no fallará jamás en su obligación de representarla, al periódico donde defienden y honran a su Patria en el extranjero, juntos como hermanos, un cubano de Cayo Hueso y un cubano de la Habana: a *La Revista de Florida*.

11 DE JUNIO
NUESTROS PERIÓDICOS

Pero no podemos saludar de pasada el noble número primero de *La Revista de Florida*, donde brillan el alma levantada y el puro patriotismo: no podemos saludar de pasada el bravo artículo en que, con viril entereza, pone su poder del lado del PRC.

18 DE JUNIO
ROLOFF EN TAMPA

A su hora saludó *Patria*, íntima conocedora del bravo espíritu del general Roloff, la gloria de la guerra y la dignidad de la paz que se juntan en su persona. Hoy, Roloff está en Tampa. El Águila de Tampa, ya famosa, enseña otra vez las alas fuertes. *La Revista de Florida* narra, con elocuente cordialidad, la llegada del viajero: las casas están embanderadas, y los corazones: la sala de Roloff es un gentío: las hazañas de la guerra andan de boca en boca, y las esperanzas, y la facilidad de mantenerse contra un enemigo que no volverá jamás a engañar, con el nombre de Patria, a los mismos honrados españoles que entienden ya que lo que España mantiene en Cuba, no es el honor de España, que se mancilla con la tiranía sobre sus hijos, sino el interés de una política viciosa, el monopolio de una oligarquía peninsular en la isla, y la persecución del derecho del hombre y de su aspiración a la libertad: ¡No será, no, de españoles contra cubanos la guerra nueva, ni de cubanos contra españoles!; sino de los amigos de la libertad contra sus enemigos: los cubanos revolucionarios no quieren humillar a España, ni humillar al español, sino poner al habitante de Cuba, cubano o español, donde pueda emplear en su cultura y mejoramiento el producto de un trabajo que, en forma de contribuciones y sobornos, se emplea hoy en mantener en la infelicidad y el desasosiego a un número considerable de hombres. Van y vienen las gentes contentas por las calles de Tampa. El entusiasmo de hace seis meses, fortalecido con la esperanza, echa banderas nuevas. ¿Qué dicen los tiempos, que saludan ahora con esta flor de corazones, con estos pueblos conmovidos, con esos alzamientos del alma de Cuba a los héroes que, años atrás, hubieran pasado por las ciudades cubanas en un silencio del arrepentimiento o de la espera? Más sabios que los hombres, cuya soberbia suele medirlo todo por su conveniencia o sus deseos, los pueblos se disponen a su hora, con la fuerza del instinto, a las grandes batallas. Y el pueblo cubano de hoy, al erguirse para el conflicto final, se muestra digno de la república a que aspira, por la disciplina de idea y acción con que la prepara, y por el entusiasmo y gratitud con que saluda a sus héroes.

De Tampa ¿que decir? Puede creer el enemigo, y puede propalarlo, que la noble ciudad, a modo de la estera, se inflama velozmente, y cae luego en cenizas; puede el enemigo suponer que la ciudad que llamó a gloria, y puso en nobles celos a los demás pueblos de cubanos, solo tuvo un arranque tornadizo, que no se había de probar luego en la obra; pudo el enemigo gloriarse de que va a levantar, so capa de españolismo, una fortaleza de la conquista en la ciudad libre, frente al cubano desbandado. Y esta ocasión magnífica vuelve a demostrar que en Tampa no ceja un alma sola, que la indignación vigilante no permitiría a un alma sola la tentación de cejar, que los pinos de ayer, por sobre los podadores enemigos, por sobre los pinos soñolientos, asoman la triunfante copa; que a una carta de la venerable Carolina Rodríguez, una carta de enérgica piedad de la que no teme pedir para los enfermos y los héroes, de la que quiere a la Patria con amor de madre, se pusieron los cubanos en pie, y vaciaron sobre la carta de convite sus ahorros. Los envió, como obsequio, al veterano ilustre. La ciudad recibió, entusiasta, al extranjero generoso, más meritorio en verdad que los cubanos mismos, que sin la obligación del nacimiento sacó el pecho a las balas que el mundo viejo clava todavía, como último blanco, en la isla infeliz, en las dos islas infelices de la América nueva. ¡Lo que Tampa te dio, valiente guerrero, es mucho menos de lo que tú, cuando te sonreían juventud y fortuna, le diste a Cuba! Y la lección de los tiempos es completa, para los soberbios y los ciegos, cuando se lee, en la lista de los contribuyentes al obsequio a Roloff, el nombre de cinco españoles.

En casa

Y cómo podremos comentar hoy como queríamos el gallardo artículo de *La Revista de Florida* sobre el Partido Revolucionario, y celebrarle la variedad y nobleza del periódico entero? ¿Cómo acusar recibo, entre tanto material valioso de las sentidas páginas en que Néstor Carbonell cuenta los méritos de Francisco González Acosta, el sincero escritor de *El Proletario*?

13 de agosto
Excursión política (Fragmento tomado por *Patria* del periódico *Yara*)

La demostración política llevada a cabo por el elemento genuinamente español honrado y liberal de Tampa en pro de la política revolucionaria proclamada por el Sr. Martí, ha señalado el comienzo de una era vivamente anhelada por cuantos, sobreponiéndoos a los dictados de una política mezquina, buscan en la ancha esfera de los principios la satisfacción de ideales honradamente acariciados. Y esos principios están inscritos por norma formal y solemne en las Bases del PRC. Hacer de Cuba una Patria libre para todos los hombres de buena voluntad, es su fin; llegar a él por la revolución, sin odios de castas ni miras estrechas que empequeñecen y vulneran los fueros del hombre, es el medio para llegar a conseguirlo. Así lo comprendieron, con sagaz penetración los obreros españoles de Tampa y no tuvieron por qué callar en el momento mas propicio para manifestarse. Al *maas meeting* dado allí la noche del 28 último acudieron en manifestación solemne e imponente. La justicia de nuestra causa fue por ellos reconocida y proclamada. No pueden ni podrán estar jamás con los tiranos los que rinden culto a la libertad.

La tiranía del gobierno español es proverbial: el derecho de los cubanos a combatirla hasta hacer de la opresa colonia un pueblo libre, derecho indiscutible. Si por razón de escuela hubiere español honrado que no tomase las armas para ponerse del lado da los cubanos en la hora de la lucha heroica, tampoco la combatirán, y donde esa razón no exista con nosotros estarán y, vencedores o vencidos, marcharemos a la sombra dignificadora de la bandera de las reivindicaciones del pueblo cubano.

Tales fueron, en síntesis, las manifestaciones que creemos sinceras y aceptamos con verdaderas efusiones porque –como dejamos dicho– señalan el comienzo da una era da unión y concordia entre elementos afines que jamás debieron estar distanciados.

Otro hecho que también merece mención especial, es la cariñosa y simpática acogida que ha obtenido el Delegado del Partido y los distinguidos caballeros cubanos que le acompañaban, de elemerto americano en todas partes. Palabras nos faltan para expresar la gratitud que tan delicado comportamiento ha producido en nosotros.

El Corregidor de Tampa, señor Glogowski, así como otras personas prominentes de aquella floreciente ciudad, multiplicaron sus finísimos obsequios a los huéspedes.

La reunion de los clubs (fragmento)

De la llegada a Tampa, con las ancianas en fila, las viudas y las huérfanas, y a la cabeza, en silencio, las banderas de Lares y de Yara; de aquel banquete de recepción de los hospitalarios tampeños, donde la presidencia no se dio a nadie, porque, bajo la bandera cubana que lo orlaba, se dio al retrato de Céspedes; de aquellos corazones y casas, y cortesías del municipio, y escuelas prosperas, y la asamblea de los talleres; de aquella visita, franca y sin ambages, abierta y sin lisonjas, al convite de las fábricas españolas, de las fábricas donde imperan –con nombre impropio, por los excesos encubiertos en él–, los partidarios de las novedades más adelantadas, en la batalla del hombre confuso por la plena y definitiva libertad; de aquella conmovedora procesión de los españoles liberales, nuncio innegable de tiempos extraordinarios, en que, tajando la sombra con sus estandartes blancos, se proclamaron aquellos cientos de liberales españoles, partidarios y hermanos, como hombres que son, de los cubanos decididos a poner en Cuba al hombre en condiciones de libertad y de decoro por la independencia de la Patria.

De Tampa
El General Roloff

Ya está, allá en Tampa, abierta la casa de negocios de nuestro general Roloff; y debió sentirse el hombre valiente como con grado nuevo, de aquellos que solo da en la milicia del mundo el carácter domado, cuando el sol, que le alumbró tantas veces su línea de batalla, lució por primer vez, en la tierra extranjera, sobre sus humildes mostradores:

¡Grande es el general que se manda a sí mismo! ¡Grande, el general hecho a mandar, que obedece la ley de la vida! Por supuesto que es obligación llenar de compras la casa del héroe que tuvo en Cuba otro negocio próspero, y lo dejó detrás, sin volverse a mirarlo, para ir a pelear por nuestra independencia.

Nestor Carbonell

Con pena patriótica nos escribe, desde la querida y valerosa Tampa, el Sr. Néstor Carbonell, el padre del Club «Ignacio Agramonte» y factor siempre visible en los trabajos patrios, a fin de que de público conste, como a *Patria* por testimonio personal constaba, que la ausencia del distinguido compatriota de las festividades cubanas en los días de la excursión reciente del Delegado del Partido Revolucionario y de sus compañeros, se debió a sus angustias domésticas, que eran muchas entonces, por la enfermedad de cuatro hijos.

Vana es la pena del amigo de Tampa, que en verdad se desvive por ayudar a la conquista de la independencia que, en los días de la juventud, mantuvo a campo abierto con su propio brazo.

20 DE AGOSTO

Señor director de *Patria*:
Tengo la alta honra de manifestarle que, el día 31 de julio, quedó definitivamente formado un nuevo Club con arreglo a las Bases y Estatutos del PRC.

Este Club lleva por nombre, el del mártir-poeta de Matanzas «Plácido».

Forman parte de su directiva los señores siguientes:

Presidente, Federico Yepes; Vicepresidente, Longino Alarcón; Secretario, Celestino G. y Ramírez; Vicesecretario,

Cesar Parra; Tesorero, Concepción Castillo; Vocales, Antonio Palacios y José Velásquez.

Anticipándole las gracias por la publicación de estas líneas, queda de Ud. Su A. SS.

Secretario, Celestino G. Ramírez

27 DE AGOSTO
LOS SUCESOS DE TAMPA

Ha vivido nuestro pueblo de Tampa en estos días últimos, por provocaciones censurables, en alarma continua. Nuestras casas han estado sin paz; nuestro trabajo ha sido sitiado; nuestra buena fama fue dañada en público; y nuestra sensatez ha triunfado de la provocación. Y era, en verdad, provocación grande e injusta, que ha de afearse a solas toda alma bien puesta, la de perseguir, en su pan y en su crédito en el pueblo extranjero al pueblo a que se obliga en el país natal a la miseria, y al destierro voluntario; la de pretender castigar, en un pueblo que se emancipó de su metrópoli, a los hombres honrados, hijos de España o de Cuba, que creen que Cuba debe emanciparse de su metrópoli.

Ha de haber un límite a la pasión política del hombre; que es el respeto a la virtud humana, que solo deja de conmover a los que no la poseen, e impone respeto a los que, por llevarla en sí, pueden apreciarla en los demás. Ni es dable, ni es honrado, valerse de un país libre por el esfuerzo de sus hijos para acorralar a los que quieren hacer a su país libre con su esfuerzo. En la alta moralidad del mundo, es un verdadero robo. Y si hubiese en Tampa españoles que, por el espíritu dominador que ha afeado a su raza, o por su falta de respeto al hombre de alma libre, o por ganar fuera de España una fama inhumana y culpable, llevaron su odio despótico hasta intentar reducir con la privación del pan diario, a los españoles que prefieren la España del Alcalde de Móstoles a la de Felipe II, y a los cubanos que de sus padres de España solo aborrecen la sangrienta tiranía, sea lícito esperar que les conmueva el pecho duro, y les saque al sol lo que les quede de hombría castellana, el cariño con que los cubanos, ahogados en la sangre y el vicio por España, acogen a los españoles de alma libre que padecen de la persecución del español tiránico. Esta no es la pelea del cubano contra el español; sino del Alcalde de Móstoles contra Felipe II.

Los sucesos son ya pasados y el recapitular los mismos los pudiera agriar. Parece que el elemento español que intenta alzar en un pueblo de los Estados Unidos una fortaleza de la dominación de España en Cuba, vio con ira que los españoles liberales de Tampa declarasen su simpatía por la independencia de Cuba, al pie de la bandera blanca, en la persona del Delegado del PRC, que es hombre que morirá al pie de la libertad, abrazando en ella españoles y cubanos, pero ni lisonjea pasiones, ni compra ejércitos para su ideal con una sola flaqueza complaciente, o compromiso tenebroso, del Delegado que, frente a ricos y pobres, y con más pobres en frente que ricos, declaró su respeto por todas las doctrinas, sean cualesquiera sus nombres, que busquen, con respeto a las de los demás, la plenitud del derecho humano, y recordó, entre unánimes vítores, que cuando en la guerra pasada necesitó un barco que llevara a Cuba la república para todos, no fueron los pobres los que de un solo impulso se lo dieron, sino un rico: ¡y hay bribones, por Cuba y fuera de Cuba, que ponen aquella sublime conversación, en que la tierra se abrió y dio nueva luz, en que resplandeció en su mayor beldad el alma humana, como un trato entre los cubanos que quieren abrir en su Patria libre casa para todos, y una especie de españoles que quisieran sentarse, desgreñados y humeantes, sobre las ruinas del mundo!

Parece que el elemento español de despótico, en castigo, de la manifestación, dictó medidas en los talleres de tabaco que levantaron de ellos a la vez a españoles y cubanos, indignados de que se quisiese acorralar por hambre, en país extranjero, a los españoles que, sin una palabra vergonzosa, o indigna de un hijo, se habían declarado más amigos de la concordia entre los hombres que de la tiranía, aunque la tiranía fuese ejercida por sobre su propia prole por España. Parece que un grupo de hombres, poco digno de aplauso, aguzó el odio viejo de Cuba y España, que vamos enterrando, e intentó romper la huelga. Parece que el cubano, que sabe llevar su sangre de la rienda y verterla donde, es menester, verterla por los hijos mismos del país que los diezmó y que los oprime, puso el pecho a la dificultad, y estorbó, con el influjo unánime y visible de su determinación, que se ocupasen por hombres codiciosos o complacientes las mesas de donde se había echado a los amigos de la libertad. –Parece que el dueño del taller en huelga lo abrió a los operarios primitivos, españoles y cubanos, que no quisieron sentarse codo a codo con los que fomentan en tierra enemiga el odio contra sus propios paisanos, y la división entre los que pueden y saben vivir en paz. –Parece que el grupo escaso de provocadores logró al fin exasperar al pueblo ofendido que rodeó la casa donde en consecuencia de sus retos se asilaron, y los dejó salir en paz, los mil hombres ofendidos a los cinco que los ofendían, en manos del alcalde de la ciudad. Y a la excitación maligna de los cinco provocadores, –de los cuales dos al menos están, según parece, perseguidos en Cuba por la justicia criminal, –en que mueven al pueblo norteamericano de Tampa, con abuso censurable del terror que ahora inspira el mote de anarquista, al odio contra los españoles que con esta palabra denominan su pasión por la equidad social, y contra los cubanos culpables de pretender para Cuba la independencia que pretendieron y lograron los norteamericanos, a la carta firmada por los cinco provocadores, respondió, en el mismo periódico, la relación verdadera de los sucesos suscrita por mil firmas españolas y cubanas.

Los sucesos ya han pasado, y es dable esperar que los que los promovieron, refrenando la singular vanidad que suele hacer de la constancia en el delito un título a los ojos del hombre, reconozcan el yerro de castigar en sus propios compatriotas una opinión sincera, y de llevar la mano de la pasión o la venganza contra los hombres generosos que arriesgan, por defender lo que tienen por justo, la ira de quienes pueden quitar a sus hijos el pan de la boca: ¡debe andar triste por dentro, el corazón de quien ayuda a oprimir a los hombres! ¿Y es hombre, el que ayuda a oprimirlos? Pero sería inútil el arrepentimiento o la desaparición de los provocadores de esta vez, o de los que los imitasen, si persistiese, con violación manifiesta de la hospitalidad, de la prudencia y de la lógica histórica, el espíritu irreconciliable español que pretende levantar en un pueblo emancipado de su metrópoli una ostentosa fortaleza contra los cubanos que quieren emanciparse de España. Es lícito y natural que los cubanos usen de los derechos públicos de un pueblo independiente por sus mismas razones y medios, para adelantar las razones y medios de su independencia. Es ilícito e innatural que los españoles que han incapacitado al cubano para librar con honra su sustento en la tierra nativa, salven el mar, con odio incorregible, y hostiguen y rodeen al cubano en el rincón extranjero donde haya un asilo. Es de esperar, y así aquí se ruega, que, mostrando en todo aquella hidalguía con que se ven en campaña la virtud de los enemigos, vivan los españoles, irreconciliables, ya que en sus propios dominios no pueden vivir, en d respeto de los que como ellos emigran de una tiranía inhabitable para ganar el sustento, o vivir en el decoro de la libertad, sin esconder, en sus casinos y fiestas legítimas, las opiniones despóticas a que tienen pleno derecho, ni ofender violentamente las opiniones liberales del pueblo que ha comprado su derecho a serles fiel con la virtud del trabajo en la emigración, y en el combate con la sangre de sus venas. ¡Que todo español, al acostarse Felipe, se despierte Alcalde de Móstoles!

3 DE SEPTIEMBRE

Patria agradecida recordaba en su último número a la Patria de Mazzini, aquel irreductible que no volvió a su tierra hasta que no la vio libre, a la Patria de Garibaldi que fue amigo de Cuba, que en nuestra América y en su Patria combatió con desinterés por las causas nobles: *Patria* rendía un tributo merecido a la memoria del valiente italiano Natalio Argenta, que por nosotros sangró y bajo cuyo nombre los italianos de Tampa, amantes de la libertad, se alistan para ayudar a la obra grandiosa de la redención de las Antillas.

22 DE OCTUBRE
Ecos del 10 de Octubre en Tampa

Si la colonia cubana de emigrados separatistas de Tampa, no hubiera dado siempre patentes pruebas de su amor a la Patria ausente, y cumplido con fidelidad sus deberes patrióticos, la celebración del pasado diez de octubre, de ese aniversario glorioso, vendría a demostrar de un modo terminante que la fe no se ha extinguido en nuestro pueblo, y que hoy como antes está con honor en el sitio que le corresponde.

Ni la mala situación económica porque ha atravesado y aún atraviesa esta localidad, merced al malestar que proporciona la paralización del trabajo; ni la constante agitación de los ánimos, excitados de continuo por las naturales peripecias que trae consigo una huelga de trabajadores; ni la escasez en el hogar, y el disgusto en las familias, acostumbradas a lo superfluo gracias a la diaria labor, y careciendo a veces de lo necesario por las razones antedichas, nada de esto ha impedido que los cubanos de Tampa, a porfía, demostraran una vez más su irrevocable adhesión a la idea grandiosa proclamada en Yara el diez de Octubre de 1868, por el inmortal caudillo Carlos Manuel de Céspedes. El gran día de la Patria fue celebrado, si modestamente, de un modo digno y entusiasta, nada se ha echado de menos en nuestra cubana festividad.

El diez de Octubre amaneció bellísimo, como si la naturaleza, vistiendo sus mejores galas, quisiera, animándolo todo, robustecer la fe en los descreídos, fortificar el corazón de los que vacilan, y alentar y dar fuerzas a los convencidos e invariables. Todo respiraba alegría, concordia y patriotismo aquella feliz mañana, y olvidando pesares, acallando pasiones y acrisolándose voluntades, nadie pensaba en otra cosa que en la Demajagua, en aquellos hombres ricos y pobres, blancos y negros, ilustrados e ignorantes, que en día tan memorable, en el histórico ingenio, hicieron el solemne juramento de hacer libre e independiente a la Patria, o morir como buenos en el campo de batalla. Hecho tan trascendental y sublime, estaba, tenía que estar, impreso en los corazones cubanos de los emigrados de Tampa.

A las seis de la mañana de nuestro gran día, a los alegres sones de una marcha guerrera, entre vítores entusiastas se enarbolaba en el Liceo Cubano nuestra enseña libertadora, ese lábaro santo que tremoló al viento en las márgenes del Yara el ilustre hijo de Bayamo, desafiando todo el odioso poder de los opresores y tiranos.

En la parte exterior de nuestro Liceo se hallaba un público numeroso, y en la glorieta de aquel, de pie, sombrero en mano, estaba el Cuerpo de Consejo presidido por el consecuente polaco, mayor general cubano Carlos Roloff.

Terminando este acto político, cumpliendo este deber patriótico, pasó la concurrencia a los salones de nuestro instituto literario, y allí fue finamente obsequiada, pronunciándose brindis expresivos, de acuerdo con la significación del día.

Luego el maestro Álvarez, acompañado del profesor Vázquez y de varios de nuestros músicos, improvisaron una orquesta completa, ejecutando diferentes piezas cubanas, que añadió á la satisfacción de todos los circunstantes.

A las nueve de la mañana, la bandera de Cuba y la de Lares se veían, indistintamente en nuestras casas, y las familias, y los miembros de nuestras sociedades, y los cubanos todos esperaban la hora y se daban cita para asistir a la procesión cívica que había de tener efecto por la tarde.

No esperaban en vano. A las cuatro en punto, reunidas nuestras corporaciones en las afueras del Liceo Cubano, se organizó la parada. Momentos después se dio orden de marcha, partiendo la comitiva en la forma siguiente:

1. Dos Marshal a caballo, con sus bandas y distintivos correspondientes. 2. Banda de música cubana.
3. Pabellón de los Estados Unidos.
4. Compañías de bomberos cubanos «Humanidad No. 9» y «Comercio No. 12», con un lujoso estandarte y todo el material rodado de distinguir incendios.
5. Club de señoras y señoritas Cuba No. 1, con un estandarte alegórico.

6. Club de señoras y señoritas Obreras de la Independencia, con una riquísima bandera.
7. Liga Patriótica Cubana con su estandarte.
8. Club Ignacio Agramonte No. 1, con estandarte
9. Club Cubanos Independientes de Tampa.
10. Club Francisco V. Aguilera.
11. Club Águila de Tampa.
12. Club Máximo Gómez.
13. Club Diego Dorado, portando su bandera el joven gallego Sr. Martinez.
14. Club Plácido.
15. Junta Directiva del Liceo Cubano, con estandarte.
16. Junta Directiva de la Liga Cubana de Instrucción, fundada por José Martí.
17. Sociedad de socorros mutuos, fraternidad con su artístico estandarte.
18. Niños de ambos sexos, de diferentes colegios.
19. Concurrentes diversos.
20. Cuerpo de Consejo del PRC, con la bandera de Yara.
21. Carroza debidamente decorada, con el retrato al óleo de Carlos Manuel de Céspedes, sujeto por dos compatriotas y custodiados por dos hermosas niñas, elegantemente vestidas.
22. Coche de veteranos inválidos de la guerra de Cuba.
23. Coche de la prensa.
24. Diversos carruajes, con familias americanas y cubanas.

Esta lúcida procesión recorrió las principales calles de la ciudad, retornando al punto de partida a hora conveniente. Diose el necesario receso hasta las ocho de la noche, hora en que debería empezar la gran velada, con la cual terminase la celebración del diez de octubre.

A las siete y media ya estaba nuestro simpático coliseo invadido por una numerosísima concurrencia, en la cual se ostentaban radiantes de belleza, nuestras queridas hermanas, contribuyendo con su presencia y con sus gracias, a dar mayor realce a aquella consagración del deber y el patriotismo cubano.

El salón se hallaba profusamente iluminado, luciendo en las columnas y en el escenario las banderas le todas las repúblicas americanas, como si el espíritu de los pueblos libres asistiera a la noble fiesta de otro que pugna por dejar de ser esclavo y que aspira al supremo goce del derecho y de la libertad.

En el proscenio se encontraba el Cuerpo de Consejo presidido por el general Roloff, con los señores oradores que habían de hacer uso de la palabra.

Eran poco más de la ocho cuando se dio la señal de que la a velada iba a empezar, y en ese momento una brillante sinfonía se dejó oír, ejecutada por nuestra banda cubana, que fue premiada con estrepitosos aplausos.

El Mayor General Roloff abrió la velada con breves y sentidas frases, entregando al Sr. Luis Ruiz su discurso de apertura para que le diese lectura, pues el general no pronuncia con facilidad nuestro idioma, por mas que lo escribe con la mayor perfección.

Su discurso fue una acabada apología de la revolución cubana y un estudio completo de la situación política de Cuba. Pintó a grandes y elocuentes rasgos la significación del 10 de octubre y con habilidad suma supo hacer las debidas consideraciones para el porvenir.

Este trabajo fue muy aplaudido y, a petición de nuestros paisanos será remitido a *Patria* para su publicación.

El Sr. Juan Arnao subió a la plataforma, donde fue saludado por la concurrencia con aplausos y aclamaciones.

El decano de nuestros revolucionarios hablo, como el sabe hacerlo, de nuestra revolución, pintando de un modo gráfico os esfuerzos hechos por los patriotas cubano desde lace mas de cincuenta años por independizar a Cuba del dominio de España, y extendiéndose en oportunísimas consideraciones respeto del cumplimiento del deber patriótico, exhortó a la Juventud a ser dignos émulos de los que por la libertad de la Patria se han sabido hacer inmortales. Arnao recibió una merecida ovación.

La respetada matrona Sra. C. de Ruiz, presidenta del entusiasta club «obreras de la independencia», leyó un oportuno trabajo que fue escuchado con gran atención y aplaudido con entusiasmo.

El Sr Laimond Baeily, americano y miembro del ayuntamiento, pronuncio, en inglés, un bello discurso encaminado a demostrar que la causa de cuba era la causa de América y que él, en nombre de sus compatriotas de Tampa, se adhería al entusiasmo de los cubanos y la causa de Cuba, por la cual estaba pronto a hacer todo género de sacrificios. Este fogoso orador fue colmado de vivas. El Sr. Esteban Candau, presidente del club «Independientes de Tampa», leyó un trabajo ajeno, rebosando patrióticas ideas; y al concluir, de cosecha propia, recitó una bella poesía. La concurrencia le demostró su aprobación.

El juez Dean, ilustrado abogado americano, pronuncio un extenso discurso en inglés, pintando la revolución de Cuba de un modo tan admirable y honroso, que cada periodo era interrumpido por los aplausos y los bravos.

El Sr. Carlos B. Baliño, presidente del club» Francisco V. Aguilera, de Key West, leyó un acabado discurso, saturado de patrióticas ideas, de bellas imágenes y de reflexiones tan atinadas respecto de los hombres que trabajan por la libertad, que más de una vez sus palabras fueron ahogadas por los atronadores aplausos de la emocionada concurrencia.

El Sr. Valdés de la Torre, joven ilustrado y orador elocuente, pronuncio una oración excelente, patriótica, llena de elegantes concepciones, de citas históricas de gran actualidad, inspiradas todas ellas en la gloriosa epopeya de Yara y en el ineludible cumplimiento del deber de todo cubano digno respecto de su Patria.

Valdés de la Torre estuvo a gran altura y el público lo colmó de aplausos.

Tocole el turno al Sr. Ramón Rivero y Rivero. Su presencia en la tribuna fu recibida con un nutrido aplauso. Su discurso, resumen de la fiesta, estuvo inspirado. Trató con oportunidad todos los puntos principales emitidos por los oradores de la noche, y haciendo de todos una aplicación provechosa de la enseñanza que tuvieron por objeto, se extendió en consideraciones patrióticas respecto de la aptitud de los cubanos para sostener la República, presentándolos como soldados, como legisladores, como políticos y como hombres honrados y de grandes corazones.

El Sr. Rivero, como sus predecesores, alcanzó grandes aplausos.

Breves frases de la presidencia cerraron la velada. Pero faltaba una sorpresa, preparada de antemano por el irrevocable Sr. Federico Ayala. Descorriese el telón y apareció una apropiada decoración en la cual, en la parte del foro y alumbrado con luces de bengala, se representó un cuadro alegórico que significaba la apoteosis de Carlos Manuel de Céspedes.

Este bien combinado cuadro, entre los acordes del himno de Bayamo y los aplausos de la multitud, hizo una profunda impresión al general Roloff, cuyas lágrimas le corrían por el rostro.

Así fue celebrado el Día de la Patria en Tampa, donde ha y corazones que laten por la causa de Céspedes y Agramonte y saben, con limpio patriotismo, estar siempre en sus puestos.

Nomar.

12 DE NOVIEMBRE
El Delegado en viaje

Para Tampa y Cayo Hueso salió el activo Delegado del Partido Revolucionario Cubano, don José Martí, en la tarde del sábado 7 del corriente.

Mensajero elocuente de felices nuevas, va con los brazos abiertos y el corazón henchido de júbilo, a decir a esas patrióticas emigraciones cubanas cómo sienten y cómo piensan sus hermanos de Haití, Santo Domingo y Jamaica.

Y al exponer, en períodos arrebatadores, la vida afanosa, pero digna, que hacen los compatriotas irreductibles, que prefieren vivir en la agonía del destierro pundonoroso, mejor que en la abyecta pasividad de la Patria esclavizada; al exponer cómo las manos se estrechaban, y los corazones palpitaban de gozo, y los ojos se llenaban de luz, al simple anuncio de que la obra hermosa está para recomenzarse; al delinear los caracteres salientes que encontró a su paso, y que saludaban en él, con adhesión y respeto, a la idea reivindicadora; al trazar, con inspirado entusiasma, el bosquejo armónico de la familia que alienta en el deber patriótico, y en la cual hasta los niños quieren ser héroes, porque reciben inspiración de quien es el centro de ella, de Máximo Gómez; al hablar de los buenos, de los esforzados de Jamaica, entre los cuales vive respetada, como la madre de los Graco, y como ésta dispuesta siempre al sacrificio de los seres queridos por salvar la Patria, la consorte digna de Antonio Maceo, que en arranque nobilísimo ratifica por su esposo, ausente en Costa Rica, la fe jurada a la revolución; y por último, al abarcar en una ojeada sombría, como la desesperación de una madre, las costas de Cuba, que divisaba entre brumas desde el vapor que lo devolvía a New York, y que eran las únicas que no podía visitar por entonces, por más que el corazón y los ojos se les iban tras de ellas, no habrá, estamos seguros de ello, ni en Tampa, ni en Cayo Hueso, quien no se ponga de pie arrebatado por la espontaneidad sublime de las grandes ocasiones, y pregunte:» ¿Cuándo empezamos?

Pero, según una frase árabe, el silencio es oro.

Que alcance, pues, nuestro Delegado, en el seno de esas emigraciones amigas, todas las satisfacciones que se merece, y que retorne pronto con la satisfacción de ver colmado todos sus deseos.

5.2

En 1893
Cuatro clubs nuevos

14 de enero
Enrique Roig

¿Y el «Enrique Roig», uno de los nuevos clubs de Tampa? En Cuba, entre los que no tienen con qué aprender idiomas, entre los que por hoja, antes que la del libro, tienen la del tabaco; entre los que, al abrirse a pensar, pensaron naturalmente con las ideas rebeldes e iracundas, por causas de actualidad, de los que trabajan y padecen y aspiran como ellos; entre los que, por serles familiar la lengua, leyeron de la justicia nueva lo traducido y confuso que anda de ella en español, sin calma ni hábito ni guía para buscar las fuentes rusas y alemanas a la traducción infeliz ni ver en qué se acomodan las ideas generales a la realidad criolla, y en qué es ésta diferente, e idea por sí, y requiere ira menor y métodos diversos; entre los hombres compasivos y viriles que ven en el mundo más desigualdad de la que conviene a su permanencia y dicha, y tanta hambre innecesaria de un lacto como pompa innecesaria de otro, han prendido, más de lo que aparece, las ideas vehementes de reforma social, cuyo mismo nombre temido de anarquía, que para el cubano de suyo moderado y generoso jamás significará lo que para pueblos más odiadores y violentos, enciende en el corazón de sus prosélitos fieles, por el propio peligro que va en él y por los crímenes que ya se han cometido contra él, un ansia de sacrificio poco desemejante de la que llevaba al circo a los mártires cristianos. Con este nombre común de anarquía se han cobijado precipitadamente, por la liga de la piedad social, los cubanos de opuestos sistemas de reformación, y de los más varios métodos; y el desdén ignorante de sus compatriotas, o el miedo excesivo, hubiera contribuido, más que la tentadora novedad, a lanzar en brazos de los más ambiciosos e inquietos a los que pudieran refrenarlos con el consejo y la virtud, si la natural claridad de la mente criolla, y la fuerza de amor humano que mueve estas ideas en los cubanos piadosos, sobreponiéndose a la amargura de las sospechas injustas, no les hubiese traído a declarar que no puede ser digno de la libertad para sí quien ve a todos a su alrededor sin libertad, y se niega a trabajar por la libertad de todos. No ha caído en la red española el cubano que ama y estudia las reformas sociales: no se ha negado, por odio a los meros nombres de Patria y gobierno y política, a defender lo que en la esencia de ellos hay de equidad y ventura humanas: no ha logrado el gobierno español, como quería, partir en dos, en dos bandos odiosos, a los cubanos que han servido a su país con tanto sacrificio y fe como quienes más en Cuba, a los obreros cubanos: no ha conseguido el gobierno español, –que quería alzar una revolución social en que no cree contra una revolución política que temen, que se aborrezcan unos cubanos y otros, que los que demandan derechos para sí en su Patria, rehúsen trabajar por la creación de la Patria en cuya libertad descansaran mañana para ahogar por sus derechos. Vibra y gime, de dolor por el hombre, mucha alma cubana en el club «Enrique Roig». Hijos tiene allí Cuba, dígase alto, que en nada ceden, ni por la caridad, ni por el desinterés, ni por la cultura, ni por la elocuencia, a ningún otro cubano. En Cuba, tenemos gérmenes de Patria. Tenemos raíz nueva que poner donde la raíz podrida. Amor enérgico tenemos, donde ha habido odio enérgico. Lo excesivo se podará de sí propio, porque es mucha de veras la sensatez criolla, y porque el hombre se acomoda siempre a la verdad; pero lo nuevo surgirá de mil fuentes, y los cubanos que desconfían hoy de su pueblo se abrazarán, mañana, sorprendidos. En el club «Enrique Roig», Segade preside, Baliño razona, Izaguirre entusiasma, todos, como decía Baliño en noche memorable, «ponen tan alta la bandera de Cuba, que, por mucha ira que revuelva a sus pies la pasión del hombre, jamás llegue a la bandera el fango humano».

El diez de abril

No tuvo Cuba día más bello que el 10 de Abril de 1869. Allí venció un concepto de la revolución, rudimentario acaso, por ser ley que los pueblos no puedan pasar de la aspiración confusa de la servidumbre a la ciencia plena de la libertad; y quedó vencido otro concepto, más impetuoso sin duda, aunque no menos rudimentario. Pero es la hermosura del día que no hubo allí vencedores ni vencidos, y fue igual la magnanimidad del que cedió, a la de los triunfadores. A Roloff se le preguntaba en Tampa por el 10 de Abril, y respondió él, con la luz de amanecer que le sale a los ojos cuando habla de la guerra: «Ese fue el día más hermoso de mi vida»; el día en que lo hicieron llorar, hablándole de Polonia, los oradores que nunca hablaron como aquella vez; el día en que todos depusieron sus pasiones y sus pareceres, y todos fueron buenos. Los conceptos de la guerra que allí pudieron chocar, y chocaron después, allí se acomodaron. Ese es el gran servicio: deponerse. El providencial se abatía ante los convencionales: y los convencionales, en toda la sangre de la juventud, se ponían de escolta del providencial... ¡Con qué cuidado debe andar la pluma, y con qué ternura, cuando se escribe sobre aquellos hombres! Otros andamos por la senda abierta: ellos fueron los que abrieron la senda! Por dondequiera que andemos los de ahora, hemos de andar con el sombrero quitado. Lengua, todos tenemos; pero espada, pocos. De lo más bello del mundo es aquella juventud imperiosa, que no quería república patricia ni historia a medias; y aquel Patriarcado que sentó sus canas con la juventud. El desinterés es lo más bello de la vida; el interés es su fealdad. El día de la generosidad absoluta en la historia de Cuba, fue el día 10 de Abril. Y esa fue la razón del club nuevo de Tampa, y de su nombre.

Tampa en estos meses últimos, padeció mucho de una huelga enconada. Son muy sutiles; y muy tenebrosos, los hilos de las huelgas. Está el obrero en ellos y no ve quién los mueve. Los que le conocen las pasiones, se las azuzan. Es fácil guiar a un hombre por sus pasiones. Unos juegan con sus odios; y otros con su generosidad. Pecan unos por ira, y por piedad otros. El sacrificio tiene sus fanáticos; como los tiene la codicia. Lo importante, para el titiritero, es hacer ir a los títeres por donde quiere que vayan. Lo que hay que ver es quien se aprovecha de la huelga o puede aprovecharse; y por ahí se le conocen las raíces. En Tampa viven juntos, bajo un mismo cielo, españoles y cubanos; y tal es de magnánimo el pecho criollo que el crimen tremendo y patente de España en Cuba no le ha quebrantado la determinación, romántica a veces, de ponerse de escudo, sangrando como sangra bajo la bota española, del derecho o el interés ofendido de los españoles. España astuta, que de años atrás viene favoreciendo entre los obreros cubanos el desamor de la política, para que no haga el obrero política cubana; España astuta, que permitió en Cuba la propaganda errónea contra la idea de Patria, hasta que los obreros de Cuba, españoles y cubanos, declararon que era como una Patria el derecho del hombre, y allí donde la independencia de un pueblo lo adelantase, por la independencia pelearían, como por Patria cabal y superior; España astuta, valida de la magnanimidad de sus hijos, crea y fomenta, donde fuera de Cuba viven juntos españoles y criollos, aquella desavenencia aún natural entre los cubanos, que, con su piedad suprema, pudieran llegar a abrir al enemigo insidioso, por el camino cubierto de las ideas humanitarias, las fortalezas que ha alzado en la emigración la idea de independencia, para el bien final y decisivo de criollos y españoles y los que, más apasionados o sagaces, creen que el deber del español sincero, y el modo real de probar su amistad a Cuba, es mantener apretadas, y sin peligro de confusión ni merma, las emigraciones que batallan con increíble desinterés para crear un pueblo de libertad y dicha a españoles y a cubanos. La codicia, o la aspiración desordenada, trastorna siempre, por sí o por sutilísimas agencias, las pasiones puras de los hombres. En la pelea, no se ve la virtud, bajo el toldo de lodo. Llegan a aborrecerse los hermanos. Y en el Club «Diez de Abril», en una noche de religión, que pareció como cuando en el campo de combate se extinguen los últimos fuegos, se unieron, y continúan unidos, los cubanos a quienes más pudo ayer, como a los padres en la guerra, dividir la sospecha o el odio. Unos cubanos, canijos, van a llevarle al amo el recado de todo lo que hacen, para que no les tenga miedo el amo, para que viva el amo seguro, en su uniforme de listado azul y bocamangas carmesíes: otros cubanos, menos preparados acaso para el conocimiento de la virtud republicana, desmienten, en el templo blanco y azul de los «Caballeros de la Luz», a los que, por ignorancia de su pueblo o por incapacidad propia, creen y propalan que el cubano no posee las virtudes de abnegación y trato respetuoso indispensables a la república. Marcos Gutiérrez, que es todo un pensador, preside el «Diez de Abril». Carlos Baliño, pluma y lengua de oro, es vicepresidente. ¿Y la lealtad del Secretario Manuel Granados, la fe del vicesecretario Santisteban, la ley cubana del tesorero Manuel Chávez? De su admirable madre le viene el patriotismo impaciente al vocal Luis M. Ruíz, que da al tesoro todo un día mensual de su establecimiento, más el de su trabajo en el taller. Como un niño ama a Cuba, cubierto de canas, Vicente Bueno. Y hay fuego evangelista en los otros dos vocales, en Pastor Segade y en Joaquín Izaguirre. Así se crea: amando.

21 DE ENERO
Cuba, el periódico nuevo

Con este nombre, símbolo sobrio de todos nuestros esfuerzos y esperanzas, con este nombre, saludado por tanto bravo al caer, va a publicar en Tampa Ramón Rivero y Rivero un periódico semanal.

Y quien conoce a Rivero, quien lo sabe capaz de grandeza, incapaz de odio ni malignidad, puede tener por cierto que solo publicará el periódico lo que sea digno de su sagrado nombre.

Cuba no es solo un rincón hechicero de este mundo, donde la hermosura de la naturaleza contempla absorta la infelicidad humana; Cuba es un grito de nuestras entrañas, la palabra de paso de nuestra vida, el sol en el destierro, y nuestra fuerza y honor, Cuba es para nosotros el nombre de la virtud y de la libertad.

Ramón Rivero y Rivero es digno de llevar la pluma en periódico de tal nombre. Él, hijo de la emigración, llega a lo más alto cuando piensa en su tierra, o habla de ella. Él, por Cuba, desoye su interés, y acalla sus pasiones. Él es de los que, de pie entre las cenizas, tiene siempre bríos para amasarle con ella cimiento al templo nuevo. Él no es de espuma y nube, sino hombre de lucha , que saca vencedor sobre el enemigo al ideal amenazado. Y de él espera *Patria*, en *Cuba*, sagacidad, energía y energía y nobleza.

14 FEBRERO DE TAMPA

El PRC tiene un nuevo adalid en el club que se acaba de organizar en dicha localidad. El día primero de enero, como para empezar mejor el año, se reunió un gran número de patriotas que constituyeron el «Demajagua».

Entre los primeros acuerdos fue el nombramiento del Sr. José Martí, a la presidencia de honor. El presidente efectivo es un cubano probado, Emilio Galiano, y el secretario, el activo Rafael Jorge.

Al dar cuenta del nuevo club, *Patria* le envía las gracias por el honor que le ha discernido, designándole como su Órgano en la prensa. ¡Que vea el club su bandera ondear pronto en el campo inmortal de la Demajagua!

22 DE ABRIL

Y no hay hoy en Florida un solo diario de importancia, ni el *Daily Union* de Jacksolville, ni el *Tribune* de Tampa, ni el *Banner* de Ocala, ni el *Equator* y el *Pennat* de Key West, que no describa con entusiasmo, y ayude con su entusiasmo editorial, la obra disciplinada y democrática del PRC.

La proclamación de las elecciones del Partido Revolucionario el diez de abril

El periódico Cuba, noble de veras, dice lo que fue en Tampa la reunión cubana: «momentos hay en la vida en que, ante la grandiosidad de ciertos espectáculos, el que se aventura a narrarlos vacila, y teme no poder darles el verdadero color». Con Juan Amao, en pie desde 1848, habló la idea indomable, cansada en otros al primer esfuerzo; con Carlos Roloff, que salió glorioso y vivo de los diez años, habló la guerra, que da honra y salud; con Esteban Candau, fuego y brazo en todas las peleas del derecho, con Manuel Hernández, voz robusta que acusa y conmueve, con Marcos Gutiérrez, notable ejemplo de propia cultura, y de la capacidad vasta y juiciosa de la mente cubana, con Ramón Rivero y Rivero, corazón popular, rico y ardiente, y razón cauta, y poderosa oratoria, habló la emigración agradecida a la idea revolucionaria, cuyo tesón, cuando tocan a hambre en Cuba, le mantiene abiertas las puertas del trabajo: y la juventud, y toda su energía, habló con Genaro Hernández. Y las niñas cándidas y los ancianos fieles, eran, con sus trabajos de arte y poesía, discurso vivo, y prueba de honor, en la fiesta de los recuerdos y de la esperanza.

23 DE SEPTIEMBRE

Comunicaciones oficiales
West Tampa, Fla., septiembre 19.
Sr. Delegado del P.R.C.
Front St., New York.
Irreductibles compatriotas Tampa anoche *mass meeting* admirable. Entusiasmo desmedido. Adhesión completa Partido, ratifican confianza absoluta Delegado.
    Rivero, Candau

Ibor City, septiembre de 1893.
Estimado compatriota: Por acuerdo de la emigración cubana reunida en la memorable noche de ayer, para dar prueba visible del entusiasmo y fe que hoy más que nunca la poseen en la causa de la independencia de Cuba, y en los medios democráticos y ejecutivos con que el PRC la ha llevado a donde patentemente está hoy, acudo a usted pidiéndole la inmediata publicación en *Patria* de las resoluciones adjuntas, adoptadas, señor Director, no con el desmayado ánimo de los que alientan a la fuerza una esperanza amortecida, sino con el arrebatador entusiasmo de un pueblo que ya palpa el resultado de sus sacrificios, y siente ya subir hasta su corazón la savia nueva de la libertad.

Nunca olvidaremos los cubanos de Ibor City la magnífica noche, las palabras de fuego, el silencio conmovido, los vivas entrañables, el respeto y cariño que a todos los cubanos hoy nos unen, y en desbordado entusiasmo se mostraron en la asamblea del 18 de septiembre.

Adjunto, señor Director, agradecido de antemano a la publicación, las resoluciones de la asamblea, y me suscribo de usted affmo. compatriota
    Ramón Rivero y Rivero
    Presidente

Resoluciones de la emigracion cubana de Ibor City, Tampa
POR CUANTO:
La idea de la independencia de Cuba, es sentimiento innato en todo cubano digno que no haya olvidado los azotes de la tiranía española durante 400 años;

CONSIDERANDO: Que los emigrados cubanos están en el deber de hacer público cuantas veces lo estimen necesario su irrevocable aversión al gobierno de España y su inextinguible aspiración a ver a Cuba libre e independiente, formando parte de la hermosa constelación de pueblos libres del continente americano;

CONSIDERANDO: Que para alcanzar tan nobles propósitos se hace necesaria la guerra inevitable, para hacer de un pueblo esclavo un Estado libre y soberano en donde quepan por igual todos los hombres de buena voluntad;

CONSIDERANDO: Que para realizar este patriótico fin se hace indispensable la unión y la concordia de todos los hijos de Cuba para servir mejor y más eficazmente la causa de la libertad;

CONSIDERANDO: Que la mala situación del país y el mal estado económico de la localidad han obligado a ir a Cuba, por socorro del gobierno español, a muchas personas, españoles y cubanos, motivo por lo cual el gobierno de España y sus satélites pretenden hacer aparecer ante el mundo a los cubanos revolucionarios como rendidos a la tiranía española y desertores de la causa de la independencia de Cuba;

CONSIDERANDO: Que la emigración separatista cubana de Tampa, no debe permitir con su silencio dejar pasar sin protesta semejante versión española, sino que, por el contrario, debe hacer constar al mundo entero su decisiva y única aspiración de ver a Cuba independiente de España, contra cuyo gobierno trabajará sin cesar hasta que deje de ser el dueño y señor de los destinos del pueblo cubano;

RESUELVE:

1.° Que la emigración cubana separatista de Tampa, declara que por ningún concepto, sean cuales fueran las circunstancias porque atraviesan sus componentes, aceptará concesión alguna del gobierno de España, y que por nada de este mundo dejará de trabajar porque la nación española reconozca la independencia de Cuba, merced a la revolución separatista;

2.° Que los cubanos separatistas de Tampa, hacen constar que la crisis económica porque ha atravesado este país, en nada ha menguado la idea separatista, único sentimiento que en política domina a estos habitantes, y

3.º Que afiliados la mayoría al PRC, y simpatizando todos con los principios y tendencias de dicha organización, aceptan, todos y cada uno, los emigrados separatistas de Tampa, los procedimientos de dicho partido, y reconocen como jefe del mismo al señor José Martí, debidamente electo por las emigraciones cubanas y puertorriqueñas, al igual prestan todos su apoyo moral y material, creyendo con esto servir honradamente los intereses de la revolución por la independencia de Cuba.

Ibor City, Tampa, septiembre 18 de 1893.

En Tampa

Ibor City, 11 de septiembre de 1893
(A las once de la noche)

Sr. Director de *Patria*.
Distinguido compatriota: Conmovido todavía de la inolvidable escena en que todo este pueblo acaba de ser actor, del meeting por todo sentido extraordinario de esta emigración de Tampa, vibrante hoy como en nuestros mejores días, quiero ponerle a vuelta de pluma las noticias secas de esta noche de hermosura y de virtud. ¿Conoce usted el pueblo entero? Pues entero estaba en el Liceo a las siete y media de la noche. La animación, a los alrededores de esta hora, era inusitada. Los Clubs, más vivos que nunca, acudían en masa a la cita de sus presidentes. Las familias, desde primera hora, ocupaban las hileras de honor. Pero lo más bello, y la lección mejor, fue tal vez, como cosa de los buenos tiempos de la revolución francesa, como detalle sencillo por donde se le ve el alma a un pueblo, la procesión a pie de los cubanos de la casa de Ellinger, que por este camino costero, tan semejante a algunas playas de Cuba, venían, brazo en brazo, desde la parte americana de Tampa. ¿No es verdad que es muy bella, después del trabajo rudo del día, esa jornada alegre desde tan

lejos, y hecha a pie como un símbolo, para ir a saludar, en esta noche extranjera, la estrella de la Patria?

Aquellos peregrinos eran los mismos que antes, a la voz culta y elocuente del Sr. Marcos Gutiérrez, nombraron, en el taller histórico donde José Dolores Poyo ha probado año tras año su honradez y su constancia, una comisión que perpetuase, con la creación de Clubs nuevos, la tradición gloriosa de la casa. El nombre de uno de los clubs basta a pintar la disposición de aquellos ánimos. Después de tantas pobrezas, después de angustias que en la historia de la emigración entera no tienen comparación, después de las astucias, y a veces iniquidades, del gobierno enemigo y sus agencias en este pueblo repartido entre cubanos y españoles, estos obreros de siempre se levantan, sencillos y orgullosos, y responden a cualquiera que dude de ellos, con un club más cuando propala el enemigo que han muerto los clubs, con varios clubs más, – y a uno de ellos, como quien dice «somos los de siempre», «ni el olvido ni la traición han entrado en nosotros», le dan el nombre «Los de Cayo Hueso». ¡Recuerdo bello de ese Cayo leal, con sus talleres y academias, con sus escuelas y su sala de esgrima, con su pobreza y su caridad sublime, con sus ricos trabajadores y sus obreros cada día más cultos, con el señorío de Cuba sentado, después de diez años de guerra, a la tabla del obrero o al mostrador del comerciante! Es todo un bofetón, en las caras que lo merezcan, este nombre feliz de Los de Cayo Hueso. Es como decir: «otros se avergüenzan de la virtud de su pueblo», nosotros no: de los que debemos avergonzarnos es de los que se mofan de su pueblo, y se burlan de su sacrificio, en la hora de desorden público en que el valiente da su sangre y el pobre y el rico su contribución, y los hombres buenos la autoridad de su respeto, por dar Patria a los que se declaran contentos con la prostitución del hombre, más triste aún que la de la mujer, y con una vida de miseria moral, de persecución mal disimulada, de negación a todo vuelo del talento y empresa honrada del país. Al caballo mismo, cuando es de raza buena, le late el pulso más de prisa, cuando el dueño le restalla el látigo, o le alza siquiera la voz: ¿y habrá quien, siendo hombre, quiera ser menos que un caballo de raza? Nos hierve con justicia la sangre en las venas, de pensar que pueda creerse por nuestros hermanos en Cuba –como propalan las agencias maliciosas y hábiles del gobierno español– que hemos privado de los medios de acción que le dimos a la revolución, o que en los días precisamente en que tenemos más razón de fe, hemos vuelto la espalda a la idea a que está prendida, como la raíz a la tierra, nuestra vida. El deseo unánime de desmentir aserto tal hizo que Tampa se desbordara en nuestro querido salón. ¿Y puede fingirse un pueblo que no existe? ¿Puede, e momentos de estrechez nunca vista en nuestras casas, elaborarse falsamente un entusiasmo semejante? Cuba oirá la voz que le hemos enviado. Aquí ella es amada frenéticamente, y servida hasta la agonía, por todos sus hijos. ¿Vengan a ver todos los clubs de antes vivos, y dos, tres, cuatro más, y ese brillante que se levanta ahora mismo con el nombre de «Cubanos irrevocables». ¡Así es como abandonamos en Tampa la revolución!

El *meeting* no puede en realidad ser contado. No puedo yo, que vengo de él, presa aún de las más nobles emociones. Estoy oyendo aquellos vivas, aquellas protestas en masa de todas las voces, aquella fiesta igual a la del nacimiento del PRC, pero ahora, después de la prueba, mucho más significativa. Vi muchas lágrimas allí, y las derramé yo tal vez. Y como nuestro periódico *Cuba*, que vive y vivirá, dará cuenta minuciosa del *meeting*, solo le diré que nunca tuvo nuestra música, la música de nuestro amigo J.G. Moreno, arranques más conmovedores, –nunca se sacó de su gran corazón acentos tan viriles nuestro presidente y orador Ramón Rivero y Rivero, –nunca Rubiera y Armas, y Otero y Rico acertaron tan felizmente con el espíritu de su auditorio. Lo de Rivero no es para escrito: parecía que algún genio protector de nuestra causa le inspiraba.

Las resoluciones que *Patria* conocerá por vía oficial, fueron, no aceptadas, aclamadas. ¡Somos los que éramos, los que no hemos dejado de ser nunca, y los que seremos! Para nosotros no puede haber más que una tristeza: la de ver satisfecha en la deshonra y en la incapacidad a nuestra Patria.

Soy de usted, señor Director, con el mayor afecto amigo y compatriota,
Esteban Candau

El 24 y 31 de octubre
Diez de octubre en Tampa

De *Cuba*, Ibor City.

Guardemos en nuestros corazones, con legítimo orgullo, el grato recuerdo de la gran demostración patriótica llevada a cabo en esta ciudad.

Fiesta grandiosa, significativa, imponente, que ha venido a poner el sello de honor y de consecuencia política a la emigración separatista de Tampa.

Jamás, en los anales de la emigración cubana ha tenido verificativo una manifestación más unánime, más espontánea, más entusiasta.

Miles de personas, de todas clases y de todas condiciones, se dieron cita en esta población, para celebrar con desmedido alborozo el aniversario del 10 de Octubre de 1868, de ese día espléndido, magnífico, en que el patriotismo cubano se mostró al mundo con la proclamación de la libertad e independencia de la Patria, y en el que el pueblo oprimido reclamo su puesto en el concierto hermoso de la emancipación americana.

Día de libertad, de concordia y de civismo político fue, sin disputa, el 10 de octubre de 1893 en Tampa. Americanos, españoles, italianos, hebreos y cubanos, todos cuantos sienten palpitar su corazón ante progreso de las grandes ideas y de la causa de Cuba, aquí estaban, unidos en fraternal consorcio, dando realce la conmemoración del grito de Yara, grito de reparación, de progreso y de verdadera libertad.

La ciudad, profusamente iluminada, lucía sus mejores galas. Banderas, colgaduras, transparentes y atributos de todas clases se veían en nuestras casas cubanas y en muchas otras de amigos de los cubanos. El Alcalde de la ciudad, así como el Sr. Secretario y varios miembros del Ayuntamiento, prestaron su cooperación a tan popular demostración y el cuerpo de policía, con uniforme de gala, tomo parte activa en todos los festejos.

Fiesta como la que nos ocupa, necesita para ser descrita, espacio, inteligencia, tiempo y, sobre todo, una pluma bien cortada, cosas de que, por desgracia, nosotros carecemos. No obstante, en cumplimiento de nuestro deber, haremos una descripción, escueta, de la gran actividad cubana que ha cubierto de honor a los patriotas de Tampa, y dado, de modo rotundo, un solemne mentís a cuantos en Cuba y fuera de ella llegaron a creer que con la crisis económica en este paisa, todo había concluido en la emigración.

Las fiestas de Key West, Ocala, Jacksonville, New Orleans, Nueva York, Philadelphia, Tampa y demás lugares donde se encuentran compatriotas nuestros y amigos de Cuba, verificadas el propio 10 de octubre, son timbre de gloria para los cubanos separatistas y demostración elocuente de que los emigrados estamos hoy donde estábamos ayer. Firmes, serenos, y resueltos a cooperar a la pronta realización de la obra que ha de darnos la absoluta independencia de la Patria.

Esto sentado, daremos una idea de nuestra conmemoración patriótica.

El día 9

La víspera del gran día, desde las tres de la tarde ya estaba la ciudad llena de banderas y colgaduras y por la noche la iluminación era completa.

La banda de música cubana, precedida de hachones encendidos, recorría nuestras calles y grupos de jóvenes, con bandurrias, entonaban canciones cubanas.

Las familias, en trajes de fiesta, se dirigían al Liceo Cubano y el pueblo todo se entregaba al regocijo más completo. A las doce de la noche, los disparos de rifles, los petardos y los gritos de ¡viva el 10 de octubre! Atronaban el espacio. Se saludaba la aparición del glorioso día de la Patria.

De ese modo terminó la noche, sin que hubiera el más ligero desorden.

En el Liceo Cubano

A las cinco y media la parte exterior de nuestro popular instituto se hallaba invadido por una multitud inmensa. Preciosas damas, apuestos caballeros, autoridades, empleados, en fin, todo lo que aquí tenía alguna significación.

Llegó la banda cubana y se sitúo en el lugar que se le tenía designado. Vino después la banda «La Lira», también cubana y ocupó su lugar. La concurrencia era, a las seis, numerosísima.

A poco más de las seis, reunido el Cuerpo de Consejo en la glorieta del Liceo, ordenó el comienzo de la fiesta y, acto continuo, sonó un disparo de cañón, izándose las banderas de Cuba y de Estados Unidos. Los disparos de cañón, los acordes de ambas bandas de música que, unidas, tocaban el himno de Bayamo y los vítores de la muchedumbre atronaban el espacio. Dos mil ejemplares impresos del himno de Bayamo cayeron al desplegarse la bandera de Cuba, y el pueblo se lanzaba a recogerlos para conservar el canto de guerra de los patriotas de Yara, obra del integérrimo Perucho Figueredo.

Obsequio popular

Después que nuestras bandas tocaron sus mejores partituras, luego que el pueblo aclamó la revolución de Yara y todos los corazones rindieron el homenaje de su consecuencia a la causa de la Patria, el Cuerpo de Consejo invitó al público a que pasara a los salones del Liceo y allí aquella apiñada muchedumbre se situó convenientemente.

La música se dejó oír y acto seguido el Presidente del Cuerpo de Consejo pronunció un discurso alusivo al acto, manifestando al terminar que el venerable patriota señor Juan Arnao haría uso de la palabra.

Aplausos, vivas y aclamaciones se tributaron al decano de nuestros revolucionarios que habló como él sabe hacerlo, logrando arrebatar a la concurrencia con su elocuente palabra.

El Sr. Marcos Gutiérrez habló también y su improvisación estuvo a la altura de la situación, arrancando frenéticos aplausos.

La Banda Cubana primero, y después La Lira dejaron asombrada a la multitud con la ejecución de difíciles piezas destinadas para el 10 de octubre. Vivas entusiastas recibieron nuestros músicos que, patriótica y desinteresadamente cooperaron al mayor esplendor de la fiesta cubana.

En seguida se distribuyó con profusión cerveza y licores, y cada cual de los presentes, convertido en orador o poeta, hizo un brindis en honor de la libertad de Cuba.

Entre los muchos españoles que nos honraron con su presencia, tenemos que hacer especial mención del catalán señor Cumalat, que brindó por la república universal y por la libertad de Cuba.

No podemos detallar este acto, porque carecemos de espacio y tiempo, pero podemos decir que fue en extremo entusiasta y conmovedor.

En Ellinger City

Terminada la fiesta en el Liceo Cubano, la mayor parte de la concurrencia se dirigió a Ellinger City, con la Banda Cubana en los carros de la 7ma. Avenida, los cuales estaban artísticamente decorados.

Al llegar al pintoresco barrio antes citado, los habitantes del lugar, que esperaban a los de Ibor City, prorrumpieron en vivas a Cuba y a la emigración de Tampa.

Allí se veía por doquier la bandera cubana y las casas adornadas con palmas y colgaduras. Cañonazos, bombas y petardos saludaban a los visitantes.

Discursos, poesías y demás demostraciones patrióticas tuvieron lugar en Ellinger City, terminando este acto con un espléndido almuerzo con que el entusiasta club «Vanguardia de Cayo Hueso» obsequió a la Banda Cubana.

Los bomberos cubanos

A las nueve y media, en correcta formación y con lujosos uniformes, aparecieron las compañías de bomberos Humanidad No. 9 y Comercio No. 6, en la 7ma. Avenida, frente al Liceo, y allí fueron recibidos por el Cuerpo de Consejo, en presencia de innumerables señoras y señoritas e inmenso pueblo, que esperaba ver el simulacro de incendio que debía tener lugar.

Este acto se verificó demostrando nuestros entusiastas bomberos sus habilidades, pues en las carreras que verificaron alcanzaron grandes aplausos.

La 7ma. Avenida estaba cuajada de espectadores. El joven Esteban Chávez se distinguió en las carreras.

Base Ball

A las once y media, según estaba anunciado, nuestros simpáticos clubs «Cuba» y «Habana» se dirigieron al «ground» de la ciudad, y allí verificaron las dos aguerridas decenas un brillante desafío. El Club «Habana» hizo ocho carreras, por cuatro que alcanzo el «Cuba». Terminado el *match*, vencedores y vencidos entraron en la ciudad radiantes de entusiasmo.

En Pino City

En este nuevo poblado, situado a tres millas al oeste de Tampa, nuestros compatriotas celebraron el día 10 inaugurando un nuevo club patriótico, que lleva por nombre «Capitán Fry» en memoria del mártir cubano, natural de Tampa, que fue fusilado en Santiago de Cuba. Las casas de Pino City ostentaban apropiadas decoraciones y nuestra bandera lucia gallarda en medio de los altos pinos de tan poética población.

Allí, al aire libre, se situó una mesa cubierta de dulces y cerveza. Y en medio de brindis entusiastas se celebró, a la una del día, el acto de inauguración del referido club. Luis M. Ruiz, su Presidente, se portó en este acto con la esplendidez que lo caracteriza, organizando en West Tampa la celebración del día de la Patria.

Procesion cívica

A las dos y media nuestros Clubs, Sociedades, Corporaciones, Colegios e inmenso pueblo iban llegando al Liceo Cubano, situándose, según estaba acordado, en la parte exterior de nuestro Instituto Literario. A las cuatro, organizada convenientemente la parada, se dio la señal de marcha, siguiendo la procesión en este orden:

1. Gran Marshall.
2. Brigada de Policía a caballo, en traje de gala.
3. Banda de música «La Lira».
4. Bandera americanas y cubana, portadas por los Sres. Manuel y esteban Chávez, los que iban con uniformes de oficiales bomberos.
5. Niños de la Iglesia congregacionalista.
6. Club Infantil «Esperanzas de la Patria».
7. Sociedad de Socorros Mutuos «Fraternidad», con su lujoso estandarte.

8. Sociedad de Socorros Mutuos «Los Artesanos».
9. Junta Directiva del Liceo Cubano.
10. Delegación de la Sociedad Benéfica «La América».
11. Club «Plácido».
12. Club «Águila de Tampa», con estandarte.
13. Club «Palo Seco», con estandarte.
14. Club «Máximo Gómez», con un riquísimo estandarte en cuyo centro se veía el retrato al óleo del héroe dominicano, obra del Sr. Federico Ayala.
15. Club «Cubana irrevocables», con un bonito estandarte.
16. Club de señoras y señoritas.
17. Junta Directiva de la Liga Cubana de Instrucción.
18. Club «Independientes de Tampa».
19. «Liga Patriótica Cubana», con su magnífico estandarte.
20. Club «Ignacio Agramonte».
21. Señoras y caballeros particulares, luciendo diferentes banderas con inscripciones patrióticas.
22. Carroza de la Libertad, ésta representada en carácter por la simpática nieta del patriota mártir Agustín Santa Rosa, niña Vicentina Bueno, rodeada de niñas angelicales, cuyos nombres no recordamos.
23. Consejo local de Presidentes, con una riquísima bandera cubana.
24. Compañías de bomberos cubanos, Humanidad No. 9 y Comercio No. 6, con todo el material rodado de extinguir incendios.
25. Coche del Ayuntamiento, ocupado por el señor Allen, Secretario de la Ciudad, y tres Concejales.
26. Coche de prensa periódica, siguiendo a esta manifestación numerosos carruajes ocupados por distinguidas familia de la buena sociedad tampeña.

Las aceras, las bocacalles, los balcones en todo el trayecto de la procesión, un gentío inmenso se agrupaba para contemplar el magnífico golpe de vista que presentaba esta sin igual manifestación cubana.

Al llegar la procesión a la estación doce y Séptima Avenida, tuvo efecto el acto bellísimo del recibimiento del club Vanguardia de Cayo Hueso, que procedente Ellinger City, esperaba en la referida estación. Allí tuvo efecto un magnífico desfile, terminado lo cual, el Cuerpo de Consejo colocó en lugar preferente a «La Vanguardia», que venía precedida de la Banda de Música Cubana de Ibor City.

Este club portaba un rico estandarte de raso que representaba la bandera de Cuba libre, destacándose en el fondo rojo del triángulo la vera efigie del ilustro Delegado del Partido Revolucionario, señor José Martí, trabajo del señor José G. Rivero.

La procesión recorrió las principales calles de la ciudad, disolviéndose en el Liceo Cubano a una hora conveniente.

La gran velada

Las obras grandes, necesitan un complemento grande también. Si durante el día 10, la celebración patriótica fue espléndida, la velada celebrada en el Liceo fue el broche de oro, el digno remate de la gloriosa conmemoración.

Nunca, jamás, se ha visto nuestro popular Coliseo –aun en las memorables noches que el eximio Martí dejó oír su arrebatadora palabra–, una concurrencia más numerosa, ni más entusiasta que la que se dignó realzar con su presencia nuestro espléndido aniversario.

La velada, según estaba anunciado, debía empezar a las ocho y ya a las seis y media no era posible penetrar en el salón. La platea, los corredores, las escaleras, la glorieta, todo estaba invadido por innumerables señoritas y caballeros, que con su presencia en aquel lugar, testificaba su simpatía y adhesión a la santa causa de la emancipación de Cuba. A las siete y media, muchas familias tuvieron que retirarse del local por temor de asfixiarse, tal era la aglomeración de personas.

A las ocho, poco antes de abrirse la velada, llegaban de Tampa, en los carros urbanos, gran número de familias deseosas de tomar parte en la festividad, las que tuvieron que volverse al punto de partida por ser materialmente imposible penetrar en el Liceo. Temiose un hundimiento, y peritos nombrados al efecto reconocieron el local y aseguraron que éste no ofrecía peligro. Mas, en previsión de algún principio de incendio, la brigada de bomberos cubanos, con manguera tendida, se situó en la parte exterior del edificio.

El teatro, profusamente iluminado, lucía esa noche inolvidable, a más de las decoraciones y paisajes hechos al efecto, las banderas gloriosas de todos los pueblos libres de América. En el escenario, lujosa bandera cubana cubría la mesa de la presidencia: y los miembros del Cuerpo de Consejo ocupaban sus sitios respectivos, en unión de los oradores que debían hacer uso de la palabra. El Alcalde de Tampa, señor Salomonson[198], invitado al efecto, fungía de Presidente de honor de la velada, demostrando con esto la simpatía que le merecen los hombres que luchan y se agitan por alcanzar la libertad e independencia de su Patria.

Allí se hallaba también, ocupando sitio preferente, el ilustrado periodista americano coronel Alexander C. Branscom, redactor del *Herald de New York*, que en representación de nuestro colega *Tampa Daily Times*, estaba encargado de tomar nota de esta gran festividad. A las ocho en punto se dio la señal de orden y en ese momento se dejó oír una brillante obertura por la banda de música En seguida más de cien niños de la iglesia congregacionalista cantaron magistralmente el himno nacional cubano acompañados por la orquesta. Terminado el canto entre vítores y aplausos de la concurrencia, el señor Rivero y Rivero, presidente del Consejo, abrió la velada con un sentido discurso, encaminado a encomiar la importancia y significación de tan patriótica solemnidad.

El recuerdo de los que murieron por la Patria, los anhelos del presente, las esperanzas que se acarician para el porvenir, tales fueran, en acentos sonoros, en frases elocuentes, en conceptos elevadísimos, la síntesis de los discursas pronunciados por Marcos Gutiérrez, Juan Arnao, Luís M. Ruiz, Genaro Hernández, Lamont Baily (americano), Luis Muñoz, M. Mac-Knight (americano) y Rivero que reasumió.

Parecía que la voz de la Patria hacía eco en todos los corazones, pues los «bravos» y los aplausos daban patentes muestras del entusiasmo del auditorio. Y si como lo dicho por nuestros oradores no fuera bastante para excitar el patriotismo, vino la simpática señorita María L. Sánchez, con su voz dulce y argentina a acentuar más el frenesí cubano de aquella apiñada multitud, recitando con maestría, con viril entereza, la magistral composición de Santacilia titulada «Grito de Guerra». No es posible describir la explosión de entusiasmo que produjo en el público tan oportuna y patriótica poesía. Parecía que la voz de la Patria hacía eco en María Luisa y recibió una ovación.

El profesor Sanguily, como si quisiera traer a la memoria los horrores de una época nefasta, ejecutó al piano la melancólica romanza del maestro Espadero titulada «El canto del esclavo», que fue escuchada con verdadero interés, alcanzando grandes y merecidos aplausos tan simpático profesor.

Y llegó por último la representación del gran cuadro alegórico «La emancipación de América» el cual representado por diferentes niñas, cuya belleza angelical relucía más al resplandor de las luces de Bengala, hizo prorrumpir a la concurrencia en estrepitosos vivas aclamaciones. Así fue, descrita de un modo sencillo, la conmemoración del 10 de Octubre llevada a cabo por los emigrados separatistas de Tampa. ¡Quiera el cielo que al conmemorar el próximo aniversario del levantamiento de Yara, nuestra bandera tricolor se ostente en los campos de batalla, sostenida por valerosos guerreros, como símbolo del patriotismo, del honor y de la reivindicación del pueblo cubano! Por lo demás, felicitarnos a la emigración de Tampa, que con esta celebración ha demostrado, una vez más, que sabe estar en su puesto de honor: ¡Gloria a los patriotas consecuentes!

19 DE DICIEMBRE
Carta de Tampa

Patria cede hoy lugar preferente a esta carta de Tampa, en que se da cuenta de como se apresta y ensancha nuestra organización, y como los cubanos de Tampa obedecen al mandato.

Tampa, diciembre 12 de 1893.

Señor Director de *Patria.*
Amigo Director: Hay asuntos que de suyo revisten tal importancia por el carácter altamente patriótico que entrañan, que a mi juicio sería falta verdaderamente punible no darlos a conocer; tal es la magnífica, la espléndida velada con que verificó su inauguración la sociedad de instrucción y recreo «La Verdad». ¡Qué nombre tan simpático, y que ajustado a las altas miras que encierra la idea de los iniciadores de tan gran institución! Individuos de la familia de color cubana, residentes en ésta, son los fundadores de la noble sociedad; hombre todos dignísimos, honrados obreros que librar la subsistencia en el duro banco del trabajo, pero verdaderos cubanos que aman su Patria y que están dispuestos a dar por ella cuanto tienen y cuanto puedan adquirir, no han vacilado un instante y haciendo toda clase de sacrificios, no han desmayado en su propósito, y han levantado en esta localidad un templo donde se ha de rendir culto al saber, y donde nuestra buena sociedad ha de pasar ratos de solaz y recreo; un plantel de esa índole viene a llenar un gran vacío entre nosotros, tanto por el carácter que entraña, cuanto porque era a todas luces una necesidad local.

Dicho lo que antecede, voy a tratar de reseñar la fiesta, aunque sea a grandes rasgos.

Serían las siete de la noche cuando el local, adornado con elegante sencillez y con un gusto exquisito, estaba literalmente lleno con todo cuanto hay de bueno, grande y patriótico; todo estaba allí dignamente representado: las ciencias, las artes, la industria, el comercio, y sobre todo, la belleza; pero he dicho mal, lo que sobre todo estaba grande y dignamente representado era la unión, la confraternidad de todos los elementos que contiene la sociedad cubana. ¡Oh, sí, amigo Director, allí se vio lo que era necesario que se viera desde hace mucho tiempo: se vio a la señora blanca conducida del brazo por el caballero negro, y la señorita llevaba dibujada en sus labios de rosa la sonrisa de la satisfacción, y confundidos uno y otro elemento, reinó en toda la velada la armonía, el orden y la concordia; tal respeto imponía el acto, que un caballero doctor que estaba a mi lado me decía a cada instante, como entusiasmado: «¡qué orden!, ¡qué compostura!, ¡qué caballeros en todos sus modales, y qué cultura demuestran en todos sus actos!».

Vengan aquí los que dicen que la raza de color en Cuba es una rémora del progreso; vengan aquí los que hablan de guerra de razas; vengan aquí los que hablan de odios y de venganza, y bajarán la frente humillados ante hechos como el que estoy tratando de referir.

Llegada la hora, el Presidente de la sociedad, nuestro amigo el simpático Juan Yépez, con sentida frase, en breve y bellísimo discurso, dio principio a la velada que hará época en los anales de nuestra peregrinación.

Dejose oír la orquesta que dirige con tanto acierto el entendido profesor, nuestro compatriota y amigo el señor Felipe Vázquez, dejando encantado al auditorio con su bellísima ejecución. Hizo uso de la palabra la señorita Juana Cabrera, alcanzando grandes y merecidos aplausos, pues su discurso alusivo al acto la hizo acreedora a la ovación que le tributó la concurrencia. Escaló la tribuna el señor Sotero Alfonso. El amigo Sotero hacía su debut y dominó al auditorio no solo por lo magistral del estilo y sus buenas condiciones que hacen esperar de él un orador de talla, sino también por el asunto a que hizo referencia y que supo desenvolver con magistral facultad. Dijo Sotero que él sentía su alma llena de gratitud hacia Céspedes y Agramonte y hacia todos aquellos que con el filo de su espada cortaron la cadena del esclavo cubano y luego sellaron con su sangre generosa al acta de la libertad; el discurso de Sotero conmovió a cuantos tuvimos el gusto de oírle, y mucho más cuando evocando el recuerdo de aquellas egregias víctimas de nuestra gloriosa epopeya dijo: «Imitémosles en su heroísmo, imitémosles en sus virtudes, y así como ellos no titubearon un instante y sacrificaron sus vidas y haciendas por redimirnos de la infamante esclavitud, sacrifiquémonos también nosotros por continuar su obra redentora, a fin de hacer de nuestra raza hombres dignos de llamarnos tales; trabajemos con perseverancia y ahínco, decía el novel orador, porque el hombre de esta sociedad no sea un sofisma. Trabajemos con constancia para que esta institución no caiga jamás, porque si cae, si su nombre no se sustenta con todo el brillo, con todo el esplendor con que ha de sustentarse la verdad, entonces al pasar por delante de este edificio hemos de bajar la frente avergonzados como hombres que no hemos sabido cumplir con nuestro deber. El orador nuevo bajó de la tribuna entre una salva de aplausos; bien los mereció: ¡bien por Sotero! La niña María de J. Vierna nos recitó una bella poesía. El señor Perfecto Carel nos leyó un bello trabajo que fue muy aplaudido. En seguida el joven Ramón Suárez pronunció en inglés un brillante discurso que dejó encantada la concurrencia, que le tributó grandes aplausos; Ramón Suárez habla inglés con tanta perfección y elegancia como su propio idioma. Tocaba el turno a nuestro amigo señor Néstor L. Carbonell, quien no pudo asistir según manifestó en atenta carta. Ocupó su lugar el jóven Vialett, recién llegado de Key West, quien nos obsequió con una bellísima ejecución el violín, que fue calurosamente aplaudida; el joven Vialett nos hace esperar de él un gran profesor. Hubo un momento de receso, durante el cual la amable Sociedad «La Verdad» obsequió a la concurrencia con exquisitos dulces y sabrosa cerveza.

Comenzó luego la segunda parte del programa. La orquesta que dirigen los profesores Horritinier y Moreno Garrido ejecutó una bellísima sinfonía, que no dejó nada que desear. Ocupó la tribuna el señor Primitivo Pluma y en su discurso tuvo momentos felices y supo arrancar grandes aplausos. Tocole el turno a la señorita María R. Flores; su discurso fue oído con religiosa atención y aplaudido con frenético entusiasmo; Maria Regla posee dotes oratorias que, cultivadas, le permitirán ser en su día gala de nuestra tribuna. La niña Narcisa Cabrera nos recitó una bella poesía; la niña Narcisa quedó muy bien. En medio de atronadora salva de aplausos escaló la tribuna el simpático Luis Muñoz; ¿qué podemos decir de Luis?: sus amigos le llamamos el Martí de Tampa. Luis nos recitó una bellísima poesía titulada «Saludo a Cuba» y lo que podemos decir es lo mismo que dijo el auditorio: «ojalá no hubiera terminado nunca». Habló luego el señor Emilio Planas y habló como habla el orador de talla que tiene conciencia de lo que dice; Emilio fue muy aplaudido, bien lo mereció.

La mesa concedió la palabra al público, e hicieron uso de ella los señores L. Otero, el Ministro señor Mc.Duff, el señor J. Pérez Molins, el señor Marcos Gutiérrez y el venerable Juan Arnao. Todos fueron muy aplaudidos.

Resumió la velada el señor Ramón Rivero, y en honor de la verdad hemos de decir que estuvo sumamente inspirado. Dijo entre otras cosas que «La Verdad», como el hijo de Nazaret, había nacido en un establo y como el hijo de Dios sería eterna, porque la verdad como emanación divina no puede morir. ¡Bien por Ramón!

Terminada la velada siguió el baile que anunciaba el programa. Parte de la concurrencia no bailadora se retiró del salón, llevando un grato recuerdo. Pero luego sucedió algo que no estaba en el programa, y que a todos nos llenó de alborozo, y fue que sin nadie esperarlo y como caído del cielo cayó sobre nosotros el ilustre Delegado del PRC, el señor José Martí. El señor Martí ocupó la tribuna, y aunque venía cansado a consecuencia del viaje, supo estar a su brillante altura. La llegada aquí de nuestro ilustre Delegado en los momentos de la inauguración de «La Verdad» es para todos nosotros de feliz augurio. Perdone usted, amigo Director, lo extensa de esta reseña, que así y todo, no es más que un ligero bosquejo de la espléndida fiesta de anoche.

Suyo

Notas

[198] Frederick A. Salomonson (1860-1911) fue tres veces Alcalde en Tampa.

5.3
En 1894

2 DE MARZO
EL 27 DE FEBRERO EN TAMPA

Por la hermosa Edición de *Cuba*, consagrada a conmemorar el día nefasto que cayó el audaz y consecuente patriota Carlos Manuel de Céspedes, puede juzgarse el entusiasmo que anima a los cubanos de Tampa, la fidelidad con que veneran la memoria del que lazó el reto al poder colonial español en América, y la constancia y fe con que, agrupados bajo la dirección activa y hábil del PRC, trabajan por la independencia Patria.

El Cuerpo de Consejo, en invitación cordial, convocó a todos los clubs, sociedades y demás corporaciones de la localidad, al pueblo todo de Tampa que simpatiza con la idea de la emancipación de Cuba, a que concurriese a la velada en honor del ilustre mártir.

Muy lucida habrá quedado la fiesta: en el programa escogido, además de la música y de las recitaciones, tomaban parte el venerable Juan Arnao, siempre dispuesto a combatir por sus ideas de juventud, y en quien los años solo acrecientan su amor a la libertad, los señores Francisco Segura, Antonio González Acosta, Marcos Gutiérrez y Luis Muñoz, y resumía los discursos el enérgico y probado orador Ramón Rivero y Rivero.

Mucho nos quisiera decir *Patria* de esta función organizada con tanto éxito por el Cuerpo de Consejo de Tampa, que tan bien representa a los cubanos leales de aquella ciudad querida y ha sabido dar expresión propia al filial respeto que en esta fecha dolorosa embarga a todo corazón cubano.

9 DE MARZO
EL 27 DE FEBRERO EN TAMPA
(CONTINUACIÓN)

Como alerta continua, a los que allá por Cuba pudieran creer que desmayan los hermanos emigrados en la tarea de la redención; como continuo mentís a las agencias españolas que con la conversación sinuosa del espía y la mentira sistemática y descarada, osan, cara a cara de la verdad pública, pintar como caídos o infieles a los cubanos emigrados; como pura y espontánea prueba de la gratitud y tesón del alma cubana, y la paz y la firmeza que de esas dotes debe esperar la República, álzase, a cada hora oportuna, la emigración tenaz, y conmemora solemnemente las virtudes de los héroes y el sacrificio de los mártires en sus fechas gloriosas.

El corazón de Tampa, y el patriotismo ardiente como religión que nos anima, revélanse más altos y fervorosos con el contento natural y solemne de la obra que crece y adelanta, en esas fiestas inolvidables, cada día más lucidas, que no pudieran ser, ni ser como son, de no inspirarlas el sentimiento unánime de nuestra comunidad. Cada conmemoración nos parece mas bella siempre que las anteriores, como si nos creciese el espíritu patrio, como si viésemos cada día más cerca la ansiada playa; pero no creemos, en verdad, que haya habido en Tampa noche más bella, más intensa, más conmovida –en todas las que han conmemorado los «hechos principales de nuestra historia»– que la que organizó el Cuerpo de Consejo el 27 de febrero, en honor a Céspedes.

EL SALÓN

Lujosamente decorada estaba nuestra casa la noche del martes, negras colgaduras galoneadas de oro cubrían el salón en toda su longitud, al pie del escenario se erguía un soberbio obelisco, en cuyo centro resaltaba el retrato al óleo del mártir héroe; a cada lado del obelisco hermosos candelabros con profusión de luces, y todo el túmulo cubierto de ramos de adelfas y coronas de siempre vivas. A la derecha la tribuna del pueblo, también enlutada con una inscripción que decía «Cuba al mártir de San Lorenzo». A la izquierda la mesa de la presidencia, cubierta también de luto y con inscripción igual a la de la tribuna. A cada lado del túmulo uno de nuestros bomberos, con uniforme de gala, rendía guardia de honor. El escenario estaba ocupado por los miembros del Cuerpo de Consejo, y los distinguidos amigos que fueron invitados para hacer uso de la palabra en esta solemne noche. Con los estandartes de los distintos cuerpos y sociedades políticas que existen en ésta, resaltando entre otros el de la sociedad de socorros mutuos «Fraternidad», el de las «Protectoras de la Luz» y el de la «Guerrilla de Aponte».

La velada

Poco más de las ocho de la noche sería cuando ante una numerosísima concurrencia, el presidente del Cuerpo de Consejo, nuestro popular Ramón Rivero, dio principio a la velada con un discurso en que, como en todos los suyos, resaltaba a la vez las grandes dotes del orador y los elevados sentimientos del cubano.

Ocupó luego la tribuna el venerable Arnao, el viejo patriota a quien ni la nieve de ochenta inviernos, ni las amarguras de más de treinta años de emigración, han podido entibiar el fuego del patriotismo. En brillante oración enalteció el viejo cubano las virtudes del prócer a cuya memoria tributábamos un recuerdo, y en sentida frase, con un arranque espontáneo, hijo de sus nobles sentimientos. Terminó su discurso diciendo que envidiaba la suerte del mártir, puesto que los muertos habían cumplido su palabra empeñada.

Sucedióle en el uso de la palabra el señor Francisco Segura, y con la elocuencia que le es peculiar, hizo una breve reseña histórica del fatal acontecimiento ocurrido en San

Lorenzo el 27 de febrero de 1874, encomiando las virtudes del mártir y el heroísmo del patriota, impeliendo al pueblo a seguir su ejemplo, y terminó su discurso con un elegante saludo a las damas que llenaban el espacioso salón. Después de Francisco Segura habló Antonio González Acosta, tuvo momentos muy felices, como de quien sabe sentir con indignación y expresarlo con sinceridad. Fue de la música el intermedio, con artistas nuestros, de tanta valía como el profesor señor Sanguily y el Sr. Viallet, cuyo violín, ya distinguido entre los buenos, une al fuego apasionado la culta delicadeza: juntos tocaron el «Misserere del Trovador», siempre nuevo, y sobre todo en sus manos.

Tocó el turno al Sr. Sotero Alfonso, que en su oración inspirada y breve manifestó toda la gratitud de su alma hacia el hombre grande que tanto bien hizo a su pueblo, y en especial a la raza de color. Sotero estuvo feliz y merece nuestros plácemes. Nos habló después, y muy al corazón, el señor Marcos Gutiérrez, que en su jugoso discurso encomió, con oportunidad feliz, la urgencia de hacer Patria, «a fin de que el cubano tenga un lugar seguro donde plantar su tienda». El señor Manuel González de Mendoza recitó, con la elegancia y el sentimiento en él notables, la bella poesía de Palma a Carlos Manuel de Céspedes. Siguiole Luis Muñoz, que lleno de patriótico entusiasmo dijo que los cubanos debemos arrodillarnos ante la tumba del mártir para rendir un tributo a su memoria, pero que no debemos permanecer mucho tiempo de rodillas, sino levantarnos en viril actitud para arrojar al tirano de nuestro suelo y poder levantar en lugar sagrado un túmulo, menos deleznable que el prestado del e destierro, a la memoria de nuestro inmarcesible caudillo.

La fantasía de «Aida», con sus acentos de plegaria y angustia, ejecutada por Sanguily y Viallet, fue como proemio a la muy hermosa oda original a Céspedes, que leyó su autor, el señor González Socorro, cuyo arte de leer, que interesa y conmueve, realzó el alto mérito patriótico que en aquella noble poesía resalta. Y aquellos versos eran de quien tenía derecho a hacerlos: porque Socorro, el poeta de hoy, el orador de hoy, es aquel mismo Socorro de ayer, antiguo expedicionario del Virginius. Al poeta el aplauso, al lector nuestra admiración y al patriota nuestro respeto.

El señor Rivero y Rivero resumió la velada con un discurso en todo digno del discreto y brioso director de Cuba, digno de la historia de honor y martirio que aquella noche se conmemoraba, con la única fiesta propia de corazón tan firme y abnegado como el de Carlos Manuel de Céspedes; la fiesta de las almas que, con la prueba diaria de su entusiasmo activo, con el trabajo ordenado, cordial y decoroso, trabajan, por la unión y la energía, en obtener la libertad por la que él murió, la libertad que no se conquista con la pequeñez, la desidia y el odio.

MG

10 DE ABRIL DE 1894
EL 10 DE ABRIL, ANTE TAMPA

De la concordia entusiasta de las emigraciones en el cariño y tesón del PRC –del orgullo que tienen en su obra cuantos fueron parte de ella–, del respeto con que ven su labor los que de cerca la vieron crecer y nacer no hay muestra mejor que el elocuente arranque con que, en la ocasión pura del 10 de abril saluda al partido, al entrar en su tercer año, el cubano distinguido que presidía el club»Ignacio Agramonte» cuando acordó invitar a una visita memorable al actual Delegado del Partido. Con hombres capaces de justicia y admiración, se levanta un pueblo de colonia a República. Así dice N. L. Carbonell en *Cuba*.

¡Oh, 10 de abril de 1869! Tú para la emigración cubana de Tampa en particular derramaste también torrentes de luz. Hoy hace cuatro años que abrió sus puertas El Liceo Cubano, en cuyo seno encontró la educación su templo y la virtud su altar.

El Liceo, este monumento de amor y de concordia, hijo de la virtud cubana, ha sido y aún sigue siendo la casa paterna de todos los cubanos, el templo santo de nuestros ideales. En su tribuna ha resonado la elocuencia de lo escrito, llevando la fe y la esperanza a los corazones. De este templo nació La Liga Cubana y el Club Ignacio Agramonte. De este templo de amor partió la idea que más tarde se encarnó en pensamiento y luego en obra grandiosa dando por resultado definitivo la hermosa creación del PRC, que hace dos años bañó con sus rayos esplendentes la luz del 10 de abril.

Para ser más notable y reverente para las emigraciones esta fecha del decoro, quedó proclamado este día, a la faz del mundo, el Partido citado, única prenda visible del honor cubano; este bello monumento por donde parece que estalla el ansia y coraje de la Patria, vino, en horas de tristeza infinita, de silencio glacial, a levantar los espíritus dormidos, a poner de pie el alma de la emigración, que dormía aletargada como duerme gran parte de Cuba en su noche social; vino a tejer lazos de amor y de concordia, y a unir en un esfuerzo común la pujanza y el espíritu de un pueblo que tiene la necesidad y el deber de conquistar su grandioso destino.

¡Oh, 10 de abril, yo te saludo! Baña con tu luz resplandeciente las sombras de mi tierra y enciende con el fuego magnético de tu gloria el alma de mi Patria, el corazón de todos los cubanos.

Néstor L. Carbonell

16 DE JUNIO
WEST TAMPA

Por la siguiente carta del Club Occidente, verán nuestras emigraciones que la nueva ciudad de West Tampa se dispone a secundar con brío y decisión la obra del PRC.

En nuestro próximo número daremos detalles de otras organizaciones que están ya casi constituidas en esa localidad. Así es como se prueba el patriotismo:

Tampa, Fla., junio 7 de 1894.
Sr. Director de *Patria*, Nueva York.
Distinguido compatriota: Con la satisfacción que causa saber que se cumple con un deber, quedó constituido la noche del 31 del pasado, en esta localidad, el club cubano «Occidente», habiendo resultado electa la Directiva siguiente:

Presidente, Gualterio García. –Tesorero, José de Silva. –Secretario, Francisco José Díaz. –Contador, José J. García., y Vocales, Armando Azpeitía, Ignacio O' Halloran, Luis de la Cruz Muñoz y Aurelio Pulgarón.

Es el primer club que se organiza por los que, forzados por la ingratitud, se han visto obligados a abandonar el Cayo querido.

Entre otros acuerdos, se tomó el de hacer público, por medio del ilustrado periódico de su digna dirección, la constitución del mencionado club.

Anticipándole las gracias por este servicio, nos ofrecemos de usted con la mayor consideración attos. S.S. Gualterio García, Presidente. –Francisco J. Díaz, Secretario.

24 DE OCTUBRE

OTRO GUERPO DE GONSEJO, EN CUBA-CITY. –De lo mejor de la sangre patriótica, en viejos y jóvenes, se ha hecho la ciudad nueva de cubanos de West-Tampa, que va a llamarse Cuba-City. Solo a tener sus casas en hilera esperó para formar sus clubs y el 10 de Octubre fue el día escogido para añadir un Cuerpo de Consejo más, un pueblo más de veteranos de la guerra y de la emigración, al PRC: Los nombres solo del Presidente y Secretario electos podemos, por el estrecho espacio, anunciar hoy: los nombres del Presidente Cecilio Henríquez, y el Secretario Gualterio García, tipos ambos, como anciano y como joven, de cuantas virtudes honran la especie humana.

El Diez de octubre en Cuba-City (West Tampa)

Sr. Director de *El Yara*:

Mi querido amigo: Son las once de la noche y aún resuenan en mi oído los estampidos del cañón, en mis pupilas se mantiene la viva impresión de las miríadas de luces de bengala; y aún llena el aire la armoniosa y sonora voz de la bella y gentil Isabel Miranda. Hemos terminado la festividad del 10 de Octubre, y puedo decir a usted que a pesar de su improvisación, la fiesta hará eco en los anales de la historia de nuestra dilatada y aun dolorosa emigración.

Cuba-City ha debutado de una manera soberbia. El estampido del cañón nos anunció, a las doce de la noche, que comenzaba el día clásico de nuestra libertad, y a pesar de haberse declarado de trabajo el día, desde el amanecer no se veía sino la operación de embellecer los hogares de nuestro pueblo. Las banderas cubanas se alzaban por todas partes, cada uno se disputaba el arte de adornar mejor el frente de su casa, y las hojas de palmeto, artísticamente colocadas en forma de abanico, las flores silvestres, los farolitos chinescos, las estrelladas enseñas, envolvieron nuestra naciente ciudad en una nube de coquetería y belleza tales, que unidas a la esplendidez de un día claro, sereno y ardiente, hicieron desde las primeras horas de la mañana declarar un éxito la celebración vespertina que se había improvisado en sustitución de la festividad del día. Y mientras el cañón retumbaba, los cubanos iban dejándose arrastrar por el sagrado fuego de la Patria, y cuando llegó la tarde, cuando los trabajos se suspendieron, se desbordó materialmente un pueblo compuesto de hombres, señoras y niños que se habían impuesto la alta misión de contribuir al éxito de la fiesta.

Cerró la noche. ¡Qué espectáculo tan encantador! Supóngase usted las casas, todas decoradas por miles de faroles chinescos, adornadas con banderas y flores. La gente invadiendo la plaza de Céspedes, donde se preparaba la exhibición de los magníficos fuegos artificiales que el Comité se había conseguido. Las aceras invadidas por las damas y las niñas que no debían consentir perder la oportunidad de presenciar la primera fiesta cubana en esta localidad.

Ya se habían consumado dos hechos que acentuaron el día con un tinte de seriedad y grandeza. La contribución de O'Halloran (era día de pago) con el Día de la Patria, hecho notorio por la generosidad de los que la efectuaron y por lo trascendental! De sus fines y la creación del Cuerpo de Consejo de West Tampa, a cuya instalación acudió el Honorable Cuerpo de Consejo de Ibor City. Este acto tuvo lugar en la morada de nuestro amigo el Sr. Figueredo, que orgulloso exclama que no habría consentido que un hecho de tanta significación se realizase en otro lugar.

Empezaron los fuegos artificiales con la ascensión de un globo y después otro y otro y tres a la vez, hasta el número de treinta, y con la exhibición de vistosas y pintorescas fuentes y morteros que vomitaban flores de fuego de bellísimas formas y colores caprichosos y cohetes y bombas y cuanto en la línea puede imaginarse. La exhibición –magnífica por cierto–, estuvo bajo la acertada dirección de Mr. Gray, el popular agente de los señores O'Halloran & Co., que estuvo felicísimo y oportuno en trabajo tan divertido. Duraría un par de horas.

El recinto era estrecho para contener la multitud. Más de 4000 personas se apiñaban en la plaza de Céspedes a presenciar la exhibición. La Compañía del Urbano duplicó el servicio de los carros eléctricos y éstos venían cargados de tal manera que ni de pie se cabía en los vehículos. Dos horas durarían los fuegos artificiales y terminados éstos bajo la algazara y aplausos del pueblo; diose principio al *meeting* popular.

La tribuna se levantaba delante del establecimiento de Martín Herrera, y en ella apareció, debutando en West Tampa, nuestro amigo el Coronel Figueredo, que significó cuán orgulloso se sentía al ser el primero que ocupaba la tribuna política de la nueva población. Su discurso, interrumpido a intervalos por la multitud (multitud tan compacta como ordenada y compuesta) versó sobre la creación de West Tampa y sobre la moralidad de sus moradores, elogiando el hecho de que aún no se haya barrenado la Ley impuesta por el mismo pueblo, de mantener a todo trance la moralidad, y sobre la Revolución.

Le siguió Francisco José Díaz, tan modesto como simpático: su discurso fue una joya en lo correcto y galano y versó sobre la festividad. González Acosta, ardiente y fogoso, exigió con energía a sus compañeros de trabajos el cumplimiento de sus deberes patrios. –Hablaron Cotanda, Horta, Masdeu y otros, entre los que recuerdo al Coronel Federico Martínez, que como soldado rudo, habló con la lógica a que dan derecho las nobles cicatrices que le hacen tan acreedor a la estimación de sus compatriotas. Habló Martín Herrera, el popular y mimado hijo del pueblo, y habló como siempre, correcto y apasionado.

Y he dejado a Carolina –la venerada patriota– para la última, a pesar de haberse intercalado entre los primeros oradores, por la lección que encierra el rasgo de generosidad llevado a cabo por esa mujer tan notable. Refirió, con la mayor timidez, sus padecimientos al pueblo. «Estoy –decía tristemente– enferma y abatida. Una afección al corazón me consume y amarga los días de mi vejez, y he venido aquí, yo que no tengo familia ni hogar, y que vago a merced de la caridad de mis paisanos, de familia en familia, sabiendo que mis paisanos se reunían esta noche, a pediros me hagáis una suscripción».

El asunto se aceptó con frialdad y se creyó impertinente, cuando en contestación a alguna observación, exclamó: «¡No, ahora mismo!, que la recojan Martín y González Acosta; y mientras tanto, no bajo de la tribuna». Pareció que era necesario acceder: pasaron los sombreros y la multitud se dispuso a contribuir generosamente. Cuando los sombreros volvieron a la tribuna con algunos buenos pesos, ella, como si reanudara su historia de dolores, exclamó: «Pues me creía muy desgraciada esta mañana cuando recibí una invitación para esta fiesta. El cubano que me entregó la nota me encontró llorando porque era 10 de Octubre; era el único 10 de octubre en que yo no había contribuido con algo para mi Patria. Pero ahora soy muy feliz y me siento rejuvenecida, porque gracias a ustedes, los fondos del Partido tienen mi óbolo».

Y tratando el asunto con desprecio, dijo: «Ni lo cuento, no quiero saber cuánto hay ahí: el Comité sabrá cuánto hay, es mi donativo para la Patria hoy, 10 de octubre. Muchas gracias». Descendió de la tribuna en medio de las ardientes aclamaciones de un gentío inmenso. ¡Qué cosas tiene esta noble vieja!

Terminó la celebración del día clásico con cantos y tocatas al piano por las Srtas. Miranda. Isabel encantó al auditorio con la dulzura de su voz.

Así hemos consagrado el día de la Patria los creadores de este pueblo, y si hasta el presente se había sentido tibieza en los trabajos en pro de la Revolución, le aseguro a usted, Sr. Director, que de hoy en adelante tendremos dos asuntos grandiosos a que dedicar nuestro pensamiento en esta región: «Patria y moralidad».

EL CORRESPONSAL

15 DE DICIEMBRE
Por deber: a mi hermano Martí

Para copiar esos momentos en que los hombres y los pueblos dejan en la historia el más hermoso testimonio de la personalidad que no se consigue sino por la práctica de las virtudes y por el respeto a las leyes santas que todos impone el patriotismo; para dejar en el papel la sensación imborrable que queda en el espíritu, como gloria y consuelo, ante la unión de las almas en los días en que la inmortalidad alza su bandera, e invita a los hombres para cantar el himno de la victoria o para llorar sobre la tumba de los mártires; para escribir, en fin, sin entusiasmo y sin orgullo, algo de lo mucho que guardo en mi alma acerca de estos cubanos que en West Tampa han sabido cambiar el pesado bastón del peregrino por el estandarte de la civilización, preciso fuera que olvidara que yo también he nacido en la tierra esclava que a todos nos espera, y que los que aquí fundan un pueblo son mis hermanos.

Pero hay tantas grandezas en estas almas puras, está en sus corazones la Patria infeliz y el hogar abandonado, de tal modo, que este pueblo de la Florida es un pueblo cubano.

Estos son los hombres que fundaron el Cayo, y los que lo dejaron cuando la infamia o la cobardía quisieron que los verdugos de las libertades cubanas vinieran a la Patria de Washington a quitar, a los que con el trabajo habían levantado un templo, el puesto que con tanto derecho como honra sabían ocupar.

El egoísmo llevó hasta la Habana a una comisión de norteamericanos, y con ellos vinieron españoles: éste fue el crimen; Cayo Hueso ya no tiene ni tendrá probablemente la importancia comercial que le daba gran prestigio: esta es la justa expiación de aquella falta. Pero por la entereza y patriotismo de sus fundadores, West Tampa y Cayo Hueso tendrán siempre idéntico prestigio político para los cubanos.

Es tarea difícil para mí la de reseñar la grandiosa y digna glorificación de la memoria de mis compañeros asesinados por los españoles el 27 de Noviembre de 1871; pero faltaría al encargo cariñoso de mi dignísimo amigo el señor Fernando Figueredo, si no dijera a *PATRIA* cómo saben sostener en West Tampa la bandera de la honra los que aquí han venido a levantar nueva tienda y honrado hogar.

A las cuatro de la tarde –casi sin previa citación–, se reunieron en uno de los lugares más céntricos de la población cubana más de cien personas, entre las cuales habían muchos norteamericanos: se trataba de colocar la primera piedra del Liceo de Céspedes, sociedad patriótica de instrucción y recreo, que será un edificio notable.

A la misma hora en que las turbas sedientas de sangre y ávidas de destrucción vitoreaban al Consejo cobarde y criminal, porque había acordado matar a ocho niños inocentes, aquí los cubanos colocaban la primera piedra de un edificio y de un templo erigido a la libertad y al progreso. Cuando aquellos miserables destruían, para matar la luz, que es la verdad, estos hombres construyen el monumento de la instrucción, que es antorcha que lleva la vida a las tinieblas de la ignorancia.

Sin aparato, y unido aquel concurso de hombres honrados por el afecto sincero, el señor Figueredo –el cubano en cuyo semblante se descubre la entereza del soldado cubano y la dulzura y placidez del amigo y hermano de todos–, explicó en correcto discurso cómo cubanos y norteamericanos se habían reunido para que los hijos de todos pudieran tener escuela en donde aprendieran a amar la dignidad, leyó una memoria en la que constaban los nombres de los iniciadores de la patriótica empresa y se expresaba en ella que se había elegido ese día para aquel acto a fin de tributar un recuerdo de dolor a mis hermanos. Luego, el señor Figueredo me fue entregando los objetos que debían depositarse en la urna que guarda la primera piedra: la bandera cubana y la norteamericana, como símbolo del abrazo de la gran República a los que luchan por levantarla en Cuba; los últimos números de los periódicos *Patria, Daily Times, El Yara* y *Cuba*; el primero de *El combate,* semanario de West Tampa, el acta y un ejemplar de mi libro *El 27 de noviembre de 1871.*

No sé qué dije entonces: mis dolores, mis anhelos, mi tenaz deseo de encontrar vida o sepultura en los campos de Cuba, no sé qué frases pusieron en mis labios; pero yo sentí dos lágrimas candentes rodar por mi mejilla: ¡era que ya mis hermanos habían muerto, los relojes señalaban las cinco y media!

Habló después Martín Herrera, esa alma pura y buena, ese corazón abierto a todo lo que enaltece el carácter del hombre; dejó también, en la urna, su memoria del 2 de enero, de la fecha dolorosa en que un grupo de norteamericanos egoístas se olvidaron de que es ésta la Patria de la libertad americana. Ramón Rivero, el periodista que en *Cuba* defiende nuestros ideales, el orador de la verdad, el obrero incansable y mi hermano queridísimo, habló después y, como todas las suyas, fue notable y tribunicia su peroración. Para explicar el objeto de la institución, habló en inglés el norteamericano Mr. MacFarlane, y para recordar que no podían gozar sus beneficios más que los cubanos y los norteamericanos que simpatizaran con las doctrinas que sustenta el PRC.

Terminó el acto el señor Figueredo, con frase apasionada y briosa, y en silencio nos estrechamos las manos.

Este acto, que como antes he dicho, presenciaron cubanos y norteamericanos –entre los cuales había varios *reporters* de diarios de la Florida y hombres de posición en la banca y en el comercio–, dejó honda impresión en mi ánimo.

Allí estaban soldados de envidiable reputación por su denuedo en la lucha por las libertades patrias, y jóvenes soldados dispuestos a todos los sacrificios. Los que están preparados para ir a la muerte o a la victoria, estaban allí en sus puestos, porque pensaban en la educación de los hijos que aquí dejan, porque estas ciudades –como West Tampa y como el Cayo y como Ocala–, serán el asilo para las familias de quienes el deber les marque sus puestos en el combate. Por esto era para mí más imponente y más serio aquel momento, que debe ser para los norteamericanos de aquí una enseñanza el día en que –como en el Cayo–, alguien intente olvidarse de la honra y olvidarse, a la vez, de lo que se le debe a un pueblo que trabaja y a unos hombres que saben serlo siempre.

***

Habíase tomado de antemano el acuerdo de conmemorar el asesinato, en West Tampa y en Ybor City.

Por la primera vez en mi larga vida de dolores, y cediendo a la invitación de mis amigos y hermanos en el amor a Cuba, debería yo hablar en ambas reuniones del terrible asesinato.

Hay cubanos dignísimos en Ibor City y a pesar de mi repugnancia a todo lo que indica miseria y degradación española, y ocultando la indignación que me causa siempre la obra lenta y enervante de la cobardía, llegué al pequeño salón de la Logia Hermanos de la Luz –donde se ha refugiado el Liceo Cubano, pues la casa guardadora de tantos recuerdos se ha venido abajo–, porque allí vive el español, porque allí hay un Casino que se llama español que –como los otros casinos que llevan el mismo nombre en Cuba– , es una asociación que solo tiene por lema el sostenimiento de las doctrinas de Castañón, de aquel que pedía el exterminio de los cubanos para que España pudiera ser la eterna dominadora de Cuba y Puerto Rico. En el Casino Español de Ibor City se juntan los españoles y de allí llevan su obra infame a los talleres, al hogar, a la taberna, al garito, y en donde quiera que están desmoralizan y degradan, para así poderse llamar señores y dominadores.

Pero si el salón era pequeño, eran grandes las almas que allí estaban. Manos cariñosas habían decorado el modesto escenario, y un grupo de vírgenes cubanas y de hombres dignos ocupaba el salón. No sé qué hermosa melodía tocó el señor Andino, pero las palabras del digno presidente del Cuerpo de Consejo de aquel lugar, señor Arturo González, me levantaron y me encontré en la tribuna, más obligado que dispuesto a hablar –yo que no se hablar–. Pero me pareció que podían oírme españoles, sentí todos mis dolores en un solo instante y dije allí a los españoles del Casino de Ibor cuánta era la fruición con que los españoles del Casino de La Habana –sus hermanos– se complacían al vernos apalear en las Canteras de San Lázaro y con cuánto placer gozaban ante nuestros tormentos.

Cuando Alfredo Laborde –el hermano de mi compañero Ángel– ocupaba la tribuna dejé el salón y acompañado por amigos queridísimos me encaminé a mi West Tampa.

***

No era un salón sino un templo la casa nueva del intachable cubano, señor Silva. La tribuna era el altar santo de la Patria, en donde mujeres y hombres cubanos dejaron sus lágrimas y expresaron sus dolores.

Allí estaba West Tampa toda y las cubanas y los hombres de Ibor City y de Tampa: allí estaba Cuba. Por eso fue para todos el lugar de la cita.

Habló Figueredo y Martín Herrera, y Rivero, y González Acosta, y Laborde, y allí faltaba mi hermano Martí para que él hubiera ocupado por mí aquella sagrada tribuna.

La señora de Nápoles, Conchita Figueredo, la señorita Miranda, la niña Pensilvania Herrera, Evangelina Nápoles y, en inspiradas notas, como ángeles dejaron en el alma de todos sus celestes armonías.

El dolor y la pena verdadera no se pueden copiar: hay lágrimas que caen como gotas de plomo en el alma; solo la dignidad del pueblo cubano sabrá entonces encontrar la manera de vengar esas lágrimas.

¡En aquella fiesta de la pena comprimida estaban mis hermanos muertos, y estaba con ellos la bendición del ángel sagrado de la Patria!

¡Ah!, todas las miserias de la vidas se olvidan o se sufren sin pena cuando –como en este caso– se ve y se siente latir el corazón de la tierra esclava en el corazón de cada hombre.

Pero yo no puedo terminar esta reseña –que más que mi pluma ha escrito mi corazón–, sin recordar que en abrazo apretado y sincero que di a mis amigos la noche, inolvidable para todos, de la velada de West Tampa, dejé los mejores anhelos de mi alma y llevaré siempre en ella las apasionadas demostraciones de cariño con las que mis hermanos me honraron y las lágrimas tristísimas de las que saben ser sacerdotisas de nuestra honra.

Y yo sé que ya puedo morir contento. Sobre mi tumba no faltará un rayo de nuestro sol, ni una lágrima pura que sirva de santa mortaja a los dulces ensueños que guarda con fe amorosa mi corazón.

Fermín Valdés Domínguez

West Tampa, 3 de diciembre de 1894.

5.4
En 1895

2 DE ENERO
Un fundador

Barranco se ha ido. A Greenwood, donde está Domingo Aldama, al borde de un lago, donde reposan en la misma sepultura Río Entero y Jesús María Castillo, llevaron los amigos fieles, y las amigas generosas, el cadáver de aquel cubano incorrupto, del que no se envileció con la riqueza. Pero en West Tampa es donde más se lamenta la ausencia de Manuel Barranco: están como más callados, sin el ferviente fundador, las casas nuevas de nuestro pueblo: floridanos y cubanos lamentan en voz alta la desaparición del fabricante activo, del comerciante intrépido, del hombre ansioso del bienestar de sus semejantes. El quería casas anchas para el pueblo nuevo, casas anchas y elegantes para los trabajadores: él, con Figueredo y Martín Herrera, con Teodoro Pérez y con Ibern, con los O'Halloran y el abnegado Silva, con tanta alma más, fuerte y probada, quería recreos honestos, hogares claros que convidan a la felicidad, escuelas seguras y amplias, donde quepa todo el mundo, teatro puro, de virtud y de Patria. Él levantaba, alrededor de su fábrica, su barrio de casas alegres; pero ya no andará por ellas, presidiendo e inspirando, cuando, cumpliéndose el deseo criollo, el deseo de luz y de cielo, pintan sus casas de blanco y de azul.

19 DE ENERO
EL MOSQUITO DE IBOR

La ciudad de Ibor tiene un periódico cubano más, un periódico insurrecto cubano. Por lo pequeño del tamaño le llaman sus redactores jóvenes *El Mosquito*; pero el alma justa, que es la verdadera grandeza, y el derecho de poner la pluma sobre el papel en estos tiempos creadores, lo muestra el periódico nuevo en el siguiente artículo, breve y viril:

SIEMPRE JUSTICIEROS. –Al español noble y honrado que no se oponga directa ni indirecta a nuestra patriótica labor en pro de la independencia de nuestra Patria, lo respetaremos y trataremos con la cordialidad y la consideración con que tratamos a todo hombre digno, que no combata la libertad de los pueblos oprimidos que desean emanciparse de la odiosa tutela que les ha impuesto una dominación corruptora y refractaria al progreso y a la civilización... pero a aquel español que odia le opondremos nuestro odio; al que estando en América libre reniega de la libertad que disfruta y coopera a asegurar las cadenas que atan y envilecen a la Patria cubana, le combatiremos sin tregua ni descanso; y cuando no podamos convencerlo con la fuerza incontrastable de la justicia y la razón, lo aplazaremos ante el porvenir, lo tendremos presente en el combate de la libertad contra la tiranía, que se aproxima inevitablemente.

Cuando la colonia degradante, el mísero destierro, y el alma ahogada en él, tienden a desviar a dañar a nuestra juventud, nacida en la desesperanza y criada en el desierto, consuela y fortalece ver erguirse a las almas nuevas contra el perenne y sutil consejo del acomodo y de la cobardía, y oírles hablar como hablan el virtuoso Eligio Carbonell, el impetuoso Alfredo Laborde, hermano de una víctima del 27 de noviembre, y el brioso Mario Marius. Como el corazón de Eligio Carbonell será el periódico; él es austero, discreto, leal, valiente. Él es un caballero de la libertad.

Cuba

La tarea callada e imperiosa; la tarea de sacar por fin la tierra presa del despotismo cínico que la goza y corrompe, apenas nos da tiempo para publicar y alabar los méritos de nuestra propia casa, ¿ni que más alabanza que la que va en obrar bien, que es la única segura? Llegue, sin embargo, al periódico *Cuba,* de Ibor, a la obra tenaz y creciente del cordial Ramón Rivero, el cariño con que *Patria* ve los adelantos con que el órgano cubano entra en su nueva era.

25 DE ENERO
Nuestro histórico Arnao

Era joven el siglo, cuando Juan Arnao empezó a batallar, más a acero que a lengua, por la independencia de Cuba: y ahora van juntos, el siglo y él, sin que la historia tenga aún una nueva república, ni se le haya entibiado al anciano el corazón. *Patria* publicará, como bienvenida, el retrato del cubano tenaz. Nuestra idea es como él, que se robustece con los años.

4 DE FEBRERO
Cuba City (De *El Mosquito*, Tampa)

La vida es un conjunto de transiciones. De la sombra a la luz; de la colonia a la tierra de la libertad. De la licencia a la vida del trabajo honrado. Del rico incrédulo por voluntad, o por sistema, al obrero que de su trabajo diario separa el óbolo para la libertad de la Patria esclavizada.

En tierra extraña, alejados de su país de delicias, alojados en un triste peñón de pescadores y vaqueros, levantan un pueblo con su trabajo y su industria: con ellos van todas las señales del progreso, para recibir, como premio a sus esfuerzos, todas las muestras de la ingratitud de los avaros dueños de la tierra.

Sin cansancio y con valor el pueblo errante levanta su tienda en busca de tienda menos ingrata, abandona el fruto de su trabajo, castigando con la ruina próxima, a los que ciegos la abandonaron, y en seis meses en los arenales de Florida, ven los ojos atónitos levantarse un pueblo, de casas pobres, pero donde es norma el trabajo y el servicio constante de la Patria irredenta.

A los tímidos que dudan del poder cubano para mañana, vengan a ver el esfuerzo de que es capaz este grupo de cubanos.

Los que en tierra extraña y sin amparo pueden realizar este trabajo y guardar su Óbolo para la redención de su país, ¿qué no podrán hacer mañana en su tierra libre y feliz?

A través del tiempo conserva la familia la tradición de la Patria, pesar de todas las desgracias sobrevive el culto a los héroes de la guerra, a prueba de decepciones aún se conserva la fe en el porvenir y en el próximo triunfo de la libertad. Aún el joven sueña con las horas de gloria y de combate, aún se conserva el ideal de la guerra, como el fuego sagrado, y el anciano recuerda a sus hijos la época gloriosa de la revolución de Yara como modelo que debe imitar mañana.

Aquí se respira el ambiente cubano, se vive y se piensa constantemente en Cuba; sin odio para los dominadores, pero con la firme resolución de sostener la lucha constante y tenaz hasta conseguir la libertad.

Una victoria alienta, una decepción debilita la fuerza para recobrar lo perdido.

Se ha luchado con fe para hacer Patria y se continuará con igual fe hasta conseguir ver ondear en Cuba el pabellón de la estrella solitaria.

Cuba

11 DE FEBRERO
Gonzalo de Quesada en Tampa

El último diez de Octubre, en la tribuna levantada donde apenas había casas pero sobraba la gente, exclama un cubano joven y entusiasta:

—¡Patria! como te amaron los muertos, te amamos los vivos; como ellos te sirvieron, aspiramos nosotros a servirte: dispón, ¡oh madre!, cuando quieras, de la sangre de tus hijos.

Y el joven decía verdad. Cuantos sobreviven a los que cayeron luchando durante la guerra de los diez años y a los que después cayeron luchando también en guerra menos sangrienta, pero ¡ay! no menos cruel, llevan en el alma, jamás envejecida, la ambición del sacrificio. Las asperezas del camino atraen, las brumas convidan, el monte seduce; y la muerte, hermosa y pálida, tiende los brazos a lo lejos y llama con cantos de alondra para dejar ver, frentes de elegidos su primer ósculo de bodas. Ni el hambre arredra, ni la desnudez espanta. La Patria cubre el alma con el manto de su amor. Solo llega un miedo al corazón: el miedo a no servirla siempre.

De su pan y de su traje da el obrero la mitad; el rico ofrece cuanto lo aleja del pobre; y ambos, confundidos en abrazo de hermanos verdaderos, anhelan dar a Cuba la sangre que su culto hizo noble y generosa. A ella vuelve los ojos el emigrado. Ella lo sostiene y por ella agoniza. Sin ella, ¿qué es la vida? Sonrojarse ante el hijo, libre porque se trajo al mundo en tierra más afortunada; sonrojarse ante quien vende el solar y menudo, y sin motivo, lo reclama como suyo; fabricar la casa estrecha y al aire para que, de súbito, echarla abajo y levantarla en otro punto donde sucederá lo mismo; ir andando, ¡siempre andando!, bajo un cielo hosco, sobre una tierra arisca; encontrarse aislado, solo y triste en el combate fiero de la existencia; temer continuamente al mañana del destierro, ese mañana acaso de frío y de hambre; enfermar de nostalgia; morir y hallar la última cobija donde no ha de calentarla el sol que alumbró en la infancia, ni habrá piadosas brisas que traigan hasta ella los perfumes de la Patria, ¿es esto vida?

¡Cuántos preferirían la muerte heroica y útil del campo de batalla, a la agonía lenta y terrible del destierro! Mas cada uno cumple su deuda como puede, y ya que ley fatal condena a morir de bala o de tristeza, muere cada uno donde aprovecha a sus semejantes y evita de ese modo que las generaciones que le sucedan tengan que cumplir también la ley ineludible que pesa sobre la actual. Cada uno está en su puesto y responde cuando le llaman. Eso es lo que importa.

Tampa, que con legítimo orgullo puede titularse origen del Partido Revolucionario, no olvida nunca sus deberes ni necesita que la aguijoneen para llenarlos plenamente. Ella sabe los apremios de la Patria y corre a su encuentro para socorrerla. Sabe que son hijos predilectos los que más trabajan por la Patria, y los ama y honra para honrar y amar en ellos a la Patria.

Para Gonzalo de Quesada, el joven y meritísimo Secretario del Partido, hay en cada corazón cubano inmenso acopio de cariño, y la emigración ésta supo demostrárselo. Pocos aquí le conocían más que el alma que se refleja en sus escritos, y con ser tan bella esa alma es más la que se descubre cuando se le trata. Un admirador tenía Quesada en cuantos le habían leído; hoy tiene una familia en cada casa cubana.

Por una equivocación en la hora de la llegada de Quesada, no pudieron recibirlo en la estación los comisionados por los Cuerpos de Consejo de Cuba, Ellinger e Ibor City, mas súpose que estaba en casa del coronel señor Fernando Figueredo, y allá fueron a buscarlo. De la comida en el restaurante de Rubiera, donde contestó a los brindis, pasó al salón de los Caballeros de la Luz, donde tiene actualmente sus reales el Liceo Cubano, y allí, entre los acordes de la banda de música cubana y los vítores atronadores a Cuba, a Martí y a Quesada, etc... fue presentado al pueblo por el señor Rivero, en quien delegaron los comisionados.

Como que el local era demasiado pequeño para contener el inmenso público que ansiaba conocer al que en aquellos momentos representaba al amado de todos, se acordó celebrar el *meeting* frente a la manufactura de los señores Martínez Ibor, Manrara & Co.

En larga, muy larga procesión, se emprendió la marcha. A la cabeza, la banda de música; después, Quesada rodeado por el Comité y varios estandartes de Sociedades patrióticas, mucho pueblo y muchos hachones; a los lados, en las aceras, como formando márgenes a aquel río de luces y de gente, dos filas apretadas de curiosos entre los cuales hubiera sido difícil encontrar uno nacido en Cuba. El himno de Bayamo, creado por los vivas incesantes, resonó hasta llegar al lugar elegido. En el lindo y elevado pórtico de la manufactura colocáronse el huésped ilustre, el comité y algunas personas. La ancha calle, así como los balcones de las casas inmediatas, estaban anegados por una ola humana, y siempre reinando el mayor orden.

Adelantose el señor Eduardo Reina y habló en nombre de los distintos Cuerpos de Consejo de esta ciudad. Su discurso fue una sorpresa y causó honda impresión en el público. Antes nadie lo había oído y esa noche se revelaba en presencia de los que lo aplaudían entusiasmados, como orador elocuente. Concisa, elegante y enérgica brotaba la frase de sus labios con la facilidad con que rueda el agua por el arroyo. Tuvo magníficas ideas en todo el discurso y conmovedora elocuencia cuando hablaba de Quesada, a quien conoció en New York siendo ambos mucho mas jóvenes. Sus palabras fueron dignas de aquel a quien se referían, y esto es su mayor encomio.

Hablaron luego el coronel señor Fernando Figueredo, quien tiene para atraer el aplauso a más de su vastísima ilustración y fácil palabra el hecho inolvidable de haber disparado el primer tiro y el último que se oyeron en los campos de Cuba; y el señor Martín Herrera que, aunque muy breve, estuvo atinado como siempre en la expresión de sus sanos pensamientos.

Luego habló el Dr. Valdés Domínguez. Hay nombres que dicen por sí solos más que un libro voluminoso: el señor Valdés Domínguez es de esos. ¿Necesitará el que escribe decir que habló con la energía del que supo imponer la veneración y el culto de su alma a una sociedad demasiado olvidadiza? ¿Necesitará decir el que relata que son lágrimas del corazón y no palabras, las que le salen a Valdés Domínguez cuando ocupa la tribuna? Aquella noche fue como todas: sincero y elocuentísimo.

Siguiole Gonzalo de Quesada. ¡Con qué entusiasmo, con qué cariño aclamaba el pueblo cubano a aquel hermano en la Patria, tan joven y ya tan importante! ¡Cómo saludaba con aplausos frenéticos aquel rostro hermoso de poeta y de artista, aquel cuerpo débil, del que parece escapar el alma por la boca y por los ojos! Él habló emocionado, pero magistralmente. Sus frases, a veces, parecían talladas en diamantes. Se dirigía a Cuba y le hablaba con el amor santo e inmenso del hijo que llama a las puertas de la madre agonizante, y luego recordaba al maestro infatigable y tocaba el asunto de Fernandina, o increpaba invocándolos para que oyeran sus declaraciones, a los espías españoles, o recordaba a Tampa las glorias de Pinos Nuevos y del Águila. Su voz era apagada con frecuencia por los vítores de la multitud; pero nuevamente se alzaba fresca, lozana y armoniosa, haciéndolo aparecer al pueblo como un taumaturgo de la tribuna.

El Director de *Cuba*, señor Ramón Rivero, habló después, y fue su discurso hábil e inspirado. Aunque afónico por el duro y honroso trabajo del día, fue oído con sumo placer por cuantos estaban presentes, los que aplaudieron como se merecían sus atinados conceptos. A propuesta suya se acordó nombrar un comité para pasar telegramas a New York, Ocala y Cayo Hueso, dando cuenta de lo que se hacía.

La firma de Ibor & Co. ofreció su oficina, la que se utilizó para escribir los telegramas, y tanto en ese momento como en el *meeting*, tuvo el que la representaba todo género de atenciones con Quesada y sus acompañantes. El señor Vicente Martínez es hijo de España, y no es esta la única vez que los separatistas cubanos le agradecen sus deferencias. Al consignarlo aquí, se prueba una vez más que la guerra de Cuba ni fue, ni será contra los españoles, sino contra los padres infames que tiranizan a sus hijos.–

Francisco J. Díaz

Gonzalo de Quesada: su visita a los talleres

Un hombre que no tiene condiciones para escribir en un periódico, no debe escribir: ese ha sido siempre mi modo de pensar; pero hoy no he podido negarme a la invitación que el querido compatriota, el médico escritor, el hermano de todos los cubanos, Fermín Valdés Domínguez, me ha hecho, de mandar a *Patria* una relación de la visita que el sábado 2 del actual giró a los talleres de Tampa el joven ilustre, el patriota desinteresado, el mimado de la juventud viril, el digno secretario del PRC, Gonzalo de Quesada, y ya que no he podido evadirme del compromiso, manos a la obra, aunque lo hagamos mal.

Después de haber almorzado en casa del veterano coronel Fernando Figueredo, y acompañado de un comité nombrado al efecto, formado por los doctores FVD y Francisco F. Mendoza, y de Arturo González, Pedro R. Someillán, Julio César Orta, Rosendo García Florestán de la Torrre, Eduardo Reina, Tomas Collazo y yo, se dirigió el señor Gonzalo de Quesada al taller de Ellinger & Co.

El señor Someillán, en un correcto discurso, presentó a los obreros de aquel taller al Secretario del PRC, cuya presentación fue acogida con una salva de nutridos aplausos.

Habló Quesada y hablo muy emocionado; los aplausos continuos que a cada instante interrumpían su discurso, y como él dijo, «es la primer vez que me dirijo a un concurso de hermanos míos que, doblados en la mesa del trabajo que honra, ayudan a su Patria a romper las cadenas de la esclavitud; es la primer vez en un taller donde se gana el pan de la familia, se gana la honra de la Patria y esto impresiona mucho mis sentimientos y ahoga mi voz».

El Dr. Valdés Domínguez habló de como aquellos hombres no olvidan jamás a su tierra, de como saben escatimar a la casa pobre los centavos que han de darle Patria libre, de cómo recuerdan los hechos gloriosos de los próceres de nuestra independencia y de la perseverancia y tenacidad de todos en la obra de redención en que todos estamos empeñados. Fue muy aplaudido.

Quesada habló en inglés y los americanos en aquel taller trabajan al lado del cubano, del cubano que les ha dado un nuevo oficio en que ganarse la vida, el cubano, que les ha traído una industria más para enriquecer su país, le aplaudieron mucho. Uno de los operarios, a nombre de sus compañeros, ofreció un día de trabajo para el Tesoro de la Patria, y de allí salimos para el taller de O'Halloran.

Una comisión de los obreros de esta casa esperaba al señor Quesada. Al llegar al taller una salva de aplausos saludó al visitante. Uno de los comisionados, el señor Cotanda, presentó el huésped a sus compañeros, saludándolo a nombre de todos, en cortas pero sentidas frases. En seguida Quesada hizo una oración, como de él, ardiente, entusiasta, patriótica. Entre otras cosas dijo: «Yo vengo aquí a traeros el abrazo cariñoso del hermano querido que nunca os olvida, que nunca puede olvidarse que en la casa de O'Halloran el patriotismo siempre esta latente, de aquel que sabe que en cada hombre de este taller tiene un hermano generoso, siempre dispuesto a cumplir con su deber, de aquel que sabe que todos lo cumplen, de aquel que sabe que nunca estará solo, porque la casa de O'Halloran, dirigida por la juventud briosa de hoy, no le abandonara jamás. Yo nada vengo a pediros, porque a vosotros no hay necesidad de ello. Vosotros conocéis las necesidades de la Patria, y sabéis cumplir vuestro deber. Yo se que ya habéis cumplido con él y os doy las gracias».

Luego ocupó la tribuna Martín Herrera, y habló como él sabe hacerlo. Todos quieren tanto a Martín, que no hay para qué decir que fue muy aplaudido. Luego Cotanda, que dijo: «A nombre de mis compañeros ofrezco por ahora un día de trabajo al Tesoro de la Patria, y los dueños del taller, con el fin de que el sacrificio nuestro sea menor, conceden que trabajemos para la Patria cuanto domingo tengamos por conveniente».

Valdés Domínguez pintó con vivos colores las angustias con que el obrero cubano de la Florida gana su subsistencia y en un bello arranque dijo: «Pero estos obreros honrados no dilapidan su jornal en la mesa del jugador, ni en orgías inmundas; estos obreros trabajan por sostener con decoro sus familias; estos obreros trabajan por sostener el decoro de Cuba, y dejan caer la gota de sudor en las arcas del PRC, como protesta muda, pero elocuente, contra aquellos que importándoles poco el decoro cubano, dicen que el dinero del tabaquero cubano se gasta en sostener el lujo de tres o cuatro señores».

Eduardo Reina pronunció un bonito discurso. Este joven inteligente y entusiasta por la independencia de Cuba, ha dejado sorprendidos a cuantos ya hace años le conocíamos, y que ignorábamos que teníamos en el un orador de tanta facilidad; habló del deber en que todos estamos de no dejar a medias la obra comenzada por nuestro Partido, de la unión que debe existir en todos los elementos cubanos para llegar al fin apetecido. Fue muy aplaudido.

De allí pasamos al taller de:

Fleitas

En este taller, lo mismo que en los dos anteriores, fue muy aplaudido el señor Quesada, tanto en español como en inglés, al igual que Valdés Domínguez, que pronunció un oportuno discurso. Y los operarios, por boca de Leopoldo Valladares, en muy bellas frases ofrecieron un día de trabajo para la Patria. De allí salimos para el taller

La Hilda

Le esperaba en la puerta un comité de la casa. Todos los obreros estaban de pie y saludaron al ilustre visitante con un aplauso. Uno de los operarios, en un corto pero expresivo discurso, presentó al señor Quesada. Este, vivamente emocionado, pronunció una oración magnífica. Habló de la Patria esclava que ya se ponía de pie para sacudir el yugo que la oprime; de los hijos de Cuba que en el extranjero, siempre de pie, no olvidan los deberes que la Patria impone, no descansan, ni sabrán descansar hasta no haber fundado en el suelo sólido de la tierra, el hogar de donde nadie nos podrá echar: «Así de pie esta la Patria toda; de pie estaremos los que trabajamos por su independencia hasta plantar la bandera en la Patria libre o caer en el campo de batalla envuelto en ella». Francisco Delgado, operario de la casa, dijo: «Soy un padre de familia; lo que gano apenas alcanza para llenar las necesidades de ella; pero cuando se trata de las necesidades de la Patria, yo no titubeo en prestarle mi pobre, aunque decidida cooperación; por mi parte ofrezco un día de trabajo para la Patria».

Todo el taller hizo la misma oferta. Valdés Domínguez habló del patriotismo de aquellos hombres incansables, que son los más sólidos cimientos de la nacionalidad cubana. Después Antonio González Acosta, que saludó al señor Quesada en nombre de sus compañeros, y hablando de el, dijo: «Saludo en el señor Quesada al patriota convencido, al que como cubano todos debemos ayudar en su empresa; saludo en el señor Quesada al hombre que, a pesar de elevada posición social es el adversario decidido de todas las tiranías, el amigo de toda la humanidad doliente, el que sufre con el que sufre, y llora con el que llora».

De «La Hilda», y por la Calzada que conduce a Ybor City, nos dirigimos al taller de

Trujillo y Benemelis
Blas Trujillo, el hombre bueno, presentó a Quesada. Pronunció éste un bello discurso refiriéndose a la hermosa casa cubana: «Que con su alta torre levantada por el esfuerzo criollo, no teme a los desafíos que en su torre de madera hace de la tiranía, izando su pabellón en un día en que la Patria cubana muestra toda la belleza de su alma, como los ejércitos de la libertad no temen al constante batallar, ayudados por esos obreros que dejan caer el sudor de sus frentes en la mesa del trabajo para aumentar el tesoro de la Patria, y por esos industriales que con su honradez y perseverancia levantan en los arenales de Florida edificios como la Manufactura de Trujillo y Benemelis». El obrero Manuel Gallo, a nombre de sus compañeros, saludó al Secretario de la delegación, y ofreció el apoyo de todos a la obra redentora en que están empeñados los cubanos dignos.

Valdés Domínguez, en un buen discurso, entre otras cosas dijo: «Si la bandera de la tiranía se alza en tierra libre en un edificio que representa el odio y la destrucción de todo lo que represente libertad, si la bandera de la tiranía se ostenta en un casino español que es la síntesis de todas las iniquidades españolas, los cubanos que saben ser libres, los cubanos que sabemos ser dignos, los cubanos que saben ser honrados, aúnan con la gota de sudor que dejan caer en la mesa del trabajo que honra el brazo de la libertad cubana, que han de borrar del resto de la América todas las tiranías». El taller acordó unánimemente donar un día de trabajo para la Patria. Entre una salva de aplausos salió Quesada y sus acompañantes para el taller de

F Pons & Co.
El señor Valdespino, en un bonito discurso, hizo la presentación del señor Quesada. Subió éste a una mesa de trabajo convertida en tribuna de la libertad. A sus pies tenía el periódico *Patria* y un libro, y entre otras cosas dijo: «Sobre la Patria, pero sobre la Patria libre, debemos estar todos los cubanos. Y, sobre la Patria libre que descansará en el libro de la ley, estaremos, porque la tierra que tiene hijos generosos que la ayudan habrá de ser libre, y todos los que están en este taller ayudan a Cuba a conquistar su libertad. Habló Fermín de la dignidad del pueblo cubano, que sabe salvarse de la maleante atmósfera de la tiranía que lo persigue donde quiera que el cubano vaya y por último Valdespino, que a nombre de todo el taller hizo saber al señor Quesada que ya estaba acordado trabajar un día para la Patria, y después nos dirigimos a casa de

Martínez Ybor
Una comisión esperaba al señor Quesada. Ramón Rivero, en un discurso magnífico, lo presentó a los obreros, quienes los recibieron con un aplauso atronador.

Habló Quesada. Dirigió a todos un saludo afectuoso a nombre del hombre incansable, del hombre honrado que dirige los trabajos del PRC, de ese hombre que no sabe sentir sino por la Patria, y que si vive solo vive por la Patria; de ese hombre que mientras sus paisanos están entregados al descanso, o a las caricias de sus hijos, él está incansable entregado al trabajo de hacer la Patria de todos; de ese hombre a quien la Patria va consumiendo poco a poco físicamente, y del cual solo va quedando su frente ancha y limpia como el sol de la libertad, y su espíritu indomable y generoso; del padre, del hermano, del maestro, de José Martí. Dijo: «Yo vengo aquí con una misión mayor de las que mis fuerzas son capaces de soportar; yo vengo aquí a saber si aquellos hombres entusiastas que un día le dijeron al ilustre Martí 'trabaja, que te ayudaremos' se han cansado a mitad de la jornada, o decididos y entusiastas siempre, siguen siendo los mismos hombres; ya he visto varios talleres, pero ninguno es más grande que en el que me encuentro, y quiero saber si es cierto que si en los cuerpos chicos se encierran almas grandes, si hay un cuerpo grande capaz de encerrar un alma grande también: ¿este cuerpo grande encierra un alma chica, o es grande el alma de este grande?». «¡Grande!», respondió todo el taller.

Recordando los héroes de la pasada guerra, se refirió a un mutilado que se hallaba presente, y dijo: «Cuando lleguemos al Capitolio de la libertad de Cuba, habrá allí también héroes mutilados de la juventud actual que estrecharán entre sus brazos a bravos como Francisco Lufriu». Y dedicando un recuerdo al autor de sus días, dijo: «Venía del brazo de un obrero digno de este taller, que me recordaba haber sido amigo de mi padre, de ese padre que al largarme su nombre honrado me ha enseñado también sus virtudes, en las que tengo digno ejemplo que imitar, y que cuando salgo a cumplir mis deberes patrióticos, me estrecha la mano rebosando lágrimas sus ojos, pero con voz entera me dice: Hijo, cumple tus deberes, y que cuando llegue la hora de la sublime partida, al estrecharme en sus brazos, el corazón sangrándole del dolor, no tendrá alguna voz de reproche, ni ahora en sus labios una palabra para retener al esclavo que va a romper sus cadenas o morir al pie de su bandera».

Fue aplaudido frenéticamente. Entre una tempestad de aplausos subió a la tribuna el doctor Valdés Domínguez, que pronunció un elocuente discurso, y dijo: «Sé que hay en puerto un buque de guerra español que se llama»Nueva España»; la nueva España está encarnada en los hombres generosos, que como Díaz Quintero y Salmerón, sostienen en el Parlamento la necesidad de la independencia de Cuba, y a esa España nueva la saludamos con respeto; pero nosotros a la que vamos a hacer la guerra es a la vieja España; a la que ha cometido en Cuba toda clase de iniquidades, a la que ha asesinado niños inocentes y mujeres desvalidas; a la que se opone a la libertad de Cuba, a esa le haremos la guerra hasta desalojarla del último rincón que le queda en el Nuevo Mundo».

Volvió a ocupar la tribuna Quesada y habló en inglés, siendo muy aplaudido.

A petición de varios operarios habló el señor Reina, y hablo bien, diciendo: «Sin autoridad alguna para hablar de asuntos políticos, no debo hacer promesa alguna; pero así que cese el miedo de la metralla y el humo de la pólvora, los que llegan al Capitolio llenos de polvo de la pelea, estrecharán en sus brazos a los que sucios del trabajo han tenido siempre armado el brazo del machete vengador, y cargado el rifle de la libertad con su ayuda generosa». Después el señor Rivero, a nombre del taller, dijo al señor Quesada que podía tener la seguridad de que allí todos cumplirían con su deber y que ninguno haría menos de lo que en los demás talleres se hiciera. De allí salimos para el de

Teodoro Perez
Eduardo Reina, como operario de la casa, presentó a sus compañeros de fatigas al ilustre joven, al secretario del PRC, a este hombre que mira en poco todos los regalos de la vida que no satisface su patriotismo, y que todo lo cambia gustoso por la dicha de ayudar a hacer la Patria cubana. El señor Quesada dijo: «Que aquí en el taller de Teodoro Pérez, en el taller que siempre ha cumplido su deber, no se puede hablar sin emoción, en presencia de esas mujeres, que son las heroínas de todas las libertades, de esos seres que empiezan a sufrir en la cuna y acaban de sufrir en la tumba; de esos seres

a quienes se arranca el corazón con la separación del padre, del hijo, del esposo o del hermano, y que jamás se cansan de amar la libertad; en presencia de lágrimas de ancianos que el frío de la expatriación no ha llegado hasta sus corazones, y que tienen brios para alentar a la juventud que empieza a trabajar por la libertad», y que en esa casa tenía el Partido Revolucionario una ayuda sólida y decidida, y a todos daba las gracias. El señor Someillán dijo: «Yo soy obrero de este taller, y compañero de todos; yo sé cómo son los que conmigo trabajan un día y otro; yo sé que antes de saberse que el señor Quesada había de visitarnos, este taller estaba dispuesto a hacer una colecta a favor de los fondos del Partido. Por lo cual propongo que cada uno de nosotros contribuya con seis pesos», a lo que los operarios contestaron con un sí unánime. Valdés Domínguez, después de hacer un relato de los méritos del señor Quesada y de Martí, y de hablar extensamente de la libertad de nuestro pueblo, dedicó un recuerdo cariñoso a los patriotas del Cayo, a los bravos generales Roloff y Sánchez y a los oficiales que allí se encuentran, al veterano de la emigración José D. Poyo; a ese hombre incansable que un día y otro, y sacando del pan de su casa en muchas ocasiones, ha defendido en el valiente Yara nuestras doctrinas de emancipación; a ese hombre ejemplar que ha sabido él solo escribir el periódico, y a veces dar tinta y tirarlo para que no cayera jamás en el olvido, lo único que ha de hacer felices a los cubanos: la independencia de Cuba.

Volvió ocupar la tribuna Quesada, y fue muy aplaudido por su discurso en inglés, terminando en nuestro idioma con una invocación a la Patria, que arrancó nutridos y continuos aplausos.

Así ha sido este día hermoso. Los cubanos, donde quiera que en el vendaval de la desgracia los empuje, serán los mismos; su anhelo mayor será siempre la libertad de la Patria. Vengan y vean a este pueblo trabajador los que le niegan capacidad para gobernarse; vengan y véanlo y enmudezcan de asombro, y sonrójense de vergüenza los que crean que no es capaz de todos los sacrificios y de todas las grandezas. Vengan los que con medios bastantes para ayudar a la libertad de su país, les niegan su cooperación y adulan al tirano y besan la mano que les abofetea la mejilla; vengan, y estos obreros humildes, estos cubanos de dignidad les enseñarán como se ama a la Patria y como se divide el pan entre hogar pobre y frío y la Patria angustiada. Vengan, para que vean que Cuba será libre.

Gualterio García

18 DE FEBRERO
HAY PATRIA (DE EL MOSQUITO, DE TAMPA)

Tal es la frase que brota espontánea de todos los labios cubanos, al contemplar el bellísimo y alentador ejemplo de disciplina que fortalece más cada día al PRC, en el presente momento histórico.

No hay en la actualidad, ni en la isla ni fuera de ella, una sola nota discordante que venga a turbar por un solo instante la marcha ordenada y serena en que prosigue el partido, merced a la dirección y patriotismo ejemplares de sus jefes, incansables en el desempeño de la ardua labor que el sufragio libre de sus ciudadanos ha puesto en sus manos.

No hay fuera de Cuba en los momentos presentes, un solo cubano de valía, que no ponga su parte de sacrificio a favor de la obra en que todos, sin distingos que mermen nuestro empuje, sin recelos que nos separen, sin rivalidades que el enemigo astuto aproveche, sin preocupaciones ni odio contra nadie, tenemos el deber de levantar sobre nuestros hombros, para que mañana, en ese porvenir que ya se acerca, no nos marquen como hombres incompletos los que han sabido serlo por entero.

La isla está preparada para lanzar de nuevo su reto contra la nación que la explota y oprime, y los cubanos que amamos la Patria, estamos preparados también para servirla, porque tenemos la fe de nuestras creencias; y mas que todo porque tenemos unión.

Nunca mas que ahora aparenta el gobierno español una tranquilidad en que nadie cree; y nunca como en los momentos presentes ha echado a la calle mayor número de esbirros que buscan a los que le preparan su caída definitiva.

Pero esto nada importa. El gobierno de España tiene contados sus días en la colonia que por espacio de cuatro siglos ha explotado y oprimido y nada será suficiente a impedir el triunfo de la razón y la justicia. Hay Patria.

11 DE MARZO
Tampa en su puesto

El martes pasado se patentizó de modo cordial, en esta ciudad, el entusiasmo, la adhesión, la consecuencia política de los cubanos de Tampa en favor de la causa de la revolución por la independencia de la Patria.

Apenas se recibió el telegrama que el señor Quesada, secretario del PRC, envió a esta localidad anunciando el pronunciamiento en Cuba y el desembarco de una expedición de patriotas, en la cual iban entre otros jefes, oficiales y soldados de la libertad, el General Máximo Gómez y el jefe de nuestro Partido señor Martí, cuando el entusiasmo justo de nuestros compatriotas y amigos se hizo patente y los vivas, las aclamaciones, las banderas, los petardos y toda clase de expresiones de patriotismo, significaron, una vez más, la fe profunda e inextinguible de los que trabajan por la realización de nuestras nobles aspiraciones.

No hay en Tampa un corazón honrado que no haya palpitado de júbilo, ni cubano que no sintiese en su pecho todo el amor, todo el cariño que los buenos profesan, como culto sagrado a los nobles adalides de la causa de la civilización.

En Cuba City, Ellinger, Ibor City, en todos los lugares habitados por nuestros compatriotas y correligionarios, el entusiasmo se desbordó, Tampa, resplandeciente, ha dicho a la luz del mundo que aquí, en este sitio, donde se dio comienzo a la obra gigantesca de la formación del PRC que ha realizado la revolución en Cuba, los Cubanos saben estar en sus puestos de honor.

Gloria grande cabe a Tampa, lo decimos con orgullo, en esta hora de expansiones, y ella sabrá corresponder como siempre a los compromisos que tiene contraídos con la Patria.

Pero como no era posible que solo se manifestase el regocijo popular con aclamaciones, como se hacía necesario que la palabra hablada se ostentase en asamblea popular, nuestros hermanos de Cuba City organizaron un *mass meeting*, al aire libre, en la plaza de Céspedes.

Allí, en improvisada tribuna, engalanada con nuestra preciosa bandera, y al resplandor de gran número de antorchas, habló la voz de la Patria, el sentimiento del deber, la fe de la convicción que con patriótica devoción conmovía los corazones, y los aplausos, los vivas y las aclamaciones atronaban el espacio.

El incansable Fernando Figueredo presidió. Hablaron los conocidos oradores siguientes. Dr. Fermín Valdés Domínguez, Eduardo Reina, Enrique Carrero, Francisco J. Díaz, coronel Federico Martínez, Justo Lantigua, J.G. Pompés, N. Florestán, Rafael Hernández, un americano, George, Abelardo Candau, Cecilio Henríquez, la niña Pensylvania Herrera, que arrebató al auditorio con la recitación de una poesía a Cuba, Pedro Someillán, Luis Cruz, B. Sallán, Diego Blanco, Ramón Rivero y Rivero. El resumen lo hizo Figueredo, que supo hermanar las ideas emitidas por los oradores, cerrando con broche de oro tan entusiasta y significativa demostración cubana.

A las diez terminó este meeting colosal, dándose cita todos para asistir al que los cubanos de Ibor City preparaban para el miércoles 27 en El Liceo Cubano.

18 DE JUNIO

¿Y cómo podremos comentar hoy como queríamos el gallardo artículo de *La Revista de Florida* sobre el Partido Revolucionario, y celebrarle la variedad y nobleza del periódico entero? ¿Cómo acusar recibo, entre tanto material valioso de las sentidas páginas en que Néstor Carbonell cuenta los méritos de Francisco González Acosta, el sincero escritor de *El Proletario*?

20 DE JULIO
«CLUB DEL COMERCIO DE TAMPA»

Sr. Secretario de la Delegación del PRC.
Tengo el alto honor de poner en conocimiento de usted que con fecha 3 del actual quedó constituido el «Club del Comercio de Tampa», bajo las bases y obediencia de esa Delegación, sometiéndose en un todo a las Estatutos generales del Partido y disposiciones que del mismo procedan, siendo su personal directivo el siguiente: Presidente, Dr. Francisco Félix. Mendoza. –Vice-Presidente, señor Manuel Barreto. –Tesorero, Sr. Francisco Velazco. –Contador, Sr. José del C. García. –Secretario, Sr. Mario del Monte. –Vocales, Sres. Alfredo Abad, Ramón Miranda y Ramón Ruiz. Contando además con sesenta y ocho miembros activos. Y al caberme hoy la satisfacción de manifestarle el pequeño esfuerzo que he realizado, atendiendo gustoso la recomendación verbal que se sirvió usted hacerme, le reitero que pondré de mi parte cuanto pueda para ayudarlo según sus deseos y mis promesas.

El Club, por mi conducto, suplica a usted se sirva hacer presente a esa Delegación nuestro respetuoso saludo. Patria y Libertad.
Tampa, Junio 20 de 1895.

El Presidente,	El Secretario,
Francisco F. Mendoza.	Mario del Monte.

Club «Ignacio Agramonte»

Tampa, Fla., Julio 3, 1895-
Sr. Director del periódico *Patria*.
New York. Sr. Director:
Espero de su bondad y patriotismo, ordene la inserción en su acreditado y patriótico semanario, de la comunicación que le adjunto.
Club Revolucionario Cubano 'Ignacio Agramonte'
Secretaria.
En junta general extraordinaria, llevada a efecto por este Club, el día dos del corriente mes, entre otros acuerdos de gran interés patriótico, se tomaron los siguientes, encaminados a honrar la memoria veneranda del Padre de la Republica Cubana, del Mártir sublime José Martí:

1.° Llevar insignia de luto durante treinta días a contar desde la fecha.

2.° Redoblar los esfuerzos y sacrificios que se hacen para auxiliar la revolución libertadora.

3.° Verificar una velada fúnebre en memoria del que supo sellar con su muerte en el campo de batalla, las doctrinas redentora que predicó en vida.

4.° Usar como distintivo, en el ojal de la levita, un botón con su retrato.

5.° Dedicar una pagina en el libro de actas para perpetuar estos recuerdos, y enviar copia de los mismos a la viuda e hijo del gran revolucionario.

6.° Enviar esta comunicación con los precedentes acuerdos a los periódicos *Cuba*, de Tampa y *Patria*, de esa ciudad.

Patria y Libertad.
Eligio de J. Carbonell
Secretario.

24 DE AGOSTO

Sr. Director de *Patria*,
Apreciable y distinguido ciudadano: Tengo la profunda satisfacción de anunciar a usted que los obreros cubanos del taller de R. Monne y Hermano, de esta ciudad, nos hemos reunido en junta el día 2 del presente mes, con el fin de fundar un club patriótico.

Abierta la sesión por el ciudadano Presidente interino, se procedió al nombramiento de la directiva, la que resultó ser como sigue: Agapito Rodríguez, Presidente. –Ramón V. Pagés, Secretario. –Agustín Pla, Tesorero. –Ángel Sánchez Ruíz, Contador, y José Ramón Sanfeliz, Vocal.

Salvada esta formalidad se procedió al nombre con que debíamos designar nuestro club, resultando de unánime voluntad el de «Veinticuatro de Febrero No. 1»

Se acordó por consentimiento absoluto, pasar a usted esta comunicación para que nos honre dándole publicidad en las columnas de *Patria*.

Esto me proporciona, ciudadano Director, el gratísimo placer de ofrecerme a su distinguida consideración y respeto.

El Secretario.
Ramón V. Pagés.
Tampa Agosto 10 de 1895.

Ibor City, Tampa, Agosto 6, 1895.
Sr. Director de o Patria»
Distinguido Sr.: Tengo el honor de participarle la formación de un nuevo club de los operarios del taller de Emilio Pons, que lleva el nombre del ilustre patriota y ya famoso guerrero, «Bartolomé Masó».

Este club se ajusta en un todo a las sabias Bases y Estatutos del gran PRC; de ese Partido dirigido por hombres que han sabido llevar a nuestra querida y desgraciada Cuba la revolución por tanto tiempo esperada, y que sin duda es la que ha de acabar con la tiranía dándonos al fin una República grande y justa.

La Directiva elegida para dirigir dicho club en su primer término, es como sigue:

Presidente, Estasio Valdés. –Secretario César de Armas. –Vocales, Francisco Alfonso Ramón Meilán.

Sírvase usted publicar en nuestro valiente órgano esta comunicación, por lo cual le anticipa las gracias

C. de Armas,
Secretario.

14 DE SEPTIEMBRE
COMUNICACIONES OFICIALES

West Tampa, Fla., septiembre 1 de 1895.
Sr. Tomas Estrada Palma, Delegado del PRC.
New York.

Sr. Delegado: Tengo el gusto de acusar recibo de su nota oficial, en que me hace la inmerecida honra de nombrarme su representante en la península de la Florida, con el carácter de Agente general y Sub delegado del PRC.

Gracias doy a usted por el inmerecido premio que disciernen a mis inútiles esfuerzos por coadyuvar al mejor éxito del triunfo de nuestra causa y al aceptar, como acepto, tan señalada distinción, cuente que no descansaré por hacerme acreedor a la confianza y a la estimación con que mis compatriotas han premiado siempre mis débiles servicios a la Patria.

En esta fecha he nombrado Sub-agente en las ciudades de Ocala y Martí-City al distinguido y estimado patriota, el veterano señor Gerardo Castellanos.

Soy de usted con mi más respetuosa consideración,
F. Figueredo.

19 DE OCTUBRE
El 10 de octubre en West Tampa

West Tampa, 12 de octubre de 1895.
Señor Director de *Patria*.
Estimado compatriota: ¡Qué hermoso día! Parece que Natura se hizo partícipe de nuestro regocijo por la conmemoración de tan gloriosa fecha; y apenas el sol, como globo de fuego, asomara en oriente, presentose el cielo puro, limpio, tranquilo, y una brisa suave, parecida a la de nuestra Patria, soplaba blandamente, esparciendo los gratos aromas de las variadas flores de estos prados. Fue la hora en que el cañón cubano, colocado expresamente al costado de Céspedes Hall, hizo la salva de ordenanza, que sea la señal de comenzar los obreros sus labores, y centenares de éstos partieron a ocupar sus puestos, en cumplimiento de un compromiso voluntario... ¡trabajar ese día en beneficio del tesoro de la Patria! ¡Oh, qué admirables son los obreros cubanos de la emigración! ¡Cuánto heroísmo implica esa generosa dádiva, después de una crisis económica como la que hemos venido atravesando! Los que noblemente combaten con el cruel dominador en los campos de batalla, deben hallarse satisfechos al saber que luchan por unos compatriotas que no los abandonan, que no los abandonarán.

Y discurre el día silencioso, solo interrumpido por el golpe de la herramienta en los talleres, hasta las cuatro de la tarde, que era la hora señalada para las expansiones y el regocijo. Desde entonces comenzó el cañoneo a pequeños intervalos y el bullicio y la animación.

Una comisión del cuerpo municipal, acompañada de los alumnos de tres colegios e inmenso público, dirigíase a inaugurar el cementerio Martí; y allí se coloca la primera piedra del mausoleo que ha de levantarse y se recitan sentidos versos y se pronuncian discursos alusivos al acto, y se honra dignamente la memoria del que supo dar su vida para levantar un pueblo, José Martí.

Hemos retornado a la ciudad; ha cerrado la noche, y nos hallamos enfrente del hermoso coliseo Céspedes Hall de cuatro a cinco mil espectadores. Las fachadas del teatro se hallan profusamente iluminadas, y sus balcones visten ricos cortinajes y banderas de varias nacionalidades, destacándose en un ángulo la bandera más linda, la bandera cubana. Al lado opuesto de la entrada principal del edificio, preciosos juegos de pirotecnia alegran la muchedumbre, y globos de variados colores, que el viento casualmente dirige hacia Cuba, pueblan el aire; pero, al fin, la banda de música americana de Tampa hace saber, con sus alegres sones, que va a comenzar el meeting.

Los espaciosos salones del gran teatro no son bastante a contener tanto público. El pueblo americano de Tampa, y de otras ciudades que vinieron expresamente a celebrar nuestra fiesta, ambos a la vez, se disputan a porfía el mayor orden y la más exquisita compostura. Tras unos minutos de respetuoso silencio, el señor Fernando Figueredo – Mayor de la ciudad –declara abierta la sesión y pronuncia dos elocuentes discursos, uno en castellano y otro en inglés, donde puso de manifiesto la justicia de nuestra causa y demostró la evidencia del triunfo de nuestros compatriotas en campaña; dando, de paso, los más calurosos plácemes al pueblo americano por su decisión en pro de la independencia de Cuba.

Después del señor Figueredo, bajo una salva de aplausos, apareció en la tribuna H. C. Macfarlane, hábil abogado y uno de los oradores más elocuentes del Estado de Florida. En su discurso patentizó la justicia del pueblo cubano y exhortó a los hombres amantes de la libertad para que ayudasen a aquel puñado de héroes que tan bravamente combaten por sus derechos vulnerados, dando, además, lectura a dos cartas de suma importancia que le fueron enviadas al coronel Figueredo, referentes a la causa cubana. Una del electo miembro del Congreso, S. B. Sparkman, llena de frases de cariño y con alentadoras esperanzas; y otra del juez Marshaw, el célebre político de Georgia, el cual, después de excusarse por su falta de asistencia, emite conceptos favorables a nuestra gloriosa revolución.

Además de Macfarlane ocuparon la tribuna los señores americanos siguientes: John F. Gray; YV. H. King; Dr. Jones

William; H. Hardman; y N. B. K. Pettígill, este último abogado de los cubanos de la localidad y uno de los jurisconsultos más respetados de Florida. Todos estos señores, en párrafos sonoros y sentidos, abogaron por la independencia de la isla esclava y se aplazaron para la gran campaña que ha de librarse en este país en obsequio a nuestra redención.

Y tocoles el turno a los cubanos.

La niña Pennsylvania Herrera, recitó con gracia y mímica apropiada, un chispeante romance que el auditorio palmoteó debidamente; su padre, el popular e incansable Martín, se complace de la actitud del pueblo americano y aplaude a los obreros que son los principales sostenedores de nuestra guerra y a los cuales estimula solo el interés colectivo y nunca el interés particular; P. R. Someillán protesta contra el dominio de España en América y exhorta al pueblo para que siga impertérrito la senda de su reivindicación, que será tan próxima cuanto más rápidos sean nuestros esfuerzos y sacrificios; Félix Zahonet tributa sentido recuerdo a los héroes de la pasada revolución, aplaude a los combatientes de la guerra actual y se lamenta de no hallarse en los campos de Cuba, combatiendo por la libertad de la Patria; el joven Buttari habla con vehemencia de nuestros héroes, tiene severos anatemas para los traidores, tributando, entristecido, un recuerdo a la memoria de Martí; y, González Acosta, autor de estas líneas, dijo, lo que debía decir como cubano.

Que todos estuvieron elocuentes ¿para qué decirlo? Se hablaba el lenguaje de la verdad, que ya ataviada, ora sin atavíos, es siempre elocuente y hermosa.

González Acosta

5.5

En 1896

8 DE ENERO

West Tampa, 1 de enero de 1896.

Señor director de *Patria*.

Estimado compatriota: alegres, muy alegres hemos pasado los días de Navidad los emigrados cubanos residentes en Cuba City, West Tampa; es decir, tres o cuatro mil obreros cubanos que, arrojados por la miseria y el despotismo español de nuestra Patria, levantamos en esta hospitalaria tierra una floreciente ciudad que puede servir de modelo en cuanto a moralidad, orden y compostura. Tan es así que, en estos días de animación y bullicio, los dos únicos policías que contamos no pudieron dar muestras de autoridad, pues nadie dio motivo para la más ligera represión. Los americanos de Tampa aplauden nuestra conducta y dicen que somos un pueblo digno de mejor suerte; y en tanto los españoles nos niegan las más pequeñas dotes para gobernarnos nosotros mismos y lamentan, con la pérdida de Cuba para España, la pérdida de la civilización en aquella infortunada isla. Y es que entienden que se nos acaban estas tres brillantes instituciones: la de los frailes, los toreros y los mendigos.

Pero, comencé hablándole de nuestra alegría en los días de Navidad y debo hacerle una aclaración: no vaya usted a creer que nuestro júbilo y alborozo era por la tradicional fecha en que se conmemora la venida del Redentor al mundo.

Eso entraba por poco, dado que el primer día de Pascuas recibimos varios telegramas anunciándonos la invasión de las huestes libertadoras en la provincia de Matanzas, los cuales con empuje abrumador se dirigen en marcha triunfante hacia la provincia de Pinar del Río. ¡Desdichado general Campos e infeliz campaña de invierno! En el verano hay que gritar: ¡Santiago y vuelvo a España!

Dejo esto a un lado para decirle que, por más que el ilustre y valiente general Calixto García Íñiguez, se nos presentó lo más sigilosamente posible, y trató de ocultarse cuanto pudo, todo ello no fue bastante para que fuese objeto de brillantes manifestaciones, pues el pueblo tiene buen olfato, y descubre lo que le interesa por más que se oculte mañosamente.

Hoy se ha celebrado un *meeting* político en el teatro Céspedes Hall, en honor de tan queridísimo huésped, y por él habrá podido apreciar el señor García Íñiguez cuáles son sus merecimientos, y cuál es la actitud de esta inmigración laboriosa y honrada por la libertad de la Patria. No le hago la reseña de la fiesta por no ser extenso. Esta la verá en el periódico *Cuba*.

S. S. S.
A. González Acosta

8 DE FEBRERO
CORRESPONDENCIA

West Tampa, 3 de febrero de 1896.
Señor director de *Patria*.
Estimado compatriota: lamentable contratiempo ha sufrido el PRC. ¡Qué hermoso contratiempo si éste hubiera sido necesario para aquilatar los grados de patriotismo de la emigración cubana, residente en esta localidad! Apenas el telégrafo nos anunció la infausta nueva, corrió la noticia como un chispazo eléctrico; pero no duró su impresión más tiempo que el

indispensable para pensar en responder a la adversidad con una decisión inconcebible y una entereza propia de los hijos de Esparta.

¡Qué hermoso pueblo! He ahí confirmado lo que le manifesté en mi anterior correspondencia referente a la emigración cubana y a esos tabaqueros que hoy miran las clases sociales de nuestra Patria con respeto y cariño.

Los señores Fernando Figueredo, Cecilio Henríquez y Rivero y Rivero, delegado y directores del Cuerpo de Consejo respectivamente, invitan al pueblo para la casa cubana Céspedes Hall, y allí corremos todos presurosos y nos congregamos y celébrase un *meeting* soberbio, donde se desborda a raudales el patriotismo y se prueba prácticamente el amor a la independencia de Cuba.

¡Qué majestuosa estaba la sala! Lo más selecto de los emigrados recientemente venidos de la tierra querida nos visitó esa noche y patentizó sus más vehementes deseos de compartir con nosotros las fatigas de esta lucha, y contribuir al exterminio de la dominación española en la isla de Cuba. Tal parecía que el espíritu de Martí había tocado todos los corazones y que todos respondían con una fe propia del apostolado de aquel gran hombre. El señor Fernando Figueredo abrió la sesión con un discurso apropiado y sentido, el cual le valió merecidos aplausos; después le siguió el que estas líneas escribe e hizo una proposición que sirvió de base a los oradores de la noche. Y siguieron en el uso de la palabra los señores Martín Herrera, Serafín Bello, B. Martí, Manuel Navarro, el Ministro Duarte, Ramón Rivero y Salvador Romaella; todos muy elocuentes y aplaudidos, pues hablaba el sentimiento y para éste no hay escuela ni arte, porque él sabe inspirar todos los encantos del bien decir.

La proposición, consistente en un día de trabajo a beneficio del Tesoro de la Patria, además del diez por ciento de su jornal conque contribuyen diariamente los obreros, y una comisión mixta de señoritas y caballeros a fin de que las otras clases sociales contribuyesen con todos los recursos disponibles, no fue aceptada en todas sus partes; pues obedeciendo a una ampliación del señor Cotanda, los obreros, en gran número, han donado mucho más de lo pedido. Entre otros el señor del Pino, expedicionario, no solo ha dado el diez por ciento de su jornal y un día de trabajo, sino que puso diez pesos sobre la mesa de la presidencia. Esa conducta fue imitada por muchos de los concurrentes y en breves instantes se vio la mesa cubierta de papel moneda y moneda metálica. Terminó el *meeting* con el acuerdo de un telegrama al delegado señor Estrada Palma, dándole un voto de confianza por sus brillantes gestiones; que este pueblo ve en él al digno sucesor del infortunado Martí.

He esperado para escribirle, a dos días después del *meeting*, para saber el resultado de la colecta. Entiendo que esta es la más pujante de cuantas se han llevado a cabo en esta localidad. Pobre España, no te queda ni cara en que persignarte.

González Acosta

4 DE MARZO

West Tampa, Fla., febrero 23 de 1896.
Señor director de *Patria*
Estimado compatriota:
La Patria estaba de luto, y esta emigración cubana, momentos antes alegre y regocijada por la anunciada visita de su Delegado, sentíase triste y sobrecogida, dada la infausta noticia de una pérdida irreparable: la muerte del estimable hombre público Manuel de la Cruz. Pues si la libertad perdió a uno de sus más entusiastas paladines y la literatura americana a un estilista de los que más timbre y gloria la prestaran, nosotros perdimos a un hermano que todo era amor, cariño y abnegación. He ahí por qué se suspendió la procesión cívica que estaba ya dispuesta para dirigirse a la estación, y por qué el coronel Figueredo dio orden a la banda cubana que se retirase, en vez de que esperasen al delegado señor Estrada Palma. ¿Pero, puede contenerse la vehemencia popular cuando

el pueblo desea rendir justo homenaje a los que ha investido con sus poderes para reivindicar sus derechos y conquistar sus libertades? Imposible.

El pueblo sentía tristeza por el fallecimiento de Manuel de la Cruz, pero entendía que debía demostrar su gratitud y cariño al intachable patriota señor Estrada Palma. Y, aunque sin músicas ni en orden de fiesta, marcharon millares de cubanos a la estación ferrocarrilera. Ya con anterioridad se habían dirigido al puerto el agente de la Delegación en ésta, señor Figueredo, los presidentes y secretarios de clubs y distintas corporaciones.

Llegó el señor Estrada Palma acompañado del brigadier Castillo, subsecretario de Hacienda del gobierno de la República Cubana y jefe de Sanidad del Ejército Libertador, el cual viene de los campos de la Patria en comisión del servicio y que, dicho sea de paso, movió gran corriente de simpatía en su favor por su figura elegante, sonrisa cariñosa y mirada expresiva donde irradia todo el coraje de la sangre criolla. Ambos, en unión de vistosas damas y comisionados de distintas sociedades, fueron conducidos en lujosos carruajes a la morada del coronel Figueredo; y allí, en recepción constante, permanecieron hasta más de media noche.

El día veintiuno fue destinado por nuestros valiosos huéspedes para visitar la que ya puede llamarse populosa ciudad de Ibor, y en ella fueron recibidos con la misma fe y el propio entusiasmo que en otros tiempos de preparación lo fuera el nunca bien llorado José Martí. Las casas cubanas y muchas extranjeras vestían sus mejores galas y, de trecho en trecho, sobre las enramadas y cortinajes, flotaba la linda bandera cubana. En las manufacturas de tabacos, tanto cubanas como de españoles y cubanos, fueron obsequiados con dulces y refrescos nuestros visitantes y no hubo un orador de los muchos que usaron la palabra que no sustentara su más completa confianza por los hombres que dirigen nuestra revolución y su fe más completa por la terminación de la guerra con la independencia de la Patria.

Por la noche celebrose un *mass meeting* al aire libre enfrente a la manufactura de Martínez Ibor, y en él tuvimos ocasión de apreciar las condiciones de este pueblo por su amor a la libertad. Señoritas, señoras, jóvenes y ancianos, todos, con hachones encendidos, poblaban las calles hasta más allá de donde pudiera ser oída la palabra de los oradores. Y habló el señor Estrada Palma y hablaron otros dignísimos compatriotas, inspirados en ideas saludables hacia el bien de la Patria y todos dentro de la mayor mesura y el más atildado comedimiento, siendo estrepitosamente aplaudido el español Salvador Romaella, que tuvo momentos felices y oportunidades del caso.

El día 22 tocole en turno a la ciudad de West Tampa y el Delegado, en compañía de Cecilio Henríquez, Figueredo y Martín Herrera, recorrió los talleres O-Halloran y Hermano, Teodoro Pérez, Cartalla, Fall Mayer, y otros que en este instante no recuerdo, recibiendo en ellos manifestaciones de la propia índole que en los talleres de Ibor City, y siendo obsequiados espléndidamente. El taller de Fall Mayer entregó al señor Estrada Palma como donativo particular para fondos de guerra, la suma de ciento cincuenta pesos y le dijo, por mediación de su comisionado, que de ese modo era como protestaban los obreros cubanos de Florida contra la dirección del Partido.

Llegó, por fin, la hora de la despedida, que fue al morir la tarde del propio día, y este *meeting* verificose en la casa cubana Céspedes Hall. Los señores Estrada Palma y Castillo, bañados por los brillantes resplandores de millares de luces que marchaban en correcta formación, fueron acompañados y victoriados hasta nuestro gran teatro por lo más selecto de nuestra sociedad. En este meeting se pronunciaron brillantes discursos por los señores Estrada Palma, Castillo, Figueredo, Romaella, Bello, Carbonell, Gallo, Herrera, y Rivero y Rivero. Y a propuesta del señor Gallo fue ratificado el voto de confianza que ya esta emigración había dado al Delegado del Partido. Acompañamos a nuestros queridos visitantes hasta la estación y éstos con un cariñoso apretón de manos, nos significaron que partían alegres y satisfechos.

A. González Acosta

7 DE MARZO
Correspondencia de Tampa

West Tampa, Fla., febrero 20 de 1896.
Señor director de Patria. Estimado compatriota:
Nuestro primer aniversario de la Revolución Cubana, fue celebrado en ésta espléndidamente. Nunca, a mi juicio, se verificara fiesta más hermosa en el Estado de Florida; y en ese sentido he de estar deficiente al pretender narrar todo lo ocurrido en obsequio a nuestra santa causa el día veinticuatro de febrero. Al aparecer la mañana la ciudad de West Tampa saludó a Ibor City con una salva de cañonazos y ésta contestó del propio modo, estableciéndose ese saludo de hora en hora, hasta que el sol se ocultara en Occidente. Tal parecía que nos hallábamos en formal campaña de guerra; pero, se desvanecía esta ilusión para recordar nuestras fiestas populares en las villas y poblados del interior de Cuba, al ver los caprichosos globos de colores, variados cortinajes y las enramadas campestres con que se adornaban las casas cubanas. Y sobre todo ese conjunto simpático y halagador a nuestra vista, ¡qué hermosa ondeaba la bandera de Cuba!

Las sombras de la noche fue la señal reconocida por este gran pueblo para acudir a la cita cubana al Céspedes Hall, y ¡qué golpe de vista tan bello! La sala parecía un precioso campo de colores y no soy en nada hiperbólico si se aprecia el conjunto de más de quinientas lindas cubanas que, en miradas puras y brillantes, envolvían toda la concurrencia. Lo más selecto de nuestra sociedad estaba presente y dos mil espectadores inspirados en el santo amor de la libertad de Cuba iban a disfrutar de la velada. En todas las imaginaciones bullía una sola idea: la última súplica del gran Martí a su pueblo; pues a la entrada de la galería sobre el retrato de aquel mártir, se veía esta inscripción: Mandadme parque para un año y el triunfo será nuestro.

Comenzó la fiesta por un bien sentido discurso del señor Serafín Bello, siguiéndole alternativamente, con difíciles piezas tocadas magistralmente al piano, la señora Nápoles y señoritas Zayas y Adelina Sánchez. Después escaló la tribuna el señor Fernando Figueredo y pronunció un discurso juicioso y razonado, como todos los suyos. El distinguido profesor señor Valenzuela, acompañado al piano por la niña Pensilvania Herrera, ejecutó en su violín valiosas concepciones que en raudales de armoniosas notas iban a perderse entre los aplausos de la concurrencia. También hicieron las delicias del auditorio con un terceto de mandolinas, violín y piano, las señoritas Figueredo, Nápoles y Echemendía.

Terminada la primera parte, casi toda consagrada a filarmonía, recitó con naturalidad y gracia la niña Pensylvania Herrera una linda poesía que fue dignamente aplaudida. Y a continuación recitó unas redondillas dedicadas a Martí, la señora A. García y leyeron sentidos versos los señores Daniel Pérez, Muñoz y Moinelo, e hicieron uso de la palabra Martín Herrera, Salvador Romaella, Manuel Navarro, Lantigua y A. González Acosta; todos muy acertados en el decir y frenéticamente aplaudidos; porque, aparte la elocuencia natural de sus discursos, hablaban a un pueblo de hermanos, unidos estrechamente por el lazo del infortunio y alentados por una sola aspiración: la libertad de la Patria.

Terminó la fiesta con el gracioso coro de Cigarreras, que se cantó con superior maestría; y un cuadro plástico contemplado al son del himno bayamés y formado por lindas señoritas en traje de insurrectas y entre las cuales Pocahontas Herrera, como diosa de la Libertad, tuvo ocasión de lucir sus bien delineadas formas y las raras dotes de belleza con que la dotara el ciclo. He aquí el resultado práctico de la fiesta: entre los dulces y refrescos regalados por algunos establecimientos y expendidos a los concurrentes, doscientos pesos. Un reloj y una leontina de oro donados en el acto por el señor C. Pérez Arocha, y una tonelada de pólvora y un quintal de dinamita que ofreció un rico americano allí presente al señor Figueredo.

Antonio González Acosta.

Nota. Esta velada fue preparada bajo los auspicios de los clubs de señoras 24 de Febrero de 1895 y Discípulas de Martí.

1.º DE ABRIL
Juana Borrero

Apenas si puedo darme cuenta de la amarga realidad con que tropieza mi mente atribulada!

Allá distante, en Cayo Hueso, se ha marchitado para siempre un lirio de mi Patria, cuando caían en su corola perfumada las gotas primeras de la aurora!

Y allá entre negros crespones –junto a la tumba de Juanita Borrero–, ayer bella y hermosa como una rosa de abril, luz de un hogar que besaba la gloria, divisan mis ojos, llorosos y abatidos, locos de dolor, a los padres amantísimos, cuya desesperación no aumentaré brindándoles consuelos que no existen en el mundo.

A las lágrimas y gemidos de sus padres infelices, únanse mis lágrimas y lamentos entre el eco lejano de la Patria que también ante sus glorias murmura una plegaria.

Hasta mañana.

Néstor L. Carbonell

18 DE ABRIL

Consejo de Presidentes de Port Tampa City. Secretaría.
Sr. Ministro Plenipotenciario y Delegado de la República Cubana.
Ilustre compatriota:
Por orden del Cuerpo de Consejo de esta ciudad, tengo la honra de participaros que en la elección general celebrada a las diez de la mañana de este día para el cargo de Tesorero del PRC, salió reelecto por unanimidad el señor Benjamín Guerra. Lo que tengo mucha satisfacción en comunicaros, cumpliendo mi deber.

Patria y Libertad, Port Tampa City, abril 10 de 1896.
El Secretario, Martín Rodríguez.

6 DE MAYO
DE WEST TAMPA (FRAGMENTO)

Por esta localidad ha circulado con profusión entre los trabajadores un folleto, editado por el Centro de Propaganda Obrera, y en el cual se trata lúcidamente de la esclavitud del salario comparada con la esclavitud política. El trabajo es original de Mr. John Davis con un prólogo del traductor que oculta su nombre; y en él brilla una lógica severa, resplandeciendo en todas sus proposiciones y comparaciones la más estricta justicia y la equidad más apropiada Pero, el autor del prólogo, refiriéndose a los efectos de esa propaganda entre los campesinos de nuestra Patria, dice:

El campesino de Cuba no percibe más forma de opresión que la del gobierno español sobre Cuba, porque no necesita un largo razonamiento para percibirla. Ahí está la pareja de la guardia civil, representante de la autoridad española, que entra en su pobre hogar, le insulta y le apalea. Esta es una esclavitud a cara descubierta, franca y brutal. El esclavo la percibe y se rebela, mereciendo por ello el aplauso, el aliento y el auxilio de todos los hombres que aman la libertad y aborrecen la tiranía. De la esclavitud económica, esclavitud disimulada, que lo empobrece y lo aniquila, y que es en último análisis el verdadero móvil de todas las esclavitudes políticas, no se ha percibido aun el campesino cubano ni podrá hacérsele percibir mientras no se emancipe del coloniaje que es hoy para él la esclavitud visible y patente. Pero ahí hay madera de rebelde, y buena. Hoy está empeñado en un duelo a muerte que absorbe necesariamente toda su atención y todas sus energías, y no es la hora de hablarle de otra cosa sin que recele que se le quiere distraer de su empeño. Ahora es la hora de ayudarle a triunfar porque él es el oprimido, el explotado, el pisoteado, y lo que combate contra él es la fuerza, es la autoridad sin freno, la negación del derecho. Después le hablaremos.

Y tiene sobrada razón el prologuista. No es hora esta de hablarle al trabajador cubano de otro principio que no sea la independencia de Cuba. Quien tal propósito alentara con justicia podía ser tenido por un simpatizador de la dominación española en aquella isla. Luego, ¡son tantos los desengaños! Lo que toca a los defensores de la libertad del salario; lo que toca a los socialistas y anarquistas, es contribuir con todos sus recursos y hasta con su sangre, a que el obrero cubano, políticamente, se emancipe del tutelaje español. Y sería temeraria empresa pretender lo contrario; pues la casi totalidad de los obreros de Cuba decimos, que antes que todo y por encima de todo está la independencia de la Patria. Después hablaremos.

Termino manifestándole que, con esta fecha, ha quedado establecida en esta ciudad la Administración de correos de Cuba Libre. En esta se recibe y despacha la correspondencia para el territorio que ocupan las huestes revolucionarias y para la Unión americana. Los sellos de cartas cuestan de uno a cinco centavos, según al lugar que se dirijan, y es administradora de correos nuestra compatriota América Herrera, calle de Maine, número 330. Antonio González Acosta.

Néstor L. Carbonell

Llegué a Tampa al oscurecer, me introduje en un carrito eléctrico y llegué al hotel «Victoria», sin saber por dónde había pasado. Lo huéspedes me asediaron a preguntas sobre las cosas de Cuba. Di algunas noticias, me dieron otras y fui a descansar del estropeo del viaje. Al día siguiente no fui a visitar al señor Martínez Ibor ni visité tampoco la fábrica de éste y Manrara (cosa más rara) aunque si vi por fuera la mole de ladrillo donde libran la subsistencia cientos de familias cubanas.

Yo sabía que de la fábrica no sacaría nada aunque hiciera de tripas corazón, y buscando a alguien con quien hablar de letras, tropecé de manos a bocas con Néstor L. Carbonell, a quien no concibo sino en su tienda, en su pequeña tienda de libros de donde se difunde la luz.

No peca de alto, por cierto, ni ha sido tímido para engordar. El bigote, blanco y recortado en forma de ceja, apenas se aventura a seguir más allá de la comisura de los labios. Su cara es ancha y en su cabello luce la escarcha del dolor que no de los años, pues Carbonell tiene el alma joven. Es, como tantos otros, un idólatra de José Martí y sabe de memoria muchos de sus discursos y muchas de sus poesías. Las recita con cariño tal, que parece como si pretendiera conquistar adeptos para su ídolo. Y los conquista.

Acompaña a Carbonell una memoria prodigiosa, tanto que recuerda la de Zambrana, y es un gusto oírle referir anécdotas del tiempo viejo siempre nuevo. Carbonell no ha de prosperar mucho en su pequeña tienda porque su comercio es muy reducido. ¡Vende libros y periódicos! ¿Quién gasta su dinero en impresos?... Pero él es feliz, completamente feliz, rodeado de volúmenes y papeles. Atrae allí a todo el mundo que acude solícito a oír las traducciones de la prensa americana, o a oír la lectura que Carbonell hace del discurso reciente o del suelto viril. Yo me he adherido insensiblemente a Carbonell, y voy a verle a su pequeña tienda dos y tres veces al día, a cambiar impresiones.

No puede decirse que pertenece a la generación pasada, porque a la verdad, a esta generación también pertenece. Si así no fuera, ¿por qué entonces la juventud lo busca y lo oye? Tiene figura de apóstol y su vida es un apostolado. Su semblante risueño, tranquilo y resignado así lo indica y sus hechos así lo atestiguan.

A veces escudriño en su mirada, y quiero ver decaimientos y desmayos, pero siempre fracaso como fracasan esta vez las elecciones de diputados en la Habana.

La primera vez que Martí vino a Tampa fue llamado por Carbonell. Si hubiera necesidad de filiar Carbonell en alguna escuela literaria, lo filiaría en una que tiene todavía adoradores, pues con la pluma quiere envolver al lector con el perfume de los campos, adormecerlo con el quejido melancólico de la palmera, y enervarlo con el vaho de la ardiente naturaleza tropical. Pero como lector está por los viejos y por los nuevos, por Hugo y Zola, por Dumas y Daudet... Pruébalo si no los anaqueles de su pequeña tienda, donde se apeñucan las carátulas, libros de franceses e ingleses, españoles y cubanos. Y es porque el verdadero cosmopolitismo y la verdadera democracia, no existen sino en las bibliotecas. Para que eso suceda en el mundo, es necesario que se acabe el mundo.

W. Gálvez, Ibor City, abril 7 de 1896.

3 DE JUNIO
CORRESPONDENCIAS

West Tampa
Mayo 21 de 1896.

Sr. Director de *Patria*.

El primer aniversario de la muerte del héroe Martí, ha sido dignamente conmemorado en esta localidad. Lo más selecto de nuestro pueblo se dio cita para la noche del día diez y nueve, en nuestro gran coliseo Céspedes Hall. El teatro se hallaba suntuosamente decorado, con la propiedad del caso, y fueron insuficientes las localidades para contener tanto público como el que allí se apiñaba, con el fin de honrar la memoria de nuestro gran apóstol.

Abierta la sesión por nuestro venerado anciano señor Juan Arnao, dio lectura el secretario, doctor Echevarría, a una carta del señor Cecilio Henríquez, presidente del Cuerpo de Consejo de West Tampa, en la cual se excusaba, por motivos de enfermedad, de su falta de asistencia, y emitía conceptos brillantes a la memoria del mártir de Dos Ríos; acompañando, además, un billete de diez pesos para armas y municiones. Y, entrando en turno el reverendo P. Duarte, pronunció una oración fúnebre sumamente correcta, que fue estimada y aplaudida por el auditorio.

Sucedió al señor Duarte el coronel Fernando Figueredo, y pronunció su mejor discurso. La historia de la revolución pasada comparada con la revolución presente y la figura de

José Martí destacándose soberbia sobre el cuadro de penalidades y sinsabores que sufriera, fueron temas para él inagotables y que supo manejar con verdadera elocuencia, mereciendo por ello aplausos generales. Después de Figueredo, dos de sus niños, Tomasa y Fernando, ejecutaron al piano, a cuatro manos, la sentimental pieza Dolores y cuya ejecución les valió calurosas felicitaciones.

El señor Reina, un obrero de talento, hizo un buen discurso, donde hubo párrafos llenos y valientes, por los que le tributaron justificados aplausos. Y a continuación de Reina, habló el que estas líneas escribe, siguiéndole la niña Herrera y el señor Emilio Díaz, con una fantasía de piano y flauta que fue aplaudida y elogiada.

Ocupado en seguida el piano por la simpática señorita América Zayas, el teclado responde cariñosamente a la presión de sus dedos y en un raudal de armoniosas notas oímos la marcha de la ópera *Journeys* que fue felizmente interpretada y calurosamente aplaudida. Y dio comienzo la segunda parte, con un discurso del señor Serafín Bello, que obtuvo grata acogida en la concurrencia.

Después de este discurso, las simpáticas señoritas Cuervo y Merchán deleitaron al auditorio con una melodía de Fausto, ejecutada a cuatro manos, cuya ejecución fue tan precisa cuanto sentida, y por la cual, sin extinguirse la última nota del piano, ruidosas palmadas les fueron tributadas. Y aparece en escena el señor Miranda que, domeñando la rebeldía de su difícil instrumento, la guitarra, tocó magistralmente la Gran Marcha a Occidente de Antonio Maceo, donde tal parece que se ven los orientales bajando, a la par que se oyen los clarines y tambores anunciando el ataque. Los ¡vivas! y los ¡bravos!, tanto la primera vez como en la repetición, fueron estruendosos.

Pero la niña Tomasa Figueredo, bajo la influencia de aquellas gratas impresiones, vuelve a ocupar el piano y encanta a los espectadores, ejecutando con maestría la última producción de Webber. Siguió el en turno el señor Aurelio Sánchez y leyó un discurso de bastante mérito que mereció la aceptación de los oyentes. Y enseguida, Rivero y Rivero, trabajador inteligente, cerró la parte literaria con un discurso que fue aplaudido; terminando aquella hermosa fiesta del sentimiento, con el brillante cuadro plástico *La apoteosis de Martí*, sin duda el mejor en esa clase de representaciones que se viera por estos lugares.

El escenario se hallaba alfombrado de verdes ramas y variadas flores, y veintiocho señoritas cubanas, vestidas de blanco, ceñidas sus frentes por guirnaldas de olorosos jazmines, se inclinaban de hinojos en caprichosos grupos, sirviendo de pedestal al retrato de Martí que se destacaba en el fondo. A la derecha, la simpática señorita América Zayas sostenía el cuadro de Carlos M. de Céspedes, representando a Oriente; la hermosa Pocahonta Herrera, el de Ignacio Agramonte, por los camagüeyanos y a la izquierda, las espirituales niñas Tomasa Figueredo y Luz Clara Acosta, el de las Villas y Occidente; representados por Miguel G. Gutiérrez y Domingo Goicuria.

Y, como complemento a una invocación de la inteligente niña Pennsylvania Herrera, en una bien escrita poesía, que recitó con ternura y sentimiento, baja de lo alto del escenario una graciosa niña en forma de ángel y deposita sobre el marco del retrato de Martí una cinta blanca con la siguiente inscripción: Inmortal. Esta niña se llama Emelina y es la hija del general Enrique Collazo, que lucha en los campos de batalla para libertar la Patria. Enseguida comenzó el himno sacro, compuesto expresamente para esa fiesta, música del maestro Valenzuela, y cantado en coro, con acompañamiento de flauta y piano, por las citadas señoritas que formaban el cuadro del escenario. La emoción fue general y la satisfacción más completa reinó en los concurrentes. Un aplauso a la familia Herrera, tanto a la señora América como al popular Martín, porque ellos fueron los inspiradores y directores de ese excelente cuadro.

A. González Acosta

24 DE JUNIO
Club Profesional «Federico de la Torre». Tampa, Fla.

La obra redentora de la independencia de nuestra amada Patria recibe, cada día que pasa, un nuevo impulso de los cubanos que, en ayuda de los que luchan y sufren, no descansan un instante por hacer llegar hasta ellos, no solo las armas, sino también las medicinas y cuanto pueda serles útil en la soledad de los campos, hoy ensangrentados, pero ricos y risueños en el mañana deseado y que, para bien de todos, ya se aproxima.

El benemérito club, cuyo nombre encabeza estas líneas, se hace merecedor de aplauso entusiasta por los esfuerzos por él realizados, mucho más si se tiene en consideración que solo lleva un mes de existencia.

Con la expedición Portuondo envió este club a los campos de combate un surtido completo y abundante de medicinas. En estos días acaba de hacer otra remesa, y prepara nuevos envíos de todo lo necesario, como botiquines, alforjas y cajas de cirugía, y paquetes sanitarios, antisépticos individuales que cada soldado podrá llevar en la mochila.

El club ha abierto conferencias diarias, donde se enseñan prácticamente rudimentos de cirugía a los expedicionarios dispuestos a partir. En nombre de los patriotas damos las más expresivas gracias a todas las personas que contribuyen con su generosidad y esfuerzo a tan patriótica obra, y especialmente, por sus valiosos donativos, a los señores John Reynders & Co., N. Y.; Finlay Dicks & Co., New Orleans; Wampole & Co., Philadelphia, y Senburg & Johnson, N. Y. También mucho agradecemos, y con nosotros el club, los donativos hechos por las señoritas Rena y Eugenia Senburg, hoy socias de honor de la patriótica corporación.

Nuestras ardientes felicitaciones al club y a todos los amantes de Cuba.

Aclaración
Señor Director de *Patria*. New York.
Le agradecería publicase en su ilustrado periódico la siguiente carta, por la cual le anticipa las gracias su afectísimo compatriota, A. Peláez.

Ibor City, Tampa, Fla. Señor Ramón Rivero y Rivero.
Estimado compatriota: Acabo de leer su folleto «José Martí" sobre apuntes de sus viajes a esa ciudad y Cayo Hueso, y, como es natural, extrañóme el ver que aparece como que el club «Patria y Libertad» fue el que invitó y trajo a nuestro hoy ilustre mártir a esta ciudad. Al escribirle estas líneas, tan solo me propongo restituir la verdad histórica a su puesto. Por ahora puedo decirle que la obra de llamada de Martí a ésta fue más que la mera invitación aislada de una sociedad. Martí vino por invitación de un comité popular, y los gastos todos de su estancia en ésta fueron sufragados por toda la emigración, desde el humilde obrero hasta el más acaudalado fabricante. Más luego, y en folleto, se narrará todo cuanto para esto se hizo. Siento de veras ese lunar deslizado en su interesante trabajo.

Y agradeciéndole la inserción de estas líneas en su estimado periódico, me suscribo de usted respetuosamente. Angel Peláez. Key West., Mayo 23 de 1896.

Conformes los miembros del comité: Frank E. Bolio, Aurelio C. Rodríguez, J. G. Pompez y Gualterio García.

29 DE JULIO
BIEN POR TAMPA

Los primeros frutos de la visita de los patriotas Guerra y Quesada a Tampa pueden apreciarse por el siguiente telegrama: «Tampa, Fla. Julio 27 de 1896. A Tomás Estrada Palma, 56 New Street, New York. Obreros, comercio, profesiones unánimes, darán rifle por hombre. Gran entusiasmo. Saldremos para Jacksonville miércoles.

8 DE AGOSTO
GRAN MEETING PATRIÓTICO EN IBOR CITY

Importante y significativa fue la demostración popular llevada a cabo en Ibor City el día 25 de julio en honor de los dignos representantes del PRC, señores Benjamín J. Guerra y Gonzalo de Quesada, según leemos en nuestro entusiasta colega *Cuba*, de Tampa.

Ningún esfuerzo tuvieron que hacer los apreciables comisionados, y después de acordado adoptar la resolución de Cayo Hueso, se creyó justo y natural celebrar un *mass meeting*, donde se dejase oír la voz del patriotismo y se ratificase el voto unánime de los correligionarios. A las ocho de la noche ya eran más de mil las personas reunidas en la cuadra comprendida en la calle 14, entre 8 y 9 Avenidas, parte exterior de la gran manufactura «El Príncipe de Gales». En el Liceo, punto de cita, esperaban a los señores Guerra y Quesada los Cuerpos de Consejo, los clubs y sociedades, la banda de música e inmenso pueblo.

Al llegar los huéspedes distinguidos se dejó oír el himno de Bayamo, entre vivas y aclamaciones que atronaban el espacio. Nuestro compañero, el director de *Cuba*, presidiendo la reunión, indicó al auditorio la necesidad de celebrarse el *meeting* al aire libre en el citado punto. Dijo que el Liceo, que es casa cubana, fue donde Martí dirigió su palabra de fuego por vez primera en Florida a sus compatriotas y que, por tanto, el Liceo de Ibor y San Carlos, de Cayo Hueso, son dos faros de la Libertad que alumbran con luz radiante el camino de la libertad de Cuba; que allí, reunidos emigrados del Cayo y de Tampa, tenían que salir unidos para celebrar el *meeting* en lacalle 14, donde se sellaría una vez más la unificación de los cubanos. Acto seguido se dispuso la procesión, y al son de una marcha guerrera y precedida de banderas y estandartes, dirigióse la manifestación al lugar del *meeting*, donde fue recibida con los viva más estruendosos.

El señor Figueredo, subdelegado y agente en la Florida, abrió el *meeting* con un elocuente discurso en el que encomió las virtudes patrióticas de los emigrados, poniendo de relieve los triunfos de la revolución y la importancia de la misión de los señores Guerra y Quesada. Siguióle en la tribuna el señor Guerra, quien con frase reposada hizo una pintura gráfica de los trabajos del Partido Revolucionario, llevando al ánimo del auditorio el convencimiento de la trascendencia del acuerdo tomado de dar 10.000 rifles y 10.000,000 de cápsulas para acabar la guerra en breve plazo, y concluyó evocando la memoria de José Martí, de un modo admirable.

Volvió a tomar la palabra el señor director de *Cuba*, como agente de nuestro Partido en Tampa, siendo su discurso acogido con calurosos aplausos, como igualmente lo fueron las enérgicas frases del señor Serafín Bello, la patriótica expresión del señor Ramón Pagés, y el breve cuanto discreto discurso del señor N. André, recién llegado de Cuba.

Cuando fue anunciado el simpático orador, señor Gonzalo de Quesada, dice *Cuba*, aquello fue el delirio. Los viva, los aplausos, las aclamaciones de todo género impresionaron vivamente al discípulo predilecto de Martí. Conmovido ante tan cariñosa demostración, empezó su discurso que resultó una acabada oración. Resumió a grandes rasgos la vida de Martí; puso de manifiesto los hechos más culminantes de nuestra revolución; enalteció el patriotismo, consecuencia política y sacrificios de la emigración cubana ; habló de las simpatías de la América en favor de Cuba, y de la adhesión de millares de honrados liberales españoles que hacían causa común con los hijos de Cuba, hermanando las ideas emitidas por los oradores de la noche, hizo un *bouquet* de flores odoríferas que dedicó a José Martí como digno homenaje de los pobres trabajadores cubanos.

Más de una hora consumió en su discurso el señor Quesada, arrebatando al pueblo, merced a la elocuencia de sus palabras. En seguida el director de *Cuba* resumió, logrando que sus palabras sellaran con arranques decididos de la asamblea, el compromiso contraído de que cada cubano de un rifle para terminar cuanto antes nuestra guerra de independencia. Así fue, descrito a la carrera, el *meeting* celebrado en Tampa en honor de los señores Guerra y Quesada. Allí quedó probado una vez más de lo que son capaces los cubanos, cuando se deciden a llevar a cabo una empresa de honra, libertad y patriotismo.

***

NUEVO CLUB Tampa, 23 de julio de 1896.
Sr. Director de *Patria*. New York
Apreciable señor: tengo el honor de comunicarle que en la noche del día 8 del corriente mes, en West Tampa quedó organizado el club Chamarreta, con el objeto de arbitrar fondos para ayudar a vestir el ejército de la República Cubana. Habiéndose formado su Directiva de la manera siguiente: Presidente, Bernardo Figueredo; Secretario, C. M. Sotolongo; Tesorero, R. Cabrera; Vocales: señora viuda de García, señora de F. Figueredo y Dr. E . Plá.

Rogando a usted que al hacerlo público por medio del valioso *Patria*, que tan dignamente dirige usted, invoque protección para el nuevo club. Es gracia que espera de usted y que sabrá estimar, Por el club, C. M. Sotolongo, Secretario.

26 DE AGOSTO

Club «Federico de la Torre» Este benemérito club establecido en Tampa, Florida, y que tan importantes servicios viene prestando a la causa cubana, con sus humanitarios propósitos, ha dirigido una atenta circular a distinguidas personas para que interesen a las nobles damas simpatizadoras de la Revolución y también a los señores droguistas, farmacéuticos y fabricantes de instrumentos quirúrgicos a fin de que contribuyan con sus generosos donativos a socorrer a los heridos del valeroso Ejército cubano. Asimismo hace saber a la grandiosa institución de La Cruz Roja a la que el gobierno español no permite ejercer su misión con los cubanos que puede, por el intermedio del club Federico de la Torre, realizar su meritoria obra. Dirección postal: Dr. Eduardo Plá, P. O. Box 281, Tampa.

Informe Oficial «Club Federico de la Torre» (Conclusión)

Cábeme la satisfacción inmensa de anunciaros que nuestra voz no se perdió en el desierto. Los Srs. Hankins Mock, de Live Oack Florida; John Reynders de New York; Finlay Dicks de New Orleans; Wampole de Filadelfia y Somburg Johnson de New York, nos favorecieron con valiosos donativos. Merecen una mención especial los de las Srtas. Rena y Eugenia Semburg, por su utilidad inmensa, consistiendo en materiales antisépticos para la curación de los heridos.

En agradecimiento, el Club acordó otorgar a todos los donantes el título de socios de honor. Igual resultado esperamos de las circulares que se pasaron a Europa, porque allá también tiene simpatizadores la causa cubana, y de las gestiones personales que en el Centro y en el Sur de América harán los Sres. Grande Rossi y San Martín.

Otro acuerdo, cuya utilidad salta a la vista y que se viene cumpliendo con los expedicionarios residentes en Tampa y en West Tampa, es el instruirlos por medio de conferencias prácticas de la manera de cohibir las hemorragias en las heridas, para evitar muera alguno por falta de socorro; a hacer las primeras curas; a contener los huesos fracturados con los recursos que les brindan nuestros campos.

De este modo, cada soldado, a más de cumplir su deber como tal, se convertirá en un sanitario del compañero, pues a pesar de ser esta la guerra de los médicos, como se les llama por haber muchos en las filas revolucionarias, las divisiones y subdivisiones indispensables, hacen imposible que a todas las columnas acompañe un médico.

Tan pronto como llegó a noticias del Club que la viruela hacia estragos en las filas del ejército español, para evitar en cuanto fuese posible su difusión entre las del ejército libertador, acordó proceder, de acuerdo con el Delegado de esta ciudad, a vacunar y revacunar a los expedicionarios residentes en ésta, y enviar, como ya lo ha hecho y continuará haciendo, gran cantidad de glicerolado de vacuna.

Con la autorización que le dio la Delegación, para que los fondos recaudados entre sus miembros los invierta en materiales de curación y quirúrgica, ha puesto ya en manos de su representación aquí cuatro grandes cajas de medicinas y tiene otras ya preparadas para cuando se las pidan.

Igualmente se enviaron seis alforjas botiquinas, hechas expresamente en Nueva Orleans, y que pueden servir indistintamente para infantería o caballería, y 150 paquetes sanitarios de curas antiséptico individuales acompañados de una breve explicación con la manera de usarlos.

Además se nombró una comisión, que con carácter de permanente estudie todos los modelos y proponga las modificaciones que crea conveniente, en vista de la especialidad de la campaña y de los informes que se reciban y se han pedido a los médicos del ejército libertador.

Cumplo un deber de justicia consignando que el C. Máximo Díaz, droguista de esta ciudad, le ha abierto al Club un crédito ilimitado, para que no deje nunca por falta de fondos de corresponder a las peticiones que le haga la Delegación.

El C. Morten, farmacéutico de Tampa, ofreció despachar gratis las recetas que los médicos del Club formulen a los cubanos pobres y a las familias de los que están en la revolución. Finalmente, el G. E. M., uno de los más conspicuos miembros de la colonia cubana en Tampa, donó para fondos del Club la cantidad de cien pesos. En nombre de los patriotas a todos enviamos las expresivas gracias por su generosidad, cuyos nombres se consignarán para eterno reconocimiento en las actas del Club.

No por atender a la parte sanitaria, ha olvidado el Club otros deberes: no solo da su contribución de guerra, sino que al enterarse por una comunicación del «Club Cubano» de Cayo Hueso, de la situación en que quedaba la familia del Dr. Vega Lamar, médico de la expedición del «Three Friends», acordó, sin afectar en nada su tesoro, suscribirse con una pensión mensual de doce pesos, que unida a la que otros clubs acuerden, permitirán a la esposa e hijos de ese digno comprofesor llenar sus más imperiosas necesidades.

Estos son, señores comisionados, los trabajos del club Federico de la Torre, en los tres meses de fundación. La importancia y utilidad de estas labores lo demuestran las laudatorias palabras que en reciente comunicación le dirigió el Ministro de la República, lo prueba que ha tenido imitadores en Cayo Hueso y Nueva York, donde los médicos cubanos acaban de fundar dos clubs, 27 de Noviembre y Oscar Primelles, con idénticos propósitos.

Unidos estos tres clubs y auxiliándose mutuamente puédese, como dice el C. Estrada Palma, organizarse un servicio sanitario en mayor escala que mejore las condiciones sanitarias del Ejército Libertador.

Cumpliendo, por último, otro de los fines del Club, cual es cooperar por todos los medios morales y materiales que estén a su alcance al triunfo de la revolución, le ofrece a los representantes del Partido su incondicional concurso individual y colectivo.

Dr. Eduardo F. Pla, Tampa, Fla., Julio 7 de 1896.

29 DE AGOSTO

Sr. Director de *Patria*. New York.
Distinguido amigo : Un hermano en la Patria, un amigo nuevo y ya muy amado, cuyo nombre de pila quiero reservar, pretende en vano demostrarme con razonamientos sinceros pero flojos en estos tiempos de empuje, que mi patriotismo, que es el patriotismo de la gran mayoría de los cubanos; ese

patriotismo que vibra en mis entrañas y cuya luz cae sobre mis hombros como una» investidura,» es porque cela con ardor y ataca con brío, perjudicial por ser sobre todo apasionado, fundándose para estos argumentos en algunas censuras mías hechas en privado, y que deseo sean conocidas públicamente.

Este amigo, valiéndose de los colores y remilgos de la palabra, a la vez que del afecto sincero que me profesa, me regaña en privado aunque hiriendo en lo vivo, censurando con ardor de adversario fustigado mis ataques privados también –y que ahora serán a plena luz– a don Manuel S. Pichardo y demás *austriacantes* de su calaña. Y refiriéndose a la censura que recientemente hice a una nota donde, sin duda, se pecó de veras, me dijo: «Ud., Carbonell, es patriota, pero no es político. Las censuras que usted hace son para mí moneda legal». ¿Quién es usted, agregó con sutil aspereza, quiénes son otros cubanos como usted, para que don Manuel S. Pichardo, y otros cubanos como él tengan que decirle a ustedes lo que piensan, lo que sienten y hacen respecto de la pobre Cuba?».

Esta declaración después de todo es una verdad como un templo, pues que esa manada de bribones que a estas horas medra con el deshonor de su país no puede como vieja pecadora decirnos a nosotros que vigilamos por los ausentes y leemos en lo hondo de sus corazones, lo que sienten que es mucho miedo y lo que hacen por Cuba que es mucha deshonra, cuando esa fácil tarea la vienen desempeñando hermosamente sus plumas mercenarias y serviles, vendidas al enemigo de su pueblo al precio vergonzoso que vendieron hace tiempo sus conciencias...

El lugar en que comedidamente departíamos y cambiábamos estas impresiones, era asaz importuno; nos despedimos, pero antes prometí a mi amigo dar a luz en *Patria* nuestros juicios encontrados de veras, y me alegraría que usted expusiese el suyo tan autorizado, pues que se trata de algo que interesa a la causa de Cuba ; se trata también de un amigo que estimo en cuanto vale, de un cubano de nota, enfermo del alma por nostalgia traidora, el cual creo errado muchas veces cuando discurre sobre el problema cubano y su política exterior; cosa que depende quizá a causa de no haber puesto a tiempo mucho amor sincero en la obra de redención que estamos terminando; esta obra sublime de la cual se reían ayer los sabios de la autonomía que hoy se avergüenzan allá en la colonia martirizada.

Si el patriotismo que me guía, ya harto demostrado en una labor de muchos años, mereciese al cabo la censura de mis viejos amigos como la ha merecido de mi amigo nuevo, me resignaré con el orgullo de haber combatido y de seguir combatiendo cuanto de una u otra manera haya creído perjudicial a los intereses de mi Patria. Y podré decir regocijado: no soy político, apenas soy patriota; pero he fustigado de lo lindo y seguiré fustigando con tesón a los cubanos egoístas que olvidan su deber: a los cubanos que sienten «el golpe que recibe su mejilla y no el que recibe cualquiera mejilla de hombre»: a los cubanos que se llaman separatistas y no sienten enojos con aquellos que solo miran alrededor de sí, y esconden la bolsa que nadie les pide, y no le sirven ni le quieren bien a la Patria: a los que en estas horas de honor parten el alpiste de su cariño con los cubanos sin decoro que comparten el crimen social que realiza el gobierno español en nuestro suelo poblado de muertos... Yo creo patriótico en estas horas en que si sobran manos no faltan guantes, que no dejemos solo, aunque se ponga a refunfuñar, al patriotismo de polvos de arroz de que tan hermosamente nos hablaba Martí...

El patriotismo verdadero es el sentimiento más bello de la vida; ese patriotismo que se forma de todo lo excelso y heroico, que no puede consentir que se confunda la Patria y la colonia, la virtud con el vicio, la verdad con el error. Peca gravemente el cubano de veras que cede al enemigo de su causa, sea guerrillero de chamarreta o de casaca, un átomo de vida o un latido de su alma... Y peca también el cubano separatista que censura a otro cubano de prueba, porque ataca en la hora necesaria la conducta política de don Manuel S. Pichardo, corresponsal insolente de *El Heraldo* de Madrid, en cuyas columnas llama hordas de asesinos incendiarios a nuestros héroes, que le están haciendo Patria al afeminado *austriacante*, lacayo de librea del asesino Weyler y a otros desleales y traidores que como él deshonran al hombre inmaculado de la Patria cubana. Esta caterva de cubanos rezagados de almas alquilonas no necesita defensores: ella misma puede vindicarse y entonces le abriremos nuestros brazos, el día que sus hechos reales derramen sobre su pasado torrentes de luz esplendorosa, cuyos rojos fulgores iluminen el fondo de sus almas encallecidas y sus conciencias petrificadas...

Néstor L. Carbonell. Tampa, Fla., agosto 15 de 1896.

14 DE OCTUBRE
CORRESPONDENCIAS

West Tampa, septiembre 4 de 1896.
Señor Director de *Patria*. New York.
Señor Director: Un compatriota cuyos eminentes y jamás regateados servicios a la hermosa tierra en que se mecieron nuestras cunas le han otorgado autoridad bastante para ordenar y ser obedecido sin réplica alguna, ha dispuesto que de oscuro emigrado me convierta en corresponsal de ese meritísimo y patriótico bisemanario en esta naciente ciudad, determinación que me honra en demasía y que agradezco. Bien sé que las fuerzas no habrán de faltarme para el exacto desempeño de este cargo y porque lo sé, mi primer impulso fue el de renunciar distinción tan inmerecida. Mas la respetuosa consideración que me merece ese aludido caballero y la circunstancia de ofrecérseme oportunidad de ser útil en algo a esa digna publicación a la que profeso vehementes simpatías, hubieron de decidirme a aceptar. De suerte que ya tiene usted corresponsal en West Tampa.

Pero antes de dar comienzo a mi grato deber, séame permitido enviar un afectuoso saludo a nuestro bravo Ejército Libertador, a la dignísima Delegación del Partido Revolucionario, a los distinguidos escritores que forman la Redacción de *Patria* y a los estimables lectores del mismo.

Después de la honra que nos dispensaron con sus visitas los meritísimos miembros de la Delegación señores Guerra y Quesada y nuestro ilustre Ministro de la Guerra, General Roloff, nada ha ocurrido de notoriedad entre nosotros.

Mas esto no quiere decir que los emigrados cubanos de West Tampa estén entregados al *dolce farniente*, nada de eso. Todos están en sus puestos llenos de fe inquebrantable y animosos, a pesar de la perturbación que a cada hogar lleva la crisis que experimentan actualmente los negocios en la localidad. Prueba de mi dicho es el brillante resultado que obtuvo entre nosotros el llamamiento ordenado por el benemérito General Gómez para el envío inmediato de armas y municiones. West Tampa, despreciando sus tropiezos económicos, se colocó en esa ocasión al mismo nivel patriótico a que ha sabido estar desde su fundación en lo que a la Patria cubana atañe. Al llegar a este extremo me faltan frases con qué encomiar el hermoso espectáculo que ofrecen nuestros entusiastas y patrióticos obreros, dispuestos a todo género de sacrificios en aras de la redención de la Patria idolatrada.

Y ya que he hablado del llamamiento de nuestro ilustre General en Jefe, bueno será anotar que el reciente y feliz desembarco de gran parte de esos aprestos militares ha despertado en esta ciudad el indescriptible júbilo que a todo pecho cubano habrá llevado tan fausto suceso, como así mismo que de todos los labios solo frases de elogio y gratitud han brotado para nuestra celosa Delegación y para cuantos han intervenido en ese afortunado hecho, muestra soberbia de lo que puede hacer un pueblo cuando se propone romper las cadenas de la esclavitud.

Aquí, al igual que en todo punto donde residen cubanos, trabaja todo el mundo por la consecución de nuestros santos ideales: la mujer, el niño, el adolescente, el valetudinario, todos coadyuvan.

He colocado en primer término a la benemérita mujer cubana, este tesoro inapreciable de virtudes, nunca bastante alabado porque ella secunda admirable y eficazmente a los patriotas que manejan nuestros asuntos en la emigración, arbitrando recursos con que atender a los heridos en los campos de batalla o para socorrer decorosamente a las familias de los que dan generosamente su vida por la Patria, a las cuales proporciona alojamiento y cuanto es necesario para la vida. Obra encantadora, sublime, que patentiza la nobleza de sentimientos de nuestras, mujeres.

En esta ciudad sostiene brillantemente la Sociedad de Beneficencia, obra exclusivamente suya, cuya misión es la segunda a que antes he aludido. ¿Y cuántas lágrimas, cuántas miserias no ha evitado hasta la fecha esa noble institución? Bien conocidos son sus hechos, y por tanto excuso relatar ninguno.

Idea –y obra en parte– de una mujer, ha sido la creación del Club Chamarreta, institución que se propone cumplir con una de las obras de misericordia: la de vestir al desnudo. Esto es, confeccionar entre sus asociados equipos para enviarlos a nuestros valerosos hermanos. Hermoso pensamiento que ha sido acogido con verdadero entusiasmo por todas las damas, al extremo de ser muy raro el hogar cubano donde no haya manos benefactores ocupadas en la confección del clásico traje criollo.

El naciente club, con objeto de arbitrar recursos para la adquisición de telas, ofreció el domingo 30 del pasado en Céspedes Hall, una velada que resultó brillantísima, no solo en cuanto respecta al éxito pecuniario, que sobrepujó todas las esperanzas, sino también por el interesante programa de que se compuso dicha fiesta, el cual ha puesto de relieve la innegable cultura del pueblo cubano.

Voy a permitirme hacer una reseña de esa s*oirée* que hará época en los anales de esta emigración.

Con un hermoso discurso abrió el espectáculo el Coronel señor Figueredo, caracterizado representante de Cuba libre entre nosotros. Saludó en nombre del club beneficiado, con la galanura y cortesía que le son propias, a la numerosa y selecta concurrencia allí congregada y con inspiradas frases, rebosantes de patriotismo, explicó el bello propósito que persigue la nueva institución, encareciendo el apoyo de todos por estimar de gran trascendencia el pensamiento, puesto que durante la guerra de los Diez Años fue testigo de cuadros verdaderamente conmovedores por la carencia de ropas con que pudieran cubrir sus carnes los heroicos gladiadores de nuestra independencia. Al efecto, con brillante verbosidad nos hizo una detallada pintura de algunas de aquellas escenas y fue tan exacta y sentida en su descripción que a más de un concurrente vimos secarse los ojos humedecidos por lágrimas.

En el curso de su hermosa peroración tuvo el coronel Figueredo recuerdos para todos nuestros héroes, para el bravo Ejército Libertador, para el PRC, especialmente para su Delegación; y terminó dedicando ardientes frases a la memoria de nuestro Gran Maestro José Martí.

Al orador sucedió la hermosa e inteligente señorita Adelina Sánchez. Sus dedos hirieron briosamente las cuerdas del piano y las quejas arrancadas, traducidas al pentagrama, dieron en conjunto el raudal de armonías derramado por Lizt en su *Rapsodia húngara (no. 6)*.

Tocó turno a la encantadora Evangelina Nápoles quien, resplandeciente de luz la mirada, en el instrumento que ha hecho célebres a Joseito White, a Albertini, y a tantos otros cubanos, nos deleitó con la hermosa fantasía del maestro Braga *Serenata de los ángeles*, tocada admirablemente.

Jamás he oído una aficionada al *bell canto* con más facultades ni más inteligencia para el mismo que la bella Srta. Isabel Miranda. Esta graciosa joven posee una espléndida voz de soprano, bien timbrada y dulcísima, y de una manera envidiable cantó la bellísima aria del suicidio de la ópera *La Gioconda*, número de prueba para una soprano y que ella dominó por completo, según opinión de personas competentes.

Siguiéronla los simpáticos niños Tomasa y Fernando, hijos de nuestro querido coronel Figueredo, y con gran maestría, reveladora de una feliz disposición, tocaron en el piano la obertura de *Los Diamantes de la Corona* del maestro Auber. El crítico más exigente no habría podido encontrar motivo alguno de queja. La primera parte terminó con el coro y mazurka de «Los marineritos» de la zarzuela *La Gran Vía*, cantado en carácter por las hechiceras señoritas Isabel, Dolores y Rosaura Miranda, Concepción Figueredo, Blanca Rivero, Francisca Muñoz, Ángela Carbonell, América Zayas, Evangelina Nápoles, Adelina Sánchez, María Rodríguez y Lucrecia Rivas, gala y orgullo de nuestra emigración en las ciudades que baña el Hillsborough.

No puede usted, señor Director, imaginarse el bellísimo golpe de vista que ofrecían tan lindas damitas trajeando de marineras, y luciendo en las cintas de las gorras las palabras «Tres Amigos». Llenaron concienzudamente su cometido y la concurrencia entusiasmada pidió la repetición.

La segunda parte dio comienzo por el renombrado «Canto del Guajiro», gran escena característica cubana, que en la capital de Francia proporcionó a su autor, nuestro eximio compatriota Nicolás R. de Espadero, los más fervorosos elogios. Es una pieza erizada de dificultades, llena de escollos, que fueron magistralmente vencidos por la maestría consumada de la notabilísima profesora Sra. Hortensia B. de Nápoles, alma de la fiesta que reseño. La Sra. de Nápoles procedió juiciosamente ejecutando esa hermosa traducción, pues al mismo tiempo que colmó de alegría nuestros corazones haciéndonos recordar á la Patria ausente, honró la memoria de uno de los más grandes genios de nuestra tierra.

El segundo número corrió a cargo de dos niñas encantadoras e inteligentísimas: Evangelina Figueredo y Emilia Nápoles. Cantaron en carácter el bonito dúo de «Los Tímidos» de la zarzuelita *El Arca de Noé*. La primera vistió de cola y de jovenzuelo bigotudo la segunda. Cuanto se diga en elogio de esas monísimas criaturas que reunidas ambas edades apenas suman quince primaveras, resultaría pálido ante la realidad. En todo estuvieron admirables: voz, gesto, frases, gracias, sobre todo serenidad, etc. No es posible, que exista quien las supere.

Un accidente, por fortuna ligerísimo, nos privó de aplaudir a la bella señorita María Carlota Cuervo, a quién sustituyó su ilustrado padre, médico notable y artista concienzudo a la vez. Este caballero y su hechicera hija Graciella tocaron con gallardía el bellísimo vals «Dolores», cuyas notas embriagadoras suenan tan dulces en todos los oídos.

Volvió a presentarse en el proscenio la interesante Evangelina Nápoles y con arrobo celestial y bien timbrada voz de soprano cantó el precioso «Ave María» de *Otello*, uno de los números más lindos y más elogiados de esa hermosa ópera. La bella señorita Nápoles murmuró esa admirable oración de una manera ideal.

La gran fantasía brillante sobre la ópera *Rigoletto* de los hermanos Billema, proporcionó a la seductora señorita Adelina Sánchez y a la inspirada señora Hortensia B. de Nápoles un espléndido triunfo. Pieza de efecto, escabrosísima, es esa fantasía, pero ambas pianistas, haciendo gala de conocer los más recónditos secretos del piano, demostraron poseer un mecanismo asombroso, llenaron perfectamente su cometido.

Terminó la velada con el «Tango del café» de la revista lírica *Certamen Nacional*, número popularísimo en Cuba. La talentosa y simpática señorita Isabel Miranda, acompañada por las distinguidas jóvenes que cantaron «Los marineritos», tuvo a su cargo el desempeño de esa parte y si admirable se portó en el aria de *La Gioconda*, mejor, si cabe, se nos presentó en el café. Gracia, donosura, voz, todo lo reúne esa inspirada joven. ¿Y qué decir de las hermosas coristas? Nada que no sea en su loor, pues se condujeron deliciosamente secundando a la señorita Miranda. ¡Bien por esas bellas y animosas compatriotas!

Innecesario es decir que a pesar de lo avanzado de la hora el público pidió la repetición. Orgulloso debe sentirse el benemérito club «Chamarreta» por haber organizado una fiesta tan interesante que, como he dicho antes, ha servido para poner de manifiesto la cultura del pueblo cubano en estas localidades.

A esa institución y a cuantos contribuyeran al éxito de la velada envío mi cordial felicitación. Y como entiendo que ya he dado bastante tabarra a los apreciables lectores de este periódico, pongo punto.

***

17 DE OCTUBRE
Club «Federico de la Torre»

Este club, que desde su fundación ha enviado a Cuba siete remesas de medicinas y de instrumentos de cirugía, ha puesto en manos del sub-delegado de Tampa 360 pesos, producto de la colecta extraordinaria para rifles, según se acordó en la sesión extraordinaria del 24 de julio último. En la última sesión acordó conceder el título de socio de honor al venerable Juan Arnao, como débil prueba de respeto y amor al infatigable luchador de medio siglo por las libertades Patrias.

9 DE DICIEMBRE
Nuevo Club

En la ciudad de Tampa a los veintiséis días del mes de noviembre de 1895, reunidas las señora Rosalía de García y señoritas Alejandrina San Martín, María Rodríguez, María, Carmen y Julia Echemendía, Francisca Muñoz, Mercedes Echeverría, María Sotolongo y Elena Cancio, en la morada de la primera, con el objeto de constituir un Club, para ayudar, bajo las Bases y Estatutos del PRC, la Independencia de la Patria, y siendo las seis de la tarde, se nombró una Presidenta y Secretaria *ad hoc*, cuyos cargos recayeron en la señora García y señorita San Martín, respectivamente, tomándose los acuerdos siguientes:

  1.° Que en vista de los indiscutibles méritos que el señor Gonzalo de Quesada tiene con la Patria Cubana y de su dedicación constante a la causa de su Independencia, se acordó que el Club se nombre Gonzalo de Quesada.

  2.° Se procedió a la elevación de la Directiva que quedó constituida en esta forma: Presidenta, Rosalía de García; Vice, María Rodríguez; Tesorera, Carmen Echemendía;

Vice, Mercedes Echeverría; Secretaria, Alejandrina San Martín; Vice, Francisca Muñoz; Vocales, Julia Echemendía y María Sotolongo.

3.º Se acordó nombrar Presidente de honor del Club al Sor. Gonzalo de Quesada.

4.º Se acordó también nombrar socias de honor a las señoras Susana E. de Fuste, Dolores Echevarría, Esperanza Muñoz, Juana Figueredo y Anaiz Saénz.

5.º Se nombró un Comité para que forme un proyecto de reglamento, compuesto de las señoritas Muñoz, Cancio, Maria Echemendía, San Martín y Rodríguez.

6.º Se acordó publicar la constitución de este Club en los periódicos *Cuba*, de Tampa, y *Patria*, de Nueva York, órganos miembros del PRC.

Y no habiendo más de que tratar, se dio por terminada la sesión, siendo las ocho de la noche. Certifica, La Secretaria, Alejandrina San Martín. Vto. Bno. La Presidenta Rosalía B. García.

16 DE DICIEMBRE
TELEGRAMAS

Ibor City. Con motivo muerte Maceo emigración indignada ofrece diez por ciento trabajo semanal, y producto de tres domingos de trabajo extraordinario. Cubanos firmes en sus puestos. Ramón Rivero Rivero.

Ybor-City. Bajo influencia fatal noticia asesinato General Maceo y demás caudillos, taller Trujillo y Benemelis acordó unánime cinco pesos persona en el acto. Enrique B. Gallo.

Port Tampa. Emigración duelo profundísimo muerte héroe Maceo. Gran meeting, acuerdo tres dias trabajo, –Diez por ciento semanal, Grande indignación. Espera órdenes. Martín Rodríguez.

Tampa, Fla. Consejo Presidente West-Tampa en nombre Clubs se asocia justo dolor esa digna representación. Henriques G. García.

Tampa, Fla. Ante confirmación caída Maceo, Tampa sublime actitud, duplica sacrificios. Duelo general. Gobierno y Ejército expresión condolencia cubanos emigrados. Figueredo.

23 DE DICIEMBRE
Proclama

El Cuerpo de Consejo de Tampa ha lanzado la valiente proclama que publicamos a continuación:

PRC. Cuerpo de Consejo de Tampa
PUEBLO CUBANO

La infausta nueva de la muerte del Mayor general José Antonio Maceo se ha confirmado oficialmente. La caída del héroe-oriental, junto con el primogénito del General en Jefe, Máximo Gómez, y otros prestigiosos jefes y oficiales del Ejército Libertador, ha llenado de justa pena todos los corazones cubanos, y robustecido ante el dolor que semejante desgracia produce, el sentimiento patriótico de los cubanos todos.

En este concepto, el PRC en Tampa, en cumplimiento de sus deberes, cumple por este medio un deber penoso dando la fatal noticia, y haciendo saber a los cubanos y a los amigos de la causa de Cuba, las resoluciones adoptadas por nuestra agrupación política, esperando de la disciplina, patriotismo y consecuencia de los correligionarios de Tampa el más exacto cumplimiento de lo acordado, como homenaje póstumo a los mártires de la Patria y de la Libertad.

Resoluciones adoptadas por el Cuerpo de Consejo de Tampa con motivo de la muerte del Mayor general José Antonio Maceo:

POR CUANTO: La suspicacia española ha logrado en miserable contubernio privar de la vida a uno de los mejores caudillos de nuestra revolución libertadora y a sus esforzados compañeros del Estado Mayor general en la provincia de Pinar del Río;

CONSIDERANDO: Que el hombre que ha caído víctima de la alevosía, era una de las figuras más gloriosas del continente americano y la más preciada joya de nuestra bandera tricolor;

CONSIDERANDO: Que el Mayor general José Antonio Maceo, Lugarteniente del Ejercito Libertador, por sus inapreciables servicios, por su irrevocable abnegación en servir a los intereses de la Patria, desde hace veintisiete años, mereció siempre con la admiración del mundo la gratitud de sus compatriotas;

CONSIDERANDO: Que en estos momentos supremos de duelo universal, la Patria ha recibido un golpe rudo, pero que no podrá de manera alguna detener la marcha triunfal de nuestra revolución libertadora, sino que por el contrario, la caída del héroe en el pináculo de su gloria despierta nuevo coraje y fuerzas nuevas entre todos los correligionarios, el Cuerpo de Consejo de Tampa, reunido en sesión extraordinaria, por unanimidad, resuelve:

1. Declarar a nombre de esta emigración el sentimiento profundo que ha causado la infausta nueva, del cruel asesinato del Mayor General José Antonio Maceo y sus subalternos del Estado Mayor.

2. Declarar el próximo Domingo 20 de diciembre como día de duelo de los cubanos y de los amigos de la causa de Cuba, en memoria del General Maceo, y de sus dignos compañeros, pidiéndose a los que simpaticen con esta idea decoren sus casas en señal de duelo.

3. Que el referido domingo 20 a las 6 de la mañana se reúnan en el Liceo Cubano los clubs, asociaciones, corpo-

raciones locales, y cuantos simpaticen con la causa de Cuba libre, para de allí dirigirse en procesión con estandartes y atributos patrióticos a la Iglesia Congregacionalista de esta ciudad, donde se celebrarán honras fúnebres en sufragio de los mártires.

4. Que el citado domingo se celebren veladas fúnebres donde se haga el panegírico de los héroes que han caído.
5. Y último: Que se recabe de cuantos cubanos existen en esta ciudad una dádiva extraordinaria de dinero para que inmediatamente sea enviada por el conducto legal al Delegado del PRC C. Tomás Estrada Palma, para que, empleado en pólvora y balas pueda ser la más significativa ofrenda de los emigrados de Tampa, y sea vengada la horrorosa hecatombe en la cual ha perecido una pléyade de esforzados adalides, honra de Cuba y gloria de la humanidad.
7. Que se envíe atenta carta de pésame al Mayor Máximo Gómez, a la honorable viuda del general Maceo y a los familiares de los que han sido víctimas del plomo de los tiranos en esta jornada deshonrosa para España, en testimonio de nuestra sentida condolencia a irrevocable resolución de vengar tan sangriento ultraje a, la causa de la emancipación de un pueblo digno, haciendo todo género de sacrificios por obtener la independencia de la Patria.

Dado en el Liceo Cubano, en el salón de sesiones del Cuerpo de Consejo de Tampa, hoy sábado 12 de diciembre de 1896.
Ramón Rivero y Rivero, Presidente.
Julio César Orta, Secretario.

Cuerpo de Consejo de West Tampa

Certificamos: Que en sesión general extraordinaria de este Cuerpo, se tomaron en consideración las precedentes patrióticas resoluciones de los correligionarios de Tampa, las cuales hacemos nuestras, aceptándolas por unanimidad.

Por acuerdo del Cuerpo de Consejo de West Tampa, el domingo 13 de diciembre de 1896.

Cecilio Enríquez, Presidente.

Gualterio García, Secretario.

26 DE DICIEMBRE
CLUB «FEDERICO DE LA TORRE»

SECRETARÍA.

El club Federico de la Torre, dolorosamente impresionado con el telegrama en que se anunciaba el asesinato del general Maceo y todo su Estado Mayor, por un complot fraguado, entre el general Ahumada y el médico Zertucha, y comprendiendo que en los momentos supremos los pueblos valerosos y dignos de la libertad centuplican sus energías, en reunión en sesión extraordinaria tomó las siguientes resoluciones:

1. Considerar como traidor a la Patria a todo médico que estando al servicio de la revolución se presente a los españoles, indigno de la toga que viste y por lo tanto, suspender con él toda relación personal y profesional.

2. El Dr. Máximo Zertucha, por el hecho de su presentación, en las circunstancias y momentos en que lo hizo, entregando a los enemigos un botiquín alforja, que no era suyo, y que este Club regaló al ejército cubano, está dentro de este acuerdo.

3. Circular estas resolucciones a los demás Clubs, sociedades y corporaciones médicas para que le presten su adhesión.

4. Tan pronto como se tengan las pruebas de la participación del Dr. Zertucha, en este asesinato, publicar y circular profusamente un manifiesto con la relación circuns-

tanciada de los hechos y su conducta, a fin de exponerlo a la execración de los hombres dignos.

5. Abrir una colecta extraordinaria que se denominará Colecta Maceo, para que la Delegación del Partido organice una expedición que lleve a los patriotas, con el nombre del héroe, el material de guerra necesario para vengar la. muerte del caudillo, a quien solo pudo vencer España por la traición y por la infamia.

6. Encabezar esta suscripción con todos los fondos existentes en la Tesorería del Club, previo permiso de la Delegación, pues solo está autorizada para emplear los fondos en material sanitario.

7. Dirigir una manifestación de duelo al Gobierno de la República, al ilustre General en Jefe de nuestro ejército y la señora viuda de Maceo, tan pronto como la Delegación anuncie oficialmente el doloroso acontecimiento.

8. Pasar en masa a la morada del Subdelegado y Representante del Gobierno de la República, para poner en sus manos estos acuerdos y suplicarle los trasmita a la Delegación.

9. Reiterar a los jefes y representantes del Gobierno de la República, nuestra más firme e inquebrantable adhesión.

10. Y, por último, publicar estas resoluciones en *Patria*, órgano oficial del Partido, para general conocimiento.

Patria y Libertad.
Tampa, diciembre 12 del 96.
El Secretario, Dr. Eduardo F Pla.
El Presidente, Sr. Sebastián Cuervo.

Hemos de hacer constar que en la reunión celebrada últimamente por los patriotas cubanos en Tampa, con motivo de la muerte del muy amado general Antonio Maceo, la colecta ascendió a la suma de $961. Además de ese efectivo, los señores Barbarrosa Zéndegui regalaron dos lotes de terreno en Ibor, y el señor Yards, extranjero entusiasta por nuestra causa, además de contribuir con su cuota en metálico, cedió 5 hermosos retratos de Maceo para que el producto de su venta se agregue a la colecta.

La muerte del invicto general cubano será, no lo dudamos, de contraproducentes resultados para España.

5.6
En 1897

9 DE ENERO

De nuestro apreciable colega *El expedicionario*, de Tampa, tomamos lo siguiente:

Se ha constituido un nuevo Club de señoras con el nombre de Estrella Solitaria. Componen la Directiva las señoras siguientes: Presidenta, señora Menéndez. Vice, señora Juana Figueredo. Tesorera, señora de Montejo. Vice, señora de Ayala. Secretaria, señorita Fredesvinda Sánchez. Vice, señora de Echevarría. Vocales: señora de León, señora de Tortosa, señora de Bombalier, señora de Sorondo, señora de González y señoritas Riera y Merchán. Saludamos a tan distinguidas patriotas y las felicitamos por sus esfuerzos en pro de nuestra Patria.

23 DE ENERO
Telegramas

Tampa.
Cuerpo Consejo vistos honrados trabajos Delegado unánime acuerda ratificar adhesión absoluta Palma, Quesada, Guerra,

Castillo Núñez y demás miembros Delegación concediendo voto confianza ilimitada Estrada Palma, genuinos representantes cubanos separatistas irrevocables. Rivero – Orta.

Cuerpo de Consejo de Port Tampa, único que faltaba, escribe la siguiente carta:

Partido Revolucionaria Cubano. Consejo de Presidentes de Port Tampa City. Secretaría.

Señor Ministro Plenipotenciario y Delegado del PRC, Ilustre compatriota:

En sesión extraordinaria celebrada por este Cuerpo de Consejo, se acordó por unanimidad manifestaros que hoy como ayer, está identificado este Cuerpo y la emigración que representa con el gobierno de nuestra República y al mismo tiempo con vos, que sois su genuina representación en el extranjero. Por lo cual hasta la presente, le hemos dado nuestra sanción incondicional y obediencia a cuanto ha emanado de vosotros; y estamos resueltos a daros todo nuestro apoyo moral y material en todos los casos justos y debidos.

Vuestros deberes hasta la fecha han sido cumplidos con exactitud tal que todos nos congratulamos del brillante resultado que se ha obtenido; esperando en muy próximo día ver coronado del éxito definitivo el ideal de la independencia de la tierra querida porque todos suspiramos. Deberáse precisamente a los titánicos esfuerzos hechos por el gobierno de la República, por vos y por el admirable y nunca bien ponderado Ejército Libertador y a nuestro humilde y pobre auxilio.

Sirva esta manifestación, como la sincera expresión de nuestros sentimientos y de nuestra profunda adhesión a vosotros.

Lo que por orden del Cuerpo tengo el honor de participaros, para vuestro conocimiento y demás fines.

Patria y Libertad, Port Tampa City, enero18 de 1897.

El Secretario, Martín Rodríguez. V.B. Presidente, Gumersindo Sorondo

6 de marzo
El Eco de Martí

Saludamos a nuestro apreciable *El Eco de Martí*, que acaba de llegar a mesa.

Esta simpática publicación ve la luz en Tampa City, los sábados, y es órgano oficial de la Orden Cubana «Consejo de Martí» y del Cuerpo de Consejo del Partido Revolucionario Cubano en aquella localidad.

Felicitamos a su apreciable director F. Mendoza y le deseamos éxito completo.

22 de mayo
Telegramas de glorificación

Ibor City, mayo 19, 1897.
Al Director de *Patria*, 56 New Street, N. Y.
Hoy gran manifestación duelo memoria Martí. Clubs, corporaciones, infantería y caballería cubana gran parada, procesión iglesia episcopal, tres mil personas marcharon. Pueblo enlutado. Tampa conmovido.

Rivero y Rivero.

29 de mayo
El segundo aniversario

Las emigraciones han conmemorado dignamente el segundo aniversario del MÁRTIR DE DOS RÍOS. El recuerdo del que todo lo sacrificó por la independencia de Cuba, late en el alma del pueblo que, resuelto a coronar su obra sublime, no desmaya un solo instante, ni repara en sacrificios, ni le arredra el sufrimiento.

A continuación, publicamos los nombres de los distintos clubs y corporaciones que en Tampa tomaron parte en la grandiosa manifestación celebrada para glorificar la memoria de José Martí:

1. Gran Marshall.
2. Banda de música.
3. Piquete de batidores cubanos al mando de un oficial.
4. Dos comandantes cubanos, portando, indistintamente, las banderas de los Estados Unidos y de Cuba libre.
5. Club de señoritas Discípulas de Martí.
6. Club de señoras y señoritas Estrella Solitaria.
7. Club Ignacio Agramonte.
8. Liga Patriótica Cubana.
9. Club Aguila de Tampa.
10. Club Máximo Gómez.
11. Club profesional Federico de la Torre.
12. Club Francisco Carrillo.
13. Club de señoras y caballeros Patria.
14. Club Roberto Hernández.
15. Club Juan Ríus Rivera.
16. Club infantil Emilio Núñez.
17. Club infantil Fernando Figueredo.
18. Club de señoras y caballeros Luis Robau.
19. Club de señoras y caballeros Pedro Díaz.
20. Club de señoras y señoritas Gonzalo de Quesada.
21. Club de señoras Chamarreta.
22. Club de señoras 24 de Febrero.
23. Club de señoras Cuba.
24. Club de señoras Adriana Loret de Mola.
25. Sociedad de Beneficencia Cubana.

26. Club Antonio Maceo.
27. Club E l Tabaco.
28. Club Serafín Sánchez.
29. Club Bartolomé Massó.
30. Club Domingo Mujica.
31. Club Vengadores de Maceo.
32. Club Guillermón.
33. Id. Collins.
34. Id. Francisco Gómez.
35. Id. Manuel Barranco.
36. Id. Néstor Aranguren.
37. Id. José Maceo.
38. Logia Porvenir número 2.
39. Logia Verdad número 3.
40. Sociedad La América.
41. Sociedad La Fe.
42. Sociedad La Fraternidad.
43. Sociedad La Verdad.
44. Liceo Cubano.
45. Obreros cubanos de Tampa.
46. Diferentes corporaciones cubanas.
47. Club de señoritas Cuba Libre.
48. Id. Eduardo Agramonte.
49. Id. Santa Lucia.
50. Id. Tea.
51. Id. Coronel Martínez.
52. Id. Diez de Abril.
53. Id. Vanguardia de Cayo Hueso.
54. Id. Amador Guerra.
55. Id. Unión.
56. Id. Cubanos Irrevocables.
57. Id. Recurso

58. Id. Consejo de Martí número 1.
59. Id. Consejo de Marti número 2.
60. Id. Calixto García.
62. Id. Francisco Gómez Toro.
63. Luz de Yara número 2.
64. Patria y Libertad.
65. Club Occidente.
66. Id. Escolta de Maceo.
67. Prensa periódica.
68. Banda de Música cubana del señor Felipe Vázquez.
69. Club Comercio.
70. Compañía de infantería cubana.
75. Representación del Gobierno y ejército de Cuba libre.
76. Carro simbólico, tirado por dos parejas de alazanes, apropiadamente decorado, llevando los retratos de los mártires de la Patria.
77. Victoria descubierta de la Subdelegación y Agencia de Cuba libre y de los presidentes.
78. Escuadrón de Caballería camagüeyana, mandado por sus jefes y oficiales, con banderín y estandarte.
79. Carruajes particulares.

5 DE JUNIO
Cuerpo de Consejo de Port Tampa City

Mayo 28 de 1897.

TESORERÍA.
Señor Director de *Patria*
Ilustrado y distinguido compatriota:
Con la aprobación de nuestra respetable Delegación, os suplico tengáis la bondad de hacer público, por medio de su

apreciable periódico bajo vuestra entendida dirección, que el 12 del actual quedó constituido, en esta localidad, otro club infantil, con el nombre de Discípulos de Maceo, y la siguiente directiva: Presidente, C. Ramón Derizun. Secretario, C. Avelino Sepúlveda. Tesorero, C. Blas del Sol. Primer vocal, C. José Fernández. Segundo vocal, C. Angel Miklefl. Y aprovecho la oportunidad para ofrecerme de usted muy affmo. y atto. S. S. y correligionario.
    Francisco F. Mendoza

19 DE JUNIO
EL CLUB «FEDERICO DE LA TORRE» Y LA «CRUZ ROJA»

Cuando se escriba la historia desapasionada de nuestra actual guerra de independencia, en que los elementos todos del pueblo cubano han rivalizado en abnegación y patriotismo, más de una página brillante habrá de dedicarse a relatar los servicios de nuestros médicos, insuperables en su esfera, y dignos de admiración, si se tienen en cuenta las circunstancias singularmente adversas en que los han prestado. Desde el primer día de la guerra, el médico cubano se dio clara cuenta del noble papel que le tocaba llenar en el heróico empeño de su pueblo. Ninguna consideración personal lo detuvo. Clientela, cátedras, investigaciones profesionales, pesquisas científicas, posición social, todo lo abandonó para ir a compartir los peligros de sus hermanos, a velar por su salud y a tratar de devolver a la Patria sus defensores, postrados por el hierro o el plomo enemigos. Desde las ciudades ocupadas por los españoles y desde las playas hospitalarias de la tierra extranjera, han volado, desafiando todos los peligros, a los campamentos, a pelear hoy con el soldado del contrario y mañana con la fiebre o la gangrena. Los que han ido quedando detrás, no han cesado de trabajar un solo día, para auxiliar a los que están en el puesto de más peligro y para disponer y preparar los medios de que sus meritorios trabajos den sus debidos frutos. Todo mientras llega la hora de ir á colmar loa huecos que deja la guerra bárbara e implacable que les hace el español. Los médicos emigrados no se han dado punto de reposo. Se han asociado para cooperar mas eficazmente a la labor común; y los clubes profesionales, tanto del sur como de Nueva York, han estado y están en primera línea entre los más valiosos auxiliares del Ejército Libertador.

Han reunido y preparado material sanitario de la mejor clase; han redactado instrucciones sencillas y comprensivas para uso de los hospitales y ambulancias y para acudir a las necesidades más urgentes, aún sobre el campo mismo de batalla; han mantenido agitada la opinión por medio de la propaganda oral y escrita, poniendo de manifiesto las necesidades de nuestros soldados, que pugnan contra toda suerte de adversidades por la conducta inhumana del enemigo salvaje que combaten.

Ahora mismo acaba de prestar el club Federico de la Torre, de Tampa, un señalado servicio en esta última esfera. Habiéndose publicado que la Cruz Roja americana había sido autorizada por el gobierno español para llevar sus inapreciables auxilios a Cuba; conocedor el club de que en la mente de los españoles ese permiso no se extiende más allá de sus líneas, creyó deber suyo dirigir algunas preguntas a la señorita Barton, presidenta de la asociación, bien conocida por sus filantrópicos sentimientos en todo el mundo, para que le sirviesen de oportuno aviso.

El club preguntaba a la señorita Barton si la Cruz Roja prestaría sus servicios a los contendientes de uno y otro bando. Esta pregunta podría parecer inadecuada, mas, por desgracia, la conducta de los españoles en nuestra infortunada Patria la justifica demasiado. España, por una ficción monstruosa, ha vuelto deliberadamente la espalda a las prácticas que humanizan en lo posible la guerra. Como si estas no fueran obligatorias en todas partes, pretende que no la ligan, porque combate contra rebedes. Así pretende ocultar, con una interpretación casuística, su barbarie y el odio que profesa al cubano. La guerra es guerra en todas partes; y los contendientes, llámeseles como se les llamare, son hombres con todos los derechos de tales. Así se lo hicieron entender los ingleses a los españoles durante la primera guerra carlista. Pero ahora no han tenido quienes les recuerden esa bochornosa lección. El convenio de Ginebra no reza con los cubanos. Las reglas que enseñan a los oficiales, dignos de ese nombre, los manuales en uso en todos los países civilizados, no se han escrito para los que van a Cuba. Ni el respeto a los heridos, ni los cuidados que se les deben, cuando caen prisioneros, ni la inmunidad que debe proteger a los médicos y enfermos del contrario, son conceptos que obligan al militar español, el cual va a Cuba a cazar insurrectos, no a combatir hombres.

El club, en vista de la respuesta de la señorita Barton, entendió que debía hacerle ver las fundadas razones que lo impulsaron, al dirigirse a ella; y ha escrito una carta abierta, en que enumera los casos más salientes que acreditan la barbarie de nuestros enemigos y su propósito sistemático de negarnos los fueros de la humanidad y la civilización. Ese notable, documento es el que ofrecemos a continuación a nuestros lectores; por aprecio al benemérito club, y para contribuir a que esa severa exposición de hechos, padrón de ignominia para nuestros enemigos, sea más y más conocida, y despierte la indignación de todas las almas generosas.

(Falta la Carta abierta)

14 DE JULIO

Cuerpo de Consejo de West Tampa, SECRETARÍA.
El que suscribe, Secretario del Cuerpo de Consejo de West Tampa, adscrito al PRC.
C e r t i f i c a: que en *mass meeting* celebrado la noche del 25 del actual, en Céspedes Hall, por los cubanos residentes en esta ciudad, con objeto de tratar sobre el derecho electo-

ral que a los emigrados ha concedido el Consejo de Gobierno de la República de Cuba, se adoptaron las siguientes
RESOLUCIONES

1. Acatar solemnemente la Ley Electoral y las modificaciones acordadas por el Consejo de Gobierno de la República de Cuba, por las cuales se hace extensivo a las emigraciones el derecho del voto.

2. Que no existiendo tiempo material para que las emigraciones esparcidas por Europa y América tengan conocimiento de la referida ley, y no siendo justo que unos emigrados ejerciten el derecho del voto y otros no, pues eso podría dar por resultado que se rompiera la unión que existe entre los cubanos del extranjero, se acuerda abstenerse, por ahora, de ejercitar el derecho electoral que se les ha concedido, fundándose también en que hay países donde existen cubanos en los que se castiga severamente toda manifestación á favor de nuestra causa.

3. Que se haga una colecta extraordinaria entre los emigrados, con objeto de llevar nuevos recursos al Tesoro de la Revolución, llenando de este modo uno de los fines de la ley.

4. Que como muestra de la gratitud inmensa que sentimos hacia el autor de la ley Lcdo. Rafael Portuondo, se acuerda darle el más amplio voto de gracias, y

5. Que estas resoluciones se comuniquen a las demás emigraciones y a la Delegación, y aprobadas que sean, se dé cuenta al Consejo de Gobierno de la República de Cuba por el conducto legal. Y para enviar al C. Delegado Plenipotenciario de la República de Cuba en el Exterior y del PRC, en cumplimiento de lo acordado, expido la presente en West Tampa a 26 de Junio de 1897.– (sellado).

Gualterio García. Secretario.

(telegrama)
Tampa, 10 julio. Estrada Palma. Tampa Asamblea magna apoya petición Cayo Hueso posible Delegado suspender acto

elecciones presencia actitud emigraciones; decreta colecta extraordinaria y afianza ilimitada confianza y apoyo Delegación. Figueredo, Rivero, Henríquez.

28 DE JULIO
OFRENDA A CUBA

El señor Ramón Rivero y Rivero, infatigable obrero de nuestra regeneración política, nos ha obsequiado con el interesante opúsculo que acaba de publicar en Tampa, titulado:
«Estudio respecto de las bases del PRC». En este librito recopila el señor Rivero los artículos que, sobre el mismo asunto, había dado a la estampa, con gran aplauso, en su periódico *Cuba*. No dudamos que alcancen, reunidos, la popularidad y aprecio que obtuvieron separados.
   Aviso interesante
   Nuestro distinguido amigo y colaborador asiduo, el doctor Eduardo F. Plá, suplica a todas las personas que tengan noticias fidedignas, datos fehacientes o documentos que acrediren los atropellos, crueldades y crímenes cometidos en Cuba por orden de Weyler y sus secuaces, se sirvan comunicárselos, a la seguridad de que devolverá los documentos que se le confíen. El objeto que le mueve es grandemente patriótico. Pueden los interesados dirigirse a esta redacción o directamente al Dr. Plá, P. O. Box 281.–Tampa

31 DE JULIO

Club Vivanco. Secretaría.
Señor Director de *Patria*, New York.
Tengo el gusto de participar a usted que en sesión celebrada el 18del actual, quedó constituido el club Vivanco, que en

honor del C. José Clemente Vivanco, que desempeña actualmente la Secretaría de Gobierno y dentro de las Bases y Estatutos del PRC, cooperará al triunfo de la Independencia de Cuba, para cuya Directiva han sido elegidos los ciudadanos Rafael Echeverría, Presidente; Virgilio Sánchez Almeida, Secretario; Canuto Valiente, Tesorero; Susano Santos, Primer Vocal; Justo Lameíro, 2.° ídem; Santiago Núñez Iglesias, 3.° idem. Y acordado se publique en el periódico de su digna dirección, me complazco en comunicarlo a usted para si se sirve disponer su inserción en el mismo, por lo que le anticipo las más expresivas gracias.

P. D. Tampa, Fla., julio 21 de 1897. Virgilio Sánchez, Secretario.

18 DE AGOSTO
LABOREMOS

Innovar por el solo afán de innovar ha sido siempre una manía de resultados perjudiciales en la práctica. Cierto que toda obra buena es susceptible de progreso, mas también es cierto que el progreso tiene su época señalada, su momento histórico oportuno y que querer reformar lo que no necesita ser reformado es exponerse por lo menos es exponerse, por lo menos, a obtener un efecto, contraproducente. Por regla general lo único que se consigue es descomponer y desarreglar lo que funciona bien y eso quizás en los momentos mismos en que es más necesario su ordenado y metódico funcionamiento.

La emigración cubana tal como se halla constituida en la actualidad es un elemento eficaz y activísimo de la labor revolucionaria, mejor dicho, la revolución misma nació de la constitución de la emigración, tal como supo organizarla el genio creador del inmortal José Martí. Los que conocen la historia de la pasada revolución recordarán sin duda lo que en ella aconteció. La falta de unidad y cohesión de los emigrados impidió que se enviaran a Cuba con la frecuencia debida los elementos de guerra necesarios para el progreso de la revolución. La división malogró los esfuerzos de los patriotas.

Años enteros transcurrieron sin enviarse a Cuba una sola expedición y el resultado fue que, privada de elementos de guerra, la revolución permaneció estacionaria limitada a sostenerse y combatir con los que podía quitar al enemigo y cuando España hizo el último y gigantesco esfuerzo de enviar al general Martínez Campos con 40 000 hombres y quince millones de pesos, los patrioras se hallaban fatigados, después de una lucha de diez años y sin esperanzas de recibir auxilios del exterior depusieron todos las armas. Este, más que otro alguno, fue el motivo del Zanjón. Si nuestros hombres hubieran recibido entonces elementos de guerra como los reciben hoy, otro muy distinto hubiera sido el fin de la guerra de los diez años y en vez de capitular los nuestros, hubiera sido España la que hubiera capitulado ignominiosamente en el Zanjón.

Si los emigrados del 68 no enviaron oportunamente recursos a los que peleaban en Cuba, como nosotros lo hacemos, no fue porque tuvieran menos patriotismo que nosotros ni porque sus recursos fuesen menos abundantes que los nuestros, al contrario, sobrábanles los recursos y su patriotismo era entusiasta y sincero como la fe ardiente del neófito. Pero la división, efecto lógico de la falta de organización, hizo inútiles sus esfuerzos y estériles sus sacrificios y cansándose al fin de hacerlos olvidáronse de la Patria y solo se ocuparon en atacarse los unos a los otros. Esa división que malogró los esfuerzos de los emigrados en la otra guerra, que fue indudablemente la causa primordial del Zanjón y que es la única esperanza que España tiene de vencernos, bien surja aquí, bien allá en la misma Cuba, no ha podido surgir hasta el presente entre nosotros los emigrados gracias a la admirable organización que nos diera Martí.

No han faltado, en verdad, espíritus mezquinos que, movidos por ruines ambiciones personales, por bajas pasiones, por ridículos celos, por rastrera envidia o por un amor propio inconcebible y pagados otros por el oro español, han pretendido introducir la discordia en nuestro seno, pero todos se han estrellado contra la unidad y cohesión inquebrantable nacidas de nuestro organismo; ese organismo que es anterior a la Revolución, que subsistirá mientras ésta dure y que solo dejará de existir cuando el establecimiento de la Libertad, la República y la Democracia en Cuba haya realizado plenamente su programa. Ese organismo es el PRC. No toquéis, pues, al PRC, vosotros los que debéis ser los primeros en respetarlo pues él es la salvaguardia y el más firme apoyo de la Revolución. No lo olvidéis que su programa ha sido aceptado por todo el pueblo de Cuba; que nuestra Constitución se inspira en él y que si queremos ser libres, nuestros gobernantes han de inspirarse siempre en las Bases porque se formó y que le rigen. Tal como está constituida la emigración hállase bien constituida; que por sus frutos se conoce el árbol y los obtenidos hasta el presente son unión y concordia, fraternidad y patriotismo traducido en abundantes elementos de guerra para nuestros hermanos en Cuba.

Ninguna innovación es por ahora necesaria y cualquier medida impremeditada o indiscreta pudiera traer como consecuencia fatal la división con su funesto séquito de odios y rencores fratricidas. Quede todo como está, que nosotros respetamos y acatamos como santo y justo todo lo que de allá nos viene, pero pedimos y deseamos que no se hagan innovaciones que alterando nuestro modo de ser, rompiendo nuestra unidad y concordia, perjudiquen o impidan la obra auxiliadora a que deseamos estar consagrados en absoluto y exclusivamente. Cualquier medida que produjera ese resultado sería antipatriótica sin que nosotros la juzgásemos tal, pues solo nos toca obedecer y cumplir y ni siquiera preguntaríamos a los autores del mal, como nos aconsejó el Maestro: ¿Tu mano es mano o guante?

Mas, aunque nosotros calláramos la Patria se erguiría para lanzar acusación tremenda; que crimen es de lesa Patria todo acto que impida, perturbe o detenga la obra patriótica y sustituya la discordia a la concordia, al amor fraternal el rencor fratricida. Grande, inmenso es nuestro respeto hacia los que nos gobiernan; grande e inmenso nuestro afecto hacia la organización que Martí nos diera, que constituye nuestra fuerza y que es una de las fuerzas esenciales de la Revolución. Al levantar nuestra voz en el sentido que hoy lo hacemos, animamos solo el deseo de que nuestros acentos lleguen a los oídos que deban oírlos, pues ellos son la expresión sincera del más ardiente deseo de todos los emigrados; de todos, sin excepción alguna.

(De *Cuba*, Tampa).

8 DE SEPTIEMBRE

En la noche del 2 del actual se efectuó en Tampa el *mass meeting* de que hablamos en nuestro número anterior. Insertamos a continuación telegrama recibido por el Delegado: Tampa, 3 de septiembre 97. Estrada Palma, Asamblea popular anoche. Gran entusiasmo, consolidación república, pueblo protesta adhesión principio independencia y confianza ilimitada representación oficial. Saluda en Delegado Patria ensangrentada al levantarse altiva nación independiente. Figueredo-Rivero.

11 DE SEPTIEMBRE
UNA FIESTA EN TAMPA

Día de fiesta patriótica fue el 2 del actual para la emigración cubana de Tampa, donde cada vez más cobra nuevas fuerzas y bríos el espíritu revolucionario. Con indescriptible entusiasmo se responde allí siempre a toda manifestación en que se reafirme la idea de la independencia de Cuba.

Por el día, las casas, los establecimientos cubanos y los edificios públicos estuvieron vistosamente engalanados y por la noche hubo una gran velada política en el Liceo Cubano, cuyo local fue invadido por numerosísima concurrencia, en que predominaba el bello sexo. No todos pudieron penetrar en el salón; muchos se quedaron fuera, resignados a corear las aclamaciones en que prorrumpían los de adentro.

Después del himno *La invasión de Occidente* y el de Bayamo, cantados por las seductoras niñas del club «Emilio Núñez,» hicieron uso de la palabra con mucha elocuencia y patriotismo los señores Figueredo, Agente del Partido; Rivero, Bello, Gutiérrez, Vizcaíno, Sorondo, doctor Echeverría y Reverendo Pedro Duarte, que hizo el resumen. La simpática niña Laura Pía recitó con gracia y maestría unas bonitas décimas. Por último, el señor Julio César Orta leyó las resoluciones adoptadas de antemano por el Cuerpo de Consejo, las cuales fueron aprobadas entre bravos y aplausos atronadores.

Después la inmensa concurrencia, con música y a bandera desplegada, recorrió las calles en unión del Cuerpo de Consejo y de los Agentes del Partido hasta la imprenta de Cuba, donde terminó cerca de las doce de la noche esta magnífica fiesta que tanto realza el entusiasmo patriótico de los cubanos de Tampa, nunca rezagados tratándose del bien de nuestra Cuba.

He aquí las resoluciones:

1. Hacer público testimonio de completa adhesión al nuevo gobierno de la República, a la vez que enviar la expresión de nuestra simpatía y confianza a los dignísimos representantes que componen la Asamblea Nacional.

2. Significar una vez más ante la laz de la América, y del mundo todo, nuestro irrevocable designio de luchar sin tregua hasta conseguir la absoluta independencia de Cuba.

3. Hacer pública protesta de nuestra fe en el próximo triunfo de nuestras armas; y pedir a todos los hombres honrados esparcidos por el mundo, la más tremenda maldición para aquellos réprobos que habiendo nacido en Cuba, y llevando el ya oprobioso nombre de autonomistas, viven en el más abominable contubernio con los despiadados asesinos de nuestras mujeres, de nuestros ni-

ños, de nuestros ancianos, de toda la gente inerme que puebla los campos y ciudades de Cuba; y 4 y último: Comunicar al Ministro Plenipotenciario de Cuba, ciudadano Tomás Estrada Palma, para que a su vez lo haga saber al Gobierno de la República, que los emigrados de Tampa ratifican una vez más su ciega devoción a la gran causa de la libertad cubana, cerrando el paso en nuestras filas a la perfidia y a las traidoras asechanzas de nuestros enemigos enmascarados o francamente descubiertos.

13 DE OCTUBRE
TELEGRAMAS

Tampa, Fla–, octubre 9, 1897.
Estrada Palma, 56 New St., New York.
Emigración Tampa saluda día de la Patria Gobierno y Ejército de la República. En digna representación exterior gran entusiasmo aniversario Yara, protesta incondicional, apoyo idea independencia absoluta.
Figueredo-Rivero

10 DE NOVIEMBRE
TELEGRAMAS

Tampa, Fla., noviembre 5 de 1897.
Tomás Estrada Palma, 56 New St., New York. Colosal *Mass meeting* aire libre unánime entusiasta reafirma única exclusiva solución independencia, reitera gobierno continuación guerra todo trance y disponer personas intereses de todos, aquí los cubanos retraídos New York aceptando francamente revolución quitan el último pretexto a toda posi-

ble transacción. España aprecia importancia acto. Felicita Delegación,
   Figueredo-Rivero

   Port Tampa City, Fla., noviembre 5 de 1897.
   Tomás Estrada Palma, 56 New St., N. York.
Gran *mass meeting* anoche ratificó solemne protesta contra toda solución que no sea la independencia.
   Rodríguez-Mendoza.

   Tampa, Fla, noviembre 5 de 1897.
   Tomás Estrada Palma, 56 New St. N. York.
Mass meeting acuerda dar un día de trabajo, comprar un cañón dinamita, como la mejor respuesta a los ofrecimientos de España. José Fernández de Castro, sobrino Rafael, públicamente protesta conducta indigna aquél.
   Figueredo.

5.7
En 1898

15 DE ENERO
CORRESPONDENCIA DE TAMPA

Sr. Eduardo Yero Buduén. New York.

Mi estimado amigo: El periódico que en esa ciudad edita el señor Angulo, bajo el rubro Un voto de calidad, y el diario republicano (?) *La Lucha* de la Habana con el título Un documento importante, se han regocijado, insertando con gran pompa la carta que a un querido amigo suyo dirige el Sr. José Ignacio Rodríguez, cubano residente desde hace largos años en Washington y que desde hace largos años se deleita con el turrón yankee.

Yo ignoro quien será ese querido amigo del Sr. Rodríguez, en cuyas manos está el porvenir de Cuba según la carta en cuestión. Sea el Excelentísimo Marqués de Montoro, sea el jesuíta reconcentrado por Weyler en Atlanta, yo dudo mucho que en esas manos pecadoras esté el porvenir de mi Patria.

Odiados de su pueblo, con el desprecio de las honradas muchedumbres que solo deben a España epidemias y hambre, humillaciones y exterminio; juguetes del maquiavelismo hispano, ellos van a prestar sus viles servicios de impenitentes lacayos. ¡Vayan, en buena hora! Su hartazgo de poder no hará daño a Cuba. Después de Weyler, no caben en lo humano males mayores, ni infamias más tremendas.

Yo no censuro al señor Rodríguez el caritativo deseo de ver a sus amigos más queridos ocupando buenos puestos en la administración colonial. El señor Rodríguez es buen amigo de sus amigos. El señor Rodríguez es de los que cree firmemente que la mayor sublimidad de la ciencia política está en las transacciones prudentes. El señor Rodríguez hace largos años que no goza de las delicias impuestas a Cuba por su paternal metrópoli; y aunque tiene la sinceridad de manifestar que no cree en España, recomienda a su querido amigo que agarre el poder o lo más que de él pueda, sin pensar que la nación española no entiende de autonomía sino a la española: que no dejará a ningún cubano agarrar el poder. Avara de dominio, dará ahora y siempre, no lo más que Cuba exija, sí lo menos que le exijan. ¡Así es ella!

Por no conceder, ha perdido industrias, tan poderosas como la tabacalera; y el azúcar se le va, derrotado por la remolacha. Mientras pierde esas industrias, el Estanco hace las delicias del consumidor peninsular y en Andalucía se proyectan grandes ingenios centrales. Hagan azúcar –dice el señor Rodríguez–. ¿Cómo? ¿Sin fábricas, sin materia prima y á pesar de las severas órdenes del gobierno revolucionario? Parece que el señor Rodríguez ignora lo que pasa en su país desde 1895 a la fecha. Parece que en su afán reconstructor ha olvidado que por cerca de dos años Weyler ha impuesto su paz, allí donde llegaron sus cañones. Yo no extraño este desconocimiento de las cosas de Cuba, esta ignorancia del señor Rodríguez. ¿Cómo extrañarlo cuando sé que el Sr. Rodríguez ve la cuestión cubana a través del lente ahumado que le prestan los Montoro, Bruzón, Fernández de Castro, Cueto, etc... esos ilustres y excelentísimos miembros de la Junta de Defensa, esos cubanos de ancha conciencia que al lado de Weyler perdieron todo el prestigio que alcanzaron en tiempos de paz?

Al señor Rodríguez le da asco la guerra y espera con la confianza puesta en la autonomía –que el esfuerzo de los Gálvez y demás muñecos de cuerda al servicio del gabinete sagastino sea bastante potente para iniciar la pacificación– ahora que ha desaparecido una de las dos piedras del molino triturador, ahora que la obra de desintegración comienza a hacerse por sí misma, al decir del señor Rodríguez.

¿Por sí misma? ¡No! Gracias a la situación impuesta en 1895; gracias a la completa derrota sufrida por España, que va en pos de su completa ruina, al disparar su último cartucho, malgastando su última peseta. Yo no se qué molino es ese que nos habla el señor Rodríguez, ni quiero averiguarlo; pero pienso que no con hablar –como él enfáticamente asegura– se acabará la Revolución que hoy redime a Cuba; diez y siete años de palabrería autonómica no conmovieron a España; ni aun en diez y siete siglos la conmoverían, porque la tirana es insensible; porque como entidad dominadora está decididamente sorda y no oye otra voz que la da su tradicional e insaciable egoísmo.

Saco es expulsado porque representa a Cuba humillada y pacífica: a Aranguren, que hace volar con dinamita convoyes ferrocarrileros, que ejecuta traidores, que es Cuba indómita contra España; Ruíz, oficial español de alta graduación, le va a buscar a su campamento y con frases melosas le ofrece un hermoso porvenir... ¡al pacífico el desprecio, al rebelde respeto y lisonjas!

Tiene el señor Rodríguez ideas muy originales y peregrinas sobre el carácter nacional ibérico, cuando pretende establecer un parangón vergonzante entre el país de Franklin y el de... Lagartijo!

¡Y eso que el buen señor Rodríguez hace largos años que reside en Washington! España –no lo digo yo, lo dicen Weyler... Romero Robledo, sus muchachas toreras, sus refractarios a toda tentativa de progreso– jamás dejará de ser lo que ha sido a través de su tormentosa historia colonizadora. Siempre será la misma; con su Parlamento de Plaza de Toros; con sus Diputados a manera de monos sabios... Hoy nos da la autonomía, cuando ya ese régimen no calma nuestros dolores, cuando otros remedios necesita el enfermo, si es que hay empeño en salvarlo. No tienen entrañas la política y los políticos que se nos ofrecen, hoy que ni a los reconcentrados gustan.

Yo bien sé que el señor Rodríguez nació en Cuba y es un yankee de esos que van detrás de Mc Kinley, como fueron detrás de Cleveland. Sin volver la cabeza; que gustan del tocino y del tabaco de Virginia y de otras cosas, porque son del país. Y creo que si el señor Rodríguez va a Cuba sería una víctima de la fiebre amarilla.

¿No piensa Vd. del mismo modo, amigo Yero? Con el confort que desde hace largos años viene gozando le hace olvidar las miserias de su infortunada Patria. Deseando el señor Rodríguez que Mc Kinley continúe empleándolo en la propaganda monroista *sui generis* que viene sustentando desde su advenimiento a la Presidencia si es que antes Moret no le da una cartera. Me ofrezco de Vd., amigo Yero, siempre a sus órdenes.

Oscar de Alva. Tampa, enero 8 de 1898

29 DE ENERO
LOS MÉDICOS CUBANOS

Por *Néstor Carbonell* (escrito para *Patria*)

Digna de mejor causa es a todas luces la marcada insistencia con que día a día vienen propalando espíritus inquietos –reñidos siempre con la virtud humana– anécdotas odiosas y acerbas censuras contra cubanos distinguidos y patriotas intachables.

Nosotros no hemos podido comprender qué clase de razones pueden alegar en su favor los que, guiados por pasiones pocos nobles y generosas, lanzan envenenados dardos contra los médicos cubanos, esos grandes amigos de la humanidad que tanto nos sirven y consuelan cuando la enfermedad quebranta nuestra vida y la muerte amenaza arrebatárnosla.

Y lo más sensible de tan injusta censura es que no se dirige solamente a la ciencia que insultan en otro terreno y de distinta manera –sino a su conducta patriótica–, a sus procedimientos políticos y sociales.

Para echar a tierra tan falsas imputaciones, bastaría solamente que diéramos a conocer una parte de sus trabajos revolucionarios, sus provechosas enseñanzas, sus ejemplos gloriosos; sus labores políticas dentro y fuera de la isla; sus importantes servicios, sus triunfos en el campo de la ciencia, comparables solamente a sus servicios y triunfos en los campos de batalla; su celo infatigable, su fe, su constancia y amor nunca extinguidos para honrar y servir a la Patria.

Pecan gravemente aquellos que, guiados de pérfidos propósitos, disculpables acaso por el origen de donde nacen, profieren sin escrúpulos –entre estúpidos alardes y mezquinas acusaciones contra el sagrado sacerdocio de la Medicina que antes como ahora no ha tenido más miras que amar y servir las clases trabajadoras, y como ellas luchar por la felicidad de Cuba.

Se equivocan aquellos que piensan que el mérito y el patriotismo verdaderos, hay que deducirlos del más ó menos tiempo que llevamos fuera de la isla, y no nuestra conducta política, de nuestra vida privada que es el reflejo de la vida pública; y por último de los bienes que se deriven de nuestras obras, y de cuanto hayamos creado a obsequio de nuestros semejantes, en provecho de la Patria y la familia y de la sociedad en que vivimos.

Errados están los que piensan que los médicos cubanos vinieron a la emigración por meros pasatiempos, a buscar comodidades, medros y fortuna que los más abandonaron, gozosos de venir a compartir con nosotros los que llevamos muchos años lejos de la tierra nativa, penalidades y miserias: y a echar sobre sus hombros parte de la carga que sostienen los buenos en la noche del destierro.

Los médicos cubanos ahora como siempre han llevado unidas a su carrera de amor sus ansias de Patria y el más puro y desinteresado patriotismo. De los muchos o pocos ahorros que trajeron a la emigración donde han trabajado para Cuba, desdeñando con altivez patriótica el oro que pudiera rebajarles el carácter o lastimar su decoro, han sacado sin regateos inútiles las colectas de la Patria, su óbolo para el tesoro de la guerra, los lujos y pensiones del templo donde ofician en honor de Cuba, a cuya sombra se cobijan todos los cubanos sin distinciones de clases sociales.

Bueno es que velemos cuanto podamos por el bien y felicidad de nuestra naciente República; pero bueno es también que nos consultemos bastante antes de ejecutar actos que merezcan la desaprobación de los hombres sensatos por ser perjudiciales a los intereses comunes: que nos guardemos también si es que amamos a Cuba, de azuzar las pasiones, de fomentar agravios para explotar en provecho propio la deshonra ajena. Peca gravemente quien llamándose cubano predispone el espíritu cordial de una clase contra otra; cuando ambas, unidas como están por vínculos sagrados y eternos, forman una sola familia inspirada en un mismo ideal; consagrada a una sola aspiración para llegar a un solo fin: a la libertad e independencia de la Patria cubana.

Los médicos cubanos ni antes ni ahora han pertenecido a la clase de aristócratas que señalan las murmuraciones vulgares; ellos pertenecen sí, a la clase que trabaja, a la clase culta, honra de nuestro país; esa clase democrática enemiga de las sombras, a la cual pertenecen también infinidad de obreros esclarecidos que no han estudiado medicina, y muchos de sus gratuitos difamadores

Los aristócratas de Cuba –si los hubo o si los hay, no lo sé a ciencia fija–, en su mayoría han sido considerados como verdaderos ignorantes. No soy partidario de los que piensan que la democracia a que rendimos culto debe andar descuellada, y renegando huraña y hostil, de aquellos que llevan frac y bien puesta la corbata.

Cerramos estas líneas que traza nuestra pluma –no a guisa de defensa a cubanos que no necesitan defensores–, sino guiados por el ferviente amor que sentimos por la verdad y la justicia; impulsados por el noble deseo de que labios cubanos no se manchen pronunciando gratuitas ofensas contra hermanos que brillan en los campos de batalla, y con nosotros comparten penalidades y alegrías, privaciones y miserias, para que unidos nos bañe con su luz el triunfo de la Patria, de la justicia y la civilización.

Néstor L. Carbonell

19 DE MARZO
Correspondencia de Tampa

Tampa, marzo 9, 1898

Señor Editor de *Patria*
Distinguido compatriota:
El señor Pérez y Díaz es un español alto, delgado, como de cincuenta años, que se pasea desde hace algunas semanas por las calles de Tampa. Es corresponsal de *La Correspondencia de España*, y según dicen los que han hablado con él, es un republicano de la escuela de Pí y Margall. Esta afirmación la desmiente un botón rojo que ostenta en el ojal de la solapa izquierda de su levita, signo evidente de que es caballero cruzado de Isabel la Católica, o de alguna otra Isabel, Cristina o María Luisa.

Pero como Esparta, según Larra, –creo que fue Larra quien lo dijo–, es el país de los viceversas, nada de particular tiene que Pérez y Díaz, siendo español, lleve una cruz sobre el pecho que abriga la convicción de que las cruces deben suprimirse, suprimiendo antes a los que las otorgan.

Pues hace pocas noches, en la calle de Franklin, sostenía el señor Pérez animada conversación con algunos cubanos, de los probados, por cierto; y como uno de ellos le hablara de Texifonte Gallego y dijera Pérez que no lo conocía, su interlocutor como medio de traerle el recuerdo manifestó que Gallego era Diputado a Cortes.

–Diputado a Cortes? Ah, no señor: los conozco a todos, y ese nombre no lo he oído nunca.

–Pues es Diputado a Cortes por la Habana.

–¡Ah, bien! Por la Habana podrá ser, porque la isla de Cuba es el Asilo. ¿No sabe usted lo que es el Asilo? Pues el Asilo es un lugar en que se depositan todos los niños que no tienen familia ni hogar. Por eso cuando en Madrid oímos decir que fulano es Diputado por Cuba, exclamamos: Diputado por el Asilo. Claro, cuando un individuo no encaja en el encasillado de la Península; cuando no hay modo de conseguir para él un distrito electoral, pues se le propone por Cuba y ya lo tiene usted Diputado. De esos será don Texifonte.

Así se expresó el señor Pérez y Díaz, español peninsular, periodista, republicano y caballero cruzado, todo en una pieza.

No debe parecer correcta esta doctrina al general Weyler, el Carnicero, que pretende llevar la representación de Cuba en las próximas Cortes españolas. Aunque puede el general asesino afirmar que él no se encuentra en el caso de Texifonte, y probar con hechos recientísimos que su candidatura es popular en Cuba, y que la única duda que le asalta al lanzar su nombre es a cuál de los dos partidos militantes debe representar en Madrid, ya que uno y otro lo votarían con igual entusiasmo y decisión.

Que los conservadores irían a las urnas a depositar sus votos por tener el alto honor de que los representara el Carnicero, no ofrece duda alguna. Dígalo si no el entusiasmo conque lo aclaman y lo gritan cada vez que se reúne el pueblo peninsular, cualquiera que sea la causa del concurso, y cómo la Unión Constitucional proclama un día y otro que ha sido impolítica la medida de separar a Weyler del mando y gobierno de Cuba, y que si tal no se hubiera hecho, sabe Dios por dónde andarían a estas horas Máximo Gómez, Calixto García y los poquísimos que los siguen y acompañan.

Que los autonomistas también lo votarían con el mismo entusiasmo y decisión, tampoco puede dudarse. Ahí está *El País*, periódico oficial del Partido –*La Gaceta*, como lo ha bautizado con mucha gracia y sobrada intención *La Lucha* de La Habana–, en que pueden leerse artículos laudatorios para Weyler, no escritos así ni en honor de Ignacio Agramonte en aquellos tiempos en que Montoro quería ser Diputado e hijo del Camagüey, y tomó ese nombre ilustre como varita mágica, conforme a los consejos de Fabio Freyre.

Y si no quisiese leerse o buscarse la colección del periódico, pues pocos deben tenerla, ahí está el artículo titulado «Los ases de espadas», en el cual el reglano Rafael Fernández de Castro, con toda la autoridad que le da su carácter de Catedrático de Historia, declaraba que todos los bizarros generales españoles, asombro de propios y extraños, eran niños de teta al lado de D. Valerian, cuyos asesinatos y tropelías censuraban por envidia, no más que por envidia, al verse pequeñitos al lado de aquel coloso, que parecía tan alto al Sr. Fernández de Castro y a sus apropiados compañeros los autonomistas, sin fijarse en que lucía allá arriba, porque estaba subido sobre alta pirámide de osamentas de cubanos.

Ya ve el Sr. Pérez y Díaz cómo puede un español, aunque sude aceite de olivos, huela a queso y tenga los cachetes más punzós que dos cerezas, representar legítimamente a la Isla de Cuba en las Cámaras españolas. Y hasta sería conveniente que le escribiera a su maestro y correligionario D. Francisco Pí y Margall, advirtiéndole que no vaya a calificar de *cunero* al General en alguna sesión del Congreso, pues se expondría a que con *La Unión Constitucional* en la mano derecha y *El País* en la siniestra, –las dos manos de Weyler son siniestras–, le demostrara plenamente que si es Diputado por la Isla de Cuba lo debe a que ambos partidos lo solicitaban, porque ambos aplaudieron su conducta, aprobaron su política de sangre y exterminio, y lo mismo Gálvez que Pinar del Río, Montoro que Romero Rubio, Pancho Zayas que Rabell, Delmonte que Lagardere, estrecharon su asquerosa mano cuando abandonó el país, desolado ya, no por voluntad del Gobierno español, sino por imposición del Gabinete Mc Kinley.

Pero Weyler, Sr. Pérez y Díaz, se equivoca al presentar su candidatura por la isla de Cuba. Weyler debía proponer su candidatura por acumulación, por España entera, y de ese modo probaría al Mundo que la mayoría de los españoles como los conservadores y autonomistas cubanos están, como estuvieron, en perfecto acuerdo con él en cuanto a que en Cuba no debe quedar con vida un solo nativo del país que piensa y sienta, y que conviene tratarlos de igual manera que se trató a la raza primitiva.

Y como no podemos saber si la estancia del Sr. Pérez y Díaz en el seno de esta emigración cubana tiene por único objeto enviar correspondencias y noticias al leído periódico madrileño que representa o si es doble y obscura, como parece serlo su filiación republicana adornada con el rojo botón de las solapas, le recomendamos que como ejercicio práctico para aprender pronto y bien la lengua inglesa, lea en los periódicos neoyorquinos las impresiones que va recibiendo el Senador Proctor a su paso por el territorio cubano; y piense si los que queremos a Cuba, los que amamos a nuestras madres y esposas, los que idolatramos a nuestros hijos y los que tenemos un concepto exacto de lo que es el honor, podemos experimentar por el gobierno español otro sentimiento que el de odio y desprecio que nos coloca a tanta distancia de él que no podemos oír los cantos de sus sirenas, por más que estas se disfracen de republicanos puros, como lo fueron no hace mucho Sagasta y Gálvez, Moret y Montoro. Bien que el Sr. Pérez y Díaz habrá comunicado ya a sus amigos de Madrid, que aquí, en Tampa, se suspira mucho por la Patria abandonada, se pasan hambres y sinsabores; que los obreros sin trabajo miran tristemente al cielo y van con sus cantinas a las cocinas económicas a buscar un bocado de pan que los sostenga con vida, y los abogados y médicos venden nieve por las calles y friegan botellas en la cervecería, y los capitalistas de Cuba sirven como dependientes en las zapaterías y tiendas de ropas; pero que ninguno piensa en reedificar su casa ni en volver al ansiado hogar deshecho por la barbarie y estulticia españolas hasta que veamos en el Morro y la Cabaña, si quedan en pie, la bandera emblema de nuestra libertad e independencia.

Quedo, como siempre a sus órdenes,
El Corresponsal

23 DE MARZO
CORRESPONDENCIA DE TAMPA

Tampa, marzo 17 de 1898.
Sor. Editor de *Patria*.
Distinguido compatriota:
Ibor City es un barrio de Tampa, el más populoso, en el que vive casi todo el elemento cubano obrero, el más rico, cuando no ha suspendido, como ahora, sus trabajos la gran Ma-

nufactura de Ibor y Manrara. Allí está Ramón Rivero, uno de los más entusiastas auxiliadores del Coronel Figueredo en sus dos grandes trabajos patrióticos: la recolección de fondos para la Tesorería del PRC y la unión y confraternidad entre los distintos elementos que componen esta emigración de Tampa, que da ejemplo de severidad, de discreción, y de patriotismo, en el recto sentido de la palabra.

Bien que los cubanos son ejemplares patriotas donde quiera que se encuentren; pero ellos, como todos los pueblos, son mejor o peor dirigidos y es indudable que aquí la dirección es superiorísima.

Rivero sostiene el bien conocido periódico *Cuba*, que nada le produce, en cuya atención le auxilia el conocido patriota Lcdo. Cirilo Pouble, que tampoco cobra por sus servicios. Aquí todo se hace casi *gratis et amore*, con acendrado patriotismo: Aquí todos pagan, ninguno cobra, y en las listas de suscripciones se ven siempre figurar en primer término los nombres de Figueredo, Rivero y de cuantos dedican todo su tiempo y todas sus actividades al servicio de la causa de Cuba.

El subagente en Ybor City, Ramón Rivero, –pues ha de saber V. que Figueredo tiene nombrado varios sub-agentes que lo ayudan y aconsejan, y a los que oye siempre con marcada atención–, el Sr. Rivero, digo, preparó en el Liceo, ayudado por el incansable Dr. R. Echeverría, una velada fúnebre en memoria de las víctimas del Maine, la que resultó lucidísima, sin embargo, de haberse preparado con solo tres o cuatro horas de anticipación.

Al frente, sobre centro negro, se leían inscripciones: de dedicación a los desgraciados que perecieran en la bahía de la Habana, y debajo de cada uno de los retratos de cubanos distinguidos que decoran el salón, colgaba un lazo negro. Asistieron a la velada muchos americanos entre los que se contaban Mr. George C. Mages, de Chicago, y Mr. S. Osterman, de New York, que acababan de llegar de La Habana.

La velada comenzó con las tristes notas del *Miserere del Trovador*, ejecutado por la banda cubana, y acto seguido entonaron un hermoso himno a Cuba las niñas que forman el club «Emilio Nuñez».

El coronel Figueredo hizo uso de la palabra para dar gracias al público cubano que numeroso venía a honrar la memoria de los marinos americanos muertos alevosamente por los españoles, y anunció la presencia de los Sres Mages y Osterman, dos comerciantes ricos de Chicago y New York, respectivamente, que le habían significado sus desos de dirigir algunas palabras al público, que así manifestaba su condolencia por la desgracia del barco americano de combate, volado el 15 de febrero en la bahía de La Habana. Presenta, con sentidas frases, la bandera americana que ha traído Mr. Mages, y que estuvo colocada sobre la tumba de los mártires durante la ceremonia gloriosa con que la colonia americana de la Habana honró, el 5 de marzo, a sus compatriotas asesinados, que reposan en el Cementerio de Colón. Una salva de aplausos resonó, tan pronto Figueredo hubo desplegado la bandera de las estrellas y las franjas.

El Sr. Ramón Rivero ocupó la tribuna y con voz que ahogaban el sentimiento y la indignación, dijo que aquella bandera era la nuestra, pues que somos americanos y porque representa la libertad de la América empezada a conquistar desde el día que fue enarbolada en la ciudad de Boston por los libertadores de las colonias inglesas: que lloramos sobre la tumba de las víctimas del asesinato y la barbarie española, no sólo por humanidad, sino porque los muertos son americanos como nosotros: que además, el Maine fue a la Habana por consecuencia de la guerra de independencia que tan heroicamente sostienen los cubanos hace tres años, y que, sino fuera por humanidad ni por americanismo, tendríamos que llorar sobre esas tumbas por agradecimiento a esta poderosa Nación, cuna de la Independencia americana, y a la que, por tan distintos motivos, hemos de considerar, honrar y respetar. No se había restablecido el silencio después de los aplausos al Sr. Rivero, cuando la niña Enriqueta Carrillo, tan aplaudida también, recitó la conocida composición «Pro Patria», del Sr. Fernando de Zayas.

Mr. Osterman fue saludado cariñosamente por el público que oyó con recogimiento la lectura en castellano, de una corta disertación acerca del estado de la Isla de Cuba. Mr. Osterman se asombra y escandaliza ante el espectáculo que ofrece la ciudad de La Habana en la que se dan en el Casino Español y otros centros, españoles también, bailes y fiestas suntuosísimas cuyo costo ha de ser crecidísimo y en los que hay verdadera ostentación de lujo y de riqueza, allí mismo donde vieron a diario cientos de personas, víctimas del hambre y la miseria; allí donde vio él, durante cortos momentos que estuvo en los Fosos municipales, morir de inanición a dos infelices reconcentrados. Concluyó Mr. Osterman manifestando francamente que el resultado de su visita a la Habana, ha sido que nazcan en su corazón con grandísima intensidad dos sentimientos que lo dominan: uno, de odio a los españoles; otro, de simpatía por los cubanos.

Excuso decir el entusiasmo que tales frases produjeron en el auditorio, que no cesó de aplaudir durante un largo espacio de tiempo. La niña Hortensia Morales con la energía del caso, recitó el célebre soneto «A Cuba», de Miguel Teurbe Tolón.

El Sr. Marcos Gutiérrez llenó su turno, y después de condenar la conducta de los españoles durante toda su dominación en América y, especialmente, durante la actual guerra de Cuba y, más en concreto, con ocasión de la voladura del Maine, manifestó que el pueblo cubano debía estar y estaba agradecido a esta Gran República, en la que habían encontrado asilo en su larga peregrinación los emigrados cubanos. La niña Margarita Crecí recitó, con delicado gusto, el soneto de despedida de la Avellaneda a Cuba.

Mr. Mages no pudo comenzar la relación, en inglés, de su viaje a Cuba, hasta que el numeroso público dejó, por el cansancio, de aplaudir, en señal de cariñoso respeto. Refirió su estancia de pocos días en La Habana y Matanzas los cuales fueron suficientes para que haya podido formarse cabal idea de las desgracias del pueblo cubano y de la barbaridad de sus dominadores los españoles. Dijo que cuando quiso obtener una bandera americana con que asistir a la ceremonia religiosa que ideó y llevó a cabo en el Cementerio de Colón el 5 del corriente mes de marzo, le fue imposible encontrarla en el mercado de la Habana, y que gracias a la bondad y a los sentimientos de simpatía por el pueblo americano de dos señoras cubanas que se brindaron a hacer una, si les pintaban el modelo, pudo obtener la que el Sr. Figueredo enseñó al público, y la que no dará por todo el mundo, pues que ha sido la primera que ha cubierto la tumba de los compatriotas muertos en la bahía de La Habana.

Refirió su visita a Matanzas acompañando a Miss Clara Barton, de quien hizo merecidísimos elogios, y su entrevista con el Gobernador Francisco de Armas, que se disculpaba de no hacer cuanto debiera en favor de los reconcentrados, porque el Gobierno no le daba recursos suficientes para ello. Pintó con negros colores el estado de miseria de la pobre Cuba, relatando escenas verdaderamente dolorosas ocurridas en hospitales y calles de Matanzas, en su presencia y de la Srta Barton. Habló de los sentimientos de simpatía a aquel pueblo heroico que tanto sufre por conquistar la libertad a que tiene tantos derechos, aumentados hoy por el trato que recibe, por esa muerte cruel y lenta a que se le tiene condenado. Que él, allá en Chicago, donde reside, hará que todos se interesen, como está él interesado, por la causa de la independencia cubana, y ayuden por que sea pronto un hecho realizado; así como procurará que este pueblo americano acuerde que todos los días cinco de marzo se celebren en el Cementerio de Colón, en forma adecuada honras fúnebres, como las que por su iniciativa se celebraron este año por primera vez, en honor de sus hermanos muertos en la catástrofe del Maine; y termina con frases alentadoras, y de cariño y de agradecimiento para con los cubanos y muy especialmente para aquellos que congregados esta noche honran la memoria de sus compañeros muertos.

Los aplausos nutridísimos, las aclamaciones, los hurra, de todo, cuando terminó de hablar Mr. Mages, y se unieron las dos banderas, la cubana y la americana, fueron acallados por una hermosa marcha, ejecutada por la orquesta. El simpático Dr. Echeverría leyó, en castellano, la disertación de

Mr. Mages, para que la oyeran aquellos de los presentes que no conocían el idioma en que fue escrita. Terminado que hubo, dirigió, en inglés, a los Sres. Mages y Osterman sentidas frases de agradecimiento, expresando que los cubanos no olvidarían nunca la hospitalidad que habían recibido de esta grande y generosa Nación, y que cuando más adelante, en nuestros días de felicidad, cuando Cuba sea libre para siempre, conmemoremos a los héroes de nuestra Independencia, entre los que se cuentan muchos americanos que pelean por nuestra libertad, conmemoraremos juntamente a las víctimas del acorazado Maine, muertos en la horrible catástrofe, y tendremos para ellos flores con que adornar sus tumbas: las más fragantes, las de nuestra gratitud.

Dieron las gracias Mrs Mages y Osterman, traduciendo el Sr. Figueredo sus frases y pronunciando en inglés conceptos que demostraban el afecto, simpatía y agradecimiento de nuestro pueblo por el pueblo americano.

A los acordes del himno de Bayamo se unieron de nuevo ambas banderas, y en aquel momento de delirante entusiasmo Mr. Osterman, arrebatado por él, manifestó que trabajaría en todos los lugares de su país por la causa de la Independencia de Cuba, por la que estaba dispuesto a sacrificar sus bienes de fortuna y hasta su persona. Mientras el público veía las fotografías del Maine y de los reconcentrados, que los señores Mages y Osterman facilitaron con ese objeto, hizo uso de la palabra el Rev. Cova, dirigiéndose a los cubanos, y el Rev. Someillá, a los americanos.

El público acordó, por aclamación, unas Resoluciones, redactadas por el señor Rivero, y que han debido ser enviadas a este periódico para su publicación.

Las cubanas y los cubanos concurrentes a la velada, con la música a la cabeza, acompañaron hasta su residencia a los señores Mages y Osterman, que se mostraron muy agradecidos por tal deferencia.

Quedo de usted afectísimo compatriota.
El Corresponsal

2 DE ABRIL
Correspondencia de Tampa

Señor Editor de *Patria*.
Distinguido compatriota:
Hemos tenido el gusto de saludar al Coronel Fernando Salcedo, Auditor Mayor del Ejército y Jefe del Cuerpo Jurídico Militar, que, procedente del campo de la Revolución ha llegado a esta ciudad, que dejará en breve para atender en ella al restablecimiento de su quebrantada salud. El Coronel Salcedo es Doctor en Derecho, joven, inteligente, ilustrado y de muy amena conversación. Da a conocer en ella que es un luchador constante y un asiduo trabajador, pues lo mismo habla de cuanto se refiere al personal del ejército, como en lo que hace relación a la campaña, a los trabajos legislativos, a la división territorial etc, etc... Se conoce que es hombre que da a cada asunto la importancia que tiene, por lo que en todo se ha fijado, dedicando su atención y haciendo estudio de los distintos ramos de la gobernación y de la guerra.

Como tiene ilustración y buen criterio y llama a cada cosa por su nombre, resultan interesantísimos sus relatos y provechosa la enseñanza que de ellos obtiene y difunde cuando refiere y considera. Además de esto, como se marchó al campo desde los primeros días de la guerra, abandonando la ciudad de Bayamo, cuyo Registro de la propiedad desempeñaba, da cuenta detallada del crecimiento de la Revolución, y de aquellas primeras notabilísimas batallas en las que se encontró, con tal lujo de detalles y tal tino y amenidad en el relato, que tal parece que el oyente las está presenciando. El Jobito, la toma de Baire, Peralejo, son historias interesantísimas que bien merecen la pena de que las describiera por escrito para gloria y orgullo de nuestro heroico ejército, y encanto y pasatiempo de los lectores de *Patria*.

Trae Salcedo un sombrero de señora, tejido con palma guano, palma de la familia del yarey pero más fina, que es una primorosa obra de arte. Se debe a las manos delicadísimas de la Srta. Rosa Agüero, hija del Brigadier Carlos Agüero

García, Jefe de la Tercera División del Camagüey, o sea, la de la Trocha. No sé con qué objeto traerá ese sombrero el Coronel Salcedo: me figuro que dedicado por la hábil artista a alguna parienta o amiga residente en New Yotk. Tengo la seguridad de que si su dueña se decidiera a rifarlo en esa ciudad donde se asombrarían, sobre todos los americanos, de tan acabado como curioso trabajo, produciría muy buenos pesos con que comprar balas para los cañones que tiene el General Calixto García y que, según dice, es lo único que necesita, pues de todo lo demás tiene lo suficiente para ayudar a Pando en la canalización del Cauto.

Y a propósito de balas para los cañones neumáticos, debo participarle, que aquí se ha cerrado ya la suscripción para la compra del que correspondía a Tampa, habiendo subido la colecta hasta dos mil ciento seis pesos noventa y cinco centavos. Pero han caído estas buenas gentes de Tampa, en que un cañón es cosa perfectamente inútil, si no va acompañado de cierto número de proyectiles, y como consecuencia de esto, han abierto una nueva suscripción, cuyo producto se destinará a la compra de esos proyectiles, hasta donde alcance. El Dr. Echeverría cuyos trabajos dieron tan buen resultado en aquella primera suscripción, ha sido encargado para que se ocupe en esta segunda. Aunque, a la verdad, yo creo que nadie lo designó para este encargo, sino él mismo, y hasta tengo motivos para sospechar que la idea de la nueva colecta es suya. Sea de quien fuere, lo que importa es que de tan buen resultado como la otra.

Este Dr. Echeverría, que está en todas, andaba desde hace días con el tema de que no se debía leer a los obreros en los talleres ciertos libros que nada enseñan, y que algunos no sirven para otra cosa que para echar a perder el gusto, cuando menos. Con este motivo recomendaba la lectura de las obras de los grandes educadores, y los operarios de la fábrica de los Sres. Trujillo y Benemelis quisieron oír uno de esos trozos de que tanto habla el simpático Dr. Pues manos a la obra, dijo éste, y el viernes, acompañado del Coronel Salcedo, se personó en el taller de los Sres. dichos con la obra *El carácter*, de Smiles, dando lectura al capítulo «El trabajo».

Claro que resultó lo que se proponía el improvisado lector: aquel capítulo magistralmente escrito y correctamente leído encantó a los obreros que encontraron provechosa y amenísima su lectura, teniendo el Doctor que ofrecer leerles cuantas veces quisieren, y facilitar al lector de planta del taller, todas las obras de este género que desearan. El Coronel Salcedo prometió a aquellos entusiastas trabajadores leerles, en la semana próxima, un capítulo de su diario de campaña.

El Club «Discípulas de Martí» ofreció el lunes último su función quincenal en Céspedes-Hall, West Tampa. Después de algunas suertes de escamoteo hechas con limpieza por el alma de esas funciones, el apreciable joven Sr. Machado, se puso en escena la graciosa obra en dos actos, de Vital Aza, titulada *Levantar muertos*. La concurrencia no cesó de reír un momento, mientras Anita Merchán, Presidenta del Club, en la puerta, y la Sra. de Figueredo en la cantina, vendiendo sándwich, ponche y café, más hábiles escamoteadoras que Machado, hacían pasar los pesos del bolsillo de los concurrentes al Tesoro del Club, para ser luego remitidos a manos del Sr. Benjamín J. Guerra.

Y ya ve V. Cada quince días y desde hace mucho tiempo, se reúne este grupo de chiquillas, lindas y graciosas, en Céspedes Hall, y saca a cada cubano o extranjero simpatizador un óbolo para la causa de la independencia de su Patria. Y esto lo hace el Club, como tantos y tantos otros que existen donde quiera que hay patriotas cubanos, sin que se alardee de ello, sin que se grite, sin que se aplauda; porque lo encuentra la cosa más natural del mundo.

Y allá en la Habana, unos cuantos ricachos, adinerados a fuerza de explotar la colonia, proyectan una fiesta en Tacón para con su producto comprar un barco de guerra con que aumentar la desvencijada marina española; y han armado tal ruido, tal escarceo, tal escándalo, que no hubo periódico que dejara de publicar dos o tres veces que D. Manuel Calvo, el poderoso naviero, el vampiro de Cuba, el Representante del Banco Hispano Colonial, había pagado por su palco $5000., y hasta se le quiso sacar punta diplomática, a los $50. dádiva del Sr. Cónsul de Austria. Y después de tanto bombo y tanto platillo resulta que el patriotismo español en Cuba, exprimidos hasta más no poder por Generales, Presidentes, Secretarios de entresuelo, contratistas de matadero y del ejército, etc. etc. no han dado sino $35.000, que servirán, si no se los roba algún esclarecido patriota, para comprar un viejo remolcador que vaya a probar si después de canalizado el Cauto, se pueden evitar voladuras como la del Relámpago.

Si no fuera porque ya los sucesos que se avecinan, y las complicaciones diplomáticas, no nos dan tiempo a ocuparnos en elecciones autonómicas y otras cosas de poco momento, le hubiera hecho la disección a la candidatura para Diputados a Cortes que se ha atrevido a presentar a sus correligionarios, la Junta autonomista. Pero, mejor que eso será que le remita, como lo hago, el artículo en que *El País* presenta sus candidatos al cuerpo electoral, pues ese mentiroso documento prueba ... lo que yo no quiero decir.

Pero sí quiero decir, ya que se apresura el *El País* a negarlo, que ha producido profundo disgusto entre los afiliados y aun entre algunos individuos de la Central, la publicación de esos nombres casi todos desconocidos, y los que no lo son, ¡ah! los que no lo son, como Nicolás Serrano, Costa Roselló, General Salcedo, etc, etc... explican bien claramente hasta dónde han llegado los míseros cubanos que forman el Comité delegado para entender en las elecciones, y todos cuantos vayan a depositar sus votos en las urnas electorales.

Quedo de V. afectísimo,
El Corresponsal.

13 DE ABRIL

Tampa, abril 9 de1898.
Telegramas sobre elecciones:
Guerra reelecto; Duarte Presidente; Someillán Secretario Cuerpo de Consejo. Henríquez, García.

Ybor City, 9 de abril 1898.
Consejo Tampa reeligió por unanimidad Benjamín Guerra pata tesorero PRC.

Rivero, Orta.

16 DE ABRIL
Correspondencia de Tampa

Señor Editor de *Patria*.
Distinguido compatriota:
A la sombra de los pinos silvestres de West Tampa, y protegidos por la gloriosa bandera que permaneció izada durante el célebre combate de Jicarita y que no se arrió, ostentando dos agujeros de proyectil de Mauser, hasta que le vino en voluntad al general José Lacret Morlot, se reunieron fraternalmente alrededor de rústica mesa, improvisada para el acto, unos cuantos cubanos atentamente invitados por el doctor Núñez.

No ha de decirse para que se sepa que aquella fiesta íntima la ofrecía el doctor Núñez para obsequiar al general Lacret, pues que estando él allí, oliendo a pólvora todavía, e izada su bandera de Jicarita, tenía que ser el héroe de la fiesta, como lo fue en el célebre combate. Por cierto, que alguien contaba que el general durante aquel continuado y terrible fuego de Jicarita, estaba tan tranquilo y satisfecho y con igual calma que la que en esta mesa tenía, preocupándole entonces el general español Molina al mismo extremo que le importaba ahora el lechón tostado, como parte secundaria de la fiesta.

El anfitrión supo escoger los platos que guardaran perfecta relación con el campo y la bandera, sirviendo, por su propia mano, el suculento ajiaco criollo, el tradicional arroz con pollo y el exquisito lechón asado en varas. Dulce de coco y uno especial de fresas muy recomendado por el doctor, fueron los postres, humedecidos con vino de California y un café, ¡qué cafe!, traído de la próxima casa del práctico don Ambrosio. No pudo contenerse el entusiasmo patriótico de los comensales y Chicho Enríquez, el comandante Bado y don Ambrosio improvisaron quintillas y espinelas, hablando luego, poco y bien, el coronel Figueredo. Dio las gracias por todo el general, se arrió la simpática bandera y marcharon en grupo para la ciudad los comensales todos: el general Lacret con sus ayudantes comandantes José Arrizurrieta y Celestino Bado; el coronel Figueredo, coronel Francisco Martínez, doctor José Núñez, Gualterio García, Julio C. Orta, Rev. Pedro Duarte, señor Méndez Capote, Guillermo González, Chicho Enríquez, doctor Sebastián Cuervo, doctor N. Rodríguez, Dr. Leonardo Esperón, Dr. Mendoza, Lcdo. Carlos M. Trelles, Raúl Trelles, Ignacio O' Halloran, N. Silva, José María Trevillo, José Manuel Núñez y Lcdo. Lorenzo G. del Portillo.

En la noche del domingo último se celebró en la Iglesia Congregacional de Tampa una solemne y conmovedora fiesta, que tuvo más de política que de religiosa, y de verdadera significación en estos momentos en que el pueblo de la república americana, impulsado por sentimientos humanitarios y por principios de libertad y orden, vuelve sus ojos justicieros a la tierra cubana, y mira, a la vez, airado a a la nación infame que, ocultando la mano, premetida y realiza alevosamente el asesinato de sus hijos y la voladura del Maine.

La Iglesia estaba lujosa y artísticamente decorada con flores y colgaduras, viéndose con profusión las banderas americanas y cubanas entrelazadas, simbolizando la unión que debe existir entre todas las naciones de este continente.

El Rev. Sprague elevó una oración al Altísimo y pronunció un elocuente discurso, pintando con colores sombríos la dominación española en Cuba, y demostrando el derecho que asistía a los cubanos para luchar, heroicamente como lo hacían, por la libertad de su país, tratado inicuamente por los dominadores.

La hija del Rev., Miss Cora, acompañada al piano, cantó con voz agradable y sonora, elevando el espíritu de todos, un hermoso himno religioso.

De pie, el conocido abogado Mr. Petinguield lamentó la tardanza del gobierno de este país en acabar con la tiranía en Cuba, expulsando de ella a los españoles que nunca han tenido derecho para ocuparla, y que, de haberlo tenido, lo perdieron con la realización de tantos hechos inicuos como allí y en todas partes que dominaron han llevado a término. Se extendió en consideraciones sobre el derecho de los cubanos a constituirse en Nación, y a los medios con que cuentan para establecerla conforme a los dictados y enseñanzas de la civilización.

Invitado el coronel Figueredo, nuestro Agente local, improvisó, pronunciándolo en inglés, un elocuente discurso, con el que demostró a la escogida concurrencia que lo escuchaba, las positivas ventajas políticas, morales y materiales que obtendría esta Nación de constituirse en Cuba una República libre, genuinamente americana, que echara al olvido los hábitos de la vieja Europa, y fuera un eslabón más en la poderosa cadena que deben formar los pueblos libres en la América libre.

Mr. Shakleford, abogado distinguido, con frase enérgica y persuasiva, hizo un cumplido elogio de los patriotas cubanos y de su manera de proceder en la lucha que sostienen por obtener su libertad, terminando por pedir a Dios y al pueblo americano que ayuden eficazmente a los patriotas para que vean desaparecer, cuanto antes, del Morro y la Cabaña, la odiada enseña de la dominación española.

El Club «Cuba libre» celebró el lunes, en Céspedes Hall, el primer aniversario de su fundación. Llena por la concurrencia estaba la amplia sala, como estaba el escenario con la gallarda presencia de tres señoritas de las que forman la Directiva, y el estandarte de «Cuba libre,» primorosamente bordado por la señorita Duarte. Se llenó el programa que consistía en discursos por los señores coronel Figueredo, Lorenzo G. del Portillo y Ramón Rivero y Rivero, haciendo el resumen el Rev. Pedro Duarte, y obteniendo todos los aplausos; y la representación del episodio dramático «La lucha por la vida», desempeñado con bastante acierto por la señorita Aurora Santa Cruz y los señores M. Llanos, C. M. Piñeiro y P. Severine.

A media fiesta se presentó el general Lacret, deferente a la cortés invitación que le hiciera el Club, y fue saludado con vítores y aplausos.

Los señores Miranda, Díaz, Valdés y Sosa, encargados de la parte musical, y la banda del señor Irroutiner, cumplieron su cometido a la perfección.

En Pem Broke, cerca de Fort Meade, Florida, se han reunido en trabajos patrióticos diecisiete cubanos, y han constituido el domingo 27 de marzo un club político, adscripto al Partido Revolucionario, con el nombre de «Alberto Nodarse». Un caluroso aplauso a esos cubanos, y que aumente el número de sus afiliados.

La directiva la componen los siguientes señores: Presidente, Gustavo Martín. Secretario, Gavíno Labrador. Tesorero, José Capote. Vocal 1.°, Fermín Fleites. Vocal 2.°, Casimiro Hernández. vocal 3.°, Pedro Pérez.

Quedo suyo affmo. amigo,
El Corresponsal

23 DE ABRIL
Correspondencia de Tampa

Abril 16 de 1898.
Señor Editor de *Patria*.
Distinguido compatriota: no es culpa mía si tengo que aplaudir de nuevo y con calor al Coronel Figueredo, nuestro Agente local; no es culpa mía que él, atento y diligente, aproveche todas las ocasiones y oportunidades que se ofrecen de acumular prestigios, popularidad y productos materiales para el PRC. Esta vez ha de compartir ese aplauso caluroso a que se ha hecho acreedor, con el Dr. Julio San Martín, Presidente del club político «Federico de la Torre».

Sabido es que en el vapor que condujo a Tampa al General Lee, vinieron de la Habana gran número de cubanos conocidos, que al día siguiente buscaban entre sus compatriotas residentes aquí las últimas noticias, las más frescas impresiones sobre los asuntos de Cuba de que venían ignorantes, gracias al sistema español de ocultar siempre la verdad de la situación. Pensaron, desde luego, Figueredo y San Martín, que debía proporcionarse a aquellos cubanos recién llegados al extranjero, la manera de ayudarnos en los trabajos políticos que constituye nuestra constante y casi única ocupación, ofreciéndoles al mismo tiempo el apoyo que pudieran necesitar, y abriéndoles, con franqueza, nuestros corazones, para que supieran que habían llegado a tierras de hermanos.

Nuestro popular agente hizo extender invitaciones que suscribió y fueron enviadas a los nuevos emigrados, para que asistieran a una reunión que les ofrecía en los salones del «Federico de la Torre». A las ocho de la noche presentaba el club un precioso aspecto: casi todos los invitados habían concurrido, atentos a la esquela del Coronel Figueredo y pude saludar allí, entre otras personas cuyos nombres siento no recordar, a los distinguidos Sres. Lcdo. Enrique Junco, Ledo. Oscar Font y Sterling, Gustavo Alfonso, Dr. José Toros, Lcdo. Valdés Fauli, José María Laza, Dr. Carlos Finlay, Jorge Finlay, Dr. Valdés Rico, Carlos Fauli y Francisco Henríquez.

El Dr. San Martín cedió la presidencia al Coronel Figueredo que tenía a su derecha al Reverendo Pedro Duarte, y a su izquierda al Sr. Ramón Rivero, Presidentes, respectivamente, de los Cuerpos de Consejo de West Tampa e Ibor City; actuando como secretario, el que lo es de la Agencia local. Sr. Gualterio García.

Abrió la sesión el Presidente, y con frase sencilla, correcta y elegante, expuso cómo había nacido el PRC, quiénes lo componían; qué trabajos de tan distinta índole encaminados al mismo fin, realizaba; cuáles eran sus merecimientos y los laureles que tan justamente tenía ganados durante los siete años que cuenta de fundado; quiénes eran sus jefes prestigiosos; cómo llevaba adelante su obra de patriotismo, de amor y de concordia, terminando por predecir que muy pronto vería colmados sus afanes y desvelos y pagados todos sus sacrificios con la cercana independencia de la Patria. Que como era obra de amor la del Partido, cumplía un gratísimo deber acogiendo cariñosamente a los hermanos acabados de llegar y ofreciéndoles cuanto pudieran necesitar en esta tierra que parecía extranjera, pero que no lo era en realidad; y que para la obra del trabajo y el patriotismo los llamaba, interpretando sus deseos, a ayudarnos en la obra santa de libertar a la Patria.

Unánime y atronadora salva de aplausos premió al Coronel Figueredo que así con tanto acierto supo presentar al PRC a la consideración de aquellos compatriotas, que aplaudían a su vez por verse llamados a participar de tan honoríficos como útiles trabajos.

El Lcdo. Enrique Junco y Pujadas dijo muy cortas frases, dando en nombre de todos los invitados expresivas gracias al Sr. Figueredo y al club por la recepción de que habían sido objeto, manifestando cuán grandes eran sus deseos y los de sus compañeros en participar de los trabajos del Partido. Como era natural estas frases produjeron extraordinario efecto; mucho más cuando eran dichas por el padre del malogrado y valiente Coronel Enrique Junco, muerto gloriosamente en el campo de batalla, defendiendo las libertades patrias.

Concedida la palabra hizo uso de ella el Dr. San Martín, como Presidente del club, y luego de reafirmar el concepto del Partido Revolucionario y de aplaudir sus trabajos realizados de antiguo y en el presente, y de probar cómo los cubanos han demostrado, allá en el campo de la lucha como aquí en las emigraciones, que son capaces de gobernarse por sí mismos, dio la más cordial bienvenida a los recién llegados.

Invitado el Dr. Rafael Echeverría, improvisó un corto y expresivo discurso, en el que expuso su firme creencia de que cualesquiera que fueren las soluciones que pudieran presentarse, hoy o mañana, en el problema político cubano, siempre la mayoría de ellos con las armas, en la tribuna y en la prensa, librarán batallas por el santo ideal de la Independencia.

El Lcdo. Portillo dijo que era natural que aquellas personas acabadas de llegar se encontraran hasta cierto punto cohibidas para manifestar sus propósitos; pero que el más autorizado de ellos por la edad y el sufrimiento, el Sr. Junco, nos había dicho ya lo que pensaban. Pero que no necesitábamos que nos lo dijeran, porque siendo cubanos habían de detestar la dominación española; y que, en último caso, para estar seguros de sus convicciones y sus puntos de vista, bastaba considerar que si en nosotros se conservaba latente ese sentimiento de odio, estando fuera del alcance de aquella dominación, cómo no estaría exacerbado en ellos que habían tenido la desgracia de presenciar todo lo ocurrido durante el mando de Weyler.

Entonces se puso de pie el Lcdo. Font y Sterling, hermano de nuestro joven Secretario de Hacienda, y con palabra robusta y elegante, acción enérgica, tonos levantados, pronunció un bellísimo discurso, frecuentemente interrumpido por los aplausos, en que nos dijo que allá conocían perfectamente la historia del PRC; que allá, cuando en prudentes conciliábulos secretos se reunían los patriotas, hablaban de las honradas emigraciones y admiraban y aplaudían su fe y su constancia, sus sacrificios y sus triunfos, y con ellas lloraban los sucesos adversos y con ellas se alegraban de las victorias. Que bien sabían como todos los cubanos trabajaban aquí por la causa de la Independencia, y cómo los obreros, en estos populosos centros de emigración, habían sostenido al PRC, que era poderosa y triunfadora organización. Que nunca habían dejado ellos de trabajar, como cumplía, por la libertad de Cuba, aunque con el sigilo y el recato que aquella situación de fuerza consentía, y que hoy llegaban, animados de iguales deseos que antes, y dispuestos a engrosar, con ese fin, las filas del PRC.

El doctor Eduardo F. Pla llamó la atención sobre la verdadera importancia que tenía esta reunión, que desmentía el aserto de que la mayoría del pueblo cubano era autonomista, pues que tan pronto salían de Cuba los cubanos, manifestaban que eran separatistas y por esa causa trabajaban. Que proponía se dirigiera un telegrama al Sr. Delegado Estrada Palma, dándole conocimiento de este grato suceso.

El Dr. José Fons habló en el mismo sentido que lo hizo Font y Sterling; y ofrecida la palabra al Reverendo Cova, pronunció un discurso lleno de amor y cariño fraternal para aquellos que venían a nuestro lado, donde no se le ofrecían palacios, porque no los teníamos, pero sí, con toda sinceridad, las modestas habitaciones de los compatriotas.

El club obsequió con espumoso *lager* a toda la concurrencia; y reanudada luego la sesión, el Reverendo Pedro Duatte dijo un mesurado, serio y sentido discurso en el que puso de manifiesto el patriotismo cubano, en el campo, aquí y en las ciudades de Cuba demostrado; habló de aquellos, muy pocos por fortuna, que dando la espalda al deber, sirven hoy al déspota en su obra inicua de seguir avasallando a la colonia: y por último, y fue la parte más bella de su oración, partiendo del hecho del gran número de pasaportes solicitados por la colonia española de Tampa, con motivo de los últimos sucesos, emplazó a los españoles en esta peregrinación por la superficie de la tierra sin que les sea dable encontrar al cabo donde plantar sus tiendas; que a esa pena han de ser condenados por su historia de crímenes en el mundo, y por el último horrible y bochornoso hecho que han realizado con la concentración de los campesinos cubanos. El Reverendo Duarte fue muy aplaudido.

El Sr. Portillo apoyó la proposición del Dr. Pla, de enviar un telegrama al Sr. Delegado del Partido, dando lectura a uno que había redactado, por si merecía la aprobación de los presentes. El Sr. Presidente dijo que como en el telegrama se consignaba la protesta de adhesión al PRC, de los señores últimamente llegados de Cuba, ellos habrán de ser los que lo aceptaran o no.

El Dr. Valdés Rico manifestó que después de lo dicho por el Sr. Font, no había nada que preguntar, ni una palabra más que agregar: pues que estaban todos dispuestos a trabajar por la causa de Cuba, en la forma que fuere precisa.

El Sr. Serafín Bello dijo algunas palabras llenas de sentimiento patriótico, terminando con un grito de ¡Viva Cuba Libre! que fue contestado con entusiasmo por todos los presentes.

El Sr. Cecilio Henríquez, a petición de algunos de los concurrentes, improvisó con gran facilidad y gusto unas cuantas espinelas con el pie forzado: «Cuba será independiente». Gustaron mucho.

El último turno lo consumió el Sr. Ramón Rivero que, aunque breve, dijo cuanto nuevo pudiera decirse después de tantos discursos. Habló con el calor que caracteriza todos sus actos, y terminó anunciando que muy pronto marcharíamos a Cuba a establecer una República democrática, igual para todos.

El Coronel Figueredo cerró la sesión. No sé hasta dónde estará satisfecho por haber provocado una fiesta tan brillante y provechosa. Yo puedo asegurar que todos, absolutamente todos, salimos de aquel local contentísimos, y mucho aplaudimos el tacto del Sr. Agente local que con celo exquisito, con penetración plausible, supo reunir a los recién llegados con los que ya andábamos por aquí, para que en un solo acto y en cortos momentos, quedaron fundidas las aspiraciones de todos, y los trabajos comenzados ya.

El Corresponsal

11 DE MAYO
LOS VOLUNTARIOS CUBANOS

Leemos en nuestro apreciable colega *Cuba*, de Tampa, correspondiente al día 5 del actual, que el lunes 2 presenció esa ciudad un espectáculo brillante. Invitado el pueblo para el recibimiento del contingente expedicionario de New York, multitud inmensa acudió a la estación del ferrocarril de Plant a victorear a los buenos servidores de la Patria. En el puente de West Tampa estaba situado en correcta formación el medio batallón de nuestros voluntarios, subdividido en compañías al mando del coronel Federico Martínez, con bandera desplegada y la banda de música del profesor Horruitiner.

Como a las siete de la noche llegaban al puente referido los voluntarios de New York, siendo saludados con entusiastas vivas en medio de los acordes del himno de Bayamo. En seguida se dio la voz de marcha, formando a vanguardia la banda cubana; luego el contingente neoyorquino, marchando a retaguardia; de dos en fondo, los voluntarios tampeños, dirigiéndose todos al Céspedes Hall.

Todo Tampa presenció el acto patriótico y aplaudió a los patriotas cubanos. En Céspedes Hall hubo un momento de receso y el coronel Figueredo habló a la tropa en términos sentidos, dando a los del Norte la más cordial bienvenida.

El coronel Alfonso, doctor simpático, contestó el discurso anterior, dando las gracias por tan entusiasta recibimiento a Tampa, en nombre de sus compañeros de New York, siendo muy aplaudido, así como el señor Figueredo. Enseguida los abrazos, los apretones de manos, las efusiones patrióticas fueron el signo de la cordialidad de aquella recepción admirable.

La comida fue de campaña. Se pronunciaron entusiastas brindis y a una hora conveniente se retiraron los voluntarios a descansar. En el contingente del Norte llegaron el mayor general Julio Sanguily, el brigadier de Sanidad militar Dr. Joaquín Castillo Duany, coroneles Alfonso, Ruanes, Aguirre y otros distinguidos oficiales. Bien por los patriotas cubanos.

Más voluntarios cubanos
El martess 2 del actual llegaron a Tampa los contingentes de Filadelfia, Jacksonville, Port Tampa City y Cayo Hueso. Cerca de cuatrocientos cubanos que unidos a los de esa ciudad formarán la brigada expedicionaria.

No obstante estar preparado el recibimiento a una hora apropiada, los trenes del Norte y Sur adelantaron la salida y llegaron nuestros hermanos a Tampa en momento en que no se les esperaba. Sin embargo, en la estación del ferrocarril centenares de cubanos hicieron entusiasta recepción a nuestros soldados, marchando todos, dando vivas a Cuba libre, hasta el Cuartel General situado en Céspedes Hall.

Las fuerzas allí acampadas, en traje de campaña, en correcta formación hicieron los honores de ordenanza a los nuevos expedicionarios. Allí se pronunciaron patrióticos discursos, siendo aclamados los oradores.

A las cinco llegó al Céspedes Hall el Cuerpo de Consejo de Tampa, acompañado de la banda de música cubana. Esto acentuó más el entusiasmo: West Tampa estaba bellísimo. Una comisión de señoritas, presidida por la angelical Palmira Duarte, arrojaba flores sobre aquella inmensa muchedumbre de soldados cubanos y americanos, y pueblo que llenaba la plaza de Céspedes. A una hora conveniente de la noche se terminó el acto patriótico más significativo que se ha celebrado en Tampa.

18 DE MAYO
CORRESPONDENCIA DE TAMPA

Mayo 13 de 1898.

Señor Editor de *Patria*.
Distinguido compatriota:
Señor Editor de tantas y tan diversas e interesantes cosas han ocurrido por acá desde que están acuarteladas en West Tampa las Divisiones «Enrique Junco» y «Maine», componentes del Cuerpo expedicionario «Néstor Aranguren», que darían materia sobrada para escribir un libro que contuviera utilísimas observaciones y comentarios de valor. Pero ni sería yo el competente para hacer ese trabajo, ni *Patria* podría dedicar sus columnas a tal obra.

Una, dos, tres cartas diarias hubiera podido escribir, concretándome a narrar los sucesos conforme fueran ocurriendo; pero es el caso, que tan ocupados nos traen los expedicionarios; han impreso tal movimiento a la población; necesitan de nuestra ayuda y compañía tan a menudo; son tantas las cosas grandes y pequeñas a que hay que atender, que no queda un momento libre para otra cosa que para atenderlos, aparte del placer que se tiene en andar unidos, tal vez por última vez, al amigo que se marcha, al hermano que se separa, al hijo del corazón criado en las comodidades del hogar y a quien de pronto se ve transformado en soldado de la Patria, y que se lleva con su entusiasta corazón juvenil el experimentado y adolorido corazón del padre, que ha tenido que resolver por primera vez en el terreno de la práctica el problema tan fácilmente resuelto en la tertulia, de que se debe uno primero a la Patria que a la familia.

Madres hay que se quedan sin ningún hijo, después de haber hecho por sus manos los trajes que han de vestir en la campaña, y pena grande da verlas cuidando de que no falten en su mochila al adolescente patriota, ni el oloroso jabón ni los perfumados polvos de diente. Y los hijos pagan con tanto cuidado, tanto esmero y tanto patriotismo con un beso amoroso, bien seguros que no usarán otros polvos que el polvo del camino, ni otro jabón que el que formen en el húmedo suelo las gruesas suelas del reforzado botín.

Y padres hay que van con sus dos hijos varones, y dejan en el hogar a la esposa y madre, que jura entre lágrimas que brotan aunque se quieran ocultar, que cuidará de los pequeñuelos que le quedan y los educará en forma que puedan ser útiles mañana a la República.

Y cuánto enfermo se presentó al enganche tratando de ocultar al médico del reconocimiento sus ocultos males y al ser descubierto y rechazado, protestó indignado y en su deseo de marchar a defender las patrias libertades, acusó de ignorante al facultativo, y no contento aún fue de médico en médico hasta obtener de alguno, sorprendido o engañado, certificación acreditativa de buen estado de salud. Y cuántos otros casados y con hijos, mintieron ocultando su estado y enteradas más tarde las esposas reclamaron y obtuvieron la baja de aquel que aun con la esposa enfrente, quiere hacer valer su derecho de ir a la guerra, aun cuando la familia no hubiera tenido el día después de la partida un pedazo de pan que llevarse a la boca.

Y todos, todos están animosos y contentos, y solo les contraría la tardanza en la hora de partir, la tardanza en llegar a las playas cubanas para combatir al enemigo, y esforzarse en echarlos de una vez para siempre del suelo de la Patria que con sus crímenes ha ensangrentado, y su tenacidad está reduciendo a escombros.

¡Hermoso cuadro!, ¡conmovedor y honroso! Conjunto de patriotas de todos los sexos y todas las edades que sirven de ejemplo a las futuras generaciones, para que conserven

la paz y la armonía en el suelo de la Patria que tanto trabajo ha costado libertar del yugo del tirano; de esa Patria infeliz, pobre y esquilmada del presente, pobre y trabajadora por muchos años más, que nos dejan envuelta en el humo denso de los combates y de los incendios; sembrada de ruinas y de cadáveres; sin un árbol con frutos, sin ganados, sin agricultura, sin industrias, sin nada más que con su historia de la guerra heroica, y el propósito firme de sus hijos de volverla un emporio de riquezas, donde cada uno, al amor de la familia y al amparo de las instituciones libres, trabaje por ella y para ella, que es trabajar por todos y para todos. ¿Qué importa que en medio de este hermoso cuadro haya un remiso o vacilante, un cobarde o un egoísta? Nada importa: ese podrá marcar su paso tortuoso en medio de los otros todos que llevan una marcha igual, y firme, y se distinguirá por su mala obra, que como mala, será objeto de la censura de los demás. ¿Hay remisos, vacilantes, egoístas o cobardes? Peor para ellos: no han de influir ciertamente en el ánimo esforzado de los otros, y solos han de quedarse, y solos han de verse, y su proceder será motivo para que el resto procure hacer notar que sienten de distinto modo, y crezca el entusiasmo y la buena obra se realice con la alteza con que debe realizarse, en medio de los aplausos de tantos y tantos que contemplan con orgullo el orden, la armonía, el desinterés, la abnegación y el patriotismo de las fuerzas expedicionarias.
Patria.
Queda suyo affmo.
El Corresponsal

25 DE MAYO
Correspondencia de Tampa

Tampa, mayo 19 de 1898.
Señor Editor del *Patria*:
Distinguido compatriota: El 17 a la una de la tarde, se dio la orden a los expedicionarios acuartelados en «Céspedes Hall,» pertenecientes a la División «Enrique Junco» que manda el

General de División José Lacret Morlot, de estar listos para marchar, a las cinco de la tarde. Ninguno esperaba que tal orden pudiera darse en ese día, por el contrario, y, haciéndose depender la salida, en el concepto general, del encuentro de las escuadras, pensaban todos que aún se prolongaría el cansado acuartelamiento, puesto que la flota española había escurrido hábilmente el bulto.

El entusiasmo cundió: comenzaron las carreras en busca de este o aquel objeto preciso que faltaba en el jolongo, quien iba por las espuelas, quien por un machete; éste por las polainas; otro por su capa de agua; aquél por la elegante escarapela de seda que en manos de la hábil y graciosa bordadora, esperaba el momento de que la entregaran, para simbolizar en el sombrero del apuesto expedicionario su propósito firme de luchar por las libertades Patrias, y acaso, acaso símbolo también de amor ardiente que nació y creció durante los veinte días mal contados de estancia forzosa en West Tampa.

Cundió también el dolor: que por mucho y grande que sea el patriotismo, y por más que arrebate el entusiasmo, no se deja, tal vez para siempre, a una madre amantísima, a una abuela cariñosa, al padre adorado, a los hermanos del corazón, a la esposa idolatrada, a los hijos que en las dulces noches del hogar se mecieron en los brazos y tantas veces se apretaron sobre el corazón, como único consuelo en medio de las contrariedades y sinsabores de la azarosa vida que llevamos. Pero los expedicionarios lograron que sus ojos estuvieran enjutos y sus rostros alegres y animados. En cambio, entre los que los despedíamos se vieron muchos rostros, pálidos, surcados por las lágrimas, y más de un corazón latía con violencia tanta, que se creyera que iba a saltar del pecho en menudos pedazos dividido.

No vino el tren que había de conducirlos, del chucho de West Tampa al Puerto, hasta la una de la madrugada del 18, y a esa hora nos fuimos a él, encontrando al doctor Castillo Duany y al capitán del ejército americano Mr. Dorst. Con orden admirable y en medio de vivas de entusiasmo se colocaron en los coches los cuatrocientos hombres, –poco más– que formaban la División, y partió el tren.

Se decía que a las seis de la mañana zarparía el vapor Gousy; pero al llegar al puerto vimos que se estaba haciendo el trasbordo de la carga del Gousy al Florida, que es más grande, y esta operación haría retardar la salida. Se rompió filas, y cansados los expedicionarios, que apenas habían comido la tarde anterior atendiendo a sus equipos y a la formación, y que tampoco habían dormido, comenzaron a extender sus capas por el muelle, y a las cuatro de la mañana velaban solo los centinelas, y algunos padres que fueron hasta el puerto acompañando a sus hijos que partían, y que no pudieron conciliar el sueño por mucho que se esforzaron en lograrlo.

El general Lacret dormía también sobre el duro suelo del tren, y el general Sanguily, con su hijo al lado, descansaba sobre igual ingrato lecho, sobre el muelle, de las fatigas de la tarde. Ya estaban en campaña. Ya las comodidades se olvidaron, y lo mismo generales que soldados, gustosos y contentos, aceptaban las nuevas costumbres y la rara y heroica vida del soldado cubano. A las doce de la mañana partieron en el Florida, mandada la expedición por el general de brigada Joaquín Castillo Duany. Eliseo Cartaya ocupó a bordo su puesto de confianza. ¿A dónde van? Pregunta es esta a la que no puedo contestar. Mejor es, así que retorne el barco, preguntar: ¿Dónde quedaron? Así no se es indiscreto, y se obtiene una contestación cierta, que ahora no podría adquirirse. Doce horas llevan de marcha. Si no ocurre novedad o contratiempo, podrán mañana pisar las ansiadas orillas de Cuba libre.

Pensemos con amor en esos valientes expedicionarios que van a reforzar al ejército libertador en su última y definitiva campaña, y ojalá que todos logren su deseo de ver a la Patria libre, feliz e independiente. No habrá esta noche velada conmemorativa en Céspedes Hall, pues ha sido imposible arreglar el local que ha servido hasta ayer para cuartel. El Rev. Pedro Duarte prepara oficios vespertinos en su Iglesia Episcopal de West Tampa, en memoria de los mártires de la guerra y en honor a la memoria de Martí.

En el Liceo de Ybor City tendrá lugar una velada política en conmemoración de los patriotas cubanos muertos en defensa de la independencia de Cuba. Se anuncia que hablarán en ella, por primera vez en público, aquí en la emigración, los señores Edelman y Font y Sterling.

La señora madre de Martí fue invitada para que asistiera a la velada; pero se ha excusado, no solo por el mal estado de su salud, sino por encontrarse bajo la dolorosa impresión de haber despedido ayer para el campo de la guerra a su nieto Alfredo, y estar asistiendo a su otro nieto Mario, que se encuentra enfermo, y marchará también para Cuba en la próxima expedición.

Quedo de usted afectísimo,
El Corresponsal

4 DE JUNIO
El patriotismo de Tampa

Leemos en *Cuba*, de Tampa, que una comisión de cubanos compuesta de los Presidentes de los Cuerpos de Consejo locales, representantes de la prensa e individuos particulares, se avistó con el señor Agente Sub-delegado de Florida, el domingo anterior, para esclarecer ciertas cuestiones que parecían dar origen a descontento en gran parte de nuestros correligionarios, y en aquella reunión, cordialísima y previsora, se fijaron todos los particulares satisfactoriamente, hasta tal punto que los allí presentes, del modo más espontáneo, acordaron que en los días siguientes recorrerían los talleres explicando todo lo que fuese pertinente al buen servicio de la Patria.

Y como coincidiera con esto una comunicación del jefe de Estado Mayor de la división Núñez, pidiendo a los Presidentes de Cuerpos de Consejo recabasen de todos los cubanos los fondos necesarios para terminar el equipo de nuestros soldados, con mayor razón se activaron los trabajos.

Recorridos los talleres de Tampa y West Tampa, donde no se impide la visita de comisiones de esta clase, aquellos artesanos, trabajadores materiales con cuyo sudor se ha sostenido la gloriosa revolución, escucharon la palabra sencilla de sus compañeros de infortunio, y, acogiendo con patriótica decisión las explicaciones de los comisionados, acordaron, sin faltar a los compromisos contraídos con el PRC, hacer esta semana una suscripción extraordinaria, cuyo producto será destinado exclusivamente a dotar a los voluntarios cubanos de cuanto pudiese hacerles falta. Lo hecho en Tampa demuestra de lo que somos capaces los cubanos y afirma, de una vez para siempre, nuestro amor a Cuba y la irrevocable resolución de servirla coronando la obra inmortal del Mártir de Dos Ríos.

8 DE JUNIO
CORRESPONDENCIA DE TAMPA

Tampa, junio 2 de 1898

Señor Editor de *Patria*.
Distinguido compatriota: al fin, ayer tarde, después de quince días de ansiedad, vio el pueblo de Tampa a los oficiales que condujeron la última expedición, y oyó de sus labios la relación del viaje y del desembarco.

El sábado 21 zarpó el Florida de Key West, y cinco días después llegaba al puerto de Banes con su preciosa carga de hombres y pertrechos. Allí los estaban aguardando 1500 soldados de la libertad, perfectamente armados y con cuarenta tiros por cabeza. Estas fuerzas la formaban, parte de la división que manda el general Feria y una columna volante de la del general Cornelio Rojas. Contaban con su banda de música, lo que les proporcionó el placer de que el desembarco de los expedicionarios se efectuara a los acordes de himnos y aires nacionales.

El viaje, que como se ve, duró cinco días, fue felicísimo, y pocos de los expedicionarios sufrieron las molestias e inconvenientes del mareo. Los conductores de la expedición pensaron atracar al muelle de Banes, pero se encontraron con que los españoles al abandonar definitivamente aquel lugar lo habían quemado, previendo, sin duda, que por allí entrarían hombres y pertrechos para reforzar al ejército libertador, o por cumplir el propósito de arruinar la Isla, ya que no podrán disfrutar de ella como dueños y señores.

Inmediatamente después del desembarco de los expedicionarios partió una comisión para el campamento del general Calixto García Iñíguez, y se comenzó el alijo de la expedición que duró tres días, no quedando a bordo cosa alguna, y dejando a los expedicionarios tocineta, maíz, *com-beef* y otros efectos que pueden constituir raciones para quince días de marcha.

También se desembarcaron veinticinco caballos y setenta y cinco mulos.

Ya están en tierra de Cuba libre los animosos jóvenes que van a reforzar nuestro valiente ejército; y afortunados deben considerarse, no solo por haber hecho el viaje en condiciones tan ventajosas, si se comparan con aquellas terribles en que se hacían antes, y también por haber sido conductores de una expedición tan valiosa y oportuna, pues será suficiente para que el general García logre su empeño de dejar libre de enemigos todo el interior del territorio de su mando, y ayude o se deje ayudar eficazmente para hacerlos salir también de las poblaciones de la costa, y se establezcan las necesarias y regulares comunicaciones entre la parte de Cuba regida por un gobierno republicano y donde no hay otra autoridad que la suya, y el resto del mundo, ansioso ya de ver a los cubanos dueños por completo de toda la Isla, y demostrando que constituyen un pueblo suficientemente culto para implantar su gobierno estable, y conservar las relaciones internacionales que afiancen su poder como nación libre e independiente, capaz de gobernarse por sí sola sin otra ayuda ni dirección que las que le preste la honradez, la discreción, el tino y el patriotismo de sus hijos.

He de hacer mención de dos nombres de entre todos los expedicionarios: no porque ellos tengan ninguna superioridad sobre sus compañeros de fatigas; sino por lo que esos nombres conocidos significan para estas emigraciones del Sur, y porque su marcha al campo de batalla habla muy en favor del patriotismo y honradez de sus padres. Estos nombres son los de Hipólito Huau y Bernardo Figueredo, hijo el primero del Agente en Jacksonville y el segundo del Agente en Tampa.

Ventajosamente conocidos son los nombres de Huau y Figueredo por todos aquellos patriotas que han seguido la marcha de los sucesos de nuestra guerra en el exterior. La situación topográfica de las poblaciones en que han ejercido sus cargos les brindó la oportunidad de ser los dos Agentes de la Florida que han prestado mayor y más relevantes servicios, y que no se haya podido hacer cosa alguna que con las expediciones se relacionara, sin contar con su eficaz concurso. Y siempre han quedado bien, y siempre han sabido sacrificar su descanso, sus horas de trabajo, la tranquilidad del hogar y hasta su peculio propio, en bien de la causa que abrazaron y juraron servir. Los jefes todos de la Revolución que han pasado por Jacksonville y por Tampa, son testigos de mayor excepción para corroborar cuanto dejo dicho. Pero faltaba que realizaran el mayor y más costoso de los sacrificios: faltaba que sacrificaran el contento de sus familias; faltaba que oprimiendo sus corazones de padre y realizando un acto de verdadera abnegación patriótica, dieran a la Patria algo más que su propia vida, dieran a la Patria sus hijos. Y las dieron.

Apenas si los imberbes mozos están en la edad que se requiere para ir a la guerra: no importa. Apenas si han tenido tiempo para conocer el uso de las armas que han de usar, o para aprender siquiera a montar a caballo: tampoco importa. Nada importa. Ni siquiera la circunstancia de no conocer, ninguno de los dos jóvenes, a esa Cuba idolatrada a la que ofrendan sus vidas en aras de un amor que sus padres cuidaron de que naciera y se conservara en sus tiernos corazones.

Allá han ido los dos a combatir por la libertad de Cuba. Los padres, que a tantos jóvenes han tenido que enviar a la campana por razón de los cargos que desempeñan en Jacksonville y Tampa, han mandado también a sus hijos, tan pronto como la corta edad de los noveles soldados lo ha permitido. Verdad que han cumplido un deber procediendo en esa forma. Pero, ¿todos son capaces de igual abnegación?

Yo les envío a los señores Huau y Figueredo un apretado abrazo, y ojalá que los azares de la guerra, tan terrible guerra, les consientan estrechar entre sus brazos a los hijos queridos. ¡Ojalá que todos los padres pudieran tener igual dicha! Pero eso no ha de ser.

Mañana, cuando a la hora de buscar entre los jóvenes triunfadores del ejército libertador a los hijos del corazón, algún padre amante no encuentre al suyo porque haya caído víctima del plomo enemigo, o de la fiebre, o del hambre, podrá exclamar tan solo si Huau y Figueredo han encontrado a los suyos: «Son más felices que yo.» Pero no podrán, perturbados por la inmensidad de su horrendo sufrimiento, echarles en cara que mandaron a los hijos de los demás, porque mandaron a los suyos.

De usted afectmo.
El Corresponsal.

15 DE JUNIO
EN TAMPA

La comisión popular que unida a los presidentes de los Cuerpos de Consejo y correspondiendo a la petición del Jefe de Estado Mayor del General Núñez, inició y llevó a cabo en los talleres de esa localidad una suscripción para dotar de calzado, sombreros etc. a los voluntarios cubanos de la división Maine, ha visto coronada por el éxito más lisonjero su patriótica empresa, según leemos en nuestro colega *Cuba*.

Con las cantidades donadas por ese pueblo generoso se ha atendido a las más apremiantes necesidades de nuestros soldados, que tienen todos magníficos sombreros iguales a los del ejército americano, excelentes zapatos y demás útiles de campaña.

El patriotismo de los cubanos de Tampa se ha patentizado una vez más, demostrando con este acto oportuno que allí, como siempre, están nuestros compatriotas en su puesto de honor.

22 DE JUNIO

Tampa, Señor Editor de *Patria*.
Distinguido compatriota: sin embargo de lo desapacible y fea que se presentó la tarde del domingo último, tuvo lugar, con todo lucimiento, el acto solemne de hacer entrega a la brigada «Maine», acuartelada en West Tampa a las órdenes del general Emilio Núñez, de una elegante bandera, obsequio del Comercio de West Tampa.

Frente a la casa del popular Martín Herrera, tan justamente apreciado por todos, y que fue el alma de la fiesta, se tendió en filas la fuerza obsequiada que venía desde su cuartel, moviéndose con la maestría adquirida después de los constantes ejercicios y práctica que sus instructores les dan todos los días.

El coronel Figueredo, en un inspirado y patriótico discurso, presentó la hermosa bandera a la División, entregándola al teniente abanderado que ha de llevarla a la campaña y de donde la traerá, si no tan limpia la tela ni tan blanca la estrella primorosamente bordada por la señorita Lavallé, tan gloriosa y tan digna de respeto y veneración como cualquiera de las otras que haya guiado a un Cuerpo de ejército cubano en los campos de la Patria y en la lucha por su libertad.

Martín Herrera, con su frase sencilla y conmovedora, aumentó en los noveles soldados y en el numeroso público que daba brillo a la fiesta con su presencia, el entusiasmo que habían despertado la vista de la bandera y las palabras del señor Figueredo; entusiasmo que creció muchísimo más al escucharse la voz del veterano general Rafael Rodríguez, el célebre jefe de la caballería camagüeyana en la Guerra de los Diez Años, después que cayeron víctimas del plomo enemigo aquellos dos héroes que se llamaron Ignacio Agramonte Loynaz y Enrique Reeve.

El General Rafael Rodríguez, llegado de Honduras a esta ciudad hace poco, según dije en una de mis cartas anteriores, está agregado hasta llegar a Cuba al Cuartel del general Núñez, a quien representaba en el acto que describo. El joven Huttari y Gounord, de la División Maine, dio las gracias en nombre de ella a los donantes y a los concurrentes, usando frase correcta y castiza. El señor Uuttari, si no me es infiel la memoria, ha publicado algunos trabajos en este periódico, y es, por tanto, conocido y apreciado en lo que vale.

En los portales de la casa de Martín Herrera, escapando a las molestas lloviznas, había un grupo encantador de señoras y señoritas cubanas y americanas, y allí también estaban depositados la *lager*, los dulces y los tabacos, que debían ser ofrecidos por preciosísimas manos a los que pronto irán a sufrir las penalidades de la guerra. Pocahontas y Pensylvania Herrera fueron las encargadas de repartir los puros; Conchita Figueredo y Mericia Delmonte escanciaron la *lager*, y Tomasa Figueredo y Birdy Delmonte endulzaron el paladar de los expedicionarios. Yo no sé que pensarían los jóvenes soldados al verse obsequiados por aquellas seis lindísimas señoritas, y mirados por ojos criollos tan enloquecedores; pero supongo que habían de desear que llegara el feliz momento de prestar su ayuda material a la causa de la independencia cubana, aunque no fuera por otra cosa que por hacerles Patria a aquellas seis preciosas cubanas y a sus compañeras de destierro, de las que muchas no pueden recordar ya, –tan largo ha sido aquél–, los primores que encierra, los encantos que atesora el pedazo de tierra tan querido y tan echado de menos a cada momento, que se llama Cuba.

Y ¿cuándo nos vamos? preguntaban impaciente los muchachos. Había corrido la voz de que la ausencia del general Núñez obedecía a trabajos preparatorios para la marcha, y todos querían tener la certeza de que así era la verdad. Los rumores se hicieron más insistentes por la tarde, y hasta llegó a afirmarse que de lunes a martes partirían. De más está decir cómo cundió el contento, y cómo la animación sustituyó a la tranquilidad y a la indiferencia que producen los largos y cansados días del cuartel. Pero nada: la noticia no tenía fundamento, y hoy, que es martes, nada se nota que haga presumir que la marcha pueda ser mañana. Sin embargo, bien pudiera suceder que en el momento menos esperado se diera la orden de marcha, como sucedió con la División «Enrique Junco», que la recibió a la una de la tarde para estar lista a las cinco. Si esto sucede, no habrá carreras ni atropellos, por que ya la División «Maine», con el mes y medio que lleva de acuartelada, tiene completa su organización, bastante adelantado el conocimiento de sus deberes; ha hecho ejercicios de fuego; está instruyéndose diariamente; poco o nada le falta de su equipo; va bien armada y municionada; y tiene adquirida ya la gente que la compone los hábitos militares.

En cuanto al deseo de marchar se traduce ya en locura. Bien comprenden los entusiastas jóvenes soldados que no depende de la voluntad de ninguno, sino de los sucesos que se van desarrollando, el que su partida sea más o menos pronta. Pero esta consideración no es suficiente a aminorar su ardiente deseo de partir, pues le parece que el tiempo vuela, que los acontecimientos se precipitan, y que no ha de llegar su hora de compartir con sus compañeros que ya marcharon, los peligros y penalidades de la campaña. Pero, suceda lo que suceda, vayan o no a Cuba, peleen o no peleen, ellos han estado dispuestos a la orden, y pueden el día de mañana estar tranquilos y satisfechos por haber llenado cumplidamente sus deberes.

Y hasta otra, señor Editor, queda su muy afectísimo,
El Corresponsal

29 DE JUNIO
LA EXPEDICIÓN DE NÚÑEZ

Tampa, junio 20 de 1898
Señor Editor de *Patria*
Muy señor mío: al fin, esta tarde a la seis, después de mes y medio de cansado acuartelamiento, vieron realizados sus ensueños los patriotas que forman la División «Maine», partiendo de West Tampa para los campos de Cuba, donde serán actores en los sucesos finales de la lucha por la Independencia de la Patria.

Si esta es la última expedición de cubanos que ha de salir de playas americanas, West Tampa ha cerrado con broche de oro la larga lista de servicios prestados a la causa de la Revolución. Porque es indudable que este barrio apartado de Tampa, tal vez por su mismo apartamiento, o por ser en realidad la única población compuesta casi exclusivamente de cubanos, sin mezcla de extranjeros y españoles, ha prestado, en la época aciaga de la neutralidad y del poder de España, especiales servicios que no hubieran podido efectuarse en otras localidades. Es lo cierto que nada se ha llevado a término en la Florida desde que comenzó la guerra, sin que en West Tampa comenzara o se desarrollara la parte principal de la que se intentaba o lograba realizarse.

Y hoy ha visto salir de sus cuarteles las dos expediciones más famosas que han llevado hombres, pertrechos y municiones de guerra y boca, al glorioso y sufrido ejército libertador. El 17 del pasado despidió a los cuatrocientos y tantos expedicionarios de la División «Enrique Junco,» al mandó de Lacret.

Aquella valiosísima expedición llegó a las playas de Banes en momentos preciosos, y el entusiasmo, aquí y allá, embargó los pechos cubanos por espacio de algunos días. Pues bien: aquella expedición con ser tan valiosa, con haber trasportado a Cuba más de cuatrocientos cubanos dignísimos y un gran cargamento, no puede resistir comparación con laque acaba de salir para Port Tampa.

Y dejando de lado que se componga de trescientos cincuenta cubanos tan dignos de nuestros aplausos, de nuestra consideración y de nuestro agradecimiento, como aquellos otros que desembarcaron en Banes el mes pasado, y que los acompañan dos secciones, hombres blancos y de color, por mitad, de caballería americana, bastará leer el detalle del cargamento del Florida –que es el vapor que conduce esta expedición como llevó la otra–, para que se comprenda cuanto vale y cuanto ha de ayudar a nuestro ejército.

El cargamento se compone de:
2 cañones de dinamita.
150 proyectiles.

150 detonadores.
150 cartuchos.
4000 rifles springfield.
4 000 screwdrivers.
200 arm chests.
200 libros de instrucción.
500.000 cartuchos calibre 45.
454.000   "   "   43.
200.000   "   "   7½

3 cajas de frenos	150
24 cajas de zapatos	4512 pares
19 cajas de colchas	1275
1 caja de paños de sillas de montar	950.
2 cajas de camisas	1.200.

3 de palillos de tambores.
12 cornetas.
cordones y cinturones.
980 sillas de montar.
2.533 trajes de hilo.
31250 libras *corn meal.*
3250 cajas *green coffee.*
18900 cajas de frijoles.
2.425 cajas de azúcar.
9 500 cajas de puerco.
24000 cajas de *canned beef.*
7275 cajas de tocino.
169 sacos de avena.
216 pacas de heno.
250 libras de pan duro.
1250 libras de *canned corn.*
10 200 libras de café.
Además, lleva el Florida caballos y mulos.

Pues bien, este valiosísimo cargamento lo custodiarán hasta entregarlo al jefe militar del Departamento en que se verifique el desembarco, 350 cubanos al mando del general de brigada Emilio Núñez, ventajosamente conocido por haber desempeñado durante largo tiempo el difícil cargo de jefe del Departamento de expediciones, asistido de beneméritos oficiales, y acompañado por otros que, aunque no pertenecen a sus fuerzas, no dejarán de prestarle sus consejos y la ayuda material, en el caso de que tan experto jefe los ecesitare. Y como esos 350 cubanos no han perdido su tiempo durante el mes y medio de acuartelamiento, sino que han tomado la necesaria instrucción militar, llegan a Cuba en condiciones especialísimas en que no ha llegado ningún otro cuerpo. Esta tarde cuando salgan del cuartel para formarse en la plaza a recibir los obsequios de los buenos cubanos de West Tampa e Ibor City y seguir marcha para el tren; con sus mochilas puestas, su bandera desplegada, –la que les regaló el comercio de West Tampa–; su paso militar, su armamento llevado con la desenvoltura propia de quien está habituado a la precisión en los movimientos todos; no parecía un cuerpo de reclutas, sino una falange de aquellas que han visto asomar el sol lo mismo por detrás de las montañas de la Sierra Maestra, que por las colinas de Trinidad, o los llanos de la Habana, en las mañanas, tristes a veces, alegres otras, de los tres largos años que se cuentan desde febrero del 95.

Por eso fue que Ramón Rivero no pudo contener su entusiasmo, y con frase ardiente, con tono varonil, se dirigió a aquellos nobles cubanos que partían, y supo decirles lo que sentíamos todos los que rodeábamos a los expedicionarios. De alguno sé que deseaba dirigir la palabra a sus compatriotas que se marchaban, y que hasta fue invitado a hablar, pero no pudo. Sabía bien que la emoción que lo dominaba no había de permitirle coordinar sus ideas, y mucho menos, exponerlas en forma adecuada. Los señores O' Halloran, Martín Herrera y el periódico *Cuba* obsequiaron a las fuerzas momentos antes de la marcha con melones, *lager* y tabacos, y a las seis en punto, como se había ordenado, en perfecta formación, bandera desplegada y toque de corneta, marchó la

División «Maine» por la calle de Main, acompasada de numeroso público que la vitoreaba, hasta tomar el tren en el crucero de West Tampa. Marchó el tren para Port Tampa, en uno de cuyos muelles esperaba, ya completamente listo para zarpar, el vapor «Florida».

Mañana partirá para Key West en busca del crucero de guerra que ha de convoyarlo; y si hacemos cálculos basados en el viaje anterior, podemos esperar que el martes o miércoles de la entrante semana, nos traiga el simpático vapor la noticia del feliz desembarco. No he de terminar sin decir a los lectores de *Patria*, a las lectoras principalmente, que es inmenso, pero muy superior a lo que pueden imaginar, el cargamento de ropas hechas que lleva el «Florida» para las familias que viven en los campos de Cuba libre. A estas ropas acompañan telas, agujas, dedales, botones etc. etc. Muchas familias se vestirán, muchas de nuestras hermanas cubrirán las desnudeces a que las condenó la barbarie española, y se acordarán, agradecidas, de estas otras cubanas, pobres casi en su generalidad, que comparten con ellas lo que tienen, y les enviarán palabras cariñosas.

Me extiendo demasiado. Quedo de usted afectísimo,
El Corresponsal

9 DE JULIO
CORRESPONDENCIA DE TAMPA

Tampa, julio 7 de 1898.

Señor Editor de *Patria*
Distinguido compatriota: la estancia aquí desde hace varios días de los señores Andrés Moreno de la Torre y Juan Gualberto Gómez, y la llegada el martes del señor Estrada Palma, acompañado del señor Pérez Carbó, que se hospedan en la morada del señor Figueredo, han roto la monotonía que se estableció en Tampa desde la partida del Cuerpo expedicionario que formaba la División «Maine». Estos señores son

visitados constantemente por sus amigos y correligionarios que vienen a saludarlos y ofrecerles sus respetos, y por otras personas que, a más de esto, necesitan verlos para tratar de los asuntos que, respectivamente, los han traído a Tampa. Esto hace que nos encontremos en las casas de unos u otros con frecuencia, y se haya establecido un cambio de impresiones e ideas sobre nuestros asuntos, que dan animación y movimiento a la vida tranquila que de ordinario se lleva en estas poblaciones del Sur.

Y como la destrucción de la escuadra de Cervera es un hecho de suficiente importancia para que partiendo de él se formen toda clase de conjeturas, y por algunos se crea y hasta se afirme que la situación en que se encuentra el ejército español en Santiago lo obligará a rendirse y esto traerá como consecuencia precisa que se empiece a hablar de paz en Europa; claro que el contento cunde y haya quien esté preparando su equipaje para marchar a Oriente, tan pronto como quede libre de minas el canal de entrada a la bahía de Santiago.

Y no es mal propósito el de aquellos que así piensan, porque, en realidad, si andamos vagando por el extranjero un crecido número de cubanos, sin prestar otro servicio efectivo a la República que contribuir con nuestro dinero para que, hasta el fin, pueda cumplir la Delegación con los múltiples compromisos que sobre ella pesan, y que, para honra nuestra, se han llenado hasta ahora en forma que nuestro crédito se ha mantenido a grande altura; parece indicado que no se deba titubear un momento en marchar a Cuba, tan pronto como las circunstancias lo permitan, para comenzar desde luego la reconstrucción del país, en aquellos territorios que vayan dejando libres de la soberanía española los ejércitos aliados.

Y ¿cuáles son esas circunstancias? preguntará alguno. Pues cada cual ha de pesarlas en su ánimo, y conforme a las que concurran en cada familia o individuo, así deberán proceder. Eso sí, no debe nacer ahora el egoísmo en los corazones desinteresados de aquellos que hasta el presente han sabido sacrificarlo todo, hogar, comodidades, afectos, etc., a los intereses de la Patria, y cuando piensen en la conveniencia de ir a Cuba en breve plazo, den a la palabra conveniencia el sentido patriótico que debe dársele, y estimar que ahora en el momento de la reconstrucción, se imponen más que nunca esos patrióticos sacrificios, que después de todo y por muy grandes y costosos que resulten, tienen a su favor sobre los que antes se han realizado, para hacerlos más practicables, la ventaja de que se llevan a cabo en la Patria ya libre, y serán de electos seguros e inmediatos.

Nuestro pueblo ha quedado reducido a menos de las dos terceras partes de la población que contaba al comenzar la guerra, y a nadie puede ocultarse la necesidad de que se encuentre allí el mayor número de cubanos a la hora de constituir definitivamente la República. El voto popular es el que ha de resolver los grandes y trascendentales problemas que se presentarán en los primeros momentos, pues que ese voto ha de determinar quiénes sean los que lleven la representación y el gobierno del país. Y como no ha de echarse en olvido que, por nuestra desgracia, hay un número, aunque corto, de cubanos que han estado combatiendo la Revolución al lado del gobierno de España, y que pretenderán, unidos a los españoles residentes, influir de algún modo para que las nuevas instituciones se parezcan en algo a lo existente ahora que tanto les gustaba que los ha llevado hasta a ser traidores a su Patria, no puede dudarse de la gran importancia que tiene y lo ventajoso que sería, que allí nos encontráramos todos los que hemos demostrado ser cubanos y amamos al país, para contrarrestar esa influencia, y barrer con todo lo que reflejara o recordara siquiera un sistema de gobierno y administración que sumió durante muchos años en la pobreza y en la indolencia a un país y a un pueblo de condiciones excepcionales, por la riqueza de su suelo y el carácter de sus hijos, para vivir holgadamente y hasta en la abundancia en medio de una paz y una tranquilidad envidiables.

Alguno creerá que me dejo arrastrar por los deseos y escribo prematuramente sobre estas cosas; pero no pienso yo

así, y ojalá que algún escritor de altura, con tiempo suficiente, desarrollara este tema que no he hecho más que enunciar.
Quedo de usted S. S.
El Corresponsal

27 DE JULIO
CORRESPONDENCIA DE TAMPA

Tampa, julio 19 de 1898.
Señor Editor de *Patria*.
Distinguido compatriota: a punto de terminar satisfactoriamente el señor Juan Gualberto Gómez los trabajos que le encomendara la Delegación cerca de los cubanos residentes en Tampa, parecía natural, ya que el Delegado había concluido, por su parte, los que aquí le trajeron, que el contento que a todos animaba se manifestara en un *meeting* de congratulación al dicho señor Delegado, que tenia anunciada para esta noche su partida al Norte.

Se invitó, pues, al pueblo, que animoso y entusiasta ocupó la calle del frente de la gran manufactura de Martínez Ibor, en cuya entrada que forma amplia plataforma cubierta, se habían colocado los directores de la fiesta, dando, como era consiguiente, el sillón de honor al señor Estrada Palma.

El señor Rivero abrió la sesión, por no haber llegado aún el señor Figueredo que lo hizo pocos momentos después, y concedió la palabra al señor Gómez, que fue saludado con una nutrida salva de aplausos. No consienten los límites de una carta que pueda darse siquiera un extracto del magnífico discurso, el mejor que le hemos oído, del señor Gómez. Fue tema principal de él la necesidad de que el PRC marche como hasta aquí unido y compacto en el exterior, hasta el momento en que los cubanos vean a su Patria sin vestigio alguno en ella de la odiosa soberanía española. Esa marcha del Partido, su brillante historia, los esfuerzos sin número que han realizado sus afiliados durante los tres años y medio de guerra que ensangrienta los campos de Cuba, el ejemplo de disciplina y cohesión que ha presentado manteniendo siempre con igual carácter y fuerza sus principios, lo obligan a continuar los trabajos que hasta aquí ha realizado, puesto que aún se necesita de él, puesto que en estos momentos supremos en que no se ve tan claro en el porvenir, como teníamos derecho a esperar, es cuando más precisa que no se rompan ni se debiliten siquiera los lazos que siempre unieron al heroico y perseverante ejército libertador con las emigraciones, y que se mantenga la corriente simpática y firme, que los unió no por ser todos cubanos y separatistas, sino por haber sido siempre idénticas las ideas y aspiraciones de uno y otras, identidad de miras que nos ha llevado al triunfo de la Revolución, y que nos hará fuertes para consolidar la República de Cuba, que ha sido el ideal de todos; esa Independencia que tan caro cuesta al pueblo cubano y que tiene que defender hoy frente a cualquier poder que atentara contra ella, con el mismo brío, con la misma decisión, con la misma bravura con que ha sabido conquistarla.

Porque, decía el señor Gómez, ha sido grandioso el espectáculo que han ofrecido las emigraciones. Ningún cubano dejó de prestar constantemente su concurso en la obra santa, y se ha visto que durante el lapso de tiempo que ha corrido desde febrero de 1895 a hoy, el obrero con su óbolo constante, el abogado con su palabra, el literato con sus escritos, el diplomático con sus gestiones, el propietario con sus recursos; todos, todos, han realizado verdaderos y costosos sacrificios, y todos, todos, unidos por un mismo principio, aspirando a igual fin, empleando los medios al alcance de cada cual, disciplinados, obedientes a la voz del Jefe, han marchado por la senda del deber, acallando en sus pechos las legítimas aspiraciones personales, no trayendo en horas de lucha tremenda las soluciones de escuela con sus teorías más ó menos radicales, sacrificándolo todo en aras de la Independencia de la Patria.

Yo os garantizo, ilustre Delegado, agregó, que podéis marchar tranquilo. Nada ni nadie conmoverá las bases de este gran edificio que culmina hoy en la libertad de Cuba.

Aquí estamos todos, firmes como el primer día, decididos como siempre, disciplinados y obedientes, dispuestos a seguir el ejemplo que nos habéis dado de constancia, de laboriosidad y patriotismo; resueltos a no faltar a ninguno de los compromisos que su hora solemne y voluntariamente nos impusimos; y así con esta misma cohesión, tan estrechamente unidos como hasta aquí, hemos de marchar y marcharemos hasta que veamos nuestra tierra libre, nuestra independencia consolidada, ya que esa ha sido la sola aspiración de los cubanos revolucionarios, ya que esa es la única solución que estamos dispuestos a aceptar, después de tanto sacrificio realizado en vidas de hermanos queridísimos, en la destrucción completa y absoluta de aquella rica isla de Cuba donde vivimos antes y donde protestamos querer morir, cobijados por la gloriosa bandera que ostenta en su triángulo rojo una sola estrella.

Los continuados aplausos y las aclamaciones ruidosas demostraron bien claramente que aquel numeroso concurso se adhería a las manifestaciones que acababa de hacer el señor Gómez. No es, pues, de extrañarse que el Delegado, visiblemente emocionado, se pusiera de pie y con palabra mesurada y sentida diera las gracias, en un extenso discurso, a aquel auditorio que de manera tan ruidosa mostraba su adhesión inquebrantable al PRC y a su Jefe. Dijo el Delegado que eran grandes los compromisos y grandes las responsabilidades de los cubanos en estos momentos en que se habrá de proceder a la constitución de la República y a la reconstrucción del país; pero que él confiaba en la cordura de ese pueblo manifestada en forma tan ejemplar, así en el campo de la guerra como en las distintas emigraciones. Que todo el país cubano era revolucionario, lo mismo los que luchaban en el campo y sufrían en las emigraciones, como la gran masa que permaneció en las poblaciones: que todos se encontraban malcontentos con la soberanía española en Cuba, y que, por tanto, la fuerza del pueblo cubano era poderosa. Pero que era necesario para que esa fuerza no se quebrantara, que la más perfecta unión reinara entre los cubanos todos, y que, si hasta ahora y para hacer la Revolución y luego la Independencia habían estado unidos, no había razón alguna para suponer que pudieran desunirse en el momento en que se necesitaba mayor cordura, mayor discreción, más tino y más prudencia. Que nunca temió que pudiera dividirse, por ninguna razón, el PRC, y mucho menos sospechó que en las emigraciones de la Florida, ejemplares por su patriotismo y por su disciplina, germinara la semilla de la discordia. El PRC no ha terminado su obra, y hasta terminarla, ha de conservar unidas y compactas sus filas, marchando todos como un solo hombre, con acuerdo perfecto, con decisión igual, con el mismo anhelo y con la misma perseverancia empleada siempre; primero en los trabajos preparatorios, en los de propaganda más tarde, y por último en los de acción.

El Delegado terminó su discurso, en medio de atronadores aplausos y vivas entusiastas, dando las gracias por las muestras de respeto y simpatía de que era objeto. El señor Rubiera, en cortas y sentidas frases, prometió al Delegado que la emigración de Tampa seguirá como hasta aquí unida en su sola y única aspiración, y obediente al programa del PRC.

Concedida la palabra al doctor Xiqués que comenzó declarando que aún no estaba afiliado al PRC, habló con calor y elocuencia. No he de relatar el incidente que provocó, obligando a Gómez a hacer uso de la palabra y rectificando él por su parte, en razón á que podría hacer alguna consideración que estimara el doctor Xiqués discutible o rectificable, y ni yo firmo esta carta, ni había de comprometer el periódico a publicar esa posible rectificación, cambiando su carácter de órgano oficial en el de periódico de combate. El doctor Xiqués al terminar su discurso protestó su más absoluta é incondicional adhesión al PRC, llegando á decir, para probar cuánto era su respeto, cuánta su consideración, cuánta la estima en que tenia á su Jefe el señor Estrada Palma, que si le fuera posible lo colocaría «en el número de los santos.»

El señor Rivero cerró el *meeting* después de un discurso corto, pero lleno de fuego y entusiasmo.

Y como me he alargado tanto suspendo por hoy.

El Corresponsal

30 DE JULIO
La Unión Republicana

Con este título se ha organizado en Tampa una sociedad patriótica, cuyo propósito es dedicarse a la difusión de los principios democráticos entre el pueblo, por medio de conferencias públicas, gratuitas, veladas y cuanto se juzgue oportuno.

Dicha sociedad ha celebrado ya algunas reuniones preparatorias merced a las cuales y dentro de las Bases y Estatutos del PRC, empezará su obra de propaganda en favor de la más estrecha unión de los cubanos separatistas, del acatamiento al gobierno cubano y sus representantes en el extranjero y de la más estricta disciplina para mantener enhiesto el Partido que fundó Martí de acuerdo con las emigraciones, hasta que, terminada su misión con la independencia de Cuba, lleve a la Patria libre el germen de los principios democráticos sobre los cuales ha de afianzarse la República. «Esta es la obra que se propone la nueva sociedad» –escribe nuestro apreciable colega *Cuba*–, según lo que hemos visto en las dos reuniones a las cuales, previa invitación, hemos asistido.

Y como confiamos en el honor y patriotismo de sus fundadores, abrigamos la esperanza de que la nueva sociedad de propaganda cubana será un nuevo factor con que contará el Partido Revolucionario en esta hora suprema en que precisa más que nunca mantener completamente unidos todos los elementos separatistas.

Que así sea, son nuestros más ardientes deseos.

10 DE AGOSTO
Correspondencia de Tampa

Tampa, agosto 5 de 1898.
Señor Editor de *Patria*.
Distinguido compatriota: carta de duelo será esta, que aquí nos encontramos abatidos por el dolor al ver cómo dejó este

mundo de miserias una ejemplar matrona cubana, y cómo sufren y cómo lloran unos hijos y unos nietos amantísimos, criados en el regazo, en el amor y en el ejemplo de aquella virtuosísima matrona.

Tomasa Socarrás, viuda de Figueredo, Tomasita, como generalmente le decían sus amigos; Meme, nombre con que sus nietecitos en el disparatado lenguaje del cariño la habían bautizado, y con el que la llamábamos los íntimos, que nos creíamos con el derecho de chiquearla como si fuéramos también sus hijos o sus nietos, murió en la madrugada de ayer jueves, atendida por el amor filial y el cariño amistoso. El 10 de octubre de 1868 la sorprendió en la heroica Bayamo, en su hogar feliz; feliz por el amor, rodeada de las comodidades de una desahogada posición: el grito de Yara y su consecuencia el incendio de aquella ciudad, destruyeron el hogar y lanzaron fuera a la familia, que no volvió a verse unida y contenta hasta que en playa extranjera, después de la protesta de Baraguá, vino a ella el hijo de la casa, Fernando, con sus estrellas de Coronel, su historia de abnegación y patriotismo y su propósito de no volver a la tierra amada hasta que de una vez para siempre cayera por el suelo, vencida y destrozada, la bandera española.

Tomasita reconstruyó el hogar en la casa de Fernando. ¿A qué hablar de esa casa y de esa familia que ella dirigió? ¿Quién no la conoce? ¿Quién que haya pensado en Cuba y querido a Cuba, no ha estado allí? No hay un solo jefe, ni un soldado en la actual Revolución, de cuantos han pasado por Cayo Hueso y Tampa durante el período de preparación primero, en el de acción, luego, que no haya hecho estación en aquella casa, prototipo de la casa hospitalaria del cubano, del centro de conspiración y acción del patriota. Tomasita, de avanzada edad, –la muerte la ha arrebatado a los setenta y seis años–, habló con todo el que llegaba a su puerta, y con sus ojos, tan vivos y animados por el fuego del patriotismo, se leía cuál era el único pensamiento, la aspiración única de aquella alma noble, de aquella mente inquieta.

¡Cuántas escarapelas, cuántas hamacas, cuántas chamarretas, de las que llevan al presente los soldados de la libertad, fueron hechas por ella! Afanosa recibía a cuantos llamaban, y no hubo pedido de los patriotas que no fuera al instante satisfecho, y daba gloria y se sentía orgullo al ver cómo la anciana cosía los trajes, entretejía los cordeles de las hamacas, empaquetaba fardos de medicina, con la misma agilidad, con la misma precisión, con el ferviente entusiasmo con que prestaban tan relevantes servicios a los patriotas sus jóvenes nietecitas. Y así pasaba el día, pendiente de los quehaceres de la casa, atenta a las necesidades de la Patria; y cuando a las horas avanzadas de la noche llegaba el periódico, o el telegrama, Memé estaba allí, de pie, con firmeza y ánimo, a escuchar cuidadosa, a razonar con discreción, a aplaudir con entusiasmo las victorias, a llorar adolorida los reveses. Los últimos cubanos que han pasado por aquí, alguno que no llegó a Cuba todavía, lleva en su traje trabajos de la venerable anciana, y en su oído y en su corazón el «adiós» alentador, el «hasta la vuelta,» que no se cumplirá ya. Que cayó la pobre Tomasita en su tranquilo lecho, y está en pie el soldado en su campaña agitada y peligrosa. El miércoles, pocas horas antes de morir, lanzó la frase que seguramente le quemaba el pecho: dijo con tristeza profunda: «¡Tanto afán por ver a Cuba libre, y yo no voy allá!».

¡Cómo no había de ser intenso el sentimiento público! La casa de Figueredo se vio llena desde el primer momento de su desgracia por los cubanos todos, y por gran número de extranjeros, que vinieron a manifestar su pena, a compartir su dolor con tan estimados familiares. Y cuando, a la hora triste del crespúsculo, fue echado sobre los hombros de los amigos el severo sarcófago que contenía los restos inanimados de Tomasita, bien decían las coronas que lo ocultaban, bien demostraban las cartas y telegramas que se habían recibido de todas partes, que el duelo era general, que donde quiera se lloraba a la ejemplar cubana. Allá fuimos al cementerio «Martí» muchos amigos, y allí dejamos en la fosa el cuerpo de Tomasita. Martín Herrera dijo unas frases sentidísimas, y no pudo decir más, que la emoción no le permitió continuar. Pero en esas cortas frases, con la elocuencia avasalladora del que habla sintiendo la verdad, expresó cuánto hubiera podido decirse, cuánto queríamos todos que dijese.

Y al volver la espalda, cuando quedaba sola Tomasita, y volvíamos los amigos a abrazar al consternado hijo, el cielo se cubrió de negras nubes, rompió el rayo con estrépito las capas atmosféricas, y una lluvia copiosísima, como la de aquellos aguaceros cubanos, entristeció la tarde. ¡Y la Naturaleza parecía llorar con nosotros a Tomasa Socarrás de Figueredo!

El Corresponsal

31 DE AGOSTO
Defunción

Acaba de fallecer en Tampa la anciana señora Rosa Tejada, madre de nuestros amigos y compatriotas los señores Enrique y Tomás Collazo, general y coronel respectivamente del Ejército Libertador de Cuba.

Vaya a ellos, con la triste nueva, la expresión sincera del sentimiento con que nos asociamos al pesar que los hiere.

3 DE SEPTIEMBRE

La revista de *Cuba Libre*, de Tampa, se despide de sus lectores con la promesa de reaparecer en Cuba, libre ya de la dominación española, para continuar su obra defendiendo los ideales de la independencia.

No es por tanto la revista un combatiente menos; recoge un momento sus armas en un período de tregua y se apercibe para las próximas campañas.

Hasta la vista, pues.

12 DE OCTUBRE

(Telegrama)

Ybor City, Fla., octubre 10. 1898. Tomás Estrada Palma, 56 New Street, New York.

Emigración Tampa saluda en Delegación Gobierno Cubano, Ejército Libertador, hoy diez de octubre, último aniversario conmemorado en tierra ajena. ¡Viva memoria Céspedes, Martí y mártires cubanos! Hoy gran procesión antorchas y *mass meeting*.

Figueredo – Rivero – Duarte

9 DE NOVIEMBRE

De *Cuba* (periódico)
Recibimiento
Al saberse que el distinguido compatriota, por tantos títulos estimado Dr. Fernando Méndez Capote, que acababa de desempeñar, con beneplácito de todos, la Agencia General de nuestro partido en esta República, llegaría aquí para tomar el vapor francés que había de salir el día 12, determinamos recibirlo más que como amigo como compatriota, por más que ambas cosas nos congratula en alto grado, y en efecto, no había aun abandonado el vagón cuando un grupo de lo más escogido de nuestra colonia, ya bastante reducido por haberse repatriado la mayor parte de ella, le saludó con expresión de afecto y simpatía.

Cambiadas las frases, no del rigorismo social y sí las expresivas del contento de tener Patria, decidimos ocupar un tranvía para el objeto especialmente electo, en el cual le acompañamos al Hotel "México» donde se había de hospedar.

Ya en el hotel señalado, el Dr. Malberti, tan fervoroso patriota como complaciente, hubo de hablar por nosotros y a fe que lo hizo bien.

El Dr. Fernando Méndez Capote, revelando condiciones que presagian en él a uno de nuestros hombres, agradeció el acto realizado en lo que de particular tuviera y recogiendo una inspirada frase del mismísimo Dr. Malberti, dijo que era necesario el esfuerzo de todos los cubanos para levantar la Patria al nivel que le corresponde, con todos los preciosos elementos que contiene. Dijo, además, que pensaba cambiar impresiones sobre nuestros asuntos ya en su aspecto particular o general y para ello desearía reunir los elementos de esta emigración. Entonces el Dr. Malberti ofreció su casa para que se verificase la reunión o en su defecto donde él quisiera.

Así, citados concurrimos a la morada del Dr. citado, adornada de manera significativa. Serían como las ocho de la noche cuando llego el Dr. Méndez Capote acompañado del Lcdo. Eduardo Desvenine y otros distinguidos compatriotas, como los Dres. Vicente B. Valdés y González y los señores Godoy y Roig que se hallaban de paso en esta para La Habana.

El Dr. Malberti con corrección y tino expuso el objeto de la reunión y enseguida dijo el Dr. Méndez que venía de México y de Puebla que podía asegurar que todos creían que aunque era natural la impaciencia por entrar de lleno en la posesión de la Patria, un patriotismo sano, previsor e inteligente, aconsejaba en los presentes momentos mucha cordura y sensatez, tanto más cuando no hay motivo alguno para dudar que el gobierno de este gran pueblo, establecido un estado de cosas sólido, entregaría Cuba a sus hijos para el goce tranquilo de su independencia. Continuó diciendo que el Presidente de nuestra República había dirigido un manifiesto cuyo contenido quería saber si aceptaban todos. Yo vengo aquí, decía, no con carácter oficial, sino como cubano amante de mi país al que marcho en breve y quiero llevar vuestro sentir.

Pidió la palabra el señor Pujol y con elegante estilo y grandes energías sentimentales, expuso: que si bien parecía natural la impaciencia del pueblo cubano por no verse ya en posesión de los derechos que para la administración de su Patria habíanse adquirido con la lucha legendaria que en pro de Independencia nos legaba la historia de los inmortales héroes sacrificados en aras de ese ideal, y el clamor aun reciente de las víctimas ocasionadas por la guerra de exterminio que España hizo y que hoy como consecuencia de aquella vemos que aun persisten en nuestro campo la desolación, la miseria y la muerte; tenía la satisfacción de aducir como prueba más evidente de cordura y sensatez de nuestro pueblo, la confianza con que esperaba el cumplimiento del compromiso solemne que espontáneamente contrajo ante el mundo la gran nación americana al justificar su guerra de intervención.

Al terminar el Sr. Pujol, significó que teníamos derecho a esperar que los hombres indicados para ocupar los primeros puestos en nuestra naciente nación, serían aquellos que por sus antecedentes de moralidad, inteligencia y patriotismo, están ya señalados por la conciencia pública como dignos de tan alta representación.

Después el Lcdo. Zarragoitía dijo que si es verdad que nunca falta un Judas que excite a la desconfianza, de ella solo podía participar gente maliciosa o torpe que para fortuna nuestra es tan reducido su número y tan poca su importancia, que no merecen los honores de la atención, y que todos los cubanos de esta emigración estaban conformes con el manifiesto del integérrimo Masó, Presidente de nuestra República.

A continuación hizo uso de la palabra el entusiasta Sr. Enrique Herrera, para ocuparse de la necesidad y conveniencia de que se facilitasen medios para que se repatriasen los cubanos que no podían hacerlo por su propio esfuerzo. Si para aumentar, dijo, nuestra población; si para devolverle a las labores todos sus brazos necesitamos llevar una emigración, ¿quiénes son mejores que los nuestros? Ellos que han dado el fruto de su trabajo para sostener la revolución y por eso tal vez no hayan podido guardar lo necesario para el viaje, ¿por qué no han de gozar de la Patria que, usando la frase del manifiesto, se lleva de «antiguo en el corazón?».

Invitado a hablar el Lcdo. Desvernine por los doctores Méndez y Malberty, analizó la situación actual, afirmando en consecuencia que Cuba sería libre e independiente, y que todo temor de lo contrario era infundado y todo recelo torpe. Nuestra conducta es una, y esa está trazada por el documento recientemente publicado en *Patria* y firmado por el ilustre Bartolomé Masó, nombre con que se honra un Club de esta localidad.

El Dr. Malberty, que goza de incontables simpatías entre los elementos progresistas de aquí, resumió diciendo que ningún cubano de corazón, con torpes desconfianzas interrumpiría el desarrollo de los acontecimientos que habían de dar la Patria libre, feliz e independiente. Que el gobierno americano jamás había faltado a su palabra, pues su conciencia no lo permitiría y que nosotros siempre (ilegible) la solitaria estrella (ilegible) Libertad, Justicia (ilegible).

El popular doctor hizo (ilegible) los honores de la casa, obsequiando licores y tabacos, brindándose por la felicidad de Cuba libre y el pronto regreso a la Patria.

El Corresponsal

16 DE NOVIEMBRE
Fernando Figueredo y Socarrás

Este cubano prestigioso, que tantos títulos tiene al respeto y cariño de sus compatriotas revolucionarios, ha estado, de paso, por esta ciudad, y hemos tenido la satisfacción de saludarlo en las oficinas de la Delegación.

A estas horas ya debe estar de vuelta en Tampa, donde desempeña con tanto acierto la Agencia de la República de Cuba, y donde tan querido es por sus dotes personales y por su adhesión al ideal revolucionario.

El rebelde altivo con el gran Maceo en la Protesta de Baraguá; el noble amigo de Rius Rivera, que no acepta voluntariamente el Pacto del Zanjón; el admirador resuelto de Martí en la nueva guerra, y el celoso representante de la República Cubana en la Florida, tiene derecho a esta cariñosa manifestación de despedida envuelta en el deseo de que pronto nos veamos en Cuba Libre. ¡Hasta luego, pues!

17 DE DICIEMBRE

Telegrama

Ybor City, Fla. Diciembre 12, 1898. Tomás Estrada Palma, 56 New Street, New York. Cubanos Tampa deploran muerte general Calixto García digno representante pueblo

libre Cuba y enviando pésame su esposa hacen votos por su alma.
Ramón Rivero y Rivero.

31 DICIEMBRE

ACTA
AGENCIA DE LA REPÚBLICA DE CUBA Y SUBDELEGACION DEL PRC EN FLORIDA.– SECRETARÍA.
En la ciudad de Tampa, Estado de Florida, a los veinte y dos días del mes de diciembre de mil ochocientos noventa y ocho; reunidos a las ocho de la noche los Cuerpos de Consejo de Tampa y West Tampa adscritos al PRC, así como la Representación del Gobierno de la República de Cuba en las oficinas del periódico *Cuba*, actuando como Presidente el señor Ramón Rivero y Rivero y como Secretario el que suscribe, el señor Presidente declaró abierta la sesión, manifestando: que se había convocado a ella, a virtud de un despacho telegráfico del señor Tomás Estrada Palma, Delegado del Partido y Representante del pueblo libre de Cuba, en el que participa: que en el último número del periódico oficial *Patria* se había publicado un manifiesto, dando por terminado los trabajos de nuestro Partido en el Exterior: que próximos a regresar al suelo querido de la Patria, los Representantes de este Centro de emigración, deseaba que los señores presentes acordaran la mejor manera de dar cuenta al público de este acto trascendental. El señor Rivero se extendió en consideraciones respecto a los trabajos realizados por la Organización Revolucionaria, ejemplo único en la historia, del patriotismo y unión de un pueblo que se dispuso a obtener la libertad sin parar mientes en los sacrificios que tuviera que imponerse: de la poderosa ayuda que ha prestado a nuestros hermanos en armas, etc.

Después de una larga discusión en que tomaron parte varios de los presentes, se acordó por unanimidad: que así como el inolvidable día 10 de abril de 1892 se proclamó, públicamente, la constitución del PRC, del mismo modo, en una velada pública, que tendrá lugar el próximo domingo 25, se de cuenta al pueblo de la clausura de él, para pregonar a la faz del mundo que los cubanos de la emigración, alta la frente y el corazón satisfecho, han cumplido los sagrados deberes que se impusieran.

El señor Rivero hizo presente: que él se encargaría de todos los arreglos necesarios, a fin de que ese acto revista la mayor solemnidad. También se tomaron los acuerdos siguientes:

1.° Dar un voto de gracias a los señores Tomás Estrada Palma, Benjamín J. Guerra, Gonzalo de Quesada, Horacio S. Rubens y todos los demás, que con representación oficial y sin ella, han trabajado en pro de la Independencia de Cuba.

2.° Enviar un saludo al Ejército Libertador, a la Asamblea de Representantes y al pueblo libre de Cuba, por los resultados satisfactorios, que gracias a sus esfuerzos se han alcanzado.

3.° Enviar la expresión de nuestro dolor, por la muerte inesperada del ilustre caudillo, Mayor General Calixto García, tanto a su desconsolada familia, como a la Comisión de la Asamblea, de la que era su digno Presidente.

4.° Que ausentándose de esta localidad el próximo lunes los señores Figueredo y Rivero, así como otros compatriotas queridos, estos Cuerpos de Consejo, como una demostración de afecto, vaya en pleno a despedirlos.

Y 5.° Que la presente Acta sea suscrita por todos los señores presidentes de Clubs, como una prueba de que todos han cumplido como buenos.

El señor Rivero, en frases elocuentes y conmovedoras, recordó la memoria del ilustre desaparecido en «Dos Ríos», del alma de la Organización Revolucionaria, de la base principal de nuestra Independencia, de José Martí; y evocando sus doctrinas, encareció a todos que ellas fueran en la tierra redimida, nuestro lema, modo único de hacer la futura felicidad

de la Patria. Las frases del señor Rivero fueron muy aplaudidas, dándose por terminada la sesión. Lo certifico,
Gualterio García, Secretario.
Vto. Bno. Ramón Rivero y Rivero, Presidente.

Con este número se despidió el periódico *Patria*, incluyendo en sus páginas esta declaración de los revolucionarios cubanos de Tampa, cuyo nombre estuvo en la publicación fundada por Martí desde su primer número.

A MODO DE COROLARIO

La pretensión de este libro ha sido destacar la participación de Tampa en las luchas por la independencia de Cuba a fines del siglo XIX, tomando como base la labor de José Martí en la ciudad, las acciones realizadas en torno al Partido Revolucionario Cubano, la actividad de diferentes figuras en aquellos hechos y la entrega de toda una comunidad al ideal martiano de construir en su país una república democrática, moderna y próspera.

Al concluir la Guerra de Independencia en Cuba, en 1898, una gran parte de los cubanos que vivían en Tampa regresaron a su país. Entre ellos estuvieron los principales líderes que hicieron posible el triunfo de las armas cubanas, dispuestos a contribuir a la creación de una república donde su primera ley fuera «el culto de cada cubano a la libertad plena del hombre», como la presentó José Martí cuando los invitó a conquistarla. Con ese afán, retornaron a su patria Néstor y Eligio Carbonell, Fernando Figueredo, Ramón Rivero, Juan Arnao, Carolina Rodríguez, Martín Herrera y casi todos los patriotas cuyos nombres aparecen en este libro.

La mayoría de ellos –lo que puede apreciarse en el espacio que se le dedica– fueron fieles al legado del Maestro y no participaron de los repartos de poder y riquezas a que se entregaron muchos líderes independentistas, especialmente encumbrados con altos grados militares. Ningún nombre del alcalde, gobernador, senador, presidente, de los que tuvo la República de Cuba inaugurada en 1902, pertenece a los líderes que acompañaron a Martí en nuestra ciudad. Sin embargo, sí están, y delante, en los actos que rendían homenaje al Apóstol, como la entrega de su casa natal a Leonor Pérez, la madre del líder y quien, como casi todos ellos, murió en la pobreza.

Sin embargo, fueron ellos –como los cubanos de Cayo Hueso (José Dolores Poyo, José María González, Ángel Peláez; los de Nueva York (Gonzalo de Quesada, Benjamín Guerra, Rafael Serra y otros) quienes mejor lo conocieron y más le quisieron. La historiografía cubana aún está en deuda con ellos, a tal extremo que no aparece una reseña biográfica de Cornelio Brito, Esteban Candau y de otros grandes líderes del destierro cubano decimonónico, a quienes se le debe tanto la independencia de la Isla como a los soldados que estuvieron en la guerra.

Para los cubanos que quedaron en Tampa y para otros que, decepcionados del proyecto republicano establecido en su país, regresaron a esta bella ciudad, el nombre de José Martí siguió siendo –lo es hasta hoy– el faro a que siempre miran cuando el imaginario de patria les mueve el corazón. Esa devoción hacia el mejor paradigma, en quien no se encuentran fisuras entre la palabra y la acción –lo que explica el respeto y admiración que le profesan todos los componentes de la nación, de una u otra ideología– también ha sido palpable en Tampa desde que él estuvo en ella hasta la actualidad y donde la palabra Cuba se pronuncia con la entrañable emoción con que él la aclamara.

Con esta estrella, los cubanos en Tampa han acompañado todos los proyectos encaminados a la realización del sueño –con todos y para el bien de todos– que sus ancestros aplaudieron en el Liceo Cubano aquel 26 de noviembre de 1891. Pero, ya este sería otro libro, cuyos acápites encontrarían al Círculo Cubano, a la Sociedad Martí-Maceo, el parque Amigos de José Martí y la presencia de la cultura cubana profunda en una ciudad donde parece prolongarse el alma cubana.

BIBLIOGRAFÍA

Abad, Diana. *De la Guerra Grande al Partido Revolucionario Cubano*. Editorial de Ciencias Sociales, La Habana, 1995, pp. 158-159.

Acevedo y Fonseca, Mirtha Luisa. *Bautismo en la soledad. Biografía de Carmen Zayas-Bazán, esposa de José Martí*. Editorial Ácana, Camagüey, 2016.

Alpízar Leal, Luis. *Documentos inéditos de José Martí a José D. Poyo*. Editorial de Ciencias Sociales, La Habana, 1994.

Azcuy Alon, Fanny. *El Partido Revolucionario Cubano y la independencia de Cuba*. La Habana, Molina y Cia., 1930.

Beni Gonzalez, Juan Alberto. *Vicente Martínez Ybor y «El Príncipe de Gales»*. En http://www.jaberni-coleccionismo-vitolas.com.

Carbonell Rivero, Néstor. «Elogio de Fernando Figueredo». Discurso. Publicaciones de la Academia de Historia de Cuba, La Habana, 1935.

_____. *Tampa, cuna del Partido Revolucionario Cubano*. Habana, Siglo xx, 1957.

Cartaya López, Gabriel. *El lugar de Martí en 1895*. Ediciones Bayamo, Cuba, 2001.

_____. *Con las últimas letras de José Martí*. Editorial Oriente, Cuba, 1995.

_____. *Luz al universo*. La Habana, Editora Gente Nueva, 2006.

Carrillo y Morales, Justo. *Expediciones cubanas.* Imprenta y Papelería de Rambla, Bouza y Cia., La Habana, 1930.

Casaús, Juan J. E. *La emigración cubana y la independencia de la Patria.* La Habana, 1953.

Castañeda, Orlando. *Martí, los tabaqueros y la Revolución de 1895.* Editorial Lex, La Habana, 1947.

Castellanos, G, Gerardo. *Misión a Cuba, Cayo Hueso y Martí.* La Habana, Imprenta y Papelería Alfa, 1944.

_____. *Motivos de Cayo Hueso.* Ucar, Garía y Cía., 1935.

Collazo, Enrique. *Cuba Independiente.* Editorial Oriente. Santiago de Cuba. 1981.

_____. *Cuba Heroica.* Editorial Oriente. 1980.

Corvison, Segundo. *En la guerra y en la paz.* La Habana, 1939.

Delofeu Leonard, Manuel. *Remembranzas de un proscripto.* Tampa, Fla. Impr. M'Cluney y Co. 1900.

_____. *Héroes del destierro.* Cienfuegos, Cuba, 1904.

_____. *Martí, Cayo Hueso y Tampa.* Cienfuegos, Imprenta de Antio Cuevas y Hermano, 1905.

Díaz Domínguez, Lourdes Ileana; Fernández Hernández, Gretchin Fátima; Hernández Vázquez, Lien. «Cartas de José Martí a José Dolores Poyo y Enrique Collazo: discurso humanista y patriótico». En Revista *Atenas,* vol. 1, núm. 37, 2017. Universidad de Matanzas, Cuba. Disponible en: http://www.redalyc.org/articulo.oa?id=478055147008.

Dosal, Paul. *Martí en Tampa.* Ediciones Vigía, Matanzas, Cuba, 2010.

Dworkin y Méndez, Kenya. «La Patria que nace de lejos». Cuban Studies University of Pittsburgh Press. Volume 36, 2005, pp. 1-22.

El Archivo Nacional en la conmemoración del centenario del natalicio de José Martí. La Habana, 1953.

Escalante Colás, Amel; Jiménez González, Angel y Gómez Balboa, Francisco. *Diccionario enciclopédico de Historia Militar de Cuba. Primera parte (1510-1898)*. Tomo 1: Biografías. Editorial Verde Olivo, La Habana, 2010.

Estrade, Paul. *José Martí, los fundamentos de la democracia en Latinoamérica*. Ediciones Doce Calles, S.L. Madrid. 2000.

Ferrer Carbonell, Oscar. *Néstor Leonelo Carbonell: Como el grito del águila*. Editorial de Ciencias Sociales. La Habana. 2005.

Figueredo Antúnez, Bernardo. *Yo dibujé a Martí. Diario de un viaje Cayo Hueso-Nueva York*. Editorial Abril. La Habana, 2010.

Gálvez y del Monte, Wenceslao. *Tampa, impresiones de emigrado*. Establecimiento Tipográfico «Cuba». Ybor City, Tampa, 1897.

García del Pino, César. *Expediciones de la Guerra de Independencia 1895-1898*. Editorial Ciencias Sociales, La Habana, 1996.

García Martí, Raúl. *Martí, biografía familiar*. La Habana, 1938.

García Pascual, Luis. *Destinatario José Martí*. Compilación, ordenación cronológica y notas del autor. La Habana, Editorial Abril, 2005.

_____. *Martí, José. Epistolario*. Compilación, ordenación cronológica y notas de Luis García Pascual y Enrique H. Moreno Pla. Editorial Ciencias Sociales, Cuba, 1993.

Gómez, Andrew. «Cubans and the Caribbean South: Race, Labor and Cuban Identity in Southern Florida (1868-1928)». Universidad de California, 2015. En https://escholarship.org/uc/item/8tq27711.

Gómez, Juan Gualberto. *Por Cuba libre*. Editorial de Ciencias Sociales, La Habana, 1974.

Greenbaun, Susan. *Afro-Cubans in Ybor City. A Centennial History*. USF Library, Tampa, Fl.

Grismer, Karl H. *Tampa, a history of the city of Tampa and the Tampa Bay region of Florida*. Publicado por Saint Petersburg Printing Company, Florida, 1950.

Hidalgo Paz, Ibrahim. *José Martí. Cronología 1853-1895.* Editorial de Ciencias Sociales, La Habana, 1992.

_____. *La tesorería del Partido Revolucionario Cubano* (1892-1895). Centro de Estudios Martianos, La Habana, 2017.

_____. *El Partido Revolucionario Cubano en la isla.* Centro de Estudios Martianos y Editorial de Ciencias Sociales. La Habana. 1991.

_____. *Partido Revolucionario Cubano. Independencia y democracia.* Centro de Estudios Martianos, La Habana, 1911.

Ibarra, Jorge. *José Martí: dirigente político e ideólogo revolucionario.* La Habana, Editorial de Ciencias Sociales, 1978.

Jústiz y del Valle, Tomás. *Elogio del Sr. Néstor Leonello Carbonell.* Discurso. Publicaciones de la Academia de Historia de Cuba, 1946.

López Civeira, Francisca. *Tampa en Martí, Martí en Tampa.* Mayo 2003. En http://mailman.acomp.usf.edu/.

Loynaz del Castillo, Enrique. *Memorias de la guerra,* La Habana, Editorial de Ciencias Sociales, 1989.

Mañach, Jorge. *Martí el Apóstol.* Editorial de Ciencias Sociales, La Habana, 2001.

Martí, José. *Obras Completas.* Editorial de Ciencias Sociales, La Habana, 1975.

Mormino, Gary R. and George E. Pozzetta. *The Immigrant World of Ybor City. Italians and their Latin Neighbors in Tampa, 1885-1985.* U of Illinois Press, 1987.

Nápoles Pérez, Rubén. *José Martí. El poeta armado.* Madrid, Editorial Algaba, 2004.

Pacheco Ferdie. *Ybor City Chronicles.* University Florida Press 1994.

Pascual, Pedro. *Prensa cubana y la guerra de independencia (1868-1898).* En https://www.cubanet.org/htdocs/ref/dis/05200203.htm

Pérez Louis A. Jr. *José Martí en Unite States: The Forida experience.* Compilación. Arizona State University, 1995.

_____. «Cubans in Tampa: From exiles to inmigrants, 1892-1901». Tampa Bay History. USF.

Portell Vilá, Herminio. «Tampa en 1897, según descripción de Carlos M. Trelles de ese año». Revista *Bohemia*, 26 de julio, 1955.

Portuondo, Fernando. *Estudios de Historia de Cuba.* La Habana, Editorial de Ciencias Sociales, 1973.

Poyo, Gerald E. *Exile and Revolution: José Dolores Poyo, Key West, and Cuban Independence.* University Press of Florida, 2014.

_____. *Cuban emigre communities in the Estados Unidos and the independence of their homeland*, 1852-1895. Universidad de la Florida, 1983.

Primera jornada de Martí en Cayo Hueso, Imprenta «América», S . Figueroa Editor. Introducción de Ángel Peláez. En Colección de la Biblioteca del Congreso, EE.UU.

Quesada y Miranda, Gonzalo de: *Papeles de Martí* (Archivo de Gonzalo de Quesada). Miscelánea. Academia de la Historia de Cuba, Imprenta El Siglo xx, La Habana, 1935.

Quintana Rodríguez, Jorge. «Emigración y expediciones cubanas en la Guerra de Independencia (1895-1898)». *En Historia de la Nación Cubana,* La Habana, S.A., 1952.

Río, Emilio del. *Yo fui uno de los fundadores de Ybor City.* Tampa, Editorial no identificada. 1950.

Rivero Muñiz, José. *Los cubanos en Tampa.* En *Revista Bimestre Cubana,* La Habana, vol. LXXIV, primer semestre, 1958.

Roca. Oscar. *Historia de Tampa y el tabaco cubano,* Tampa 1986.

Rodríguez Demorizi, Emilio. *Martí en Santo Domingo.* Impresiones Ucar García, S.A., La Habana, 1953.

Rodríguez, Miriam. «Los cubanos en Tampa. Cultura y costumbres». Centro de Estudios de Migraciones Internacionales, La Habana, 2003. Disponible en http://biblioteca.clacso.edu.ar/Cuba/ cemiuh/20120821042349/tampa.pdf.

Rotker, Susana. *Fundación de una escritura: Las crónicas de José Martí*. Casa de las Américas, 1992.

Rubens, Horatio S. *Liberty: The Story of Cuba*. New York: Brewer, Warren & Putnam, Inc., 1932.

Salcines, Emiliano Jr. «José Martí en Tampa. Veinte visitas documentadas. (1891-1894)». Periódico *La Gaceta*, Tampa 27 de junio, 1997.

Sarabia, Nidia. *El Plan de Fernandina y los espías del diablo. Noticias confidenciales sobre Cuba*. La Habana, Editora Política, 1985.

_____. *La patriota del silencio*. La Habana, Editorial de Ciencias Sociales, 1990.

Steffy Joan Marie. *The Cuban Inmigrant of Tampa 1886-1898* (Thesis). South Florida University, 1974. Libray USF.

Sierra Blas, Verónica. «Cartas para todos: discursos, prácticas y representaciones de la escritura epistolar en la época contemporánea.» En *Culturas del escrito en el mundo occidental: del Renacimiento a la contemporaneidad*. Ed. Antonio Castillo Gómez. Casa de Velázquez, 2015.

Soto, José Antonio. «Fotografía de José Martí revela su estatura real». En https://www.elnuevoherald.com/noticias/mundo/america-latina/cubaes/article2037682.html.

Tampa Bay History. *A centennial history of Ybor City*. University of South Florida. 1985.

Tinajero, Araceli. *El Lector de tabaquería: historia de una tradición cubana*. Editorial Verbum, Madrid, 2007.

_____. «Las cartas de José Martí y los tabaqueros de Tampa y Cayo Hueso». En *Ciberletras*. Número 40, julio 2018.

Toledo Sande, Roberto. *Cesto de llamas*. Editorial Pueblo y Educación. La Habana, 1998.

_____. *Con el remo de proa*. La Habana, Editorial de Ciencias Sociales, 1990.

Toledo, Josefina. *La madre negra de José Martí*. Casa Editorial Verde Olivo, Ciudad de La Habana, 2009.

Trelles, Carlos M. «Tampa. Documentos Cubanos Raros o Inéditos». *Revista Cuba y América*, 1°. de julio de 1897.

Trujillo, Enrique. *Apuntes históricos*. Nueva York, Tipografía «El Porvenir», 1896.

Valdés Domínguez, Fermín. *Diario de soldado*. Universidad de La Habana, 1990.

Varona Guerrero, Miguel. *La Guerra de Independencia de Cuba*. 1895-1898. La Habana, Editorial Lex, 1946.

Varios autores. *A Centenial History of Ybor City*. Printing by Joe B May an sons. Tampa, FL 1985.

Wallace Reyes. *Érase una vez en Tampa. Auge y caída de la industria del tabaco en Tampa*. Edición independiente, Tampa, 2013.

Westfall Glenn. *Don Vicente Martínez Ybor, the man and his empire: Development of the Clear Havana Industry in Cuba in the nineteenth century*. Universidad de la Florida, 1977.

_____. *Tampa Bay: Cradle of Cuban Liberty*. Key West Cigar City USA, 2000.

Zacharie de Baralt, Blanche. *El Martí que yo conocí*. Editorial Pueblo y Educación, La Habana, 1990.

Zéndegui, Guillermo D. *Ámbito de José Martí*. La Habana, 1954.

Fuentes documentales y Publicaciones periódicas

En el Archivo Nacional de Cuba:

Fondo: Delegación del Partido Revolucionario Cubano en Nueva York

Agencia de Tampa, Caja 89.
Cuerpo de Consejo de Tampa, Caja Nro. 130.
Cuerpo de Consejo de West Tampa, Caja Nro. 132.

Cuerpo de Consejo de Port Tampa, Caja Nro. 127.

Fondo: Gobierno del Revolución de 1895. Secretaría del Exterior.

La Revolución del 95 según la correspondencia de la Delegación Cubana en Nueva York. Toma II. Editorial Habanera, 1932.

La Revolución del 95 según la correspondencia de la Delegación Cubana en Nueva York. La Habana, 1932.

Archivo Gonzalo de Quesada y Miranda. Imprenta «El Siglo xx». Publicaciones de la Academia de Historia de Cuba. La Habana, 1948.

Periódico *Patria,* en Portal José Martí, Centro de Estudios Martianos, Cuba.

Revista *Cuba y América.* Nueva York, 1897. En Harvard College Library (https://babel.hathitrust.org).

Revista Bimestre Cubana, No. 74 (enero-julio 1958).

Revista de la Biblioteca Nacional de Cuba, La Habana, 1953. José Rivero Muñiz. Martí y los tabaqueros, p. 81 En https://ufdcimages.uflib.ufl.edu.

_____. Año VI, No. 1, La Habana, 1964.

Revista *Bohemia.* La Habana, Cuba. Año 42, 26 de febrero, 1950; Año 45, Número 5, 1.° de febrero de 1953.

Juventud Rebelde. Periódico cubano. «Los fotógrafos de José Martí», miércoles, 8 de julio, 2009.

MEMORIA FOTOGRÁFICA

José Martí junto a varios patriotas cubanos en la entrada de la fábrica de tabacos de Vicente Martínez Ybor, el 19 de julio de 1892.

José Martí en Cayo Hueso junto a líderes del Partido Revolucionario Cubano. De izquierda a derecha, de pie: Genaro Hernández, Serafín Bello, Aurelio C. Rodríguez, José G. Pompez, Frank G. Bolio y Francisco María González; sentados: Gualterio García, José Martí y Ángel Peláez.

José Martí, Fermín Valdés Domínguez y Francisco Gómez Toro (al centro).

José Martí, con miembros del PRC, en Kingston, Jamaica.

Periódico Patria (fragmento de la primera edición), donde se publicaron diversas crónicas sobre la actividad revolucionaria cubana en Tampa en la década de 1890.

Liceo Cubano de West Tampa, nombrado Carlos Manuel de Céspedes.

La madre de José Martí, Leonor Pérez Cabrera, vivió en West Tampa entre abril y agosto de 1898.

El Liceo Cubano de Ybor City, donde José Martí pronunció varios discursos.

Juan Arnao Alfonso.

Néstor Leonelo Carbonell.

Carlos Roloff Mialofsky.

Juan Gualberto Gómez.

Paulina Rodríguez Pedroso.

Fernando Figueredo Socarrás.

Martín Morúa Delgado.

Vicente Martínez Ybor.

Horatio Rubens.

Eligio Carbonell Malta.

Gonzalo de Quesada y Aróstegui.

Ramón Rivero Rivero.

Martín Herrera Montero.

Carolina Rodríguez.

Gerardo Arístides Castellanos.

Bonifacio Byrne.

Carlos Baliño López.

Herman Glogowsky.

Vista de fábricas de tabacos en West Tampa.

Vista de la 7.ª Avenida de Ybor City, recorrida muchas veces por José Martí.

El lector de las fábricas de tabacos, en Tampa, fue un divulgador del ideario martiano.

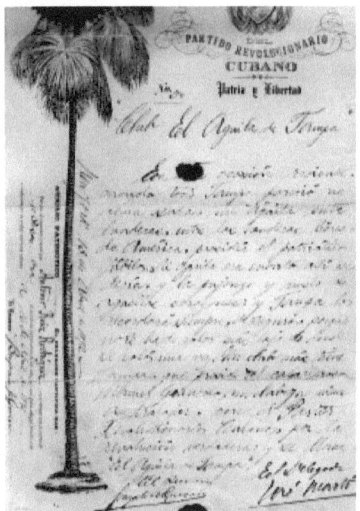

José Martí sobre el Club El Águila de Tampa, en el periódico Patria.

Parque "Amigos de José Martí", en Ybor City, en el lugar que estuvo la casa de Paulina Pedroso.

www.ingramcontent.com/pod-product-compliance
Lightning Source LLC
Chambersburg PA
CBHW022044160426
43198CB00008B/124